献　给

《中华人民共和国民法总则》生效日

民法总论

王建平　著

四川大学校级立项教材系列

高等学校法学教学丛书

 四川大学出版社

责任编辑：李勇军
责任校对：孙滨蓉
封面设计：墨创文化
责任印制：王　炜

图书在版编目（CIP）数据

民法总论 / 王建平著. —成都：四川大学出版社，
2017.10
四川大学校级立项教材系列
ISBN 978-7-5690-1229-3

Ⅰ.①民…　Ⅱ.①王…　Ⅲ.①民法-中国-高等学校
-教材　Ⅳ.①D923

中国版本图书馆 CIP 数据核字（2017）第 248851 号

书　名	民法总论
著　者	王建平
出　版	四川大学出版社
地　址	成都市一环路南一段 24 号（610065）
发　行	四川大学出版社
书　号	ISBN 978-7-5690-1229-3
印　刷	成都蜀通印务有限责任公司
成品尺寸	185 mm×260 mm
印　张	24.75
字　数	617 千字
版　次	2017 年 8 月第 1 版
印　次	2017 年 8 月第 1 次印刷
定　价	69.00 元

◆读者邮购本书，请与本社发行科联系。
　电话:(028)85408408/(028)85401670/
　(028)85408023　邮政编码:610065
◆本社图书如有印装质量问题，请
　寄回出版社调换。
◆网址:http://www.scupress.net

导　言

本书是民法学系列课程的基础课程"民法总论"的同名教材。

《民法总论》著作的完善，是作者从 1986 年 7 月吉林大学法律系民法学专业硕士研究生毕业，执教四川大学 30 多年来，长久奋斗不辍的夙愿。2016 年 7 月 5 日开始，全国人大法工委将《中华人民共和国民法总则（草案）》（简称《民总一审稿》）上线，向社会公众征求意见，此后凡三次征求意见的举动，史无前例。[①] 这是作者长久期盼的振奋人心的好消息。于是，全力以赴开始修改已经完稿的《民法总论》书稿。2017 年 3 月 15 日，《中华人民共和国民法总则（草案）》（简称《民法总则》）通过，于 2017 年 10 月 1 日生效，我国"编纂民法典"迈出了标志性的关键一步。

本书的写作思路中，有三点需要特别交代：一是，对民法调整社会关系的关注。所谓民法调整的社会关系，是平等的民事主体以民事交易为主构成的社会形态。这个社会的存在，如同江河湖海、山川、森林等之于大自然，是必然的和无可怀疑的。在这个以民事利益为核心的社会里，由于民事交易而导致的民事案件或者民事纠纷，成为其重要的组成部分或者表现形式，也是民事法律关系发生的必然之所在。二是，对民事立法的关注。《中华人民共和国民法通则》（简称《民法通则》）于 1986 年 4 月 12 日颁行，标志着我国民法典编纂模式暂停，而 1+N 立法模式的开启。即在我国《民法通则》之外，制定专门的单行民事法律，构成我国民法作用的民事法律制度的结构性框架。现在，关注我国《民法典》编纂中的《民总一审稿》立法以及已生效的《民法总则》理所当然。三是，对民事案例研究的关注。关注民事案例，实际上就是关注民事纠纷，以及民事纠纷、争议和冲突、矛盾的处理，并为这些民事纠纷、争议和冲突、矛盾的有效解决，寻找良好的方法和路径。为此，在执教四川大学 30 多年中，作者还专门开设了"民事案例研究""民事案例分析"等案例分析课程，为培养大学生解决民事纠纷、争议和冲突、矛盾的能力，贡献了自己的心血。

本书的写作框架，基于读者角度，首先在每章的标题下，列出"阅读提示"，以提

---

① 2016 年 7 月 5 日，《民总一审稿》在中国人大网公开征求意见。共有 13802 人参与，提出 65093 条修改意见。2016 年 11 月 18 日，《民总二审稿》公开征求意见。共有 960 人参与，提出 3038 条修改意见。2016 年 12 月 27 日，《民总三审稿》公开征求意见，共有 660 人参与，提出 2096 条修改意见。尽管，半年之内，全国人大三次征求《民总草案》的公众意见，期望值很高。但是，按照 2016 年末总人口 138271 万人计算，全国总共只有 15422 人参与征求意见活动，而且，也只仅仅提出用了 70227 条意见，其比例可以小到忽略不计。可见，我国社会生活中，公众参与国家管理的积极性很低。

示每一章的要点、重点和难点。这种做法，与学术论文的"内容提要"或者"摘要"非常相似，其目的就是让学习者了解本章的要点、重点和难点之所在。其次，是每一章的正文。每一章的正文在行文中，采用理论原理和立法相结合的方法，将民法学在总论中的基本原理与民事法律制度的设计，进行有机融合，让民法理论与民事法律制度高度统一于行文之中。再次，是每一章的正文后，附有三个类型的实务性资料，即：（1）思考题。一般不超过5个，针对每一章正文的内容提出问题，学习者应当学会回答这些问题；（2）学习资料指引。所附学习资料有多有少，供学习者课下自己查找学习。这些资料因为多是经典权威之作，具有很重要的参考价值；（3）参考法规提示。这部分资料，是将正文行文中涉及的法律法规、部门规章和司法解释等，附录于后，便于查找。这种体例和做法，为一般教材编写所缺。大抵因为本教材就是以大学生为本位来编写的一部教材，教会大学生学习，便是一种非常重要的方法性任务。

网络时代，沉溺于网络或者手机不离手或者是名副其实的"低头族"是危险的。因为过多的有害信息的处理，或者不当网站的过度浏览，以及不能有效控制"手机瘾"，就会把大量的时间消耗在网络的使用中。虽然说，使用网络没有什么可过多指责的。但是，当网络的使用成为无度浪费有限时间的工具或者手段时，大学生们必须警惕这种"网瘾"或者"手机控"，实际上是市民社会中，营利性法人干的"经营性勾当"——网页的浏览可能免费，但是网上形形色色的广告和收费路径，都在无端地让大学生们陷入了"注意力消失"的陷阱。那就是：上课、读书和学习没有兴趣，而没有目的的浏览网页和手机上网，占去和消磨了太多的时间。

应当说，大学生不能处理好网络、"手机控"和专业课程学习的关系，关键还是方法论出了问题。大学生在大学里没有班主任或者辅导员在身后盯着学习，课业负担比较轻，有大量的空闲时间可以自由支配的实际情况，实际上在考验着一个想真正成才、快速成才的年轻人的自我控制能力。显然，大学生中的文科生，尤其是法学专业的大学生，如何培养自己的理性，让智商与专业知识和专业技能相得益彰，让情商在法学理论的理性思维模式下，得到有效的打磨和锻炼，从而在"五种能力"的养成中，成为自己时间的主人，是一个需要"大智慧才能回答"的问题。即：

1. 学法学要学习什么？学习法学专业，在入门阶段，其实是很枯燥和乏味的。比如，一天三顿饭，人人都会去吃，但是，从大学校园最简单的买饭菜活动来看，未必人人都知道这中间就有合同的订立、履行和大学食堂为什么不用现金，而多数都是使用饭卡或者校园卡。就是这样基础、简单和需要我们以强烈的好奇心解决的问题，遗憾的是，很多人往往视为理所当然或者习以为常。当然，法学专业入门之后，丰富多样的专业课程和教学环节，以及复杂多变的各类案件，还有快速修订的各色法律法规等等，都充满了学习的吸引力。然而，一个法学专业的大学生，如果自控能力不足，只知网络或者成为"手机控"，其智商就有些浪费了。

2. 市民法作用空间在哪？其实，民商法律就在身边，就在我们的日常生活中。比如，我们与父母的亲属关系，我们走在大街上或者进入商场和各种交易场所，就是在我们的校园里，大学生们吃饭的食堂、住宿的宿舍和洗涤衣物的洗衣房，还有商业街上的各种各样的生活消费等等，其实就是民商法律作用的社会。至于同学之间互相借钱、借东西，或者发生冲突、打架之后的处理，还有损害图书馆的图书赔偿等等，其实也都是民事法律关系，属于这个社会当中的民法问题。虽然，大学生活的样态往往是"宿舍——教室——食堂"的"三点一线"式的，有些单调。但是，不能耐得住学习的辛苦、大学校园生活的寂寞，又怎能学会如何学习呢？

3. 得失之间如何取舍？在大学里，大学生首先要对自己负责，关注自己的欲望和时间的使用与支配，克服懒散和消极被动的习惯，养成积极进取和积极主动学习、生活和面对各种困难，以及与同学友好相处、合作互助的良好习惯，那么，大学生活的"得"便是：（1）专业知识和技能的获得，并以文凭和学位证书为标志；（2）养成良好的学习、为人处事以及互助合作的习惯，这便是收获了同学的友谊；（3）学会学习和掌握良好的、积极主动学习的方法，遇到任何困难，都会想方设法去克服。面对人生、学业和事业，抓紧时间，而不是成为"手机控"、"网游狂"或者挂科、逃课和混过学业那样的人，这是法学生应有的状态。

对于"民法总论"的学习而言，除了课堂教学环节之外，还有课堂提问、课堂讨论、指定作业、自由作业、法律问题咨询、寻找法条答案、分析成案和模拟法庭等教学环节。在这些教学环节中，大学生才是教学活动的主体，是学习活动和过程的主要因素，因此，除了积极参与和认真投入做好每一个教学环节的功课外，始终保持良好的学习心态和目的，是学好"民法总论"这门专业基础课程的关键。

20多年前，当女儿刚刚降生的时候，民法作用的空间和民事关系模型便伴随而生。作为父亲，我陪伴她玩耍，培养她的自我意识；在幼儿园和小学阶段，上下学接送她、陪伴她完成家庭作业，给她讲故事，带她旅游以开阔眼界；到了高中阶段，她便开始自己走出国门，感受外语的魅力和讲外语的乐趣，她的人格在成长；到了大学阶段，她在国外读本科、读研究生，课业的压力、念家的孤独和心理断乳的痛苦，以及生活自理——做饭、洗衣服和料理家务能力的养成等等，让她成为一个人格健全的合格大学生。应当说，是生活让她变得乐观、自信，上进、优秀，从而，这一生，她肯定能成功，便是在不远的将来！女儿的故事，就是一个90后的年轻人成长的故事。她的内敛、克己、认真、上进，以及乐观对待平凡的生活，把自己的生活弄得丰富多彩，也是一种才能，这一点，常常让我感动和欣喜！所以，学会科学的学习方法，积极认真地对待学习，并把考取博士当作大学学习的目标，或许也是一种坚定地向上攀登的动力所在吧。于是，民法作用的动力，通过与女儿的亲子关系，得到了充分的彰显。现在，她是一个研究生，在社会学的专业领域里，在异国他乡继续延续着我国民法发挥作用的时间与空间。

2010年6月11日~7月12日第十九届世界杯足球赛（2010 FIFA World Cup South Africa）在南非九个城市的十座球场举行。2010年7月12日，这届足球世界杯赛西班牙队获得冠军前，"章鱼帝"的预测不能代替西班牙队与荷兰队①的决赛一样，只有经过了曼德拉老人出席的世界杯闭幕式上的实际决赛过程，不管是否要通过加时赛

---

① 有网友评论说，请原谅荷兰人，他们确实把世界杯决赛踢得有点丑陋。但是，这是他们不得已的战术，实力不如对手，就不能让比赛按照西班牙人习惯的流畅程序来进行。资料来源：《干杯，西班牙！》，《华西都市报》2010年7月12日。网页地址：http://news. 163. com/10/0712/07/6BCHNOGS00014AED. html。访问时间：2010年7月12日。

决一胜负，最终的胜负西班牙1：0荷兰是依据比赛规则判断的一样，比赛的裁判规则与足球场上的球员配合技巧与球队的整体实力，才是决定胜负的关键。因此，要想学会、学好和学精"民法总论"这门课程，学到民法学的技巧，需要先模仿、再实践和不断的思考，才能实际地变成球场上的西班牙队。于是，民法思维的培养和训练，法律理性思维方法的学习，关注民事立法动态和市民社会变迁，养成以民法方法——事先调整、事中调整和事后调整等，处理民事纠纷、争议和冲突矛盾的耐心和能力，才是这门重要法学专业基础课程的开课与教学的目的。

王建平

2017 年 6 月 26 日

目 录

第一章　民法的定义

【阅读提示】对民法的定义理解，应从民法的内涵、外延，调整对象和调整方法，产生原因，本源、本质和本位等进行分析，并通过逻辑的演绎和推论，导出民法的定义、调整对象和调整方法的特点。通过本章的学习，解决三个问题，即民法的定义及其调整对象，民法的本源、本质和本位是什么、为什么，以及民法在整个法律体系中所处的地位和发挥的作用。

第一节　民法的基本含义

一、民法的字义

"民法"二字，按照其历史文化渊源，其"民"是民事主体或者"市民"即从事交易的人，而"法"是"法律规范"或者"民法规范"的意思。在我国《辞海》① 中，民法是立法者制定的主要调整财产关系的法律。按照《中国大百科全书·法学卷》② 的界定，民法是现代国家的基本法之一，是指一定社会调整特定的财产关系和人身关系的法律规范的总和。可见，民法是与人类的生存、生活和生产等活动密切相关的。

在西方国家，"民法"一词，源自于古罗马的"市民法"。因此，"民法"中的"民"即市民，而"法"作为一种西方法制文明的组成部分，与"权利"、"公平"、"正义"等等字眼密切相关。因而，当国人清末接受西方法制的启蒙，并由日本学者将"市民法"转译为汉语"民法"时，中国人接受的是一个不清晰、不明确和非本土文化的概念。

也就是说，"民法"中的"民"，究竟是人民、国民、臣民或者公民等，还是别的什么，是不够清楚的。而"民法"中的"法"，又是什么意思？是谁也说不明白的。因此，在中华文化层面上，"民法"一词，是与民事权利文化不相协调的一个舶来品。从民法的孕育、发展和沿革上讲，民法作为调整财产关系的基本法，最初产生于早期的交易活动之中，也就是说，民法的萌芽与产生，经历了从习惯法到成文法的发展过程。从一定意义上说，在人类进入文明社会的早期，出现交易活动的时候，民法即以习惯法的形式存在了。但是，最早的习惯法产生的具体时间，现在已经无法考察。而成文法的历史，至少可以上溯到距今 4000 多年前的《汉穆拉比法典》，在我国则是禹刑。《汉穆拉比法典》是公元前 18 世纪古巴比伦王国第六代国王汉穆拉比颁布的法律，共有正文 282 条，

---

① 《辞海》（下），上海辞书出版社 1979 年版，第 4131 页。
② 《中国大百科全书·法学卷》，中国大百科全书出版社 1984 年版，第 412 页。

大部分皆为民法的内容。相比之下，我国历史上的奴隶制、封建制社会里，没有单独的民法典，而只有诸法合体的各朝各代的"律"。

至于民法作为一门学科和法律部门，得到正式的确立，必须追溯到古罗马时期的市民法。所以，民法不是从来就有的。它的产生，与当时社会的政治体制、经济制度和文化观念等的发展有密切的关系。在我国长期的封建社会里，向来有大量的而又复杂的民事关系。但是，却少有专门的民事立法。

因此，民法作为一种独有的私法文化现象，在我国没有出现过。应当说，这是中华法律文化传统的一个特点，又是一大缺陷。这个缺陷的直接表现，就是中华人民共和国成立后直到 1986 年 4 月 12 日，才颁行《中华人民共和国民法通则》（简称《民法通则》），2017 年 3 月 15 日通过了我国《民法总则》，我国《民法典》的编纂到 2020 年才能全部完成。

二、民法的产生及其条件

（一）民法与市民社会

1. 市民社会。所谓市民社会，是指由市场和参与市场交换的人，在市场交换过程中形成的民事利益为本的社会。这种社会里，市民是社会的基本主人，社会的运行是为了市民的利益和需要服务的。因此，市民社会的架构规则，一是平等原则，以及基于平等原则的延伸而来的等价交换、公平、正义、自由等原则；二是诚实信用原则等基本规则，或者"游戏"规则。在这里，市民的身份，意味着人们可以比较自由、快乐地在一种相对生活化的环境生存，"以人为本"、小康社会等等，便是这种社会图景的描述。

2. 市民社会的特征。在市民社会，民事权利或者民事主体的民事利益，成了人们共同追逐或者被"游戏"的对象。因此，市民社会的特征是：（1）市民社会具有基础性。市民社会是满足人们日常生活中的衣食住行用、吃喝拉撒睡，以及生老病死养等等需求的一种利益满足样态，或者社会活动的基本形式，也是所有社会活动的基地。（2）市民社会具有权利性。即所有的民事利益、民事权利，都表现在这种社会中的各种各样的活动中。民事活动，是市民社会当中的主要活动。（3）市民社会具有诚信性的需求。也就是说，市民社会在本质上，是一种讲究诚实信用和以诚信为本的社会，充满了诚实的社会期望和要求，也充满了信用的价值化、社会化的需要。

3. 市民社会的功能。主要是：（1）市民社会具有对市民的生存品质进行快速提升的功能。这种功能是指，市民社会因为以市场经济为基础，而市场经济的本质是一种满足人的需求和合法欲望的经济体制。（2）市民社会对民商法理论、立法和司法实践等等，具有非同寻常的诱发功能。即当市场经济把人的需要和合法欲望激发起来的时候，由人们的各种各样的物质需求，当然地引发人们对于民商法律规范需求的不断增加。（3）市民社会对于民商法律法规等规则体系的运用功能。这种功能是指，市民社会因为交易的广泛性、复杂性，以及数量的巨大，速度的快捷等特点，对于相关的交易规则的运用，是大量的和广泛的，也是不断在创造新的规则。从而，构成了一种良性的需要—规则—更高的需要—更细更多的规则这样的文化意义上的循环。

（二）民法的产生条件

生存利益──→利益交换──→交换规则──→民事活动完成，于是，民事主体的利益交换就实现了。也就是说，在市民社会里，市民的生存，在生存资料方面的差别性或者区别性，决定了他们之间为了生存，必然要通过民事活动，进行民事利益的交换。由于要交换，便产生了交换的规则，而这些交换规则，构成了市民生存利益维护的基础。这当中，有一些交换规则，因为不符合社会发展的规律而消失了。而有些交换规则，因为顺应了社会的发展规律，而被保留了下来。

立法者通过专门的立法，对于这些交换规则中的大部分或者全部，进行了规则的国家化或者普遍化——法律化的处理，赋予其强制执行的法律效力。于是，这部分交换规则成为民法规范。而那些没有为立法者进行了规则的国家化或者普遍化——法律化的处理，赋予其强制执行的法律效力的交换规则，则以被淘汰的结果，成为人类历史上民商法律文化的"文物"。如古罗马人的"曼兮帕蓄"的交易方式，就沉入民商法律文化历史的长河。所以，作为人类民法文明的民事交换规则，随着立法者的立法程序，慢慢地汇聚成了成文的《民法典》这样一种代表民商法律文化结晶的鸿篇巨制。

（三）民法的发育过程

在西方，民法首先源始于罗马法中的市民法。古罗马人在奴隶社会这样的社会背景下，竟然创造了属事权利文化和平等观念，可见，当时的民商法律文化的启蒙者，是在一种何等的大彻大悟的思想的天空，想到了人类生存发展的文化规律——平等、自由与诚信，是社会发展的文化或者文明基础。1804 年，一代枭雄拿破仑用了很短的时间，颁行了具有划时代意义的《拿破仑法典》即现行的《法国民法典》。这是一次历史性的巨变过程中，市民法上升成一个资本主义国家发展和进步的进阶石的基本法典。1900 年，《德国民法典》再颁布实行，以资本家为代表的社会进步阶层的民事利益，通过《民法典》颁行得到了充分保障。干是，民商法律文化所特有的个人本位、私权神圣以及诚实信用等私法精神，被当作是社会进步和人类文明的精华，变成了具体而又复杂的民事法律制度、民事权利规则和民事责任承担条文的设计。于是，我们看到了人类民商事利益分配的基本规律——民事权利、民事义务、民事责任和民事活动，作为一种建立民事法律关系的目标或者结果，在民事利益的界定、分配和实现层面上，需要基本的社会运行制度架构和规范的顶层设计，以及具体而又可行措施的保护，才能顺利完成。这种规律，在市场经济体制国家概莫能外。

1922 年，《苏俄民法典》随着十月革命的胜利，来到人间。这是第一部社会主义制度背景的《民法典》。它的到来，为社会主义社会运用新的规则调整具有社会主义性质的民商利益关系，奠定了良好基础。1961 年，当时的头号社会主义强国，又通过了《苏俄民事立法纲要》，由此，社会主义国家的民事立法，有了一个可以直接借鉴的范本。

在我国，《周礼》以及各朝各代的"律"等，都是民商法律规范的直接源流。但是，由于中华法律文化的综合性——诸法合体，或者因为封建专制主义的独断性——以刑为主，造成中国封建法制当中，民商法律的地位低下。随着西方宪政制度和近代民主法制的影响，直到 1911 年《大清民律》出台，中国才有了真正近代意义上的《民法典》。

1929 年，中华民国政府颁行《中华民国民法》，将西方近现代民商法律文化的理念引入中国，并以体系化的方式加以表彰。《中华民国民法》分成五编颁布，条文多达1225 条，尽管在形式上存在着这样那样的不足，但是，它的历史地位和深远的影响，是不容小视的。

中华人民共和国成立后，我国大陆实行社会主义制度。由于政治制度和经济体制等方面的原因，《民法典》的制定，几起几落。1982 年颁行《中华人民共和国宪法》（简称《宪法》），到 2009 年我国《宪法》已经修订四次之后，也未见《中华人民共和国民法》① 颁布。1986 年 4 月 12 日，《中华人民共和国民法通则》颁布，标志着我国实行社会主义的法治，将市民的民事权利放置到了一个重要的地位。在《民法通则》中，通过法律规范体系确立的民法基本制度，主要有：民事基本制度（即主体制度、代理制度和民事法律行为制度等）、物权制度、债权总论、债权分论（债和合同制度）、知识产权制度、人身权制度、继承权制度、民事责任制度等。2014 年 10 月 23 日，《中共中央关于全面推进依法治国若干重大问题的决定》（简称《依法治国决定》）出台，我国《民法典》编纂才正式以党的政策和国家意志确定了下来。

4. 民法的法学定义

"民法"一词，其法律文化学意义，直接源自于罗马法的 jus civile，并由日本学者从荷兰语翻译而来。在罗马法中，jus civile 原义为市民法，其主要适用于罗马市民。"市民法"是与万民法相对应的一个概念，后来演变成为罗马法的统称。

就中华法系而言，其典型形态为诸法合体，即民法、刑法、行政法合为一体，并且以刑法为主，作为一个系统的、独立部门法意义上的民法，在形式上并未形成。所以，中国的"民法"一词，就其制度上的语源而言，是通过日本民法典追溯到德国民法典，最后到了罗马私法那里的。作为一个独立的法律部门，民法的概念，可以从抽象的概念，以及具体的调整对象两个方面来把握。前者即我们通常所说的形式意义上的民法，后者即实质意义上的民法。

所谓形式意义上的民法，主要是指民法典，最为典型的代表为《法国民法典》、《德国民法典》和《意大利民法典》等，其是近代欧陆国家崇尚理性主义、国家主义的立法产物。在我国大陆地区，从理论上讲，形式意义的民法即民法典，到 2016 年年底时，尚未以完整形态存在。我国形式意义上的民法，只有基本法性质的《民法通则》，以及一系列单行民事法律、法规和司法解释等，以分散的形式存在着。而实质意义上的民法，不仅包括了成文的《民法典》，也包括一切具有民法性质的法律、法规，以及判例法、习惯法等。由此，我们可以对民法下这样的定义，即民法是通过事先、事中和事后等调整方法，对平等主体的自然人之间、法人之间、自然人和法人以及非法人组织之间的财产关系、人身关系，通过民事活动，进行调整的各种法律规范的总称。由此而言，民法是以一种利益关系调整的规范体系，从民事主体的行为规范，司法机构的裁判规范体系角度，进入市民社会，进而发挥其积极作用的。

---

① 我国的《民法典》，按照我国的习惯叫法，名称应当叫作《中华人民共和国民法》，而不叫《中华人民共和国民法典》。这与我国的《刑法典》叫《中华人民共和国刑法》，而不叫《中华人民共和国刑法典》是一样的道理。

三、民法的历史源流

（一）民法的历史渊源

1. 罗马法

古代民法对后世影响最大的，非罗马法莫属。目前，已经发现的古罗马最早的成文法，是公元前 451～450 年制定的《十二铜表法》。而罗马法的成就，则主要集中在《国法大全》中。罗马法的内容异常庞杂，而且，并没有像后世那样，对法律进行明确的法律部门划分。但是，罗马法中对后世影响最为深远的，是规范民事关系方面的规范。罗马法除诉讼部分外，其实体法分为人法、物法两大部分。人法部分包括人格、家和家属、家长权、婚姻和夫权、家主权和恩主权、准奴隶等内容。罗马法中的物法部分，则是财产关系法，主要内容为物权、继承和债等。

罗马法对罗马奴隶时期，已较为发达的商品经济关系作了详细的规定。现代民法的主要法律概念、原则和制度等，在罗马法中都有规定，是其法律文化的基础性根源。西欧封建社会中期以后，欧洲大陆掀起了罗马法的复兴运动，罗马法几乎被整个欧洲所接受。随着欧洲列强在世界范围内的拓殖，罗马法传遍了整个世界。后世民法法系的形成，其法学理论基础与体系基础，都是建立在罗马法的基础之上的。罗马法时代，留给后世的财富有三个方面：其一，第三次征服世界，即以罗马法征服世界；其二，私法观念的确立；其三，私权平等原则的树立。而这些精神财富，都蕴藏在《国法大全》之中。[①]

2.《法国民法典》

《法国民法典》是资本主义社会的第一部民法典，原名叫《拿破仑法典》。它诞生在拿破仑时代，充分反映了资本主义商品经济，即资本家以及市民社会中市民的生存、生活和生产等利益需要。《法国民法典》以罗马法的《法学阶梯》为基础，整部法典由三编组成，共 2283 条。其中，总则部分规定了法律的公布、效力及其适用。

《法国民法典》在总则（第 1～6 条）之后，分为：第一编"人"（第 7～515 条），包括民事权利的享有及丧失、身份证书、住所、失踪、结婚离婚、血缘关系、收养子女、亲权、监护等内容；第二编"财产及对于所有权的各种变更"（第 516～710 条），包括财产的分类、所有权、用益权、使用权及居住权、役权；第三编"取得财产的各种方法"（第 711～2283 条），包括继承、生前赠与及遗嘱、契约或合意之债一般规定、非因合意而发生的债、夫妻财产契约及夫妻财产制及各类有名契约等等。

《法国民法典》贯彻了资本主义民法的三大原则，即所有权绝对原则、契约自由原则和过失责任原则，建立了比较完善的民法体系，其结构严谨、法典用语上简洁通俗，与后来的《德国民法典》在风格上形成了鲜明的对比。

3.《德国民法典》

德国进入自由资本主义时代，经历了一个世纪的时间，《德国民法典》的编纂，也前后经历了大约半个多世纪。那时，法学实践和理论上的成就，给这部法典的编纂，做好了充分的准备。1896 年 8 月 24 日《德国民法典》公布，1900 年 1 月 1 日正式施行。

---

① 梁慧星：《民法总论》，法律出版社 1996 年版，第 14 页。

后世学者评价《德国民法典》时指出：起草者有意避免吸收外国法律、避免采用任何拉丁语或其他国家的法律术语。①

《德国民法典》的编纂体例，与《法国民法典》有很大的不同。其以《学说汇纂》为模型，分为五编，共 2385 条，被称为"潘德克顿"式民法编纂体例。依此种编纂模式制定的民法典，一般都采用五编制。即第一编总则，然后依次为债权法、物权法、亲属编和继承编等。不仅如此，在债权、物权、亲属和继承各编的开头，均设有第一章总则，规定该编的共同制度和规则。

"潘德克顿"式编制体例的特点：(1) 强调法典编纂的逻辑体系，在规定各种法律关系时为了避免重复规定，均采取了从一般到特殊的编制方式；(2) 立法者非常重视立法构造技术的运用，将各种法律上的利益和保护对象，以特定的法律术语进行表述，并放置在一个预定系统的法律体系之中；(3) 法律文化严谨。但是，在德国人的民法文化与其法西斯主义文化的产生，究竟有无内在联系，学界并没有权威性的研究结论。"潘德克顿"式民法典的制定和实施的代价，就是法典用语的脱离世俗用语，法学理论不易为普通人所掌握。因此，"潘德克顿"式的民法典，也被认为是法学家制定的法典。②

（二）民法在中国

中国社会自奴隶社会以降，历来是个重农抑商的社会，各朝各代的法律基本上都是诸法合体、民刑不分的。虽然说，商品交易关系很早即已存在，但是，相关的民事法律规范只是以习惯法方式存在。形式意义上的民法典，从来就没有产生过。"民法"一词，实质上也就是舶来的民法文化的赝品。

我国民法典的首次制定，始于清末。1907 年，处于风雨飘摇中的清王朝试图以变法救亡，光绪帝任命沈家本等人为修律大臣，主持民刑等法典的制定。在日本学者的帮助下，1911 年底，民法典起草完成，史称"大清民律"草案。该草案参酌了刚刚生效的《德国民法典》和《日本民法典》，分为总则、债权、物权、亲属、继承五编，共 1569 条。但是，这一民法典尚未正式颁行，清王朝便被辛亥革命所推翻了。辛亥革命成功后，中华民国政府设立修订法律馆，主持起草民刑法典。1925 年完成的《中华民国民法典》是我国现代意义上的第一部民法典。该法典以大清民律草案为基础，又被称为第二次民律草案，共 1745 条。该法典采民商合一制，体系颇具特色。1949 年，中华人民共和国成立，该法典被中央人民政府明令废除。

中华人民共和国成立后，废除了中华民国时期的《六法全书》。长期以来，我国大陆一直都采用单行法的立法方式，处理和调整民事关系。1954 年，全国人大常委会组织起草我国社会主义的《民法典》，1956 年完成草案，法典共 525 条。分为总则、所有权、债和继承四编，体例采 1922 年《苏俄民法典》的模式。但是，这次起草的《民法典》草案，没有交付表决。1962 年，全国人大常委会组织第二次民法典的起草，同样"无疾而终"。1979 年，全国人大常委会组织第三次民法典起草工作，也是有始无终。到了 1982 年 5 月，我国起草完成《中华人民共和国民法草案（第四稿）》，这个《民法草案（第四稿）》最终也未能颁布施行。应当说，1978 年 11 月，中共十一届三中全会

---

① 梁慧星：《民法总论》，法律出版社 1996 年版，第 14 页。
② 梁慧星：《民法总论》，法律出版社 1996 年版，第 14 页。

以后，我国推行全面改革开放政策，实行社会主义市场经济体制，推进社会主义法治，民事立法在 20 世纪 80 年代快速地被提上了国家的议事日程。整个 80 年代颁行的民事法律，主要是：

（1）1980 年 9 月 10 日第五届全国人大第 3 次会议通过修订的《婚姻法》，1950 年 5 月 1 日颁行的我国《婚姻法》①被废止；

（2）1981 年 12 月 13 日第五届全国人大第 4 次会议通过《经济合同法》、1985 年 3 月 21 日第六届全国人大常委会第 10 次会议通过《涉外经济合同法》、1987 年 6 月 23 日第六届全国人大常委会第 21 次会议通过《技术合同法》，形成我国"三个合同法"并立的特殊现象；

（3）1982 年 3 月 8 日第五届全国人大常委会第 22 次会议通过《民事诉讼法（试行）》；

（4）1982 年 8 月 23 日第五届全国人大常委会第 24 次会议通过《商标法》、1984 年 3 月 12 日第六届全国人大第 4 次会议通过《专利法》，在知识产权方面尚缺《著作权法》补齐；

（5）1985 年 4 月 10 日第六届全国人大第 3 次会议通过《继承法》，亲属继承法方面，尚缺《收养法》；

（6）1986 年 4 月 12 日，第六届全国人大第 4 次会议通过《民法通则》，这是我国民事立法的重要突破，具有里程碑式的意义；

（7）1986 年 12 月 2 日第六届全国人大常委会第 17 次会议通过我国《企业破产法（试行）》，尽管只适用于国有企业，但是，打开了企业破产的法律之门；

（8）1988 年 4 月 12 日第七届全国人大第 1 次会议通过我国《宪法修正案》，这个修正案，将"土地使用权"拓展成"土地承包权"、"建设用地使用权"等，进入土地市场；②

（9）1988 年 4 月 13 日第五届全国人大常委会第 1 次会议通过《全民所有制工业企业法》。整个 80 年代，民法方面的单行法立法，已经达到 10 部之多。从此，我国经济体制的改革引发的社会变革，成为我国历史上的社会改革现象（社会学上称之为"巨变"或者社会关系"结构性快速变迁"），让社会主义市场经济的观念，逐渐走入市民，进入广大市民们的民法文化的视野。

（三）单行民商事法律立法

20 世纪 90 年代，我国的民商事立法，依然保持着快节奏、高速度和急迫感等特征。1993 年 3 月 29 日第八届全国人大第 1 次会议通过的我国《宪法修正案》第 7 条明确规定：国家实行社会主义市场经济；国家加强经济立法，完善宏观调控。于是，1993 年通过的民商事法律有 3 部。1999 年 3 月 15 日第九届全国人大第 2 次会议通过我国《宪法修正案》第 13 条、第 15 条明确规定：实行依法治国，建设社会主义法治国家；

① 这个版本的我国《婚姻法》有八章 27 条，而 2001 年 4 月 28 日修订后的我国《婚姻法》，则有六章 51 条。
② 我国《宪法修正案》第 2 条规定，宪法第 10 条第四款"任何组织或者个人不得侵占、买卖、出租或者以其他形式非法转让土地。"修改为："任何组织或者个人不得侵占、买卖或者以其他形式非法转让土地。土地的使用权可以依照法律的规定转让。"

农村集体经济组织实行家庭承包经营为基础、统分结合的双层经营体制。1999年3月15日，全国人民代表大会又通过了《中华人民共和国合同法》（简称《合同法》），使得我国的民事立法在科学性、技术性等方面，步入了一个新的阶段。具体立法情况如下：

（1）1990年9月7日第七届全国人大常委会第15次会议通过《著作权法》；

（2）1991年12月29日第七届全国人大常委会第23次会议通过《收养法》；

（3）1992年11月7日第七届全国人大常委会第28次会议通过《海商法》；

（4）1993年9月2日第八届全国人大常委会第3次会议通过《反不正当竞争法》，1993年10月31日第八届全国人大常委会第4次会议通过《消费者权益保护法》，1993年12月29日第八届全国人大常委会第5次会议通过《公司法》①；

（4）1995年5月10日第八届全国人大常委会第13次会议通过《票据法》，并在1995年6月30日第八届全国人大常委会第14次会议通过《担保法》、《保险法》，1995年上半年通过的民商事法律就有3部；

（5）1996年7月5日第八届全国人大常委会第20次会议通过《拍卖法》；

（6）1997年2月23日第八届全国人大常委会第24次会议通过《合伙企业法》；

（7）1998年12月29日第九届全国人大常委会第6次会议通过《证券法》；

（6）1999年3月15日第九届全国人大第2次会议通过《合同法》，1999年8月30日第九届全国人大常委会第11次会议通过《个人独资企业法》、《招标投标法》。20世纪90年代，全国人大通过的民商事法律就达到了15部。

21世纪前10年，全国人大在民商事方面的立法，并没有松懈，2004年3月14日第十届全国人大第2次会议通过我国《宪法修正案》第20条、第23条～第24条，明确规定：国家为了公共利益的需要，可以依照法律规定对土地实行征收或者征用并给予补偿；国家建立健全与经济发展水平相适应的社会保障制度；国家尊重和保障人权。于是，围绕我国社会主义市场经济的民商事立法，加快步伐"拾遗补阙"。截至到2010年，前后颁布过9部民商事法律，主要是：

（1）2001年4月28日第九届全国人大常委会第21次会议通过《信托法》；

（2）2002年8月29日第九届全国人大常委会第29次会议通过《农村土地承包法》；

（3）2004年8月28日第十届全国人大常委会第11次会议通过《电子签名法》；

（4）2006年8月27日第十届全国人大常委会第23次会议通过《企业破产法》；

（5）2007年3月16日第十届全国人大第5次会议通过《物权法》；

（6）2009年12月26日第十一届全国人大常委会第12次会议通过《侵权责任法》；

（7）2010年10月28日第十一届全国人大常委会第17次会议通过《涉外民事关系法律适用法》。

必须看到，我国的民商事立法的现状，远远不能满足我国日益发展的社会主义市场经济的需要。为了使我国的民商事立法能跟上我国经济体制改革和社会发展的脚步，我国《民法典》的编纂工作，正在紧锣密鼓地进行中。

---

① 我国《公司法》于1999年12月25日第一次修正，2004年8月28日第二次修正。并于2005年10月27日第三次修订后，2013年12月28日第4次修正。

（四）编纂民法典

社会主义市场经济，本质上是法治经济。为此，要使市场在资源配置中，起到决定性的作用和更好发挥政府作用，必须以保护产权、维护契约、统一市场、平等交换、公平竞争、有效监管为基本导向，完善社会主义市场经济法律制度。健全以公平为核心原则的产权保护制度，加强对各种所有制经济组织和自然人财产权的保护，清理有违公平的法律法规条款。创新适应公有制多种实现形式的产权保护制度，加强对国有、集体资产所有权、经营权和各类企业法人财产权的保护。国家保护企业以法人财产权依法自主经营、自负盈亏，企业有权拒绝任何组织和个人无法律依据的要求。加强企业社会责任立法。完善激励创新的产权制度、知识产权保护制度和促进科技成果转化的体制机制。为此，加强市场法律制度建设，编纂民法典，制定和完善发展规划、投资管理、土地管理、能源和矿产资源、农业、财政税收、金融等方面法律法规，促进商品和要素自由流动、公平交易、平等使用，① 就成为我国社会主义市场经济体制建设，尤其是社会主义法治建设的重要文化工程。

我国已经确定"两个一百年"和中华民族伟大复兴的奋斗目标②，在进入我国进一步深化改革和全面建设小康社会的关键时期，国内外形势发生了新的变化，各类民商事主体的利益诉求，也发生了重大转变，迫切需要民商事法律制度在社会主义法治建设中，予以系统化回应和全面调整。因此，继续加强社会主义市场经济下，各个领域的立法，尤其是民商事方面的立法，是适应社会主义市场经济发展的必然要求。完善民事商事法律制度，完善规范民事活动的法律规范，重视民商法律文化建设，把社会诚信体系建设和诚信文化建设，当成重要的民生工程来抓，是促进社会主义市场经济健康发展，实现"两个一百年"和中华民族伟大复兴③的重要一环。

民法是调整平等主体的自然人之间、法人之间、自然人和法人之间的财产关系和人身关系的法律规范，遵循民事主体地位平等、意思自治、公平、诚实信用等基本原则。而商法则调整商事主体之间的商事关系，遵循民法的基本原则，同时，秉承保障商事交易自由、等价有偿、便捷安全等原则。截至2011年8月底，我国已制定民商法方面的法律33部和一大批规范商事活动的行政法规、地方性法规。

我国制定了《民法通则》，对民事商事活动应当遵循的基本规则作出规定，明确了民法的调整对象、基本原则以及民事主体、民事行为、民事权利和民事责任制度。随着我国社会主义市场经济的发展，我国又陆续制定了《合同法》、《物权法》、《农村土地承

① 中共中央关于全面推进依法治国若干重大问题的决定（2014年10月23日），二、完善以宪法为核心的中国特色社会主义法律体系，加强宪法实施，（四）加强重点领域立法。

② "两个一百年"是中共十八大中提出的一项奋斗目标，和"中国梦"相辅相成，是我们国家我们党未来的发展、奋斗目标。即：第一个一百年，到中国共产党成立100年时（2021年）全面建成小康社会；第二个一百年，到新中国成立100年时（2049年）建成富强、民主、文明、和谐的社会主义现代化国家。2012年11月29日，习近平总书记把"中国梦"定义为"实现中华民族伟大复兴，就是中华民族近代以来最伟大梦想"。"中国梦"的核心目标，概括为"两个一百年"目标，逐步并最终顺利实现中华民族的伟大复兴，具体表现是：国家富强、民族振兴、人民幸福，实现途径是走中国特色的社会主义道路、坚持中国特色社会主义理论体系、弘扬民族精神、凝聚中国力量，实施手段是政治、经济、文化、社会、生态文明"五位一体"建设。

③ 国务院新闻办公室：《中国特色社会主义法律体系》（2011年10月27日），四、中国特色社会主义法律体系的完善。

包法》等法律，建立健全了债权制度和包括所有权、用益物权、担保物权的物权制度；制定了《侵权责任法》，以完善侵权责任制度；制定了《婚姻法》、《收养法》、《继承法》等法律，建立和完善我国的婚姻家庭制度；制定了《涉外民事关系法律适用法》，健全涉外民事关系法律适用制度；制定了《公司法》、《合伙企业法》、《个人独资企业法》、《商业银行法》、《证券投资基金法》、《农民专业合作社法》等法律，建立健全商事主体制度；制定了《证券法》、《海商法》、《票据法》、《保险法》等法律，建立健全商事行为制度，我国的海上贸易、票据、保险、证券等市场经济活动制度逐步建立并迅速发展。

与此同时，我国高度重视保护知识产权，颁布实施了《专利法》、《商标法》、《著作权法》和《计算机软件保护条例》、《集成电路布图设计保护条例》、《著作权集体管理条例》、《信息网络传播权保护条例》、《植物新品种保护条例》、《知识产权海关保护条例》、《特殊标志管理条例》、《奥林匹克标志保护条例》等以保护知识产权为主要内容的一大批法律法规。截至 2010 年底，我国累计授予各类专利 389 万多件；有效注册商标达 460 万多件，其中，来自 177 个国家和地区的注册商标有 67 万多件。据不完全统计，2001 年至 2010 年，各级版权行政管理部门共收缴侵权盗版复制品 7.07 亿件，行政处罚案件 93000 多起，移送司法机关的案件 2500 多件。[①]

2016 年 6 月 14 日，习近平总书记主持召开的中央政治局常委会会议上，听取了全国人大常委会党组《关于民法典编纂工作和民法总则（草案）几个主要问题的请示》的汇报，原则同意请示，并就做好民法典编纂和民法总则草案审议修改工作作出重要指示。由于编纂民法典是一项艰巨复杂的系统工程，必须按照党中央的要求，统筹考虑，在加强顶层设计的前提下，积极稳妥地推进，确保立法质量。我国《民法典》由总则编和各分编即合同编、物权编、侵权责任编、婚姻家庭编和继承编等组成。其中，总则编规定民事活动必须遵循的基本原则和一般性规则，统领各分编；各分编在总则编的基础上，对各项民事制度作具体可操作的规定。总则编和各分编形成一个有机整体，共同承担着保护民事主体合法权益、调整民事关系的任务。

我国《民法典》的编纂，虽然有"民商合一"理念的羁绊，以及 1＋N 即 1 为《民法通则》＋N 为若干部单行民事法律，与单纯制定民法典的学术分歧与立法指导思想的争议。但是，最终立法者还是采取了编纂民法典的立法思路，让我国《民法典》成为民法文化的集大成者。在我国《民法典》编纂中，采用了分编制、分阶段和分步走的方法。即：2017 年 3 月通过《民法总则》，然后，一次通过《物权编》、《合同编》、《侵权责任编》和《亲属继承编》，采用的五编制体制，有点"潘德克顿"式民法典的风格。但是，这个模式中，却把非常重要的人身权编付诸阙失了。

改革开放以来，我国分别制定了《民法通则》、《合同法》、《物权法》、《担保法》、《继承法》、《收养法》、《侵权责任法》等一系列民事法律，修改了《婚姻法》，在我国市场经济体制改革和社会发展中，发挥了重要的作用。近年来，社会各界对编纂我国《民法典》的呼声日趋高涨，编纂民法典的学术研究和理论准备等，也比较充分，已经具备了良好的民法典编纂的主客观条件。所以，编纂我国《民法典》的任务是，对我国现行

---

① 国务院新闻办公室：《中国特色社会主义法律体系》（2011 年 10 月 27 日），二、中国特色社会主义法律体系的构成，（二）中国特色社会主义法律体系的部门。

的《民法通则》以及单行民事法律进行系统、全面整合，编纂一部内容协调一致、结构严谨科学的法典。编纂民法典不是制定全新的民事法律，而是对现行分别规定的民事法律规范进行科学整理，也不是简单的法律汇编，法律汇编不对法律进行修改，而法典编纂不仅要去除重复的规定，删繁就简，还要对已经不适应现实情况的现行规定进行必要的修改完善，对我国社会经济生活中出现的新情况、新问题，作出有针对性的新规定。

编纂我国《民法典》的任务重、工作量大、要求高，社会各界的期望值也很高，既要高质量完成党中央部署的立法目标任务，又要体现立法的阶段性成果，坚持进度服从质量的要求。为此，我国《民法典》编纂工作按照"两步走"的工作思路进行。即：第一步，编纂《民法典总则编》（即《中华人民共和国民法总则》），经全国人大常委会审议后，提请 2017 年 3 月第十二届全国人大第 5 次会议审议通过；第二步，编纂《民法典》各分编，于 2018 年上半年整体提请全国人大常委会审议，经全国人大常委会分阶段审议后，于 2020 年 3 月将民法典各分编一并提请全国人大会议审议表决通过，从而形成统一的《民法典》。与此同时，按照进度服从质量的要求，具体安排可作必要的调整。"两步走"的工作思路，得到了各方面的广泛认同，理论界和实务界都认为符合立法规律，体现了实事求是的精神，是可行的。[①]

第二节　民法调整的对象与调整方法

一、民法的调整对象界定

我国《民法通则》第 2 条规定，我国民法的调整对象为平等主体的公民之间、法人之间、公民和法人之间的财产关系和人身关系。我国《合同法》第 2 条规定的调整对象，也是"平等主体的自然人、法人、其他组织之间设立、变更、终止民事权利义务关系的协议。"《中华人民共和国民法总则（草案）》（即《民总一审稿》）在立法时，其第 2 条规定，民事法律调整作为平等民事主体的自然人、法人和非法人组织之间的人身关系和财产关系，《民法总则》通过后，第 2 条改为"民法调整平等主体的自然人、法人和非法人组织之间的人身关系和财产关系"。因此，可以将我国民法的调整对象，界定为"平等主体的自然人、法人和非法人组织之间的财产关系和人身关系"。

（一）财产关系

"财产"一词，是大陆法系和英美法系共用概念。但是，在英美法系中，财产是一个非常概括的开放概念，而在大陆法系中，虽然立法者和学者也在不同场合使用"财产"一词，但是，却几乎没有人对财产概念进行准确的界定。

有学者对于民法规制对象的财产，作出以下限定：（1）它们必须具有效用，即能满足人的需要；（2）它们必须具有稀缺性，即不能无限量地存在；（3）它们必须具有合法性。有些客体既具有效用，又具有稀缺性，但它们却不是财产，比如军衔，荣誉等。[②]

---

① 全国人大常委会法制工作委员会：《关于〈中华人民共和国民法总则（草案）的说明》，中国人大网，http://www.npc.gov.cn/COBRS_LFYJNEW/user/UserIndex.jsp?ID=7882625。最后访问：2016-07-10。

② 彭万林：《民法学》，中国政法大学出版社 1999 年第 2 版，第 18 页－第 19 页。

一般而言，民法中的财产，包括以下内容：（1）具有经济价值的有体物。如房屋、机器、土地等。（2）智力成果。如著作、专利、商标等。（3）受法律保护的具有经济价值的利益。如企业名称，商业秘密等。（4）某种具有财产内容的民事权利。如汇票、支票、本票、债券、存款单、仓单、提单、基金份额、股权等。围绕财产及财产权利形成的关系，即为财产关系。但是，并非一切财产关系皆由民法进行调整，具体到一个财产关系，是否由民法进行调整还要看具体的情形。比如抽象的经济关系、情谊行为中的所谓经济关系，一般就不属于民法的调整范围。

民法调整的财产关系，主要为财产的归属关系和财产流转关系。前者可以称为静态的财产关系，后者可以称为动态的财产关系。静态的财产关系主要由物权法进行调整，而动态的财产关系则主要由债法调整。除此以外，民法所调整的财产关系，还有一个重要的特征，就是均为平等的财产关系，在财产流转的规制上也贯彻平等原则，以及平等原则基础上的自愿原则，这也是民法与行政法、刑法、经济法等部门法的重要区别。

（二）人身关系

人身关系包括人格关系和身份关系，是以人身利益为内容，不直接体现财产利益的社会关系。其中人格关系以人格利益为对象，主要是以人格权为内容，如名誉权关系、肖像权关系等；而身份关系则主要以身份利益为内容，例如配偶关系、父母子女关系等。民法所调整和规定的人身关系，主要具有如下特点：

1. 与人身不可分离。人身关系是基于人身利益而发生的关系，因此，人身利益一般都不能随意放弃或被转让。很多人身关系，都是始于出生终于死亡。

2. 人身关系的当事人地位平等。现代民法所调整的人身关系，皆为平等主体之间的人格和身份关系，主体之间没有相互的依附和隶属关系。每个民事主体，都享有独立的人格利益，同时，人格和身份利益也具有绝对性，不得任意侵犯。人身关系中的当事人，虽然在权利义务上有所不同，但是，当事人之间的法律地位是平等的。

3. 人身关系不直接体现财产利益。人身关系中当事人之间的权利义务关系，虽然可以体现财产利益或者可以转换为财产利益，但是，人身关系一般都不直接体现为财产利益。

人身关系在我国，分为纯粹的人身关系，即人格关系、身份关系和与财产有关的人身关系，即受损补救型人身关系，如隐私侵害或者人格侮辱之后，除了停止侵害、赔礼道歉之外，往往还要赔偿损失包括精神损失，就是这种关系的典型表现。在我国，学术界对于"人格升位"现象①不予认可，故而导致人身权立法，在人格权是否单独成编的

---

① 人格升位，是指作为人身权的人格利益，被市民社会所给予的更为广泛的重视，以及更加受到民事主体的尊重和司法的超强度保护与救济的情形。参见：王建平：《民法学（下）》，四川大学出版社 2005 年版，第 585 页。

争议①之后，在我国《民法典》编纂过程中，被搁置而出现了弱小化或者衰微化的倾向。

二、民法的调整方法

民法作为调整社会关系的主要法律手段，从不同的角度和阶段观察，可以看出其在调整方法上并不相同。具体而言，可以分为直接调整、间接调整；事前调整、事中调整和事后调整等等，以下主要对后一分类进行阐述。

（一）事前调整

所谓事前调整，是民法规范对于民事关系的规则性调整，即民事法律调整规则确定后，对于民事主体、民事客体的确定和作用。民法在对民事活动进行事先调整的主要方式，分为筛选和排除等两种，具体表现为通过民事法律规范对民事主体、民事客体的确定。

确定方法，是指民法为民事法律关系的产生及规制事先预定一定的条件和资格。确定主要分为主体资格的确定、客体条件等的确定。所谓主体资格的确定，主要是指民法通过权利能力和行为能力的规定，对法律关系的参加者进行筛选和控制，从而将不符合民法规制目的的主体，排除在民事法律关系之中，以实现民法活动的正常秩序。所谓客体条件的确定，主要是指民法通过民事活动的客体制度，对可以进入民事流转和民事归属体系的客体，进行筛选和限制，将不合格的客体加以排除，从而在民事客体的角度，实现对民事法律关系的客体规制。

除了通过排除和筛选民事主体和民事客体的方式，进行民事法律关系的规制以外，民法还通过拟制的方法，在事前调整中对民事活动进行规制。比如，我国《民法通则》第11条第2款"16岁以上不满18周岁的公民，以自己的劳动收入作为主要生活来源的，视为完全民事行为能力人"的规定，就是从规则角度，把符合16岁以上不满18周岁条件的公民，在其以自己的劳动收入为主要生活来源时，把其作为完全民事行为能力人，允许参加所有的民事活动，其法律行为是完全有效的。

（二）事中调整

所谓事中调整，是指通过运用民法规范，将民事主体之间的利益联系，采取民事关系模型加以调整的情形。民法事中调整的方式，主要有范导和拟制等。民法规范是对一个法律事实，赋予确定法律后果的规定。其逻辑结构，可分为行为模式和保证手段两个方面。行为模式由假定和处理构成，保证手段则由假定行为和法律后果两者构成。

事中调整，主要是通过对行为模式的调整——即范导实现的。在民法为当事人提供

---

① 从20世纪90年代以来，应当制定一部独立成编的人格权法的呼声很高，理由是：（1）人格权法独立成编符合民法注重人文关怀的发展趋势；（2）制定独立成编的人格权法就是要让人们活得更有尊严。"中国梦"就是中华民族的尊严梦；（3）人格权法的主要功能是为了尊重与保护公民的人格尊严。反对的观点认为，人格权规定在民法总则编自然人一章中，不赞同人格权单独设编。理由是：（1）人格权与人格（主体资格）两个概念不同。作为人格权客体的自然人的生命、身体、健康、自由、姓名、肖像、名誉、隐私等，是人格的载体；人格权与人格（主体资格）相终始，人格不消灭，人格权不消灭；人格消灭，人格权当然消灭；（2）人格权不能依权利人的意思、行为而取得或处分，不适用总则编关于法律行为、代理、时效和期日期间的规定，独立设编将造成逻辑混乱；（3）人格权单独设编，全世界没有先例。从整体民事立法科学性和体系性的角度看，人格权独立成编是存在严重问题的。

的行为模式中，可分为任意性规定和强制性规定。前者是民法中，可由当事人自由选择是否遵循的规定，而对于后者当事人则不能自由选择。任意性规定主要为柔性的范导模式，即法律仅对当事人的法律行为进行引导或诱导，而不作强制性的规定。强制性规定，顾名思义即法律对当事人的法律行为进行了明确的规定，当事人如果违反此种规定，则要承受不利的法律后果，此为刚性的范导模式。除此以外，在事中调整过程中，民法也往往借助民法解释学，对当事人从事的意思不明确的法律行为进行拟制，从而，确保民事活动的可规制性和结果的确定性，防止当事人之间因为某些疏忽，而导致民事法律关系处于不稳定状态。

现实生活中，事中调整主要表现为对民事法律规范的遵守和应用。比如，根据我国《合同法》的规定，当事人订立合同，并在涉及担保事项的时候，根据我国《担保法》和《物权法》关于担保的规定，按照法定的担保方式条件要求，设定担保并进行担保财产的登记或者交付，从而设定担保物权，为债权的实现提供法律上的保障。与此同时，在合同履行发生违约或者需要实现担保物权的情形时，要及时行使担保物权，从而使自己的合同利益得到有效保障，就是一种事中调整的具体表现。

（三）事后调整

所谓事后调整，是指民法对于确定形成的民事法律关系，进行的效力性评价，并据此对民事主体所欲形成的法律关系进行修补和保障。包括对形成的各种民事纠纷和冲突、矛盾，依靠民事规范加以调处，从而解决相关纠纷和冲突、矛盾。

民法事后调整的主要方式为强制。其具体表现为对合法民事关系的效力肯定和保障，比如，对于合法成立的合同，法律赋予其强制履行的效力。除此之外，民法在事后调整中，强制力实现的一个主要方式是惩罚，主要是对没有按照法律要求，从事民事活动的民事主体，加诸不利的法律后果。惩罚具体可分为失权、强令生效、经济制裁、强制道德行为和证据规则限制，等等。

一般而言，民事主体发生各种各样的争议纠纷和冲突、矛盾时，需要民事法律关系在这种障碍出现的情况下，采用一种有效的救济方法，即或者协商、调解或者和解，或者通过诉讼、仲裁与强制执行等方式，进行民事利益的补救型救济。事实上，事后调整在通过诉讼、仲裁或强制执行的方式，包括列入各种黑名单或者强制执行对象的时候，就是民事规范强制发生作用的事后调整的典型模式。

三、民法的适用范围

民法的适用范围，是指民法效力发生作用的范围，即民法对什么人、在什么地方和什么时间产生效力。其主要分为民法对人的适用、民法对空间的适用及民法对时间上的适用。我国《民法总则》第12条规定，我国领域内的民事活动，适用中国法律。法律另有规定的，依照其规定。在我国，由于存在"一国两制"的顶层制度设计，以及我国香港和澳门特别行政区、我国台湾地区各自不同法域存在的现实，因此，讨论我国民法的适用范围问题，实际上是回答我国民事法律的生效时间、地域和主体、对象等问题。

（一）民法对人的适用

民法对人的适用，是指民法适用于哪些人。根据我国《民法通则》的规定，我国民法对人的适用范围，采用的是以属地主义为主，属人主义和保护主义相结合的原则。我国《民法通则》第8条规定："在中华人民共和国领域内的民事活动，适用中华人民共和国法律，法律另有规定的除外。本法关于公民的规定，适用于在中华人民共和国领域内的外国人、无国籍人，法律另有规定的除外。"可见，我国民法对于人的适用，既包括了我国公民、外国人、无国籍人等，也包括了中国法人、外国法人或者外国的组织机构等等。

（二）民法在空间上的适用范围

民法在空间上的适用范围，是指民法在哪些地方发生效力。一般而言，我国民法适用于我国领土、领空和领海，以及根据国际法视为我国领域的我国驻外使领馆，在我国领域之外航行的我国船舶，在我国领空之外的飞行器等。具体而言，我国民法在空间上的适用范围，可作以下区分：

1. 适用于我国全部领域的民事法律、法规。全国人民代表大会及其常委会制定颁布的民事法律，国务院制定公布的民事法规，适用于我国全部领域。但法律、法规中，明确规定仅适用于某一地区的除外，如香港、澳门特别行政区等就不能适用《民法总则》、《合同法》等。

2. 适用于局部地区的地方性民事法规。地方性民法法规、民族自治地方的民事法规、经济特区的民事法规、特别行政区的民事法规，适用于制订者所管辖的区域之内。该区域之外，则不能适用。

（三）民法在时间上的适用范围

民法在时间上的适使用范围，一般是指民法的生效和失效的时间，以及民事法律规范对其生效前发生的民事法律关系是否具有溯及力。

1. 民法的生效时间。民法的生效时间，主要有两种：一种是自民法规范公布之日起开始生效的。另一种是在民事规范公布后，经过一段时间再生效的。如我国的《合同法》生效就是如此。

2. 民法的失效时间。民法的失效时间，就是民法终止效力的时间。具体而言，可以分为三种：一种是新法直接规定废止旧法的；一种是旧法规定与新法相抵触的部分自动失效的；第三种是国家机关颁布专门的决议，宣布某些法律失效的。

3. 民法的溯及效力。我国的民事法律规范，贯彻法律不溯及既往的原则，一般都没有溯及力。有溯及力的情况，一般都发生在法律有明文规定的场合，比如最高人民法院《关于贯彻执行〈中华人民共和国合同法〉若干问题的解释》（一）（简称《合同法解释一》）第3条规定："人民法院确认合同效力时，对合同法实施以前生效的合同，适用当时的法律合同无效而适用合同法有效的，则适用合同法。"

（四）民法在事项上的适用范围

民法在事项上的适用范围，其实就是所谓民法的调整对象的问题。我国《民法总则》规定了民法的调整对象，是平等主体的人身关系和财产关系。除此之外，在其形式上，民法又有普通法和特别法之分，其中，民事普通法仅适用一般的或普通的事项，而民事特别法适用于个别的或特殊的事项。①

需要特别注意的问题：（1）涉外民事关系适用法律。我国《涉外民事关系法律适用

---

① 龙卫球：《民法总论》，中国法制出版社2002年第2版，第77页。

法》（简称《涉外适用法》）第 2 条规定，涉外民事关系适用的法律，依照该法的确定。其他法律对涉外民事关系法律适用另有特别规定的，依照其规定。我国《涉外适用法》和其他法律对涉外民事关系法律适用没有规定的，适用与该涉外民事关系有最密切联系的法律。（2）国内法域冲突。在我国，由于"一国两制"与香港和澳门特别行政区、台湾地区多法域问题的存在，必然会引起国内的法际冲突或者法域冲突。对于这种大陆与港澳台地区，民事关系的法律适用以法域进行划分，即大陆的民事法律，只适用于大陆民事主体以及按照属地法适用大陆法律。（3）新法和旧法的适用。一般原则是新法优于旧法适用。但是，要注意民事法律的位阶关系，上位法要优先于下位法适用。这一点，在我国《物权法》立法时，在涉及与《担保法》的关系时，其第 178 条规定，担保法与本法的规定不一致的，适用本法的规定，就是如此。

第三节　民法的本源、渊源和本质

一、民法的本源

所谓民法的本源，是指民法作为调整社会关系中，最基本的社会规则体系，它究竟是起源于立法者的"任性"或者国家意志，还是起源于市民社会中市民的生存需求根源。

作者认为，在我国，民商法律起源的基础，与我国《宪法》第 2 条的规定是一致的，即"中华人民共和国的一切权力属于人民"。在这个大的背景下，我们对于民商法产生的观察点，就是"以人为本"[①]，即以人民的利益为核心，建构我们整个国家的民商法律体系。也就是说，人民群众的衣食住行用、吃喝拉撒睡和生老病死养等等，都应当是我们进行任何工作的最终落脚点。人民生活无小事，因此，人民政府应当是"权为民所用，利为民所谋，情为民所系"的"三个政府"——亲民政府、法治政府和责任政府。

在本源意义上，强调民商法的产生根源，究竟在以人为本，还是以政府为本。市民的生存需求的存在、满足和发展，并不取决于或者不完全取决于政府的喜好或者立法者对于市民利益的态度。长期以来，我国民商立法比较落后，往往与立法者和政府这种政治国家的代表者，对于市民利益的认识不充分有一定的关系。但是，从 1978 年开始，我们党通过一系列的拨乱反正，经济全方位的改革开放，推动了我国社会政治、经济、文化的全面进步。其最典型的成果，就是中国老百姓的绝大多数人已经脱贫，一部分走上了富裕道路。于是，市场繁荣，经济发达，社会进步，人民安居乐业，我国社会的民商立法和法制的全面进步，已经成为一个不争的现实。

现在，我国社会的管理者，已经将建设全面小康社会、以人为本、尊重人权等等，写入我国《宪法》，成为一个国家、一个民族进行国家建设和社会发展的重要目标。因此，在本源上讲，我国已经承认市民社会作为一种崇尚私权、保护私益，以及充分保障

---

① 《中共中央关于完善社会主义市场经济体制若干问题的决定》第 3 部分，就有"坚持以人为本，树立全面、协调、可持续的发展观，促进经济社会和人的全面发展"这样的明确规定。

合法财产的权利，不受到非法侵害的社会，正在逐步形成。作为一种民商法理念，作者强调：民法的本源，实质上就是以何为立法的基础，在理念上究竟是权利为本，还是社会秩序为本。说到底，民法的本源，解决的是民法的基础是人——市民的需要，还是政府——国家的需要问题。

无疑，在目前以及今后相当长一段时间里，我国社会进步和经济发展的基本动力，就是我国《宪法》确立的政治目标，即社会主义革命和建设的目标，是为了满足人民群众日益增长的物质的、精神的和文化等的需要，逐步实现工业、农业、国防和科学技术的现代化，推动物质文明、政治文明和精神文明协调发展，把我国建设成为富强、民主、文明的社会主义国家。按照《中共中央关于完善社会主义市场经济体制若干问题的决定》第 3 部分的规定，就是"坚持以人为本，树立全面、协调、可持续的发展观，促进经济社会和人的全面发展"。

二、民法的渊源

（一）民法渊源的界定

民法的渊源即民法的表现形式，又称为民法的法源，主要是指实质意义民法的存在形式。关于民法渊源的问题，存在所谓的"一元制"与"多元制"的争议，前者只承认制定法为民法的渊源，《法国民法典》即采此种主张。而按多元制主张，民法的渊源除了制定法以外，还包括习惯法、判例法和法理等，持多元制主张的有《瑞士民法典》等。出于对法律局限性和法官自由裁量权，以及民法规制特征的不断认识，现代民法在立法和学说上，基本上都赞同多元说的观点。

（二）我国民法渊源的具体类型

我国民法的渊源主要有以下几种：

1. 制定法。制定法又称成文法，是指以享有立法权的国家机关，依照法定程序制定和公布的，以文字形式表述并于生效前公布的法律。在我国属于民法的制定法规范，主要有：

（1）宪法中的民法规范。宪法是国家的根本大法，也是民事立法的依据。作为调整最广泛社会关系的法律部门，宪法在调整对象上与民法必然存在一定的重合。例如，宪法中有关民事主体基本权利和义务的规定，也属于民事法律规范的范畴。比如我国《宪法》第 41 条规定，"由于国家机关和国家工作人员侵犯公民权利而受到损失的人，有依照法律规定取得赔偿的权利"，这种规定，就是民法规范的规定。

（2）民事法律。民事法律主要是指由全国人民代表大会及其常务委员会制定、颁布的民事方面的法律。目前主要有《民法总则》、《合同法》、《担保法》、《著作权法》、《商标法》、《专利法》、《婚姻法》、《继承法》、《收养法》等等。

（3）国务院制定的民事法规。我国《宪法》规定，国务院作为国家的最高行政机关，有权制定行政法规。在我国，行政法规主要是对国务院所制定的规范性文件的通称，而非仅仅限于行政性质的规范，民事规范也包括在其中。例如，《物业管理条例》。需要指出的是，国务院所属各部（委）、局所制定颁布的规范性命令、指示和规章，不是行政法规，在处理民事纠纷中仅具有参照意义，而且，其内容也不得与法律和行政法规相冲突。

（4）地方性法规、自治法规和经济特区法规中的民事规范。地方性法规、民族自治地方的自治法规和经济特区法规中，有些属于民事规范，这些规范在不与法律和行政性法规相抵触的情况下，在制订者所管辖的区域内有效。

（5）特别行政区的民事规范。根据《香港特别行政区基本法》和《澳门特别行政区基本法》的规定，港澳两地的法律制度基本不变。两地原有法规中的民事法律规范，在各该特别行政区内依然适用。因此，它们同样属于我国民事法律规范的范畴之内。

（6）有权机关的解释。有关国家机关在其权限范围内，可以对民法规范的适用进行解释，其本身虽不是民事立法，但是，仍然具有一定的拘束力，可以视为广义的民法渊源。其中，最主要的就是最高人民法院所作出的各种司法解释。此外，国务院对其制定的民事方面的行政法规所作出的解释，也是广义的民法规范的组成部分。

（7）国际条约中的民法规范。国际条约虽然不属于国内法的范畴，但是，通过特定的程序，国际条约可以具有与国内法同等的效力。因此，经过我国签订或参与的国际条约，也属于我国国内法的渊源之一。比如，我国参加缔结的《联合国国际货物销售合同公约》，就是我国处理涉外买卖合同关系的一种民法渊源，法官可以直接适用其进行特定案件的民事裁判。

2. 习惯。成文法和习惯法是对法律类型的基本分类。由于成文法本身所具有的种种局限，各国大都承认习惯法可以作为民法的渊源。我国《民法总则》第 10 条规定，处理民事纠纷，应当依照法律；法律没有规定的，可以适用习惯。但须注意的是，此处的习惯，不同于日常生活用语中的习惯，能够作为民法渊源被确立的习惯，必须满足以下条件：其一，该习惯确实存在；其二，该习惯所针对者，须为法律未有规定的内容；其三，该习惯至少在一定区域内，得到了大多数人的认可；其四，该习惯须不违背国家的强制性法规的规定，不违背公序良俗，并经过司法机关的明示或默认的许可适用等。

另外，判例法是英美法系的主要法律渊源，传统大陆法系国家一般都不认可判例作为法律渊源的效力。但是，随着两大法系的相互融合，以及对成文法局限性认识的深化，越来越多的学者已经主张我国应施行判例法制度。

在司法实践活动中，最高人民法院所作出的批复、解答和判例中所形成的许多规则，实际上已经充当了一定的判例作用。但是，必须认识到：施行判例法制度，对法官的要求非常严格，就中国目前的司法环境而言，判例并不适宜全面地进入民法法律渊源领域，而仅应在特定层次上，发挥对成文法的补充作用，以及对下级法院法官判案的指导作用。

三、民法的本质

（一）民法为私法

民法调整的是平等主体之间的人身关系与财产关系，其所涉及的利益大都属于民事主体私人利益范畴，故民法理论一般都认为，民法究其性质而言，属于私法范畴。

关于公法、私法的划分，一直以来，是西方法律史上源远流长的分类。关于公法、私法的划分标准，也一直是观点纷纭，争执不定，主要有利益说、意思说、隶属说、主体说等等。但无论对私法、公法的划分，采用何种标准，都必须面对一个问题，就是这种区分在法学理论以及司法实践中具有怎样的意义。

民法学者一般认为，强调私法、公法的分类，主要目的在于正确认识民事法律属于私法而不是公法，由此出发，才能正确摆正民法的位置，进而提倡所谓的私权神圣、意思自治等。

民法为私法，其主要体现为民法所规范的社会关系，皆为当事人之间的"私"的利益，而并不直接与国家公权力相关。由此，可以得出民事关系中的权利，不容国家公权力任意侵犯，在私法活动的领域内，实行意思自治原则，即由法律地位平等的当事人，通过协商解决他们之间的权利义务关系，国家原则上不作干预，只有在当事人双方无法通过协商解决彼此争端的时候，才由司法机关出面进行裁决。

（二）民法为市民法

"民法"一语作为日本学者对"市民法"的意译，在翻译过程中，将市民的概念变成了公民概念，这是其词不达意的地方。大陆法传统理论中，民法的基本含义，不是"公民"的法而是"市民"的法。

市民社会是孕育现代民法学理论的土壤，也是民商立法的基础。何谓民法学领域中的市民社会？[①] 西塞罗指出，市民社会，是业已发达到出现城市文明政治共同体的生活状态。但是，被后世法学家们普遍接受的市民社会的概念，还是由黑格尔、马克思等确立的定义。黑格尔认为，市民社会是处在家庭与国家之间的差别阶段。在市民社会中，每个人都以自身为目的，其他的一切在他看来都是虚无的，他必须通过与其他人发生关系以实现他的全部目的。实际上，黑格尔所说的市民，就是合理追求自己利益的"经济人"。因此，市民社会的实质，是一种以交易手段，获得和满足自己利益需求的社会。在这种社会里，一切社会活动中的基本规则是：以人为本，效率第一，交易规则第一。

民法为市民社会的法，就是强调：民法理念以及对于民法制度的理解，必须放置在市民社会的总体背景中进行或者展开，承认民事主体在市民社会中的利益定位，不对民事主体课以过高的道德要求。因而，市民社会是一种让市民成为一个讲究诚实信用和平等相待的社会。

（三）民法为实体法

以法律的调整对象以及实施程序等为标准，法律可以被划分为实体法与程序法。在民事领域，规定当事人之间实体权利义务关系的法律，为民事实体法，而规定此种实体权利的运用即实现，以及实施的程序、手续的法律是程序法。

从民法规范的具体形态看，民法主要规范的是民事主体的实体权利义务关系。所以，民法中尽管也包含了一定程序法的内容，以及举证责任的要求，但是，就其整体而言，民法的性质仍然为实体法。

---

① 作为与市民社会相对应的概念，是关于"政治国家"这一名词。政治国家对于市民社会而言，往往意味着强力、控制和更多的约束。相比较而言，市民社会更多的是协商、平等和自由等。法律的中心观念，具体体现为近代民法三大原则的确立。其一，意思自治原则。法律尊重民事主体的意思自由，将个人权利义务的取得和丧失委于个人自由意志，民事当事人可以根据自己的意思订立各种契约，国家对此原则上不作干预。其二，所有权绝对原则。所有权获得法律的绝对性保护，拥有强大的对抗效力，当事人对所有权的处分的边界，也完全受制于当事人自身的意思。其三，过错责任原则。个人只对自己存在主观上可归责的行为承担责任，而不对其他人的行为承担责任，也不对自己的无过错行为承担责任。

四、民法的本位问题

所谓民法的本位，即民法的基本观念、基本目的或基本作用。民法本位虽然受制于民法的基本原理，但是，也随着时代的变迁经历了不同的演变过程，表现为不同的具体形态。在人类社会的早期，民法以身份关系为基础，此时，民法主要为义务本位时期。罗马法时代的家父制度、奴隶制度，均是此种民法观念的明显体现。所谓义务本位，简言之，就是民事规范以法律上的义务为核心，民法的主要内容为禁止性和义务性规定，较少程度上承认民事主体私权上的自治权利。法律观念的核心，是使个人在其特定身份的设定下完成特定的要求。其典型的立法例，为1794年制定的《普鲁士联邦法》。

中世纪以后，人性复苏，家族社会日益解体，作为自治主体的个人逐渐取得了对社会生活的主导地位，个人从此成为政治经济生活的独立主体，梅因将此称为"从身份到契约的进步"。在这种背景下，权利本位观念在民法中取得了支配地位，民法进入了权利本位时期。在此种本位下，法律的基本作用和目的，不再是限制民事主体的自由和权利，用身份对民事主体进行强制义务的课加，而是确立民事主体的独立地位，加强对其民事权利的保护。

19世纪末至20世纪以来，随着社会生活环境的巨大变化，传统的权利本位原则的绝对化以及推行导致了大量社会问题的出现。为了适应现实生活的需求，校正过分的权利本位原则，各国民法的立法、司法和理论界均调整了姿态，对权利本位原则作出了相应的修正。其主要表现为：重视社会利益的增加，法律在特定场合下，对个人权利作出一定的限制或剥夺。其典型的表现，是20世纪以来，侵权法中无过错责任的兴起、法人有限责任的排除等。就我国现行的民法本位而言，基本采用的是以权利本位为主，兼顾了社会本位的原则。所以，民商法产生于市民社会，是市场经济发展的产物。世界历史上，民商法起源上的共同历史之源，即是罗马法中的"市民法"。

在民法当中，民事权利和民事活动是民商法学的灵魂，因为它解决的是市民利益的界分、调整和规制，即民事主体的民事权利的调整和保护问题。古今中外民法的具体产生原因，及其法律渊源在表现形式上，尽管可能有所不同，但是，民法在其实质上是一样的。那就是，架构民事平等的法律平台，贯彻保护私人权利的思想，倡导民事权利合法行使，以及意思自治基础上整个社会的诚实信用理念。

思 考 题

1. 民法的定义是什么？民法是如何产生的？
2. 民法的调整对象、调整方法各是什么？请举例说明。
3. 怎样理解民法的本质？民法的本位是什么？
4. 何谓市民社会？市场经济和市民社会有什么样的内在联系？

学习资料指引

1. 全国人大常委会法制工作委员会：《关于〈中华人民共和国民法总则（草案）〉的说明》，2016年7月5日。
2. 中共中央关于全面推进依法治国若干重大问题的决定，2014年10月23日。

3. 国务院新闻办公室：《中国特色社会主义法律体系》，2011 年 10 月 27 日。

4. 国务院新闻办公室：《中国的法治建设》，2008 年 2 月 29 日。

参考法规提示

1.《中华人民共和国立法法》，第 1 条～第 4 条、第 8 条。

2.《中华人民共和国民法通则》，第 1 条～第 2 条。

3.《中华人民共和国民法总则》，第 1 条～第 2 条、第 10 条、第 12 条。

4.《中华人民共和国民事诉讼法》，第 2 条～第 8 条。

5.《中华人民共和国涉外民事关系法律适用法》，第 2 条～第 10 条。

6. 最高人民法院《关于贯彻执行〈中华人民共和国民法通则〉若干问题的意见（试行）》（1988 年 1 月 26 日最高人民法院审判委员会讨论通过）四、民事权利部分。

7.《法国民法典》，第 1 条～第 6 条。

8.《德国民法典》，译序。

9.《意大利民法典》，第 1 条～第 31 条。

10. 我国台湾"中华民国民法典"，第 1 条～第 5 条。

第二章　民法的基本原则

【阅读提示】民法的基本原则，是民事立法、民事活动和民事司法的抽象性的规则，是民法规范的基础。民法的基本原则实际上是民事活动这种最为常见的，民事主体的生存性、生产性社会活动的基本原则。本章对于民法的基本原则定义、民事活动的定义和内容等进行了分析和阐述。本章的重点，是了解和掌握民法的基本原则与民事活动的关系，以及在民事活动中，民事主体应当遵循的基本规则，即民法的平等原则、意思自治原则、诚实信用原则、私权神圣和公序良俗原则等，学习者应当理解这些基本原则之间的内在逻辑关系。本章的难点，是理解绿色原则即人与自然和谐发展的原则，为什么是民法的一项基本原则。

第一节　民法的基本原则及作用对象

一、民法基本原则的定义

所谓原则，从语义角度分析，不外乎是指概括性的规则或者基准，是规范社会生活的基本准则或根本规则。相应地，民法的基本原则，是指效力贯穿民法始终的民法的根本规则，是对作为民法调整对象的社会关系的本质和规律，以及立法者在民事活动领域所行政策的集中反映，是克服法律局限性的工具。

民法基本原则，之所以具有根本的效力，能够统率民事法律规范，主要是因为：首先，它的内容与普通民法规则相比具有根本性，其所调整的社会生活关系的范围，远远比一般法律规范要广阔。其次，它的效力具有贯穿始终性，也就是说，基本原则不是针对民法某一部分产生效力，而是贯穿于民事活动的始终。

民法的基本原则，按不同的标准可分为学理民法基本原则和法定民法基本原则[①]。前者是指学者从学理上提出的基本原则，通常是由一定的观念、理论为指导概括出来的。学理性原则一般只具有理论性而没有法律效力。其中，最为著名的是所谓传统民法的三大基本原则，即所有权绝对原则、契约自由原则和过失责任原则。而后者，则是在民事基本法中明文规定的基本原则。法定原则具有法律效力，但是其往往深受所谓学理性基本原则的影响。

除此之外，学者还对民法基本原则作出了公理性原则、政策性原则和关于法律渊源

[①]　魏振瀛：《民法》，北京大学出版社、高等教育出版社 2000 年版，第 21 页。

原则的分类。①

　　民法的基本原则，主要具有如下功能：（1）民法基本原则是民事立法活动的指导准则；（2）民事活动的基本准则和法官裁判的基本准则；（3）民法基本原则是司法机关补充法律漏洞，行使自由裁量权的准则和依据。与此同时，民法的基本原则的作用对象，主要是民事主体的民事活动的，又称民事活动的基本原则。换句话说，民法的基本原则，首先是给民事主体进行民事活动规定的，是以一种事先调整的抽象规范，给民事主体以民法知识和技能层面的昭示，在民事主体进行民事活动的过程中，则希望民事主体把民法基本原则的精神与具体规范结合起来，妥当实施法律行为，努力使民事主体的法律行为符合民法规范的规定，从而产生其所希望的法律后果。

　　作者认为，民法的基本原则在理论上，应当包括：平等原则、诚实信用原则、意思自治、私权神圣与公序良俗等。我国《民法总则》通过后，在第一章使用了"基本规定"的标题，并在第 3 条～第 9 条分别规定了"民事权益受保护"、"地位平等"、"自愿原则"、"公平原则"、"诚信原则"、"公序良俗"和"绿色原则"等 7 个基本原则。

二、民事活动及其定义

　　"民事活动"一词的引入，是因为民事主体的生存利益，要通过相应的民事或者商事行为，有意识地活动来实现的。换言之，民事主体的生存利益，并不是自动或自然地实现的，它依赖在合法前提下的各种单一主体、各方主体的意思表示，以及基于此意思表示而发生的一系列行为或作为。从这个意义上讲，民事活动是个动态的概念，它揭示了民事主体对其生存利益的实现过程，也反映了民事主体与其生存利益的结合模式。

　　"民事活动"一词的立法认可，可以从我国《民法通则》第一章的规定得到确认。《民法通则》从第 1 条到第 8 条共八个条文中，"民事活动"一词就出现了 6 次，足见其在《民法通则》立法者心目中的重要性。而在我国《民法总则》制定过程中，也在第一章基本规定中，也是 7 次使用"民事活动"这样的字样。即：民事主体在民事活动中的法律地位一律平等（第 4 条）；民事主体从事民事活动，应当遵循自愿原则，按照自己的意思设立、变更、终止民事法律关系（第 5 条）；民事主体从事民事活动，应当遵循公平原则，合理确定各方的权利和义务（第 6 条）；民事主体从事民事活动，应当遵循诚信原则，秉持诚实，恪守承诺（第 7 条）；民事主体从事民事活动，不得违反法律，不得违背公序良俗（第 8 条）；民事主体从事民事活动，应当有利于节约资源、保护生态环境（第 8 条）；在中国领域内的民事活动，适用中国法律。中国法律另有规定的除外（第 12 条）等。不过，我国《民法总则》使用的句式为"民事主体从事民事活动"、"在……的民事活动"，这一点，与我国《民法通则》使用"总结民事活动的实践经验"、"在民事活动中"、"在……的民事活动"，条款开头使用"民事活动"的句式是不同的。

　　作者认为，所谓民事活动，是指民事主体在其意志支配之下，为了实现其生存利益而进行的取得、享有、行使和救济民事权利的行为过程（或一系列行为）。其中，符合民法规范的民事活动能获得合法的效果，而违法的民事活动不能取得预期的合法效果。民事活动主要包括下列要素：（1）民事主体；（2）主体意志；（3）活动的目的；（4）活

---

① 　徐国栋：《民法基本原则解释——成文法局限性之克服》（增订本），中国政法大学出版社 2001 年版，第 14 页。

动的过程；（5）合法与否的效果不同。具体而言，民事活动从其性质和功能上说，具有如下特征：

1. 民事活动是民事主体的权益行为。所谓民事权益行为，实际上是民事主体生存利益实现的行为。分析现实生活中的民事活动，不难发现：几乎所有的民事活动，都与民事主体的民事权益，存在内在的密切联系。这不但是因为民事主体的每一次，或者每一阶段的民事活动，都带有鲜明的民事权益目的，表露出其谋取利益的动机，而且，也是因为不论这种利益是否能够得到，是否能够获得保障，都是为民事主体所积极追求的。

民事立法，只是给予了这种民事权益行为一个区别受保护与不受保护的依据，从而，引导民事主体实施受保护的权益行为，限制、制裁那些不受保护的民事权益行为。也就是说，民事立法只是提供了民事主体在从事民事活动时，进行民事法律关系事先调整、事中调整和事后调整的规范工具而已。

2. 民事活动是民事主体的意思行为。民事活动是民事主体有意识的意思行为。这种说法的完整含义，即民事主体在其对民法了解的基础上，以适当方式的意思表示反映其意志，从而实现其生存利益的行为。它强调民事活动的主观性，影响到该活动的形成。但是，民事主体的意思行为，并不能与合法行为相等同，不合法的民事利益交易或者谋取行为，依然可以成为民事活动，只不过，此类民事活动有可能遭到法律的否定性评价。

比如，大学生在学校餐厅就餐时，在售餐口向餐厅工作人员通过语言和动作（即要约型意思表示），指定所要购买的菜品或者食物，工作人员依照同学的指令将菜品和食物盛到餐盘中（即承诺型意思表示），然后，接盘刷卡（即履行型意思表示），就是典型的双方交易的意思行为。于是，一个饭菜买卖合同，就这样订立和履行完毕了。

3. 民事活动是民事权利的实现途径。民法理论中，民事法律关系理论，只是反映了民事权利实现的静态结构，但并未揭示其动态特征。而民事活动理论，可以从动态上揭示民事权利实现的过程，及其条件和社会因素的作用。那就是，民事主体从事民事活动，是有目的有内在动机的——为了实现自己的民事权利。民事利益的交换或者流转，通过民事活动来进行，这是民事利益实现的一种社会规律，也是民事法律制度设计的社会基础。

因此，对民事活动乃民事权利的实现途径的理解，可以从如下几个方面进行观察：其一，民事权利的发生态，以相应的民事主体行为为基础。同时，民事权利的享有、行使与救济态本身，即与民事主体行为的动态密切联系；其二，民事权利的受侵害态或实现受阻碍态的形成，也是因为违法或违约主体的行为与不行为造成的，或民事权利的实现途径被人为障碍形成的；其三，民事权利的代理、共有、继承以及相邻态，在很大程度上也与民事主体的权益行为密切相关；其四，民事权利的裁判保护，还与民事主体的意志行为和司法机关的职权行为密切联系。围绕着民事权利实现这一目的，各种民事活动以不尽相同的形式开辟了相应的途径，即自己行为、救济行为、义务行为以及裁判行为等等途径。①

---

① 王建平：《民法学（上）》，四川大学出版社 1994 年版，第 66 页。

三、民事活动的内容

民事活动的进行，以一定的民事行为或一系列民事行为为特征。其具体内容，从民事主体从事民事活动的目的和动机，以及产生的法律后果看，可以分为法律行为、事实行为、侵权行为、权益行为、毁权行为和裁判行为等等。

（一）法律行为

法律行为，是自然人或法人以设立、变更或终止民事法律关系为目的的行为。法律行为基于意思表示，旨在产生民事法律后果。我国《民法通则》第54条～第59条曾经规定，法律行为的特征是：其一，属于合法行为；其二，属于表示行为，即以意思表示为要件的民事合法行为；其三，属于效果规定于意思表示的合法行为。

作者认为：在我国，基于《民总一审稿》的立法基础选择，《民法总则》法律行为的有关行为规则，以意思表示为核心，其法律化的要求应当包括：

1. 应具备的实质要件：（1）行为人具有相应的民事行为能力；（2）意思表示真实；（3）不违反法律、行政法规的效力性强制性规定，不违背公序良俗；（4）法律行为可以基于单方的意思表示成立，也可以基于双方或者多方的意思表示一致成立。法人、非法人组织的决议行为，应当依照法律或者章程规定的程序和表决规则成立。法律行为因重大误解、欺诈、显失公平被撤销的，不得对抗善意第三人。

2. 形式要件：可以采用书面形式、口头形式或者其他形式，如默示形式、推定形式等；法律规定或者当事人约定采用特定形式的，应当采用特定形式。具体包括：（1）以对话方式作出的意思表示，相对人了解其内容时生效；（2）以非对话方式作出的意思表示，到达相对人时生效。以非对话方式作出的采用数据电文形式的意思表示，相对人指定特定系统接收数据电文的，该数据电文进入该特定系统时生效；未指定特定系统的，相对人知道或者应当知道该数据电文进入其系统时生效。当事人对采用数据电文形式的意思表示的生效时间另有约定的，按照其约定；（3）以公告方式作出的意思表示，公告发布时生效；（4）无相对人的意思表示，表示完成时生效，法律另有规定的除外；（5）行为人可以明示或者默示作出意思表示。沉默只有在有法律规定、当事人约定或者有习惯时，方可以视为意思表示；（6）行为人可以撤回意思表示。撤回意思表示的通知应当在意思表示到达相对人前或者与意思表示同时到达相对人。

3. 法律效力：法律行为自成立时生效，法律另有规定或者当事人另有约定的除外。行为人非依法律规定或者取得对方同意，不得擅自变更或者解除民事法律行为。违反法律、行政法规的效力性强制性规定或者违背公序良俗的民事法律行为无效。行为人与相对人恶意串通，损害他人合法权益的民事法律行为无效。无效的或者被撤销的民事法律行为，从民事法律行为开始时起就没有法律约束力。

4. 效力限制：法律行为从成立时起即生效，法律行为可以附条件，但是依照其性质不得附条件的除外。附生效条件的法律行为，自条件成就时生效。附解除条件的民事法律行为，自条件成就时失效。法律行为可以附期限，但是依照其性质不得附期限的除外。附生效期限的法律行为，自期限届至时生效。附终止期限的民事法律行为，自期限届满时失效。

（二）事实行为

法律行为属于表意行为，而事实行为则属于非表意行为。只要法律上存在此行为的事实，即当然发生法律效果，至于行为人有无取得该效果的意思，则在所不问。在民法上，事实行为主要包括：不当得利行为、无因管理行为、遗失物的拾得行为和埋藏物的发现行为等情形。

不当得利行为，即没有合法依据，取得不当利益，造成他人损失的行为。对于不当得利行为，民法上的处理规则是返还不当得利给受损失的人。而无因管理行为，即没有法定规定或约定的义务，为避免他人利益受损失进行管理或者服务的行为。这里的"无因"，强调无义务依据的事实。无因管理发生后，受益人应当支付相应的利益给管理人。至于遗失物的拾得行为，即民事主体对遗失物、漂流物等加以占有和实际控制的行为。这种行为，在我国，属于民法上的具有法律意义的一种事实行为，但是，往往以道德行为或者"拾金不昧"的道德规范来要求，其立法的具体规范，与世界上其他国家的规定，相去甚远。还有，埋藏物发现行为，即民事主体因有意无意活动而获得所有人不明的埋藏物、隐藏物的行为。这种行为，在现实社会生活中，也发生了大量的争议和纠纷。比如，成都彭州市的吴高亮乌木事件，就引起过重大的争议，并以诉讼方式的不了了之结案，就是典型例证。①

（三）侵权行为

侵权行为，是因故意或过失不法侵害他人权利的行为，或者不法侵害他人的非合同权利或者受法律包括的利益，因此行为人须就所生损害负担责任的行为。我国《侵权责任法》第2条规定，侵害民事权益，应当依照本法承担侵权责任。其中，所侵害的"民事权益"，包括生命权、健康权、姓名权、名誉权、荣誉权、肖像权、隐私权、婚姻自主权、监护权、所有权、用益物权、担保物权、著作权、专利权、商标专用权、发现权、股权、继承权等人身、财产权益。在理论上，侵权行为可分为一般侵权行为和特殊侵权行为两大类。

1. 一般侵权行为。

所谓一般侵权行为，是指直接导因于民事主体的过错而侵害他人权利的不当行为和故意违背公序良俗、道德准则而加害他人的行为。我国《侵权责任法》第一章~第四章，对一般侵权行为的构成要件、责任承担要求和处理规则等，作出了具体规定。

一般侵权行为的法律要件，主要有：（1）损害要件，即有损害事实；（2）因果关系要件，即损害事实与侵权行为之间须有因果关系；（3）违法性要件，即加害行为为违法；（4）过错要件，即侵权人在从事侵权行为时必须存有主观上的过错；（5）责任能力要件，即加害人须有责任能力。对于造成损害事实的当事人，应当依法承担民事责任。

———————————

① 2012年2月，成都市属彭州市村民吴高亮在家门口河道边，发现乌木雇人挖掘，通济镇政府将乌木挖出运走。镇政府认为乌木属国有，而吴高亮认为归自己。7月3日，通济镇政府决定，奖励吴高亮7万元，但吴高亮认为太少。7月26日，吴高亮向成都中院提起行政诉讼。11月27日，成都中院公开审理此案，认定吴高亮的"确认孳息于原告承包地，并由原告发现发掘的7件乌木为原告所有"的请求事项系确认权属纠纷，不属于行政审判的权限范围，裁定"予以驳回"。2013年2月22日，成都中院裁定，中止审理吴高亮的其他三项诉讼请求。5月10日，四川省高院二审开庭审理此案，未当庭宣判。6月15日，四川省高院裁定，驳回上诉，维持原裁定。

我国《侵权责任法》规定了一般侵权行为的基本法律要件，即：行为人因过错侵害他人民事权益，应当承担侵权责任。根据法律规定推定行为人有过错，行为人不能证明自己没有过错的，应当承担侵权责任（第6条）；行为人损害他人民事权益，不论行为人有无过错，法律规定应当承担侵权责任的，依照其规定（第7条）。

尤其是，我国《侵权责任法》中，对共同侵权行为，规定了相对细致和具体的责任承担规则。即：（1）二人以上共同实施侵权行为，造成他人损害的，应当承担连带责任（第8条）；（2）教唆、帮助他人实施侵权行为的，应当与行为人承担连带责任。教唆、帮助无民事行为能力人、限制民事行为能力人实施侵权行为的，应当承担侵权责任；该无民事行为能力人、限制民事行为能力人的监护人未尽到监护责任的，应当承担相应的责任（第9条）；（3）二人以上实施危及他人人身、财产安全的行为，其中一人或者数人的行为造成他人损害，能够确定具体侵权人的，由侵权人承担责任；不能确定具体侵权人的，行为人承担连带责任（第10条）；（4）二人以上分别实施侵权行为造成同一损害，每个人的侵权行为都足以造成全部损害的，行为人承担连带责任（第11条）；（5）二人以上分别实施侵权行为造成同一损害，能够确定责任大小的，各自承担相应的责任；难以确定责任大小的，平均承担赔偿责任（第12条）。在此基础上，对共同侵权行为的连带责任，我国《侵权责任法》进行了具体规定，即：法律规定承担连带责任的，被侵权人有权请求部分或者全部连带责任人承担责任（第13条）；连带责任人根据各自责任大小确定相应的赔偿数额；难以确定责任大小的，平均承担赔偿责任。支付超出自己赔偿数额的连带责任人，有权向其他连带责任人追偿（第14条）。

我国《侵权责任法》规定的承担侵权责任的方式，主要有：（1）停止侵害；（2）排除妨碍；（3）消除危险；（4）返还财产；（5）恢复原状；（6）赔偿损失；（7）赔礼道歉；（8）消除影响、恢复名誉。这些承担侵权责任的方式，可以单独适用，也可以合并适用（第15条）。而其他侵权责任的具体处理规则，如受害人死亡的赔偿、各种侵权责任形式的结合、不承担责任和减轻责任的情形、责任主体的特殊规定，比如工作人员职务行为致人损害、劳务派遣中的侵权、劳务关系中的侵权、网络侵权、公共场所管理人侵权和幼儿园、学校或其他教育机构的侵权责任等等，则另详加规定。

2. 特殊侵权行为。

特殊侵权行为，是指基于法律特别规定的由特殊行为，不法对他人权利造成侵害的行为。广义上，将当事人行为以外的加害源，因为具有管理关系或者其他利益关联关系等，造成对方当事人受损害的事实，也包括在特殊侵权的范畴之内。立法层面上，我国《民法通则》第121条至第127条、第130条至第133条对此进行过专门规定。我国《侵权责任法》则有7章的具体规定，即：第五章产品责任（第41条－第47条）7条、第六章机动车交通事故责任（第48条－第53条）6条、第七章医疗损害责任（第54条－第64条）11条、第八章环境污染责任（第65条－第68条）4条、第九章高度危险责任（第69条－第77条）9条、第十章饲养动物损害责任（第78条－第84条）7条、第十一章物件损害责任（第85条－第91条）7条。

特殊侵权行为的特殊性，主要体现在以下方面：（1）构成要件特殊，即有时不要求有人的过错或者人的加害行为；（2）后果归属特殊，一般并不见得直接归属于行为人；（3）行为种类特殊，其中加害行为可能是人的行为，而行为人可能不具有行为能力。或者加害源不是人，而是被人饲养的动物、物或者自然力等；（4）归责原则特殊，即特殊侵权发生时，其归责原则可能是过错责任（包括推定过错），也可能是无过错甚至公平原则等。

特殊侵权行为主要有以下类型：（1）间接侵权。即不直接由实施侵权行为的关系人承担民事责任的侵权行为。包括公务侵权行为、工作人员侵权行为和被监护人的侵权行为等；（2）工业灾害侵权行为。主要包括产品瑕疵加害侵权行为、高度危险作业加害侵权行为和环境污染侵权行为等；（3）危险来源行为。即因为某种危险事由，从而给民事权利的安全造成严重威胁的侵权行为。包括建筑物危险侵权行为、动物危险侵权行为和制造通行危险的侵权行为等；（4）意思联络型，即以侵权行为人的意思联络的状态确定的侵权行为。包括共同侵权行为和混合过错侵权行为等。我国《侵权责任法》中规定的特殊侵权责任，也采用了类型化方法，但是，归纳的特殊侵权行为类型并不多，只有产品责任、机动车交通事故责任、医疗损害责任、环境污染责任、高度危险责任、饲养动物损害责任、物件损害责任等 7 种。而且，对大规模侵权现象①，以及网络侵权、公共场所管理人等特殊侵权，采取了责任承担方式层面的处理，而不是规定在特殊侵权行为类型下面，这是需要特别注意的。

（四）权益行为

所谓权益行为，即以民事权益实现、权益共有、权益流转以及权益限制为内容的民事行为。权益行为作为民事主体为使其民事权益实现、流转、共有及限制而实施的有意识的行为，强调的是，民事权益在民事主体实现时所具有的动态特征或流转特征。这种行为可以分为代理行为、共有行为、继承行为和相邻关系方面的行为等，其共同特点是民事权益的流转或者流转中的共同利益关系的法律调整。

1. 代理行为。代理行为，即代理人在代理权限内，以本人名义为本人实施法律行为的活动。这种行为的产生，主要是因为本人民事权益的取得、享有、行使（或实现）和救济需要他人的协助或辅佐。这种行为，是帮助被代理人实现其民事权利或者民事权益，由我国《民总一审稿》中直接规定具体的代理规范以及代理制度的结构设计。我国《民法总则》通过后，在第七章专门规定代理制度，并用三节 15 条即第 161 条~第 175 条规定了一般规则、委托代理和代理终止规则。

2. 共有行为。共有行为，即民事主体因权益实现的需要而实施的产生共同后果的行为。如联营、合伙、互相持股、关联关系和物业关系中的共同共有等。在这里，共有行为的侧重点，是强调因为共同关系的存在或者形成，而必然发生大量的利益共同现

---

① 大规模侵权，是指基于一个不法行为或者多个具有同质性的事由，比如瑕疵产品，给大量的受害人造成人身损害、财产损害或同时造成上述两种损害，根据具体侵权行为的属性，在侵权行为构成要件上以加重责任的方式保护受害人的侵权类型。侵权行为的一次多发性、同质性以及因果关系的推定性、损害后果的复杂性和概率计算方式都是大规模侵权不同于单个侵权的重要特征。除主观过错外，大规模侵权法律关系的四个要件中，有三个要件与一般侵权行为是不同的。即：（1）侵权行为具有概括的一致性；（2）受害人具有广泛性；（3）因果关系具有不确定性；（4）损害赔偿数额巨大。另外，损害后果具有滞后性与或然性是其另一重要特征，这些特征中对该类案件的处理造成障碍的主要是后四者。"大规模侵权"不是一个传统法学领域的概念，而是以社会变迁作为背景，对大量案件的事实情形进行概括提炼而来的法学概念。这一用语源于美国法中的"mass torts"，学者朱岩将此法学用语直接翻译称为"大规模侵权"，突出了此种侵权行为损害对象和损害后果的范围远远超出了一般单一侵权这一主要特点。在我国，"三鹿奶粉食品安全事件"就是大规模侵权行为的一个典型事例。

象。其中，共有行为给民事主体权益的实现，提供了民事行为能力和活动能力上的补充。因而，不论是产生按份共有还是共同共有，其法律权益均由共有人享有。在相关共有行为发生时，则有一系列的行为规则。例如，婚前购房属于购房方单方所有，如果要将另一方加到房产证书上即"加名"的话，则必须要实施共同具名或者署名行为，并得到房产登记机构的确认，才具有法律效力。这时，共同具名或者署名行为，就是典型的共同行为。

3. 继承行为。继承行为，即民事主体为处分遗产和获得遗产而实施的财产权益流转行为。这一行为，可以从第三人角度理解成遗产继承或者继承制度设计，但是，如果从被继承人和继承人的法律关系角度观察，由于遗产继承，旨在给被继承人这一主体死亡时财产权益的流转以推动。所以，包括遗嘱行为、继承合同行为和遗产取得行为本身，就成为一种名副其实的继承——遗产流转行为了。

4. 相邻关系方面的行为。这种行为，即两个以上相互毗邻的不动产所有人或占有、使用人在行使不动产的占有、使用、收益和处分权时，相互之间给予便利或接受限制的行为。应当说，这种行为是一种相对消极或者被动的行为，其实施，往往是一种两利两害的权衡和取舍行为。不过，不论是对双方都有利还是对一方有利，相邻关系方面行为的实施，往往不完全取决于当事人的意愿，而是由我国《民法总则》以及民法典的各编通过具体规则的设定，进行具体调整和规范。

（五）毁权行为

"毁权行为"，也可以称为民事利益"处分行为"，往往是民事主体在非常规或者非合乎道义等的前提下，对其民事利益进行的处置或者处分。所谓毁权行为，是指民事主体在其意志支配下，消灭其财产权利的行为。"毁权行为"概念的提出，主要是强调：民事主体可依其意志，应当在合法的前提下，任意处置其民事权利或救济权利，或作为这些权利的标的物或利益。这类行为主要包括：抛弃权利行为、馈赠行为、浪费和挥霍行为、消费性使用行为等。我国《民总一审稿》中规定了"民事主体从事民事活动，应当保护环境、节约资源，促进人与自然和谐发展"的原则，实际上，就是对某些毁权行为，比如浪费性弃权行为、挥霍性处分行为的限制性规定。

（六）裁判行为

一般而言，裁判行为不会被认为属于纯粹的民事活动或者民事行为的范畴。理由是，裁判行为属于国家司法权层面上的行为，行使司法裁判权的机构是法院、仲裁委，而不是民事主体。但是，如果把民事裁判行为，抽象为"是有权裁判民事纠纷或争议的机构，实施的民事权益保障行为"的话，就可以与民事活动或者民事行为产生直接的关联。理由是：任何民事裁判行为的开始、过程和裁决执行，都需要民事主体的参与。这当中，民事主体的救济请求权、利益处分权和程序参与义务等，构成了民事诉讼和民商事仲裁当中，裁判行为的民事利益保障属性，以及民事裁判行为的目的性，就是指向民事纠纷和民事利益冲突的解决。

事实上，民事裁判行为只是采用了公力强制的外在形式，其内容或实质仍然是保障民事主体的民事利益的实现，维护民事权利的取得、享有、行使和救济的法律秩序。所以，民事裁判行为的特征是：（1）公力强制性；（2）民事权益调整性；（3）行为的程序性；（4）实施的请求性；（5）行为后果的专项性。这类行为包括民事仲裁行为、民事调解行为和民事裁判行为、生效文书执行行为等等。

四、民事活动的调整范式

为了保护自然人、法人和非法人组织的合法权益，正确调整民事关系，维护社会和经济秩序，适应中国特色社会主义和社会主义市场经济的发展，在我国《民法通则》生效30年之后，颁行我国《民法总则》，启动《民法典》编纂的国家立法程序，其目的是为民事主体的民事活动，注入三个方面的文化元素：（1）民事活动当中，应当倡导和坚持爱国、敬业、诚信、友善的理念，即公民价值观；（2）民事主体从事民事活动，应当自觉维护交易安全，即交易安全观或者"不得滥权观"；（3）民事主体从事民事活动，应当保护环境、节约资源，促进人与自然和谐发展，即生态发展观。

为此，我国《民总一审稿》从民事主体的法律地位一律平等的抽象原则入手，具体细化为采用"民事主体从事民事活动，应当……"的范式，之后搭配"遵循"、"自觉维护"、"保护……促进"、"遵守……不得"、"受法律保护……不得"、"履行义务承担……责任"、"可以……不得"等句式，构成了民事权利与民事义务、民事责任的"三角形结构"，即：民事权利在三角形的顶部，人们对民法规范之所以感兴趣或者产生接触的愿望，是因为民法与民事权利密切相关，是确认民事权利、民事义务和民事责任的系统化的法律规范的总和。但是，民事权利的背面或者另一面，则是民事义务或者民事利益的流转、流失和流动所支付或者换取的代价。同时，民事责任，是民事义务不履行或者履行不符合法律规定，所应当承受的消极法律后果，是民事权利的一种消极或者实现的受强制状态。由此而言，民事活动便是民事权利取得、享有、行使和实现，以及发生纠纷后进行救济的一种常态性的活动，是社会活动的重要组成部分。一般而言，民事活动中，民事主体所追求的主要是积极利益或者正面利益，而不是消极利益或者负面利益。但是，一旦当积极利益或者正面利益的追求，与消极利益或者负面利益发生博弈或者冲突的时候，民事主体趋利的天性导致他必然只看重积极利益或者正面利益，而舍弃或疏忽消极利益或者负面利益，甚至于恶意逃避消极利益或者负面利益。于是，就有了我国《民总一审稿》的基本原则规定中，民事主体从事民事活动，应当遵循自愿、公平原则，合理确定各方的权利和义务；应当遵循诚实信用原则，自觉维护交易安全；应当保护环境、节约资源，促进人与自然和谐发展；应当遵守法律，不得违背公序良俗，不得损害他人合法权益；民事主体行使权利的同时，应当履行法律规定的或者当事人约定的义务，承担相应责任的"偏义务型"规定和要求。如图2-1。

图2-1 民事活动的义务型原则模式

在图2-1中，虽然民事主体喜欢或者更看重民事权利，但是，民事权利制度是依靠民事义务以及民事责任来支撑的。现实社会中，由于人们对核心价值观、交易安全观和生态发展观等"三观"的理解不到位或者不充分，从而，导致不讲诚信、恶待他人或者随意毁约，以及在出现民事纠纷时，不能正确对待民事利益矛盾，恶意诉讼和缠讼、不执行生效裁判等不良和违法行为，时常发生。所以，图 2—1 的"三角形结构"外部的长方形的积极利益、消极利益、正面利益和负面利益的稳定结构或者作用力量，就构成了我国民事活动基本原则的基石。

因此，我国《民总一审稿》中，以专门的章节明确法律责任，有利于引导民事主体强化自觉履行法定或者约定义务的意识，预防并制裁违反民事义务的行为，切实保护权利人的民事权益。并且，《民总一审稿》进一步完善了民事权利受到侵害后的 4 种救济渠道和方式：（1）规定民事主体应当依照法律规定或者当事人约定履行民事义务，不履行或者不完全履行民事义务的，应当依法承担民事责任；（2）规定承担民事责任的主要方式。针对污染环境、破坏生态的行为，还特别增加了"修复生态环境"这种新的责任承担方式；（3）规定为保护他人民事权益而使自己受到损害的，由侵权人承担责任，受益人可以给予适当补偿。没有侵权人、侵权人逃逸或者无力承担责任，受害人请求补偿的，受益人应当给予适当补偿，以保护因见义勇为受到损害的人，鼓励见义勇为行为；（4）规定因当事人一方的违约行为，损害对方人身、财产权益的，受损害方有权选择要求其承担违约责任或者侵权责任。[①] 我国《民法总则》通过后，基本上完全采用了《民总一审稿》中民事活动的调整范式。

第二节　平等原则

一、平等原则

我国《民法通则》第 3 条规定，当事人在民事活动中的地位平等。《民总一审稿》第 3 条的规定是"民事主体的法律地位一律平等"。我国《民法总则》第 4 条则规定为"民事主体在民事活动中的法律地位一律平等"，增加了"在民事活动中"这一大前提限定。这是我国平等原则的法律出处或者法律依据，应当说，其规定是有差异的。那就是："当事人"的提法更像是民事诉讼法中的专业术语，而"民事主体"则属于民法专业词汇。前者，对"地位平等"加上了定语，即"民事活动中"，而后者没有民事活动这一前提，而是强调"民事主体的法律地位一律平等"。

所谓平等原则，是指在民事活动中，民事主体的法律地位一律平等，即不区分尊卑贵贱、教育程度、财富状况和具体的实际民事能力的强弱大小和高低等情况，一律平等的互相对待对方，设定民事权利，履行民事义务和承担民事责任，并在纠纷处理中一律受同等待遇的原则。即：所有具有民事主体资格的双方主体，在民事活动中的行为，均应当一体遵循的基本准则。平等原则，是由民法的基本属性所决定的。民事关系，从根本说就是平等主体之间的财产关系和人身关系，民法调整的社会生活关系，也自然以平等为首要因素。但是，平等并不等于实质意义上的平均。马克思主义平等观的基础是，

---

① 全国人大常委会法制工作委员会：《关于〈中华人民共和国民法总则（草案）〉的说明》，中国人大网，http://www.npc.gov.cn/COBRS_LFYJNEW/user/UserIndex.jsp?ID=7882625。最后访问：2016—07—10。

平等源于商品和财产所有权的互认。应当注意，民法上的平等，不是指民事关系中的活动，或者民事利益本身的实质上平等，而只是一种法律地位形式上的平等。在我国，对平等原则的理解，应主要包括：

1. 民事主体权利能力平等。现代民法，无一例外地确认了民事主体自出生至死亡，皆享有平等的民事权力能力。民事主体的民事地位一律平等，源于这种能力的生存性和不可或缺性。因此，无论是自然人或者法人，都享有法律上拟制的平等的民事法律地位。

2. 民事主体平等地享有民事权利，负担民事义务。民事法律关系中，有关当事人的权利、义务，大都是由法律直接规定的。任何民事主体，皆平等地享有民事权利，负担民事义务，不会因为其身份、地位、民族或者受教育程度等其他因素的不同，而产生任何区别。但是，必须注意的是，这里的所谓平等"享有"，仍然不是指实质意义上的民事权利、民事义务的绝对平等，而仅仅是指在民事主体在享有民事权利、负担民事义务的资格上，是"平等的"而已。

3. 当事人在从事民事活动时，民事身份是平等的。平等原则，体现在双方当事人参加的民事活动中，即是指当事人双方在进行民事活动时的民事地位，即民事身份是平等的。因为人的身份的多样性，而民事活动对于民事身份要求的前提性，所以，任何一方当事人都不享有高于他方当事人进行民事交易，以及谋取利益的特殊权利或地位。

从民事立法的宗旨看，进行民事行为时，也不容许具有优势地位，比如具有身份、财产或者信息资源等有利条件的一方当事人，利用自己的优势地位对他方当事人的民事权益，进行人为地损害或者任意地褫夺。

4. 民事主体的民事权益，平等地受法律保护。按照我国《民法通则》第 5 条的规定，任何民事主体的民事权益，都享有依法受保护的权利。《民总一审稿》则以"民事主体合法的人身、财产权益受法律保护，任何组织或者个人不得侵犯"来规定，而我国《民法总则》第 3 条则规定为"民事主体的人身权利、财产权利以及其他合法权益受法律保护，任何组织或者个人不得侵犯"，对民事主体的民事权益的非法侵犯，应当承担法律责任。

法律对侵犯他人合法民事权利的行为，要通过一定强制措施，进行相应地惩罚。而这种平等的保护要求，一方面是社会公平正义的要求，另一方面，也是司法机关、国家行政机关的基本职能的具体体现。因此，平等保护民事权益，所针对的对象不区分其是自然人或法人，也不因其他因素的不同，而呈现出法律规定之外的差异性。

二、意思自治原则

我国《民法通则》第 4 条规定，民事活动应当遵循自愿原则。《民总一审稿》则以"民事主体从事民事活动，应当遵循自愿原则，按照自己的意思设立、变更和终止民事关系"来规定，内容更加具体些。我国《民法总则》第 5 条规定为"民事主体从事民事活动，应当遵循自愿原则，按照自己的意思设立、变更、终止民事法律关系"。这是意思自治原则的法律依据所在，因此，我国是承认意思自治原则的。

作者认为，所谓"自愿"即意思自治的同义语。是指民事活动是否进行，如何进行以及依何种条件进行，当事人选择什么时间进行等等，都由当事人依其个人意愿——自己愿意和自由实施的原则。意思自治原则，也是由民法的根本属性所决定的。从民法发展的历史上看，意思自治在民法产生初期阶段，即已存在。这大抵是因为，民事活动在本质上讲，是一种财产所有权和民事利益的交换与流转活动。

近代西欧各国民法法典化进程中，《法国民法典》首先以条文的形式，确立了意思自治原则。虽然，现代民法针对"绝对化意思自治"原则的流弊，进行了一定程度上的修正，推行所谓社会本位原则，但是，意思自治作为民法本质的一部分，仍然以相应的方式存在，并发挥着其积极作用。我国《民法通则》在立法时，也在内容上以"自愿"原则来表述之。

意思自治原则的含义，主要包括：（1）民事主体可自己决定自己是否从事民事活动；（2）民事主体可以决定与何种相对人和哪个相对人从事民事活动；（3）民事主体可以决定自己从事民事活动的方式和时间；（4）民事主体可以决定民事活动的开始和结束时间，以及对于民事争议和民事侵权行为的解决方式；（5）民事主体应当对于自己的选择，承担相应的法律后果。而这时，"自治"的含义，偏重于"自己自愿选择"，那么，就应当"自己承担责任"。当然，民法作为国家法律的一部分，必然体现着国家的意志和社会的公共利益。因此，意思自治原则也不是绝对的，民事主体在行使意思自治的时候，还必须同时遵循民事法律中的强制性规定，也不得违反国家的其他法律法规，以及公共秩序和善良风俗等规范要求。

三、公平原则

在我国《民法通则》第 4 条中，公平原则是民事活动应当遵循公平、等价有偿、诚实信用的原则的规定。《民总一审稿》则以"民事主体从事民事活动，应当遵循公平原则，合理确定各方的权利和义务"来规定，舍弃了"等价有偿"的原则要求[①]。我国《民法总则》第 6 条规定与此完全相同。所谓公平，是指对于民事活动交易后果的一种社会性和价值性评价。作为一种基本原则，公平原则是指当事人在民事活动等交易过程中，应当本着公正、平允和合理的规则，进行相关的行为，从而达到双方利益上的平衡的原则。

公平原则，强调的是，对于民事活动的交易结果的价值性评判。即是否符合价值角度的公正、平允和合理，以及双方是否以对待给付的方法，进行了民事利益的互换等等。从这个意义上讲，公平是平等原则的必然延伸。公平与平等，一个强调民事交易结果的价值性评判，一个则强调双方当事人民事地位或者民事身份的无差别。其本质，还是双方在民事活动中，所实现的民事利益是否达到了平衡性的要求。也就是，民事活动中，双方的交易是否具有利益得失方面的公正性、平允性和合理性等。至于等价有偿原则，有许多学者认为，不适宜于作为民法的基本原则。理由是，这一原则只有财产关系才能用得上，而人身关系没有办法适用这一原则。这种看法，虽然不无道理，但是，却没有看到它在实质上，是平等原则在财产关系上的一种量化性表现。不过，《民总一审

---

① 等价有偿原则，是指在财产交易过程中，民事主体应当以对待给付的方式，向付出利益或者财产的一方，支付基本等同或者相等代价的原则。这是一种民事活动或者民事交易的"价值"、"价格"衡量原则的体现，是公平的一种外观性判断和要求。

稿》在立法时，把等价有偿原则从民事活动的基本原则中撤除了，应当说是对这种观点的一种立法支持。

作者认为，等价有偿原则作为一种评判双方财产利益、侵权救济利益，甚至违约后预期利益平衡的手段，它的积极意义，显然大大超出它的负面意义。也就是说，等价有偿原则在判断民事活动的公正性，法律行为显失公平，以及侵权赔偿限制，还有大多数合同的履行过程中的违约救济方式等等时，是其他原则根本无法替代的。

第三节　诚实信用原则

一、诚实信用的语源

信用，又称诚信。作为法律术语的"诚信"，是一个外来词。诚信在拉丁文、法文或英文中的直译均为"好的信用"或"良信"。诚信原则，作为法律术语被使用，要早于公序良俗原则。在《学说汇纂》和《法学阶梯》中，均大量适用"诚实信用"一词，其适用的范围，主要涵盖物权法、诉讼法两大领域。[①] 古罗马的《法学阶梯》第 1 卷第 1 篇第 3 条，就宣示罗马法的准则是："诚实生活，不犯他人、各得其所。"

除了善意第三人、善意占有和善意取得，以及守信履约以外，诚信原则下还衍生出善意行为、善意诉讼、真诚动机、善意买主等等含义。近现代各国《民法典》中，关于诚实信用原则多有明文规定。但是，近代民法由于过分追求私权神圣、契约自由，导致了立法上往往忽略诚实信用的基础价值。具体表现是，各国《民法典》往往都是将诚信原则，作为限制性条款进行规定。至于诚实信用原则作为民法的基本原则，主要还是通过学说、判例的努力，最后才得以充分实现的。

二、诚实信用的立法

《法国民法典》第 1131 条、第 1135 条规定，契约应以善意履行之，契约不仅依其明示发生义务，并依照契约的性质，发生公平原则、习惯或法律所赋予的义务。同时，《法国民法典》第 550 条第 1 款又规定，占有人不知所有权移转行为的瑕疵，而根据该所有权移转行为以所有人的资格占有时，为诚信占有。在这里，法国的立法者将诚实信用分为履约义务和诚信占有两种。其中，后者为主观诚信，也即我们通常意义上所说的善意，而前者为客观诚信，大体与后世的诚信等同。

《德国民法典》第 242 条则规定，债务人须依诚实信用，并照顾交易惯例，履行其给付。而《瑞士民法典》第 2 条中"无论何人行使权利履行义务，均应依诚实信用为之"，以及《南斯拉夫债法》的第 12 条"当事人在建立合同关系及行使合同权利和履行义务时，应遵循诚实及信用原则"等规定，则是明示了诚信原则的适用范围。

我国台湾《民法典》的第 219 条，则规定"行使债权，履行债务，应依诚实及信用方法"。后来，经过学者的努力，我国台湾 1983 年实施的《民法修正案》中，在其第 148 条增设了第二款，即"行使权利，履行义务，应依诚实及信用方法"，确立了超出

---

① 徐国栋：《民法基本原则解释——成文法局限性之克服》（增订本），中国政法大学出版社 2001 年版，第 8 页。

债法范围的诚信原则。① 《日本民法典》本无诚实信用原则的规定，1947 年修订民法时，增设了第 1 条第 2 款，即行使权利及履行义务，应恪守诚实信用。

1994 年 5 月，国际统一私法协会制定的《国际商事合同通则》第 1.7 条规定："每一方当事人在国际贸易交易中，应依据诚实信用和公平交易的原则行事。"这一规定，区分了诚实信用与公平两个概念，而不是以诚实信用原则涵盖公平交易原则。

我国《民法通则》第 4 条规定，民事活动应当遵循自由、公平、等价有偿、诚实信用的原则。在《民总一审稿》中，则规定为"民事主体从事民事活动，应当遵循诚实信用原则"、"民事主体从事民事活动，应当自觉维护交易安全"。其中，前一款是诚实信用原则的基本含义，而第二款则是诚实信用原则的延伸性含义，"应当自觉维护交易安全"是一种义务性要求，也是一种解决大量的合同纠纷时，判断民事主体是否带有恶意和实施恶意行为的重要裁判依据。我国《合同法》第 6 条则规定，当事人行使权利、履行义务，应当遵守诚实信用原则。并且，把诚实信用原则，作为我国培养市场经济背景下商业信用的重要立法宗旨，贯穿于整部《合同法》之中。但是，并没有像我国《民总一审稿》规定的那样，把"民事主体从事民事活动，应当自觉维护交易安全"规定为诚信原则的基本内涵，所以，诱发我国大量的合同纠纷中，恶意诉讼和恶意缠讼、恶意逃废债权等不讲诚信的行为发生。

可见，虽然各国《民法典》中对于诚实信用多有规定，但是，各国规定的角度有所不同。有的将诚信原则规定为债务履行的原则，如《法国民法典》第 1131 条、《德国民法典》第 242 条和《南斯拉夫债法》第 12 条的规定是，有的将诚信原则规定为行使权利、履行义务的原则，如《瑞士民法典》第 2 条、《日本民法典》第 1 条第 2 款，以及我国《合同法》第 6 条的规定是。而我国《民法通则》第 4 条，则直接将诚实信用作为民法基本原则，予以明确规定。采用的是行使权利、履行义务，都应当讲究诚实信用原则的做法。继而，《民总一审稿》则结合社会主义核心价值观中"诚信、友善"的要求，把"民事主体从事民事活动，应当自觉维护交易安全"规定了进去。我国《民法总则》通过后，第 7 条规定为"民事主体从事民事活动，应当遵循诚信原则，秉持诚实，恪守承诺"。这样一来，不讲诚信的行为和活动，就比较容易判断了。

三、诚实信用的价值定位

学者对诚实信用原则，论说不一。有的认为，诚信原则为市场经济活动中的道德准则，它要求一切市场参加者，必须符合诚实商人的道德标准，在不损害他人利益和社会公德的前提下，追求自己的利益，目的是在当事人之间的利益关系，以及当事人与社会之间的利益关系中实现平衡，并维持市场道德秩序。②

有的认为，诚信原则是"帝王条款，君临全法域之基本原则"。③ 而有的人则认为，诚信原则仅在债法范围内有限度的适用。④ 还有的学者认为，诚信原则是人类社会的共

---

① 王泽鉴：《民法学说与判例研究》（1），台湾大学法学丛书 1975 年版，第 330 页。
② 梁慧星：《民法总论》，法律出版社 1996 年第 1 版，第 44 页。
③ 史尚宽：《民法总论》，台湾正大印书馆 1980 年版，第 300 页。
④ 孟勤国：《质疑"帝王条款"》，《法学评论》2000 年第 2 期。

同理想，民事交易上的道德基础。因此，诚信原则与罗马法上的一般抗辩意义相同，是对当事人利益的公平较量。同时，诚信原则也是"极端抽象的名词，以抽象的名词解释抽象的名词，不如不加解释，使人顾名思义为愈"。[①]

也有学者认为，诚信原则就是要求民事主体在民事活动中，维持双方的利益平衡，以及当事人利益与立法者意志的社会平衡。包括两个方面，一方面为客观诚信，即要求民事主体有良好的行为；另一方面为主观诚信，要求主体有不损害他人的内心意识。这是立法者实现上述三方主体利益平衡的要求，目的在于维护社会稳定与和谐的发展。[②]

总而言之，诚实信用原则在价值取舍方面，主要有两个方面的内容。其一，要求民事主体在从事民事行为时，必须具备诚实、善意的主观要求，并将这种主观状态以外在的良好行为表现出来。其二，诚实信用原则授予了司法者以自由裁量，以实现个案的正义，维护当事人之间的利益均衡，实践社会道德的一般要求。

诚实信用原则在现代各国民法中，所处的地位与公序良俗原则相类似。即一方面各国《民法典》在多种场合，用不同的篇章或者条文，将其作为民法的一般限制性条款加以规定。另一方面，经过学者、司法判例以及立法者的共同努力，诚信原则已经成为现代民法的一项基本原则，贯穿于民事行为或者民事活动的始终。这种立法技术，主要是通过对当事人的各种权利义务，添加实现社会道德的一般要求，来表现它在民事活动过程中的精神功能——诚信的商业化和价值化的。

四、诚实信用原则的定义与扩张

诚实信用，是指在建立民事交易关系时，双方当事人基于内心的诚实或者真诚对待，不欺不诈，并在订立、履行合同时，言不轻诺，诺而有信，以及在遇到争议纠纷时，本着善良的愿望或者以与人为善的心态，处理双方之间的利益关系的原则。

在作者看来，诚实信用当中，仅仅有不欺不诈的含义，是不够的。在合同关系中，言不轻诺，诺而有信，是合同当事人的基本素质或者基本要求。在现实生活中，人们往往对于不欺不诈比较重视，而对于合同订立、履行时的言不轻诺，诺而有信，表现出一种不应有的冷漠。也就是，人们过分重视民事活动中诚实信用的前段，而对于民事活动过程中，尤其是合同履行过程中的诚实信用，并不重视。这或许是整个社会欠缺诚实信用的表现。

还有，在作者看来，"与人为善"应当是诚实信用的灵魂。所以，诚实信用是一个过程，而不是一个点或者一个行为，同时，也不仅仅是一个当事人表面行为的过程，而是一个内心意思或者一个外在行为的心理过程。因而，在英文中，诚实信用是 GOOD FAITH，即"善意"的意思。就说明：诚实信用是当事人外在行为，与内在心理主观意愿的统一。也就是说，诚实信用原则作为一种民事主体之间的利益关系，即当事人之间与社会之间的一种利益平衡的心理基础，具有非常重要的言行一致，或者"诚于心"，而"行于外"的特征。因此，"与人为善"不仅仅是一种行为人的心态问题，更重要的是在人际关系层面上，能够通过诚实信用的行为，达成双方利益的平衡。应当说，《民

---

① 郑玉波：《民法债编总论》，台湾三民书局1978年版，第162页。
② 徐国栋：《客观诚信与主观诚信的对立统一问题——以罗马法为中心》，《中国社会科学》2001年第6期。

总一审稿》的规定中，以"民事主体从事民事活动，应当自觉维护交易安全"的规定，拓展与扩张了诚实信用原则的含义，使得诚信原则带有很强的义务性色彩，这便是我国《民法总则》第 7 条强制性规定"民事主体从事民事活动，应当遵循诚信原则，秉持诚实，恪守承诺"的原因。

第四节　私权神圣与公序良俗原则

一、私权神圣

民法为私法，其所保护的权利为私权。因此，私权神圣也是民法的一项基本理念。所谓私权神圣，是指私权作为一种生存利益性权利，是不可随意剥夺和任意侵害，应当受到全社会的尊重和重视，并在司法当中尽力给予保护的原则。私权神圣，也可以抽象为一种权利理念。作为一种权利理念，就是民事主体要珍重自己的民事权利，同时也要尊重他人的民事权利，国家要重视民事权利的保护，司法要高效保护民事权利的理念。

具体说来，私权神圣包括以下几个方面的内容：（1）民事主体意识到自己是一个权利主体；（2）意识到自己享有起码的民事权利的内容；（3）应当意识到自己的民事权利是否被侵害；（4）在民事权利受到侵害以后，能够意识到寻求民事权利的救济；（4）立法者要重视民事主体民事权利的立法型保护；（5）行政机关要重视行政执法中对民事权利的保护，征收征用他人财产要以法定程序进行并依法给予补偿；（6）法院和仲裁要重视民事案件的司法裁判与生效裁判的执行，高效、切实地保护民事主体的合法权利，等等。

民事权利理念生自于民事权利规则，由具体的民事权利规则派生出来抽象的民事权利理念，可以移植到凡是有"权利"存在的土壤里。民事权利的理念，在民商法理论中，主要凸显的理论特色有两点：一是，私权为民法所保护的重心所在，私权在民法的视野中是神圣不可侵犯的。二是，民法所保护者，主要为私人的法律上利益，也就是私权。虽然，民法并不排斥公共利益、社会利益等，但是，归根到底，民法仍然是私权保护的"圣经"。因此，私权神圣强调社会对于民事权利和私人利益，给予最大限度的合法保护，国家行政权力、司法权力，以及其他公力，非依照法定程序或者合法理由，不能对民事权利和私人利益给予任何限制、剥夺或者干预的原则。这种原则，表现了公权力与私权利之间的相互制约、相互依存的关系。

（一）人格权神圣

私权神圣，在民法理论中，包括人格权神圣、财产权神圣两个基本点。人格权神圣，是指民事主体的人格尊严、人身自由和人身权利等，受到民商法律的严密保护，任何组织或者个人，非经法定程序，不能对于民事主体的人格进行任何形式损害的情形。人格权神圣从本质上分析，具有抽象性、利益尊严性和受法定保护等特点。

作为民法中主要保护的一种对象，它又包括了自然人人格权神圣、法人人格权神圣等。所谓自然人人格权神圣，指自然人的生命、身体、健康、自由、名誉、荣誉、私生活等，权利须受到特别尊重，不得侵犯，以保障个人作为主体生存和发展的必要条件，使人的价值得到充分体现。同时，法人的人格权也是神圣的。因为，法人不过是自然人更好地参与生活的手段，无论法人的财产归属国家、集体或者个人，概莫能外。

（二）财产权神圣

财产权神圣，是指自然人、法人的合法财产权利、财产利益，应受到特别社会，尤其是公力机构的尊重和承认，并不得随意侵犯的原则。财产权神圣，是私权神圣的物质基础。由于财产是个人、社会发展的物质基础，也是民事主体实现其权利的保证。所以，任何法律人格只能建立在财产之上，无财产即无人格。对财产权神圣性加以确认，旨在促进个人或者私人对财富的追求，从而，促进整个社会财富总量的不断增长。

事实上，个人或者私人财富的增长，又将促进个人或者自然人的全面发展，进而推动整个社会的文明进步。正因为如此，《民总一审稿》规定了"民事主体的法律地位一律平等"、"民事主体从事民事活动，应当遵循公平原则，合理确定各方的权利和义务"、"民事主体从事民事活动，应当遵循诚实信用原则，自觉维护交易安全"、"民事主体从事民事活动，应当保护环境、节约资源，促进人与自然和谐发展"，以及"民事主体从事民事活动，应当遵守法律，不得违背公序良俗，不得损害他人合法权益"和"民事主体合法的人身、财产权益受法律保护，任何组织或者个人不得侵犯"等原则。

在我国《宪法修正案》中，将第10条第三款改为"国家为了公共利益的需要，可以依照法律规定对土地实行征收或者征用，并给予补偿。"而第13条则修改为"公民的合法的私有财产不受侵犯"、"国家依照法律规定保护公民的私有财产权和继承权"、"国家为了公共利益的需要，可以依照法律规定对公民的私有财产实行征收或者征用，并给予补偿。"为了强化这一点，我国《宪法》修正时，在第33条增加了第三款，即"国家尊重和保障人权"这样一款具有历史意义的规定，这是私权神圣在我国立法上的最新发展。因此，近代"私权神圣"理念，在我国民事立法方面，已经远远跨出了资产阶级反对封建特权阶级时作为口号的历史背景，而成为我国依法治国目标的最基本的代表者。

"私权"是相对国家公权而言的，而不是相对于自然人之间的民事权利而言的。私权神圣，对于私权观念稀薄的我国社会来说，代表了社会今后的发展方向。所以，我国《民法总则》第3条规定，民事主体的人身权利、财产权利以及其他合法权益受法律保护，任何组织或者个人不得侵犯。在今天，我国要建立全面小康社会，要实现依法治国的目标，做到以人为本，并强调人的全面发展，就要在力倡私权神圣观念的基础上，制定出符合私权神圣首要原则的民法典。

二、公序良俗原则

公序良俗，即一个社会的公共秩序和善良风俗。这是一个正好与私权神圣相反的原则，它强调在私权神圣的背景下，达到私权与公权、自然人的个体权利与多数人的群体权利等等的协调和平衡。作为立法上的明文规定，公序良俗首见于《法国民法典》。《法国民法典》第6条规定："个人不得以特别约定违反有关公共社会秩序和善良风俗"。其第1135条又规定："如原因（Cause）为法律所禁止，或原因违反善良风俗和公共秩序时，此种原因为不法的原因。"

《德国民法典》中，关于公序良俗的规定，更有特色。体现在其一，只有善良风俗概念，而无公共秩序概念。其二，将暴利行为作为违反善良风俗之一特例加以规定。[①]
如《德国民法典》第826条规定：以违反善良风俗的方法，对他人故意施加损害的人，
对受害人负损害赔偿的义务。此处，就将善良风俗的违反，作为侵权行为的一种而做出
规定。

《日本民法典》第90条规定："以违反公共秩序或善良风俗和其他事项为标的的法
律行为，为无效"。经过1947年修正后的《日本民法典》，则更是开宗明义地在第1条
第1项以一般条款的形式，对公序良俗原则进行规定："私权应服从公共利益"。根据这
一规定，在私权与公共利益冲突的范围内，私权行使应与公共利益相融合，并受公共利
益的要求、约束或者限制，即民事权利的行使，必须同时符合社会公共利益的要求。

中国清末修法时，移植西学为中用。当时，聘请的日本学者起草《民法典（草
案）》，在其中仅规定了"公共秩序"这一概念，而并未提及"善良风俗"字样。1929
年，中华国民政府颁布的《民法典》中，涉及公序良俗的规定，主要为该法第72条的
规定，即"法律行为，有悖于公共秩序或善良风俗者，无效。"1949年后，中国大陆曾
三次进行《民法典》的起草。但是，各次《民法典》草案，都未见公序良俗概念的使
用，而代之以"法律和公共利益"（1957年1月15日的《民法典》总则篇第四次草稿
第3条）；或者"法律、法令和国家计划的要求，社会公共利益或者社会主义道德准则"
（1981年《民法典》草案第三稿第124条）；"社会公德、社会公共利益、国家经济计
划，社会经济秩序"等（我国《民法通则》第7条、第55条和第58条等）。

学者一般均认为，我国《民法通则》上规定的"社会公共利益"，相当于法、日及
我国台湾法上的"公序良俗"概念。[②] 但是，也有学者认为"社会公共利益"既包括社
会主义精神文明建设方面的利益，也包括社会主义物质文明建设方面的利益；既包括巩
固人民民主专政，进行社会主义现代化建设所必需的法律秩序，也包括社会公德；既包
括国家的、集体的利益，也包括公民个人的合法利益。[③]

依大陆国家民法理论，公序良俗由"公序"即公共秩序和"良俗"即善良风俗两部
分组成。对于公序、良俗，以及公序良俗的定义，法学理论从未统一过。这一方面在
于，这些概念本身就是开放型概念，内涵和外延都是极不固定的；另一方面，公序良俗
原则实是与一国的历史传统、国民观念，以及政治需求休戚相关的一般性条款，即便有
大体一致的内涵，一旦放置在各国具体法律适用背景下，其外延也必然会发生变迁。但
是，这并未阻止学者从不同视角对公序良俗原则进行定义。学者史尚宽先生认为：公序
良俗，是维持社会的共同生活，所应遵守的一般规范；[④] 黄茂荣先生则认为：所谓公共
秩序是指由现行法之具体规定及其基础原则、制度所构成的"规范秩序"，它强调某种
起码秩序的规范性。[⑤]

法国学者认为，公共秩序分为政治的公序和经济的公序。其中，政治的公序为传统

---

① 梁慧星：《市场经济与公序良俗原则》，《民商法论丛》第1卷，法律出版社1994年版，第45页。

② 王家福主编：《中国民法学·民法债权》，第356页；佟柔主编：《中国民法学·民法总则》，中国人民公安大学
出版社1990年版，第21页；梁慧星：《民法》，四川人民出版社1988年版，第129页。

③ 最高人民法院民法通则培训班：《民法通则讲座》，第136页—第137页。

④ 史尚宽：《民法总则》，中国政法大学出版社2000年第1版，第40页。

⑤ 黄茂荣：《民法总则》（内部印行），第539页。

的公序，经济的公序为现代的公序。政治的公序包括：（1）关于国家的公序，即国家的基本秩序。宪法、刑法、税法及关于裁判管辖的法律，与之相当；（2）关于家族的公序，指家族关系中非关于财产的部分；（3）道德的公序（实质上指善良风俗）。经济的公序，为对传统公序概念的扩张的结果，分为知道的公序和保护的公序。日本学者亦认为公序包括宪法秩序、刑法秩序、家庭法秩序等。① 至于善良风俗，史尚宽先生认为，为社会国家之存在及其发展所必要一般道德；② 黄茂荣先生则认为，善良风俗指某一特定社会所尊重之起码的伦理要求，它强调法律或社会秩序之起码的"伦理性"；③ 梁慧星教授认为，善良风俗应以道德为其核心的概念，与我国《民法通则》第7条所谓"社会公德"相当，应解为某一特定社会应有的道德准则。

三、公序良俗原则的解读

作者认为，对公序良俗原则，可以从以下方面进行理解，并基于对张学英案件④的分析，做出正确评价：

第一，公序良俗为民法中的一般限制性条款。法律上所适用之用语，所涵盖的范围，常常太广，以至法条涵盖了其本不应涵盖之事项。这种情形下，便必须再通过另一个法条对系争涵盖太广的用语加以限制，以使该法条的适用范围，可以限于适当之范围。这种用来限制其他法条的法条，在学说及实务上被称为限制性法条。⑤ 至于公序良俗则，通常由于其适用范围的广泛性，以及效力的最终性，而常被学者称为"一般性限制条款"。

1804年的《法国民法典》，将公序良俗原则以独立条款形式，确立为民事活动的基本原则之前，公序良俗原则主要都是以限制性条款，或一般限制性条款的地位，实现其对民事行为的规制作用的。

---

① 难波让治：《法国判例法中的公序良俗》，《法律时报》65卷3号，第88页；林幸司：《德国法上的良俗与日本法的公序良俗》，《法律时报》64卷13号，第248页。转引自梁慧星《市场经济与公序良俗原则》，《民商法论丛》第1卷，法律出版社1994年版，第50页。

② 史尚宽：《民法总则》，台湾正大印书馆1980版，第300页。

③ 黄茂荣：《民法总则》（内部印行），第539页。

④ 1995年初，黄永彬与单亲母亲张学英结识，黄对张充满同情，经常帮助她。1997年，年龄差距相差20岁的二人同居。1998年，张生下与黄的女儿黄小英。对黄的行为黄妻强烈不满，吵闹无济于事。由于黄与黄妻已有孙子，黄妻不愿离婚，但接受了黄与张同居的现实。2000年底，黄经检查为肝癌晚期。治疗过程中，张拿出积蓄1万元，治疗1个月后，黄妻知道黄患病情况。此后，黄妻对黄尽到看护之责，但直到黄快死时，两人时常争吵。张因黄妻吵闹，不敢再去医院照顾黄。黄知道自己时日不多，为避免死后黄妻与张的财产纠纷，在2001年4月18日晚，请律师和公证员及几位好友，立下口头遗嘱："我决定将我的住房补贴金、住房公积金、抚恤金、1套现与妻子共同居住的住房出售款的一半所得以及我自己的手机赠与我的朋友张学英"，在遗嘱中特别指出自己的骨灰由张负责安葬。不久，黄去世。黄去世后，其好友向黄妻和张分别送达公证遗嘱。但是黄妻拒绝承认这份遗嘱的效力，扣住黄的一切财产。张于2001年5月30日向泸州城区法院提诉，要求分割黄的6万元遗产。泸州市民认为，张道德沦丧，勾引别人的丈夫，还有什么资格要求分割别人丈夫的遗产？一审法院认为，黄的遗嘱虽是遗赠人真实意思的表示且形式上合法，但在实质赠与财产的内容上存在违法之处：黄的住房补贴金、住房公积金、抚恤金、1套现与妻子共同居住的住房出售款的一半所得赠与张学英，而黄未经黄妻同意，单独对夫妻共同财产进行处理，侵犯黄妻合法权益，其无权处分部分应属无效。黄在认识张后，长期与张非法同居，违反《婚姻法》规定，而黄在此条件下立遗嘱，是一种违反公共秩序、违反法律的行为。故依据《民法通则》第7条公序良俗原则的规定，驳回原告张学英的诉讼请求。

⑤ 黄茂荣：《法学方法与现代民法》，中国政法大学出版社2001年第1版，第134条。

　　第二，公序良俗为近现代民法的基本原则。公序良俗原则，作为近现代民法的基本原则在理论上已为通说。主要表现是，各国民法典纷纷就诚实信用作出规定，但是，公序良俗作为民法基本原则的实现，主要还是通过理论、判例的努力，才得以实现的。较之与限制性条款和一般限制性条款，作为民法基本原则的公序良俗原则作用的发挥，主要在两个方面体现出特色。即：其一，作为民法基本原则的公序良俗原则的效力，发挥具有更强的统摄力，与限制性条款针对被限制条款明文规定须以法条竞合形式，进行法律适用的情形有所差异。其二，基本原则赋予司法者以一定的自由裁量权。

　　需要注意的是，作为限制条款与作为基本原则的公序良俗原则并不冲突，二者完全可以并存。即既可将公序良俗作为一项民法基本原则予以规定，也可针对特定行为将其以限制性条款加以规定。比如我国《民法通则》在第7条，就将公序良俗原则，作为民法基本原则予以规定。而在《民法通则》第58条又规定，民事主体从事违反法律和社会公共利益的民事行为的，该行为无效。

　　第三，作为民法基本原则的公序良俗原则，根据我国《民法总则》第8条民事主体从事民事活动"不得违背公序良俗"的规定，主要体现在公共秩序、善良风俗两个方面。其中，公共秩序主要包括关于政治国家、市民社会和家庭的基本秩序，主要凸显公法上的社会管理者的特定政策、集体的利益需求。善良风俗，主要以道德要求和社会一般伦理为核心。二者在很多情形下，并非严格分离，而是呈现互相交融的状态，且呈现开放性特征，深具历史时代特征影响。

　　也正因为此，作为授予法官自由裁量权的公序良俗原则，难免面临着被滥用的危险。因而，从某种意义上说，民法的基本原则，在一国能否充分发挥作用，立法、学理对其所采取的态度，倒未必是最主要的。问题的关键，反而常常在于：如何架构切实的法律制度，保障此种授权性条款，不被司法人员滥用，因而损害立法的原义。为此，学者也曾尝试将这些原则在一定限度内具体化，然而这种具体化的作用也是有限的。[①]

第五节　绿色原则

一、人的欲望无限与民事活动的负面后果

　　我国《民法总则》第9条规定，民事主体从事民事活动，应当有利于节约资源、保护生态环境。这一规定，被确定为"绿色原则"即"人与自然和谐发展的生态原则"。这是我国民法立法史上，第一次将环境保护法当中的基本原则，通过立法技术向民法领域转移的先例。其根源在于控制民事主体在民事活动中的不当欲望和过于不受控制的欲望，会转化成对自然和生态强有力的破坏因素。

　　所谓欲望，是由人的本性产生的想达到某种目的的要求。在一般意义上，欲望可以理解成：（1）能给人愉快或满足的事物或有意识的愿望；（2）强烈的向往；（3）肉欲或

[①]　针对前文所提到的"我妻类型"，日本学者椿久美子认为，其为时代的产物，难以超越时代的局限。随着战后日本社会的巨大变化，"我妻类型"已与战后新判例实践不相符合，其价值因而大为杀减。详见，椿久美子《关于公序良俗的我妻类型》，《法律时报》第64卷12号，第66页。转引自前页引①，第47页。

性欲等。欲望是我们如此熟悉的事物，一切欢乐皆由此生，一切痛苦也皆由此来，这是我们无由来的生命和人生都要承受的。人即欲望体，人类哲学智慧所取得的成就是巨大的，但最根本、最重要、最刻骨铭心的命题仍然是：我们当下直觉到的客观存在的欲望，如何认识它，驾驭它，而这并不需要多么复杂的哲学研究或学习，也不需要像某些宗教一样要经历艰难痛苦的顿悟。它需要的仅仅是你对你的生命真诚友善的态度，以及不断反省的精神。

人类的欲望，作为一种由人的本性产生的，想要达到某种目的的要求，便表现在民事活动层面上，就是对物质财富、精神利益和人身权利的渴求与追求，并为了得到这些利益的客体，来满足自己各种层次的需要，或者依法而为，或者违法而行甚至于不择手段。于是，世界上所有物质需求最原始的、最基本的一种本能，从人类的角度讲，便是心理到身体的一种渴望、满足，是一切物质存在必不可少的民事主体的利益需求。一切物质最基本的欲望就是生存与存在，而民事主体对民事权利和民事利益的欲望，便是不断获得各种物质资料，以求全部满足自己的利益需求。调查表明，有不与别人比高低心态的人，其产生的幸福感，是高收入所带来的幸福感的 5 倍。从这个意义上看，欲望是幸福感的敌人，所以，才有"知足者常乐"的古训。人类的欲望是无限的。作为人性的组成部分，欲望是人类与生俱来的。是人的本能的一种释放形式，构成了人类行为最内在与最基本的根据与必要条件。在欲望的推动下，人类不断占有外在的客观对象，从而，同自然环境和社会形成了一定的关系。通过欲望或多或少的满足，人类作为主体把握着客体与环境的同一。在这个意义上，欲望是人类改造世界也改造自己的根本动力，从而，也是人类进化、社会发展与历史进步的动力。

但是，作为一种人类本能结构的欲望，无论是生理性或心理性的，还是精神性的，都不可能超出历史的结构，其功能作用是随着历史条件的变化而变化的。弗洛伊德说："本能是历史地被决定的。"因此，欲望的有效性与必要性也是有限度的。换句话说，人类欲望的满足不是绝对的，因为，总有新的欲望会无休止地产生出来，于是，人类的欲望当中，就带有一定的负面效果或者消极效用。由于欲望具有不知餍足的特性，所以，对民事主体获取民事利益欲望的过度释放，会成为造成环境破坏和生态退化的一种力量。叔本华说过，欲望过于剧烈和强烈，就不再仅仅是对民事主体自身存在的肯定，相反，会进而否定或取消别人的生存条件或者生存环境。虽然，用"上帝的命定"或"天理"来取消或压制人类或者别人的欲望，是不合理的。但是，过度推崇与放纵自己的欲望，比如，国人中个别人的"五子登科"——大房子、豪车子、多票子、高位子和无数儿子的意识中，就明显地潜藏着挥霍和浪费、无度消费以及不计后果的欲望，这是非常错误的。因此，人类的欲望尤其是民事主体的欲望不是纯粹的、绝对的东西，它需要理智的调控与法律的节制，民事主体在民事活动中，必须深刻认识民事活动的负面后果，然后，变成从事民事活动的"人与自然和谐发展"原则，从而控制自己的不当或者过度的欲望。只有这样，才能避免 2016 年 6 月~8 月间，江淮水灾中，武汉市汤逊湖"长岛湖景别墅区"被洪水淹到湖中央的悲剧①，一再发生。

二、人与自然和谐发展的生态原则——绿色原则

人与自然和谐发展的概念，是党的十六届三中全会上提出的科学发展观。人与自然和谐发展问题可以从环境及其未来发展等四个方面来研究：（1）环境问题是全球经济和社会可持续发展的主要障碍；（2）环境问题研究本身就是环境演化的研究，而环境演化在研究未来的时候，更需要认识现在和过去；（3）环境问题导致人们把地球作为一个系统来研究。在地球科学里面把现在或者说最近这一个时代，看作是环境问题的时代；并将其作为一个单独的、有特殊含义和内容的地质时代来研究。这个新的地质时代就是"人类世"；②（4）"人类世"是人与自然关系研究的新视角，也是从地球环境科学和人文科学中寻求自然科学的走向和实践的新途径。③ 在这里，一个非常重要的人与自然和谐发展的理念中，包含一个基本的生态原则——可持续发展原则。

所谓可持续发展理论，是指既满足当代人的需要，又不对后代人满足其需要的能力构成危害的发展，是科学发展观的基本要求之一。可持续发展理论的形成，经历相当长的历史过程。20世纪50-60年代，人们在经济增长、城市化、人口、资源等所形成的环境压力下，对"增长＝发展"的模式产生怀疑并展开讨论。1962年，美国女生物学家莱切尔·卡逊（Rachel Carson）发表了一部引起很大轰动的环境科普著作《寂静的春天》，描绘出一幅由于农药污染所产生的可怕景象，惊呼人们将会失去"春光明媚的春天"，在世界范围内引发了人类关于发展观念上的争论。10年后的1972年，两位著名美国学者巴巴拉·沃德（Barbara Ward）和雷内·杜博斯（Rene Dubos）享誉全球的著作《只有一个地球》问世，把人类生存与环境的认识推向一个新境界，即可持续发展的境界。1972年，罗马俱乐部发表研究报告《增长的极限》，明确提出"持续增长"和"合理的持久的均衡发展"的概念。

1972年6月，斯德哥尔摩召开的"联合国人类环境会议"上，通过了《人类环境宣言》（即《斯德哥尔摩宣言》）、《人类环境行动计划》和其他若干建议和决议。其中，《人类环境宣言》主要包括两个部分：一是宣布对与环境保护有关的7项原则的共识；二是公布26项指导人类环境保护的原则。1987年，以挪威首相布伦特兰为主席的"联

---

① 2016年7月7日，武汉连遭暴雨袭击，汤逊湖水猛涨，湖东北岸的长岛湖景别墅区——这个武汉最奢华的私家领地（1套别墅最低价8000万元）被洪水围困，与外界唯一连通的道路被淹没，湖景别墅被泡在水里，居民只能依靠小艇进出。从图片中可以看到，长岛湖景别墅区被浩渺的湖水环抱型淹没，整个形状如同古代钱币状原生罕见的独岛场景。这便是人们住大房子（以别墅为最）欲望无限的悲剧一例。

② "人类世"是指地球的最近代历史，人类世并没有准确的开始年份，可能是由18世纪末人类活动对气候及生态系统造成全球性影响开始，这个日子正与詹姆斯·瓦特（James Watt）于1784年发明蒸汽机吻合。一些学者则将"人类世"拉到更早的时期，例如人类开始务农的时期。2010年6月，澳大利亚国立大学微生物学著名教授、人类消灭天花病毒的功臣弗兰克·芬纳称，人类可能在100年内灭绝，"人类世"将终结。人类活动已经对整个地球产生了深刻而且重大的、并不可逆转的影响，尤其是人类的可持续发展层面的负面影响。然而，对于是否需要在全新世之后，划分出专门的"人类世"，尽管学界众声喧哗，但鉴于事关重大，地质学家们目前还尚未作出决定。

③ 刘东生：《人与自然和谐发展——来自环境演化研究的启示》，求是杂志，2007年第3期。

合国世界与环境发展委员会"发表《我们共同的未来》[①] 报告，正式提出可持续发展概念，并以此为主题对人类共同关心的环境与发展问题进行全面论述，受到世界各国政府组织和舆论的极大重视。

1992 年 6 月，联合国里约热内卢"环境与发展大会"上，通过了以可持续发展为核心的《里约环境与发展宣言》、《21 世纪议程》等文件，"可持续发展理念"得到与会者广泛共识与承认。1994 年 3 月 25 日，国务院第 16 次常务会议通过了《中国 21 世纪议程——中国 21 世纪人口、环境与发展白皮书》，首次把可持续发展战略纳入我国经济和社会发展的长远规划，同时还制订了《中国 21 世纪议程优先项目计划》。1997 年 9 月 12 日，江泽民总书记在中共十五大报告中，明确提出"实施科教兴国战略和可持续发展战略"，主要包括社会可持续发展，生态可持续发展，经济可持续发展。可持续发展，是人类对工业文明进程进行反思的结果，是人类为了克服一系列环境、经济和社会问题，特别是全球性的环境污染和广泛的生态破坏，以及它们之间关系失衡所做出的理性选择，经济发展、社会发展和环境保护是可持续发展的相互依赖，互为加强的组成部分，这是中国政府对这一问题的共识。

可持续发展的基本原则包括：（1）公平性原则。具体含义：一是代际公平性；二是同代人之间的横向公平性，可持续发展不仅要实现当代人之间的公平，也要实现当代人与未来各代人之间的公平；三是指人与自然，与其他生物之间的公平性；（2）可持续性原则。即生态系统受到某种干扰时能保持其生产率的能力。人类应做到合理开发和利用自然资源，保持适度的人口规模，处理好发展经济和保护环境的关系；（3）和谐性原则。可持续发展的战略，就是要促进人类之间及人类与自然之间的和谐，如果我们能真诚地按和谐性原则行事，那么，人类与自然之间就能保持一种互惠共生的关系，也只有这样，可持续发展才能实现；（4）需求性原则。人类需求是由社会和文化条件所确定的，是主观因素和客观因素相互作用，共同决定的结果，与人的价值观和动机有关。可持续发展立足于人的需求而发展人，强调人的需求而不是市场商品，是要满足所有人的基本需求，向所有人提供实现美好和愿望的机会；（5）高效性原则。即不仅是根据其经济生产率来衡量，更重要的是：根据人们的基本需求得到满足的程度来衡量，是人类整体发展的综合和总体的高效；（6）阶跃性原则。随着时间的推移和社会的不断发展，人类的需求内容和层次将不断增加和提高，所以，可持续发展本身，隐含着不断地从较低层次向较高层次的阶跃性过程。

2002 年 11 月 8 日，在中共十六大上，确立了"可持续发展能力不断增强，生态环境得到改善，资源利用效率显著提高，促进人与自然的和谐，推动整个社会走上生产发展、生活富裕、生态良好的文明发展道路"，[②] 作为全面建设小康社会的目标之一。这种必须把可持续发展放在十分突出的地位，坚持保护环境和保护资源的基本国策，是一个以激励经济发展为条件，以改善和提高人类生活质量为目标的发展理论和战略。它是

---

① 《我们共同的未来》报告中，将"可持续发展"定义为："既能满足当代人的需要，又不对后代人满足其需要的能力构成危害的发展。"

② 江泽民：《全面建设小康社会，开创中国特色社会主义事业新局面——在中国共产党第十六次全国代表大会上的报告》（2002 年 11 月 8 日），三、全面建设小康社会的奋斗目标。

一种新的发展观、道德观和文明观的体现。可持续发展的基本内涵为：（1）突出发展的主题，发展与经济增长有根本区别，发展是集社会、科技、文化、环境等多项因素于一体的完整现象，是人类共同的和普遍的发展权利；（2）发展的可持续性，人类的经济和社会的发展不能超越资源和环境的承载能力；（3）人与人关系的公平性，当代人在发展与消费时应努力做到使后代人有同样的发展机会，同一代人中一部分人的发展不应当损害另一部分人的利益；（4）人与自然的协调共生，人类必须建立新的道德观念和价值标准，学会尊重自然、师法自然、保护自然，与之和谐相处。应当说，可持续发展是从忽略环境保护受到自然界惩罚，到最终选择可持续发展理念，是人类文明进化的一次历史性重大转折。

三、保护—节约资源的义务化

在我国，由于人口众多、资源相对不足，所以，在现代化建设中必须实施可持续发展战略。具体包括：（1）坚持计划生育和保护环境的基本国策，正确处理经济发展同人口、资源、环境的关系；（2）资源开发和节约并举，把节约放在首位，提高资源利用效率；（3）统筹规划国土资源开发和整治，严格执行土地、水、森林、矿产、海洋等资源管理和保护的法律，实施资源有偿使用制度；（4）加强对环境污染的治理，植树种草，搞好水土保持，防治荒漠化，改善生态环境。① 由此而言，"保护—节约资源"的义务化，不但成为我国《环境保护法》第6条规定的基本原则，更应该成为我国民事立法的一项基本原则。理由是：我国社会节约习惯的养成，可以使得民事主体的整体的年资源消耗量大为减少。比如一次性筷子和各种一次性餐具的使用，如果能有效减少的话，每年我国节约的资源可以成千上万甚至于亿元来计。

应当说，民事主体的"保护—节约资源"的义务化，在有些学者看来，有过度干预民事主体法律行为的嫌疑。但是，正如我国《宪法》第33条第三款规定的那样，任何公民享有宪法和法律规定的权利，同时必须履行宪法和法律规定的义务。那么，任何民事主体享有其法定权利的时候，必须履行法律义务。在这里，民事主体"保护—节约资源"义务化或者法律化的理由，主要有：（1）民事权利是有限的，不是无限的。任何民事主体的民事权利的取得、享有、行使和救济，不能以损害他人、社会或者国家利益为目的，也不能带来损害他人、社会或者国家利益的后果；（2）民事利益的承载体即民事客体是有限的，不是无限的。比如，不可再生的石油资源，以及有限的淡水资源，包括土地资源等，不允许任何民事主体肆意挥霍浪费；（3）民事主体的利益需求或者个体欲望的满足，应当是正当的和具有合法性的，而不应当是非正当的或者完全违法的。比如，现代社会，某些人群嗜好食用海鲜或者野生动物或者大补类食材食料像虫草、人参等，以及喜好类食品如烟草、毒品和各种白酒等等，导致痛风、人畜共患病的发生率大大增加，并引发草原遭受严重破坏，以及生活环境污染、酒驾及严重的交通事故等，还有，网络世界里，个别网民行为失当，从事网络欺诈，发表非法言论，制造病毒和攻击

---

① 江泽民：《高举邓小平理论伟大旗帜，把建设有中国特色社会主义事业全面推向二十一世纪——在中国共产党第十五次全国代表大会上的报告》（1997年9月12日），五、经济体制改革和经济发展战略，（六）实施科教兴国战略和可持续发展战略。

网络系统等，对网络安全和网络信息保护，带来严重的威胁，国家法律就不能不强行干预。也就是说，现代社会在注重"公众参与"①和"共同分享"即"共享"的本质，就是共同分担法律义务，而不是一味地只享有权利。

2009年8月27日，第十一届全国人大常委会第10次会议通过了《关于积极应对气候变化的决议》（简称《气候变化决议》），其第5条规定，加强对全社会尤其是青少年应对气候变化的教育，提高全民对气候变化问题的科学认识，增强企业、公众节约利用资源的自觉意识。坚持勤俭节约，倡导绿色低碳、健康文明的生活方式和消费方式，动员全社会广泛参与到应对气候变化的行动中，营造积极应对气候变化的良好社会氛围，推动整个社会走上生产发展、生活富裕、生态良好的文明发展道路，努力提高全社会应对气候变化的参与意识和能力。《气候变化决议》的这一规定，应该是通过"公众参与"的义务化，把"保护—节约资源"的义务法律化，继而变成我国《环境保护法》第6条规定的"公民应当增强环境保护意识，采取低碳、节俭的生活方式，自觉履行环境保护义务"与"公众参与"是结合在一起的。②而在一些民事活动，比如长城旅游观光活动中，公民、法人和其他组织都有保护长城的义务，③便是具体而直接的规定。也就是说，早在我国《民法总则》颁行之前，国家立法就在很多方面，规定了民事主体的"保护—节约资源"义务，基于此，这种义务法律化后成为民事主体的法定义务，是顺理成章的。

同时，需要强调，在深化改革的过程中，不断推进市场化改革，大幅度减少政府对资源的直接配置，推动资源配置依据市场规则、市场价格、市场竞争，以实现效益最大化和效率最优化。而政府的职责和作用，主要是保持宏观经济稳定，加强和优化公共服务，保障公平竞争，加强市场监管，维护市场秩序，推动可持续发展，促进共同富裕，弥补市场失灵。④那么，作为一种民事法律文化的重要组成部分——节约资源、保护环境，促进人与自然和谐发展就成为发展权的重要内容之一。因此，民事主体从事民事活动包括民事权利取得、享有和行使、救济过程中，应当保护环境、节约资源，控制或者抑制自己不适当、不合法的民事利益需求，即应当节约资源、保护环境，促进人与自然的和谐发展，就必然成为一项非常重要的民法基本原则。

---

① 公众参与，是指社会群众、社会组织、单位或个人作为主体，在其权利义务范围内有目的的社会行动。公众参与是一种有计划的行动；它通过政府部门和开发行动负责单位与公众之间双向交流，使公民们能参加决策过程并且防止和化解公民和政府机构与开发单位之间、公民与公民之间的冲突。作为现代社会的一项法治化政策，它是解决环境安全问题的重要途径，为提高公众环境风险意识，必须帮助公众获得环境风险信息和参与环境安全监督的有效机制。根据《环境保护公众参与办法》（2015年7月2日）第4条规定，环境保护主管部门可以通过征求意见、问卷调查、组织召开座谈会、专家论证会、听证会等方式征求公民、法人和其他组织对环境保护相关事项或者活动的意见和建议。公民、法人和其他组织可以通过电话、信函、传真、网络等方式向环境保护主管部门提出意见和建议。

② 我国《环境保护法》第5条~第6条规定，环境保护坚持保护优先、预防为主、综合治理、公众参与、损害担责的原则。一切单位和个人都有保护环境的义务。地方各级人民政府应当对本行政区域的环境质量负责。企业事业单位和其他生产经营者应当防止、减少环境污染和生态破坏，对所造成的损害依法承担责任。公民应当增强环境保护意识，采取低碳、节俭的生活方式，自觉履行环境保护义务。

③ 《长城保护条例》（2006年9月20日），第7条。

④ 《中共中央关于全面深化改革若干重大问题的决定》（2013年11月12日），一、全面深化改革的重大意义和指导思想。

思 考 题

1. 民法的基本原则是什么，有哪些？
2. 民事活动的定义是什么，其主要特征有哪些？
3. 如何理解平等原则？私权神圣的提法，是否违反我国《宪法》的规定？
4. 诚实信用、意思自治的比较，它们的异同何在？
5. "人与自然和谐发展原则"即绿色原则，为何会成为民法的基本原则？

学习资料指引

1. 梁慧星：《民法总论》，法律出版社 1996 年版，第 1 章。
2. 魏振瀛：《民法》，北京大学出版社、高等教育出版社 2000 年版，第 2 章。
3. 彭万林：《民法学》，中国政法大学出版社 1999 年第 2 版，第 2 章。
4. 王建平：《民法学（上)》，四川大学出版社 1994 年版，第 3 章第四节。
5. 张俊浩：《民法学原理》，中国政法大学出版社 1991 年版，第 1 章至第 3 章。
6. 《中共中央关于全面深化改革若干重大问题的决定》，2013 年 11 月 12 日。
7. 全国人大常委会法制工作委员会：《关于〈中华人民共和国民法总则（草案）〉的说明》，2016 年 7 月 5 日。

参考法规提示

1. 《中华人民共和国民法通则》，第 3 条－第 8 条。
2. 《中华人民共和国民法总则》，第 3 条－第 10 条。
3. 《中华人民共和国合同法》，第 3 条－第 8 条。
5. 《中华人民共和国物权法》，第 3 条－第 7 条。
5. 《中华人民共和国担保法》，第 3 条－第 4 条。
6. 《中华人民共和国婚姻法》，第 2 条－第 4 条。
7. 《中华人民共和国继承法》，第 5 条，第 9 条。
8. 《中华人民共和国侵权责任法》，第 2 条－第 4 条。
9. 《中华人民共和国环境保护法》，第 5 条－第 6 条。
10. 《中华人民共和国民法总则（草案）》（即《民总一审稿》），第 3 条－第 12 条。

第三章 民事法律关系

【**阅读提示**】本章的重点，是从社会关系进入，掌握民事法律关系的基本原理、基本概念，明确民事法律关系的基础功能和作用，这是学好民法学的重要前提。鉴于本章内容比较抽象，对本章的学习，尤需下力气。学好民法学，从某种意义上说，就是学会分析抽象的或具体的民事法律关系，掌握梳理它的技巧。本章的难点，是民事法律关系发生、变更和消灭的原因，民事法律关系的基本特征，以及民事法律关系构成要素之间的逻辑结构，还有民事法律事实的客观化和民事法律关系对民事权利、民事义务、民事责任的固化等。

第一节 民事法律关系的引入

一、关系、社会关系、法律关系与民事法律关系

（一）关系与社会关系

1. 关系的字义。在民法上，"关系"是一个中性字眼，而非日常生活中的"拉关系"、"走关系"或者"团团伙伙"、"拉帮结派"的含义。《现代汉语词典》中，对"关系"一词有 6 种解释：（1）事物之间相互作用、相互影响的状态；（2）人和人或者人和事物之间的某种性质的联系；（3）对有关事物的影响或重要性，值得注意的地方；（4）泛指原因条件等；（5）表明有某种组织关系的证件；（6）关联；牵涉。① 其中，如果把"关""系"分开，则"关"有"牵连""关系"的含义，而"系"则是"连接"、"联系"的意思。这样一来，"关系"就是人和人或者人和事物之间的某种性质的联系或者牵连、关联等层面的联系。这种联系，是架构社会关系的基本源泉，也是社会关系网络形成的本质所在。

2. 社会关系的定义。社会学上，社会关系是指在社会中，人与人之间某种性质的联系。这种联系的总称，从关系的双方主体角度看，社会关系包括个人之间的关系、个人与群体之间的关系、个人与国家之间的关系等复杂形态。一般而言，社会关系还包括群体与群体之间、群体与国家之间等层面的关系。比如，现实生活中，居住小区与居住小区之间，所有的小区域与当地政府之间，各级政府之间等复杂的关系，等等。马克思认为：人的本质是一切社会关系的总和。其含义是强调：社会关系源于人，因为有了人类，人与人之间便产生了各种复杂的利益联系或关系，这些关系，就统称为社会关系。

---

① 《现代汉语词典》，商务印书馆 1979 年版，第 401 页。

社会关系从关系所属的层面看，因为涉及面众多，类型复杂，理论观点方法千奇百怪，很难简单化一地叙述。一般而言，社会学上，把社会关系分为经济关系、政治关系①、法律关系，等等。其中，经济关系即生产关系。而政治关系，是指人们在社会生活中，基于特定的利益要求和利益关系而形成的，以政治强制力量和权力分配为特征的社会关系。至于法律关系，则是指在法律规范调整社会关系的过程中，所形成的人们之间的权利与义务关系。马克思主义哲学科学地揭示各种社会关系之间的从属关系，将社会关系分为物质关系、思想关系两种。前者是人们在生产活动中形成的、不以人们的意识和意志为转移的必然联系；后者是通过人们的意识形成的关系，它是物质关系的反映，法律关系就是思想关系的一种。在社会学上，社会关系的发生，具有必然性或不可避免性。

3. 社会关系与人际关系。人际关系，就是人们在生产或生活活动过程中，所建立起来的人与人之间的一种互相对待的态度性社会关系。这种关系，与人的交往需求和社会关系发生的"连结点效用"，即下文的法律关系客体的作用，存在着内在的必然联系。因此，人际关系会对人们的心理产生影响，在人的心理上或者精神上形成某种距离感。人际关系的特点是：（1）直接交往性和情感性；（2）受诸多因素的影响性；（3）双方需求的互补性和态度的类似性；（4）双方距离的远近与交往频率的依存性。这些特点，都能直接影响人际关系的建立、变化及其质量等。

社会关系与人际关系比较，其区别：先有人际关系，后有社会关系。人际关系在社会关系建立后，又是社会关系的具体体现。人际关系更强调相互作用的个性特征，而社会关系则是指它所包含的共性方面。现实社会中，某些人的人际关系表现比较差，不符合中国社会"做人做事"，即"先做人，后做事"的文化传统，在人际关系处理上，过于自我为中心，把自己定义为人际关系的核心或者焦点，忽略了人际关系的"互相对待的态度性"这一本质属性。结果，其智商过高而情商不足，聪明过度，而人际关系极差，其本可以成就一番大事业，就是因为人际关系过差的缘故，导致在升迁和更大作为方面，遇到了"关系困境"的致命障碍。

4. 物质关系与思想关系。所谓物质关系，即人与人之间基于物质财富或者财产，而形成的一种物质性利益联系。这种关系，是社会关系当中，最普遍、最重要和最直观的一种关系。比如，任何一个城市的公共交通系统中，城市的道路或者街道，都属于政府所有的公共财产或者公共品，使用这些道路或者街道，人和人不需要交付费用，就成为一种最常见的公共交通意义上的物质关系。而思想关系，即人与人就某些抽象的精神利益或者和物质关系相对应，通过政治、法律的制度和设施以及意识形态表现出来的一种思想性利益联系。这种关系，主要表现为政治关系和法律关系等。

社会学上，一定社会历史阶段的各种社会关系，构成社会关系系统，即社会形态。在这种系统中，诸种社会关系不是杂乱无章的堆积着，而是具有一定的秩序与规律的有

---

① 政治关系与经济关系等其他社会关系相比，有3个特征：（1）政治关系是政治角色之间的相互关系，这种政治角色既包括个人，如公民、政治家、政府官员，也包括集体，如政党、政治团体、政府机关、国家等；（2）政治关系是个人和团体在政治生活中结成的相互关系，在社会政治生活之外发生的任何关系都不是政治关系，即使是国家之间的关系也不例外。例如，国家之间的经济贸易，就不是政治关系而是经济关系；（3）发生政治关系的直接动因，是这样或那样的政治利益。

机整体。其中，生产关系构成了社会的经济基础，而反映经济基础的要求和特点的各种思想关系，则构成这个社会的上层建筑。因此，物质关系决定着思想关系，而思想关系又反作用于物质关系。一般说来，经济关系的性质决定着整个社会关系系统，以及其他个别社会关系的性质。

5. 社会关系困境。在社会关系研究中，关注社会关系遭遇到的困境，是一个新的研究命题。比如，研究生对导师的举报，形成师生关系的困境。① 还有，现在许多年轻人只谈恋爱不结婚，就是一种社会关系困境；而一些人结婚后，因为各种原因婚姻关系不好，闹离婚，则是陷入婚姻困境的一种表现。另外，个别人在社会生活中，对人际关系的处理技巧，一无所知，或者只是凭借自己的主观喜好处置，完全不顾及他人，比如同事、室友、同学，甚至于配偶、子女、父母等的心理感受，而"纵横天下"，肆意妄为，往往很容易引发社会关系困境的出现。所以，法律人要学习民法学的第一要务，就是首先学习社会学，通过社会学知识和专业技能的获得，把自己在社会关系中的位置找准确，而不是自以为是或者以"老子天下第一"行事。

认识社会关系的困境，作为法律人需要谨记的第二要务，就是要区分社会关系的类型。从其规范化程度上，社会关系可分为正式关系与非正式关系。前者，指已经制度化、比较稳定、有一定程序、受一定原则制约的关系，如法律关系，具体比如婚姻关系、父母子女关系、合同关系、房产所有权代表的物权关系，等等。后者，指未制度化、没有固定模式、不受原则制约的关系，如恋爱关系、朋友关系、一般意义上的同学关系、老乡关系或者熟人关系，等等。识别这些关系，是希望法律人要弄清楚：任何时候，作为社会关系中的人，任何人都必须区分清楚，并处理好这两类不同性质的社会关系。

(二) 血缘关系、地缘关系与业缘关系

1. 血缘关系。所谓血缘关系，是指以血亲或生理联系为基础而形成的社会关系。它是人类最早形成的社会关系，社会的发展又不断赋予它新的内容。现实生活中，血缘关系主要有：(1) 婚姻关系；(2) 家庭关系；(3) 亲属关系等。社会学上，人的第一社会关系即血缘关系，当人在不断社会化的过程中，成为社会人之后，血缘关系会逐渐退化到第二社会关系，甚至于第三社会关系等。这时，业缘关系或者地缘关系等，往往会上升为第一社会关系或者第二社会关系。比如，军人在军队中成为合格的军人之后，其战友情分或者业缘关系，往往会成为比夫妻关系、夫妻子女关系更为重要的社会关系。不过，直到现在为止，我国通过法律，比如《老年人权益保障法》等法律法规，依然保护老年人与其成年子女之间的血缘关系，并以成年子女对其老年父母的赡养义务的形式表现出来。应当说，这是维护血缘型社会关系的稳定性，从而维护老年人的合法权益，

---

① 中科院院士王正敏被其研究生举报后，他自问："学生为什么会那么恨自己？"随着昔日师生反目成仇的故事浮出水面，导师和研究生之间的矛盾，再次引发人们的思考：研究生阶段与其他教育阶段最大的不同，便是学生的科研和生活，都与导师有着紧密的联系；然而，现实生活中，导师和研究生关系真正融洽的却不多。参见：陈竹：《超常规发展负面效应显现，研究生师徒关系困境如何突围》，《中国青年报》，2014年2月15日第3版。

解决我国2.2亿多老年人养老问题的国家政策措施。①

2. 地缘关系。所谓地缘关系，是指直接建立在人们空间与地理位置关系基础上的，以生活、工作、生产和居家为核心的一种社会关系。它是人类最早产生的社会关系之一，比较稳定和牢固的地缘关系，是人类采取定居形式后才形成的。现实生活中，人们往往可以直观看到、感受到的"乡音"、"家乡菜"或者"乡党"、"老乡"或者"同乡"等，便是这种地缘关系的外化性表现。社会学上，地缘关系可分成封闭型与开放型两种。封闭型地缘关系，即产业革命以前的社会关系。那时，社会分工不发达，人们被限制在较小的地域范围内，很多人终生只在某一个村、镇里生活。而开放型地缘关系，是指产业革命以后的社会关系。这种社会关系的特点，是人的流动性不断被强化，从而，在现代化交通或者通讯包括网络交易背景下，地缘限制被打破。如果加上我国实行的新型城镇化和统筹城乡改革政策，地缘关系固有的限制性已被打破，人的快节奏的流动性，成为开放型地缘关系的核心特征。地缘关系的功能主要有：（1）维系社会关系的稳定，相对稳固的地缘关系能保障人们的生产与生活的正常秩序；（2）将人约束在一个相对狭小的范围内，束缚人的发展欲望；（3）发展地方性特色文化，即所谓的"一方水土养一方人"现象，会形成地方性文化，比如戏曲、饮食和各种各样的地方特色文化，成为中华文化当中，"记得住乡愁"的核心部分。

3. 业缘关系。所谓业缘关系，是指以人们广泛的社会分工为基础，而形成的学习、工作、生产和职业为核心的一种社会关系。它是在血缘关系、地缘关系的基础上，发展起来的一种社会关系。在现代社会中，业缘关系由于能够以业务为交往的介质，成为"物以类聚，人以群分"社会关系类型化划分的核心根源，形成的社会关系，便是"同事"、"工友"、"学友"、"同学"、"战友"、"牌友"、"票友"或者"合作者"等外观特征的人际关系。应当说，许多成功人士，往往是借助业缘关系或者依赖经营业缘关系，而获得了事业或者经营的成功或者收获了财富、名利和社会地位，等等。受此影响，社会上盛行的"认干亲"或者"拉宝宝"习俗，② 实际上也是一种业缘关系的表现形式。

应当说，业缘关系现象受到了人们的重视，是因为它获得的地位，在现实生活中日

---

① 截至2015年底，我国60岁及以上老年人口2.22亿人，占总人口16.1%。其中，65岁及以上人口1.44亿人，占总人口10.5%。参见：《2015年社会服务发展统计公报》，二、社会工作，民政部网，http://www.gov.cn/xinwen/2016-07/12/content_5090289.htm。最后访问：2016-07-12。

② 每年正月十六，德阳广汉市房湖公园、金雁湖公园会举行"保保节"。这是从清乾隆时相传而来的地方习俗，这个"拉保保"是喜庆的日子，也是当地全民春游的好时节。据说这天出门游了春，即可消除百病，招来百事顺利、吉祥如意的好兆头。因此，人们又称它为"游百病"或"游毛病"，这都是消灾祛病、招祥纳福的意思。而春游的中心内容是"拉保保"，这是春游活动的高潮。所谓"拉保保"，就是年轻父母在正月十六"保保节"这一天，领着自己10岁以下的孩子，备上酒菜和香蜡钱纸，到广汉市房湖公园内的古柏树前，若看中一位游人，拉他为自己的孩子"保关煞"（俗传：小孩在童年时期要闯过几道"关口"才能长大成人，否则就有夭折危险）如果被拉的游人接受了，便在古柏树脚下，焚烧香蜡纸，叫孩子向被拉游人行跪拜礼，并叫一声"保保"。接着双方大人互道姓名住址，以"干亲家"相称，就地举杯饮酒祝愿。被拉的"保保"就是孩子的"干爹"，孩子是"干儿子"。当干爹的要给干儿子另取一个含有"福禄寿喜"、"百年长寿"或"鹏程万里"等良好的吉祥祝愿的名字。为什么要在古柏树下拉保保呢？原来这里有十二株树是明代所栽，其数目恰巧与十二生肖相吻合，当地人就称这十二株古柏为"十二相"。在"十二相"前拉保保，除有请带灵气的十二相为他们作证的意思外，还有松柏常青之意，孩子也会如松柏长年百寿。后来，当地的人们便将这个民俗活动，称为"保保节"或者"拉宝宝"。

益重要的缘故。而且，业缘关系的特征，也发生了较大的变化。与工业化以前的社会相比，现代社会业缘关系的结构复杂，分工体系庞大，由过去的初级关系和非正式关系为主，转变为次级关系和正式关系为主。业缘关系的变迁也由缓慢变化转变为迅速变迁。在社会学上，业缘关系的正功能：它是人类社会发展的重要基础性关系形态，任何时候都受到人们的高度重视，成为社会发展和进步的重要精神动力。而它的负功能：业缘关系往往会形成某种人际依赖，或者成为裙带关系或者血缘关系、地缘关系等不良影响放大的一种"基地"或者"平台"，可能会限制人们的发展。在这一点上，法律人似乎更应当深刻认识到业缘关系对于自己人格成长、能力养成和合格法律人素质培育的潜在危害。

（三）社会关系的法律调整

社会关系的法律调整，是指法律对于特定的社会关系，从发生、变更到消灭等发挥事先调整、事中调整和事后调整作用的情形。也就是，法律关系这种法律规范调整社会关系的过程中，所形成的人们之间的权利与义务关系，是社会活动的必然性形式与结果形态的一种表现。事实上，日常生活中，每个人作为法律关系的一方主体，会引起大量的法律关系发生、变更或者消灭。以城市居民的工作日为例，早晨出门上班、晚上下班回家，乘坐交通工具时，会产生运输合同关系，而到工作场所后开始工作，是劳动法律关系。而如果工作需要时，代表所在单位与客户或者对方当事人洽谈业务，除了有劳动关系之外，还有职务代理、职务行为或者职务身份等一系列的法律关系。于是，社会关系被法律所调整即被动调整，或者法律关系主体主动运用法律规范，建立各种各样的法律关系，比如订立合同、履行合同或者合同发生争议纠纷时，采用协商、和解、仲裁和诉讼的方式，处理和解决合同纠纷，都是合同关系的法律调整样态。

由于法律关系是以法律为前提而产生的社会关系，如果没有法律的规定，就不可能形成或者产生又这些法律规定调整意义上的相应法律关系。所以，法律关系是以国家强制力作为保障的社会关系，当法律关系产生、变更或者消灭过程中，法律关系的结构或者构成要素受到破坏时，除了法律关系主体自己会进行救济之外，国家也会动用强制力进行法律关系的强行矫正或修复型恢复。所以，当社会关系与法律规范相结合的时候，必然产生法律关系。比如，大学生在高校读书期间，就与大学形成了教学层面的行政法律关系，以及生活层面的民事关系，例如，大学生在餐厅购买饭菜、在洗衣房洗涤衣物，以及住宿在校内的学生宿舍里等，都是一系列的民事法律关系。当然，大学生自己违法犯罪，例如林森浩投毒杀人案或者任何人对大学生犯罪等，也会形成相应的刑事法律关系。

需要强调，法律调整社会关系后，被调整的社会关系才叫法律关系。因此，"法律调整"一词，实际上是强调国家根据自己的价值评断，以法的形式或者法律规范对人的行为进行规范或者干预，对现实社会生活关系施加影响，以期建立期望的社会生活秩序的一种活动。不过，毕竟法律关系不同于法律规范，它是现实的、特定的法律关系主体所参与的具体社会关系。比如，我国《合同法》第13条规定了合同订立的规范，那么，房地产开发商A公司，与购房人张三之间，依据我国《合同法》以及商品房买卖合同的示范文本，订立购买某栋号房产1套的《房屋买卖合同》，就是由我国《合同法》调整以后的房屋买卖法律关系，属于合同关系范畴。所以，特定法律主体的意愿、意志和意思表示等，对法律关系的建立与实现，起着决定性的作用。

从理论上看，社会关系的法律调整，实际上是法律规范所体现的国家意志，与法律关系主体的个人意志表示相结合、相一致的过程。也就是，把抽象的法律关系变成具体的法律关系的过程。也有一些法律关系的产生、变更或者消灭，往往是基于行政命令而发生的。比如，依法准许某种民事权利例如房屋产权登记，又比如征收征用法律关系主体的不动产、动产等。每一个具体的法律关系的产生、变更和消灭，是否要通过法律关系主体的意志表示，需要何种类型的意思表示，以及法律关系的构成条件或者结构如何，一般取决于法律调整的对象、调整方法和调整范围等要素，不可一概而论。

从纯学术的角度看，法律关系是以法律上的权利、义务为纽带或者介质而形成的社会关系，它是法律规范（规则）以"指示"（行为模式一）、"命令"（行为模式二）和"引导"（行为模式三）的形式，由法律关系主体根据其利益愿望，所形成的各种社会关系的体现。因此，如果没有特定的法律关系主体的法律权利和法律义务即利益需求，就不可能有法律关系的发生、变更和消灭的必要，也就不会存在法律调整社会关系的价值。在此，法律关系的主体、法律权利和法律义务的内容，以及法律关系的客体，就是法律关系构成的三大基本要素，是社会关系由法律调整后，形成法律关系的逻辑结构性因子。

社会关系法律调整的特点，主要有：（1）法律调整是与国家和法律同时产生的，是立法者运用国家权力，对社会关系所作的带有价值判断的规范性和组织性的中介或者干预；（2）法律调整具有目的性、有组织、有结果的性质，并以国家强制力作后盾；（3）经过法律调整后，社会关系体现为法律关系，并以权利、义务和法律责任等作为具体内容表现出来。于是，在民事活动层面，法律制度、法律规范和法律调整的一般结果，必然指向引入民事法律关系了。

二、民事法律关系的定义

（一）民事法律关系的概念

所谓民事法律关系，是指由民事法律规范调整后，所形成的平等主体之间的人身关系和财产关系。这种社会关系，在其内部结构上，其主体因素为平等身份的民事主体；其客体因素为物、行为、智力成果、人身利益等；其内容因素为民事权利和民事义务等。从民法原理上看，民事法律关系作为纯粹抽象的一种理论或者社会现象来理解，是强调其发生的必然性或者民事利益交易的基本原理，便是在有了民事法律制度或者民事法律规范设计之后，民法规范的作用对象必然指向财产性社会关系或者人身性社会关系，只要这类社会关系具有平等性色彩就可以了。而民事法律关系作为具体现实的一种民事利益交易方法或者路径，人们在日常生活中，常常在使用它，在这种民事法律规范的"指示行为模式"、"命令行为模式"和"引导行为模式"等的引导下，从事合法的、合作性的合同订立、履行行为，包括生活行为、工作行为、交易行为、侵权行为、继承行为等，甚至于日常中的衣食住行用、吃喝拉撒睡、生老病死养活动等，便是具体的民事法律关系。这种法律关系便是民事法律规范，对平等主体之间的财产型、人身型社会关系进行调整的结果，是一种由民事法律规范确认、保障和作用的具体的自然人之间、法人之间以及与非法人组织之间的人与人的关系。

现实生活中，人们为了满足其自身的物质生活、文化生活包括精神生活等不同层次的需要，彼此之间必须以产生或者形成相应的民事法律关系为条件。也就是说，各种各样的具体的民事法律关系，是建构社会和经济秩序的基本工具。没有民事法律关系的发生、变更和消灭，任何人想要在社会中生存和发展，是不可想象的。为了使相关的社会关系的产生、变更与消灭，成为一种民事法律关系的发生、变更和消灭现象，并成为符合国家利益与社会、经济和文化发展规律的现象，立法者首先必然依据国家当前的物质生活条件和社会、经济和文化的发展水平，制定我国《民法总则》等民法规范，并教化社会全体成员运用不同的法律规范，对形形色色的社会关系，运用事先调整、事中调整和事后调整的方法，进行引导规范、指示调整与保障保护，从而，形成不同种类的民事法律关系。比如，物权法律关系、债权法律关系、知识产权法律关系、人身法律关系、婚姻法律关系和继承法律关系等。理论上，除了由民法规范调整的社会关系成为民事法律关系外，还有行政法律关系、刑事法律关系、国际法律关系等种类的法律关系。

民事法律关系在民法学这门学科的理论体系中，居于主导性的基础地位。根据民法作为私法的民事法律文化及其民法原理揭示的社会规律，整个民法学涉及的财产关系、人身关系问题，虽然十分广泛而且复杂，让民法学具有了"博大精深"、"易学难精"和"构造复杂"等几大特征。但是，民法学的核心理论问题，就是平等身份的民事主体通过各种民事活动，建立和形成各种各样的民事法律关系，满足自己的民事利益需求，从而实现作为社会基础利益的民事利益的民法规范调整后，相关社会秩序的结构性形成的目标。从民法学理论的基本架构分成民法总论、民法分论的板块理论来看，民法总论从最一般的意义上界定、研讨和阐释民事法律关系的，包括民法的定义、民事活动、民事的基本原则、民事法律关系、自然人、法人、非法人组织、民事权利和民事义务、法律行为、代理、民事责任、诉讼时效和除斥期间、期间的计算、民法的效力与适用等。而民法分论，则被分解成物权、债权、知识产权、人身权、家庭婚姻亲属关系、继承权等部分，是从民事活动的具体形态上，界分、确定、阐释和研讨各种各样具体类型的民事法律关系，从而架构相应的理论与法律规范体系的。

应当说，我国民法学的基本内容，就其结构来看，就是界定、阐释和研究民事法律关系的产生、变更和消灭的原因、过程以及结果，以民事活动和民事权利为两大理论架构支柱来架构的。因为民法对社会关系的基本调整功能，主要是通过将抽象的社会关系通过民法规范的具体调整，转化为各种各样具体的民事法律关系来完成的。即民法理论和民事立法，都是平等主体之间的人身关系与财产关系，与具体的民事法律规范相结合的直接产物。换句话说，民法调整物质资料占有关系而产生特有的物权法律关系，调整民事利益交换或者商品交换关系而产生的债权法律关系，调整人身关系而形成的人格权、身份权法律关系，调整智力成果的完成或者产生、使用、许可或者贸易、交换关系而形成的知识产权关系，调整血缘关系的形成、维持和变更产生的家庭婚姻和亲属、收养关系而产生的婚姻关系，以及调整公民的遗产归属、分配和处置关系而产生的继承权关系，等等，都属于民事法律关系的发生、变更和消灭理论范畴。因此，对于法学院的大学生而言，要学好民法总论这门课程，以及民法分论的系列课程，养成良好的法律素养与专业技能，就必须首先扎实地掌握民事法律关系的基本原理和理论知识，做到对于民事法律关系的基础性、必要性、重要性和条件性等，具有高度的认同和认知，深刻的理解和领悟，以及扎实的训练和实践等，唯有如此，才算找到学好民法学这门基础学科的路径。

（二）民事法律关系的特征

1. 民事法律关系是平等主体的人与人之间的社会关系。

民事法律关系，作为人们之间抽象的一般社会关系，是一种人和人之间的关系。在经过民法规范调整后，才形成的一种法律层面上的具体社会关系，即民事主体之间的一种民事利益流转关系。民事法律关系带有与民事主体的生存、生活和生产等具体活动密切结合，具有意志性、利益性、基础性和多主体性等基本特征。比如，一家大型超市开门营业后，成千上万的买卖合同便大量的、常规化的发生、变更和消灭。天天如此、月月如此、年年如此，于是，围绕这家大型超市的民事法律关系的发生、变更和消灭，就是这家大小型超市的日常营业活动，甚至于因为营业发生的各种纠纷，表现为协商、和解、调解、仲裁和诉讼时，也便发生了"民事法律关系发生场"现象。换句话说，如果这家大型超市的商品、服务尤其是售后服务过硬，态度又好，即把顾客的利益需求看得很重的话，那么，它就会在激烈的市场竞争中，生存下来和发展下去。商法理论上"商人以营利为目的"的民商主体的存在理念，才会有所依附。

理论上，民事法律关系属于利益型法律关系，而非管理型法律关系（广义上刑事法律关系也属于管理型即刑事责任追究型法律关系），当然就具有所有法律关系的共同属性或者共同法律特征。例如，它是思想社会关系而非物质社会关系，属于一个社会的上层建筑，其实质就是当事人的意志行为，是否符合法律规范的要求，其行为应当产生合法后果还是非法后果，等等。不过，民事法律关系作为平等的民事主体人与人之间的社会关系，并不是人与物、人与行为、人与人身利益等之间的关系，更不是物与物之间的关系，在发生或者形成、变更和消灭、终止的原因层面，则因为有其独特的原因——民事利益和民事活动的存在，而使民事法律关系总是和民事主体的某种利益需求，紧密地联系在一起。

因此，民事法律关系作为一种平等主体之间的，以民事权利、民事义务为内容的，由民法规范调整的利益关系，其产生既是必然的，也是大量的、复杂的和理论高深的一种社会关系。这种社会关系的存在，是民事主体实现其生存利益的一种基本手段。所以，任何人不可能逃脱这种社会关系，民事主体只要想生存和发展，必然要依法建立各种各样的民事法律关系。与此同时，这种法律关系的建立又不是任意随性的，而是作为民法规范对平等主体之间人身关系和财产关系调整的一种结果形态表现出来，就其第一构成因素而言，有其自身独有的不二特征。即：民事法律关系只能产生于平等的民事主体之间，以国家的强制力作为保障，以当事人的诚实信用和意思自治、地位平等，以及人与自然和谐发展原则的要求为条件。其理由是：民法调整的对象是平等主体之间的人身关系与财产关系，决定了民事法律关系要建立，则民事主体的法律地位当然要求一律平等，平等地表达意愿、平等地建立关系，平等地享有民事权利和承担民事义务。

在民事法律关系中，享有民事权利以承担民事义务为前提，民事权利与民事义务具有紧密结合，不可分离的特征，不允许只享有民事权利而不承担民事义务，或者只承担民事义务而不享有民事权利。这种民事权利与民事义务互相依存、结合和支持的情形，告诉人们：无论民事主体在其他社会关系中，有着何种不同的社会身份或者社会地位，比如，某些行政级别很高的省部级官员与普通的清洁工相比，行政法律地位显然有明显差异。但是，省部级官员和清洁工一旦从事民事活动，进入民事法律关系当中，则只有一个民事主体身份，他们彼此之间的民事法律地位，是完全平等的，不存在谁高谁低或者不平等民事交易的隶属身份差异。同时，民事主体之间建立何种内容的民事权利与民事义务关系，并且，如何实现其民事权利或者履行其民事义务，完全由民事主体在合法的前提下，通过平等沟通与协商，以意思自治原则为基础来实现，不会也不允许一方对另一方的强制命令。所以，平等原则或者平等的民事身份，既是民事法律关系的核心和灵魂，也是民事法律关系的第一特征。

2. 民事法律关系的发生取决于民事主体的个人意志。

民事法律关系的发生、变更和消灭，由于它都是具体的法律关系，在一般情况下，主要取决于民事主体单方、双方或者多方的意愿，而不是取决于法律规定。换句话说，法律规定只是为民事法律关系提供了外在的条件，而民事法律关系内在的发生、变更与消灭原因，是民事主体的个体意愿，体现当事人的自由意志，即是否建立民事法律关系、建立什么内容的民事法律关系，以及这些民事法律关系的内容等，概由民事主体自己决定，他人无权干涉和强制，其所遵循和贯彻的是地位平等、意思自治和诚实信用等民法的基本原则。这是民事法律关系区别于行政法律关系、刑事法律关系以及国际法律关系的又一特征。

这一特征的学理基础在于：民事法律关系是民事主体在民事活动中的民事地位一律平等，有了法律地位上的一律平等，民事主体的民事身份相同——互不隶属、没有高低贵贱之分，不存在一方对另一方的意思强制，由此才可能形成民事主体自己的自由独立和平等意志，也才有可能自主地决定自己的民事行为，即参与的民事活动的性质、内容和需要处置、流转的民事利益的具体内容等。

理论上，民事法律关系是由民法规范确认的一种社会关系，具有法律规范评判的特点，体现了立法者的国家意志。但是，民事法律关系是否具有合法性，是否受保护，往往并不是民法规范决定的，而是取决于民事主体的个体意志。也就是说，绝大多数民事法律关系的发生、变更和终止，表现的是单方、双方或者多方民事主体的自由意志。如果不发生争议或者纠纷，或者即或发生了争议或者纠纷，民事主体通过协商、和解或者调解，甚至于仲裁已经自行解决或者了断的，其是否合法或者合法性在多大程度上存在，并不是一个决定性的要素。只有民事主体的民事争议、纠纷或者矛盾不可调和，不能自行了断，到了仲裁委或者法院进行司法救济的时候，民事法律关系的合法性判断，才被作为第一要务或者前提性判断，进行处理。正因为如此，现实社会当中，存在大量的民事主体互相之间或多或少违反民事法律法规规定，从事民事活动建立民事法律关系的情况。但是，按照民事权益处分原则以及"不告不理原则"，对于这类民事法律关系发生的争议或者纠纷，往往以民事主体执行处分其民事权益来推断，除非依法起诉到法院或者请求仲裁委裁决，否则，其民事法律关系的合法性是不被过多关注的。也就是说，在具体民事活动的层面上，由民事主体根据自身的利益需要和行为目的，自主地决定建立何种性质、内容和目的的民事法律关系，不允许任何组织或者个人非法的支配、干预或者强制、操纵。否则，既不可能导致民事主体之间法律上的民事权利、民事义务关系的合法产生，也不可能顺利地实现民事主体的民事利益需要。

3. 民事法律关系包涵和体现为民事主体的双重私益。

经过民法规范调整后，所形成的民事法律关系，一般而言，要么包涵着财产利益，是一种财产型法律关系。这是大量存在，形态多样而且内容复杂的一种法律关系。要么经过民法规范调整，包涵着民事主体之间的人身利益关系，从而，产生民事主体之间的人身利益法律关系。对前者即财产法律关系而言，涉及民事主体对各种各样的物质性财产、财富或者自然资源的界定、划分和确认，需要物权法、自然资源法和侵权法、继承法等构成这类民事法律关系调整的规范体系，进行综合性调整。而对后者即人身法律关系而言，有时候人身关系往往是民事财产关系产生的前提，比如婚姻关系建立过程中，必然涉及财产关系。为此，我国《婚姻法》第18条就明文规定，一方的婚前财产、一方因身体受到伤害获得的医疗费、残疾人生活补助费等费用、遗嘱或赠与合同中确定只归夫或妻一方的财产、一方专用的生活用品和其他应当归一方的财产，为夫妻一方的财产，属于个人所有。应当说，这种规定的界限是明确的，而只有在具体的婚姻关系下面，属于夫妻一方所有的个人财产，才是具体而清晰、明确的。

那么，在财产关系已经清晰明确的情况下，如果出现人身利益方面的损害、侵害或者侵权行为，在侵害人与受害之间也会发生损害赔偿这种财产型替代关系。比如，顾客在商场购物时，因为地面太滑而摔倒，不但被摔伤而且损坏了商场的商品，除非商场能够证明其没有过错，那么，在一般情况下，商场才不会赔偿顾客的人身受伤害的损失，相反，会要求顾客赔偿商场的商品即财产受损坏的损失。在这里，民法对民事主体之间的民事法律关系的调整，采用财产利益与人身利益同时给予并重保护的做法。也就是说，民事法律关系所包涵和体现的民事主体的民事利益，为双重私益。只要合法，都要受到民法规范的保护。

理论上，民事主体的这两种利益即财产利益和人身利益，在民事领域都是民事主体的私人利益即个体利益，由民事法律关系的民事主体所取得、享有和实现、处分，构成了"私权神圣原则"的基本依托。因此，在我国，民法是随着社会主义市场经济的出现、发展而产生、发展和完善的，民法规范调整的社会关系，不但具有社会关系的基础性、意志性和多主体性等特征，在我国社会中，则更具有"双重私益"的利益性被放大、强化和扩张的属性。比如，我国在"两个一百年"和中华民族伟大复兴，"新型城镇化"和"扶贫攻坚"国家行动中，在广大农村推行"三权分置"和"两权流转"国家政策背景下，就是将民事主体的"双重私益"提升到国家扶持和帮助层面，让日常生活来自农村的大量社会关系，主要是民事法律关系，能够在国家政策支持下，成为农民富裕、幸福的民生工程的重要表现形式。

4. 民事法律关系对主体利益的保障性与补偿性。

理论上，由于民事法律关系中，民事主体的民事法律地位一律平等，导致具体法律关系的产生、变更或者消灭，要由民事主体自主决定，如果发生了民事争议或者纠纷、矛盾与冲突，民事主体要本着：（1）遵循自愿原则，按照自己的意思设立、变更和终止民事关系；（2）遵循公平原则，合理确定各方的权利和义务；（3）遵循诚实信用原则，自觉维护交易安全。履行法律规定的或者当事人约定的义务，承担相应责任；（4）应当保护环境、节约资源，促进人与自然和谐发展；（5）遵守法律，不得违背公序良俗，不得损害他人合法权益等原则，正确处理与对方的民事争议或者纠纷、矛盾与冲突，而不能采取逃避、消极或者不合作的态度。

也就是说，在我国"民总一审稿"中明文规定：民事主体合法的人身、财产权益受法律保护，任何组织或者个人不得侵犯。而我国《民法总则》通过后，第3条规定表述为"民事主体的人身权利、财产权利以及其他合法权益受法律保护，任何组织或者个人不得侵犯"，显然将民事权利和民事权益加以区分，并不过于强调"合法的"要求。那么，民事主体一旦与人发生民事争议或者纠纷、矛盾与冲突时，一般而言，都应本着与人为善的态度，协商解决或者处理与对方的争议、纠纷和矛盾、冲突，一方无权惩罚另一方。并在自己违反法律、没有履行义务或者履行义务不符合法律规定而承担民事责任时，自觉主动积极承担民事责任。与此同时，侵害对方利益一方承担的民事责任或者民事赔偿，应当与其行为给对方造成的损害后果相一致，即使通过仲裁、民事诉讼程序来解决争议或者纠纷、矛盾与冲突，裁判赔偿的原则，也是以实际弥补一方给对方造成的损失为限，不支持和非常鼓励惩罚性赔偿。不过，特殊情况下，我国《民法总则》第179条第二款中"法律规定惩罚性赔偿的，依照其规定"，便强调民事责任也具有一定的惩罚属性。

相比之下，在不平等的法律关系中，如行政法律关系、刑事法律关系或者国际法律关系等，其法律制度与各项规定尤其是具体的法律规范设计中，因为法律关系带有行政命令、强制惩罚和"软法"特征，相关主体在出现违反强制性规定的时候，往往会出现惩罚性内容非常突出的情形。比如，我国《道路交通安全法》第91条中有5款惩罚性的规定，即：（1）饮酒后驾驶机动车的，处暂扣6个月机动车驾驶证，并处1千元以上2千元以下罚款。因饮酒后驾驶机动车被处罚，再次饮酒后驾驶机动车的，处10日以下拘留，并处1千元以上2千元以下罚款，吊销机动车驾驶证；（2）醉酒驾驶机动车的，由公安机关交通管理部门约束至酒醒，吊销机动车驾驶证，依法追究刑事责任；5年内不得重新取得机动车驾驶证；（3）饮酒后驾驶营运机动车的，处15日拘留，并处5千元罚款，吊销机动车驾驶证，5年内不得重新取得机动车驾驶证；（4）醉酒驾驶营运机动车的，由公安机关交通管理部门约束至酒醒，吊销机动车驾驶证，依法追究刑事责任[①]；10年内不得重新取得机动车驾驶证，重新取得机动车驾驶证后，不得驾驶营运机动车；（5）饮酒后或者醉酒驾驶机动车发生重大交通事故，构成犯罪的，依法追究刑事责任，并由公安机关交通管理部门吊销机动车驾驶证，终生不得重新取得机动车驾驶证，其惩罚性就非常明显而又具体明晰。

另外，我国民法中的许多具体制度设计，比如合同违约金、定金，损害赔偿等的具体规则，无一不体现民事法律关系调整中，对民事主体的民事利益的保护特征中，更多具有保障性与补偿性的特点，除了法定的惩罚性赔偿制度设计之外，[②] 民事主体不应当将惩罚性赔偿，作为处理双方或者多方民事争议或者纠纷、矛盾与冲突的主要方法。

---

① 我国《刑法》第133条规定，醉酒在道路上驾驶机动车的，处拘役，并处罚金。
② 我国《食品安全法》第96条第二款规定，生产不符合食品安全标准的食品或者销售明知是不符合食品安全标准的食品，消费者除要求赔偿损失外，还可以向生产者或者销售者要求支付价款10倍的赔偿金。

三、民事法律关系分类与类型化

（一）财产法律关系和人身法律关系

要正确把握各种具体民事法律关系的性质、内容和特点，准确分析其不同的构成要素，以便恰当地界定民事主体之间的民事权利、民事义务，正确地适用民事法律，处理民事主体之间民事争议或者纠纷、矛盾与冲突，理论上根据不同的学术标准，对民事法律关系进行分类，从而形成类型化的研究方法。首先，根据法律关系中民事主体之间产生的民事权利和民事义务，是否具有直接的财产内容，可以将民事法律关系分为财产法律关系和人身法律关系。这种分类，是民事法律关系最基本的一种分类。

所谓财产法律关系，是指与财产归属或者流通相密切联系，具有直接的物质利益内容的民事法律关系。民事立法历史上，历来的习惯做法，是界定民法主要调整物质性的财产关系，这在大陆法系国家，几乎成为一个文化传统。所以，财产法律关系占据了民事法律关系的主要地位，其数量巨大，内容复杂，更替快速，是观察社会关系变化的一个重要的窗口。例如，因为对物的占有、使用、收益和处分发生的所有权关系，基于自然资源使用而设定的用益物权关系，还有基于所有物的流转而发生的继承关系，以及债权关系等，都属于财产法律关系。当然，在我国，根据《企业国有资产法》的规定，国有资产出资人与国有企业之间，就不是简单和纯粹的民事主体之间的财产法律关系，而带有一定的行政管理色彩或者职能。①

所谓人身法律关系，是指与民事主体的人身即人格与身份、精神利益不可分离的，不具有直接财产内容的民事法律关系。这类法律关系，直接影响民事主体的人格、身份与关系利益，必然要受到民法的调整。换句话说，因相关人身利益的调整，形成具体的人身利益调整模型，是民法调整人身关系的具体表现。在我国，由于社会主义市场经济的发展，带来了"人格升位"现象的出现，人身关系进入民法调整的需求大量增加。例如，基于民事主体的生命、健康、姓名、名称、名誉、荣誉、肖像、隐私、婚姻自主、监护、发现利益、股权、亲属继承等人身权益而发生的民事权利、民事义务关系，都属于人身性质的法律关系。人身法律关系，是我国社会生活中，大量存在而且形态多样，又数量众多的民事法律关系之一，理论上，它又可以分为人格权法律关系与身份权法律关系等。

应当说，将民事法律关系区分为财产法律关系与人身法律关系，是具有法律意义的，即：在于正确界定民事法律关系的性质、内容与调整方法特点，以赋予民事主体不同的民事行为以不同的法律效力。在财产法律关系中，民事主体通常可以依法转让其财产权利，通过对财产的直接支配或者财产流转来实现其民事利益。而在人身法律关系中，民事主体的权利与其人身不可分离，所以有些人身权利不能以让渡的方式来实现，这类人身型民事权利具有不可转让性。比如，生命权、健康权等就不能转让或者被

---

① 我国《企业国有资产法》第5条～第6条和第12条规定，国务院和地方政府按照政企分开、社会公共管理职能与国有资产出资人职能分开、不干预企业依法自主经营的原则，依法履行出资人职责。即：对国家出资的国有独资企业、国有独资公司，以及国有资本控股公司、国有资本参股公司，依法享有资产收益、参与重大决策和选择管理者等出资人权利。

处分。

同时，区分这两种民事法律关系，可以正确采用不同性质、类型的民法规范，保护民事主体享有的民事权利，不使其受到损害或者侵害，或者受到损害或侵害之后，可以采取不同的救济方法进行救济。对于财产法律关系而言，就主要采用返还财产、恢复原状、赔偿损失、支付违约金等财产补救的方式，维护民事主体的民事权利。而对于人身法律关系，则通常采用停止侵害、消除影响、恢复名誉、赔礼道歉等非财产补救方式，维护当事人的民事权利，只有在一定条件下，人身权利受到损害或者侵害的，才可以通过财产赔偿，进行救济。

（二）绝对法律关系和相对法律关系

根据民事法律关系中，义务主体是否特定化或者指向特定的民事主体，可以将民事法律关系区分为绝对法律关系与相对法律关系。所谓绝对法律关系，是指民事权利主体享有的民事权利所针对的民事义务主体不特定，即权利主体之外不特定的任何人，都是义务主体的民事法律关系。在理论上，这种民事法律关系中的民事权利主体是特定的，而民事义务主体却是不特定的，只要民事义务主体不妨碍、不干涉或者不介入民事法律关系，民事权利主体就可实现其民事权利，获取相应的人身利益、财产利益或者使得这些利益顺利实现。同时，民事权利主体有权对抗和排除他人的妨碍、干涉或者介入其行使民事权利。例如，所有权法律关系、人身权法律关系等，都属于绝对民事法律关系。

所谓相对民事法律关系，是民事权利主体与民事义务主体彼此对应，民事权利主体的民事权利只针对特定的民事义务主体有效的民事法律关系。这种法律关系最典型的，是大学生因使用手机，与中国移动、中国联通或者中国电信建立的手机使用合同关系，就是这一类法律关系。而这类法律关系的标志，是大学生获得的移动通讯经营者通过合同，给予大学生手机号码这一特定码号（即专营的码号资源中的一个）。大学生的这个手机号码，就是某一移动通讯频段中唯一的号码，专用而且在通讯合同关系存续期间，维持不变。在相对民事法律关系中，民事权利主体与民事义务主体都是特定化了的，从而，民事权利主体的民事权利的实现，需要民事义务主体的积极行为，即配合、协助和合作才能实现。比如，按照大学生与移动通讯公司的约定，不论预存式移动服务消费还是结账式移动服务消费，到了一定的缴费条件出现后，只有满足了移动通讯的缴费要求，移动公司才继续提供移动通讯服务，便是这种相对法律关系相对性——义务履行的主体特定、内容特定和条件特定等的具体表现。

区分绝对法律关系与相对法律关系的意义，在于根据这两种不同的民事法律关系的特点，可以准确地划定民事义务主体的范围，其所承担的民事义务的性质与类型，履行这些民事义务的具体方式等，如在前述的手机使用的债权法律关系中，大学生就是缴费意义上的相对民事法律关系的义务主体，负有一定条件下实施缴费这种行为的义务，该民事义务必须正确履行才符合法律规定。然后，正确界定民事权利主体享有的民事权利，以及该民事权利行使与实现、救济的途径等，从而使得这类民事法律关系的调整更加有效。

（三）物权法律关系与债权法律关系

根据民事权利的内容与实现方式，可以将财产法律关系分为物权法律关系与债权法律关系。所谓物权法律关系，是以物权为内容，民事权利主体可以对民事客体直接进行支配和控制，不需要民事义务主体实施积极行为，即可实现其民事权利的一种民事法律关系。例如，日常生活中，我们使用手机的民事法律关系中，作为手机的所有人，基于对手机的占有、使用、收益和处分等客观情况，所产生的社会关系就是物权法律关系。这种民事法律关系是一种绝对权层面的法律关系，强调的是，民事权利主体的民事权利，比如，手机所有人，基于其所有权是可以对抗民事权利主体之外的一切人的。

所谓债权法律关系，是以请求权为内容，民事权利主体必须经民事义务主体的一定行为的配合、协助或者合作，才能行使和实现其权利的民事法律关系。比如，当我们手上拿着 3000 元钱时，就是物权法律关系，我们可以随意使用、支配或者处置这 3000 元钱。但是，当我们把这 3000 元钱存入银行时，使用、支配或者处置这 3000 元钱，除了通过转账支付之外，要现金支付的话，即受到了钱没有在手上的限制。当我们从银行包括 ATM 机器取款时，其实都是一种向银行提出的支款请求。一般情况下，3000 元这种小数额的支款请求，银行很容易就可满足。但是，如果不是 3000 元，而是 3 万元、30 万元或者 300 万元、3000 万元的话，即或是我们自己的钱，从银行一次性取出时，也要受到银行"预约"、"限额"、"限时"等客观条件或因素限制，这种限制说明了债权法律关系是一种相对法律关系，民事权利主体所享有的民事权利，只能向特定的民事义务行使或者提出请求，然后该特定的民事义务主体的积极配合、协助或者合作，才能使该民事权利有效实现。换句话说，民事权利主体的民事权利只能对抗特定的相对人即民事义务主体，而不能对抗任何其他民事主体。

划分这两种民事法律关系的目的，在于物权与债权是民事主体享有的两大基础性财产权，前者为静态财产权，后者为动态财产权，其享有、行使和实现、救济的方式等，有很大的不同。由此，产生了物权法律制度与债权法律制度这两大基本制度的不同设计，以及在我国民事立法历史上，合同立法远远早于物权立法，从 1981 年 12 月 13 日制定《经济合同法》到 2007 年 3 月 16 日通过《物权法》，有长达 27 年的间隔，足以说明物权法律关系的静态性，远远要逊于债权法律关系的动态性或者流动性。所以，掌握这两种法律关系各自的性质、特点与内容，能使我们正确认识与分析这两种重要的财产法律关系，并准确适用相关民事法律规范，把民事流转中产生的财产法律关系即债权法律关系，与物的归属中产生的自物权法律关系和他物权法律关系调整的技巧，认真扎实地学会、学通和学精。

（四）民事法律关系的类型化

所谓民事法律关系的类型化，是指某些民事法律关系具有共同特征所形成的种类或者分类化研究的趋势。类型化方法，是民法学研究的重要学术方法。但是，某些类型化或者民事法律关系的类型化归纳，上升为学术研究的方法选择时，应当非常慎重。也就是说，在我国民法理论理论研究，以及民事立法过程中，民事法律关系类型化的现象与趋势，都是明显的。但是，类型化的研究和立法技术的运用，则是缺失与不足的。

比如，环境侵权问题，在我国《侵权责任法》立法时，尽管有了类型化的现实基础，但是，最后通过的《侵权责任法》中，对环境侵权的立法规定，只有非常简要的 4 条即第八章环境污染责任（第 65 条～第 68 条）规定，类型化立法的任务，远远没有完成。其中，第 65 条只规定"因污染环境造成损害的，污染者应当承担侵权责任"，过于简要和绝对。对合法排污、达标排放和缴纳排污费后，进行的污染物排放是否构成环境污染侵权或者是否承担环境污染责任，并没有具体的规定。与此同时，我国《侵权责任法》第66条~第68条则规定"因污染环境发生纠纷，污染者应当就法律规定的不承担责任或者减轻责任的情形及其行为与损害之间不存在因果关系承担举证责任"（第66条）；"两个以上污染者污染环境，污染者承担责任的大小，根据污染物的种类、排放量等因素确定"（第67条）；"因第三人的过错污染环境造成损害的，被侵权人可以向污染者请求赔偿，也可以向第三人请求赔偿。污染者赔偿后，有权向第三人追偿"（第68条）等，纯属于各方污染确定问题。但是，对是否构成环境污染侵权或者是否应当环境污染责任，以及这种责任承担的条件是什么，尤其是对环境污染和污染物排放中的"聚集效应"、"富集效用"与"放大效应"等产生的法律后果，如何承担。比如，土壤污染严重到出现毒地之后，如何追究土壤污染者的法律问题，就很难能够使用我国《环境保护法》和《侵权责任法》第八章的规定，进行土壤污染者法律责任的判断。

由于民事法律关系类型化方法不完善，所以，关于网络侵权这类问题，在我国《侵权责任法》2009年12月26日颁行时，采取了"责任主体的特殊规定"的处理方法，放到了第四章，而且只有1条即36条的规定。在这条规定中，规定了三个层次的内容。即：（1）网络用户、网络服务提供者利用网络侵害他人民事权益的，应当承担侵权责任；（2）网络用户利用网络服务实施侵权行为的，被侵权人有权通知网络服务提供者采取删除、屏蔽、断开链接等必要措施。网络服务提供者接到通知后未及时采取必要措施的，对损害的扩大部分与该网络用户承担连带责任；（3）网络服务提供者知道网络用户利用其网络服务侵害他人民事权益，未采取必要措施的，与该网络用户承担连带责任等。可见，民事法律关系的类型化方法，在运用上，还存在着很大的立法适用的限制。

在民法理论研究层面，民事法律关系类型化的方法，在用来观察和解决某些问题时，比如"大规模侵权"问题时，运用得比较好或者比较成功。但是，有时候却不能想当然地以民事法律关系类型化的方法，归纳某类法律关系的调整方法、特点或者立法技术。比如，学者在研究人身权法律关系中，将人格权类型化抽象后，以生命权、健康权、身体权、姓名权、名称权、肖像权、名誉权、信用权、荣誉权，人身自由权、隐私权、婚姻自主权，其他人格利益4种类型归纳人格权，[①]并主张人格权独立成编，从而引发旷日持久的"人格权独立成编"的争议，则是需要认真反思的。

第二节　民事法律关系的构成要素

一、民事法律关系的构成要求

所谓民事法律关系的要素，是指民事法律关系构成的必备条件或必备因素。理论上，一个完整的民事法律关系的构成，包括了三个要素，即民事主体、民事客体和民事权利、民事义务等，其中，民事权利、民事义务作为一个要素，即民事法律关系的内容存在着。任何一个民事活动或者民事法律关系，缺乏其中任何一个要素，具体的民事法

---

① 王利明、杨立新：《〈中国民法典·人格权法编〉草案建议稿》（2002年4月8日），杨立新民商法网，http://www.yanglx.com/dispnews.asp?id=19，最后访问：2016年7月17。

律关系便不会形成。与此同时，民事法律关系的三个要素，既互相独立又统一，彼此有着内在的密切关系或者逻辑联系。即：有了民事主体，必然有民事客体，然后，通过民事活动或者民事行为，才形成民事权利、民事义务这些的内容。

民事法律关系要素的知识和原理，为我们掌握各种具体的民事法律关系的产生、变更与消灭，分析法律关系的性质、效力和功能、作用，提供了一个统一的标准和分析工具。虽然，我国《民总一审稿》中，没有直接使用"民事法律关系"这一学术专业术语，但是在第1条使用了"民事关系"的专业术语。在作者看来，我国《民总一审稿》第一章，民事立法中的"民事关系"就是"民事法律关系"。其理由是："民事关系"与"民事法律关系"可以画等号的同时，民事立法本身就是规定一系列民事行为规范和民事裁判规范，使用立法技术和方法，规定了体系化的民法调整规范，所以，可以将民法原理中的"民事法律关系"简称为"民事关系"。事实上，我国《民法总则》通过后，第5条已使用了"民事法律关系"的表述，便是明证。

笔者认为，研究民事法律关系的要素，就是在研究民事法律关系理论本身。因为，民事法律关系实质上就是民事主体之间，基于对民事客体这种民事利益的媒介的需求，试图通过民事利益的交易或者转移或者密切的联系，而形成具体的相互以民事利益让渡为媒介的民事权利、民事义务关系。这种关系的形成，有时候，并不完全取决于民事主体的任性，也不完全取决于立法者的任性，而是取决于民事主体的生存和发展规律，即民事立法所反映或者揭示的社会规律——民事主体要生存和发展，必然形成各种各样的血缘关系、地缘关系和业缘关系，必然要利用自然资源，必然要表现为民事主体的形形色色的民事利益需求，然后以进行民事活动的方式，建立民事法律关系的方法或者路径，借助民事法律规范的事先调整、事中调整和事后调整，形成看似复杂、混乱和无序的民事法律秩序。所以，无论民事立法、民事司法，还是进行民法学研究，涉及民事法律问题的时候，要解决民事争议或者纠纷、矛盾与冲突的前提，是首先厘清民事法律关系线索，其次寻找民事法律关系纽结或者发生民事争议或者纠纷、矛盾与冲突的症结，然后寻找民事法律规范依据作出处置结论。可见，任何时候，要想有效解决民事争议或者纠纷、矛盾与冲突，都离不开对民事主体、民事客体和民事权利、民事义务这三个要素的认识与界定、理解和梳理。因此，正确理解和把握民事法律关系的每一个要素，是正确理解把握任何一种民事法律关系的根本前提，也是深入理解和准确把握民事活动的本质，以及法律行为理论和各种民事权利制度设计的关键之所在。

二、民事法律关系的第一要素——民事主体

民事法律关系的主体，简称为"民事主体"，是指因为民事客体这个媒介的存在和民事利益交换需求支配下，参与或者建立民事法律关系，享有民事权利，承担民事义务的人，比如自然人、法人和非法人组织等。在现实生活中，"民事主体"通常被称为民事法律关系的当事人，本书行文中，使用"民事主体"是概括所指或者抽象所指，而使用"自然人、法人、非法人组织"或者"当事人"、"代理人"、"委托人"等术语时，则是具体所指。依照我国《民法通则》、《民法总则》等法律、法规的规定，民事法律关系的主体，包括自然人、法人和其他具有民事主体资格的社会组织，即"非法人组织"等。国家在某些特定情况下，比如，发行国债、出让国有土地使用权，以国有资产出资

人的身份出资、投资之后，授权其所有权代表人、出资人身份享有、行使和处分国有资产时，则成为民事法律关系的主体，具有民事主体身份。

理论上，任何一个民事法律关系的发生、变更和消灭、救济，其首要因素或者第一因素，是必须要有民事法律关系的主体即民事主体。有了这个第一要素，则民事客体成为第二要素，民事权利和民事义务成为第三要素，才会顺理成章地出现。要成为民事法律关系的主体，必须具备法定的民事主体资格，这个主体资格，是民事主体适格存在和判断、认定的前提条件。只有享有民事主体资格，才能在具体的民事法律关系中成为合格即适格的民事主体，有适格的民事主体，民事法律关系才有了合法存在的前提。因此，从本质意义上讲，民事主体资格就是指具有民事权利能力、民事行为能力包括民事责任能力的人，在具备法定条件的主体资格之后，才能成为合法的民事法律关系主体，才能进行具体的民事活动，从而使民事法律关系发生、变更或者消灭，才能产生民法规范所规定的合法后果。

笔者认为，在民事立法当中，民事主体的民事权利能力与民事法律关系的主体资格，是对同一问题在不同意义上的不同表述，但其实质含义是指的同一个东西，那就是民事主体资格。虽然，一个完整的民事主体资格，需要民事权利能力和民事行为能力在一起，才能构成。但是，现实社会当中，民事立法通过法定监护、法定代理和代表人制度的设计，弥补了自然人、法人和非法人组织的民事行为能力的不足的时候，民事行为能力的有无、欠缺有了补救的路径，于是，观察一个民事主体的主体资格的时候，仅仅通过其有无民事权利能力，就可以判断其有无民事主体资格了。

任何一种社会关系，在通过民法规范调整，转化为民事法律关系的时候，必须首先具备民事主体这一要素，民事法律关系才会产生即发生、变更和消灭。也就是说，民事法律关系作为受民法调整的一种社会关系，实际上，就是民事主体之间的一种民事利益交换的社会关系，没有民事主体的存在，就不会形成民事法律关系。所以，民事主体是民事法律关系的第一要素或者前提要素。同时，要形成一个民事法律关系，必须有单方或者双方或者多方民事主体的参与，经单方或者双方或多方参与构成的民事法律关系，是一种法律上的民事权利、民事义务关系，民事主体之间之所以会产生某一具体的民事法律关系，就是因为对某个具体的民事客体这种民事利益介质的需要，也就是民事主体的利益需要，借助民事法律关系，变成了其中的民事权利、民事义务。换句话说，民事法律关系产生的根本原因，是民事主体的民事利益需要。具体的民事法律关系中，享有民事权利的一方，称为权利主体，而承担民事义务一方，称为义务主体。通常情况下，民事法律关系中的民事权利和民事义务是对等的，因此，绝大多数民事法律关系中的民事主体，既是权利主体，又是义务主体。

民事法律关系的主体即民事主体，是民法基本原理、民事法律制度设计中的一般性称谓，带有理论上的抽象性、概括性和泛指性等特点。现实生活中，在各种不同的、具体的民事法律关系中，通常有不同的具体称谓，而且，人们往往以这些具体的称谓来称呼，而很少使用"民事主体"的叫法。例如，在买卖合同关系中，称为"出卖人"与"买受人"，在所有权关系中，称为"所有人"与"非所有人"，在租赁合同关系中，称为"出租人"与"承租人"等。又比如，在一个具体的土地使用权出让合同，即2012年2月~3月成都市锦江区攀成钢片区地块拍卖中，韩国乐天集团旗下的乐天地产（成都）香港有限公司（简称"乐天公司"），就是"竞买人"、"中标人"、"买受人"、"土地使用权人"、"业主"、"项目建设人"等，而成都市人民政府，则为"拍买人"、"出卖人"、"土地使用权出让人"、"土地所有人"、"出让金收取人"等等。可见，就是一个民事主体的称呼，在一个具体的民事法律关系中，也是可以根据需要有多种称呼的。

正是因为民事主体的重要性和基础作用，所以，本书参照我国《民法总则》的立法框架，将自然人、法人和非法人组织，分成三章来进行叙述。

三、民事法律关系的第二要素——民事客体

民事法律关系的客体，即民事客体，是指民事主体发生、变更和消灭的民事法律关系，所共同指向的事物或者对象，也可称之为"标的"。在民法理论中，民事法律关系所产生或存在的基础与依托，在于民事主体之间的民事利益联系，具有共同指向的媒介事物、介质或者对象。比如，某个地方的超市或者商场的开门营业，一般而言，可能和我们没有多大关系或者民事利益上的联系，但是，当位于我们所居住的小区、城市的某个红旗超市，在我们进入购物的时候，便成为民事法律关系发生的空间或者场所。也就是说，这个红旗超市的商品，便是引起顾客和成都红旗连锁股份有限公司（简称"红旗连锁"）[①] 建立各种类型商品买卖关系的客观对象。那么，如果没有红旗超市商品这样的客观对象即商品，民事主体之间的民事法律关系便不会发生，其中，民事主体因为建立民事法律关系而产生的具体民事权利、民事义务，便失去依托的基础。因此，民事客体，是导致民事法律关系发生、变更和消灭的第二因素，也属于其构成要素范畴。

民事客体的特点，在民事主体这种人身之外，是一种客观存在的事物。比如，前文提到的乐天公司购买的土地，红旗超市出售的商品，教室中照明的电，我们手中写字的笔，喝水的水杯和杯中的水，继承的遗产等，都是在人身之外的物。还有，各种现场演出中，演艺人员的表演行为，红旗超市使用的"红旗商标"，以及药家鑫杀害张妙的生命利益，以及作为物权客体的权利，如汇票、支票、本票等票据权，债券、存款单等债权，仓单、提单等提货权，基金份额权和股权，注册商标专用权、专利权、著作权中的财产权，应收账款权和可以出质的其他财产权等，都是属于民事客体范围。

当然，对民事客体的范围问题，在民法学界存在着不同的见解和观点。依照通说，民事客体主要有物、行为、智力成果与人身利益等 4 类，但是，我国《物权法》第 223

---

① 成都红旗连锁股份有限公司（即"红旗连锁"）于 2010 年 5 月 20 日创立，前身为 2000 年 6 月成立的"成都红旗连锁有限公司"。而后者的前身，则是 1969 年成立的四川地区最大副食品零售企业、成都市三大老牌商场之一"国营成都市红旗商场"（简称"红旗商场"）。20 世纪 90 年代，"红旗商场"批发公司直销商场，将分场开到各大小区内，成为社区连锁超市。1972 年时，红旗商场批发公司的年销售额、实现利税占到全商场销售、利税的 80％。2000 年 6 月，红旗商场批发公司改制，组建民营成都红旗连锁有限公司。2002 年 3 月，红旗连锁注册"红旗"商标，并被评为成都市著名商标、四川省著名商标。2005 年 3 月，红旗连锁收购母公司成都红旗商场（集团）有限公司（简称"红旗集团"）。红旗连锁是中国服务业企业 500 强、中国零售业区域明星企业、中国连锁业最佳本土品牌奖、四川企业 100 强、四川商业企业最大规模 10 强、全国食品商品流通百强骨干企业。2012 年 9 月 5 日，红旗连锁在深交所上市，简称为"红旗连锁"，证券代码：002697。2012 年 4 月 23 日，红旗连锁"网购商城"正式上线。目前，红旗连锁是我国西部地区最具规模，以连锁经营、物流配送、电子商务为一体的商业连锁企业。在四川省内已开设上千家连锁超市，员工上万人，累计缴税 6 亿以上；拥有两座现代化的物流配送中心，与上千家供货商建立互利双赢的商业合作关系。

条的规定中，权利质权就可以成为物权中担保物权的客体。在民事客体的理论范围中，物是物权法律关系的客体，如所有权、用益物权等法律关系的客体，就是物。但是，担保物权法律关系的客体，也是物。而债权法律关系的客体，主要是行为。行为亦称给付，是债权法律关系的主要客体。知识产权法律关系的客体，是智力成果，而人身权法律关系的客体，则是一定的人身利益。在继承权法律关系中，其客体既有物，也有权利，具体是什么，要根据具体的继承关系来判断和确定。

在民法学理论上，还存在忽视民事客体或者把民事客体放在第三要素，包括我国《民法总则》不规定"民事客体"的做法。这种观点，在作者看来，是值得商榷的。理由是，民事主体之间何以会产生民事法律关系，从理由上看，尤其是从民事客体的功能和作用上看，民事权利和民事义务作为民事法律关系的内容固然非常重要，但是，却是从其结果角度观察的。如果从民事法律关系产生、变更和消灭的原因角度看，民事客体的重要性当然会上升，成为名副其实的第二因素。

四、民事法律关系的第三要素——内容即民事权利与民事义务

民事法律关系的内容，指民事主体享有的民事权利，以及承担与履行的民事义务，共同构成民事活动的结果以及民事关系的内核——民事利益的交易或者交换样态，属于民事法律关系的第三要素。民事主体之间的财产关系、人身关系，经过民事活动过程，由民法调整方法调整之后，其性质就发生了质的变化，原来民事法律关系中的财产利益、人身利益等，根据民事主体的意愿进行交易型变动，又获得民法规范的认可，当然可以在国家权力的保护下，顺利地获得实现，而民事法律关系中的民事义务，则由义务人承担或者依法或者依约必须履行，否则，则将依法承担相应的民事责任。

因此，民事法律关系的内容所体现出来的民事权利、民事义务，是民法规范调整社会关系的一种后果型表现，是民事法律关系当中，可以直观观察出来的。例如，市民张科华购买成都万科房地产有限公司（简称"成都万科"）"双水岸"房屋1套3室2厅127平方米，总价127万元的《房屋买卖合同》订立后，那么，张科华按照合同约定的期限、数额和方式等支付购房款，成都万科按照约定交付房屋，并协助办理房屋产权登记手续等，就是双方当事人之间的民事权利、民事义务。那么，售楼广告中声称的"一河两湖三景区——万科双水岸项目，周边生态资源丰富：约8.8公里、河道宽50-100米的毗河风景带；500年历史、约46500m² 的升庵桂湖；约800多亩北湖公园；约18万 m² 泥巴沱风景区；近700亩成都市植物园；模拟野外生态环境的熊猫基地——一切均与优越的自然环境、不限量的天然氧吧相邻"、"水上的院子之意象'河'——沿毗河岸1300米，两面环水。河水清澈，滋润了沿岸秀丽风光；'岸'——社区与河之间，精心营造的坡地景观，广场、木桥、篮球场等点缀其中"的字样，属于双方民事权利、民事义务的内容吗？与此同时，"双水岸"业主之一的张科华，在入住时，是否要先缴纳物业费，并签署《前期物业管理规约》，以及一楼住户在购买电梯户型的房屋时，缴纳电梯使用费？

在前述房屋买卖法律关系中，张科华、成都万科是民事主体，成都万科出售的商品房，是民事客体，有了民事主体、民事客体之间的联系之后，才会有张科华与成都万科之间商品房买卖的需求，以及基于这种需求，订立合同、履行合同的民事活动，在这种

民事活动中，房屋买卖的民事关系，依据我国《合同法》的规定发生、变更和消灭，而成都万科则依法承担保修责任等。可见，任何一个社会关系中，其主体是否享有民事权利，并承担民事义务，是民事法律关系与非民事法律关系的重要区别。所以，不存在民事权利、民事义务这一内容要素，就不存在民事法律关系。但是，民事法律关系的内容，在构成民事法律关系中虽然也具有"不可或缺"的基本要素作用，毕竟，没有民事客体，这种民事法律关系的内容，也是无由发生的。从民事法律关系三种要素之间的逻辑关系看，先有民事主体，再有民事客体，才有民事法律关系的内容即民事权利、民事义务的产生。

在一个民事法律关系中，民事权利与民事义务之间是对立统一的关系。即：一方面，民事权利与民事义务存在着利益上的冲突与矛盾，权利主体为实现其受到法律确认与保护的财产利益与人身利益，有权为一定行为或请求义务主体为一定行为。而义务主体则为满足权利主体的利益要求，依照法律的要求应当实施一定行为或不行为，或者说，应当受到一定的约束，或付出一定的利益代价。另一方面，民事权利与民事义务又彼此依存，互为存在的前提，无权利便无所谓义务，一方的民事权利在另一方则是民事义务，反之亦然。同时，民事法律关系中，任何一方主体通常既是权利主体，又是义务主体，只享有民事权利而不承担民事义务，或者只承担民事义务而不享受民事权利的情形，通常是不存在或者很少存在的。

需要强调的是，作为民事法律关系内容的民事权利与民事义务，可以由民法规范直接规定，也可以由民事主体在法律允许的范围内，自行约定。前者可以成为法定权利、法定义务，后者可以称为约定权利、约定义务。在民法理论和社会生活中，不同的民事权利与民事义务，决定了民事法律关系的内容、性质是以不同的，也决定了民事主体在实现其民事权利、履行民事义务，以及解决民事争议、纠纷或者矛盾、冲突过程中，应当适用的民法规范也是不同的。

民事主体、民事客体和民事权利、民事义务等三大要素，是构成一个民事法律关系不可或缺的基本要素，缺少了任何一个要素，都不可能构成一个完整的民事法律关系。其中，民事主体是民事权利、民事义务的享有者或承担者，居于主导地位。也就是说，如果没有民事主体即无民事法律关系的基本前提，而如果没有民事客体，则没有发生民事法律关系的媒介或者民事法律关系建立的"桥梁"或者"工具"即介质，从而，民事权利、民事义务根本无从谈起。民事客体的出现，使民事主体之间发生民事利益上的联系，有了介质和可能。所以，民事客体使民事权利、民事义务有了可以依托的基础。从总体上看，民事法律关系的三要素，共同统一于一个个具体的民事法律关系中，任何一个要素的终结或变动，都会引起原有民事法律关系的发生、变更或者消灭。

第三节 民事法律关系发生、变动与消灭的原因——民事法律事实

一、民事法律关系发生、变动与消灭的理由

在理论上，有抽象的民事法律关系，这是理论抽象的产物。民事立法就是根据抽象民事法律关系的存在，进行民事法律制度结构和设计的。现实社会中，民事法律关系都

是具体的、形象的和以鲜活的形式存在，而不是以抽象的、思想性的或者无生命力的形式存在的。

也就是说，任何一个民事活动的发生，在有了民事主体、民事客体之后，只要民事主体之间出现需要交换的利益，并为此直接具体地实施法律行为，或者发生民事主体意志之外的原因，才能发生。一般来说，各种商业场所的准备营业的活动，只是一种准备行为，并不是具体的营业活动。营业活动本身，主要是顾客和商场之间的交易行为。也就是说，并不是因为商场开门准备营业产生了具体的民事法律关系，而是顾客进入商场之后，商场有其需要购买的商品，并且，顾客也实际挑选了某些商品并付款，双方的民事法律关系才算发生了。然后，经过顾客的付款、商场对商品的交付，商品买卖的民事法律关系发生了变化，从订约状态的民事法律关系，转化成了履行完毕的民事法律关系。如果此后顾客购买的商品，不发生任何问题，则该民事法律关系消灭。那么，前述民事法律关系发生、变更和消灭的过程，是什么原因引起的呢？是顾客的购买行为——商品挑选、付款和将商品拿走，以及商场的同意卖出、收款和将商品交付的法律行为，即民事主体双方的意思表示一致，并且，配合实施和完成合同订立、履行等行为。

另外，各种各样的客观性事件，也是引起民事法律关系发生、变更和消灭的重要原因。例如，2016 年 6 月 23 日 15：00 前后，江苏省盐城市阜宁、射阳等地出现强雷电、短时强降雨、冰雹、雷雨大风等强对流天气，局地遭龙卷风袭击，造成 98 人死亡、800 多人受伤，并导致江苏盐城阜宁吴滩立新村的房屋被夷为平地，就是一种不可抗力的自然灾害事件。这种自然灾害事件，导致的 98 人死亡，便是 98 个民事主体消灭，而阜宁吴滩立新村的房屋全部被毁，则引起该村以这些房屋为民事客体的民事法律关系，全部消灭或者转化成财产赔偿、补偿或者救助关系。更为重要的是，相关民事法律关系中的民事权利、民事义务，或者因为缺少民事主体，或者因为缺少民事客体，无法享有或者无法履行，而成为依法进入"不承担民事责任"或者"不可抗力免责"状态。

作者认为，民事法律关系之所以能够发生、变更或者消灭，其根本原因是民事主体的民事利益需求及其满足，要么需要通过法律行为，以民事活动的形式来完成，这是积极的，以意思表示为外形的原因。要么，因为某些不可抗力或者民事主体意志之外的原因，导致民事主体、民事客体非人为因素的重大变化，继而，使民事法律关系出现了产生、变更、消灭的非意思表示为外形的又一原因。有原因，才会有结果，才会发生法律上的效果或者效力，因此，民事法律关系无缘无故发生、变更、消灭的情形，是不存在的。理论上，把民事法律关系发生、变更和消灭的原因，归纳为一个专业术语，即"民事法律事实"。

二、民事法律事实的定义

所谓民事法律事实，是指依照民法规范的规定，能够引起民事法律关系产生、变更和消灭的客观情况。在这里，"客观情况"的定性，强调民事法律事实是脱离了人的主观意识，客观存在的一种状况。民事法律关系作为一种受民法调整的社会关系，总是处在不断地产生、变更和消灭的过程中。所以，从民事法律规范（简称"民法规范"）、民事法律事实、民事法律关系三者的关系看，民法规范是引起民事法律关系产生变更和消灭的前提，民事法律事实是具体的原因，而民事法律关系是民法规范与民事法律事实共同作用所引起的一种具体结果。如前述江苏盐城市阜宁的强对流天气，局地遭龙卷风袭击事件中，98 人死亡、800 多人受伤，以及江苏盐城阜宁吴滩立新村房屋全毁，作为相应的民事法律关系变更、消灭和赔偿法律关系产生的原因，有相关民法规范作为前提判断标准已经存在，那么，作为民事主体一方的受害人，就有向相对的民事主体另一方的赔偿人，比如保险公司或者社会保险责任的承担者等，提出保险赔偿和社会保险补偿要求的民事权利。于是，具有灾后重建或者社会救助意义的民事法律关系，就按照民法规范的规定，当然发生了。

然而，民事法律规范本身，并不能在现实社会生活中引起具体的民事法律关系以民事权利、民事义务产生的方式，来引起民事法律关系的变更或消灭，而只能以一种可能性或者提供一种前提条件的形式存在。具体的民事主体之间的民事法律关系的发生、变更或消灭，必须以一定的客观情况，或者客观现象作为条件或依据或者直接原因。这些能够在民事主体之间，引起具体的民事法律关系发生、变更和消灭的事实情况，就是民事法律事实。而其客观性是说，不论是何种形式的法律行为，一旦发生或者通过民事活动实施过，那么，其意思表示的客观化过程，就以民事活动证据的形式存在。这时，因为民事主体的意思表示被固定，其不再是一种可以由民事主体一方、双方或者多方任意变更的意思表示，而是成为一种客观事实存在着，是一种民事纠纷可以还原的证据。

应当注意的是，何种客观事实或客观现象包括不可抗力的自然事件等，可以构成民事法律事实，全凭民法规范的规定或确认，一般情况下，当事人在民法规范不禁止的情况下，可以加以约定。因此，并非任何一种客观事实或客观情况，都是民事法律事实而具有法律意义。民法规范对民事法律事实的规定或确认，取决于国家对社会关系尤其是经济生活关系，进行民法调整的需要和可能。比如，迄今为止，我国民法规范并没有把政策性"情势变更"作为"不可抗力"加以规定就是如此。所以，民事法律事实的范围，也不会是一成不变的。

三、民事法律事实的类型

（一）法律行为

按照通说，在我国，民事法律事实的分类，以事实与民事主体的主观意志的关系为划分依据，可以分为人的行为即法律行为、客观事实两类。其中，所谓行为，是指在民事主体的主观意志支配下的有意识的一种民事活动的法律行为。法律行为作为法律事实有作为、不作为两种表现形式。民事法律关系的产生、变更和消灭，多数是民事主体意思自治、当事人自觉选择的结果。因此，法律行为是引起民事法律关系产生、变更和消灭的最广泛、最大量的一种法律事实。依照不同标准，法律行为可分为：

1. 合法行为与不合法行为

所谓合法行为，是指符合民法规范规定的行为，而不合法行为是违反民法规范规定的行为。这种分类的意义，在于合法行为产生合法即受法律保护的后果，而不合法行为产生的后果，是不受法律保护。现实生活中，大量的或者占绝大多数的法律行为，是合法行为。但是，也不能因此把法律行为与合法行为画等号，或者混为一谈。

2. 法律行为与事实行为

法律行为又称表意行为，是指民事主体作出意思表示，旨在形成、变更和终止民事法律关系的一种行为。例如，签订合同、立遗嘱的行为等。法律行为的要素，在于民事主体的意思表示，也就是说，有了意思表示就会有法律行为。而事实行为，又称非表意行为，是指民事主体主观上并无形成、变更和终止民事法律关系的内在愿望，但是，其所实施的某一行为因为民法规范的规定，而产生一定的民事法律后果。例如，无因管理、遗失物的拾得等行为。

无论法律行为还是事实行为，都可以比照民法规范的规定而有合法行为与不合法行为之分。违法的法律行为，不能产生民事主体预期的民事法律后果。且违法的法律行为，如侵权行为，则要导致行为人承担不利后果的民事法律责任。无因管理行为也会产生受益人承担无因管理的法律后果，比如管理人有权要求受益人偿付由此而支付的必要费用等，则是产生一种债权债务关系而已。此外，还有一种准法律行为，即一种以意思表示为要素，虽然不能引起民事法律关系的产生、变更和终止，但是，可以引起其他民事法律后果的行为。包括意思通知行为、观念通知行为和感情表示行为等。

（二）客观事件

所谓客观事件，是指民法上的客观事实，即与民事主体的主观意识无关的，能够引起一定民事法律关系发生、变更和消灭后果的客观现象。在这里，客观事件作为造成一种客观后果的民法现象，可以是自然事件包括自然灾害、人为事故等原因，也可以是社会原因或者他人的行为引起的不含民事主体意思的事件。例如，人的死亡导致继承法律关系产生，财产的灭失引起所有权法律关系的消灭等。因为自然灾害，使得民事主体受伤、肢体残废或者死亡后，民事主体变更合同的内容或者解除合同；或者因为时间经过，发生时效的完成；如"9·11"事件和"7·14"尼斯恐袭事件，[①] 等等。因此，客观事件作为一种民事法律事实，是当然具有客观性的法律事实。

有学者认为，客观事实又可以分为事件、状态两种类型[②]。其中，事件指某一具体情况的发生，如人的死亡、地震、洪水等自然现象等。而状态指某种现象的持续，如长期不主张权利经过一定的时间，持续占有某一财产等。在民法学理论上，将自然事实分为事件、状态等，可以使理论概念的表述更加准确、严谨和完整。对前述观点作者持赞同意见，不过，作者认为，客观事件或者客观事实本身，作为具有民事法律意义的民事法律事实，需要对其包含的具体范围，加以系统研究，尤其是在不包含民事主体意思这个前提下，界定其范围和划分其类型，才具有更大的价值。

四、民法法律关系的原因组合——民事法律事实构成

民事法律关系的产生、变更和消灭，在一般情况下，只需要一个民事法律事实就足够了。但是，在某些情况下，则需要两个或两个以上的民事法律事实相结合，才能引起一个民事法律关系产生、变更或者消灭的法律后果。这种引起民事法律关系产生、变更和消灭需要两个以上的民事法律事实组合或者结构现象，理论上称之为民事法律关系的事实构成。例如，遗嘱继承法律关系的产生，就需要被继承人生前对其死后财产的处分

---

① 2016 年 7 月 14 日法国的国庆日晚上，一辆载重卡车冲入法国尼斯海边的"英国人漫步大道"，对人群进行碾轧，造成至少 84 人死亡，伤者众多，其中，18 人伤势较重。该事件，被定性为"独狼"型恐怖袭击事件。

② 魏振瀛：《民法》，北京大学出版社、高等教育出版社 2000 年版，第 36 页。

留下有效遗嘱，以及被继承人死亡，这样两个基本的民事法律事实同时具备，如果欠缺其中之一或者某些部分，就不会出现有效的遗嘱继承法律关系。

有时候，民事法律关系的原因组合即民事法律事实构成比较简单。但是，处理起来却比较麻烦，那就是，虽然多个民事事实构成只引起一个民事法律关系的发生、变更或消灭，但是，因为证据众多或者证据认定和确认方面的差异，导致发生民事争议或者纠纷、矛盾与冲突的民事案件，处理起来很复杂，甚至成为最高人民法院的指导性典型案例。比如，最高人民法院指导案例 17 号《张莉诉北京合力华通汽车服务有限公司买卖合同纠纷案》（2013 年 11 月 8 日，简称"张莉买车案"）中，2007 年 2 月 28 日，原告张莉从被告北京合力华通汽车服务有限公司（简称"华通公司"）购买上海通用雪佛兰景程轿车一辆，价格 13.8 万元，双方签订的《汽车销售合同》第 7 条约定，卖方华通公司保证买方所购车辆为新车，车辆路程表公里数为 18 公里且符合卖方提供给买方的随车交付文件中所列的各项规格和指标等。当日，张莉向华通公司交付购车款 13.8 万元，同时支付车辆购置税 12400 元、一条龙服务费 500 元、保险费 6060 元。华通公司将雪佛兰景程轿车 1 辆交付张莉，张莉为该车办理了机动车登记手续。2007 年 5 月 13 日，张莉在将车辆送华通公司保养时，发现该车曾于 2007 年 1 月 17 日进行过维修。案件审理中，华通公司表示张莉所购车辆确曾在运输途中造成划伤，于 2007 年 1 月 17 日进行过维修，维修项目包括：右前叶子板喷漆、右前门喷漆、右后叶子板喷漆、右前门钣金、右后叶子板钣金、右前叶子板钣金，维修中更换底大边卡扣、油箱门及前叶子板灯总成。华通公司称，对车辆曾进行维修之事已在销售时明确告知张莉，并据此予以较大幅度优惠，该车销售定价应为 15.19 万元，经协商后该车实际销售价格为 13.8 万元，还赠送部分装饰。[①] 为证明上述事实，华通公司提供车辆维修记录及有张莉签字的日期为 2007 年 2 月 28 日的车辆交接验收单 1 份，在车辆交接验收单备注一栏中注有"加 1/4 油，此车右侧有钣喷修复，按约定价格销售"。华通公司表示该验收单系该公司保存，张莉手中并无此单。对于华通公司提供的上述两份证据，张莉表示对于车辆维修记录没有异议，车辆交接验收单中的签字确系其所签，但华通公司在销售时，并未告知车辆曾有维修，其在签字时备注一栏中没有"此车右侧有钣喷修复，按约定价格销售"字样。那么，本案中的民事法律事实构成有哪些呢？

作者认为，前述"张莉买车案"中，民事诉讼法律关系的事实构成是：（1）购车合同；（2）车辆交接验收单；（3）张莉付款凭据；（4）车辆维修记录等。分别可以对应确认张莉与华通公司之间有购车合同、车辆交接、车辆付款、车辆维修等法律事实，这些事实属于因《汽车销售合同》而产生的买卖合同法律关系中结构性的 4 个法律事实。争议的焦点是《汽车销售合同》中约定华通公司交付给张莉的车辆，应为无维修记录的新车，但是，华通公司交付的车辆，在交付前实际上经过维修，这一客观事实可以证明华通公司未在事先履行告知义务。华通公司提交的有张莉签名的车辆交接验收单，因系华通公司单方保存，且备注一栏内容由该公司不同人员书写，张莉对此不予认可，该验收

---

① 应当说，机动车销售价格的降低或优惠，以及赠送车饰是销售商常用的销售策略，也是双方当事人协商的结果。本案当中，不能由此推断出华通公司在告知张莉汽车存在瑕疵的基础上，对其进行了降价和优惠处理。由此而言，商人的诚信是需要自身的素质来涵养的。

单不足以证明张莉对车辆以前维修过有所了解。因此，法院对华通公司抗辩称其向张莉履行了瑕疵告知义务，不予采信。最后，法院认定华通公司在售车时，隐瞒了该车辆存在的瑕疵，有典型的欺诈行为，并据此进行定性处理。

2007年10月，北京朝阳法院以（2007）朝民初字第18230号民事判决：（1）撤销张莉与合力华通公司于2007年2月28日签订的《汽车销售合同》；（2）张莉于判决生效后7日内将其所购的雪佛兰景程轿车退还华通公司；（3）华通公司于判决生效后7日内退还张莉购车款12.42万元；（4）华通公司于判决生效后7日内赔偿张莉购置税1.24万元、服务费500元、保险费0.66万元；（5）华通公司于判决生效后7日内加倍赔偿张莉购车款13.9万元；（6）驳回张莉其他诉讼请求。对华通公司上诉案件，北京二中院于2008年3月13日作出（2008）二中民终字第00453号民事判决：驳回上诉，维持原判。而对于朝阳法院和北京二中院的民事判决中，6个方面的判决主文内容，构成《汽车销售合同》解除及其善后的民事法律事实构成是：（1）合同解除的生效裁判（朝阳法院、北京二中院各1份）；（2）张莉退车的签收单；（3）华通公司退还车款12.42万元凭证（差额1.38万元，占10％比例，为张莉对该车的使用费）；（4）华通公司赔偿张莉购置税1.24万元、服务费500元、保险费0.66万元的凭证；（5）华通公司加倍赔偿张莉购车款13.9万元的凭据等。这些民事法律事实的构成，在实施完成后，只证明了1个民事法律关系，即张莉购车合同关系的完全终止而已。

第四节　民事法律关系的功能

一、民事法律关系的功能界定

所谓民事法律关系的功能，是指民法法律关系对于民事主体和他人、行政机关、司法机关和立法机关等发挥的有利作用或者效能。一般而言，对于民事主体而言，通过进行或者参加民事活动，建立民事法律关系，并通过民事客体来满足自己的利益需求，是最根本的动机和目的，也是民事法律关系的积极作用之所在。为了保护民事法律关系，我国民法规范大多有"民事主体合法的人身、财产权益受法律保护，任何组织或者个人不得侵犯"，以及法律行为从成立时即具有法律效力，合同应当履行等方面的规定。

我国《民法通则》第57条规定，民事法律行为从成立时起具有法律约束力。行为人非依法律规定或者取得对方同意，不得擅自变更或者解除，这种规定，与我国《合同法》规定，即：（1）合同成立即生效。依法成立的合同，自成立时生效。法律、行政法规规定应当办理批准、登记等手续生效的，依照其规定（第44条）。（2）合同义务履行。当事人应当按照约定全面履行自己的义务，并应当遵循诚实信用原则，根据合同的性质、目的和交易习惯履行通知、协助、保密等义务（第60条）。（3）违约责任。当事人一方不履行合同义务或者履行合同义务不符合约定的，应当承担继续履行、采取补救措施或者赔偿损失等违约责任。而当事人一方明确表示或者以自己的行为表明不履行合同义务的，对方可以在履行期限届满之前要求其承担违约责任（第107条～第108条），等等，具有同样的功能和效用，那就是：民事法律关系一旦发生，就应当受到法律的保护。在民事利益交易型民事法律关系当中，民事法律关系受保护的重要标志，就是民事法律规范赋予具体的民事法律关系受法律保护，或者内化为民事主体的严格守法和履行合同的意识与行为，或者外化成"具有法律约束力"、"产生法律效力"等功能宣示的表述。

作者认为，对民事法律关系功能的界定，不仅需要从民事主体角度观察，还需要从民事主体之外即民事法律关系外的第三人或者第三方角度观察，我国《合同法》第64条～第65条规定，合同当事人约定由债务人向第三人履行债务的，债务人未向第三人履行债务或者履行债务不符合约定，应当向债权人承担违约责任；而合同当事人约定由第三人向债权人履行债务的，第三人不履行债务或者履行债务不符合约定，债务人应当向债权人承担违约责任。这些规定揭示出合同的效力，只针对合同法律关系的双方当事人有约束力，而不约束或者反向约束合同外第三人不得随意介入合同关系之内，这便是合同的相对性原则。与此同时，民事法律关系产生后，对于负有保护民事法律关系的行政机关而言，依法应当履行其法定保护职责。比如，我国《反家庭暴力法》第15条要求，公安机关接到家庭暴力报案后应当及时出警，制止家庭暴力，按照有关规定调查取证，协助受害人就医、鉴定伤情。无民事行为能力人、限制民事行为能力人因家庭暴力身体受到严重伤害、面临人身安全威胁或者处于无人照料等危险状态的，公安机关应当通知并协助民政部门将其安置到临时庇护场所、救助管理机构或者福利机构等，就是公安机关负有保护民事法律关系主要是婚姻家庭关系的职责所在。

对于司法机关而言，审判权的享有和行使本身，既是为了对民事法律关系的合法性、有效性和争议性进行甄别、判定和裁断，从而对合法的民事法律关系，提供司法保护，而对违法的民事法律关系，通过驳回起诉、不支持其诉求或者判决对方当事人胜诉等方式，实现对合法民事法律关系的有效保护。至于立法者，主要是对类型化的民事法律关系，通过民事立法进行有效、全面、体系化的保护。比如，我国公民的隐私权保护，目前尚缺乏全面、系统、可行且措施细密的有效化立法，就需要立法者认真完成这个任务。

二、梳理民事法律关系是学习民法学的第一基本功

日常生活中，遇到民事纠纷的时候，能够很快找到解决路径的，便是梳理民事法律关系。所谓梳理民事法律关系，就是沿着民事主体—民事客体—民事权利、民事义务的路径，寻找发生民事纠纷的原因。尤其是当事人即民事主体通过民事法律关系的梳理，才能把民事法律关系的大致脉络勾画出来，或者将发生纠纷的症结找到。

事实上，民事法律关系总是起始于民事主体，然后是民事客体，因为有了民事客体，才会有基于这种客体的民事活动或者民事利益交换的可能或者民事利益驱动。这个时候，民事利益以民事法律关系的内容即民事权利、民事义务的形式表现出来，并且，随着民事法律关系的梳理，我们才会把案件纠纷的症结找出来。比如，2015年4月15日，最高人民法院发布的"指导案例50号"《李某、郭某阳诉郭某和、童某某继承纠纷案》（简称《50号继承案》）中，原告李某诉称：位于江苏省南京市某住宅小区的306室房屋，是其与被继承人郭某顺的夫妻共同财产。郭某顺因病死亡后，其儿子郭某阳出生。郭某顺的遗产，应当由妻子李某、儿子郭某阳与郭某顺的父母即被告郭某和、童某某等法定继承人共同继承。请求法院在析产继承时，考虑郭某和、童某某有自己房产和

退休工资，而李某无固定收入还要抚养幼子的情况，对李某和郭某阳给予照顾。被告郭某和、童某某辩称：儿子郭某顺生前留下遗嘱，明确将306室赠与二被告，故对该房产不适用法定继承。李某所生的孩子与郭某顺不存在血缘关系，郭某顺在遗嘱中声明他不要这个人工授精生下的孩子，他在得知自己患癌症后，已向李某表示过不要这个孩子，是李某自己坚持要生下孩子。因此，应该由李某对孩子负责，不能将孩子列为郭某顺的继承人。《50号继承案》的民事法律关系梳理，如图3−1。

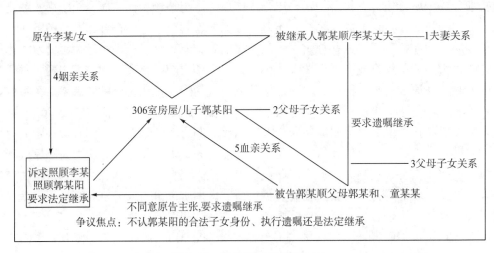

图3−1　民事法律关系梳理表

图3−1中，原告李某为被继承人郭某顺的妻子，二人是夫妻关系，即梳理出来的"1夫妻关系"；原告李某、被继承人郭某顺与儿子郭某阳三人，是父母子女关系，即梳理出来的"2父母子女关系"；被继承人郭某顺与被告即郭某顺父母郭某和、童某某三人，也是父母子女关系，即梳理出来的"3父母子女关系"；原告李某与被告郭某顺父母郭某和、童某某三人，是基于婚姻关系形成的民事法律关系，即梳理出来的"4姻亲关系"；这四层民事法律关系梳理出来之后，就可以进行本案的焦点梳理：（1）306号房屋，是本案民事诉讼争议的民事客体，其权属即应当归谁所有是关键问题之一。可见，民事法律关系中，民事客体作为第二因素，是名副其实的。（2）原告的诉求是：照顾李某、照顾郭某阳，因此，要求法定继承；被告郭某和、童某某的反驳是：儿子被继承人郭某顺不承认人工授精生产的郭某阳为"合法子女"，其立有处分306号房屋的遗嘱，应该按照遗嘱继承处理。（3）被告郭某和、童某某的民事诉讼态度：驳回原告李某的诉讼请求，按照遗嘱继承处理。

在《50号继承案》民事法律关系梳理中，原告李某与被继承人郭某顺是夫妻关系，很好梳理，这一民事法律关系是本案的基础或者逻辑原点，于是有了民事法律关系——1夫妻关系。然后，梳理出原告李某、被继承人郭某顺与郭某阳的关系，为第二层民事法律关系——2父母子女关系。在我国《继承法》第10条规定中，有父母子女关系为第一顺序中第二顺位的继承人。接着，梳理出被继承人郭某顺与被告郭某和、童某某三人，也是父母子女关系——3父母子女关系。其身份关系确定后，继承的理由同上；再梳理原告李某与被告郭某和、童某某三人之间，不是血缘意义上的父母子女关系，而是姻亲关系。姻亲关系一般情况下，不产生法定继承的法律效果。最后，梳理的是原告李某的诉讼请求涉及的民事诉讼法律关系，这个层面的法律关系有二：（1）306号房屋，作为原告李某与被继承人郭某顺是夫妻关系存续期间，所取得的财产，没有约定其归属则所有权为夫妻共有；（2）郭某阳的子女身份，是否具有合法性？在这里，郭某阳为原告李某与被继承人郭某顺夫妻关系存续期间，采取人工授精办法所生子女，应为合法子女。至此，民事法律关系的疏理完成，为《50号继承案》的分析处理奠定了基础。所以，梳理民事法律关系是民法总论学习者应认真掌握的第一基本功。

三、民事法律关系对民事权利、民事义务和民事责任的固化

（一）民事法律关系的固化现象

民事法律关系一旦形成，那么，作为民事主体因为民事客体而建立起来的民事权利、民事义务，就被固定下来。这就是所谓的"民事法律关系对民事权利、民事义务和民事责任的固化"现象。这种民事法律关系对民事权利、民事义务和民事责任的固化分三个层次：（1）民事法律关系发生型固化。在《50号继承案》中，"1夫妻关系"在原告李某与被继承人郭某顺登记结婚之后，就被婚姻关系固定化，除非死亡或者离婚，才能解除这种关系；而"2父母子女关系"和"3父母子女关系"则是婚姻家庭关系的必然产物，以血缘关系的形式固定化。（2）民事法律关系变更型固定化。在《50号继承案》中，"2父母子女关系"的产生，是通过人工授精的办法让原告李某怀孕的。被继承人郭某顺以与郭某阳不存在血缘关系为由，不承认这种拟制的血亲关系，是不能立足的。

换句话说，被继承人郭某顺死亡，只引起其与原告李某的"1夫妻关系"消灭，但是，并不因为他不承认儿子郭某阳，其与郭某阳的"2父母子女关系"就当然消灭。也就是说，郭某顺死亡后，他对儿子郭某阳的抚养义务，通过继承法律关系中财产份额的保留，加以固定化；（3）民事法律关系消灭型固定化。在《50号继承案》中，先认定郭某顺生前留下的遗嘱为违法部分无效的遗嘱，就可以将固定在306室房屋上的所有权关系消灭。于是，在《50号继承案》中，306号房屋作为核心焦点，通过三步：第一，确认所有权为原告李某与郭某顺夫妻共有财产；第二，原告李某与郭某阳婚姻关系存续期间，所生的儿子系婚生子女；第三，郭某阳应当列为被继承人郭某顺的继承人之一。

可见，民事法律关系对民事权利、民事义务和民事责任的固定化，只是一种学术型理解或者方法论层面的东西。在《50号继承案》分析中，这种分析方法和学术思路，可以帮助审理案件的法官，形成科学合理的法律意识即审判思维逻辑，从而，运用国家审判权即司法权，也称为裁判权或者司法裁判权，正确有效地处断这个《50号继承案》。应当说，《50号继承案》之所以被选为最高人民法院指导性案例，恰恰就是这个叫郭某阳的男孩作为人工授精所生的孩子，当其父亲不承认他出生的合法性时，在法律上究竟应当居于什么法律地位。下文是《50号继承案》的法院分析和处理文字，抄录于此，读者可以对照、分析和鉴别。

（二）《50号继承案》对民事法律关系固化的认定

《50号继承案》审理中，法院经查明：1998年3月3日，原告李某与郭某顺登记结婚。2002年，郭某顺以自己的名义购买了涉案建筑面积为45.08平方米的306室房屋，

并办理了房屋产权登记。2004 年 1 月 30 日，李某和郭某顺共同与南京军区南京总医院生殖遗传中心签订了人工授精协议书，对李某实施了人工授精，后李某怀孕。2004 年 4 月，郭某顺因病住院，其在得知自己患了癌症后，向李某表示不要这个孩子，但李某不同意人工流产，坚持要生下孩子。2004 年 5 月 20 日，郭某顺在医院立下自书遗嘱，在遗嘱中声明他不要这个人工授精生下的孩子，并将 306 室房屋赠与其父母郭某和、童某某。郭某顺于 2004 年 5 月 23 日病故。李某于 2004 年 10 月 22 日产下一子，取名郭某阳。原告李某无业，每月领取最低生活保障金，另有不固定的打工收入，并持有夫妻关系存续期间的共同存款 18705.4 元。被告郭某和、童某某系郭某顺的父母，居住在同一个住宅小区的 305 室，均有退休工资。另查明：2001 年 3 月，郭某顺为开店，曾向童某某借款 8500 元。南京大陆房地产估价师事务所有限责任公司受法院委托，于 2006 年 3 月对涉案 306 室房屋进行了评估，经评估房产价值为 19.3 万元。

《50 号继承案》裁判结果：2006 年 4 月 20 日，南京市秦淮区法院作出一审判决：涉案的 306 室房屋归原告李某所有；李某于本判决生效之日起 30 日内，给付原告郭某阳 33442.4 元，该款由郭某阳的法定代理人李某保管；李某于本判决生效之日起 30 日内，给付被告郭某和 33442.4 元、给付被告童某某 41942.4 元。一审宣判后，双方当事人均未提出上诉，判决已发生法律效力。

（三）《50 号继承案》民事法律关系固化的分析

《50 号继承案》裁判理由。本案争议焦点主要有两方面：一是郭某阳是否为郭某顺和李某的婚生子女？二是在郭某顺留有遗嘱的情况下，对 306 室房屋应如何析产继承？

1. 争议焦点一。《最高人民法院关于夫妻离婚后人工授精所生子女的法律地位如何确定的复函》（简称《人工授精复函》）① 中指出："在夫妻关系存续期间，双方一致同意进行人工授精，所生子女应视为夫妻双方的婚生子女，父母子女之间权利义务关系适用《婚姻法》的有关规定。"郭某顺因无生育能力，签字同意医院为其妻子即原告李某施行人工授精手术，该行为表明郭某顺具有通过人工授精方法获得其与李某共同子女的意思表示。只要在夫妻关系存续期间，夫妻双方同意通过人工授精生育子女，所生子女均应视为夫妻双方的婚生子女。

我国《民法通则》第 57 条规定："民事法律行为从成立时起具有法律约束力。行为人非依法律规定或者取得对方同意，不得擅自变更或者解除。"因此，郭某顺在遗嘱中，否认其与李某所怀胎儿的亲子关系，是无效民事行为，也与最高法院《人工授精复函》相悖，应当认定郭某阳是郭某顺和李某的婚生子女。

2. 争议焦点二。我国《继承法》第 5 条规定："继承开始后，按照法定继承办理；有遗嘱的，按照遗嘱继承或者遗赠办理；有遗赠扶养协议的，按照协议办理。"被继承人郭某顺死亡后，继承开始。

鉴于郭某顺留有遗嘱，本案应当按照遗嘱继承办理。我国《继承法》第 26 条规定：

---

① 最高人民法院《关于夫妻离婚后人工授精所生子女的法律地位如何确定的复函》[91] 民他字第 12 号文称：河北省高级人民法院：你院冀法（民）(1991) 43 号《关于夫妻离婚后人工授精所生子女的法律地位如何确定的请示报告》收悉。经研究，我们认为，在夫妻关系存续期间，双方一致同意进行人工授精，所生子女应视为夫妻双方的婚生子女，父母子女之间权利义务关系适用《婚姻法》的有关规定。1991 年 7 月 8 日。

"夫妻在婚姻关系存续期间所得的共同所有的财产，除有约定的以外，如果分割遗产，应当先将共同所有的财产的一半分出为配偶所有，其余的为被继承人的遗产。"最高人民法院《关于贯彻执行〈中华人民共和国继承法〉若干问题的意见》（简称《继承法意见》）第 38 条规定："遗嘱人以遗嘱处分了属于国家、集体或他人所有的财产，遗嘱的这部分，应认定无效。"所以，登记在被继承人郭某顺名下的 306 室房屋，已查明是郭某顺与原告李某夫妻关系存续期间取得的夫妻共同财产。郭某顺死亡后，该房屋的一半应归李某所有，另一半才能作为郭某顺的遗产。郭某顺在遗嘱中，将 306 室全部房产处分归其父母，侵害了李某的房产所有权，遗嘱的这部分应属无效。此外，我国《继承法》第 19 条规定："遗嘱应当对缺乏劳动能力又没有生活来源的继承人保留必要的遗产份额。"

郭某顺在立遗嘱时，明知其妻子腹中的胎儿而没有在遗嘱中为胎儿保留必要的遗产份额，该部分遗嘱内容无效。我国《继承法》第 28 条规定："遗产分割时，应当保留胎儿的继承份额。"因此，在分割遗产时，应当为该胎儿保留继承份额。综上，在扣除应当归李某所有的财产和应当为胎儿保留的继承份额之后，郭某顺遗产的剩余部分才可以按遗嘱确定的分配原则处理。

3. 分析结论。《50 号继承案》的分析结论是：（1）夫妻关系存续期间，双方一致同意利用他人的精子进行人工授精并使女方受孕后，男方反悔，而女方坚持生出该子女的，不论该子女是否在夫妻关系存续期间出生，都应视为夫妻双方的婚生子女；（2）如果夫妻一方所订立的遗嘱中没有为胎儿保留遗产份额，因为违反我国《继承法》第 19 条规定，该部分遗嘱内容无效。分割遗产时，应当依照我国《继承法》第 28 条规定，为胎儿保留继承份额。所以，法院对《50 号继承案》作出了上述处理的裁断。

思 考 题

1. 民事法律关系的定义、特征和分类标准？
2. 民事法律关系，为何必须由三个要素构成？
3. 何谓民事法律事实，它与民事法律规范、民事法律关系是什么关系，为什么？
4. 客观事件和法律行为比较，法律行为作为民事法律事实的特点是什么，为什么具有客观性？
5. 民事法律关系的事实构成是什么，一个民事法律关系至少需要多少个民事法律事实？

学习资料指引

1. 梁慧星：《民法总论》，法律出版社 1996 年版，第 2 章。
2. 王利明等：《民法新论》（上），中国政法大学出版社 1988 年版，第 4 章。
3. 魏振瀛：《民法》，北京大学出版社、高等教育出版社 2000 年版，第 3 章。
4. 彭万林：《民法学》，中国政法大学出版社 1999 年第 2 版，第 3 章。
5. 王建平：《民法学（上）》，四川大学出版社 1994 年版，第 6 章第四节。
6. 龙翼飞：《民法案例分析》，中国人民大学出版社 2000 年版，第 1 章—第 3 章。
7. 王利明、杨立新：《〈中国民法典·人格权法编〉草案建议稿》（2002 年 4 月 8

日），杨立新民商法网，网页地址：http://www.yanglx.com/dispnews.asp?id＝19。

8. 民政部：《2015 年社会服务发展统计公报》，二、社会工作。

9. 陈竹：《超常规发展负面效应显现，研究生师徒关系困境如何突围》，《中国青年报》，2014 年 2 月 15 日第 3 版。

参照法规提示

1. 《中华人民共和国民法通则》，第 57 条，第二章公民（自然人）、第三章法人、第四章民事法律行为和代理、第五章民事权利。

2. 《中华人民共和国民法总则》，第二章自然人、第三章法人、第四章非法人组织、第五章民事权利、第六章民事法律行为。

3. 《中华人民共和国合同法》，第二章合同的订立，第 44 条、第 60 条、第 64 条~第 65 条、第 107 条~第 108 条。

4. 《中华人民共和国继承法》，第 5 条、第 19 条、第 26 条、第 28 条、第 223 条。

5. 《中华人民共和国婚姻法》，第 18 条。

6. 《中华人民共和国企业国有资产法》，第 5 条~第 6 条、第 12 条。

7. 《中华人民共和国食品安全法》，第 96 条。

8. 《中华人民共和国侵权责任法》，第八章环境污染责任（第 65 条~第 68 条）。

9. 《中华人民共和国反家庭暴力法》，第 15 条。

10. 《中华人民共和国道路交通安全法》，第 91 条。

11. 《中华人民共和国刑法》，第 133 条。

12. 最高人民法院《关于贯彻执行〈中华人民共和国民法通则〉若干问题的意见（试行）》，一、公民，二、法人，三、民事法律行为和代理，四、民事权利。

13. 最高人民法院《关于夫妻离婚后人工授精所生子女的法律地位如何确定的复函》，1991 年 7 月 8 日。

14. 最高人民法院《关于贯彻执行〈中华人民共和国继承法〉若干问题的意见》，第 38 条。

15. 《中华人民共和国民法总则（草案）》（即《民总一审稿》），第二章自然人、第三章法人、第四章非法人组织、第五章民事权利、第六章民事法律行为。

第四章　自然人

【阅读提示】学习者在阅读本章具体内容时，应当掌握民事主体资格的定义及构成，民事权利能力、民事行为能力和民事责任能力的内容、分类含义；监护及监护人设定；把握民事权利能力、民事行为能力和民事责任能力的立法规定和理论争议的焦点所在；居民身份证对民事主体资格的意义；死亡证明书的开具和填写规则，以及民事主体能力的构成理论等。本章的重点，包括自然人民事行为能力分类标准、自然人的法定监护、成年人监护、宣告失踪和宣告死亡的法律后果等。本章的难点，民事责任能力理论，以及民事主体资格构成的两种能力论，成年人监护，监护人资格的撤销等。

第一节　民事主体资格

一、民事主体的界定

（一）民事主体的定义

民事主体，是指通过民事活动等方式，参与民事法律关系并享受民事权利和承担民事义务的人。根据我国《民法总则》第二章～第四章的规定，民事主体包括自然人、法人和非法人组织等。

理论上，民事主体是民事法律关系的第一要素，任何自然人、法人和非法人组织要成为适格的民事主体，顺利地参与民事法律关系，其要求：一方面，是来自于市民社会的生存、生活和生产的需要，即在民事法律关系中，产生了自然人、法人和非法人组织等，作为民事主体参加民事活动，以民事主体的身份，通过民事法律关系的产生、变更和消灭，享有民事权利和民事义务的需要。这种需要，是一种民事主体自身和社会需要的有效结合；另一方面，必须由民法规范赋予自然人、法人或非法人组织以民事主体资格。也就是说，通过民法规范的确认、认定或者认可，才能成为合格或者适格的民事主体。继而，只有民事主体资格适格的人，才能在具体的民事法律关系中，成为合法的民事主体，进行相应的民事活动。

对民事主体的界定，一般而言，自然人是具有自然生命的公民、外国人和无国籍人等个体。这些个体的流动性很强，按照现代社会普遍实行的国民待遇或者公民待遇原则，只要不出现特殊限制的情形，都是可以参加国家主权下的民事活动的人。所以，对于自然人中的公民，以及外国人和无国籍人，共同作为民事法律地位相同的民事主体来看待，不需要其出具身份证明来证明其民事主体身份的适当性。当然，法人和非法人组织的民事主体资格，在登记和许可主义民事立法的国家，则必须要按照相关国家的民法规范、商事登记规则处理，然后，判断其主体执照、许可证书和税务登记、资格登记等的有无与是否适格。对于登记和注册地在域外或者属于外国法人和非法人组织的，要在国内开展相应的民事活动，往往要受到一定的限制。比如，根据我国《民法总则》第12条关于在中国领域内的民事活动，适用中国法律，中国法律另有规定的除外的精神，我国《涉外民事关系法律适用法》（简称《涉外适用法》）第14条规定，法人及其分支机构的民事权利能力、民事行为能力、组织机构、股东权利义务等事项，适用登记地法律。法人的主营业地与登记地不一致的，可以适用主营业地法律。法人的经常居所地，为其主营业地。

现代社会，根据保护国家安全的需要，对在境外登记而主要在境内活动的法人和非法人组织（即"离岸主体"）的民事主体资格管理，采用审查主义和限制主义原则。2016年4月28日，我国颁行的《境外非政府组织境内活动管理法》（简称《NGO管理法》）第9条规定，境外非政府组织在中国境内开展活动，应当依法登记设立代表机构；未登记设立代表机构需要在中国境内开展临时活动的，应当依法备案。境外非政府组织未登记设立代表机构、开展临时活动未经备案的，不得在中国境内开展或者变相开展活动，不得委托、资助或者变相委托、资助中国境内任何单位和个人在中国境内开展活动。应当说，这些规定纯粹是基于国家安全的考量而作出的。

（二）民事主体的法律特征

民事主体是民事法律关系的第一因素，在理论上，他是不可缺少的。虽然，在一些具体的民事法律关系中，允许"隐名主体"存在，比如，隐名代理人、隐名合伙人等。但是，就一般情形而言，必须是显名主体即主体显示出其主体资格来，成为显名主体以便于民事交易和交易安全的判断。民事立法上，对于民事主体资格的制度性确认，一方面是为了保护民事主体，另一方面则主要是为了限制非适格民事主体参与民事活动，成为民事法律关系的当事人。其法律特征是：（1）民事主体是具有民事主体资格的人，也就是民事主体依法享有民事权利能力、民事行为能力，以及民事责任能力等。

（2）民事主体之间的民事法律地位平等。这是由民法所调整的社会关系的本质属性所决定的，是民法基本原则——平等原则的重要体现，也是民事法律关系与其他法律关系的主要区别。当然，民事主体之间的平等，是一种民事主体身份的平等或者民事主体资格的平等，并不是自然人之间、法人之间或者非法人之间，以及它们相互之间事实上的不平等。比如，其财产状况、教育程度和实际能力的差异，民法规范是无能为力的。

（3）民事主体意思自治。这是民法基本原则——自愿原则的重要体现，它表明：在社会形形色色的民事活动中，民法规范充分赋予了民事主体行为的自由，同时，也让其充分意识到责任自担。民事主体进行民事活动，参加到具体的民事法律关系中来，成为享有民事权利、承担民事义务的当事人，是民事主体在民法规范规定的范围内，充分表达、展现和体现其真实意志，实现其民事利益的结果。

（4）民事主体享有权利和承担义务相一致。权利义务的一致性，是指民事主体既要享有民事权利，又必须承担民事义务。民事主体依法具有的民事权利能力，一方面是民事主体享有民事权利的能力，另一方面，则是民事主体承担民事义务的能力。现代法治社会里，是不允许任何人只享有民事权利，不承担民事义务，或只承担民事义务，而不享有民事权利的现象存在的。

民事主体的上述法律特征说明：作为一国的民事法律制度的首要内容，便是对民事主体资格的法律认定，然后对民事主体资格进行制度性设计和规范化管理，只有这样，一个国家的民事法律秩序，才能有效形成的可能。

（三）民事主体制度

民事主体制度，是指关于民事主体的资格、类型，民事权利能力、民事行为能力的开始和终止，民事主体的财产归属，以及民事责任承担与追究等方面，由民法规范规定的具体规则与措施等架构性或者结构性体系规则的总和。在我国，关于民事主体的制度，主要有：民事主体资格制度、民事能力制度、监护制度、住所制度、宣告制度、法人制度、职务行为制度、代表人制度、非法人组织制度、"两户"制度①等。

民事主体制度，是随着我国社会主义市场经济的不断发展，而逐步发展和完善的。就民法发展的历史来看，民事主体制度经历了一个从单一自然人主体，到自然人与法人、非法人社会组织多元民事主体并存，它们之间的关系不断复杂化、综合化和开放化的过程，各种具体的主体制度，经历了从不完善到逐渐完善的过程，其发展和完善的道路是曲折的。比如，欧盟对于其加入的成员国而言，在民事主体法律制度方面，就有趋同和互相提供方便的功能。但是，"英国脱欧"却让欧盟关系陷入了前所未有的挑战。现在，我国民事法律制度中，民事主体除自然人、法人这两类最常见的民事主体外，还有个人独资企业、合伙企业、营利性法人或者非营利性法人依法设立的分支机构等非法人组织的民事主体。

作者认为，在我国，业主委员会、法人的分支机构，如门市部、经营部等，都是非法人型的民事主体。尤其是，业主委员会②这种非常特别的民事主体，应该属于代表主体或者偶然主体的范畴。法律赋予其特定的民事主体资格，是有其积极而重要的现实意义的。与此同时，对在我国国内活动，有些表面上是民事活动，可能危害国家安全的境外非政府组织，通过专门立法依法进行管理，是非常必要的。因此，我国《NGO 管理法》第 2 条规定，"境外非政府组织"是指在境外合法成立的基金会、社会团体、智库机构等非营利、非政府的社会组织，但是，这些境外机构在我国境内开展的经济、教育、科技、文化、卫生、体育、环保等领域和济困、救灾等方面的活动，如果危害国家安全，或者假借公益事业之名，而从事危害安全的活动，则是我国《NGO 管理法》和民法规范所不能允许的。

二、民事主体资格及其构成

（一）民事主体资格

所谓民事主体资格，是指自然人、法人和非法人组织等民事主体，从事民事活动所应当具备的法定条件或者身份。在这里，"资格"即从事民事活动的条件和身份等。在我国民事立法过程中，从《民法通则》开始，其第二章公民（自然人）包括 5 节，即：第一节民事权利能力和民事行为能力、第二节监护、第三节宣告失踪和宣告死亡、第四节个体工商户、农村承包经营户、第五节个人合伙等。而在我国《民总一审稿》中，前

---

①　根据我国《民法总则》的规定，"两户"制度即个体工商户、农村承包经营户的自然人主体制度。

②　根据我国《物权法》第 75 条、第 78 条和第 83 条的规定，业主委员会是一种非常特殊的代表性民事主体。

四节的规定相同，但是，没有第五节个人合伙的规定。我国，《民法总则》通过后，也是如此。从理论上讲，民事主体资格即民事主体从事民事活动应当具备的法定条件，而这种条件，有民法规范进行体系化的具体设计。

作者认为，所谓民事主体资格，就是我国民法中的民事能力制度设计的一系列法定条件，包括民事权利能力、民事行为能力和民事行为能力等。在这里，"能力"一词，就是法定条件或者身份的要求的表现。所以，我们在我国《民法通则》、《民总一审稿》以及通过后的《民法总则》中，看到的法律术语，并没有"民事主体资格"一词，而是"民事主体的法律地位"、"民事权利能力"、"民事行为能力"、"行为人具有相应的民事行为能力"等词语。但是，这些词语本身代表的具体含义，实际上就是"民事主体资格"的法律要求而已。

理论上，有"民事能力"的说法，指的是民事主体资格的民事立法的具体表现形式。一个完整的民事主体资格，其民事能力也应该是完整的。民事能力是民事主体依法应具有的，参加民事活动和承担民事活动后果的能力，实际上，也就是民事主体资格。它包括民事权利能力和民事行为能力等，前者是作为民事主体的前提性和基础性的资格与身份成的表现；而后者，则是民事主体以自己的行为，参加民事活动，建立民事法律关系，并承担民事法律后果的行为。在具体形态上，包括民事表意能力、民事行为能力和民事责任能力等。

（二）民事权利能力

民事权利能力，是民事主体依法享有民事权利和承担民事义务的一种法律条件或者身份，即民事主体的第一资格或者基础资格。具有法定的民事权利能力，是自然人、法人和非法人组织具有独立法律人格和民事主体资格的一个前提性标志。任何人要成为民事主体，必须具有法定的民事权利能力。作为一种民事主体的前提条件，民事权利能力具有的特征，是：（1）民事权利能力，是法律赋予民事主体具有独立法律人格的标志。民事权利能力，不是由民事主体自身决定的，而是国家以法律的形式加以确认的，体现了国家对于民事主体认定的干预性意志。

（2）民事权利能力的享有，具有平等性。在我国社会主义市场经济社会，自然人都是具有民事权利能力的，那些符合民法规范的社会组织，也平等地享有民事权利能力。

（3）民事权利能力，不仅指主体享有民事权利的法定条件和要求，属于一种权利主体资格，而且，也包括承担和履行民事义务的法定条件或者要求。换句话说，作为民事法律关系第一因素的民事主体资格，除了民事权利人的法定条件或者身份外，主要就是民事义务人的法定条件或者身份，这个条件和身份的要求，表明民事权利能力的另一面便是民事义务能力。现代民法中，没有只享受民事权利而不承担民事义务的人，所有民事主体，都需要有资格享有民事权利，同时有能力承担义务，民事权利能力应包含了这两方面的内容。所以，民事权利能力也可以在一定意义上称为民事义务能力。

（4）民事权利能力与民事主体不可分。民事权利能力是民事主体资格的标志，民事主体即是享有民事权利能力的人。所以，民事权利能力与民事主体的人身不可分割，民事主体的民事权利能力不可被剥夺或取消，民事主体自己也不得以任何形式转让、放弃或处分其权利能力。

（5）民事权利能力是主体享有权利、承担义务的资格和前提。享有民事权利能力，民事主体即具有享有民事权利、承担民事义务的可能性，但是，这并不意味着民事主体已经实际享有具体的民事权利、承担具体的民事义务。也就是说，民事权利能力与具体的民事权利，还是两个完全不同的概念。

民事权利能力与具体民事权利是不同的，主要体现在几个方面：（1）民事权利能力，来源于法律的直接赋予，民事主体依法当然享有。而民事权利则是民事主体依法参与具体的法律关系，才能享有。在此意义上，民事权利能力具有客观性，而民事权利需要民事主体的参与而具有主观性；（2）民事权利能力是取得民事权利的前提，而民事权利是利用民事主体资格的结果；（3）民事权利能力只是赋予民事主体参加法律关系的可能性，而民事权利则赋予民事主体实现某种实际的财产、人身利益的可能性。有时候，具体的民事权利在享有、行使或者救济的过程中，民事权利已经是现实性了。比如，我对手上拿着的书享有所有权，现在拿在手上看书，所有权的享有就是一种现实性，而非可能性；（4）民事权利能力包括承担民事义务的可能性，具体民事权利则仅指实现自己利益的可能性，不包括当然包括实现利益的必要性——民事义务；（5）民事权利能力与民事主体的人身不可分离，而民事权利除法律另有规定的以外，民事主体可以放弃、转让或依法被限制、剥夺，等等。

（三）民事行为能力

民事行为能力，是指民事主体能够独立有效地以自己的行为，亲自参与民事法律关系，从而享有民事权利和承担民事义务的法定条件或身份。这种法定条件或者身份的要求，是指向民事主体参与民事后果承担的。理论上，民事行为能力与民事权利能力，是民事能力中不可或缺的两个部分。民事权利能力使民事主体有适格的民事主体资格享有民事权利、承担民事义务，而民事行为能力使民事主体有适格的民事主体资格，通过自己的行为亲自参与民事法律关系，以实现民事权利能力的可能性。我国《民总一审稿》第二章自然人的民事权利能力规定中，有"自然人从出生时起到死亡时止，具有民事权利能力，依法享有民事权利，承担民事义务"、"自然人的民事权利能力一律平等"等字样，但是，对于民事行为能力的规定是：（1）18周岁以上的自然人是成年人，为完全民事行为能力人，可以独立实施民事法律行为；（2）6周岁以上不满18周岁的未成年人，为限制民事行为能力人，可以独立实施纯获利益的民事法律行为或者与其年龄、智力相适应的民事法律行为；实施其他民事法律行为由其法定代理人代理，或者征得其法定代理人的同意。16周岁以上不满18周岁的未成年人，以自己的劳动收入为主要生活来源的，视为完全民事行为能力人；（3）不满6周岁的未成年人，为无民事行为能力人，由其法定代理人代理实施民事法律行为；（4）不能辨认自己行为的成年人，为无民事行为能力人，由其法定代理人代理实施民事法律行为。6周岁以上的未成年人不能辨认自己行为的，适用前款规定等。可见，民事行为能力有比较复杂的分类方法和标准。

理论上，民事行为能力具有的基本特征是：（1）民事行为能力是由国家通过民法规范确认的。国家对民事主体行为能力的确认，体现了国家承认民事主体的行为自由的同时，也要对无民事行为能力、限制行为能力等民事主体的民事权利的取得、享有、行使和实现，采取监护、法定代理和征得同意、视为成年等制度加以弥补，以解决民事主体复杂的民事行为能力问题；（2）民事行为能力是民事主体独立进行民事活动的法定条件或者身份，也属于民事主体资格的一种要求。具有民事行为能力的民事主体，才能通过自己的行为，以民事活动和产生、变更、消灭民事法律关系的方式，为自己设立民事权利、民事义务，所以，具备只有这种能力的民事主体，其实施的法律行为才是有效的；（3）民事行为能力以主体的意思能力为基础。所谓意思能力，是指民事主体对自己的行为性质及其后果的认识能力和判断能力。由于主体的意思能力不尽相同，因而，其民事行为能力也有差别。如自然人因为年龄、精神健康状况的差异，而划分为不同情形和层次的民事行为能力；（4）民事行为能力与民事行为能力之间，存在不同步，以及法律上有民事行为能力，而事实上没有民事行为能力的情形。这种现象，揭示了民事行为能力与民事权利能力不能画等号，后者在法人和非法人组织层面，是一种同步的法定条件或身份。而在自然人这种民事主体身上，则存在着不同步，即只有民事权利能力而没有民事行为能力，或者只有部分民事行为能力的情形。

有时候，从民法规范的规定看，是符合完全民事行为能力要求的，比如，一个20岁的在校大学生，其精神状态也正常，属于我国《民法总则》第17条中规定的完全民事行为能力人范畴。但是，在校大学生因为没有就业或者没有经济来源，从而，导致其法律层面的完全民事行为能力与事实层面的完全民事行为能力不匹配、不同步。为此，在最高法院《民通意见》第161条中，给出了一个折中处理的方法，即由扶养人也就是原监护人自愿代为"垫付"[①] 的司法处理方法，以解决大学生暂时无经济收入，从而民事责任能力事实上缺失的问题。

（四）民事责任能力

在我国民事立法中，并无"民事责任能力"这一概念。不过，在理论上，关于民事责任能力问题有不同观点。其区别主要在于：是否认为民事责任能力是民事行为能力以外的一种独立的民事能力。换句话说，我国民事主体资格制度中，民事主体资格构成，是否应当包括：民事权利能力、民事行为能力和民事责任能力。学术界有学者认为，民事责任能力，是民事权利能力和民事行为能力以外的一种独立的民事能力。持这一观点的学者认为，民事责任能力是民事主体辨认和控制自己的行为，并为自己的行为的后果承担民事责任的法定条件或者身份，是一种更高层次的民事主体资格的认知能力。它与民事行为能力的主要区别，在于：（1）民事责任能力是民事主体担负民事法律责任的根据，而民事行为能力则是法律行为有效的条件之一，并不等于有了民事行为能力的民事主体，就当然具有民事责任能力；（2）设置民事责任能力的目的，在于保护民事活动中相对人即他人和社会利益，即交易安全等的考量。而设置民事行为能力的目的，则主要在于使民事主体本人，可以按照自己的意志追求受法律保护的自身利益；（3）民事责任能力是抽象的，一般不受行为能力范围的限制，而民事行为能力是具体的，有一个法律效力的范围限制。[②]

有学者还认为，民事行为能力有广义和狭义之分。广义的民事行为能力，不仅包括实施民事法律行为等合法行为的能力，而且，也包括实施不合法行为的能力，即对不法行为的实施能力，以及不履行各种民事义务，而对其后果负责的责任能力。并认为，从

---

① 最高法院《民通意见》第161条第二款规定，行为人致人损害时年满18周岁的，应当由本人承担民事责任；没有经济收入的，由扶养人垫付；垫付有困难的，也可以判决或者调解延期给付。

② 马骏驹等：《民法原论》（上），法律出版社1998年版，第108页。

我国民事立法的具体规定看，民事行为能力包括合法行为能力、不法行为能力两方面的内容。[1]

作者认为，我国民事立法虽然并未直接使用"民事责任能力"一词，但是，从有关民事立法的相关规定看，民事主体的民事责任能力，并不等同于民事行为能力。也就是说，民事行为能力，是法律确认民事主体能够独立有效地、亲自参加民事法律关系的能力，而民事责任能力，是民事主体依法对自己的行为，承担民事法律后果的能力。这两种能力在理论上，存在着前文所述的重大区别，同时，在现实民事活动的合法性、有效性和后果性判断时，我们绝不可以让民事行为能力的民法规范，取代我们对于民事责任能力的审视与判断。许多时候，民事主体忽视对方当事人民事责任能力的有无和大小，往往会给自己民事利益的实现，带来法律上的障碍或者出现"履行不能"的法律风险。

需要注意的是，民事行为能力以民事主体的意思能力为基础，目的在于保护不具有完全民事行为能力的人，以及与不具有完全民事行为能力进行民事活动的当事人的利益，以维护社会的正常秩序和交易公平，以及交易安全。而民事责任能力，则基于民事主体的客观上或者事实上的财产状况，在出现财产法律责任承担的情形时，目的在于实现民事责任承担或者追究的目标，恢复被侵害民事主体的民事权益，填补其受到的财产损失。这时，唯有财产赔偿或者有无财产，才是民事责任能力的具体表征，任何口头上的"对不起"，或者"赔礼道歉"、"消除影响"或者"停止侵害"等民事责任的承担形式，往往于事无补。虽然，现实生活中，不乏"1元钱诉讼"的实际事例，但是，这种个案往往是原告人的一种诉讼技巧或者维权策略，并不是说，重大民事权益受到侵害后，只需要1元钱的赔偿就可以了事。[2]

许多时候，人身侵权或者人格损害等方面的侵权救济案件中，数额较大或者数额巨大的经济赔偿，才是解决民事主体双方民事争议、纠纷和矛盾、冲突的核心路径。舍此，无法解决或者调和民事主体之间的民事利益冲突。比如，2001年5月17日，山西日报社下属《山西晚报》刊登一篇题为《毛阿敏八成不来太原》文章称，毛阿敏因在日本突患急性阑尾炎，不能按时参加四川仁寿县演出。她同时取消5月18日在福建举办的演出。在文章结尾处，《山西晚报》有一句猜测性推论："而对山西太原歌迷来说，期待已久的5月25日山西省体育场'华夏之夜'大型明星演唱会上，一睹毛阿敏风采的愿望恐怕也要泡汤了。"为此，演出举办单位太原市外国企业服务有限公司（简称"太原外企公司"）出面称毛阿敏会来太原，《山西晚报》作了追踪报道。后演出如期进行。但太原外企公司认为，此次演出活动没有得到一家单位赞助，退票多，门票收入少，为避免空场，还被迫无偿送票1万余张，都是《山西晚报》"毛阿敏八成不来太原"这句话惹的祸。山西外企公司起诉，请求法院判令被告山西日报社赔偿损失票款等损失，共计113万余元，并赔偿名誉损失30万元。太原中院认为，山西日报社侵权成立，判决

---

[1] 王利明等：《民法新论》（上），中国政法大学出版社1988年版，第154页。

[2] "1元钱诉讼"频繁地出现在各类报道中，打一场官司，索赔1元钱，当事人行使自己的诉求无可置疑，但诉讼并不是解决纠纷的唯一模式，更不是化解矛盾的最佳模式，应理性地选择解决纠纷的方式。参见：舒辉：《"一元钱诉讼"引发的思考》，改革与开放2010年第16期，第10页；对1元钱诉讼应该依靠提高诉讼收费标准的办法，运用国家诉讼成本政策交易解决。而不予立案、非诉讼解决或者进一步降低诉讼成本的办法都是不可取的。参见：孙永兴：《论"一元钱诉讼"的经济学价值》，现代财经，2006年第3期，第39页。

赔偿 87 万余元。① 这个案子在当时以及 17 年后的今天，因为传媒一句推测性的报道语言，会造成严重的侵权后果，从而，作为一种教训是非常具有价值的。

此外，依据我国《民法通则》第 12 条的规定，无民事行为能力人、限制民事行为能力人依法不能独立实施有效的民事行为。但是，我国《民法通则》第 133 条第二款规定，有财产的无民事行为能力人、限制行为能力人造成他人损害的，应当从本人财产中支付赔偿费用。不足部分，由监护人适当赔偿，但单位担任监护人的除外。这表明：无民事行为能力并非当然的完全无民事责任能力。所以，任何时候都不能把民事行为能力与民事责任能力混为一谈。

三、民事主体资格的固定与表彰

（一）民事主体资格的"卡片化"固定和表彰形式——居民身份证

所谓民事主体资格的固定与表彰，是指通过一定的客观形式或者介质，将民事主体资格以外界可感知的方式进行格式化保存与便携式、可读性显示的情形。这种情形，在我国，最初以户口簿、各种居民证件，甚至于单位证明来表现。而现在，根据我国《居民身份证法》第 2 条的规定，居住在我国境内的年满 16 周岁的中国公民，应当依法申请领取居民身份证；未满 16 周岁的中国公民，可以依法申请领取居民身份证。在这里，"应当依法申领"居民身份证，是一种法定义务。换句话说，只有未满 16 周岁的中国公民，是"依法可以申领"居民身份证。理由是：公民从事有关活动，需要证明身份的，有权使用居民身份证证明身份，有关单位及其工作人员不得拒绝（第 13 条）；公民应当出示居民身份证证明其身份的情形，主要是：（1）常住户口登记项目变更；（2）兵役登记；（3）婚姻登记、收养登记；（4）申请办理出境手续；（5）其他。未取得居民身份证的公民，从事前述规定的活动，可以使用符合国家规定的其他证明方式证明其身份（第 14 条）。其中内容，主要涉及公民的民事主体资格方面的内容。

现实生活中，公民需要出示居民身份证的情形，比我国《居民身份证法》第 14 条的规定范围，要广泛得多。即：（1）选民登记；（2）户口登记；（3）兵役登记；（4）婚姻登记；（5）入学，就业；（6）办理公证事务；（7）前往边境管理区；（8）办理申请出境手续；（9）参与诉讼活动；（10）办理机动车，船驾驶证和行驶证，非机动车执照；（11）办理个体营业执照；（12）办理个人信贷事务；（13）参加社会保险，领取社会救济；（14）办理搭乘民航飞机手续；（15）投宿旅店办理登记手续；（16）提取汇款，邮件；（17）寄卖物品；（18）办理其他事务等，除了少量交叉外，大多数是我国《居民身份证法》第 14 条没有涵盖的。

我国《居民身份证法》第 3 条规定，居民身份证登记的项目包括：姓名、性别、民族、出生日期、常住户口所在地住址、公民身份号码、本人相片、指纹信息、证件的有效期和签发机关。其中，公民身份号码是每个公民唯一的、终身不变的身份代码，由公

---

① 崔丽：《"毛阿敏八成不来"，引发 87 万元巨额赔偿》，中国青年报，2002 年 6 月 10 日，网页地址：http://zqb. cyol. com/content/2002—06/10/content_466497. htm。这个案例为代表的学术研究成果，可参看：（1）王颖琼、黄长明、徐彬：《纯粹经济损失理论之践行——评〈山西日报〉巨额赔偿案》，时代法学 2003 年第 3 期，第 108 页～第 111 页；（2）黄长明、王颖琼：《太原市外企公司诉"山西日报社"案之法理分析——兼论一般条款于民事责任之意义》，广西政法管理干部学院学报，2003 年第 6 期，第 75 页～第 77 页。

安机关按照公民身份号码国家标准编制。公民申请领取、换领、补领居民身份证，应当登记指纹信息。应当说，"居民身份证"通过姓名、性别、民族、出生日期、常住户口所在地住址、公民身份号码、本人相片、指纹信息等8项信息，把民事主体资格固定与表彰在一种卡片式可视读，也可机读的法定证件上，便于公民携带、使用，便于公安机关查验。

根据公安部《临时居民身份证管理办法》（2005年4月21日）（简称《临时身份证办法》）的规定，公民因为正当理由，可以申领临时居民身份证。临时居民身份证式样为聚酯薄膜密封的单页卡式，证件采用国际通用标准尺寸，彩虹印刷，正面印有证件名称和长城图案，背面登载公民本人黑白照片和身份项目（第4条）；临时居民身份证登记的项目包括：姓名、性别、民族、出生日期、常住户口所在地住址、公民身份号码、本人相片、证件的有效期和签发机关（第5条）；临时居民身份证的有效期限为3个月，有效期限自签发之日起计算（第7条）；公民申请领取、换领、补领临时居民身份证时，公安机关应当按照本办法的规定及时办理，并在收到申请后的3日内将临时居民身份证发给申领人（第12条）。

（二）姓名与身份证号码

"姓"是一个集合名词，是家族的标识，或表示与某个大家族的某一血缘关系更为亲近的部分。"名"是指个人的符号，带有个人的烙印。姓名，由姓氏和名字组成，是人类为了区分个体，给每个个体所给定的特定名称的一种符号。姓名是通过语言文字信息，区别人群个体差异的符号性标志。在中国传统习俗中，"名"是在婴儿出生百日之后由父亲取定的，据《礼记·内则》记载，到了这一天，由母亲和保姆抱着婴儿来到厅堂见他的父亲，父亲郑重地握住孩子的手，给他取名。名取定以后，母亲和保姆把孩子抱回内室，然后，孩子的名字通告亲戚，父亲则立即把这个消息告诉朋友，并报告地方长官，入籍登记。因此命名仪式非常隆重，是孩子一生中的第一件大事，这种习俗现在虽然没有了，但给孩子过"百岁"的风俗，依然长盛不衰。有了姓名之后，人类社会才能正常有序地开展交往尤其是民事活动，因此，每个自然人都有一个属于自己的姓名或者名字。这也就意味着"姓名"，必然成为民事主体资格的第一表征物。

我国《民法通则》第99条规定，公民享有姓名权，有权决定、使用和依照规定改变自己的姓名。禁止他人干涉、盗用、假冒。但是，没有直接规定谁有权给刚刚出生的公民取姓名，以及具体如何取姓名。公民可以改变自己的姓名，但是，可以更改多少次，怎么改，规则也不清楚。全国人大常委会制定的《户口登记条例》第18条规定，公民变更姓名时，未满18周岁的人需要变更姓名的时候，由本人或者父母、收养人向户口登记机关申请变更登记；18周岁以上公民需要变更姓名的，由本人向户口登记机关申请变更登记。

现实生活中，人们非常关注房产证上的姓名登记，这大抵是姓名作为民事主体身份表征的最突出的现象。事实上，我国《婚姻法》第18条规定的非常清楚：婚前财产"为夫妻一方的财产"。除非双方协商妥当，同意把另一方的姓名加到房产证上，而且，在房产登记机构也办理加名手续，才是属于夫妻共有财产。那种认为已婚就是夫妻共有产权的看法，是错误的。

身份证号码，是指根据《中华人民共和国国家标准：公民身份号码 GB 11643—

1999》中有关公民身份号码的规定，通过规律性排列起来的代表公民身份的识别号码。身份号码是特征组合码，由17位数字本体码和1位数字校验码组成。排列顺序从左至右依次为：6位数字地址码，8位数字出生日期码，3位数字顺序码和1位数字校验码。具体规则是：（1）地址码（身份证前6位）表示编码对象第一次申领居民身份证时的常住户口所在县（市、旗、区）的行政区划代码；（2）生日期码（身份证第7位到第14位）表示编码对象出生的年、月、日。其中。年份用4位数字表示，年、月、日之间不用分隔号。例如：1981年05月11日就用19810511表示；（3）顺序码（身份证第15位到17位）是县、区级政府所辖派出所的分配码，每个派出所分配码为10个连续号码，例如"000-009"或"060-069"，其中单数为男性分配码，双数为女性分配码，如遇同年同月同日有两人以上时顺延第二、第三、第四、第五个分配码。如：007的就是个男性，而和他同年月日生的男性至少有两个，他们的后四位是001＊和003＊。分配顺序码中"999、998、997、996"4个顺序号分别为男女性百岁以上老人专用的特定编号；（4）校验码（身份证最后1位）是根据前面17位数字码，按照ISO7064：1983. MOD11-2校验码计算出来的检验码。

我国从1999年10月1日起，全国实行公民身份证号码制度，居民身份证编号由原15位升至18位。前6位为地址码；第7位至14位为出生日期码，此码由6位数改为8位数，其中年份用4位数表示；第15位至17位为顺序码，取消了顺序码中对百岁老人使用的特定编号；第18位为校验码，主要是为了校验计算机输入公民身份证号码的前17位数字是否正确，其取值范围是0至10，当数值等于10时，用罗马数字符X表示。

身份证号码在居民身份证的9大项信息中，属于最具特征性、识别程度高和使用方便等特征，所以，在民事主体从事民事活动过程中，身份证号码被大量而且广泛地使用。让这一组18位数字组合，成为公民民事主体身份的代表物，极大地提高了身份证持有人的身份证件的使用效率。但是，凡事利弊相生相伴，身份证号码的这种便利性，也为盗用、造假者和各种不法之徒提供了从事违法犯罪行为的工具。因此，保护好身份证，不轻易出借身份证或者随意让人拿着身份证原件办理事务，尤其是在各种电子商务或者网络交易过程中，使用身份证号码要注意保密和使用技巧，尽量避免身份证号码的"失密"，防止出现经济损失和个人隐私被侵害。比如，通过身份证号码在网络上查询开房记录，就有严重的侵权风险存在。

（三）性别、年龄（出生日期）

性别，是居民身份证上的第二个民事主体资格的表征性个体特征，代表着对民事主体是男性或者女性的个人性别角色的社会性判断的功能。所谓性别，在生物学上，在人类是指男女两性的种类区别或者雌雄遗传基因的性征区别。生物中有许多物种包括人类可以划分成两个或两个以上的种类，称之为性别。这些不同的性别个体会互相补足结合彼此的基因，以繁衍后代，这种过程称为繁殖。典型的情况下，一个物种会有两种性别为主流：雄性与雌性。雌性被界定为生产较大配子（即生殖细胞）的那一方。因此，性别的种类，是依据个体在其生命周期某段时间中能够执行的生殖功能来决定的。生物学定义的性别，又称为生物性别或生理性别，此外，有与身份认同比较相关的社会性别。

社会学意义上的社会性别，是指个体的性征在形态方面，从大体解剖、器官结构到细胞的组成，都表现出差异；在生理、生化和行为方面（在人类，还在心理方面）也同

样存在差异。个体发育过程中，性别出现一系列连续的演变，主要可分为：染色体性别
→生殖腺性别→表型性别3个等级。性别在民法上具有的意义，则主要是：伴随有性生
殖的出现，在生物界同种个体之间普遍出现的一种形态和生理上的差异现象。① 包括胎
儿性别鉴定、② 无性生殖和人类胚胎移植、同性婚姻等，鉴于我国存在明显的人口性别
比例失调问题，2014年9月，卫生计生委会同公安部、工商总局、食品药品监管总局
发布《禁止非医学需要的胎儿性别鉴定和选择性别人工终止妊娠的规定》（简称《禁止
性别鉴定规定》），明文规定禁止任何单位、个人组织介绍或者实施非医学需要的胎儿性
别鉴定和选择性别人工终止妊娠。应当说，这个《禁止性别鉴定规定》担负着我国性别
平衡的重要职责。③ 至于无性生殖和人类胚胎移植、同性婚姻等民法问题，到目前为
止，仍然是困扰全社会的民事法律制度设计问题。

年龄，与出生日期即代表的公民年龄的判断有关。居民身份证上的出生日期，也可
以称之为"生日"。④ 而年龄，是指一个人从出生时起到计算时止生存的时间长度，通
常用"年"、"岁"来表示。我国传统文化中，对年龄有非常丰富的习俗表达方法。⑤ 年
龄是一种具有生物学基础的自然标志，一个公民出生以后，随着时间的流逝，年龄也必
然随之增长，这是不可抗拒的自然规律。

民法学上，年龄的法律意义在于：人口在进行自身再生产的同时，也进行着年龄的

---

① 性别间的差异，随着进化过程中有性生殖的演进而增高。低等生物（如细菌和原生动物）性别区分的程度低，
仅表现为不同的交配型，高等生物（如脊椎动物、种子植物）不同性别（雌性和雄性）的个体，在形态、生理
和行为上均有极为明显的差异。性别的通用符号：雄性以战神的盾与矛"♂"表示；雌性以爱神的镜子"♀"
表示。

② 性别鉴定，是指利用医学、生物学和遗传学的理论和聚合酶链式反应（polymerase chain reaction，PCR）技术，
荧光定量分析技术等，经过多重离心分离dna染色体，检测血液样品中是否存在Y染色体，以确定胎儿性别。
性别鉴定，通常在胎儿出生前通过抽取孕妇血液12ml，检测分析游离于母体中的胎儿dna染色体鉴定胎儿性
别。但是非医疗性的性别鉴定，根据《禁止性别鉴定规定》的规定，是违法行为。

③ 资料显示，2015年底，我国总人口为136782万人，从性别结构看，男性70414万人，占51.2％；女性67048
万人占，48.8％，总人口性别比为51.2：48.8。显然，男性人口多出了2.4％。资料来源：国家统计局：《中
华人民共和国2015年国民经济和社会发展统计公报》（2016年2月29日），一、综合表1：2015年年末人口数
及其构成。

④ 生日，是指人出生的那一天，也是每年满周岁的那一天。生日，也指有生之日，或者"妈妈生下孩子的日子"，
是用来纪念母亲忍受痛苦辛苦生下孩子的纪念日。文化学意义上，生日还称为：母难日、诞辰、华诞（女士生
日叫芳诞）、广东人称生日叫"牛一"等。在我国民间风俗中，人的第一个生日称为"周岁"，几乎是最重要的
生日。旧时，年长者过生日分得比较仔细。如果是大家族中德高望重的家长过生日，还会有相应的庆祝活动，
称为祝寿。传统生日一般是虚岁计算，具体庆祝生日的叫法如是：（1）整生日：指的是每逢个位数是9或者
0的生日，例如59岁、60岁、49岁、50岁等。每个生日皆有不同的称呼：第一，大庆：每逢生日个位9的生
日，例如39、49、59、69、79等；第二，正庆：每逢生日个位0的生日，例如40、50、60、70、80等。（2）
散生日：生日个位数是1—8的生日，例如51—58岁等。

⑤ 关于年龄，历史上，我国民间的习惯和社会风俗称呼是：未满周岁儿童（襁褓）、2—3岁（孩提）、童年（总
角，垂髫）、8岁（男，龆年）、10岁以下（黄口）、10岁（女，髻年）、12岁（女，金钗之年）、13—14（女，
豆蔻年华）、13—15岁（舞勺之年）、15岁（女，及笄（jī）之年）、15岁（男，志学之年，束发）、16岁（女，
碧玉年华）、15—20岁（舞象之年）、20岁（男，弱冠；女，桃李年华）、24岁（女，花蓓（信）年华）、出嫁
（标梅之年）、30岁（女，半老徐娘）、30岁（男，而立之年）、40岁（男，不惑之年）、50岁（知命之年，半
百）、60岁（花甲，平头之年、耳顺之年，杖乡之年）、70岁（古稀，杖国之年）、77岁（喜寿）、80岁（杖朝
之年）、88岁（米寿）、80—90岁（耄耋之年）、90岁（鲐背之年）、99岁（白寿）、100岁（期颐，人瑞）、108
岁（茶寿），等等。

再生产，它总是由不同年代出生的不同年龄的公民个体所组成，构成所谓的"代"、"辈分"和财产或者财富代际转移等民事法律制度设计。各种人口现象，如结婚、生育、求学、就业、迁移、死亡等，都与每个人的年龄密切相关，具有重要的民事法律意义。因而，正确计算年龄十分重要。理论上，计算年龄方法大致有 4 种：（1）历法年龄。即年代年龄或者说时序年龄，是指出生后按日历计算的年龄，也叫实足年龄，是最常用的计算年龄的方法，简单易掌握，也是不以人们意志为转移的客观记载。

（2）生物年龄。即生理学年龄，是根据正常人体生理学上和解剖学上发育状态所推算出来的年龄，表示个体组织结构和生理功能的实际衰老程度，可用来预计某一个体未来的健康状况，估计其寿命。如某位实际年龄 60 岁的人，生物年龄可能是 60 岁，也可能是 50 岁，也可能是 70 岁，个体差异很大。

（3）心理年龄。是心理学"智力测验"中的术语，指根据标准化智力测验量表测得的结果来衡量人体的智力水平，把心理学年龄与历法年龄相对照，就能看出智力绝对水平的高低。心理年龄是指人的整体心理特征所表露的年龄特征，与实际年龄并不完全一致。人的一生共经历 8 个心理时期，即胎儿期、乳儿期、幼儿期、学龄期、青少年期、青年期、中年期、老年期。每个心理年龄期都有不同的心理特点，如幼儿期天真活泼；青少年期自我意识增强，身心飞跃突变，心理活动进入剧烈动荡期；进入老年期，心理活动趋向成熟稳定、老成持重、身心功能弹性降低、情感容易倾向忧郁、猜疑。自测表是测试每个人的个体心理年龄的量表。

（4）相对年龄。即相对有效年龄（寿命），是指人类区别于其他生物（主要包括动物）的、由最高级灵魂所支配进行的、符合人类社会伦理道德规范以及有利于自然、社会良性发展的各种生命活动包括脑力活动所占用的时空。人类一切由最高级灵魂支配进行的，符合人类社会伦理道德规范，以及有利于自然社会良性发展的各种生命活动，包括脑力活动所占用的时空，就是人类相对有效年龄（寿命）。反之，就是无效年龄（寿命），甚至年龄（寿命）是负数。所以，人类相对有效年龄（寿命）计算方法为，相对年龄（寿命）等于实际年龄（寿命）加上或减去超出或低于同层次普通人士年平均劳动量，或者年创造物质精神财富的倍数。可见，一个既勤奋，劳动效率又高，其个人工作量相当于几个人、几十个人、几百个人、甚至几千个人的工作量，那么，他的寿命相对于一般同层次人士则大大延长，年龄也相应地大大增加。

由于公民的身份证有效期分为 5 年、10 年、20 年和长期 4 种，而其年龄是不断增加性变化的，所以，使用公民生命的基准日即出生年月日等作为年龄的判断日期，是非常准确的。一般而言，出生日期的确定是公历年月日，民间有出生年月日以农历计算的习惯。但是，在身份证号码的编码规则中，生日期码（身份证第 7 位到第 14 位）是构成身份证号码的重要部分，所以，在需要使用居民身份证时，只能以公历年月日出生为准。这个公历年月日即生日，是判断公民民事行为能力状态、民事责任能力状态、法定结婚年龄、工作年限和退休年龄、高龄补贴，以及享受与年龄有关社会福利的重要判断依据。至于公民进行生日庆祝活动，有些地方的人们习惯上以农历为准，则不涉及其他重要的法律后果，往往是从习惯的。但是，在司法实践中，面对当地的过农历生日的习惯，在涉及判断公民民事行为能力状态、民事责任能力状态和民事责任年龄时，则是需要特别注意的。

（四）住所与注册地

1. 住所的定义。住所，是指自然人生活和进行民事活动的主要基地和中心场所。住所在居民身份证上，以"常住户口所在地住址"形式表现出来，列第五位。与公民的姓名、性别、民族、出生日期、身份证号码、本人相片等，组成公民民事主体身份识别的个人特征信息群。判断和定义住所，是快速确定公民民事主体资格特征的重要方法。

理论上，明确了自然人的住所，对于确定公民的民事主体资格具有重要的法律意义。即确定了公民的住所，就很容易确定该公民民事权利的享有地、民事义务的履行地，民事案件的诉讼管辖地，涉外民事法律关系的准据法，某种民事法律关系发生、变更和消灭的场所，自然人特定法律行为的实施地，法律文书送达地，等等。

2. 住所的确定标准。各国民法典对确定公民住所的标准，在具体规定上是不一致的。主要有三种立法例：（1）大陆法国家，如德国、日本等，采主观标准。即以具有长久居住意思的地方为住所；（2）英美法国家，则采客观标准。即以事实上长期居住的地方为住所；（3）折中标准。综合居住意思和实际居住的事实，以有永久居住意思的居住地为住所。《瑞士民法典》即采折中说。

我国《民法通则》第15条规定，自然人以他的户籍所在地的居住地为住所，经常居住地与住所不一致的，经常居住地视为住所。关于公民的经常居住地，最高法院《民通意见》第9条的解释是：公民离开住所地最后连续居住1年以上的地方，为经常居住地，但住医院治疗的除外。公民由其户籍所在地迁出后至迁入另一地之前，无经常居住地的，仍以其原户籍所在地为住所。

3. 注册地的确定。在我国，民事主体的法人和非法人组织，也有住所。但是这两种民事主体的住所，与公民的生活基地型居住场所的法律含义显然不同，是一种生产经营场所的含义。按照我国《民法通则》第39条的规定，属于"主要办事机构所在地"范畴，我国《民总一审稿》则规定为：法人以登记的住所为住所。法人的主要办事机构所在地与住所不一致的，其主要办事机构所在地视为住所。法人依法不需要办理登记的，其主要办事机构所在地为住所。而《民法总则》第63条则规定为：法人以其主要办事机构所在地为住所。依法需要办理法人登记的，应当将主要办事机构所在地登记为住所。

理论上，法人和非法人组织的住所，往往被理解为"注册地"。所谓注册地，是指法人或者非法人组织办理工商注册或者其他登记手续的地方。注册地代表了法人和非法人组织主体资格证照的颁发地点，以及行政管理的隶属或者归属地域。由于住所是法人和非法人组织开展各种业务活动的中心场所，因此，法人和非法人组织不能没有住所，这就像国家不能没有领土一样。在实务当中，各个国家和地区的民商事立法，包括公司法等对法人和非法人组织的住所均有明确的规定，并将法人和非法人组织注册地址，作为法人和非法人组织设立的条件，也是法人和非法人组织章程的绝对必要的记载事项。

不仅如此，现代各国均建立了标准化的公司登记①制度，以便于对公司这种法人的监督管理，以及公开公司的交易信息，以保障民事活动或者商业交易活动的安全。司法

---

① 公司登记制度的首要问题，是确立公司登记的管辖标准，公司注册地成为各国和地区公司立法在该问题上的一致选择。

实践中，有的民事主体在签订合同时，没有约定合同的履行地点，此时，民法规范就应当给民事主体提供一个相应的判断或者确定合同履行地点的规则。由于法人和非法人组织的住所问题，涉及合同履行地点的确立，对各类民事主体来说，住所在民法规范上有明确的判定标准的话，合同履行地点便易于确立，因此，法人和非法人组织的住所便成为解决合同履行地点的首要选择。例如，我国《合同法》第62条第（3）项规定，合同生效后，当事人就合同的履行地点没有约定或约定不明的，又没有协议补充，且依合同有关条款和交易习惯仍不能确定的，给付货币的，在接受货币一方所在地履行；交付不动产的，在不动产所在地履行；其他标的，在履行义务一方所在地履行。这一规定虽然没有明确使用"住所"一词，但从民法解释学角度看，其所使用的"一方所在地"，应当被理解为"一方的住所"或者"注册地"。

第二节　自然人的两种能力——民事权利能力和民事行为能力

一、自然人的定义

自然人，是基于人类出生这一法律事实，因为有自然生命而具有民事主体资格的人。自然人包括本国公民、外国公民和无国籍人等。所以，自然人与公民的含义不同，公民是具有一国国籍，并依该国国籍法享有法定权利、承担义务的自然人。"自然人"是相对于法人和非法人组织等民事活动的参加者而存在的一种自然现象。自然人因依法享有民事权利能力而成为民事主体，并且是最基本、最主要的民事主体。

作为民事立法，对于民事主体，应使用"自然人"这一概念，才比较恰当和准确。但是，我国《民法通则》却是沿用《苏俄民法典》的用语，使用了"公民"一词。我国《民法通则》立法时，在第二章采用了"公民（自然人）"的表述与处理方法，在当时看来，无可厚非。但是，在现在看来，已经不适合"公民待遇原则"或者"国民待遇原则"普遍实施的今日社会。所以，我国《民法总则》在立法中，使用了"自然人"的概念与定义。

在我国，自然人作为最重要的民事主体，其依法当然具备两种能力，即民事权利能力和民事行为能力，也就是说，一个适格的自然人民事主体，必须同时具备这两种能力，才能参与民事活动，让民事法律关系有效发生、变更和消灭。一个自然人，如果只有民事权利能力，而欠缺民事行为能力的话，则只能通过我国《民法总则》关于"监护"、"法定代理"或者"同意"等制度，进行民事行为能力弥补后，才能够成为适格的民事主体。

需要注意的是，一般情况下，自然人是涵盖了外国人、无国籍人这些不受本国国籍法调整的对象的。但是，这些外国人、无国籍人在国内参与民事活动时，根据国民待遇不受限制。不过，在涉及婚姻、财产继承和劳动就业、担任行政职务，以及从事旅行和个别活动，比如探矿、文物发掘和军事工程建设时，往往受到禁止外国人、无国籍人参与的限制。同样，本国公民到外国或者某些非主权管辖的地区，或者一国之内的不同法域从事前述活动的，也会受到对等的限制。这是一种保护国家安全层面的措施和国家政策，任何国家和地区适用公民待遇原则或者国民待遇原则，都是会有所保留的。

在我国《民总一审稿》"第二章自然人"40余条规定中，以"第一节民事权利能力和民事行为能力"对自然人的两种能力，进行了详细而具体的规定。但是，我国从《民法通则》到《民总一审稿》再到《民法总则》等，都没有对"自然人"、"自然人的两种能力"等进行立法上的定义。本文行文中，考虑到我国《民法通则》与《民法总则》立法的时间差距，以及行文的方便，"公民"与"自然人"通用，属于同一含义的民事主体。

二、自然人的民事权利能力

（一）自然人的民事权利能力定义

所谓自然人的民事权利能力，是指民法规范赋予的自然人参加民事法律关系，并享有民事权利、承担民事义务的主体条件、资格或者身份。作为民事能力之一的自然人民事权利能力，是自然人生存和发展的前提性资格或者民事身份。我国《民法通则》第10条规定，公民的民事权利能力一律平等，而在我国《民法总则》第14条中，改成了"自然人的民事权利能力一律平等"。所以，自然人的民事权利能力，是其享有民事权利、承担民事义务的法律依据，也是自然人享有民事主体资格的核心标志。

表面上看，这种民事身份是自然人的生命存在时，当然拥有的。但是，从民法理论上看，自然人的这种民事权利能力或者民事主体身份，是通过民事立法确认，并以具体民法规范加以表彰的。也就是说，民事立法承认、确定和保护自然人作为有生命的个体，具有合法生存与发展的需求及其满足的正当性，为此，通过民事立法承诺对这种民事主体资格，给予保护和提供其实现的法律条件，即行政保护、司法保护和立法保护等，在公民出境到了非主权管辖的国家和地区，则提供领事保护。

国家保护或者法律保护本身，为自然人的民事主体第一资格即民事权利能力，变成参与民事活动，继而民事法律关系的发生、变更和消灭等，提供保护性的条件。这些条件的满足，是任何一个主权国家都会尽全力去做，并且要做好的。于是，"法治国家"的第一标榜表征，便是自然人的民事权利能力的立法确认和行政、司法与立法的严密保护，已经成为一种社会现实。

（二）自然人民事权利能力的开始

所谓民事权利能力的开始，即自然人民事权利主体资格或者身份起始的情形。我国《民法通则》第9条规定，公民从出生时起到死亡时止，具有民事权利能力，依法享有民事权利，承担民事义务。即自然人一旦出生，就具有民事权利能力。确定自然人的出生时间，对自然人是否享有民事权利能力具有重要意义。对此，学界有不同的学说，如阵痛说、一部露出说、全部露出说、独立呼吸说等。我国关于自然人出生时间的确认，最高法院《民通意见》第1条解释是，出生时间以户籍证明为准；没有户籍证明的，以医院出具的出生证明为准。没有医院证明的，参照其他有关证明为准。而根据我国户籍制度的规定中，出生登记，以婴儿有独立呼吸为标准。

对于胎儿的法律地位即胎儿保护问题，各国有不同的立法例。一是，《瑞士民法典》规定，只要胎儿在出生时尚生存，出生前即具有权利能力。二是，法、德、日等国规定，如胎儿出生时生存者，在继承、受遗赠方面，视为已出生。德、日各国则就胎儿的赔偿请求权，也是同样的规定。我国《民法总则》颁行前，我国《继承法》第28条有对胎儿保护的明文规定，即遗产分割时，应当保留胎儿的继承份额。胎儿出生时是死体的，保留的份额按照法定继承办理。

我国《民法总则》规定，自然人的出生时间和死亡时间，以出生证明、死亡证明记载的时间为准；没有出生证明、死亡证明的，以户籍登记或者其他有效身份登记记载的时间为准。有其他证据足以推翻以上记载时间的，以相关证据证明的时间为准（第 15 条）。涉及遗产继承、接受赠与等胎儿利益保护的，胎儿视为具有民事权利能力。但是胎儿娩出时为死体的，其民事权利能力自始不存在（第 16 条）。这种规定，与我国《继承法》第 28 条的规定一脉相承。在理论上，一般认为自然人的民事权利能力与自然人的年龄没有多少关系。但是，对结婚、劳动或者成年、退休等，则必须达到法定年龄的特别规定。对此，有的学者认为，这是自然人的特殊民事权利能力，应达法定年龄才能享有。而有的学者则认为，这是属于特殊的民事行为能力范畴的问题。

（二）自然人民事权利能力的终止

所谓民事权利能力的终止，即自然人民事权利主体资格或者身份消灭的情形。民法理论上，自然人的民事权利能力，终于死亡，这是世界各国的通行做法，并通过立法加以确认。按照各国的民事立法，死亡被分为自然死亡、宣告死亡两种。

1. 自然死亡，也叫生理死亡，是指自然人作为生物体，其生命自然终结的情形。民法上，自然死亡，当然引起自然人民事权利能力的终结。换句话说，自然死亡意味着自然人生存活动的停止和民事法律关系当中，民事主体的缺位。从而，相关民事法律关系因此必然要出现法定的变化，即发生、变更或者消灭等。

在理论上，认定自然人自然死亡的时间，有不同的学说，如心跳停止说、呼吸停止说等，随着医学技术的发展，现在又提出了脑死亡说。在我国，一般是以呼吸和心跳均告停止，为自然人生理死亡的时间，并以"死亡证明"[①] 来判断。在涉及继承时，最高

---

① 死亡证明即《死亡证》，是医疗卫生机构出具的、说明居民死亡及其原因的医学证明，是人口管理与生命统计的基本信息来源。《死亡证》开具人：医疗卫生机构（来院途中死亡者由负责救治的执业医师填写），家中、养老服务机构、其他场所正常死亡者：由本辖区社区卫生服务机构或乡镇（街道）卫生院负责调查的执业（助理）医师根据死亡申报材料、调查询问结果并进行死因推断后，填写《死亡调查记录》及《死亡证》。医疗卫生机构不能确定是否属于正常死亡者，需经公安司法部门判定死亡性质，公安司法部门判定为正常死亡者，由负责救治或调查的执业医师填写《死亡证》。未经救治的非正常死亡证明由公安司法部门按照现行规定及程序办理。1992 年，卫生部、公安部、民政部联合发布《关于使用〈出生医学证明书〉、〈死亡医学证明书〉和加强死因统计工作的通知》，《死亡证》依据这个文件开具。2013 年 12 月 31 日，国家卫生计生委、公安部和民政部联合印发了《关于进一步规范人口死亡医学证明和信息登记管理工作的通知》（简称《规范死亡证通知》）规定：（1）自 2014 年 1 月 1 日起，各地医疗卫生机构使用全国统一制定的新版《居民死亡医学证明（推断）书》（简称《死亡证》）。《死亡证》共四联；（2）《死亡证》签发对象为在中国大陆死亡的中国公民、台港澳居民和外国人（含死亡新生儿）；（3）《死亡证》签发单位为负责救治或正常死亡调查的医疗卫生机构；（4）《死亡证》签章后生效。医疗卫生机构和公安部门必须准确、完整、及时地填写《死亡证》四联（后三联一致）及《死亡调查记录》，严禁任何单位和个人伪造、私自涂改；（5）死者家属遗失《死亡证》，可持有效身份证件向签发单位申请补发一次。补发办法如下：已办理户籍注销及殡葬手续的，仅补发第三联；未办理户籍注销及殡葬手续的，补发第二至第四联；（6）未经救治的非正常死亡证明由公安司法部门按照现行规定及程序办理。根据这个《规范死亡证通知》，进一步规范死亡医学证明签发及使用工作流程，要求卫生计生部门建立正常死亡人口信息库，医疗卫生机构在签发证书 15 日内网络报告死亡信息。卫生计生、公安、民政部门建立人口死亡信息共享机制，开展信息校核工作，加强统计分析，确保数据质量。根据《规范死亡证通知》包括：（1）填写范围；（2）填写人；（3）填表要求等。

人民法院《关于贯彻执行〈中华人民共和国继承法〉若干问题的意见》（简称《继承法意见》）第 2 条中，对相互有继承关系的人在同一事件中死亡，又不能确定死亡先后时间的，规定了如何推定其死亡的时间顺序：推定没有继承人的人先死亡，死亡人各自都有继承人的，如几个死亡人辈分不同，推定长辈先死亡；几个人辈分相同，推定同时死亡，彼此不发生继承，由他们各自的继承人分别继承。

2. 宣告死亡，是指自然人下落不明达到法定期间等条件规定，并因利害关系人的申请，由法院依法宣告其死亡的法律制度。宣告死亡，是否引起自然人民事权利能力的当然终止，学者有不同的观点。一种观点认为，民事权利能力因自然死亡或宣告死亡而终止。[①] 另有观点认为，民事权利能力并不因自然死亡而当然终止。[②] 我国《民法通则》、《民法总则》立法时，都采纳的是第二种观点。宣告死亡的具体要求、程序和法律后果等内容，请参看本章"第四节宣告失踪和宣告死亡"的具体归纳和分析。

三、自然人的民事行为能力

（一）自然人的民事行为能力定义与划分

所谓自然人的民事行为能力，是指自然人依法能够亲自为民事法律行为，行使民事权利、设定民事义务的主体条件、资格或者身份。作为民事能力之二的自然人民事行为能力，是自然人通过自己的个体行为和意思表示，进行民事活动，引致民事法律关系发生、变更和消灭的后果，从而满足和实现其民事利益需求。自然人的民事行为能力，以其具有意思能力、民事责任承担能力为具体条件。其中，所谓意思能力，是自然人以其年龄、精神健康状况为基础的意愿表达的一种民事主体资格。而民事责任能力，则是指自然人对其法律行为以及不履行和不完全履行法定的义务或者约定的义务的情形，承受消极法律后果的民事主体资格。

由于自然人的年龄、精神健康状况的不同，意思能力和民事责任能力有差别，从而，其民事行为能力在立法上也就有区别的必要。我国《民法通则》第 11 条~第 13 条将自然人的民事行为能力，划分为完全民事行为能力、限制民事行为能力和无民事行为能力三种。对于我国《民法通则》相对比较粗略的规定，我国《民法总则》采用 5 条以上的规定，其规定就详细和明确得多。

（二）完全民事行为能力

所谓完全民事行为能力，是指自然人依法具有的，能够通过自己的独立行为取得民事权利、承担民事义务的主体资格。完全民事行为能力在我国民事立法中，又区分为两种：（1）一般完全民事行为能力人。我国《民法通则》第 11 条规定，18 周岁以上[③]的公民是成年人，具有完全民事行为能力，可以独立进行民事活动，是完全民事行为能力人。也就是，年满 18 周岁，精神状况正常的公民，即为完全民事行为能力人。以 18 周岁作为公民成年和具有完全民事行为能力的标准，考虑了公民的生理、心理和智力发育

[①] 佟柔：《民法原理》，法律出版社 1983 年版，第 42 页。

[②] 魏振瀛：《民法》，北京大学出版社、高等教育出版社 2000 年版，第 53 页。

[③] 我国《民法通则》第 155 条规定，民法所称的"以上"、"以下"、"以内"、"届满"，包括本数；所称的"不满"、"以外"，不包括本数。

等综合因素。

（2）视为完全民事行为能力的人。我国《民法通则》第 11 条第二款规定，16 周岁以上不满 18 周岁的公民，以自己的劳动收入为主要生活来源的，视为完全民事行为能力人。以自己的劳动收入为主要生活来源，是以该公民能够以自己的劳动取得收入，并能维持当地群众一般生活水平来认定的。这种规定，是针对现实社会中，大量的青少年就业现状来规定的，同时，考虑到这个年龄段从事劳动的自然人的具体情况，规定"视为"其为完全民事行为能力人的时候，是把他作为民事责任能力的具备者看待的。这种做法，符合理论上"劳动成年制"的传统习惯。

（二）限制民事行为能力

所谓限制民事行为能力，又称不完全民事行为能力，是指自然人只在一定范围内具有民事行为能力，不具有独立进行全部民事活动的主体资格的情形。这种情况，针对不同的对象，又区分为两种。即：（1）未成年的限制民事行为能力人。我国《民法通则》第 12 条规定，10 周岁以上的未成年人是限制民事行为能力人，可以进行与他的年龄、智力相适应的民事活动。其他的民事活动由他的法定代理人代理，或者征得他的法定代理人同意。10 周岁以上的未成年人进行的民事活动，是否与其年龄、智力状况相适应，可以从行为与本人生活相关联的程度、本人的智力能否理解其行为，并预见相应的行为后果，以及行为标的额等方面认定。我国《民总一审稿》规定，6 周岁以上不满 18 周岁的未成年人，为限制民事行为能力人，可以独立实施纯获利益的法律行为或者与其年龄、智力相适应的法律行为；实施其他民事法律行为由其法定代理人代理，或者征得其法定代理人的同意。而我国《民法总则》通过时，第 19 条将民事限制行为能力人的年龄只降低为 8 岁，这是符合我国社会发展的现实需求的。

（2）精神病患者作为限制民事行为能力人。我国《民法通则》第 12 条第二款规定，不能完全辨认自己行为的精神病人是限制民事行为能力人，可以进行与他的精神健康状况相适应的民事活动；其他的民事活动由他的法定代理人代理，或者征得他的法定代理人的同意。这种规定，在我国《民总一审稿》中，修改为"不能完全辨认自己行为的成年人，为限制民事行为能力人，可以独立实施纯获利益的法律行为或者与其智力、精神健康状况相适应的民事法律行为；实施其他民事法律行为由其法定代理人代理，或者征得其法定代理人的同意"。我国《民法总则》通过后，第 22 条规定为"不能完全辨认自己行为的成年人为限制民事行为能力人，实施民事法律行为由其法定代理人代理或者经其法定代理人同意、追认，但是可以独立实施纯获利益的民事法律行为或者与其智力、精神健康状况相适应的民事法律行为"。

现实生活中，不能完全辨认自己行为的精神病人进行的民事活动，是否与其精神健康状况相适应，可以从行为与本人生活相关联的程度、本人的精神状态能否理解其行为，并预见相应的行为后果，以及行为标的数额等方面认定。对于比较复杂的事物，或者比较重大的行为，缺乏判断能力和自我保护能力，并且，不以能预见其行为后果的，可以认定为不能完全辨认自己行为的人。

（三）无民事行为能力

所谓无民事行为能力，是指自然人完全不具有以自己的行为参与民事法律关系，取得权利、设定义务的民事主体资格的情形。这种情形的确认，一方面，是对民事主体的相对人进行民事主体资格缺失层面的提示与告知；另一方面，则是对自然人中，无民事行为能力情形下，参与民事活动，并导致民事法律关系发生、变更或消灭法律效力的限制。无民事行为能力也存在两种情形。即：（1）未成年的无民事行为能力人。我国《民法通则》第 13 条规定，不满 10 周岁的未成年人是无民事行为能力人，由他的法定代理人代理民事活动。我国《民法总则》第 20 条修改为"不满 8 周岁的未成年人为无民事行为能力人，由其法定代理人代理实施民事法律行为"。

（2）精神病患者作为无民事行为能力人。我国《民法通则》第 13 条第二款规定，不能辨认自己行为的精神病人是无民事行为能力人，由他的法定代理人代理民事活动。① 我国《民法总则》第 21 条修改为"不能辨认自己行为的成年人为无民事行为能力人，由其法定代理人代理实施民事法律行为"、"8 周岁以上的未成年人不能辨认自己行为的，适用前款规定"。

精神病患者（包括痴呆症患者）如果没有判断能力和自我保护能力，不知其行为后果的，就可以认定为不能辨认自己行为的人。当事人是否患有精神病，法院应当根据司法精神病学鉴定或者参照医院的诊断、鉴定确认。在不具备诊断、鉴定条件的情况下，也可以参照群众公认的当事人的精神状态认定，但是，群众公认应以利害关系人没有异议为限。在民事诉讼中，当事人及利害关系人提出一方当事人患有精神疾病（包括痴呆症），法院认为确有必要认定的，应当按照民事诉讼法规定的特别程序，先作出当事人有无民事行为能力的判决。

限制民事行为能力、无民事行为能力制度，主要是通过规定自然人民事行为能力的范围，确认超过其民事行为能力的行为法律不予认可，以保护限制民事行为能力人、无民事行为能力人的合法利益。当限制民事行为能力人、无民事行为能力人实施的行为，无害于自己的利益时，这与自然人行为能力制度的宗旨不矛盾，法律不因行为人无行为能力或行为能力受限制，而认定该行为无效。这种情形，就是我国《民法总则》中规定的"实施纯获利益的法律行为"这类情形。因此，我国《合同法》第 47 条规定，限制民事行为能力人订立的合同，经法定代理人追认后，该合同有效，但纯获利益的合同或者与其年龄、智力、精神健康状况相适应而订立的合同，不必经法定代理人追认。而最高法院《民通意见》第 6 条规定，无民事行为能力人、限制民事行为能力人接受奖励、赠与、报酬，他人不得以行为人无民事行为能力、限制民事行为能力为由，主张以上行为无效。就是又一例保护这种"实施纯获利益的法律行为"规定的例子。

四、自然人的民事责任能力

（一）自然人民事行为能力的定义

所谓自然人的民事责任能力，是指自然人对其为法律行为，导致民事法律关系发生、变更和消灭的后果承受消极法律后果的民事主体条件、资格或者身份。作为民事能

---

① 不能辨认或者不能完全辨认自己行为的成年人的利害关系人，可以向法院申请认定其为无民事行为能力人或者限制民事行为能力人。被法院认定为无民事行为能力人或者限制民事行为能力人的，根据其智力、精神健康恢复的状况，经本人、利害关系人或者有关组织（包括本人住所地的居民委员会、村民委员会，学校、医疗卫生机构、妇女联合会、残疾人联合会、依法设立的老年人组织、民政部门等）申请，法院可以认定其恢复为限制民事行为能力人或者完全民事行为能力人。

力之三的民事责任能力，是保证民事法律关系消极后果有效承担或者顺利转嫁前提条件。作为民法理论的一个基本概念，它与民事权利能力、民事行为能力共同构成民事主体资格的理论基石，是非常重要的。但是，理论上却不像民事权利能力、民事行为能力一样，引起人们的高度重视。尤其是，相关民法著述和民法研究者，对民事责任能力的系统理论阐述，也颇为少见，或者一般只仅仅满足于对民事责任能力的抽象定义而已。

应当说，民事立法和学术研究对于自然人民事责任能力的疏忽或者忽视、忽略，导致的结果就是，当民事主体资格只仅仅限于民事权利能力和民事行为能力"二合一式"的确认时，那么，就满足于我国民事立法对民事主体的两种能力的认可与规定。无形中，对承担民事责任至关重要的民事责任能力，被抛出视野之外。因此，我国日常生活中，从自然人到法人、非法人组织，从民事主体到商人，从参与民事活动到投资和进行公司治理等都不讲商业诚信，不与人为善，而从事欺诈或者逃废债权的"跑路者"、"赖账者"或者把坑蒙拐骗当成才能者，大有人在。

（二）自然人民事行为能力的理论学说

在我国，民法理论研究中，学者们对民法文化的本土化，以及我国社会主义市场经济体制下，如何提高民事交易的效率，防范民事活动中的风险，降低民事法律关系发生、变更和消灭的成本，缺乏系统和体系化的深入研究。在学术浮躁氛围中，很难探讨民法规范的效力与社会诚信体系建设，民法文化中，民事交易成本的节约，对于社会法治文明的积极效用。还有，民法规范与民事合同及合同履行、违约救济之间，到底存在什么样的逻辑关联，必然难以有突破性的认识和成果出现。

理论上，民事责任能力的学说有三种：（1）意思能力说。民事责任能力，属于广义行为能力范畴，与民事行为能力（狭义的行为能力）原则上均以识别能力（意思能力）为判断标准。该说为我国台湾地区大多数学者所主张，并成为该地区通说；（2）行为能力说。此说认为，民事行为能力与民事责任能力为同一种民事主体资格，民事行为能力中当然包含民事责任能力。即：有行为能力者，有责任能力；无行为能力者，无责任能力，其所实施的违法行为所造成的损害赔偿责任由其监护人承担。该说为我国大陆通说，不承认有独立的民事责任能力存在；（3）人格说。该说的逻辑前提有二：其一，民事责任关系，是在私法主体在平等的民事权利、民事义务关系基础上，形成的一种公权法律关系；其二，民事责任关系，因为公权对违反民事义务一方，进行制裁以匡正业已歪曲的民事权利、民事义务关系而形成，从而，以修正民事主体的人格。

应当说，我国《民法总则》中，采取的民事主体资格"两种能力"的制度设计，就是"行为能力说"的产物。这种认识，在只重视民事权利尤其是民事主体一方的民事权利的民法文化背景下，必然会出现大量的民事主体即另一方当事人，不能"感同身受"地把对方的民事权利、民事利益，继而是民事主体，给予与自己一方同等法律地位的认知和对待，于是，大量的非诚信性民事活动和法院处理的大量的民事案件中，明知无理和违法的，依然会运用民事诉讼程序本身的"格式化"或者"程式化"，拖延或者推迟对方当事人的民事利益的实现，这种民事主体心目中的"恶意"或者"非诚信"、"不友善"等，是非常错误的，更是不符合我国的核心价值观的。

（三）民事责任能力的观察视角

民事责任能力，在理论上，存在着一个应然与实然的问题。即：就"应然"来看，民事责任能力确实表现了一种民事主体的资格，即承担民事活动后果的资格。这种资格，不因民事主体的不同而有所差异。也就是说，任何一个民事主体都应当为其民事活动的消极后果，承担民事法律责任。而就"实然"来看，民事责任能力的确定与认可，不仅要考虑民事责任的价值能否得到实现，而且，还要考虑此种确定方式是否会构成对民事责任的反动，即民事责任能力推翻民事责任的概念。因此，决定民事责任能力的有无和大小、强弱，必定应当因为民事主体的不同而有差异。这种"应然"与"实然"分析之间的尖锐对立，要求我国民法在设置民事责任能力制度时，首先必须作出旗帜鲜明的选择，那就是：究竟是要民事责任，还是要民事责任能力。

按照我国《民总一审稿》中确立的"自愿原则"、"公平原则"、"诚实信用原则"、"人与自然和谐原则"即绿色原则等的基本要求，我国《民法总则》通过后，这些原则得到确认，民事主体在进行民事活动，并引致民事法律关系发生、变更和消灭的法律后果时，既要按照自己的意思设立、变更和终止民事关系，又应当遵循公平原则，合理确定各方的权利和义务，还应当遵循诚实信用原则，自觉维护交易安全，并应当保护环境、节约资源，以及应当遵守法律，不得违背公序良俗，不得损害他人合法权益，等等。这足以表明：民事责任能力的意思能力说，揭示了民事主体在民事活动中，其民事主体资格当中，应当当然包含"意思自治"即"自由选择"和"后果自担"完整的法律含义。对于这种意思能力的有无，因为涉及民事主体内心世界，无法设定一个客观标准。有学者认为，可以通过反证的方法来确定：即民事主体行为时具有意思能力，则该行为在法律上应承担的责任在内容和方式上，与该民事主体是否能为履行行为相适应或者匹配，若是，则民事主体的意思能力即为民事责任能力；若非，则该民事主体无意思能力，故亦无民事责任能力。

（四）民事责任能力的设定

事实上，一个有民事行为能力的民事主体，是否当然有民事责任能力。也就是说，我国《民法总则》立法中，将民事责任能力让民事行为能力吸收，然后"二合一式"的表述为"民事行为能力"的做法，是有害的。因为，这种立法做法，没有与我国《合同法》关于"合同目的"、"预期利益"以及"合同附随义务"和我国《民法通则》中"诚实信用原则"，在社会主义核心价值观"敬业、爱国、诚信、友善"层面，进行有效衔接、融合与统一。

其中，"衔接"是指民事权利、民事义务和民事责任的衔接，这种衔接，需要民事责任能力的理论共识和丰硕的研究成果，而这恰恰是我国民法文化中，"与人为善"理念所严重缺乏的。而"融合"则是指，不论是合同责任、侵权责任还是其他民事责任，都应当本着客观、公正和实事求是的态度，将民事人身责任付诸对民事主体对方当事人的友善态度，以及对对方人身利益与自己同等的认知。而在民事财产责任方面。则要通过防止财产损失，积极认真地履行财产义务，保护财产交易和流通的安全等等，把民事财产责任能力与防范逃废债权联系起来。在任何涉及民事财产关系的民事争议、纠纷和矛盾、冲突中，把财产的有无，是否可以变现以及流动性的大小，作为民事责任能力判断的主要标志。

从以上分析可以看出，我国民法上的民法规范，对于民事责任能力的规定缺失，是民法文化本身的一种逻辑民事权利——民事义务——民事责任"三角结构"为成为社会共识缺乏的产物。与此同时，我国社会人为地割裂了民事法律责任和民事责任能力的内在有机的密切联系。把自然人的民事主体资格，仅仅等同于民事权利能力和民事行为能力的简单排列组合，不通过具体的民法规范与制度设计，揭示民事责任承担与追究的条件性，实际上与民事责任能力的主体资格的条件性，是完全一致的。但是，其表现形式却不只是抽象的，也可以通过一些具体的条件加以要求。比如，合同订立时，需要的担保或者抵押、质押财产的数额，以及判断民事责任时，以民事主体在民事活动时或者民事活动引致民事法律关系发生、变更和消灭时，是否有相应数额的财产或者经营能力支持等，作为其不履行民事义务或者违反民法规范应当承担的标准，应当是可行的。

第三节 监 护

一、监护制度

（一）监护与监护制度

监护，是指对无民事行为能力人、限制民事行为能力人的人身、财产和其他合法权益，进行监督和保护的法律制度。"监护"一词，就其含义而言，应指监护人对被监护人进行的监督、保护，而非指整个监护制度。监护人对被监护人的监督、保护属于何种性质，学者们有不同的意见。第一种观点认为，是监护人的权利；第二种观点认为，是监护人的义务；第三种观点认为，是监护人的职责。民法上的权利，应有利己的属性，而监护的目的，主要在于对被监护人利益的维护，作者同意监护是监护人的职责这一观点。

无民事行为能力人、限制民事行为能力人，由于年龄、智力状况的原因，在日常生活及具体的民事法律关系中，既没有足够的自我保护能力，也可能侵害到其他民事主体的利益。因此，为了维护无民事行为能力人、限制民事行为能力人的利益，也为了保护其他民事主体的合法利益，维持社会的正常秩序，法律设置了监护制度。

（二）监护义务

在监护法律关系中，对无民事行为能力人、限制民事行为能力人进行监督、保护的人，是监护人。担任监护人，应当具有监护能力，最高法院《民通意见》第11条规定，认定监护人的监护能力，应当根据监护人的身体健康状况、经济条件，以及与被监护人在生活上的联系状况等因素确定。处于监护之下的无民事行为能力人、限制民事行为能力人是被监护人。

我国《民总一审稿》规定，父母对未成年子女负有抚养、教育和保护的义务。同时，子女对无民事行为能力或者限制民事行为能力的父母负有赡养、照顾和保护的义务。这种监护义务的规定，厘清了监护是一种职责的基础关系，即监护首先是一种法定义务关系，这种义务关系，以血缘关系作为纽带，首先存在于父母与未成年子女之间，以及成年子女与无民事行为能力或者限制民事行为能力的父母之间。应当说，我国《民总一审稿》的前述规定，在我国《民法总则》通过时，第26条以"父母对未成年子女负有抚养、教育和保护的义务"、"成年子女对父母负有赡养、扶助和保护的义务"加以确认，丰富和完善了监护义务的内容。

（三）监护人的资格及其撤销

1. 监护人资格欠缺。所谓监护人资格，即充当自然人监护人的法定条件或者身份。在我国学术界，监护人资格问题，探讨较少。而我国《民法通则》、《民法总则》对监护人的资格，也没有具体规定。在社会生活中，人们一般认为，未成年人的父母是其当然的监护人，既能生，必能养。实际上，这种看法，不一定正确。理由是，未成年人的父母，能生育其子女，未必具备养育未成年人的法定条件或者身份。比如，乐燕饿死女儿案件中，靠低保和吸毒为生的乐燕，就不具备法定监护人的基本素质。而贵州毕节4兄妹自杀事件本身，也说明其父母是不适格的法定监护人，他们可以超生4个子女，却随意离家出走，或者外出打工，置未成年人的生死于不顾。

2. 未成年人死亡的悲剧。2015年6月9日晚11点半，贵州毕节市七星关区田坎乡茨竹村张方启的儿子张启刚4兄妹喝下有机磷农药敌敌畏中毒，经抢救无效死亡。4兄妹中最大的孩子（兄长）小刚留下遗书称："谢谢你们的好意，我知道你们对我好，但是我该走了。这件事情其实计划了很久，今天是该走的时候了。""我曾经发誓活不过15岁，死亡是我多年的梦想，今天清零了！"这4名死亡儿童为1男3女，是留守在家中无任何监护人照顾的同胞4兄妹，最大的哥哥张启刚才13岁，最小妹妹只有5岁。张方启2015年正月外出打工，其妻任希芬在3年前"被人拐跑"了，4兄妹的爷爷奶奶已经过世；而外公外婆虽然在世，但是年纪大了无法照顾4兄妹，因此，4兄妹只能独自留守在没有任何监护人的家中。2015年5月8日前后，4兄妹因为没有生活费而辍学在家，家里唯一的食物是张方启2014年种的玉米。平时，4兄妹将玉米磨成玉米面，不用筛子筛干净就凑合着吃。4兄妹生前虽然贫困，但是，没有和什么人闹过矛盾；其父张方启虽然留了一个联系电话，但是一直打不通。4兄妹出事后，都没有办法联系上父亲张方启。2015年6月11日，寻找小组工作人员在广西河池将从广东返回贵州的自杀儿童母亲任希芬接到。任希芬说，2014年3月离家外出打工后，就没回过家，这期间仅给孩子们打过一次电话。儿女们出事后"心里很难过，自己没有尽到责任。父母如果在身边照顾他们，就不会出现这样的问题。愿我们家的悲剧不要再发生"。[①] 得知此事件后，国务院总理李克强十分关切并作出重要批示，要求有关部门对各地加强督促，把工作做实、做细，强调临时救助制度不能流于形式。如果我国监护人资格的法律规范够细致，[②] 并且行政管理职责的履行也到位的话，那么，这一悲剧肯定不会发生。

3. 撤销监护人资格。2004年10月，女童小玲（化名）出生。其父亲邵某是江苏徐州市人，母亲王某则系河南焦作人，双下肢瘫痪且智力存在缺陷，需要他人照顾。邵某与王某结婚时"入赘"河南，小玲的出生地和户籍所在地均在河南。在小玲不到2岁时，邵某独自带女儿回徐州市铜山区生活。母亲则另外组建了家庭并生了孩子。起先，小玲由爷爷奶奶照顾，两位老人相继去世后，邵某一个人带孩子便出现了严重的问题。邻居们反映，"他经常打孩子，打得非常重"，"没有朋友，没有兄弟姐妹"，以至于年幼

---

① 胡星、骆飞：《贵州毕节留守儿童死亡事件后续：母亲回家处理善后，警方鉴定遗书真实》，新华网，http://legal.people.com.cn/n/2015/0613/c188502-27150123.html，最后访问时间：2015年6月15日。

② 我国《未成年人保护法》对未成年人的保护措施，有较为详细的规定。其中，第10条、第41条规定，父母或者其他监护人依法履行对未成年人的监护职责和抚养义务；禁止对未成年人实施家庭暴力；禁止虐待、遗弃未成年人；禁止对未成年人实施性侵害等。

的孩子常常饥饿难耐，跑出家门求助。2013 年间，邵某多次强奸、猥亵小玲，并将孩子打得伤痕累累，头部、脸部、四肢多处留下疤痕。2014 年 6 月，好心的邻居带小玲吃了顿饭，期间孩子偶然间道出了隐情，遂报警而案发。2014 年 10 月，铜山区法院以被告人邵某犯强奸罪、猥亵儿童罪，数罪并罚依法判处有期徒刑 11 年、剥夺政治权利 1 年。2014 年 6 月，就在公安机关侦办邵某案件期间，将情况告知王某家人，但王某仍未接回其女儿抚养。在邵某强奸案件审查起诉期间，铜山区检察院对受害女童的遭遇非常关注，经过走访调查发现，小玲由于没有户口和家庭原因没有正常入学，她的母亲王某对小玲一直未尽抚养义务，且自性侵案件发生后半年多时间，对女儿依然不闻不问。小玲的祖父母已去世，在徐州市铜山也无其他亲属。铜山区检察院发现上述可以撤销监护人资格情形后，为了不让"南京饿死女童案"重演，吸取类似发生的一系列侵害未成年人权益事件教训，出具由铜山区民政局担任监护人的"检察建议书"。

2015 年 1 月 7 日，铜山区民政局向区法院提起撤销女童父母邵某、王某监护人资格的申请，并要求法院依法指定铜山区民政局为其女儿指定合适的监护人。法院在受理本案后，依据民政局的申请，指定张女士为未成年人小玲的临时照料人。铜山区法院对未成年人监护权撤销案件，进行了司法调查。[①] 2015 年 2 月 4 上午 9：30～11：40，这起全国第一例撤销女童父母监护权案件开庭审理。开庭时，受害女童小玲的父亲、被告邵某在监狱服刑，由其委托代理人参加诉讼；受害女童的母亲王某经法院传唤未出庭，法院依法对其进行了缺席审理。合议庭经过庭审、合议后作出判决：支持申请人铜山区民政局申请，撤销被申请人邵某、王某对其女儿小玲的监护权，指定徐州市铜山区民政局为小玲的监护人；而民政局指定张女士为监护人合法有效，应予支持。[②] 应当说，这起撤销女童父母监护人资格和指定监护人案件的恰当处理，为维护小玲的合法权益，提供了范本，也是与我国《民法总则》的规定精神相一致的。

二、监护人的设定

(一) 法定监护

各国民事立法，在监护人设定的方式上，大致有法定监护、指定监护、遗嘱监护等三种。

法定监护，是指法律直接规定无民事行为能力人、限制民事行为能力人的监护人的监护方式；指定监护是指由有权指定的机关或法院为无民事行为能力人、限制民事行为能力人，指定监护人的监护方式；遗嘱监护是指由被监护人的父母以遗嘱选定监护人的

---

① 铜山区法院进行的司法调查，包括：（1）赴女童母亲住所地进行社会调查。合议庭成员赴河南焦作王某住所地，送达法律文书，了解到王某及其亲属身体状况，以及对抚养女童的意愿；（2）小玲外祖父母等母方亲戚均在河南，几乎再未见过孩子，表示放弃监护权；（3）赴女童父亲服刑监狱进行调查。告知邵某相关法律规定及其被申请撤销监护资格，邵某表示愿意放弃对女儿的监护权，出狱后，也不会打扰女儿或其他指定监护人的生活；（4）赴女童临时寄养地张某家进行调查。了解其经济状况、品行，以及与张某一家与小玲感情融洽情况；（5）征集女童对监护权归属的意见。小玲时年已经 10 周岁，能一定程度表达自己的意愿；（6）对受害女童进行身体、精神状况检查和心理干预等。

② 丁国锋、夏友锋、吴磊：《父亲强奸亲生女儿，母亲 8 年音讯全无，全国首例父母双双被撤销女儿监护权》，法制网，http://www.chinacourt.org/article/detail/2015/02/id/1546258.shtml. 最后访问时间：2015 年 2 月 6 日。

监护方式。我国《民法通则》第二章第二节只规定了法定监护和指定监护。我国《民法总则》增添了"成年人监护"(第33条),以及"遗嘱监护"这些形式。在我国,无民事行为能力人、限制民事行为能力人的监护人是其法定代理人。

1. 对未成年人的法定监护,由自然人担任未成年人的法定监护人。我国《民法通则》第16条规定,未成年人的父母是未成年人的法定监护人。未成年人的父母已经死亡或者没有监护能力的,由下列人员中有监护能力的人担任监护人:(1)祖父母、外祖父母;(2)兄、姐;(3)关系密切的其他亲属、朋友愿意承担监护责任,经未成年人的父、母的所在单位或者未成年人住所地的居民委员会、村民委员会同意的。上述自然人中,父母是未成年人当然的监护人,只有父母已经死亡或者没有监护能力,才由其他近亲属、亲属或者朋友担任监护人。其他亲属、朋友担任监护人,是有条件的。即首先要本人愿意,还要经过未成年人父、母所在单位或者未成年人住所地的居委会、村委会同意。没有上述规定的监护人的,则由有关单位担任法定监护人。根据我国《民法通则》第16条的规定,应由未成年人的父、母所在单位或者未成年人住所地的居民委员会、村民委员会或者民政部门担任监护人。

2. 对无民事行为能力、限制民事行为能力的精神病患者的法定监护。自然人为精神病患者担任法定监护人,也是基于相应的民法规范要求。我国《民法通则》第17条规定,对无民事行为能力、限制民事行为能力的精神病患者的监护人是:(1)配偶;(2)父母;(3)成年子女;(4)其他近亲属;(5)关系密切的其他亲属、朋友愿意承担监护责任,经精神病患者的所在单位或者住所地的居民委员会、村民委员会同意的。其中"近亲属",根据最高法院《民通意见》第12条的规定,包括配偶、父母、子女、兄弟姐妹、祖父母、外祖父母、孙子女、外孙子女等。其他亲属、朋友担任监护人是有条件的,一是本人愿意,二是须经精神病人的所在单位或者住所地的居民委员会、村民委员会的同意。没有前述监护人的,则由有关单位担任法定监护人,即由精神病患者所在单位或者住所地的居民委员会、村民委员会或者民政部门担任监护人。

(二)遗嘱监护

我国《民法总则》第29条规定,未成年人的父母可以通过遗嘱指定未成年人的监护人;其父、母指定的监护人不一致的,以后死亡一方的指定为准。应当说,这种遗嘱制定监护人,实际上是一种指定监护。但是,与一般的指定监护不同,属于父母监护的延伸。对于此种监护,在理解时,要注意三个问题:一是,指定监护的遗嘱应当是有效遗嘱;二是,这种指定监护的遗嘱,在指定者死亡之后生效。也就是说,遗嘱监护以指定者死亡为条件;三是,要协调立遗嘱者即父母二人的意愿,不能一方通过遗嘱指定而另一方不通过遗嘱指定。这样一来,遗嘱指定监护中的遗嘱,实际上是一个共同遗嘱。

(三)指定监护

有监护能力的自然人之间对担任监护人有争议,包括争当监护人或都不愿担任监护人时,则由有权指定的单位指定或者由法院通过裁判来裁决。有权为未成年人指定监护人的单位,是未成年人的父、母的所在单位,或者未成年人住所地的居民委员会、村民委员会等。有权为无民事行为能力或者限制民事行为能力的精神病患者,指定监护人的单位,是精神病患者的所在单位或者住所地的居民委员会、村民委员会等。有权指定的单位,应在近亲属中指定。对指定不服,可提起诉讼,由法院裁决。根据最高法院《民通意见》第 16 条的规定，未经有关组织指定而向法院起诉的，法院不予受理。有关组织依照《民法通则》规定指定监护人，以书面或口头通知了被指定人的，应当认定指定成立。被指定人不服的，应当在接到通知的次日起 30 日内向法院起诉。逾期起诉的，按变更监护关系处理。

法院在指定监护人时，可以将《民法通则》第 16 条第二款中的（1）～（3）项或第 17 条第一款中的（1）～（5）项规定视为指定监护人的顺序。前一顺序有监护资格的人无监护能力或对被监护人明显不利的，法院可以根据对被监护人有利的原则，从后一顺序有监护资格的人中择优确定。被监护人有识别能力的，应视情况征求被监护人的意见。监护人可以是一人，也可以是同一顺序中的数人。在法院作出判决前的监护责任，一般应当按照指定监护人的顺序由有监护资格的人承担。

我国《民法总则》第 30 条～第 33 条规定，比我国《民法通则》的规定更加完善，即：（1）监护人可以协议确定。协议确定监护人的，应当尊重被监护人的意愿；（2）对担任监护人有争议的，由被监护人住所地的居民委员会、村民委员会或者民政部门指定，有关当事人对指定不服的，可以向法院提起诉讼；有关当事人也可以直接向法院提起诉讼后，由法院指定；（3）居民委员会、村民委员会、民政部门或者人民法院指定监护人，应当根据最有利于被监护人的原则，尊重被监护人的意愿；（4）在指定监护人前，被监护人的人身、财产及其他合法权益处于无人保护状态的，由被监护人住所地的居民委员会、村民委员会、法律规定的有关组织或者民政部门担任临时监护人；（5）监护人被指定后，不得擅自变更；擅自变更的，不免除被指定的监护人的监护责任；（6）在不具有监护资格的人时，监护人由被监护人住所地的居民委员会、村民委员会或者民政部门担任。

（四）成年人监护

所谓成年人监护，是指对于限制民事行为能力、无民事行为能力的成年人，包括精神病患者型成年人、失能老年人和因为其他原因其民事行为能力欠缺，而依法给予监督和保护的情形。成年人监护的具体原因，与未成年人不同，是先有民事行为能力，而后丧失或者部分丧失民事行为能力后，出现需要被监护的事由，而形成的监护。在我国，最初并没有成年人监护的说法或者立法实践。1996 年 8 月 29 日，我国《老年人权益保障法》颁行时，也没有保护老年人的成年人监护制度。2012 年 12 月 28 日我国《老年人权益保障法》修订后，第一次在该法第 26 条规定：具备完全民事行为能力的老年人，可以在近亲属或者其他与自己关系密切、愿意承担监护责任的个人、组织中协商确定自己的监护人。监护人在老年人丧失或者部分丧失民事行为能力时，依法承担监护责任。老年人未事先确定监护人的，其丧失或者部分丧失民事行为能力时，依照有关法律的规定确定监护人。这是我国第一次立法确认成年人即老年人监护制度。

在我国，由于各种原因导致的限制民事行为能力、无民事行为能力的成年人，包括老年人的监护，曾经被放在视野之外。对于成年人尤其是老年人监护，在立法和司法层面都存在规范缺失问题，也就缺乏相应的国家政策和对策措施，由此，导致一系列问题的发生。例如，成年病人应出院而出不了院，或是监护人不愿意接受该成年病人回家；或是该成年病人的合法财产被侵占，不少成年病人身无分文无家可归；或是成年病人自身不愿离开医院，等等。既或是我国《老年人权益保障法》有了原则规定，我国成年人监护依然存在监护对象范围狭隘、缺乏监护人选定程序、监护监督机构的规定不清晰等问题。现实生活中，除了未成年人、精神病患者之外，大量存在着由于疾病、智力衰退或年老而无行为能力或限制行为能力的成年人或者失能老年人，不能纳入监护制度的体系化保护范畴情形。

我国《民总一审稿》第31条规定，具有完全民事行为能力的成年人，可以与近亲属、其他愿意承担监护责任的个人或者有关组织事先协商，以书面形式确定自己的监护人。监护人在该成年人丧失或者部分丧失民事行为能力时，承担监护责任。但是，我国《民法总则》通过后，对成年人监护中监护人的选定程序，却没有具体规定。那么，在没有第一顺序监护人"配偶"的情况下，"父母"成为第二顺序监护人，而此时同样作为"成年人"的父母，可能往往年事已高，不具备相应的监护能力。至于其他顺序有监护能力的人，如果愿意担任监护人时，如何有效确立自己的监护人身份，才能够得到法律的认可和产生法律效力，并不明确。还有，当成年人发生了丧失行为能力的事实，而法院尚未宣告其为无或限制民事行为能力人时，"临时监护人"的选定问题；而当法院已宣告其为无民事行为能力或限制民事行为能力人时，"正式监护人"如何选定，其程序规则，也需要明确。

为了监督监护人忠实地履行义务，各国民法都有监护监督人、监护决定机构的规定，同时还规定了对监护事务具有决定权的机构：德国是监护法院，瑞士是监护官厅，法国是亲属会议，日本是家庭法院。因为监护的产生不以亲属关系为必要（德国甚至规定每个被法院选定的公民都必须接受担任监护人），监护人不积极履行职责，在处理被监护人事务上不尽应有的注意，或者其他违反法定义务侵害被监护人的利益时，应当有专门的机构和人员进行监督纠正。在我国，成年人监护问题中，是否需要监护监督机关，以及这个机关的职能和职责履行等规则，监护人滥用监护权侵害被监护人利益时，监督机制如何有效进行救济，都需要相应的规范加以明确。

三、监护人的职责

（一）监护人职责定位

监护人的职责在定位上，应当以保护被监护人的人身、财产及其他合法权益为主要内容。最高法院《民通意见》第10条，详细列举了监护人的具体职责：保护被监护人的身体健康，照顾被监护人的生活，管理和保护被监护人的财产，代理被监护人进行民事活动，对被监护人进行管理和教育，在被监护人合法权益受到侵害或者与人发生争议时，代理其进行诉讼等。除为被监护人的利益外，监护人不得处理被监护人的财产。

（二）监护人职责的履行

我国《民总一审稿》规定，监护人依法履行监护的权利，受法律保护。监护人不履行监护职责或者侵害被监护人合法权益的，应当承担责任。我国《民法总则》通过后，第34条第二款、第三款规定为"监护人依法履行监护职责产生的权利，受法律保护"、"监护人不履行监护职责或者侵害被监护人合法权益的，应当承担法律责任"，监护人应当按照最有利于被监护人的原则履行监护职责，保护被监护人的人身、财产及其他合法权益；除为被监护人利益外，不得处分被监护人的财产。未成年人的监护人履行监护职责，应当根据被监护人的年龄和智力状况，在作出与被监护人权益有关的决定时，尊重被监护人的意愿。监护人在履行职责过程中，给被监护人造成财产损失的，应当赔偿损失。被监护人造成他人损害的，由监护人承担民事责任。监护人尽了监护责任的，可以适当减轻他的民事责任。

（二）监护人职责的委托履行与协助

需要注意的是，监护人可以将监护职责的部分或者全部，委托给他人。但是，因被监护人的侵权行为，需要承担民事责任的，则应当由监护人承担，另有约定的除外。被委托人确有过错的，应当负连带责任。根据我国《民总一审稿》的规定，成年人的监护人履行监护职责，应当最大限度地尊重被监护人的意愿，保障并协助被监护人独立实施与其智力、精神健康状况相适应的法律行为。我国《民法总则》通过后，第35条第三款规定为"成年人的监护人履行监护职责，应当最大限度地尊重被监护人的真实意愿，保障并协助被监护人实施与其智力、精神健康状况相适应的民事法律行为。对被监护人有能力独立处理的事务，监护人不得干涉"。应当说，这一点，是我国监护制度领域，一个新的问题和需要通过细化规则进一步明确的问题。

四、监护关系的变化

（一）变更监护人

因为某些特定的法定事由，引起监护人的更换，是变更监护。其主要原因有：监护人不履行监护职责，或者侵害了被监护人的合法权益，其他有监护资格的人或者单位向法院提出申请的变更；对有关组织的指定监护不服，逾期起诉，而按变更监护处理；有监护资格的人依法协议变更监护等。有监护资格的人，无权协议变更指定监护。那么，擅自协议变更指定监护的，由原被指定的监护人和变更后的监护人承担监护责任。

（二）撤销其监护人资格

监护人虐待、遗弃被监护人或者对被监护人有其他犯罪行为，经法院认定或者裁定的，丧失监护权。最高法院《民通意见》第21条中，将之称为"取消监护权"。其适用条件是，夫妻离婚后，与子女共同生活的一方无权取消对方对子女的监护权。但是，未与该子女共同生活的一方，对该子女有犯罪行为、虐待行为或者对该子女明显不利的，法院可以取消其监护权。如果同一顺序的监护人均丧失监护权，应当为被监护人另行确定监护人。

我国《民总一审稿》的规定中，对监护人履行监护职责存在严重瑕疵，在符合法定条件的时候，以撤销监护人资格来规范和处理。即监护人有下述情形时，法院根据有关人员或者组织的申请，撤销其监护人资格，并根据最有利于被监护人的原则依法为其指定新监护人：（1）实施严重损害被监护人身心健康行为的；（2）怠于履行监护职责，或者无法履行监护职责并且拒绝将监护职责部分或者全部委托给他人，导致被监护人处于危困状态的；（3）有严重侵害被监护人合法权益的其他行为的。其中，"有关人员和组织"包括：其他有监护资格的人员，被监护人住所地的居民委员会、村民委员会，学校、医疗卫生机构、妇女联合会、残疾人联合会、依法设立的老年人组织、民政部门等。有关人员和组织未及时向法院提出撤销监护人资格申请的，民政部门应当向法院提出申请。我国《民法总则》通过后，第36条对此完全确认。

（三）监护关系的终止

监护关系因为法定原因而终止，这些法定原因，我国《民总一审稿》规定为：（1）被监护人取得或者恢复完全民事行为能力的；（2）监护人丧失监护能力的；（3）被监护人或者监护人死亡的；（4）由人民法院认定监护关系终止的其他情形的。监护关系终止后，被监护人仍然需要监护的，应当依法另行确定监护人。此外，原监护人被法院撤销监护人资格后，确有悔改情形的，经其申请，法院可以视情况恢复其监护人资格，法院指定的新监护人与被监护人的监护关系同时终止。我国《民法总则》通过后，第39条和第38条对此完全确认。并增加"监护关系终止后，被监护人仍然需要监护的，应当依法另行确定监护人"，特别需要强调，我国《民法总则》第39条规定"依法负担被监护人抚养费、赡养费、扶养费的父母、子女、配偶等，被人民法院撤销监护人资格后，应当继续履行负担的义务"，则属于监护资格与监护义务分离的规定，是监护资格、监护义务法定化的具体表现。

第四节　宣告失踪和宣告死亡

一、宣告失踪

（一）宣告失踪的定义和条件

1. 宣告失踪的定义。所谓宣告失踪，是指自然人离开自己的住所，下落不明达到法定期限，经利害关系人申请，法院依法宣告被申请人为失踪人的一种法律制度。这种制度设置的目的，在于自然人一旦被认定为失踪人，则相关的民事法律关系，就必然出现发生、变更或者消灭的效果。

自然人离开自己的住所长期下落不明，使以其为民事主体的财产关系，会长期处于无人管理和行使民事权利、履行民事义务受限制的状况。因此，我国《民法总则》规定了宣告失踪制度，由法院依法确认自然人失踪的法律事实，并为失踪人确定财产代管人，然后，依法进行相关民事法律关系的"失踪人状态"下的具体处理，有利于与失踪人有关的财产关系的正常维护，以及相对人民事活动的顺利进行。

2. 宣告失踪的条件。

我国《民法总则》第40条～第42条规定的宣告失踪的条件是：（1）自然人下落不明满2年。在这里，"下落不明"是指自然人离开最后居住地后没有音讯的状况。对于在我国台湾省居住或者在公民在国外，无法正常通讯联系的，不得以下落不明申请宣告死亡。下落不明的起算时间，从自然人音讯消失之次日起算。战争期间下落不明的，从战争结束之日起计算。

（2）利害关系人的申请。没有利害关系人的申请，法院是不会主动进行失踪宣告的。在这里，"利害关系人"包括被申请宣告人的配偶、父母、子女、兄弟姐妹、祖父母、外祖父母、孙子女、外孙子女以及其他与被申请人有民事权利义务关系的人。申请失踪宣告时，应附有公安机关或者其他有关机关关于该公民下落不明的书面证明。

（3）法院依法定程序宣告。宣告失踪，只能由法院宣告，由被宣告失踪人住所地的基层法院管辖。住所地与居住地不一致的，由最后居住地基层法院管辖。法院受理申请后，依照我国《民事诉讼法》的规定，应当发出寻找下落不明人的公告，公告期间为 3 个月。

宣告失踪的案件审理期间，法院应当查清被申请人的财产，指定临时管理人或者采取诉讼保全措施。公告期间届满，如被宣告失踪的事实得到确认，法院应当作出宣告失踪的判决。

（二）宣告失踪的法律后果

宣告失踪本身，主要是为了确认自然人失踪的法律事实，确定失踪人的财产代管人，以结束失踪人财产无人管理的状况。根据我国《民法总则》第 42 条的规定，失踪人的财产由他的配偶、父母、成年子女或者其他愿意担任财产代管人的人代管。代管有争议的，没有以上规定的人或者以上规定的人无代管能力的，由法院指定的人代管。没有前述代管人，或者前述人无能力作为代管人，或者不宜作为代管人的，法院可以指定公民或者有关组织为失踪人的财产代管人。为此，法院作出宣告失踪的判决，应当同时指定失踪人的财产代管人。法院指定财产代管人，应当根据有利于保护失踪人财产的原则指定。如果被宣告失踪的人，是无民事行为能力人、限制民事行为能力失踪的，其监护人即为财产代管人。

财产代管人的职责主要是，应当妥善管理失踪人的财产，维护其财产权益；并以失踪人的财产代失踪人支付所欠税款、债务和应付的其他费用；还有，代失踪人向失踪人的债务人要求偿还债务。代付的其他费用包括赡养费、扶养费、抚育费和因代管财产所需的管理费等必要的费用。财产代管人不履行代管职责或者财产代管人因故意或者重大过失造成失踪人财产损失的，失踪人的利害关系人，可以向法院请求财产代管人承担民事赔偿责任。当然，如果财产代管人不履行代管职责、侵害失踪人财产权益或者丧失代管能力的，失踪人的利害关系人也可以向法院申请变更财产代管人。同样地，如果财产代管人有正当理由的，则可以向法院申请另行确定财产代管人。

（三）失踪宣告的撤销

被宣告失踪的人重新出现或者确知他的下落，法院宣告其失踪的事实依据即不复存在，经本人或者利害关系人申请，法院应当撤销对他的失踪宣告。失踪宣告被法院撤销后，代管人的财产代管权随之终止，代管人应当将所代管的财产交还给被撤销失踪宣告的自然人，代管人在代管权限内所实施的法律行为，应由被撤销失踪宣告的人承担。尤其是，被宣告失踪的人重新出现，有权要求财产代管人及时向其移交有关财产并报告财产代管情况。

需要注意的是，当被宣告失踪的人重新出现或者确知他的下落时，失踪宣告不是自动失效的，而是必须经过"本人或者利害关系人申请"，法院才依照法定程序，撤销这个生效的失踪宣告判决书。

二、宣告死亡

（一）宣告死亡的定义和条件

1. 宣告死亡的定义。所谓宣告死亡，是指自然人离开自己的住所，下落不明达到法定期限，经利害关系人申请，法院依法宣告被申请人为死亡人的法律制度。自然人离开自己的住所，长期下落不明尤其是生死不明，与该自然人有关的财产关系、人身关系处于无法确定，或者难以继续的状态，因此，法律规定宣告死亡制度，由法院依法定条件和程序，推定下落不明的自然人死亡，以适时确定和调整这些关系。从而，死亡宣告就成为民事法律关系发生、变更和消灭的重要法律手段之一。

2. 宣告死亡的条件。我国《民法总则》第46条等条款规定，自然人出现法定情形的，利害关系人可以向法院申请宣告其死亡：（1）自然人下落不明达法定期限。一般情况下，自然人下落不明满4年，从音讯消失之次日起计算；战争期间下落不明的，从战争结束之日起计算满4年。因意外事故下落不明的，从事故发生之日起满2年。我国《民事诉讼法》还规定了无须经过法定期限的一种特殊情况：因意外事故下落不明，经有关机关证明该公民不可能生存的，利害关系人可以申请宣告其死亡。因此，因意外事件下落不明，经有关机关证明该公民不可能生存的，申请宣告死亡不受2年时间的限制。对于在我国台湾或者在国外，无法正常通讯联系的，不得以下落不明宣告死亡。

（2）利害关系人的申请。利害关系人的申请，是宣告死亡诉讼开始的必要条件。利害关系人与申请宣告失踪的利害关系人范围相同。与申请宣告失踪不同的是，我国司法解释对申请宣告死亡的利害关系人规定了顺序：配偶；父母、子女；兄弟姐妹、祖父母、外祖父母、孙子女、外孙子女；其他有民事权利义务关系的人。对同一自然人，有的利害关系人申请宣告死亡，有的利害关系人申请宣告失踪，我国《民法总则》第47条规定，符合宣告死亡法定条件的，法院应当宣告死亡。

理论上，有顺序说认为，不同顺序的申请人有不同意见的，以前一顺序人的意见为准；同一顺序的申请人有不同意见的，如符合宣告死亡的条件，则应当宣告死亡。对于申请宣告死亡的利害关系人是否应有顺序，有不同的观点。无顺序说认为，只要是利害关系人均有同等的申请权，否则，前一顺序的利害关系人可能基于不正当目的不提出申请，其他利害关系人的合法利益将遭到损害。

（3）法院依法定程序宣告。法院受理宣告死亡案件后，应当发出寻找下落不明人的公告。公告期间为1年。因意外事故下落不明，经有关机关证明该公民不可能生存的，公告期间为3个月。公告期满，根据被宣告人下落不明达法定期限的事实是否得到确认，法院应当作出宣告死亡的判决或者驳回申请的判决。

3. 宣告死亡与宣告失踪的关系。宣告失踪不是宣告死亡的必须程序。符合宣告死亡条件的，利害关系人可不经宣告失踪而直接申请宣告死亡。但虽已符合宣告死亡的条件，利害关系人只申请宣告失踪的，应当宣告失踪。

（二）宣告死亡的法律后果

宣告死亡是法院根据法定依法推定被宣告人死亡，被宣告死亡的人，法院宣告死亡的判决作出之日或者判决确定的日期视为其死亡的日期。宣告死亡制度的目的，在于确定与被申请人有关的人身关系、财产关系。在此意义上，宣告死亡与自然死亡具有一样的法律后果。

1. 被宣告死亡人的人身关系。被宣告死亡的人与配偶的婚姻关系，自死亡宣告之日起消灭。被宣告死亡人的子女，可以被他人依法收养。至于其他亲属关系或者人身关系，都会因此而发生相应的变化。比如，被宣告死亡的父亲，会被称为"亡父"或者"先父"；被宣告死亡的人，担任的所有公职身份，一律停止；与被宣告死亡的人身有关的一切福利待遇，全部终止，等等。

2. 被宣告死亡人的财产关系。继承关系开始，债权、债务应进行清理，具有人身性质的债权、债务消灭。继承人依照我国《继承法》的规定，为被宣告死亡人的债务，在所继承遗产的范围内承担偿还责任，继承人也有权继续行使被宣告死亡人的债权。

由于宣告死亡只是法院的一种推测认定，被宣告人可能并未死亡。所以，在被宣告死亡期间，有民事行为能力的被宣告人实施的民事法律行为有效。宣告死亡和自然死亡的时间不一致的，被宣告死亡所引起的法律后果仍然有效。但是，自然死亡前实施的民事法律行为，与被宣告死亡引起的法律后果相抵触的，则以其实施的法律行为为准。由此，我国《民法总则》对差错型死亡宣告的法律后果，在第 53 条进行了明确规定，即：被撤销死亡宣告的人有权请求依照继承法取得其财产的民事主体返还财产。无法返还的，应当给予适当补偿。利害关系人隐瞒真实情况，致使他人被宣告死亡取得其财产的，除应当返还财产外，还应当对由此造成的损失承担赔偿责任。

（三）宣告死亡的撤销

被宣告死亡的人重新出现或者确知他没有死亡，经本人或者利害关系人申请，法院应当撤销对他的死亡宣告。死亡宣告被撤销后，被宣告人的财产关系原则上应恢复原状，人身关系则视情况不同而作不同处理。

1. 人身关系的处理。被宣告死亡的人与配偶的婚姻关系，自死亡宣告之日起消灭。死亡宣告被撤销，其配偶未再婚的，夫妻关系自撤销死亡宣告之日起自行恢复，任何一方不愿意自行恢复的除外；其配偶再婚的，夫妻关系不自行恢复。包括如果其配偶再婚或者再婚后配偶又死亡的，则不得认定夫妻关系自行恢复。被宣告死亡的人在被宣告死亡期间，其子女被他人依法收养的，在死亡宣告被撤销后，不得仅以未经本人同意而主张收养关系无效。

2. 财产关系的处理。被撤销死亡宣告的人，有权请求返还财产。依照我国《继承法》取得他的财产的自然人、法人或者非法人组织，应当返还原物；无法返还原物的，应当给予补偿。利害关系人隐瞒真实情况，致使他人被宣告死亡而取得其财产的，除应当返还原物外，还应当对由此造成的损失承担赔偿责任。理论上，有人认为，只有原物不存在的，才给予适当补偿。如果原物被第三人合法取得的，第三人可不予返还。损失由有责任者补偿，同时，对利害关系人隐瞒真实情况，使他人被宣告死亡而取得其财产的，除应返还原物及孳息外，还应对造成的损失予以赔偿。可见，学者的见解与民法规定，还是存在差异的。

三、失踪宣告与死亡宣告的程序

1. 两种宣告案件的审理程序。我国《民事诉讼法》① 第十五章特别程序"第一节一般规定"第 177 条～第 180 条和"第三节宣告失踪、宣告死亡案件"第 183 条～第 186 条规定了失踪宣告、死亡宣告案件审理的程序规则。即：（1）依照特别程序审理的宣告失踪、宣告死亡案件，实行一审终审。重大、疑难的宣告失踪、宣告死亡案件，由审判员组成合议庭审理；一般的宣告失踪、宣告死亡案件由审判员一人独任审理（第

---

① 我国《民事诉讼法》于 1991 年 4 月 9 日第七届全国人大第四次会议通过，2007 年 10 月 28 日第一次修正；2012 年 8 月 31 日第二次修正，共四编 27 章 284 条。

178 条）；（2）法院在依照特别程序审理宣告失踪、宣告死亡案件的过程中，发现该案属于民事权益争议的，应当裁定终结特别程序，并告知利害关系人可以另行起诉（第179 条）；（3）法院适用特别程序审理的案件，应当在立案之日起 30 日内或者公告期满后 30 日内审结。有特殊情况需要延长的，由本院院长批准（第 180 条）。

2. 两种宣告案件的立案程序。公民下落不明满 2 年，利害关系人申请宣告其失踪的，向下落不明人住所地基层法院提出。申请书应当写明失踪的事实、时间和请求，并附有公安机关或者其他有关机关关于该公民下落不明的书面证明（第 183 条）。公民下落不明满 4 年，或者因意外事故下落不明满 2 年，或者因意外事故下落不明，经有关机关证明该公民不可能生存，利害关系人申请宣告其死亡的，向下落不明人住所地基层法院提出。申请书应当写明下落不明的事实、时间和请求，并附有公安机关或者其他有关机关关于该公民下落不明的书面证明（第 184 条）。

3. 两种宣告案件的寻失程序与裁判程序。法院受理宣告失踪、宣告死亡案件后，应当发出寻找下落不明人的公告。宣告失踪的公告期间为 3 个月，宣告死亡的公告期间为 1 年。因意外事故下落不明，经有关机关证明该公民不可能生存的，宣告死亡的公告期间为 3 个月。公告期间届满，法院应当根据被宣告失踪、宣告死亡的事实是否得到确认，作出宣告失踪、宣告死亡的判决或者驳回申请的判决（第 185 条）。被宣告失踪、宣告死亡的公民重新出现，经本人或者利害关系人申请，法院应当作出新判决，撤销原判决（第 186 条）。

第五节 个体工商户、农村承包经营户

一、个体工商户、农村承包经营户的定义与法律地位

个体工商户，是指在法律允许的范围内，依法经核准登记，从事工商业经营的自然人或家庭。个体工商户可以起字号。农村承包经营户，是指农村集体经济组织的成员，依法取得农村土地承包经营权，从事家庭承包经营的，自然人或家庭为农村承包经营户。个体工商户、农村承包经营户的合法权益，受法律保护。

个体工商户、农村承包经营户的法律地位，有几种观点：（1）个体工商户、农村承包经营户没有主体资格，它只是自然人参加民事活动的特殊形式，是自然人为了取得从事商品生产和经营活动的特殊权利能力和行为能力，而采用的一种形式；（2）个体工商户、农村承包经营户分为由全体家庭成员经营的和由家庭中一人经营的两种。前者是以家庭成员为合伙人的以营利为目的的经济组织，即家庭合伙。而由家庭中一人经营的，为独资企业；（3）个体工商户、农村承包经营户是非法人组织，具有民事主体资格。

持这种观点的理由是：（1）个体工商户、农村承包经营户是准组织体。因为个体工商户、农村承包经营户可以起字号、刻印章、开立银行账户、雇用工人等，这使个体工商户、农村承包经营户可以以户的名义，从事民事活动，表明个体工商户、农村承包经营户有组织体的属性；（2）个体工商户、农村承包经营户具有明确的目的，其目的就是其经营范围，并在其经营范围内，享有相应的有别于自然人的民事权利能力和民事行为能力；（3）个体工商户、农村承包经营户具有相对独立的财产，该财产主要用于所从事的工商经营

活动、承包经营活动。当然，其财产与个人财产、家庭财产不是严格区分的。

二、个体工商户、农村承包经营户的法律特征

个体工商户的法律特征主要是：（1）个体工商户是个体经济的一种形式，可以是个人经营，也可以是家庭经营。其经营资本直接来自个人财产或家庭共有财产，从事经营者既是财产所有者又是劳动者；（2）个体工商户，必须依法经核准登记才能成立；（3）个体工商户对外可以"户"的名义进行经营；（4）个体工商户应在法律允许的范围内从事工商业经营等。

农村承包经营户的法律特征，与个体工商户有差别。主要是：（1）从事农村承包经营户的人是农村集体经济组织的成员，可以是个人经营，也可以是家庭经营；（2）农村承包经营户必须签订《承包合同》，才可以取得土地承包主体等经营者的资格；（3）农村承包经营户对外，可以以"户"的名义进行经营活动；（4）农村承包经营户，必须在法律规定的范围内，按照合法的《承包合同》的约定，以我国《土地承包法》、《土地管理法》以及其他法律法规的规定，从事承包经营活动。

三、个体工商户、农村承包经营户的财产责任

个体工商户、农村承包经营户的财产责任由投资者、经营者、获得收益者承担无限清偿责任。我国《民总一审稿》规定，个体工商户的债务，个人经营的，以个人财产承担；家庭经营的，以家庭财产承担；无法区分个人经营和家庭经营的，以家庭财产承担。农村承包经营户的债务，以家庭财产承担。我国《民法总则》通过后，在第 56 条规定为：个体工商户的债务，个人经营的，以个人财产承担；家庭经营的，以家庭财产承担；无法区分的，以家庭财产承担。农村承包经营户的债务，以从事农村土地承包经营的农户财产承担；事实上由农户部分成员经营的，以该部分成员的财产承担。可见，具体规定的差异是明显的。

而我国《民法通则》第 29 条规定，个体工商户、农村承包经营户的债务，由个人经营的，以个人财产承担；家庭经营的，以家庭财产承担。其具体情形是：以个人财产投资，收益归个人的个体工商户、农村承包经营户，其债务以个人财产清偿；以个人名义申请登记的个体工商户，以及个人承包的农村承包经营户，用家庭共有财产投资，或者收益的主要部分供家庭成员享用的，其债务应以家庭共有财产清偿；由部分家庭成员投资、经营的，其债务应以该部分家庭成员所有的财产，承担无限连带清偿责任；在夫妻关系存续期间，一方从事个体经营或者承包经营的，其收入为夫妻共有财产，债务应以夫妻共有财产清偿。

思 考 题

1. 民事主体资格的定义及法律特征。

2. 自然人民事权利能力的始终，以及自然人行为能力的划分依据，《死亡证》应当如何填写？

3. 监护的定义，监护人的设立和监护人职责的履行。

4. 成年人监护如何设置，为什么？

5. 宣告失踪与宣告死亡的条件和法律后果，宣告被撤销，如何善后？

学习资料指引

1. 梁慧星：《民法总论》，法律出版社 1996 年版，第 4 章。

2. 王利明等：《民法新论》（上），中国政法大学出版社 1988 年版，第二编民事主体。

3. 魏振瀛：《民法》，北京大学出版社、高等教育出版社 2000 年版，第 4 章。

4. 彭万林：《民法学》，中国政法大学出版社 1999 年第 2 版，第 4 章。

5. 马俊驹、余延满：《民法原论》（上），法律出版社 1998 年版，第 4 章。

6. 王建平：《民法学》（上），四川大学出版社 1994 年版，第 4 章。

7. 中华人民共和国 2015 年国民经济和社会发展统计公报，2016 年 2 月 29 日。

参照法规提示

1. 《中华人民共和国民法总则》，第 8 条～第 13 条、第 15 条～第 17 条、第 29 条、第 31 条、第 39 条、第 99 条。

2. 《中华人民共和国民法通则》，第二章/第 13 条～第 56 条。

3. 《中华人民共和国农村土地承包法》，第二章。

4. 《中华人民共和国土地管理法》，第 4 条，第二章。

6. 《中华人民共和国居民身份证法》，第 2 条、第 3 条、第 13 条～14 条。

6. 《中华人民共和国物权法》，第 75 条、第 78 条，第 83 条。

7. 《中华人民共和国合同法》，第 47 条、第 62 条。

8. 《中华人民共和国婚姻法》，第 18 条。

9. 《中华人民共和国继承法》，第 28 条。

10. 《中华人民共和国未成年人保护法》，第 3 条、第 6 条、第 10 条、第 41 条、第 60 条。

11. 《中华人民共和国老年人权益保障法》，第 26 条。

12. 《中华人民共和国涉外民事关系法律适用法》，第 14 条。

13. 《中华人民共和国境外非政府组织境内活动管理法》，第 2 条、第 9 条。

14. 《中华人民共和国民事诉讼法》，第十五章。

15. 《中华人民共和国户口登记条例》，第 18 条。

16. 公安部《临时居民身份证管理办法》（2005 年 4 月 21 日），第 4 条、第 5 条、第 7 条、第 12 条。

17. 《最高人民法院关于贯彻执行〈中华人民共和国民法通则〉若干问题的意见（试行）》，第 6 条、第 9 条～第 10 条、第 12 条、第 16 条、第 21 条、第 161 条。

18. 国家卫生计生委、公安部、民政部：《关于进一步规范人口死亡医学证明和信息登记管理工作的通知》国卫规划发〔2013〕57 号，2014 年 1 月 23 日。

19. 最高人民法院、最高人民检察院、公安部、民政部：《关于依法处理监护人侵害未成年人权益行为若干问题的意见》，2014 年 12 月 23 日。

20. 《中华人民共和国国家标准：公民身份号码 GB 11643－1999》，1999 年 3 月 1 日。

第五章 法 人

【阅读提示】本章学习者应当掌握法人的基本原理和相关学说，并对我国《民法总则》的营利性法人和非营利性法人的分类理由，作深入理解。本章的重点，法人的民事能力与法人机关、法人的民事责任；营利性法人权力机构与组织机构；合作社法人的设立和种类，合作社法人的组织机构；在非营利性法人问题中，事业单位的法人登记要求，社团登记法人的成立登记；捐助法人中，宗教活动场所的法律地位，捐助法人的慈善募捐活动，机关法人与政府采购的关系等。本章的难点有三个，法人民事主体资格究竟来自何处？营利性法人的"营利性"来自何处？非营利性法人的种类和具体立法。

第一节 法人解说

一、法人的定义与特征

所谓法人，是指具有民事权利能力和民事行为能力，依法独立享有民事权利和承担民事义务的一种组织。这是我国《民法总则》第 57 条的定义，这个定义，与我国《民法通则》第 37 条规定的定义完全相同。作为一种民事主体，法人是与自然人相对应的社会组织。法人是社会发展到一定阶段即市场经济相对发达阶段的必然产物。法人的法律特征，是法人与其他民事主体相比所具有的不同特性。主要是：

（1）法人是社会组织。所谓社会组织，是指按照一定的条件设立，为一定的目的进行活动，有一定组织机构的社会组织体。这一特征，是民事主体的法人与自然人的根本区别之所在。

（2）法人是依法具有民事权利能力和民事行为能力的社会组织。在市民社会中，有各种各样的社会组织，但并非所有的社会组织都是法人。有资格成为法人的社会组织，必须依法具有成为民事主体的民事权利能力，有独立参加民事活动的民事行为能力，而且，这两种民事主体条件，几乎是同时具备和同时消灭，不存在公民的民事权利能力与民事行为能力不同步的现象。这是法人区别于不具有民事主体资格的非法人组织的关键。

（3）法人是独立享有民事权利和承担民事义务的社会组织。法人是严格按照法定条件和规定程序设立的社会组织，目的在于让法人能够独立享有民事权利、承担民事义务。在法律上，真正独立于其他相关主体，如法人成员、法人设立人，从而实现法人制度在社会经济生活的作用。法人享有权利和承担义务的独立性，以其独立人格、独立财产为基础，最终体现为独立责任。

　　与此同时，法人必须有自己的名称、组织机构，这是法人人格独立的前提。有了自己的名称和组织机构，使法人能够以自己的名义，按照法人机构的意志活动，表现出法人的独立人格。法人还必须有独立的财产。其财产独立于法人创始人、法人成员和其他民事主体，这是法人人格独立的物质基础。此外，法人独立承担民事责任。这是法人有独立人格、财产的必然反映和结果。法人以自己的名义、独立的财产对外承担民事责任，实现了在法律上法人作为一种民事主体的完全独立。这也是法人与合伙组织、个人独资企业等非法人组织的根本区别。

二、法人本质的学说

　　关于法人的本质，理论上有不同的学说，主要有三种：法人拟制说、法人否认说、法人实在说等。

　　（一）法人拟制说

　　拟制说认为，权利主体以具有自由意志的自然人为限，法人是法律拟制的权利主体，是法律的虚构，其存在的目的，是为了满足某些特定的法律关系中团体利益的归属。拟制说虽然认为法人只是法律所拟制的主体，但是，它承认法人具有民事主体资格，区分了法人与其成员的财产，也区分了法人与其成员的责任，对现代法人制度的建立，法人拟制说起到了非常重要的作用。

　　（二）法人否认说

　　法人否认说不承认法人的存在，而是认为法人仅是假设的民事主体而已。法人否认说又分为三种学说：目的财产说、受益人主体说和管理者主体说。即：（1）目的财产说。该学说认为，有的财产属于特定的个人，有的财产属于特定的目的，后者就是没有主体的。法人不过是为了达到特定目的而由多数自然人的财产集合而成的财产，法人本身不是独产的人格，是为了一定的目的而存在的财产，即"目的财产"。

　　（2）受益人主体说。该学说认为，拟制的团体是不存在的，意思行为是个人的意思，集合体的意思是没有的，至少是无从证实的。立法者所保护的既不是存在于团体的集合意思，也不是团体的独立人格，而是团体的各个成员所追求的目的。法人仅仅是形式上的权利义务主体，而实际上的权利义务的归属者，是享有法人财产利益的多数个人。即多数实际受益人才是真正的主体。

　　（3）管理者主体说。该学说认为，权利主体必须具有意思表示能力，而法人没有意思表示能力。因而，法人的财产并不是属于法人本身所有，而属于管理其财产的自然人，只有管理法人财产的自然人，才是法律上所称的法人。

　　（三）法人实在说

　　法人实在说认为，法人并不是法律凭空的拟制，也并不是没有团体意识和利益，而是一种客观存在的主体。这一学说又分为有机体说和组织体说两种。即：（1）有机体说，又称团体人格说或意思实在说。该学说认为，法人和自然人一样，具有自己的意思表示能力，是区别于自然人个人意思的团体意思。在社团法人中有社员的集合意思，在财团法人中有捐助行为意思，因而法人应成为社会有机体。（2）组织体说。该学说认为，法人是一种具有区别于其成员的个体意志和利益的组织体。法人的本质，并不是其作为社会的有机体，而在于其具有适合为权利主体的组织，这种组织就是具有一定目的的社团或财团。

通说认为，法人拟制说的主要不足在于把法人视为想象、观念的产物；法人否认说则否认法人作为主体的存在，都不符合社会经济发展的现实。而法人实在说，尤其是其中的组织体说为多数的学者所接受，并为当今的民事立法所普遍采纳。

三、法人的分类

不同法系的国家，法人分类的方法是不同的。

（一）大陆法系国家法人分类

大陆法系国家将法人主要划分为公法人、私法人；营利法人、公益法人、中间法人；社团法人、财团法人等。其中，公法人与私法人的划分依据，如同公法与私法的划分依据一样，众说纷纭。有的认为，是以法人设立的法律依据是公法还是私法来划分；有的认为，是以法人的设立人的不同来划分；有的认为，是以法人设立的目的来划分；有的认为，是以法人是否行使国家权利来划分。综合各种标准，公法人是指依据公法，为完成国家职能设立的法人，如国家机关法人。私法人是指依据私法，为私人利益而设立的法人，如公司。

营利法人与公益法人。这是依据法人成立的目的不同的划分。营利法人是为了从事商业经营，以营利为目的的法人，如公司。公益法人是指以社会公共利益为目的的法人，如慈善机构。

而社团法人、财团法人和中间法人。其划分依据是法人成立的基础。社团法人是以人的集合为基础成立的法人，如公司。财团法人是以为一定目的而设立的财产为基础成立的法人，如基金会。中间法人是既不是为了社会公共利益，也不是为了成员的经济利益而成立的法人，如同学会。

（二）英美法系国家法人分类

英美法系国家将法人主要划分为集体法人、独任法人，划分的标准是法人社员人数的多少。集体法人是指由多数人组成而可以永久存在的集合体法人，如地方政府法人、公司法人等。独任法人是指一个自然人由于法律的确认而形成的法人，如英王、主教。

（三）我国的法人分类

我国《民法通则》第三章，将法人划分为：企业法人、机关、事业单位和社会团体法人。其中，企业法人，是指以营业为目的，独立从事商品生产、经营活动的法人。而机关、事业单位和社会团体法人，都是非营利性的社会组织。机关法人，则是指依照国家法律或行政命令成立，依法行使国家权力，并因行使职权的需要而享有相应的民事权利能力和民事行为能力的国家机关。包括国家权力机关法人、国家行政机关法人、国家军事机关法人、国家司法机关法人等。至于事业单位法人，是指国家为了社会公益目的，由国家机关举办或者其他组织利用国有资产举办的从事教育、科学、文化、卫生等活动的社会服务组织。如公立学校、公立医院，以及科研院所等单位。而社会团体法人，是指由其成员自愿组成，按照其章程从事社会公益、文化、艺术、宗教等活动的非营利性法人。如人民群众团体、学术研究团体、宗教团体等。

我国《民法总则》第三章法人的分类中，将我国《民法通则》的分类方法，加以扬弃。采用了营利性法人和非营利性法人的类型化划分。所谓营利性法人，是指以取得利润并分配给其股东或者其他出资人等成员为目的成立的法人。而所谓非营利性法人，是指为公益目的或者其他非营利目的成立的法人。

四、我国法人制度的立法

法人制度是一项基础性的民事法律基本制度。通过民事立法，完善法人制度，对我国全面深化改革、促进社会主义市场经济的进一步发展意义重大，也是我国《民法总则》制定中的重点问题。我国《民法通则》将法人分为企业法人和机关法人、事业单位法人、社会团体法人等。随着我国经济社会的发展，新的组织形式不断出现，法人形态发生了较大变化，我国《民法通则》的法人分类，难以涵盖实践中新出现的一些法人形式，也不适应社会组织的改革发展方向，有必要进行调整完善。

由于法人是法律拟制的"人"，各方面对法人分类有不同认识。比如，法人可分为营利性法人、非营利性法人，也可分为社团法人、财团法人，还可分为私法人、公法人等。不同国家的民事立法对法人的分类也不尽相同。立法者经过反复比较，在我国《民总一审稿》中，按照法人设立的目的和功能不同，将法人分为营利性法人和非营利性法人两类。主要考虑是：（1）营利性和非营利性能够反映法人之间的根本差异，传承了我国《民法通则》按照企业法人和非企业法人进行分类的基本思路，比较符合我国的立法习惯，实践意义也更为突出；（2）将非营利性法人作为一类，既能涵盖事业单位法人、社会团体法人等传统法人形式，还能够涵盖基金会和社会服务机构等新法人形式，符合我国国情；（3）适应改革社会组织管理制度、促进社会组织健康有序发展的要求，创设非营利性法人类别，有利于健全社会组织法人治理结构，有利于加强对这类组织的引导和规范，促进社会治理创新。

据此，我国《民总一审稿草案》规定：营利性法人是以取得利润并分配给其股东或者其他出资人等成员为目的成立的法人，主要包括有限责任公司、股份有限公司和其他企业法人等（第 73 条）；非营利性法人是为公益目的或者其他非营利目的成立的法人。非营利性法人不得向其成员或者设立人分配利润（第 81 条第一款、第二款）。对公益的非营利性法人，我国《民总一审稿》明确了其终止时剩余财产的分配规则：不得向其成员或者设立人分配剩余财产；其剩余财产应当按照章程规定或者权力机构的决议用于公益目的；不能按照章程或者决议处理的，由主管机关主持转给宗旨相同或者相近的以公益为目的的法人，并向社会公告（第 81 条第三款）。我国《民总一审稿》还对非营利性法人中的事业单位法人、社会团体法人、捐助法人和机关法人作了相应规定（第 82 条～第 90 条）。需要强调，《民总一审稿》只列明规定了比较典型的法人具体形式，对现实生活中存在的或者可能出现的其他法人形式，可以按照其特征，分别纳入营利性法人或者非营利性法人。相应地，《民总一审稿》不再规定我国《民法通则》中关于联营的内容。① 这种做法，我国《民法总则》通过后，给予了确认。

---

① 全国人大法工委：《关于〈中华人民共和国民总一审稿（草案）〉的说明》，2016 年 7 月 5 日。中国人大网：http://www.npc.gov.cn/COBRS_LFYJNEW/user/UserIndex.jsp?ID=7882625。最后访问时间：2016 年 7 月 6 日。

第二节 法人的成立与变更、终止

一、法人成立的条件

法人的成立，是指符合法定条件的社会组织，依照法定程序而取得法人的资格。法人的成立需符合法定的条件和程序进行，才是合法有效的。法人的成立，必须具有法定的条件。我国《民法通则》第37条规定，法人应当具备的条件是：依法成立；有必要的财产或者经费；有自己的名称、组织机构和场所；能够独立承担民事责任等。即：

（1）依法成立。依法成立，包括以法人成立的实质要件的要求，还包括法人应按照法定的程序成立。

（2）有必要的财产或者经费。这是法人成立实质要件之一，是法人能够独立享有民事权利、承担民事义务的物质基础，也是其承担民事责任的财产保障。法律根据法人成立的不同目的，对法人应具有的必要财产和经费的来源、数额有不同的要求。

（3）有自己的名称、组织机构和场所。这是法人具有独立人格的重要前提。只有具有自己的名称，法人才是特定化的组织，才有可能以自己的名义参加民事法律关系，享有民事权利和承担民事义务。组织机构是法人形成团体意思，成为独立主体的组织保障。法人的场所，是法人作为特定主体的外在标志之一，也是法人开展民事活动所必需的条件。

（4）能够独立承担民事责任。有了以上的条件，法人就能以自己的名义，对自己的债务独立承担民事责任。这既是法人作为一种独立民事主体必须具备的条件，也是其独立的最终体现。

我国《民总一审稿》第三章规定的法人成立条件是：（1）法人应当依法成立；（2）法人应当有自己的名称、组织机构和住所；（3）法人成立的具体条件和程序，依照法律的规定；（4）设立法人，法律规定须经有关机关批准的，依照其规定。这是针对公司登记制度改革的需要，对法人成立条件做出的新调整。我国《民法总则》第58条的规定，是完全按照这些具体要求处理的。

二、法人成立的程序

各国民事立法对法人成立的程序，有不同的规定，而各种不同的法人，成立程序也不相同。大致有以下几种设立原则：（1）特许主义，要求法人的成立必须经过国家的特别许可；（2）核准主义，又称行政许可主义，是指法律规定法人成立的条件，但法人成立须经过行政机关的审核批准；（3）准则主义，即法律预先规定法人成立的条件，无须经过行政机关的审批，符合条件的法人只需办理登记即可成立。我国法律对法人成立的程序，区别企业法人、机关法人、事业单位法人、社会团体法人，而各有不同。

1. 企业法人的成立程序。经主管机关核准登记，是企业法人成立的必经程序。在我国，主管企业登记的国家机关是工商行政管理机关。根据企业性质、从事行业不同等，有的企业设立，可直接向工商行政管理机关申请登记；有的企业设立，必须先经过国家相关部门的审查批准，然后才能办理工商登记。工商行政管理机关认为符合条件的，应当予以登记，颁发营业执照。颁发营业执照的时间，是企业法人的成立时间。国务院批准《注册资本登记制度改革方案》（简称《注册登记方案》）规定，[①] 国家实行注册资本认缴登记制。公司股东认缴的出资总额或者发起人认购的股本总额（即公司注册资本）应当在工商行政管理机关登记。[②] 放宽注册资本登记条件，取消有限责任公司最低注册资本 3 万元、一人有限责任公司最低注册资本 10 万元、股份有限公司最低注册资本 500 万元的限制。公司实收资本不再作为工商登记事项。公司登记时，无须提交验资报告。

2. 机关法人的成立程序。我国《民法通则》第 50 条规定，有独立经费的机关从成立之日起，具有法人资格。机关法人是直接依据国家法律、行政命令而成立，无须登记。机关法人成立的时间应视具体的法律、行政命令而定。

3. 事业单位和社会团体的成立程序。我国《民法通则》第 50 条第二款规定，具备法人条件的事业单位、社会团体，依法不需要办理法人登记的，从成立之日起，具有法人资格；依法需要办理法人登记的，经核准登记，取得法人资格。事业单位的登记管理机关，是国务院机构编制管理机关和县级以上地方各级人民政府机构编制管理机关，社会团体的登记管理机关，是国务院民政部门和县级以上地方各级人民政府民政部门。

三、法人的变更

（一）法人组织机构的变更

所谓法人的变更，是指法人在存续期间所发生的组织机构、活动宗旨、业务范围等方面的变化。

法人的组织机构变更，主要有法人的合并和分立。所谓法人的合并，是指两个或两个以上的法人合并为一个法人。有吸收合并和新设合并两种形式：（1）吸收合并，是法人合并时，保留其中一个法人的资格，该法人吸收其他的法人，被吸收的法人资格消灭；（2）新设合并，是两个或两个以上的法人合并为另一个新的法人，原来法人的资格都消灭。

法人的分立，是指一个法人分成两个或两个以上的法人。有派生式分立和新设式分立。派生式分立是法人分立时，保留原法人的资格，但从中分立出新的法人。新设式分立是法人分立时，原法人的资格消灭而分立出两个以上的新法人。法人的合并或分立，应依照法定的程序办理方为有效，并应依法向登记机关办理变更登记。法人合并、分立，它的权利和义务由变更后的法人享有和承担，但具体规范须依法确定。

（二）法人其他重大事项的变更

法人其他重大事项的变更，主要包括法人的名称、住所、活动宗旨、业务范围、经营方式、注册资金等方面的变化。法人的这些重大事项发生变化，应依法进行，并办理

---

① 《注册资本登记制度改革方案》（2014 年 2 月 7 日），二、放松市场主体准入管制，切实优化营商环境；（一）实行注册资本认缴登记制。

② 公司股东（发起人）应当对其认缴出资额、出资方式、出资期限等自主约定，并记载于公司章程。有限责任公司的股东以其认缴的出资额为限对公司承担责任，股份有限公司的股东以其认购的股份为限对公司承担责任。公司应当将股东认缴出资额或者发起人认购股份、出资方式、出资期限、缴纳情况通过市场主体信用信息公示系统向社会公示。公司股东（发起人）对缴纳出资情况的真实性、合法性负责。

变更登记。我国《民法总则》第64条~第67条规定，法人存续期间登记事项发生变化的，应当依法向登记机关申请变更登记。法人的实际情况与登记的事项不一致的，不得对抗善意相对人。登记机关应当依法及时公示法人登记的有关信息。法人合并的，其权利和义务由合并后的法人享有和承担。法人分立的，其权利和义务由分立后的法人享有连带债权，承担连带债务，但是债权人和债务人另有约定的除外。

四、法人的终止

（一）法人终止的原因

法人的终止，是指法人丧失民事主体资格，民事权利能力和民事行为能力结束或者完结的情形。法人终止的原因主要有：（1）依法被撤销。这是指由法律、行政命令直接撤销法人的资格，或因法人违反法律的规定而被撤销；（2）解散。这是法人因设立的目的事业完成、法人章程所规定的存续期届满或解散事由出现、法人成员的决议，而发生的法人终止；（3）依法宣告破产。这是在法人全部资产不足以清偿其到期债务时，由法人或其债权人申请，人民法院依法宣告其破产而法人终止；（4）其他原因。如战争造成法人终止。

（二）法人终止的程序

我国《民法通则》第45条以及最高法院《民通意见》第59条、第60条规定，法人终止，应当依法进行清算，停止清算范围外活动。企业法人解散或被撤销，应当由其主管机关组织清算小组进行清算，企业法人被宣告破产的，应当由人民法院组织有关机关和有关人员成立清算组织进行清算。所谓法人的清算，是指法人消灭时，依法由清算组织清理法人的债权、债务，以终结法人财产关系的活动。

法人终止必须进行清算。在清算期间，法人不能进行新的经营活动，只能由清算组代表法人与清算有关的法人未了结的业务、清缴所欠税款、清理债权债务、处理法人清偿债务后的剩余财产。清算结束后，清算组应当依法申请注销法人登记，公告法人终止。

（三）法人的解散

我国《民法总则》第69条规定，出现下列情形的，法人解散：（1）法人章程规定的存续期间届满或者法人章程规定的其他解散事由出现的；（2）法人的权力机构决议解散的；（3）因法人合并或者分立需要解散的；（4）法人依法被吊销营业执照、登记证书，被责令关闭或者被撤销的；（5）出现法律规定的其他情形的。法人解散的，清算义务人应当及时组成清算组进行清算。法人的董事、理事等执行机构成员为清算义务人，但是法人章程另有规定，法人权力机构另有决议，或者法律另有规定的除外。清算义务人怠于履行清算义务的，主管机关或者利害关系人可以申请法院指定有关人员组成清算组进行清算。

（四）法人的清算

我国《民总一审稿》中规定：（1）公司的清算程序和清算组职权，适用我国《公司法》的规定。公司以外的法人的清算程序和清算组职权，依照有关法律的规定；没有规定的，参照适用我国《公司法》的有关规定；（2）清算期间，法人存续，但是不得从事与清算无关的活动。法人清算后的剩余财产，根据法人章程的规定或者法人权力机构的决议处理，法律另有规定的除外。清算终结，并完成法人注销登记时，法人终止；法人依法不需要办理登记的，清算终结时，法人终止；（3）清算义务人怠于履行清算义务，造成法人财产损失的，应当在造成损失范围内对法人债务等承担责任。清算义务人怠于履行清算义务，导致法人主要财产、账册、重要文件等灭失，无法进行清算的，对法人债务等承担连带责任。法人被宣告破产的，依法进行破产清算并完成法人注销登记时，法人终止。

我国《民法总则》通过后，法人的清算规则有重大修改。在第70条~第73条规定的法人清算规则，具体包括：（1）法人解散的，除合并或者分立的情形外，清算义务人应当及时组成清算组进行清算。法人的董事、理事等执行机构或者决策机构的成员为清算义务人。法律、行政法规另有规定的，依照其规定。清算义务人未及时履行清算义务，造成损害的，应当承担民事责任；主管机关或者利害关系人可以申请法院指定有关人员组成清算组进行清算；（2）法人的清算程序和清算组职权，依照有关法律的规定；没有规定的，参照适用我国《公司法》的有关规定；（3）清算期间法人存续，但是不得从事与清算无关的活动。法人清算后的剩余财产，根据法人章程的规定或者法人权力机构的决议处理。法律另有规定的，依照其规定。清算结束并完成法人注销登记时，法人终止；依法不需要办理法人登记的，清算结束时，法人终止；（4）法人被宣告破产的，依法进行破产清算并完成法人注销登记时，法人终止。

第三节　法人的民事能力与法人机关

一、法人的民事权利能力

法人的民事权利能力，是指法人享有民事权利和承担民事义务的资格。作为一种组织体，法人的民事权利能力，与自然人的民事权利能力不同。其区别是：（1）产生、消灭的时间不同。法人的民事权利能力，从法人成立时产生，到法人终止时消灭；自然人的民事权利能力，从出生时享有，到其死亡时消灭；（2）内容不同。某些专属于自然人的权利能力内容，如生命权、健康权、婚姻权等，法人不可能享有；某些专属于法人的权利能力内容，自然人不可能享有，如开展信贷业务；（3）法人的权利能力受到经营、业务范围的限制，具体内容各有区别，而自然人的权利能力一般是普遍一致的。所以，法人的权利能力被称为特殊的权利能力。对此问题有相反的观点，认为法人的权利能力，不应受到经营范围的限制。否则，法人超出其目的、经营范围所为的行为，而产生的民事责任，就不应由法人承担。因为，这时法人已没有民事权利能力，不是民事主体了。

二、法人的民事行为能力

法人的民事行为能力，是指法人以自己的意志独立参加民事活动，取得民事权利、承担民事义务的能力。法人的民事行为能力，与自然人的民事行为能力相比较，也不相同，其特点是：（1）享有和消灭的时间不同。法人的民事行为能力和民事权利能力一起发生和消灭，即从法人成立到终止都具有民事行为能力；自然人的民事行为能力受年龄、精神健康状况的限制,不可能与民事权利能力同时享有;(2)法人的行为能力由它的机关或代表来实现。法人的机关或代表是以自己的意思形式,代表着法人的团体意思,他们根据法律、章程和条例而实施的民事行为,就应认定为法人的行为,其法律后果由法人承担;(3)法人的民事行为能力受其经营范围的限制,是特殊的民事行为能力。超出法人经营范围的行为,因法人无民事行为能力而无效。但与此相反的观点认为,法人的行为能力,一般不受其经营范围的限制。最高人民法院《关于适用〈中华人民共和国合同法〉若干问题的解释(一)》(简称《合同法解释一》)采纳了这一观点,其第10条规定,当事人超越经营范围订立合同,法院不因此认定合同无效就是。

需要注意的是,我国《民总一审稿》规定,法人以其全部财产独立承担民事责任。可见"全部财产"成为法人承担民事责任的基础和物质前提。但是,我国《民总一审稿》规定中,没有把"独立财产"、"全部财产"等规定为法人成立的条件。而是放到了民事责任承担层面,而且是"全部财产"。我国《民法总则》通过后,第60条明文规定"法人以其全部财产独立承担民事责任",就是如此。

三、法人机关的定义

法人机关,是指根据法律、章程或条例的规定,在法人成立时产生,不需要特别委托授权就能以法人的名义,对内管理法人事务,对外代表法人进行民事活动的集体或个人。

法人机关的法律特征是:(1)法人机关依据法律、章程或条例的规定而设立;(2)法人机关,是法人的有机组成部分。所以,在法人成立时法人的机关同时产生;(3)法人机关,是法人意思形成、表示和执行机构。法人的独立意思是通过其机关形成、表示和实现的,法人机关的意思就是法人的意思;(4)法人机关是法人的领导或代表机关,它对内负责法人的事务,对外则代表法人进行民事活动;(5)法人机关由单个个人或集体组成。单个个人组成的机关是独任机关,如全民所有制企业的厂长。集体组成的机关,是合议制机关,如公司的股东会。

四、法人机关的种类

民法理论上,因为法人机关是法人开展活动的组织结构,最终,法人的意愿要通过法人机关来表达、落实和实现。因此,法人机关是分类的。主要是:(1)意思机关,又称为权力机关或决策机关,是形成法人意思的机关,如股份有限公司的股东大会;(2)执行机关,是具体执行法人意思机关所形成的意思的机关,如公司的董事会。执行机关的主要负责人,是法人的法定代表人;(3)监督机关,是对法人执行机关的行为实行监督检查的机关,如公司的监事会。

法定代表人,是依照法律或法人章程的规定,代表法人行使职责或者从事民事活动的负责人。在我国,法定代表人只能由符合条件的自然人担任。如董事长、执行董事。法定代表人依照法律或法人组织章程的规定,无须法人机关的专门授权,就可以法人的名义,代表法人对外进行民事活动。所以,也有人认为法定代表人是法人的代表机关。

第四节　法人的民事责任

一、法人民事责任的定义

所谓法人的民事责任，是指法人作为民事主体，对其从事民事活动引致民事法律关系产生、变更和消灭，以及不履行或者不适当民事义务的消极后果，加以承担或者承受的情形。法人的民事责任，是其承担法律责任的一种。

法人的民事责任的核心特点有三：（1）法人的民事责任是法人的独立责任。即法人以自己的名义和独立财产，为自己的债务承担清偿责任。我国《民法总则》第60条规定，法人以其全部财产独立承担民事责任。

（2）法人的民事责任是有限责任。所谓有限责任，是指法人只在自己独立财产的范围内承担民事责任，法人背后的创立人或其成员，仅以自己的投资为限，对法人承担责任，而不对法人的债务直接承担无限责任。这是法人有限责任的真正含义，实际上是法人成员的有限责任。作为与其他非法人组织的重要区别，习惯将其称为法人的有限责任。该有限责任是以法人有符合法律要求的独立财产为前提的。

（3）法人的民事责任优先。现实生活中，法人进行民事活动，不但引致民事法律关系发生、变更和消灭，也导致行政违法以及刑事犯罪的，法人作为违法主体，就出现了法律行为竞合和法律责任竞合的情况。这时，如果法人的财产不足以同时承担行政罚款责任、刑事罚金责任和民事赔偿责任的，优先承担民事赔偿责任。由此，我国民商事立法中，确立了违法犯罪嫌疑人的财产，不足以承担行政责任、刑事责任和民事责任的，优先承担民事责任的原则。

二、法人对外的独立民事责任

在我国，民商事立法趋势表明，法人机关、法人的机构（包括分支机构）和法人的工作人员等，作为法人开展活动必不可少的运行机制当中的因素，其开展民事活动，引致民事法律关系发生、变更和消灭的后果之后，其后果的承担分为外部和内部两部分。其中，对外责任是指作为法人机关、法人的机构和法人的工作人员等，只要是以法人的名义（即民事主体资格）从事民事活动的，就认定法人对外与对方当事人在从事民事活动，从而引致民事法律关系发生、变更和消灭，其民事法律后果当然由法人承担。对内责任则是指法人基于其法人治理机制，以及内部管理制度，对其法人机关、法人的机构和法人的工作人员等规定了岗位责任或者职责后果承担的条件要求，在出现相应的情况时，由法人向法人机关、法人的机构和法人的工作人员等，进行内部管理型、经济型或者惩罚型后果分配的情形。

因此，法人与对方民事主体开展民事活动产生的后果，对外，一律由法人承担民事责任，法人不可以借口是其法人机关、法人机构或者法人工作人员的非授权行为、违法职责职务的行为，或者工作人员被解聘、辞职和职权限制等，推卸其对外即对另一方民事主体应当承担的民事责任。法人对外承担了民事责任之后，再根据法律或者法人章程（包括其内部管理制度）的规定，以及法人机关、法人机构或者法人工作人员的岗位、职责要求，向有过错的法定代表人、工作人员或者内部部门及其负责人进行追偿。

三、法定代表人和工作人员的经营责任

我国《民法通则》第 43 条规定，企业法人对他的法定代表人和其他工作人员的经营活动，承担民事责任。由于法人的民事行为能力，必须通过法人的机关或授权的代理人来实现，因此，对其法定代表人和其他工作人员执行职务时所为的行为，应视为法人的行为，其法律后果应由法人承担。法人的法定代表人和其他工作人员，同时，又是具有一般民事主体身份的自然人，他们不是为执行职务而是为了个人利益的行为，不应由法人承担责任。但是，其行为的相对人善意地相信他们的行为是在执行职务，即使实际并非如此，为保护善意第三人的利益、维护交易安全，法人也可能为他们超越权限的行为承担民事责任。

我国《民总一审稿》立法中，对前述规定进行了修正和完善。即：（1）依照法律或者法人章程规定，代表法人从事民事活动的负责人，为法人的法定代表人；（2）法定代表人以法人名义从事的民事活动，其法律后果由法人承受；（3）法人的章程或者权力机构对法定代表人的代表权范围的限制，不得对抗善意第三人；（4）法定代表人因执行职务造成他人损害的，由法人承担民事责任。法人承担民事责任后，根据法律或者法人章程的规定，可以向有过错的法定代表人追偿。我国《民法总则》第 61 条～第 62 条对此规则，给予了全面确认。

四、法人分支机构的民事活动责任

法人的分支机构，是法人的组成部分，为分担法人所要执行的部分职能而设立，如公司设立分公司。法人的分支机构，是由法人依照法定程序设立，可以执行法人的部分职能，但分支机构本身不具有独立的法人资格。分支机构依法实施的行为或经过法人特别授权的行为，应由法人承担民事责任。为保护善意第三人、维护交易安全，法人分支机构超越其权限的行为，法人也可能要承担民事责任。

我国《民总一审稿》规定，法人可以依法设立分支机构。法律规定分支机构应当办理登记的，依照其规定。分支机构以自己的名义从事民事活动，由此产生的民事责任由法人承担。设立人为设立法人从事的民事活动，其法律后果在法人成立后由法人承受；法人未成立的，其法律后果由设立人承受，设立人为 2 人以上的，承担连带责任。对此，我国《民法总则》第 74 条～第 75 条进一步补充规定为：“分支机构以自己的名义从事民事活动，产生的民事责任由法人承担；也可以先以该分支机构管理的财产承担，不足以承担的，由法人承担”；“设立人为设立法人从事的民事活动，其法律后果由法人承受；法人未成立的，其法律后果由设立人承受，设立人为 2 人以上的，享有连带债权，承担连带债务。设立人为设立法人以自己的名义从事民事活动产生的民事责任，第三人有权选择请求法人或者设立人承担”。

五、法人的法律责任竞合

我国《民法通则》第 49 条规定，企业法人会出现法律责任竞合的情形。企业法人如果有下列情形之一的，除法人承担责任外，对法定代表人可以给予行政处分、罚款，

构成犯罪的，依法追究刑事责任：（1）超出登记机关核准登记的经营范围从事非法经营的；（2）向登记机关、税务机关隐瞒真实情况、弄虚作假的；（3）抽逃资金、隐匿财产逃避债务的；（4）解散、被撤销、被宣告破产后，擅自处理财产的；（5）变更、终止时不及时申请办理登记和公告，使利害关系人遭受重大损失的；（6）从事法律禁止的其他活动，损害国家利益或者社会公共利益的。

按照我国的民商事立法，法人出现法律责任竞合时，而其财产不足以承担全部法律责任的，应当先承担民事财产责任。不过，我国《民总一审稿》当中，对这个"民事责任优先原则"并不直接规定在"第三章法人"中，而是在"第八章民事责任"中，以"民事主体因同一行为应当承担民事责任、行政责任和刑事责任的，承担行政责任或者刑事责任不影响依法承担民事责任；民事主体的财产不足以支付的，先承担民事责任"来进行表述。我国《民法总则》第 187 条中，在分号后的规定是"民事主体的财产不足以支付的，优先用于承担民事责任"。当然，法人尤其是营利性法人的法律责任竞合时，民事责任优先原则肯定是适用的。

第五节　营利性法人

一、营利性法人的定义

所谓营利性法人，是指以取得利润并分配给其股东或者其他出资人等成员为目的成立的法人。我国《民法总则》第 76 条规定，营利性法人是以取得利润并分配给股东等出资人为目的成立的法人，包括有限责任公司、股份有限公司和其他企业法人等，经依法登记成立，取得法人资格。依法设立的营利性法人，由法人登记机关发给营利性法人营业执照。营业执照签发日期为营利性法人的成立日期。

在这里，我国首次确认或承认法人中，那些"以营利为目的"的法人，是存在而且数量极其巨大的。那么，营利性法人为什么"以营利为目的"呢？应当说，这种法人"以营利为目的"，一方面，是为了自身的生存或者"活着"——这种法人通过营利活动，获得了利润才能维持其继续生存，而亏损或者入不敷出、资不抵债，不是其成立的目的或者目标；另一方面，是为了自身的"发展"，即让营利性法人在进行简单在生产之外，依法进行扩大再生产。而扩大再生产的前提是，要缴纳税款、提取资本公积金和公益金，并偿还各种债款，等等。而要完成这一列的任务，只有营利活动产生了利润，才有可能。

因此，营利性法人的类型划分，说明立法者意识到营利目的与利润分配过程中，"一对多"的放大效应，恰恰是这种类型法人成为一种经济组织的功能所在。为此，确定营利性法人作为法人的一种，其功能有三：（1）矫正观念。即修正人们心目中，商场、酒店和餐饮服务场所，不应当赚钱或者公司法人可以不思回报，不进行利润分配的不适当的利益观念；（2）支持营利性活动。通过民法规范确认和明晰营利营法人的法律地位，表明立法者对待这种公司法人参与民事活动的支持态度。同时，通过行政机关的行政活动，以及司法机关的司法活动，对合法的民事活动，应当一并给予支持；（3）强调收益分配。这是对营利性法人这种法人型民事主体的专门要求和功能设定。应当说，长期以来，我国社会中，普遍存在公司法人可以不分红派息或者轻视投资人的利益，从而助长和恶化了社会诚信体系的基础。为此，我国《民法总则》中直接规定营利性法人，旨在给这类公司法人尤其是上市公司的分配行为实施，提供法律上的干预动力。

二、营利性法人的权力机构与组织机构

所谓权力机构，即营利性法人的决策性或者决定重大事项，并以全体会议形式存在的组织机构。我国《民总一审稿》规定，营利性法人的权力机构为成员大会。如果营利性法人设董事会或者执行董事的，董事会或者执行董事为权力机构的执行机构，董事长、执行董事或者经理依照法人章程的规定担任法定代表人；未设董事会或者执行董事的，法人章程规定的主要负责人为其执行机构和法定代表人。我国《民法总则》第80条～第82条规定：（1）营利法人应当设权力机构。权力机构行使修改法人章程、选举或者更换执行机构、监督机构成员，以及法人章程规定的其他职权；（2）营利法人应当设执行机构。执行机构行使召集权力机构会议，决定法人的经营计划和投资方案，决定法人内部管理机构的设置，以及法人章程规定的其他职权。执行机构为董事会或者执行董事的，董事长、执行董事或者经理按照法人章程的规定担任法定代表人；未设董事会或者执行董事的，法人章程规定的主要负责人为其执行机构和法定代表人；（3）营利法人设监事会或者监事等监督机构的，监督机构依法行使检查法人财务，监督执行机构成员、高级管理人员执行法人职务的行为，以及法人章程规定的其他职权等。我国《公司法》第四章对营利性公司法人即股份有限公司这种法人的组织机构、法定代表人有专门规定，构成了特有的公司治理结构或者法人治理结构。即：

（一）股东大会

股份有限公司股东大会由全体股东组成。股东大会是公司的权力机构，依法行使职权。[1] 股东大会应当每年召开一次年会（第100条）；股东出席股东大会会议，所持每一股份有一表决权。但是，公司持有的本公司股份没有表决权。股东大会作出决议，必须经出席会议的股东所持表决权过半数通过。但是，股东大会作出修改公司章程、增加或者减少注册资本的决议，以及公司合并、分立、解散或者变更公司形式的决议，必须经出席会议的股东所持表决权的2/3以上通过（第103条）；股东大会选举董事、监事，可以依照公司章程的规定或者股东大会的决议，实行累积投票制（第105条）。[2]

（二）董事会

股份有限公司设董事会，其成员为5人至19人（第108条）；董事会成员中可以有公司职工代表。董事会中的职工代表由公司职工通过职工代表大会、职工大会或者其他形式民主选举产生。董事任期由公司章程规定，但每届任期不得超过3年。董事任期届

---

[1] 我国《公司法》第37条规定，股东大会的职权是：（1）决定公司的经营方针和投资计划；（2）选举和更换非由职工代表担任的董事、监事，决定有关董事、监事的报酬事项；（3）审议批准董事会的报告；（4）审议批准监事会或者监事的报告；（5）审议批准公司的年度财务预算方案、决算方案；（6）审议批准公司的利润分配方案和弥补亏损方案；（7）对公司增加或者减少注册资本作出决议；（8）对发行公司债券作出决议；（9）对公司合并、分立、解散、清算或者变更公司形式作出决议；（10）修改公司章程；（11）公司章程规定的其他职权。

[2] 所谓累积投票制，是指股东大会选举董事或者监事时，每一股份拥有与应选董事或者监事人数相同的表决权，股东拥有的表决权可以集中使用的制度。

满，连选可以连任（第 108 条）；董事会的职权是股东大会职权的一种延伸①；董事会设董事长一人，可以设副董事长。董事长和副董事长由董事会以全体董事的过半数选举产生。董事长召集和主持董事会会议，检查董事会决议的实施情况。副董事长协助董事长工作，董事长不能履行职务或者不履行职务的，由副董事长履行职务；副董事长不能履行职务或者不履行职务的，由半数以上董事共同推举一名董事履行职务（第 109 条）；董事会每年度至少召开两次会议，每次会议应当于会议召开 10 日前通知全体董事和监事。代表 1/10 以上表决权的股东、1/3 以上董事或者监事会，可以提议召开董事会临时会议。董事长应当自接到提议后 10 日内，召集和主持董事会会议（第 110 条）；董事会会议应有过半数的董事出席方可举行。董事会作出决议，必须经全体董事的过半数通过。董事会决议的表决，实行一人一票（第 111 条）。

（三）经理

股份有限公司设经理，由董事会决定聘任或者解聘（第 113 条）；股份有限公司经理，由董事会决定聘任或者解聘。经理对董事会负责，行使职权包括：（1）主持公司的生产经营管理工作，组织实施董事会决议；（2）组织实施公司年度经营计划和投资方案；（3）拟订公司内部管理机构设置方案；（4）拟订公司的基本管理制度；（5）制定公司的具体规章；（6）提请聘任或者解聘公司副经理、财务负责人；（7）决定聘任或者解聘除应由董事会决定聘任或者解聘以外的负责管理人员；（8）董事会授予的其他职权。公司章程对经理职权另有规定的，从其规定。经理列席董事会会议（第 49 条）；公司董事会可以决定由董事会成员兼任经理（第 114 条）。

（四）监事会

股份有限公司设监事会，其成员不得少于 3 人。监事会应当包括股东代表和适当比例的公司职工代表，其中职工代表的比例不得低于 1/3，具体比例由公司章程规定。监事会中的职工代表由公司职工通过职工代表大会、职工大会或者其他形式民主选举产生。监事会设主席 1 人，可以设副主席。监事会主席和副主席由全体监事过半数选举产生。监事会主席召集和主持监事会会议；监事会主席不能履行职务或者不履行职务的，由监事会副主席召集和主持监事会会议；监事会副主席不能履行职务或者不履行职务的，由半数以上监事共同推举 1 名监事召集和主持监事会会议。董事、高级管理人员②不得兼任监事（第 117 条）；监事的任期每届为 3 年。监事任期届满，连选可以连任。监事任期届满未及时改选，或者监事在任期内辞职导致监事会成员低于法定人数的，在改选出的监事就任前，原监事仍应当依照法律、行政法规和公司章程的规定，履行监事

---

① 我国《公司法》第 46 条规定，董事会对股东会负责，行使下列职权：（1）召集股东会会议，并向股东会报告工作；（2）执行股东会的决议；（3）决定公司的经营计划和投资方案；（4）制订公司的年度财务预算方案、决算方案；（5）制订公司的利润分配方案和弥补亏损方案；（6）制订公司增加或者减少注册资本以及发行公司债券的方案；（7）制订公司合并、分立、解散或者变更公司形式的方案；（8）决定公司内部管理机构的设置；（9）决定聘任或者解聘公司经理及其报酬事项，并根据经理的提名决定聘任或者解聘公司副经理、财务负责人及其报酬事项；（10）制定公司的基本管理制度；（11）公司章程规定的其他职权。

② 我国《公司法》第 216 条规定，高级管理人员，是指公司的经理、副经理、财务负责人，上市公司董事会秘书和公司章程规定的其他人员。

职务（第 114 条）；监事会行使的职权也比较多①。监事可以列席董事会会议，并对董事会决议事项提出质询或者建议。监事会发现公司经营情况异常，可以进行调查；必要时，可以聘请会计师事务所等协助其工作，费用由公司承担（第 54 条）。监事会行使职权所必需的费用，由公司承担（第 118 条）；监事会每 6 个月至少召开一次会议。监事可以提议召开临时监事会会议。监事会的议事方式和表决程序，除本法有规定的外，由公司章程规定。监事会决议应当经半数以上监事通过。监事会应当对所议事项的决定作成会议记录，出席会议的监事应当在会议记录上签名（第 119 条）。

三、营利性法人从事民事活动

我国《民总一审稿》规定，营利性法人超越登记的经营范围从事经营活动的，依法承担相应的责任，但是除违反法律、行政法规的效力性强制性规定外，该法律行为有效。营利性法人从事经营活动，必须遵守法律、行政法规，遵守社会公德、商业道德，诚实信用，接受政府和社会公众的监督，承担社会责任。对于这一点，与我国《公司法》第 5 条规定的规定，完全一致。尤其是将公司"承担社会责任"作为营利性法人从事民事活动合法性的核心要求之一，具有重要的现实意义。

与此同时，营利性法人的成员应当遵守法律、行政法规和法人章程，依法行使成员权利，不得滥用成员权利损害法人或者其他成员的利益，不得滥用法人独立地位和成员有限责任损害法人债权人的利益。这一规定，与我国《公司法》第 20 条的规定相类似，但是也有差别，即：（1）公司股东应当遵守法律、行政法规和公司章程，依法行使股东权利，不得滥用股东权利损害公司或者其他股东的利益；（2）公司股东不得滥用公司法人独立地位和股东有限责任损害公司债权人的利益；（3）公司股东滥用股东权利给公司或者其他股东造成损失的，应当依法承担赔偿责任；（4）公司股东滥用公司法人独立地位和股东有限责任，逃避债务，严重损害公司债权人利益的，应当对公司债务承担连带责任。可见，我国《公司法》的规定，在内容上更加完善。不过，考虑到我国立法上的民商合一，以及我国《公司法》的进一步修改和完善的需要，我国《民法总则》第 83 条~第 86 条细化规定为：（1）营利法人的出资人不得滥用出资人权利损害法人或者其他出资人的利益。滥用出资人权利给法人或者其他出资人造成损失的，应当依法承担民事责任。营利法人的出资人不得滥用法人独立地位和出资人有限责任损害法人的债权人利益。滥用法人独立地位和出资人有限责任，逃避债务，严重损害法人的债权人利益的，应当对法人债务承担连带责任；（2）营利法人的控股出资人、实际控制人、董事、监事、高级管理人员不得利用其关联关系损害法人的利益。利用关联关系给法人造成损失的，应当承担赔偿责任；（3）营利法人的权力机构、执行机构作出决议的会议召集程序、表决方式违反法律、行政法规、法人章程，或者决议内容违反法人章程的，营利法人的出资人可以请求法院撤销该决议，但是营利法人依据该决议与善意相对人形成的民

---

① 我国《公司法》第 53 条规定的监事会职权包括：（1）检查公司财务；（2）对董事、高级管理人员执行公司职务的行为进行监督，对违反法律、行政法规、公司章程或者股东会决议的董事、高级管理人员提出罢免的建议；（3）当董事、高级管理人员的行为损害公司的利益时，要求董事、高级管理人员予以纠正；（4）提议召开临时股东会会议，在董事会不履行本法规定的召集和主持股东会会议职责时召集和主持股东会会议；（5）向股东会会议提出提案；（6）依法对董事、高级管理人员提起诉讼；（7）公司章程规定的其他职权。

事法律关系不受影响；（4）营利法人从事经营活动，应当遵守商业道德，维护交易安全，接受政府和社会的监督，承担社会责任。

四、合作社法人

（一）合作社法人的依据

我国《民总一审稿》规定，法律对合作社法人有规定的，依照其规定。我国《民法总则》通过后，删除了"合作社法人"的规定。合作社法人，在我国目前，主要是农民专业合作社法人（简称"农民合作社法人"）。所谓农民合作社法人，是指在农村家庭承包经营基础上，同类农产品的生产经营者或者同类农业生产经营服务的提供者、利用者，自愿联合、民主管理的互助性经济组织。这种农民合作社法人，以其成员为主要服务对象，提供农业生产资料的购买，农产品的销售、加工、运输、贮藏以及与农业生产经营有关的技术、信息等服务。

《中华人民共和国农民专业合作社法》（简称《合作社法》）第3条～第5条规定，农民专业合作社应当遵循下列原则：（1）成员以农民为主体；（2）以服务成员为宗旨，谋求全体成员的共同利益；（3）入社自愿、退社自由；（4）成员地位平等，实行民主管理；（5）盈余主要按照成员与农民专业合作社的交易量（额）比例返还；农民专业合作社依照本法登记，取得法人资格。农民专业合作社对由成员出资、公积金、国家财政直接补助、他人捐赠以及合法取得的其他资产所形成的财产，享有占有、使用和处分的权利，并以上述财产对债务承担责任；农民专业合作社成员以其账户内记载的出资额和公积金份额为限，对农民专业合作社承担责任。

我国《合作社法》的"第七章扶持政策"，表明了国家对农民合作社法人的支持政策已经法律化。主要是：（1）国家支持发展农业和农村经济的建设项目，可以委托和安排有条件的有关农民合作社实施（第49条）；（2）中央和地方财政应当分别安排资金，支持农民合作社开展信息、培训、农产品质量标准与认证、农业生产基础设施建设、市场营销和技术推广等服务。对民族地区、边远地区和贫困地区的农民合作社和生产国家与社会急需的重要农产品的农民合作社给予优先扶持（第50条）；（3）国家政策性金融机构应当采取多种形式，为农民合作社提供多渠道的资金支持。具体支持政策由国务院规定。国家鼓励商业性金融机构采取多种形式，为农民合作社提供金融服务（第51条）；（4）农民合作社享受国家规定的对农业生产、加工、流通、服务和其他涉农经济活动相应的税收优惠。支持农民合作社发展的其他税收优惠政策，由国务院规定（第52条）。

（二）合作社法人的设立和登记

我国《合作社法》第二章规定了农民合作社法人的设立和登记，主要是：第一，设立农民专业合作社，应当具备下列条件：（1）有5名以上符合本法规定要求的成员；（2）有符合本法规定的章程；（3）有符合本法规定的组织机构；（4）有符合法律、行政法规规定的名称和章程确定的住所；（5）有符合章程规定的成员出资（第10条）。

第二，设立农民专业合作社应当召开由全体设立人参加的设立大会。设立时自愿成为该社成员的人为设立人。设立大会行使下列职权：（1）通过本社章程，章程应当由全体设立人一致通过；（2）选举产生理事长、理事、执行监事或者监事会成员；（3）审议其他重大事项（第11条）。

第三，农民专业合作社章程应当载明下列事项：（1）名称和住所；（2）业务范围；（3）成员资格及入社、退社和除名；（4）成员的权利和义务；（5）组织机构及其产生办法、职权、任期、议事规则；（6）成员的出资方式、出资额；（7）财务管理和盈余分配、亏损处理；（8）章程修改程序；（9）解散事由和清算办法；（10）公告事项及发布方式；（11）需要规定的其他事项（第12条）。

第四，设立农民专业合作社，应当向工商行政管理部门提交下列文件，申请设立登记：（1）登记申请书；（2）全体设立人签名、盖章的设立大会纪要；（3）全体设立人签名、盖章的章程；（4）法定代表人、理事的任职文件及身份证明；（5）出资成员签名、盖章的出资清单；（6）住所使用证明；（7）法律、行政法规规定的其他文件。登记机关应当自受理登记申请之日起20日内办理完毕，向符合登记条件的申请者颁发营业执照。农民专业合作社法定登记事项变更的，应当申请变更登记。农民专业合作社登记办法由国务院规定。办理登记不得收取费用（第13条）。

（三）合作社法人的成员

我国《合作社法》第三章规定了农民合作社法人的成员，主要是：第一，具有民事行为能力的公民，以及从事与农民专业合作社业务直接有关的生产经营活动的企业、事业单位或者社会团体，能够利用农民专业合作社提供的服务，承认并遵守农民专业合作社章程，履行章程规定的入社手续的，可以成为农民专业合作社的成员。但是，具有管理公共事务职能的单位不得加入农民专业合作社。农民专业合作社应当置备成员名册，并报登记机关（第14条）。

第二，农民专业合作社的成员中，农民至少应当占成员总数的80%。成员总数20人以下的，可以有一个企业、事业单位或者社会团体成员；成员总数超过20人的，企业、事业单位和社会团体成员不得超过成员总数的5%（第15条）。

第三，农民专业合作社成员享有下列权利：（1）参加成员大会，并享有表决权、选举权和被选举权，按照章程规定对本社实行民主管理；（2）利用本社提供的服务和生产经营设施；（3）按照章程规定或者成员大会决议分享盈余；（4）查阅本社的章程、成员名册、成员大会或者成员代表大会记录、理事会会议决议、监事会会议决议、财务会计报告和会计账簿；（5）章程规定的其他权利（第16条）。

第四，农民专业合作社成员大会选举和表决，实行一人一票制，成员各享有一票的基本表决权。出资额或者与本社交易量（额）较大的成员按照章程规定，可以享有附加表决权。本社的附加表决权总票数，不得超过本社成员基本表决权总票数的20%。享有附加表决权的成员及其享有的附加表决权数，应当在每次成员大会召开时告知出席会议的成员。章程可以限制附加表决权行使的范围（第17条）。

第五，农民专业合作社成员承担下列义务：（1）执行成员大会、成员代表大会和理事会的决议；（2）按照章程规定向本社出资；（3）按照章程规定与本社进行交易；（4）按照章程规定承担亏损；（5）章程规定的其他义务（第18条）。

第六，农民专业合作社成员要求退社的，应当在财务年度终了的3个月前向理事长或者理事会提出。其中，企业、事业单位或者社会团体成员退社，应当在财务年度终了的6个月前提出；章程另有规定的，从其规定。退社成员的成员资格自财务年度终了时终止（第 19 条）。

第七，成员在其资格终止前与农民专业合作社已订立的合同，应当继续履行；章程另有规定或者与本社另有约定的除外（第 20 条）。

第八，成员资格终止的，农民专业合作社应当按照章程规定的方式和期限，退还记载在该成员账户内的出资额和公积金份额；对成员资格终止前的可分配盈余，依照本法第 37 条第二款的规定向其返还。资格终止的成员应当按照章程规定分摊资格终止前本社的亏损及债务（第 21 条）。

（四）合作社法人的组织机构

我国《合作社法》第四章规定了农民合作社法人的组织机构，主要是：

第一，农民专业合作社成员大会由全体成员组成，是本社的权力机构，行使下列职权：（1）修改章程；（2）选举和罢免理事长、理事、执行监事或者监事会成员；（3）决定重大财产处置、对外投资、对外担保和生产经营活动中的其他重大事项；（4）批准年度业务报告、盈余分配方案、亏损处理方案；（5）对合并、分立、解散、清算作出决议；（6）决定聘用经营管理人员和专业技术人员的数量、资格和任期；（7）听取理事长或者理事会关于成员变动情况的报告；（8）章程规定的其他职权（第 22 条）。

第二，农民专业合作社召开成员大会，出席人数应当达到成员总数 2/3 以上。成员大会选举或者作出决议，应当由本社成员表决权总数过半数通过；作出修改章程或者合并、分立、解散的决议，应当由本社成员表决权总数的 2/3 以上通过。章程对表决权数有较高规定的，从其规定（第 23 条）。

第三，农民专业合作社成员大会每年至少召开一次，会议的召集由章程规定。有下列情形之一的，应当在 20 日内召开临时成员大会：（1）30％以上的成员提议；（2）执行监事或者监事会提议；（3）章程规定的其他情形（第 24 条）。

第四，农民专业合作社成员超过 150 人的，可以按照章程规定设立成员代表大会。成员代表大会按照章程规定，可以行使成员大会的部分或者全部职权（第 25 条）。

第五，农民专业合作社设理事长 1 名，可以设理事会。理事长为本社的法定代表人。农民专业合作社可以设执行监事或者监事会。理事长、理事、经理和财务会计人员不得兼任监事。理事长、理事、执行监事或者监事会成员，由成员大会从本社成员中选举产生，依照本法和章程的规定行使职权，对成员大会负责。理事会会议、监事会会议的表决，实行一人一票（第 26 条）。

第六，农民专业合作社的成员大会、理事会、监事会，应当将所议事项的决定做成会议记录，出席会议的成员、理事、监事应当在会议记录上签名（第 27 条）。

第七，农民专业合作社的理事长或者理事会可以按照成员大会的决定，聘任经理和财务会计人员，理事长或者理事可以兼任经理。经理按照章程规定或者理事会的决定，可以聘任其他人员。经理按照章程规定和理事长或者理事会授权，负责具体生产经营活动（第 28 条）。

第八，农民专业合作社的理事长、理事和管理人员不得有下列行为：（1）侵占、挪用或者私分本社资产；（2）违反章程规定或者未经成员大会同意，将本社资金借贷给他人或者以本社资产为他人提供担保；（3）接受他人与本社交易的佣金归为己有；（4）从事损害本社经济利益的其他活动。理事长、理事和管理人员违反前款规定所得的收入，应当归本社所有；给本社造成损失的，应当承担赔偿责任（第 29 条）。

第九，农民专业合作社的理事长、理事、经理不得兼任业务性质相同的其他农民专业合作社的理事长、理事、监事、经理（第 30 条）。执行与农民专业合作社业务有关公务的人员，不得担任农民专业合作社的理事长、理事、监事、经理或者财务会计人员（第 31 条）。

第六节　非营利性法人

一、非营利性法人的定义

所谓非营利性法人，是指为公益目的或者其他非营利目的成立的法人性社会组织。我国《民法总则》第 87 条规定，非营利法人是为公益目的或者其他非营利目的成立，不向出资人、设立人或者会员分配所取得利润的法人。非营利法人包括事业单位、社会团体、基金会、社会服务机构等。非营利性法人受限于其公益目的或者其他非营利性目的，因此，非营利性法人不得向其成员或者设立人分配利润。为公益目的成立的非营利性法人终止时，不得向其成员或者设立人分配剩余财产；其剩余财产应当按照章程的规定或者权力机构的决议用于公益目的；不能按照法人章程规定或者权力机构的决议处理的，由主管机关主持转给宗旨相同或者相近的以公益为目的的法人，并向社会公告。

非营利性法人是个类型化的概念，其宗旨是发展公益、慈善、宗教、学术事业，它们即使从事商业活动，赚取利润，也只是以营利为手段，旨在实现与营利无关的目的，而且，其营利所得不能直接分配于成员。区分营利法人和非营利法人的主要法律意义在于：对其设定不同的设立程序、赋予不同的民事权利能力、适用不同的税法等。

二、事业单位法人

具备法人条件，为实现公益目的设立的事业单位，经依法登记成立，取得事业单位法人资格；依法不需要办理法人登记的，从成立之日起，具有事业单位法人资格。事业单位法人设理事会的，理事会为其决策机构。事业单位法定代表人按照其章程的规定产生。事业单位法人的组织机构、法定代表人依照相关法律的规定处理。

事业单位法人，是指从事非营利性的各项社会公益事业拥有独立财产或经费的各类法人，包括从事文化、教育、卫生、体育、新闻出版等公益事业的社会服务单位。也可以指按照国家法律、法规、规章的规定设立，具备法人条件，经事业单位登记管理机关核准登记成立的，面向社会直接为国民经济和社会提供服务，以社会公益为主要目的的一种社会组织。

根据国务院《事业单位登记管理暂行条例》（1998 年 10 月 25 日，简称《事业单位条例》）的规定，事业单位，是指国家为了社会公益目的，由国家机关举办或者其他组织利用国有资产举办的，从事教育、科技、文化、卫生等活动的社会服务组织。事业单位依法举办的营利性经营组织，必须实行独立核算，依照国家有关公司、企业等经营组织的法律、法规登记管理（第 2 条）；事业单位经县级以上各级政府及其有关主管部门即审批机关批准成立后，应当依照本条例的规定登记或者备案。事业单位应当具备法人条件（第 3 条）；事业单位实行分级登记管理。分级登记管理的具体办法由国务院机构编制管理机关规定（第 5 条）。

事业单位法人的登记，按照《事业单位条例》"第二章登记"的规定，要求如下：申请事业单位法人登记，应当具备下列条件：（1）经审批机关批准设立；（2）有自己的名称、组织机构和场所；（3）有与其业务活动相适应的从业人员；（4）有与其业务活动相适应的经费来源；（5）能够独立承担民事责任（第 6 条）。事业单位法人登记事项包括：名称、住所、宗旨和业务范围、法定代表人、经费来源（开办资金）等情况。登记管理机关应当自收到登记申请书之日起 30 日内依照本条例的规定进行审查，作出准予登记或者不予登记的决定。准予登记的，发给《事业单位法人证书》（第 8 条）；经登记的事业单位，凭《事业单位法人证书》刻制印章，申请开立银行账户。事业单位应当将印章式样报登记管理机关备案（第 9 条）；法律规定具备法人条件、自批准设立之日起即取得法人资格的事业单位，或者法律、其他行政法规规定具备法人条件、经有关主管部门依法审核或者登记，已经取得相应的执业许可证书的事业单位，不再办理事业单位法人登记，由有关主管部门按照分级登记管理的规定向登记管理机关备案。县级以上各级人民政府设立的直属事业单位直接向登记管理机关备案（第 11 条）；对备案的事业单位，登记管理机关应当自收到备案文件之日起 30 日内发给《事业单位法人证书》（第 12 条）；事业单位被撤销、解散的，应当向登记管理机关办理注销登记或者注销备案。事业单位办理注销登记前，应当在审批机关指导下成立清算组织，完成清算工作。事业单位应当自清算结束之日起 15 日内，向登记管理机关办理注销登记。事业单位办理注销登记，应当提交撤销或者解散该事业单位的文件和清算报告；登记管理机关收缴《事业单位法人证书》和印章（第 13 条）；事业单位的登记、备案或者变更名称、住所以及注销登记或者注销备案，由登记管理机关予以公告（第 14 条）。

三、社会团体法人

具备法人条件，基于会员共同意愿，为实现公益目的或者会员共同利益等非营利目的设立的社会团体，经依法登记成立，取得社会团体法人资格；依法不需要办理法人登记的，从成立之日起，具有社会团体法人资格。社会团体法人应当制定章程，设会员大会或者会员代表大会等权力机构。社会团体法人应当设理事会等执行机构。理事长或者会长等主要负责人依照法人章程的规定担任法定代表人。

国务院《社会团体登记管理条例》（1998 年 9 月 25 日，简称《社团登记条例》）第 2 条规定，所谓社会团体，是指我国公民自愿组成，为实现会员共同意愿，按照其章程开展活动的非营利性社会组织。国家机关以外的组织可以作为单位会员加入社会团体。成立社会团体，应当经其业务主管单位审查同意，并依照本条例的规定进行登记。社会团体应当具备法人条件。下列团体不属于应当登记的社会团体范围：（1）参加中国人民政治协商会议的人民团体；（2）由国务院机构编制管理机关核定，并经国务院批准免于登记的团体；（3）机关、团体、企业事业单位内部经本单位批准成立、在本单位内部活动的团体（第 3 条）；社会团体不得从事营利性经营活动（第 4 条）；国务院民政部门和县级以上地方各级政府民政部门是本级政府的社会团体登记管理机关；国务院有关部门和县级以上地方各级政府有关部门、国务院或者县级以上地方各级政府授权的组织，是有关行业、学科或者业务范围内社会团体的业务主管单位（第6条）。

《社团登记条例》"第三章成立登记"中，规定的社会团体登记规则是：第一，申请成立社会团体，应当经其业务主管单位审查同意，由发起人向登记管理机关申请筹备（第9条）。

第二，成立社会团体，应当具备的条件是：（1）有50个以上的个人会员或者30个以上的单位会员；个人会员、单位会员混合组成的，会员总数不得少于50个；（2）有规范的名称和相应的组织机构；（3）有固定的住所；（4）有与其业务活动相适应的专职工作人员；（5）有合法的资产和经费来源，全国性的社会团体有10万元以上活动资金，地方性的社会团体和跨行政区域的社会团体有3万元以上活动资金；（6）有独立承担民事责任的能力（第10条）。

第三，社会团体的名称应当符合法律、法规的规定，不得违背社会道德风尚。社会团体的名称应当与其业务范围、成员分布、活动地域相一致，准确反映其特征。全国性的社会团体的名称冠以"中国"、"全国"、"中华"等字样的，应当按照国家有关规定经过批准，地方性的社会团体的名称不得冠以"中国"、"全国"、"中华"等字样（第10条）。

第四，筹备成立的社会团体，应当自登记管理机关批准筹备之日起6个月内召开会员大会或者会员代表大会，通过章程，产生执行机构、负责人和法定代表人，并向登记管理机关申请成立登记。筹备期间不得开展筹备以外的活动。社会团体的法定代表人，不得同时担任其他社会团体的法定代表人（第14条）。

第五，社会团体的章程应当包括下列事项：（1）名称、住所；（2）宗旨、业务范围和活动地域；（3）会员资格及其权利、义务；（4）民主的组织管理制度，执行机构的产生程序；（5）负责人的条件和产生、罢免的程序；（6）资产管理和使用的原则；（7）章程的修改程序；（8）终止程序和终止后资产的处理；（9）应当由章程规定的其他事项（第15条）。

第六，登记管理机关应当自收到完成筹备工作的社会团体的登记申请书及有关文件之日起30日内完成审查工作。符合法定要求、章程内容完备的社会团体，准予登记，发给《社会团体法人登记证书》。登记事项包括：（1）名称；（2）住所；（3）宗旨、业务范围和活动地域；（4）法定代表人；（5）活动资金；（6）业务主管单位（第16条）。

第七，依照法律规定，自批准成立之日起即具有法人资格的社会团体，应当自批准成立之日起60日内向登记管理机关备案。登记管理机关自收到备案文件之日起30日内发给《社会团体法人登记证书》。社会团体备案事项，除法定登记事项外，还应当包括业务主管单位依法出具的批准文件（第17条）。社会团体凭《社会团体法人登记证书》申请刻制印章，开立银行账户；社会团体应当将印章式样和银行账号报登记管理机关备案（第18条）。

第八，社会团体成立后拟设立分支机构、代表机构的，应当经业务主管单位审查同意，向登记管理机关提交有关分支机构、代表机构的名称、业务范围、场所和主要负责人等情况的文件，申请登记。社会团体的分支机构、代表机构是社会团体的组成部分，不具有法人资格，应当按照其所属于的社会团体的章程所规定的宗旨和业务范围，在该社会团体授权的范围内开展活动、发展会员。社会团体的分支机构不得再设立分支机构。社会团体不得设立地域性的分支机构（第 19 条）。

四、捐助法人

具备法人条件，为实现公益目的，以捐助财产设立的基金会等，经依法登记成立，取得捐助法人资格。依法设立的宗教活动场所①，具备法人条件的，可以申请法人登记，取得捐助法人资格。捐助法人应当制定章程，设理事会、民主管理组织等决策机构、执行机构。理事长等主要负责人依照法人章程的规定担任法定代表人。捐助法人应当设监事会等监督机构。捐助人有权向捐助法人查询捐助财产的使用、管理情况，并提出意见和建议，捐助法人应当及时、如实答复。捐助法人的决策机构、执行机构或者其法定代表人作出的决定违反捐助法人章程的，捐助人等利害关系人或者主管机关可以请求法院予以撤销。

我国《公益事业捐赠法》（1999 年 6 月 28 日）只针对鼓励捐赠，规范捐赠和受赠行为，即自然人、法人或者其他组织自愿无偿向依法成立的公益性社会团体和公益性非营利的事业单位捐赠财产，用于公益事业的活动，促进公益事业的发展进行的立法。其中，"公益性社会团体"是指依法成立的，以发展公益事业为宗旨的基金会、慈善组织等社会团体。而"公益性非营利的事业单位是"指依法成立的，从事公益事业的不以营利为目的的教育机构、科学研究机构、医疗卫生机构、社会公共文化机构、社会公共体育机构和社会福利机构等（第 10 条）。公益性社会团体和公益性非营利的事业单位可以依法接受捐赠，也就是说有权从事"捐赠和受赠"活动。其中，公益性社会团体应当将受赠财产用于资助符合其宗旨的活动和事业。对于接受的救助灾害的捐赠财产，应当及时用于救助活动。基金会每年用于资助公益事业的资金数额，不得低于国家规定的比例。公益性社会团体应当严格遵守国家的有关规定，按照合法、安全、有效的原则，积极实现捐赠财产的保值增值。公益性非营利的事业单位应当将受赠财产用于发展本单位的公益事业，不得挪作他用。对于不易储存、运输和超过实际需要的受赠财产，受赠人可以变卖，所取得的全部收入，应当用于捐赠目的（第 17 条）。但是，我国《公益事业捐赠法》的立法宗旨，主要并不是捐助法人运行，包括设立、运行和活动、变更、终止，以及活动监督、法律责任等的立法。

我国《慈善法》（2016 年 3 月 16 日）出台后，在立法体系上，第一次对慈善组织

---

① 国务院《宗教事务条例》（2004 年 7 月 7 日）规定，宗教活动场所（寺院、宫观、清真寺、教堂以及其他固定宗教活动处所）可以按照宗教习惯接受公民的捐献，但不得强迫或者摊派。非宗教团体、非宗教活动场所不得组织、举行宗教活动，不得接受宗教性的捐献（第 20 条）；宗教活动场所内可以经销宗教用品、宗教艺术品和宗教出版物。经登记为宗教活动场所的寺院、宫观、清真寺、教堂按照国家有关规定可以编印宗教内部资料性出版物（第 21 条）；宗教团体、宗教活动场所合法使用的土地，合法所有或者使用的房屋、构筑物、设施，以及其他合法财产、收益，受法律保护。任何组织或者个人不得侵占、哄抢、私分、损毁或者非法查封、扣押、冻结、没收、处分宗教团体、宗教活动场所的合法财产，不得损毁宗教团体、宗教活动场所占有、使用的文物（第 30 条）；宗教团体、宗教活动场所所有的房屋和使用的土地，应当依法向县级以上地方政府房产、土地管理部门申请登记，领取所有权、使用权证书；产权变更的，应当及时办理变更手续。土地管理部门在确定和变更宗教团体或者宗教活动场所土地使用权时，应当征求本级政府宗教事务部门的意见（第 31 条）；宗教活动场所用于宗教活动的房屋、构筑物及其附属的宗教教职人员生活用房不得转让、抵押或者作为实物投资（第 32 条）；宗教团体的成立、变更和注销，应当依照《社团登记条例》的规定办理登记，其章程应当符合《社团登记条例》的有关规定。宗教团体按照章程开展活动，受法律保护（第 6 条）。

这种捐助法人，进行了系统规定，即：第二章慈善组织、第三章慈善募捐、第四章慈善捐赠、第五章慈善信托、第六章慈善财产、第七章慈善服务、第八章信息公开、第九章促进措施、第十章监督管理和第十一章法律责任等。

我国《慈善法》"第二章慈善组织"中，规定了慈善捐助法人的设立等事项：

1. 慈善组织的定义。所谓慈善组织，是指依法成立、符合本法规定，以面向社会开展慈善活动为宗旨的非营利性组织。慈善组织可以采取基金会、社会团体、社会服务机构等组织形式（第8条）。《北京市促进慈善事业若干规定》（2013年9月24日，简称《北京慈善规定》）第2条第三款规定，慈善组织是指以开展慈善活动为宗旨，依法成立的社会团体、民办非企业单位、基金会等非营利性组织。可见，《北京慈善规定》的界定，比我国《慈善法》的规定在严谨性上要差许多。

2. 慈善组织的设立条件。慈善组织应当符合下列条件：（1）以开展慈善活动为宗旨；（2）不以营利为目的；（3）有自己的名称和住所；（4）有组织章程；（5）有必要的财产；（6）有符合条件的组织机构和负责人；（7）法律、行政法规规定的其他条件（第9条）。

3. 慈善组织的登记。设立慈善组织，应当向县级以上政府民政部门申请登记，民政部门应当自受理申请之日起30日内作出决定。符合法律规定条件的，准予登记并向社会公告；不符合法定条件的，不予登记并书面说明理由。我国《慈善法》公布前已经设立的基金会、社会团体、社会服务机构等非营利性组织，可以向其登记的民政部门申请认定为慈善组织，民政部门应当自受理申请之日起20日内作出决定。符合慈善组织条件的，予以认定并向社会公告；不符合慈善组织条件的，不予认定并书面说明理由。有特殊情况需要延长登记或者认定期限的，报经国务院民政部门批准，可以适当延长，但延长的期限不得超过60日（第10条）。

4. 慈善组织章程。设立慈善组织，应当提供慈善组织章程。慈善组织的章程，应当载明的法定事项是：（1）名称和住所；（2）组织形式；（3）宗旨和活动范围；（4）财产来源及构成；（5）决策、执行机构的组成及职责；（6）内部监督机制；（7）财产管理使用制度；（8）项目管理制度；（9）终止情形及终止后的清算办法；（10）其他重要事项（第11条）。

5. 慈善组织治理结构。慈善组织应当根据法律法规以及章程的规定，建立健全内部治理结构，明确决策、执行、监督等方面的职责权限，开展慈善活动。慈善组织应当执行国家统一的会计制度，依法进行会计核算，建立健全会计监督制度，并接受政府有关部门的监督管理（第12条）。

6. 慈善组织的报告。慈善组织应当每年向其登记的民政部门报送年度工作报告和财务会计报告。报告应当包括年度开展募捐和接受捐赠情况、慈善财产的管理使用情况、慈善项目实施情况以及慈善组织工作人员的工资福利情况（第13条）。

7. 慈善组织的禁止行为。我国《慈善法》对慈善组织的禁止性行为，规定如下：（1）慈善组织的发起人、主要捐赠人以及管理人员，不得利用其关联关系损害慈善组织、受益人的利益和社会公共利益；（2）慈善组织的发起人、主要捐赠人以及管理人员与慈善组织发生交易行为的，不得参与慈善组织有关该交易行为的决策，有关交易情况应当向社会公开（第14条）；（3）慈善组织不得从事、资助危害国家安全和社会公共利益的活动，不得接受附加违反法律法规和违背社会公德条件的捐赠，不得对受益人附加违反法律法规和违背社会公德的条件（第15条）；（4）不得担任慈善组织负责人的法定情形：无民事行为能力或者限制民事行为能力的；因故意犯罪被判处刑罚，自刑罚执行完毕之日起未逾5年的；在被吊销登记证书或者被取缔的组织担任负责人，自该组织被吊销登记证书或者被取缔之日起未逾5年的；法律、行政法规规定的其他情形（第16条）。

8. 慈善组织的终止。慈善组织发生下列情形之一时，应当终止：（1）出现章程规定的终止情形的；（2）因分立、合并需要终止的；（3）连续2年未从事慈善活动的；（4）依法被撤销登记或者吊销登记证书的；（5）法律、行政法规规定应当终止的其他情形（第17条）。

9. 慈善组织的清算。慈善组织终止的，应当进行清算。慈善组织的决策机构应当在法定终止情形出现之日起30日内成立清算组进行清算，并向社会公告。不成立清算组或者清算组不履行职责的，民政部门可以申请法院指定有关人员组成清算组进行清算。慈善组织清算后的剩余财产，应当按照慈善组织章程的规定转给宗旨相同或者相近的慈善组织；章程未规定的，由民政部门主持转给宗旨相同或者相近的慈善组织，并向社会公告。慈善组织清算结束后，应当向其登记的民政部门办理注销登记，并由民政部门向社会公告（第18条）。

10. 慈善组织的行业组织与组织形式。慈善组织依法成立行业组织。慈善行业组织应当反映行业诉求，推动行业交流，提高慈善行业公信力，促进慈善事业发展（第19条）。慈善组织的组织形式、登记管理的具体办法由国务院制定（第20条）。而目前，国务院的具体办法尚未出台。

11. 慈善募捐活动。我国《慈善法》"第三章慈善募捐"中，对具体要求规范如下：

第一，慈善募捐方式。慈善募捐，是指慈善组织基于慈善宗旨募集财产的活动，慈善募捐，包括面向社会公众的公开募捐和面向特定对象的定向募捐（第21条）。

第二，公开募捐资格。慈善组织开展公开募捐，应当取得公开募捐资格。依法登记满2年的慈善组织，可以向其登记的民政部门申请公开募捐资格。民政部门应当自受理申请之日起20日内作出决定。慈善组织符合内部治理结构健全、运作规范的条件的，发给公开募捐资格证书；不符合条件的，不发给公开募捐资格证书并书面说明理由。法律、行政法规规定自登记之日起可以公开募捐的基金会和社会团体，由民政部门直接发给公开募捐资格证书（第22条）。禁止任何组织或者个人，假借慈善名义或者假冒慈善组织开展募捐活动，骗取财产（第33条）。

第三，公开募捐方式。开展公开募捐，可以采取下列方式：（1）在公共场所设置募捐箱；（2）举办面向社会公众的义演、义赛、义卖、义展、义拍、慈善晚会等；（3）通过广播、电视、报刊、互联网等媒体发布募捐信息；（4）其他公开募捐方式。慈善组织采取前款第一项、第二项规定的方式开展公开募捐的，应当在其登记的民政部门管辖区域内进行，确有必要在其登记的民政部门管辖区域外进行的，应当报其开展募捐活动所在地的县级以上政府民政部门备案。捐赠人的捐赠行为不受地域限制。慈善组织通过互联网开展公开募捐的，应当在国务院民政部门统一或者指定的慈善信息平台发布募捐信息，并可以同时在其网站发布募捐信息（第23条）。开展定向募捐，不得采取或者变相采取前述规定的方式（第 29 条）。

第四，公开募捐的方案。开展公开募捐，应当制定募捐方案。募捐方案包括募捐目的、起止时间和地域、活动负责人姓名和办公地址、接受捐赠方式、银行账户、受益人、募得款物用途、募捐成本、剩余财产的处理等。募捐方案应当在开展募捐活动前报慈善组织登记的民政部门备案（第 24 条）；开展公开募捐，应当在募捐活动现场或者募捐活动载体的显著位置，公布募捐组织名称、公开募捐资格证书、募捐方案、联系方式、募捐信息查询方法等（第 25 条）。

第五，合作公开募捐。不具有公开募捐资格的组织或者个人基于慈善目的，可以与具有公开募捐资格的慈善组织合作，由该慈善组织开展公开募捐并管理募得款物（第 26 条）。

第六，平台公开募捐。广播、电视、报刊以及网络服务提供者、电信运营商，应当对利用其平台开展公开募捐的慈善组织的登记证书、公开募捐资格证书进行验证（第 27 条）。

第七，定向募捐。慈善组织自登记之日起可以开展定向募捐。慈善组织开展定向募捐，应当在发起人、理事会成员和会员等特定对象的范围内进行，并向募捐对象说明募捐目的、募得款物用途等事项（第 28 条）。

第八，突发事件应急募捐①。发生重大自然灾害、事故灾难和公共卫生事件等突发事件，需要迅速开展救助时，有关人民政府应当建立协调机制，提供需求信息，及时有序引导开展募捐和救助活动（第 30 条）。

第九，开展募捐活动，应当尊重和维护募捐对象的合法权益，保障募捐对象的知情权，不得通过虚构事实等方式欺骗、诱导募捐对象实施捐赠（第 31 条）。同时，开展募捐活动，不得摊派或者变相摊派，不得妨碍公共秩序、企业生产经营和居民生活（第 32 条）。

五、机关法人

有独立经费的机关、承担行政职能的法定机构从成立之日起，具有机关法人资格，可以从事为履行职能所需要的民事活动。机关法人被撤销的，法人终止，其民事责任由继续履行其职能的机关法人承担；没有继续履行其职能的机关法人的，由撤销该机关法人的机关法人承担。

国务院《机关事务管理条例》（2012 年 6 月 13 日，简称《机关事务条例》）第 1 条、第 3 条~第 4 条规定，强调规范机关事务工作，保障机关正常运行，降低机关运行成本，建设节约型机关，县级以上政府应当推进本级政府机关事务的统一管理，建立健全管理制度和标准，统筹配置资源。政府各部门应当对本部门的机关事务实行集中管理，执行机关事务管理制度和标准。国务院机关事务主管部门负责拟订有关机关事务管理的规章制度，指导下级政府公务用车、公务接待、公共机构节约能源资源等工作，主管中央国家机关的机关事务工作。县级以上地方政府机关事务主管部门指导下级政府有

---

① 在我国，发生严重的或者重大的自然灾害时，除了依照各单灾种法律法规可以开展募捐外，慈善组织还可以依据《救灾捐赠管理办法》（2007 年 10 月 26 日）的具体规定，进行组织捐赠与募捐。

关机关事务工作，主管本级政府的机关事务工作。

《机关事务条例》"第二章经费管理"中规定，具体经费管理事务如下：

1. 机关运行经费。各级政府及其部门对机关运行经费，即为保障机关运行用于购买货物和服务的各项资金，应当加强机关运行经费管理，提高资金使用效益（第9条）。

2. 实物定额和服务标准。县级以上政府机关事务主管部门应当根据机关运行的基本需求，结合机关事务管理实际，制定实物定额和服务标准。县级以上政府财政部门应当根据实物定额和服务标准，参考有关货物和服务的市场价格，组织制定机关运行经费预算支出定额标准和有关开支标准（第10条）。

3. 公务接待费等。县级以上政府应当将公务接待费、公务用车购置和运行费、因公出国（境）费纳入预算管理，严格控制公务接待费、公务用车购置和运行费、因公出国（境）费在机关运行经费预算总额中的规模和比例。政府各部门应当根据工作需要和机关运行经费预算制定公务接待费、公务用车购置和运行费、因公出国（境）费支出计划，不得挪用其他预算资金用于公务接待、公务用车购置和运行或者因公出国（境）（第12条）。

4. 办公用房和公务用车等。县级以上政府机关事务主管部门按照规定，结合本级政府机关事务管理实际情况，统一组织实施本级政府机关的办公用房建设和维修、公务用车配备更新、后勤服务等事务的，经费管理按照国家预算管理规定执行（第13条）。

5. 政府采购。所谓政府采购，是指各级国家机关、事业单位和团体组织，使用财政性资金采购依法制定的集中采购目录以内的或者采购限额标准以上的货物、工程和服务[1]的行为。政府集中采购目录和采购限额标准依照本法规定的权限制定。其中，"采购"是指以合同方式有偿取得货物、工程和服务的行为，包括购买、租赁、委托、雇用等；"货物"是指各种形态和种类的物品，包括原材料、燃料、设备、产品等；"工程"是指建设工程，包括建筑物和构筑物的新建、改建、扩建、装修、拆除、修缮等；"服务"是指除货物和工程以外的其他政府采购对象。[2]

政府采购的规范要求是：（1）政府各部门应当依照有关政府采购的法律、法规和规定采购机关运行所需货物和服务。需要招标投标的，应当遵守有关招标投标的法律、法规和规定；（2）政府各部门应当采购经济适用的货物，不得采购奢侈品、超标准的服务或者购建豪华办公用房（第14条）；（3）政府各部门采购纳入集中采购目录由政府集中采购机构采购的项目，不得违反规定自行采购或者以化整为零等方式规避政府集中采购。政府集中采购机构应当建立健全管理制度，缩短采购周期，提高采购效率，降低采购成本，保证采购质量；（4）政府集中采购货物和服务的价格应当低于相同货物和服务的市场平均价格（第15条）。

需要特别强调，我国的政府采购，根据我国《政府采购法》的规定，政府采购的具体规范是：

1. 采购原则。政府采购实行集中采购和分散采购相结合。集中采购的范围由省级

---

[1] 国务院《政府采购法实施条例》第2条第四款规定，《政府采购法》第2条所称"服务"，包括政府自身需要的服务和政府向社会公众提供的公共服务。

[2] 我国《政府采购法》，第2条。

以上人民政府公布的集中采购目录确定。属于中央预算的政府采购项目，其集中采购目录由国务院确定并公布；属于地方预算的政府采购项目，其集中采购目录由省、自治区、直辖市人民政府或者其授权的机构确定并公布。纳入集中采购目录的政府采购项目，应当实行集中采购（第7条）。

2. 集中采购目录。国务院《政府采购法实施条例》第3条～第4条规定，集中采购目录包括集中采购机构采购项目和部门集中采购项目。其中，技术、服务等标准统一，采购人普遍使用的项目，列为集中采购机构采购项目；采购人本部门、本系统基于业务需要有特殊要求，可以统一采购的项目，列为部门集中采购项目。同时，我国《政府采购法》所称的"集中采购"，是指采购人将列入集中采购目录的项目委托集中采购机构代理采购或者进行部门集中采购的行为；而所谓"分散采购"，是指采购人将采购限额标准以上的未列入集中采购目录的项目自行采购，或者委托采购代理机构代理采购的行为。

3. 采购主体。政府采购当事人是指在政府采购活动中享有权利和承担义务的各类主体，包括采购人、供应商和采购代理机构等（第14条）。其中，"采购人"是指依法进行政府采购的国家机关、事业单位、团体组织（第15条）；而"集中采购机构"为采购代理机构。设区的市、自治州以上政府根据本级政府采购项目组织集中采购的需要设立集中采购机构。集中采购机构是非营利事业法人，根据采购人的委托办理采购事宜（第16条）；"供应商"① 是指向采购人提供货物、工程或者服务的法人、其他组织或者自然人（第21条）。

4. 采购方式。我国《政府采购法》第26条规定，政府采购采用以下方式：（1）公开招标；（2）邀请招标；（3）竞争性谈判；（4）单一来源采购；（5）询价；（6）国务院政府采购监督管理部门认定的其他采购方式。公开招标应作为政府采购的主要采购方式。

5. 招标方式。财政部《政府采购货物和服务招标投标管理办法》（2004年9月11日）第3条规定，政府采购货物或者服务（简称"货物服务"）招标分为公开招标和邀请招标。其中，"公开招标"是指招标采购单位依法以招标公告的方式邀请不特定的供应商参加投标；"邀请招标"是指招标采购单位依法从符合相应资格条件的供应商中随机邀请3家以上供应商，并以投标邀请书的方式，邀请其参加投标。

《机关事务条例》"第三章资产管理"中规定，具体资产管理事务如下：

1. 资产配置计划。县级以上政府应当根据有关机关资产管理的规定、经济社会发展水平、节能环保要求和机关运行的基本需求，结合机关事务管理实际，分类制定机关资产配置标准，确定资产数量、价格、性能和最低使用年限。政府各部门应当根据机关资产配置标准编制本部门的资产配置计划（第18条）。

2. 资产使用管理。政府各部门应当完善机关资产使用管理制度，建立健全资产账

---

① 我国《政府采购法》第22条规定，供应商参加政府采购活动应当具备下列条件：（1）具有独立承担民事责任的能力；（2）具有良好的商业信誉和健全的财务会计制度；（3）具有履行合同所必需的设备和专业技术能力；（4）有依法缴纳税收和社会保障资金的良好记录；（5）参加政府采购活动前3年内，在经营活动中没有重大违法记录；（6）法律、行政法规规定的其他条件。采购人可以根据采购项目的特殊要求，规定供应商的特定条件，但不得以不合理的条件对供应商实行差别待遇或者歧视待遇。

卡和使用档案，定期清查盘点，保证资产安全完整，提高使用效益。政府各部门的闲置资产应当由本级政府统一调剂使用或者采取公开拍卖等方式处置，处置收益应当上缴国库（第19条）

3. 机关用地。县级以上政府应当对本级政府机关用地实行统一管理。城镇总体规划、详细规划，应当统筹考虑政府机关用地布局和空间安排的需要。县级以上政府机关事务主管部门应当统筹安排机关用地，集约节约利用土地。对政府机关新增用地需求，县级以上政府国土资源主管部门应当严格审核，并依照有关土地管理的法律、法规和规定办理用地手续（第20条）。

4. 机关办公用房。机关办公用房的规范要求是：（1）县级以上政府应当建立健全机关办公用房管理制度，对本级政府机关办公用房实行统一调配、统一权属登记；具备条件的，可以对本级政府机关办公用房实行统一建设。政府各部门办公用房的建设和维修应当严格执行政府机关办公用房建设、维修标准，符合简朴实用、节能环保、安全保密等要求；办公用房的使用和维护应当严格执行政府机关办公用房物业服务标准（第21条）；（2）政府各部门超过核定面积的办公用房，因办公用房新建、调整和机构撤销腾退的办公用房，应当由本级政府及时收回，统一调剂使用。各级政府及其部门的工作人员退休或者调离的，其办公用房应当由原单位及时收回，调剂使用（第22条）；（3）政府各部门不得出租、出借办公用房或者改变办公用房使用功能。未经本级人民政府批准，不得租用办公用房（第23条）。

5. 公务用车。公务用车的规范要求是：（1）国务院机关事务主管部门会同有关部门拟订公务用车配备使用管理办法，定期发布政府公务用车选用车型目录，负责中央国家机关公务用车管理工作。执法执勤类公务用车配备使用管理的具体规定，由国务院财政部门会同有关部门制定。县级以上地方人民政府公务用车主管部门负责本级政府公务用车管理工作，指导和监督下级政府公务用车管理工作（第24条）；（2）政府各部门应当严格执行公务用车编制和配备标准，建立健全公务用车配备更新管理制度，不得超编制、超标准配备公务用车或者超标准租用车辆，不得为公务用车增加高档配置或者豪华内饰，不得借用、占用下级单位和其他单位的车辆，不得接受企业事业单位和个人捐赠的车辆（第25条）；（3）政府各部门应当对公务用车实行集中管理、统一调度，并建立健全公务用车使用登记和统计报告制度。政府各部门应当对公务用车的油耗和维修保养费用实行单车核算（第26条）。

《机关事务条例》"第四章服务管理"中规定，具体服务管理事务如下：

1. 机关后勤服务。县级以上政府机关事务主管部门应当制定统一的机关后勤服务管理制度，确定机关后勤服务项目和标准，加强对本级政府各部门后勤服务工作的指导和监督，合理配置和节约使用后勤服务资源。政府各部门应当建立健全本部门后勤服务管理制度，不得超出规定的项目和标准提供后勤服务（第27条）。

2. 公务接待。公务接待的规范要求是：（1）各级政府应当按照简化礼仪、务实节俭的原则管理和规范公务接待工作；（2）国务院机关事务主管部门负责拟订政府机关公务接待的相关制度和中央国家机关公务接待标准。县级以上地方政府应当结合本地实际，确定公务接待的范围和标准。政府各部门和公务接待管理机构应当严格执行公务接待制度和标准；（3）县级以上地方政府公务接待管理机构负责管理本级政府公务接待工作，指导下级政府公务接待工作（第 28 条）。

3. 会议管理。各级政府及其部门应当加强会议管理，控制会议数量、规模和会期，充分利用机关内部场所和电视电话、网络视频等方式召开会议，节省会议开支（第 29 条）。

4. 因公出国。政府各部门应当执行有关因公出国（境）的规定，对本部门工作人员因公出国（境）的事由、内容、必要性和日程安排进行审查，控制因公出国（境）团组和人员数量、在国（境）外停留时间，不得安排与本部门业务工作无关的考察和培训（第 30 条）。

应当说，通过《机关事务条例》的规定和实施，表明我国的机关法人从事为履行职能所需要的民事活动，是有严格而明确的规范要求的。特别是对机关法人从事重大的资产购置和土地使用、公务用房等方面，特别是政府购买服务即社会服务方面的管理方面，表明政府机构和部门的运行，也是具有民事法律特性的。

六、特别法人

所谓特别法人，即基于法律特殊规定而取得法人资格或者身份的社会组织。在我国《民总一审稿》中，并没有"特别法人"这个词，其"合作社法人"一词的内涵与此有交叉。我国《民法总则》通过后，在第三章法人中，增加规定了第四节特别法人即第 96 条～第 101 条共 6 条的规定。

1. 特别法人的定义。我国《民法总则》第 96 条规定，特别法人是指机关法人、农村集体经济组织法人、城镇农村的合作经济组织法人、基层群众性自治组织法人等的总和。可见，"特别法人"的"特别"之特征在于：（1）列举主义的规定，即特别法人为法条中列举的 4 种特殊性质的法人；（2）特别法人的主体资格赋予，基于"特别"的考虑——为这些组织进入民事活动领域提供方面；（3）"特别"的职责与责任，即为了农村集体经济组织管理，尤其是成员自治的需要；（4）"特别"的功能与作用，即为了特别法人设立的特定目的及其社会目标服务。

2. 机关法人及责任。我国《民法总则》第 97 条～第 98 条规定，有独立经费的机关和承担行政职能的法定机构从成立之日起，具有机关法人资格，可以从事为履行职能所需要的民事活动。机关法人被撤销的，法人终止，其民事权利和义务由继任的机关法人享有和承担；没有继任的机关法人的，由作出撤销决定的机关法人享有和承担。有关机关法人的具体制度设计，请参考本节"五、机关法人"的具体内容。

3. 集体组织法人。我国《民法总则》第 99 条～第 101 条规定，农村集体经济组织依法取得法人资格。法律、行政法规对农村集体经济组织有规定的，依照其规定。城镇农村的合作经济组织依法取得法人资格。法律、行政法规对城镇农村的合作经济组织有规定的，依照其规定。可见，农村集体经济组织法人、城镇农村合作经济组织法人，取得法人资格和开展活动的法律依据，分别是依据《农村土地承包法》、《合作社法》等法律法规。有关集体组织法人的具体制度设计，请参考《农村土地承包法》以及第五节营利性法人"四、合作社法人"的具体内容。

4. 群众性自治组织法人。所谓基层群众性自治组织，是指在城市和农村按居民的居住地区，建立起来的居民委员会和村民委员会。它是建立在我国社会的最基层、与群众直接联系的组织，是在自愿的基础上由群众按照居住地区自己组织起来管理自己事务的一种组织。在我国，居民委员会、村民委员会按居民（村民）居住地区设立，并由居民（村民）选举产生的成员组成的，实行自我管理、自我教育、自我服务的社会组织。设人民调解、治安保卫、公共卫生等委员会，办理本居住地区的公共事务和公益事业，调解民间纠纷，协助维护社会治安，并向当地政府反映群众的意见、要求和提出建议。"基层群众性自治组织"这一概念，首次见于 1982 年 12 月 4 日的我国《宪法》第 111 条规定，城市和农村按居民居住地区设立的居民委员会或者村民委员会，是基层群众性自治组织。根据我国《宪法》，以及《村委会组织法》《居委会组织法》的规定，我国的基层群众性自治组织的特点，是：（1）群众性。基层群众性自治组织，不同于国家政权组织和其他政治、经济等社会组织，是基于一定居住地范围内居民（村民）社会生活的共同需要而建立，目的是解决居住地范围内的公共事务和公益事业方面的社会问题，如社会治安、公共卫生等；（2）自治性。基层群众性自治组织不是国家机关，也不是国家机关的下属或一级组织，更不从属于居住地范围内其他任何社会组织，具有自身组织上的独立性；（3）基层性。基层群众性自治组织只存在于居住地范围的基层社区，所从事的工作都是居民居住范围内社区的公共事务和公益事业。我国《民法总则》在立法时，为了保护"群众性自治组织"的自治性和服务性，在第 101 条规定中，专门赋予其特殊法人的属性。即：居民委员会、村民委员会具有基层群众性自治组织法人资格，可以从事为履行职能所需要的民事活动。未设立村集体经济组织的，村民委员会可以依法代行村集体经济组织的职能。

思 考 题

1. 法人的定义、特征、成立条件各是什么？

2. 法人机关及法人民事责任承担的特殊性分析。

3. 营利性法人与公司法人有何区别，理由何在？

4. 非营利性法人的种类或者涵盖的范围，应如何进行这类法人的民事立法？

5. 何谓捐助法人？什么样的组织或者机构可以成为捐助法人？宗教活动场所是捐助法人吗？

6. 特殊法人中，为何包括机关法人？其具体理由与确认"基层群众性自治组织法人"的理由相同吗？

学习资料指引

1. 梁慧星：《民法总论》，法律出版社 1996 年版，第 5 章。

2. 王利明等：《民法新论》（上），中国政法大学出版社 1988 年版，第二编民事主体。

3. 魏振瀛：《民法》，北京大学出版社、高等教育出版社 2000 年版，第 5 章。

4. 彭万林：《民法学》，中国政法大学出版社 1999 年第 2 版，第 5 章。

5. 马俊驹、余延满：《民法原论》（上），法律出版社 1998 年版，第 5 章。

6. 王建平：《民法学》（上），四川大学出版社 1994 年版，第 4 章。

7. 《中华人民共和国民总一审稿（草案）》，第 73 条、第 81 条～第 90 条，第三章法人。

8. 全国人大法工委：《关于〈中华人民共和国民总一审稿（草案）〉的说明》，2016年7月5日。中国人大网：http://www.npc.gov.cn/COBRS＿LFYJNEW/user/UserIndex.jsp?ID=7882625。

参照法规提示

1.《中华人民共和国民法通则》，第37条、第43条、第45条、第49条～第50条、第53条、第133条。

2.《中华人民共和国民法总则》，第三章/第57条～第101条。

3.《中华人民共和国公司法》，第5条、第13条、第20条、第37条、第46条、第53条、第203条和第205条、第216条，第四章股份有限公司的设立和组织机构。

4.《中华人民共和国公益事业捐赠法》，第10条、第17条。

5.《中华人民共和国慈善法》，第二章慈善组织，第三章慈善募捐。

6.《中华人民共和国政府采购法》，第2条、第22条，第二章政府采购当事人，第三章政府采购方式，第四章政府采购程序。

7.《中华人民共和国农民专业合作社法》，第3条～第5条，第二章设立和登记，第三章成员，第四章组织机构，第七章扶持政策。

8.《中华人民共和国政府采购法实施条例》，第2条～第4条。

9. 国务院《注册资本登记制度改革方案》（2014年2月7日），二、放松市场主体准入管制，切实优化营商环境：（一）实行注册资本认缴登记制。

10. 国务院《事业单位登记管理暂行条例》（1998年10月25日），第2条～第3条、第5条，第二章登记。

11. 国务院《社会团体登记管理条例》（1998年9月25日），第2条～第4条、第6条，第三章成立登记。

12. 国务院《机关事务管理条例》（2012年6月13日），第1条、第3条～第4条，第二章经费管理，第三章资产管理，第四章服务管理。

13. 国务院《宗教事务条例》（2004年7月7日），第6条、第20条～第21条、第30条～第32条。

14. 民政部《救灾捐赠管理办法》，2007年10月26日。

15. 财政部《政府采购货物和服务招标投标管理办法》（2004年9月11日），第3条。

16.《最高人民法院关于贯彻执行〈中华人民共和国民法通则〉若干问题的意见（试行）》，第59条～第60条，二、法人。

17. 最高人民法院《关于适用〈中华人民共和国合同法〉若干问题的解释（一）》，第10条。

18. 最高人民法院、国务院宗教事务局《关于寺庙、道观房屋产权归属问题的复函》1981年1月27日。

19. 最高人民法院《对国务院宗教事务局一司关于僧人遗产处理意见的复函》，1994年10月13日。

第六章　非法人组织

【阅读提示】本章重点把握非法人组织的定义、分类及其法律地位；个人独资企业的成立、经营管理和民事法律责任；合伙企业的内外关系和合伙企业的解散、清算；法人分支机构的法律特征与民事法律责任。本章的重点是：非法人组织成为民事主体的根本原因，以及各个非法人组织的定义、法律特征和民事活动及民事法律责任的承担等。本章的难点是：非法人组织的法律地位，以及非法人组织的设立；境外 NGO 管理；个人独资企业与"一人公司"的异同；有限合伙人的有限责任的根源，合伙企业的内外关系；筹建中的法人的民事活动的效力等。

第一节　非法人组织的界定

一、非法人组织的定义

所谓非法人组织，是不具有法人资格，但是依法能够以自己的名义从事民事活动的组织。我国《民法总则》第 102 条规定，非法人组织包括个人独资企业、合伙企业、不具有法人资格的专业服务机构等。可见，非法人组织也是一种民事主体，是具有民事权利能力、民事行为能力的一种组织型主体。

非法人组织，在称呼的时候，应当读成或者叫作"非"、"法人组织"或者"非－法人组织"，而不能读成或者叫作"非法"、"人组织"或者"非法－人组织"。理由是，非法人组织是与法人对称的。综观学术界的各种看法，非法人组织的范围，一般涉及个体工商户、农村承包经营户、个人独资企业、合作企业、企业法人的分支机构、筹建中的法人组织、临时性或偶然性主体，等等。

理论上，非法人组织，是指除了法人以外的不具有法人资格，但是，具有相应的民事主体资格，可以以自己的名义进行民事活动的一类社会组织。这些非法人型组织，其具体法律地位及范围可能不同，但是，我国立法者基于民事活动和民事法律关系产生、变更和消灭的安全性，以及民事法律秩序的考虑，把它们作为同种类型的民事主体，以民法规范进行调整，是我国经济和社会发展所必然需要的。

非法人组织作为一种组织形式，在世界各国广泛存在，但是，其具体称谓则不尽相同。德国称"无权利能力的社团"，日本称"非法人的社团或财团"，英美称"非法人社团"或"非法人团体"等。虽然称谓不同，但其非法人组织的基本含义，都是指介于自然人和法人之间的，未经法人登记的社会组织。这种社会组织，是为实现某种合法目的或以一定财产为基础并供某种目的之用，联合为一体的非按法人设立规则而设立的人的群体。在我国,《民法通则》没有关于非法人组织的明确规定,但是,我国《著作权法》第2条规定,中国公民、法人或者非法人单位的作品,不论是否发表,依法享有著作权,这里的"其他组织"、"其他经济组织"和"非法人单位"等,均是指介于自然人和法人之间的非法人组织。同时,我国《民事诉讼法》第48条规定:公民、法人和其他组织①可以作为民事诉讼的当事人。法人由其法定代表人进行诉讼。其他组织由其主要负责人进行诉讼。可见,我国很早就存在"非法人组织"的名称,但是,相关立法却存在着滞后的问题

二、非法人组织的特征

第一,依照法定程序设立。非法人组织在实体上是法律允许设立的,在程序上须履行法定的登记手续,经有关机关核准登记并领有营业证照或社会团体登记证等,这是非法人组织的合法性要件。只有依法成立,才具有民事权利能力和民事行为能力。这就使它既区别于由公司法人设立的具有法人资格的子公司,又不同于依法不需办理法人登记的机关法人、事业单位或社会团体;既区别于作为开办单位的领有《企业法人营业执照》的上级企业法人,又不同于根据法人内部的规章成立的内部职能部门,如组成法人的车间、班组或科室等。

第二,有一定的组织机构。即拥有符合规定的名称、固定的从事生产经营等业务活动的场所,以及相应的组织管理机构和负责人,使之能够以该组织的名义对外从事相应的民事活动。

第三,有一定的财产或经费。虽然非法人组织不能独立承担民事责任,也不应要求其有独立的财产,但由于它是经核准登记领有营业执照或社会团体登记证的组织,它可以自己的名义对外从事民事、经济活动,享受一定权利、承担一定的义务。因此,它应该有与其经营活动和经营规模相适应的财产或经费,作为其参与民事、经济活动,享受民事权利、承担民事义务的物质基础和财产保证。值得注意的是,非法人组织的财产或经费,与法人的财产和经费有严格的区别,即它不是独立的,是其所属法人或公民财产的组成部分,归该法人或公民所有,非法人组织只能相对独立地占有、使用或处分该财产或经费。

第四,不具有独立承担民事责任的能力。由于非法人组织没有独立的财产或经费,因而它不具有独立承担民事责任的能力。当其在对外进行经营业务活动而负债时,如其自身所拥有的财产或经费能够清偿债务,则由其自身偿付;如其自身所拥有的财产或经费不足以偿付债务时,则由其法人对其所欠债务承担连带清偿责任予以清偿。

三、非法人组织的分类

由于各国的社会政治、经济情况不尽相同,故非法人组织的分类也大相径庭。在日本,非法人组织分为律师协会、学术团体、政治性团体等;非法人财团分为正在筹建中的厂矿、企业等。英美法则将非法人团体分为合伙、互助会、工会等组织。在我国,最

---

① 《最高人民法院关于适用〈中华人民共和国民事诉讼法〉的解释》第52条～第53条法人非依法设立的分支机构,或者虽依法设立,但没有领取营业执照的分支机构,以设立该分支机构的法人为当事人。

高人民法院《民诉法解释》第 52 条～第 53 条规定，民事诉讼法第 48 条规定的其他组织是指合法成立、有一定的组织机构和财产，但又不具备法人资格的组织，包括：（1）依法登记领取营业执照的个人独资企业；（2）依法登记领取营业执照的合伙企业；（3）依法登记领取我国营业执照的中外合作经营企业、外资企业；（4）依法成立的社会团体的分支机构、代表机构；（5）依法设立并领取营业执照的法人的分支机构；（6）依法设立并领取营业执照的商业银行、政策性银行和非银行金融机构的分支机构；（7）经依法登记领取营业执照的乡镇企业、街道企业；（8）其他符合本条规定条件的组织。

根据上述分析，按照不同的分类标准，可以对非法人组织作出不同的分类。如按照创设方式的不同，可以将非法人组织分为公民或法人之间合伙创设的合伙性组织（如个人合伙组织和法人合伙型联营组织）及单独创设的独资组织（如企业法人设立的领有营业执照的分支机构）；按照创设目的不同，可以将非法人组织分为以营利为目的的从事生产、经营性活动的非法人组织和不从事经营性活动的公益性的非法人组织。依法设立的不从事经营性活动的公益性非法人组织有：（1）党、政、军机关设立的不具备法人资格，但能以自己的名义对外独立进行业务活动的办事机构；（2）经民政部门核准登记领取社会团体登记证的社会团体；（3）依法领有《筹建许可证》的筹建企业中的筹备机构，如筹备处、筹建委员会、筹建指挥部，等等；（4）按照国务院《关于管理外国企业常驻代表机构的暂行规定》（简称《外企常驻规定》）① 由外国企业在我国境内经批准设立的常驻机构。

四、非法人组织的法律地位

一般而言，有了民事主体资格，也就有了民事诉讼主体资格。但是，民事主体资格和民事诉讼主体资格虽有一定的联系，但也有着明显的区别，二者绝不可混淆。非法人组织虽然在世界各国广泛存在，但其是否具有民事主体资格，能否作为民事诉讼主体参加诉讼活动，则各国规定不一。

在古罗马的早期，尽管团体这种组织形式已在社会经济生活中据有一席之地，同业行会、俱乐部及宗教的、军人的、互助的团体颇类似于非法人组织，但它却无法律上的独立人格。1896 年《德国民法典》第 54 条规定，无权利能力的社团适用关于合伙的规定；以这种社团的名义对第三人所为的法律行为由行为人个人负责，如行为人有数人时，全体行为人视为连带债务人。这是最早对非法人组织作出没有权利能力没有独立人格法律地位的立法例。此后，这种观点被多数大陆法系国家所接受。由此，非法人组织不具有独立人格，没有民事主体资格遂成为大陆法系民法理论通说。20 世纪初，英国民事立法原则也确定，非法人社团，以无法律上人格为原则。但是，大陆法系和英美法系的民事诉讼法，则均承认非法人组织的诉讼主体地位。如 1877 年《德国民事诉讼法》规定"无权利能力之社团得为被告，于诉讼中社团之地位与有权利能力之社团同"，即准许非法人团体作为诉讼主体。

---

① 国务院《关于管理外国企业常驻代表机构的暂行规定》国发［1980］272 号（1980 年 10 月 30 日）第 1 条规定，为了有利于发展国际经济贸易交往，管理外国公司、企业和其他经济组织常驻中国的代表机构，特制订本规定。这个《外企常驻规定》共有 20 条，自发布之日起施行。

1897 年《德国商法典》中的无限公司、两合公司虽然不是法人，但法律亦允许其为诉讼主体。《日本民事诉讼法》第 46 条规定，非法人的社团或财团，设有代表人或管理人的，得以其名义起诉或应诉。我国台湾《民事诉讼法》第 40 条规定，非法人团体，设有代表人或管理者，有当事人能力。英美法立法上虽然规定"非法人社团，以无法律上人格为原则"，但是又规定：其财产受刑法规定之保护，在其财产之限度内对职员与雇佣人执行职务上的过失行为负赔偿责任。这也说明：英美法是承认非法人组织的诉讼地位的。这就在事实上形成了民事主体与民事诉讼主体相悖的局面，正是基于这一点，一些学者近年来对非法人组织没有民事主体资格的传统观点，提出了质疑。

在我国，法人同时具有民事主体资格和民事诉讼主体资格，是不容置疑的。但是，非法人组织是否具有民事主体资格，能否作为民事诉讼主体参加诉讼活动，则需要深入研究。长期以来，人们始终存在着这样一种观点：民事主体即为民事诉讼主体，订立合同的主体，必须具有民事主体资格。法人具有民事主体资格，故其具有签约的主体合格，所签合同也才能够被确认为有效。在发生合同纠纷后，也只有公民和法人这种法定的民事主体才有起诉、应诉等参与诉讼活动的民事诉讼主体资格。在涉及分支机构等非法人组织民事责任的诉讼中，因非法人组织不具有法人资格，不是民事主体，没有民事权利能力，因而，既不能签约也不能履约，更不可能具有民事诉讼的主体资格和参加起诉、应诉等诉讼活动的能力。受这种观点的影响，我国司法实践中，一度只把法人作为唯一组织型原告或被告，由其享有诉讼权利和承担诉讼义务，根本不考虑非法人组织的诉讼地位。

新中国成立以来，我国在民法理论照搬苏联民法理论，在民事立法中，对民事主体采取自然人和法人两分法，不承认非法人组织主体地位的传统理论。所以，在我国也不承认非法人组织的民事主体地位。由此，在我国有关民法论著中，几乎也见不到关于对非法人组织的理论研究及其阐述。随着我国社会主义市场经济的发展，非法人组织大量地客观存在着，社会经济生活中发挥着极其重要的积极作用。虽然，这些非法人组织不具有法人资格，但是，作为相对独立的生产者、经营者以自己的名义，与对方发生民事法律关系，享受民事权利和承担民事义务的客观事实，不容否认和忽视。尤其是，在各种民事活动中，难免不发生这样或那样的纠纷，形成民事诉讼，如果不赋予非法人组织民事主体资格和民事诉讼主体资格，无论在理论上，还是在实务上都是行不通的。因此，我国民事立法不再对此保持沉默。我国《民法通则》在民事主体立法中，确立"两户一伙"、"合伙型联营"等同于公民和法人之间特殊民事主体，从立法上，明确了个体工商户、农村承包经营户和合伙组织作为诉讼主体时的主体资格。

我国《民法通则》之后，陆续颁布一系列法律法规，从不同立法角度，明确了非法人组织的民事诉讼地位和民事主体地位。如我国《企业法人登记管理条例》第 35 条规定，企业法人设立不能独立承担民事责任的分支机构，由该企业法人申请登记，经登记主管机关核准，领取《营业执照》，在核准登记的经营范围内从事经营活动。根据国家有关规定，由国家核拨经费的事业单位、科技性的社会团体从事经营活动或者设立不具备法人条件的企业，由该单位申请登记，经登记主管机关核准，领取《营业执照》，在核准登记的经营范围内从事经营活动。这表明：非法人组织享有民事权利能力和民事行为能力，其权利能力和行为能力也应该与法人相同，即始于成立，终于解散或被撤销、终止时，其权利范围及于依法经核准登记的经营范围及依法批准的业务范围。所以，我国非法人组织依法经核准登记、领取《营业执照》，即可以以自己的名义，在核准的经营范围内对外发生民事经济往来，享受民事权利，承担民事义务，成为民事法律关系的主体。其合法的民事权益应当受到法律的保护，一旦民事活动或者民事法律关系涉讼，也当然可以以自己的名义参加诉讼，具有民事诉讼的主体资格。

五、非法人组织的设立、变更登记

我国《民法总则》规定，非法人组织应当依法登记。设立非法人组织，法律规定须经有关机关批准的，依照其规定。非法人组织的成员或者设立人对该组织的债务承担无限责任，除非法律另有规定，才可以依照该特别规定处理。在我国，根据《个人独资企业法》、《合伙企业法》和法人分支机构所依据的《公司法》等法律法规，非法人组织的设立要求，其各自的具体设立条件，各有差别，登记程序也有一定的差异。

我国《民总一审稿》规定，非法人组织出现法定事由和情形时，应当解散。即：（1）设立人或者其成员决定解散的；（3）章程或者组织规章规定的存续期间届满的；（3）章程或者组织规章规定的其他解散事由出现的；（4）出现法律规定的其他情形。非法人组织解散的，应当依法进行清算。清算终结，并完成注销登记时，非法人组织终止。我国《民法总则》第106条规定，有下列情形之一的，非法人组织解散：（1）章程规定的存续期间届满或者章程规定的其他解散事由出现；（2）出资人或者设立人决定解散；（3）法律规定的其他情形。

应当强调，非法人组织在设立登记之后，除与法人不同的情况外，其运行规范和组织结构、经营管理等与法人基本相同。从这个意义上看，非法人组织的运行应当适用各自具体立法之外，还应当适用我国《民法总则》，并参照《公司法》等法律法规的相关规定。同时，我国《民法总则》第105条还规定，非法人组织可以确定一人或者数人代表该组织从事民事活动。至于非法人组织以登记的住所为住所，非法人组织的主要办事机构所在地与住所不一致的，其主要办事机构所在地视为住所等，可以遵照法人组织的规定。

第二节　个人独资企业

一、个人独资企业的定义与特征

所谓个人独资企业，是指依照我国《个人独资企业法》在中国境内设立，由一个自然人投资，财产为投资人个人所有，投资人以其个人财产对企业债务承担无限责任的经营实体型企业。这种企业的法律特征是：（1）个人独资企业是非法人组织。个人独资企业是一个经营实体，具有企业名称、出资人申报的出资、固定的经营场所和必要的生产经营条件、必要的从业人员，符合作为一个组织的必要条件。但独资企业不具备法人的条件，不能成为法人；（2）个人独资企业具有民事主体资格。个人独资企业是有民事主体资的非法人组织，对外以企业的名义进行民事活动，具有民事权利能力和民事行为能力；（3）个人独资企业的投资、财产归属。个人独资企业只能由一个自然人投资，财产为投资人个人所有；（4）个人独资企业债务由投资人承担无限责任。这是它与法人最大的区别之所在。

二、个人独资企业的成立

（一）成立条件

根据我国《个人独资企业法》第 8 条的规定，个人独资企业的成立条件，是：（1）投资人为一个自然人，但不能是法律、行政法规禁止从事营利性活动的人；（2）有合法的企业名称；（3）有投资人申报的出资；（4）有固定的生产经营场所和必要的生产经营条件；（5）有必要的从业人员等。

申请设立个人独资企业，应当由投资人或者其委托的代理人向个人独资企业所在地的登记机关提交设立申请书、投资人身份证明、生产经营场所使用证明等文件。委托代理人申请设立登记时，应当出具投资人的委托书和代理人的合法证明。个人独资企业不得从事法律、行政法规禁止经营的业务；从事法律、行政法规规定须报经有关部门审批的业务，应当在申请设立登记时提交有关部门的批准文件。

个人独资企业设立申请书应当载明的事项，包括：（1）企业的名称和住所；（2）投资人的姓名和居所；（3）投资人的出资额和出资方式；（4）经营范围。此外，个人独资企业的名称，应当与其责任形式及从事的营业相符合。

（二）成立程序

登记机关应当在收到设立申请文件之日起 15 日内，对符合本法规定条件的，予以登记，发给营业执照；对不符合本法规定条件的，不予登记，并应当给予书面答复，说明理由。个人独资企业的营业执照的签发日期，为个人独资企业成立日期。在领取个人独资企业营业执照前，投资人不得以个人独资企业名义从事经营活动。

个人独资企业设立分支机构，应当由投资人或者其委托的代理人向分支机构所在地的登记机关申请登记，领取营业执照。分支机构经核准登记后，应将登记情况报该分支机构隶属的个人独资企业的登记机关备案。分支机构的民事责任由设立该分支机构的个人独资企业承担。个人独资企业存续期间登记事项发生变更的，应当在作出变更决定之日起的 15 日内依法向登记机关申请办理变更登记。

三、个人独资企业的经营管理

个人独资企业投资人可以自行管理企业事务，也可以委托或者聘用其他具有民事行为能力的人负责企业的事务管理。投资人委托或者聘用他人管理个人独资企业事务，应当与受托人或者被聘用的人签订书面合同，明确委托的具体内容和授予的权利范围。受托人或者被聘用的人员应当履行诚信、勤勉义务，按照与投资人签订的合同负责个人独资企业的事务管理。投资人对受托人或者被聘用的人员职权的限制，不得对抗善意第三人。

个人独资企业应当依法设置会计账簿，进行会计核算。法律、行政法规禁止从事营利性活动的人，不得作为投资人申请设立个人独资企业。个人独资企业投资人对本企业的财产依法享有所有权，其有关权利可以依法进行转让或继承。个人独资企业投资人在申请企业设立登记时明确以其家庭共有财产作为个人出资的，应当依法以家庭共有财产对企业债务承担无限责任。个人独资企业可以依法申请贷款、取得土地使用权，并享有法律、行政法规规定的其他权利。任何单位和个人不得违反法律、行政法规的规定，以任何方式强制个人独资企业提供财力、物力、人力；对于违法强制提供财力、物力、人力的行为，个人独资企业有权拒绝。

个人独资企业招用职工的，应当依法与职工签订劳动合同，保障职工的劳动安全，按时、足额发放职工工资。个人独资企业应当按照国家规定参加社会保险，为职工缴纳社会保险费。

四、个人独资企业的财产及民事责任

1. 个人独资企业财产。个人独资企业财产归投资人所有。投资人对本企业的财产依法享有所有权，其有关权利可以依法进行转让或继承。个人独资企业财产不足以清偿债务的，投资人应当以其个人的其他财产予以清偿。

2. 个人独资企业债务的民事责任。个人独资企业的债务，应由个人独资企业财产和投资人的其他财产承担无限责任。我国《个人独资企业法》第18条规定，个人独资企业财产不足以清偿债务的，投资人应当以其个人的其他财产予以清偿。个人独资企业投资人在申请企业设立登记时，明确以其家庭共有财产作为个人出资的，应当依法以家庭共有财产对企业债务承担无限责任。

3. 个人独资企业债务清偿顺序和期间。个人独资企业解散的，财产应当按照下列顺序清偿：（1）所欠职工工资和社会保险费用；（2）所欠税款；（3）其他债务。个人独资企业解散后，原投资人对个人独资企业存续期间的债务，仍应承担偿还责任，但债权人在5年内未向债务人提出偿债请求的，该清偿责任消灭。

五、个人独资企业的解散

1. 个人独资企业解散的事由。个人独资企业解散的事由，主要是：投资人决定；投资人死亡或者被宣告死亡，无继承人或者继承人决定放弃继承；被依法吊销营业执照；法律、行政法规规定的其他情形。

2. 个人独资企业解散的清算。个人独资企业解散，由投资人自行清算或者由债权人申请法院指定清算人进行清算。清算期间，个人独资企业不得开展与清算目的无关的经营活动。在按前条规定清偿债务前，投资人不得转移、隐匿财产。投资人自行清算的，应当在清算前15日内书面通知债权人，无法通知的，应当予以公告。债权人应当在接到通知之日起30日内，未接到通知的应当在公告之日起60日内，向投资人申报其债权。

3. 个人独资企业的注销登记。个人独资企业解散后，原投资人对个人独资企业存续期间的债务仍应承担偿还责任，但债权人在5年内未向债务人提出偿债请求的，该清偿责任消灭。个人独资企业清算结束后，投资人或者法院指定的清算人应当编制清算报告，并于15日内到登记机关办理注销登记。

第三节　合伙企业

一、普通合伙企业

(一) 合伙企业设立

1. 合伙企业的定义。所谓合伙企业,是指自然人、法人和其他组织依照本法在中国境内设立的普通合伙企业和有限合伙企业。其中,普通合伙企业由普通合伙人组成,合伙人对合伙企业债务承担无限连带责任的企业。普通合伙人承担责任的形式,我国《合伙企业法》有相应的特别规定。而有限合伙企业,则是由普通合伙人和有限合伙人组成,普通合伙人对合伙企业债务承担无限连带责任,有限合伙人以其认缴的出资额为限对合伙企业债务承担责任的企业。我国《合伙企业法》1997 年 2 月 23 日通过,2006 年 8 月 27 日修订,2007 年 6 月 1 日施行,共有六章 109 条,增加了有限合伙企业这一形式。

2. 合伙企业协议。合伙协议依法由全体合伙人协商一致、以书面形式订立。合伙协议应当载明的法定事项:(1) 合伙企业的名称和主要经营场所的地点;(2) 合伙目的和合伙经营范围;(3) 合伙人的姓名或者名称、住所;(4) 合伙人的出资方式、数额和缴付期限;(5) 利润分配、亏损分担方式;(6) 合伙事务的执行;(7) 入伙与退伙;(8) 争议解决办法;(9) 合伙企业的解散与清算;(10) 违约责任等。合伙协议经全体合伙人签名、盖章后生效。合伙人按照合伙协议享有权利,履行义务。修改或者补充合伙协议,应当经全体合伙人一致同意;但是,合伙协议另有约定的除外。合伙协议未约定或者约定不明确的事项,由合伙人协商决定;协商不成的,依照《合作企业法》和其他有关法律、行政法规的规定处理。

3. 合伙企业的设立。在我国,设立合伙企业,应当具备的法定条件是:(1) 有 2 个以上合伙人。合伙人为自然人的,应当具有完全民事行为能力;(2) 有书面合伙协议;(3) 有合伙人认缴或者实际缴付的出资;(4) 有合伙企业的名称和生产经营场所;(5) 法律、行政法规规定的其他条件。特别是,合伙企业名称中应当标明"普通合伙"字样。合伙人应当按照合伙协议约定的出资方式、数额和缴付期限,履行出资义务。以非货币财产出资的,依照法律、行政法规的规定,需要办理财产权转移手续的,应当依法办理。申请设立合伙企业,应当向企业登记机关提交登记申请书、合伙协议书、合伙人身份证明等文件。合伙企业的经营范围中有属于法律、行政法规规定在登记前须经批准的项目的,该项经营业务应当依法经过批准,并在登记时提交批准文件。合伙企业的营业执照签发日期,为合伙企业成立日期。

4. 合伙企业的设立限制。在我国,合伙企业的设立,要受到相应的法定限制,主要是:(1) 国有独资公司、国有企业、上市公司以及公益性的事业单位、社会团体不得成为普通合伙人;(2) 合伙人可以用货币、实物、知识产权、土地使用权或者其他财产权利出资,也可以用劳务出资。合伙人以实物、知识产权、土地使用权或者其他财产权利出资,需要评估作价的,可以由全体合伙人协商确定,也可以由全体合伙人委托法定评估机构评估。合伙人以劳务出资的,其评估办法由全体合伙人协商确定,并在合伙协议中载明；（3）合伙企业领取营业执照前，合伙人不得以合伙企业名义从事合伙业务；（4）合伙企业设立分支机构，应当向分支机构所在地的企业登记机关申请登记，领取营业执照。合伙企业登记事项发生变更的，执行合伙事务的合伙人应当自作出变更决定或者发生变更事由之日起 15 日内，向企业登记机关申请办理变更登记。

（二）合伙企业财产

1. 合伙企业的总体财产。合伙人的出资、以合伙企业名义取得的收益和依法取得的其他财产，均为合伙企业的财产。在这一点上，合伙企业的合伙人应当意识到：合伙人的出资，在转移到合伙企业之前，属于合伙人自己的财产，但是，一旦出资到合伙企业而且履行了合伙企业设立程序，在合伙企业设立之后，则合伙人的出资财产，当然就转化成合伙企业的财产。

2. 合伙财产的分割与转让。合伙人在合伙企业清算前，不得请求分割合伙企业的财产。但是，依法行使财产分割请求权予以分割的除外。合伙人在合伙企业清算前私自转移或者处分合伙企业财产的，合伙企业不得以此对抗善意第三人。也就是说，任何一个合伙人承担连带责任的情况，不会因为合伙人行使法定的财产分割请求权而发生改变。除合伙协议另有约定外，合伙人向合伙人以外的人转让其在合伙企业中的全部或者部分财产份额时，须经其他合伙人一致同意。合伙人之间转让在合伙企业中的全部或者部分财产份额时，应当通知其他合伙人。

3. 合伙人的优先购买权。合伙人向合伙人以外的人转让其在合伙企业中的财产份额的，在同等条件下，其他合伙人有优先购买权；但是，合伙协议另有约定的除外。相比之下，合伙人以外的人依法受让合伙人在合伙企业中的财产份额的，经修改合伙协议即成为合伙企业的合伙人，应当依据我国《合伙企业法》和修改后的合伙协议享有权利，履行义务。

4. 合伙人的出资份额及出质。合伙人按照合伙协议的约定或者经全体合伙人决定，可以增加或者减少对合伙企业的出资。合伙人以其在合伙企业中的财产份额出质的，须经其他合伙人一致同意；未经其他合伙人一致同意，其行为无效，由此给善意第三人造成损失的，由行为人依法承担赔偿责任。这是我国《合伙企业法》第 25 条明文规定的规则。

（三）合伙事务执行

1. 合伙人的合伙事务执行权。合伙人对执行合伙事务享有同等的权利。按照合伙协议的约定或者经全体合伙人决定，可以委托一个或者数个合伙人对外代表合伙企业，执行合伙事务。作为合伙人的法人、其他组织执行合伙事务的，由其委派的代表执行。

2. 合伙事务的委托执行。按照合伙协议的约定或者经全体合伙人决定，委托一个或者数个合伙人执行合伙事务的，其他合伙人不再执行合伙事务。不执行合伙事务的合伙人，有权监督执行事务合伙人执行合伙事务的情况。由一个或者数个合伙人执行合伙事务的，执行事务合伙人应当定期向其他合伙人报告事务执行情况以及合伙企业的经营和财务状况，其执行合伙事务所产生的收益归合伙企业，所产生的费用和亏损由合伙企业承担。合伙人为了解合伙企业的经营状况和财务状况，有权查阅合伙企业会计账簿等财务资料。

3. 合伙事务的分别执行。合伙人分别执行合伙事务的，执行事务合伙人可以对其他合伙人执行的事务提出异议。提出异议时，应当暂停该项事务的执行。如果发生争议，按照合伙协议约定的表决办法或者我国《合伙企业法》第30条规定的"合伙人一人一票并经全体合伙人过半数通过"作出决定。受委托执行合伙事务的合伙人不按照合伙协议或者全体合伙人的决定执行事务的，其他合伙人可以决定撤销该委托。合伙人对合伙企业有关事项作出决议，按照合伙协议约定的表决办法办理。合伙协议未约定或者约定不明确的，实行合伙人一人一票并经全体合伙人过半数通过的表决办法。《合伙企业法》对合伙企业的表决办法另有规定的，从其规定。

4. 合伙企业的表决规则。除合伙协议另有约定外，合伙企业的重大事项应当经全体合伙人一致同意：（1）改变合伙企业的名称；（2）改变合伙企业的经营范围、主要经营场所的地点；（3）处分合伙企业的不动产；（4）转让或者处分合伙企业的知识产权和其他财产权利；（5）以合伙企业名义为他人提供担保；（6）聘任合伙人以外的人担任合伙企业的经营管理人员。

5. 合伙人的竞业限制。合伙人不得自营或者同他人合作经营与本合伙企业相竞争的业务。除合伙协议另有约定或者经全体合伙人一致同意外，合伙人不得同本合伙企业进行交易。合伙人不得从事损害本合伙企业利益的活动。

6. 合伙盈亏分担规范。合伙企业应当依照法律、行政法规的规定建立企业财务、会计制度。合伙企业的利润分配、亏损分担，按照合伙协议的约定办理；合伙协议未约定或者约定不明确的，由合伙人协商决定；协商不成的，由合伙人按照实缴出资比例分配、分担；无法确定出资比例的，由合伙人平均分配、分担。合伙协议不得约定将全部利润分配给部分合伙人或者由部分合伙人承担全部亏损。

7. 合伙企业经营管理人员履责。被聘任的合伙企业的经营管理人员应当在合伙企业授权范围内履行职务。被聘任的合伙企业的经营管理人员，超越合伙企业授权范围履行职务，或者在履行职务过程中因故意或者重大过失给合伙企业造成损失的，依法承担赔偿责任。

二、合伙企业的内外关系

（一）合伙企业与第三人关系

1. 合伙事务执行限制的效力。合伙企业对合伙人执行合伙事务以及对外代表合伙企业权利的限制，不得对抗善意第三人。合伙企业对其债务，应先以其全部财产进行清偿。合伙企业不能清偿到期债务的，合伙人承担无限连带责任。合伙人由于承担无限连带责任，清偿数额超过合伙协议的约定或者合伙人按照实缴出资比例分配、分担的其亏损分担比例的，有权向其他合伙人追偿。

2. 合伙企业债务抵销。合伙人发生与合伙企业无关的债务，相关债权人不得以其债权抵销其对合伙企业的债务；也不得代位行使合伙人在合伙企业中的权利。

3. 合伙收益清偿和优先购买。合伙人的自有财产不足清偿其与合伙企业无关的债务的，该合伙人可以以其从合伙企业中分取的收益用于清偿；债权人也可以依法请求法院强制执行该合伙人在合伙企业中的财产份额用于清偿。法院强制执行合伙人的财产份额时，应当通知全体合伙人，其他合伙人有优先购买权；其他合伙人未购买，又不同意将该财产份额转让给他人的，应当依法按照合伙人退伙的规定为该合伙人办理退伙结算，或者办理削减该合伙人相应财产份额的结算。

（二）合伙企业的入伙、退伙

1. 合伙企业的入伙。新合伙人入伙，除合伙协议另有约定外，应当经全体合伙人一致同意，并依法订立书面入伙协议。订立入伙协议时，原合伙人应当向新合伙人如实告知原合伙企业的经营状况和财务状况。入伙的新合伙人与原合伙人享有同等权利，承担同等责任。入伙协议另有约定的，从其约定。新合伙人对入伙前合伙企业的债务承担无限连带型清偿责任。

2. 合伙企业的退伙。合伙协议约定合伙期限的，在合伙企业存续期间，合伙人可以退伙的情形，主要是：（1）合伙协议约定的退伙事由出现；（2）经全体合伙人一致同意；（3）发生合伙人难以继续参加合伙的事由；（4）其他合伙人严重违反合伙协议约定的义务。合伙协议未约定合伙期限的，合伙人在不给合伙企业事务执行造成不利影响的情况下，可以退伙，但应当提前 30 日通知其他合伙人。合伙人违反前述规则退伙的，应当赔偿由此给合伙企业造成的损失。

3. 合伙人的当然退伙。合伙人出现重大情形从而发生当然退伙的情形是：（1）作为合伙人的自然人死亡或者被依法宣告死亡；（2）个人丧失偿债能力；（3）作为合伙人的法人或者其他组织依法被吊销营业执照、责令关闭、撤销，或者被宣告破产；（4）法律规定或者合伙协议约定合伙人必须具有相关资格而丧失该资格；（5）合伙人在合伙企业中的全部财产份额被人民法院强制执行。合伙人被依法认定为无民事行为能力人或者限制民事行为能力人的，经其他合伙人一致同意，可以依法转为有限合伙人，普通合伙企业依法转为有限合伙企业。其他合伙人未能一致同意的，该无民事行为能力或者限制民事行为能力的合伙人退伙。退伙事由实际发生之日为退伙生效日。

4. 对合伙人的除名。合伙人发生严重的损害合伙利益的情形，经其他合伙人一致同意，可以决议将其除名：（1）未履行出资义务；（2）因故意或者重大过失给合伙企业造成损失；（3）执行合伙事务时有不正当行为；（4）发生合伙协议约定的事由。对合伙人的除名决议应当书面通知被除名人。被除名人接到除名通知之日，除名生效，被除名人退伙。被除名人对除名决议有异议的，可以自接到除名通知之日起 30 日内向法院起诉。

5. 合伙人财产利益的继承。合伙人死亡或者被依法宣告死亡的，对该合伙人在合伙企业中的财产份额享有合法继承权的继承人，按照合伙协议的约定或者经全体合伙人一致同意，从继承开始之日起，取得该合伙企业的合伙人资格。发生重大情形的，合伙企业应当向合伙人的继承人退还被继承合伙人的财产份额：（1）继承人不愿意成为合伙人；（2）法律规定或者合伙协议约定合伙人必须具有相关资格，而该继承人未取得该资格；（3）合伙协议约定不能成为合伙人的其他情形。合伙人的继承人为无民事行为能力人或者限制民事行为能力人的，经全体合伙人一致同意，可以依法成为有限合伙人，普通合伙企业依法转为有限合伙企业。全体合伙人未能一致同意的，合伙企业应当将被继承合伙人的财产份额退还该继承人。

6. 合伙人退伙清算。合伙人退伙时，合伙企业财产少于合伙企业债务的，退伙人应当依照按照合伙协议的约定"合伙人按照实缴出资比例分配、分担"的规定分担亏损。合伙人退伙，其他合伙人应当与该退伙人按照退伙时的合伙企业财产状况进行结算，退还退伙人的财产份额。退伙人对给合伙企业造成的损失负有赔偿责任的，相应扣减其应当赔偿的数额。退伙时有未了结的合伙企业事务的，待该事务了结后进行结算。退伙人在合伙企业中财产份额的退还办法，由合伙协议约定或者由全体合伙人决定，可以退还货币，也可以退还实物。退伙人对基于其退伙前的原因发生的合伙企业债务，承担无限连带责任。

（三）特殊的普通合伙企业

1. 特殊普通合伙企业的定义。以专业知识和专门技能为客户提供有偿服务的专业服务机构，可以设立为特殊的普通合伙企业。所谓特殊普通合伙企业，是指合伙人依法以其在合伙企业中的财产份额为限承担责任的普通合伙企业。特殊的普通合伙企业名称中，应当标明"特殊普通合伙"字样。

2. 特殊普通合伙企业的两合责任。在特殊的普通合伙企业中，一个合伙人或者数个合伙人在执业活动中因故意或者重大过失造成合伙企业债务的，应当承担无限责任或者无限连带责任，其他合伙人以其在合伙企业中的财产份额为限承担责任。合伙人在执业活动中非因故意或者重大过失造成的合伙企业债务，以及合伙企业的其他债务，由全体合伙人承担无限连带责任。

3. 特殊普通合伙企业的执业风险。合伙人执业活动中因故意或者重大过失造成的合伙企业债务，以合伙企业财产对外承担责任后，该合伙人应当按照合伙协议的约定对给合伙企业造成的损失承担赔偿责任。特殊的普通合伙企业应当建立执业风险基金、办理职业保险。执业风险基金用于偿付合伙人执业活动造成的债务。执业风险基金应当单独立户管理，具体管理办法由国务院规定。

三、有限合伙企业

（一）有限合伙企业的设立

1. 有限合伙企业的定义。有限合伙企业，是指由普通合伙人和有限合伙人组成，普通合伙人对合伙企业债务承担无限连带责任，有限合伙人以其认缴的出资额为限对合伙企业债务承担责任的企业组织形式。有限合伙企业实现了企业管理权和出资权分离，可以结合企业管理方和资金方的优势，因而，是国外私募基金的主要组织形式。在我国市场上的黑石集团[①]、红杉资本[②]都是合伙制企业。

2. 有限合伙企业的设立要求。有限合伙企业由 2 个以上 50 个以下合伙人设立；但是，法律另有规定的除外。有限合伙企业至少应当有一个普通合伙人。有限合伙企业名称中应当标明"有限合伙"字样。

3. 有限合伙企业的合伙协议。合伙协议除载明普通合伙企业的协议事项外，还应当载明的事项：（1）普通合伙人和有限合伙人的姓名或者名称、住所；（2）执行事务合伙人应具备的条件和选择程序；（3）执行事务合伙人权限与违约处理办法；（4）执行事务合伙人的除名条件和更换程序；（5）有限合伙人入伙、退伙的条件、程序以及相关责任；（6）有限合伙人和普通合伙人相互转变程序。[③]

（二）有限合伙企业的出资义务

1. 有限合伙企业的出资人义务。有限合伙人可以用货币、实物、知识产权、土地使用权或者其他财产权利作价出资。有限合伙人不得以劳务出资。有限合伙人应当按照合伙协议的约定按期足额缴纳出资；未按期足额缴纳的，应当承担补缴义务，并对其他合伙人承担违约责任。有限合伙企业登记事项中，应当载明有限合伙人的姓名或者名称及认缴的出资数额。

2. 有限合伙企业的合伙事务执行。有限合伙企业由普通合伙人执行合伙事务；执行事务合伙人可以要求在合伙协议中，确定执行事务的报酬及报酬提取方式；有限合伙人不执行合伙事务，不得对外代表有限合伙企业。

3. 有限合伙人的非执行合伙事务行为。有限合伙人的下述行为，不视为执行合伙事务：（1）参与决定普通合伙人入伙、退伙；（2）对企业的经营管理提出建议；（3）参与选择承办有限合伙企业审计业务的会计师事务所；（4）获取经审计的有限合伙企业财务会计报告；（5）对涉及自身利益的情况，查阅有限合伙企业财务会计账簿等财务资

---

① 黑石集团（Blackstone Group）又名佰仕通集团，总部位于美国纽约，是一家全球领先的另类资产管理和提供金融咨询服务的机构，也是全世界最大的独立另类资产管理机构之一，美国规模最大的上市投资管理公司。其另类资产管理业务，包括：企业私募股权基金、房地产机会基金、对冲基金的基金、优先债务基金、私人对冲基金和封闭式共同基金等。1985 年由彼得·彼得森（Peter G. Peterson）和史蒂夫·施瓦茨曼（Steve Schwarzman）共同创建。2007 年 6 月 22 日，在纽约证券交易所挂牌上市（NYSE: BX）。2011 年 9 月，黑石集团首次撤资中国房地产市场。

② 1972 年，红杉资本在美国硅谷成立。在成立后的 30 多年之中，红杉作为第一家机构投资人投资了如 Apple、Google、Cisco、Oracle、Yahoo、Linkedin 等众多创新型的领导潮流的公司。在中国，红杉资本中国团队管理着约 20 亿美元的海外基金和近 40 亿人民币的国内基金，用于投资中国的高成长企业。红杉中国的合伙人及投资团队兼备国际经济发展视野和本土创业企业经验，从 2005 年 9 月成立至今，在科技、消费服务业、医疗健康和新能源/清洁技术等投资了众多具有代表意义的高成长公司。红杉中国的投资组合包括新浪网、阿里巴巴集团、酒仙网、万学教育、京东商城、文思创新、唯品会、聚美优品、豆瓣网、诺亚财富、高德软件、乐蜂网、奇虎360、乾照光电、焦点科技、大众点评网、中国利农集团、乡村基餐饮、斯凯网络、博纳影视、开封药业、秦川机床、快乐购、蒙草抗旱、匹克运动等。作为"创业者背后的创业者"，红杉中国团队正在帮助众多中国创业者实现他们的梦想。红杉总共投资超过 500 家公司，200 多家成功上市，100 多个通过兼并收购成功退出的案例。

③ 我国《合伙企业法》第 18 条规定，普通合伙企业的合伙协议，应当载明的事项包括：（1）合伙企业的名称和主要经营场所的地点；（2）合伙目的和合伙经营范围；（3）合伙人的姓名或者名称、住所；（4）合伙人的出资方式、数额和缴付期限；（5）利润分配、亏损分担方式；（6）合伙事务的执行；（7）入伙与退伙；（8）争议解决办法；（9）合伙企业的解散与清算；（10）违约责任。

料；（6）在有限合伙企业中的利益受到侵害时，向有责任的合伙人主张权利或者提起诉讼；（7）执行事务合伙人怠于行使权利时，督促其行使权利或者为了本企业的利益以自己的名义提起诉讼；（8）依法为本企业提供担保等。

（三）有限合伙企业的内外财产关系

1. 有限合伙企业的内部关系。有限合伙企业不得将全部利润分配给部分合伙人；有限合伙人可以同本有限合伙企业进行交易；有限合伙人可以自营或者同他人合作经营与本有限合伙企业相竞争的业务；但是，合伙协议另有约定的除外。

2. 有限合伙人的财产份额出质与转让。有限合伙人可以将其在有限合伙企业中的财产份额出质；但是，合伙协议另有约定的除外。有限合伙人可以按照合伙协议的约定，向合伙人以外的人转让其在有限合伙企业中的财产份额，但应当提前 30 日通知其他合伙人。

3. 有限合伙人的债务清偿。有限合伙人的自有财产不足清偿其与合伙企业无关的债务的，该合伙人可以以其从有限合伙企业中分取的收益用于清偿；债权人也可以依法请求法院强制执行该合伙人在有限合伙企业中的财产份额用于清偿。法院强制执行有限合伙人的财产份额时，应当通知全体合伙人。在同等条件下，其他合伙人有优先购买权。

（三）有限合伙企业内外关系变化

1. 有限合伙企业的解散。有限合伙企业仅剩有限合伙人的，应当解散；有限合伙企业仅剩普通合伙人的，转为普通合伙企业。

2. 有限合伙人的表见交易。第三人有理由相信有限合伙人为普通合伙人并与其交易的，该有限合伙人对该笔交易承担与普通合伙人同样的责任。有限合伙人未经授权以有限合伙企业名义与他人进行交易，给有限合伙企业或者其他合伙人造成损失的，该有限合伙人应当承担赔偿责任。

3. 有限合伙人的入伙与退伙。新入伙的有限合伙人对入伙前有限合伙企业的债务，以其认缴的出资额为限承担责任。出现下列情况：作为有限合伙人的自然人死亡或者被依法宣告死亡；作为有限合伙人的法人或者其他组织依法被吊销营业执照、责令关闭、撤销，或者被宣告破产；法律规定或者合伙协议约定有限合伙人必须具有相关资格而丧失该资格；有限合伙人在合伙企业中的全部财产份额被法院强制执行时，为当然退伙。但是，作为有限合伙人的自然人在有限合伙企业存续期间丧失民事行为能力的，其他合伙人不得因此要求其退伙。有限合伙人退伙后，对基于其退伙前的原因发生的有限合伙企业债务，以其退伙时从有限合伙企业中取回的财产承担责任。

4. 有限合伙人财产份额的继承。作为有限合伙人的自然人死亡、被依法宣告死亡或者作为有限合伙人的法人及其他组织终止时，其继承人或者权利承受人可以依法取得该有限合伙人在有限合伙企业中的资格。

5. 有限合伙人的身份转化。有限合伙人转变为普通合伙人的，对其作为有限合伙人期间有限合伙企业发生的债务承担无限连带责任。普通合伙人转变为有限合伙人的，对其作为普通合伙人期间合伙企业发生的债务承担无限连带责任。除合伙协议另有约定外，普通合伙人转变为有限合伙人，或者有限合伙人转变为普通合伙人，应当经全体合伙人一致同意。

四、合伙企业的解散、清算

1. 合伙企业的法定解散事由。合伙企业发生下列情形时，应当依法解散：（1）合伙期限届满，合伙人决定不再经营；（2）合伙协议约定的解散事由出现；（3）全体合伙人决定解散；（4）合伙人已不具备法定人数满30天；（5）合伙协议约定的合伙目的已经实现或者无法实现；（6）依法被吊销营业执照、责令关闭或者被撤销；（7）法律、行政法规规定的其他原因。

2. 合伙企业的解散清算。合伙企业解散，应当由清算人进行清算。清算人由全体合伙人担任；经全体合伙人过半数同意，可以自合伙企业解散事由出现后15日内指定一个或者数个合伙人，或者委托第三人担任清算人。自合伙企业解散事由出现之日起15日内未确定清算人的，合伙人或者其他利害关系人可以申请法院指定清算人。

3. 合伙企业的解散清算事务。清算人在清算期间执行下列事务：（1）清理合伙企业财产，分别编制资产负债表和财产清单；（2）处理与清算有关的合伙企业未了结事务；（3）清缴所欠税款；（4）清理债权、债务；（5）处理合伙企业清偿债务后的剩余财产；（5）代表合伙企业参加诉讼或者仲裁活动。清算人自被确定之日起10日内将合伙企业解散事项通知债权人，并于60日内在报纸上公告。债权人应当自接到通知书之日起30日内，未接到通知书的自公告之日起45日内，向清算人申报债权。债权人申报债权，应当说明债权的有关事项，并提供证明材料。清算人应当对债权进行登记。清算期间，合伙企业存续，但不得开展与清算无关的经营活动。合伙企业财产在支付清算费用和职工工资、社会保险费用、法定补偿金以及缴纳所欠税款、清偿债务后的剩余财产，依照合伙协议的约定或者"合伙人按照实缴出资比例分配、分担"的规则定进行分配。

4. 合伙企业的申请破产与责任承担。合伙企业不能清偿到期债务的，债权人可以依法向法院提出破产清算申请，也可以要求普通合伙人清偿。合伙企业依法被宣告破产的，普通合伙人对合伙企业债务仍应承担无限连带责任。

5. 合伙企业的注销及注销后责任承担。清算结束，清算人应当编制清算报告，经全体合伙人签名、盖章后，在15日内向企业登记机关报送清算报告，申请办理合伙企业注销登记。合伙企业注销后，原普通合伙人对合伙企业存续期间的债务仍应承担无限连带责任。

第四节　法人的分支机构

一、法人分支机构的定义与法律地位

（一）法人的分支机构的定义

法人的分支机构，是指法人为实现其职能而设立的，可以自己的名义进行民事活动，但是，不能独立承担民事责任的机构。1991年4月2日，最高法院在《关于企业法人无力偿还债务时，可否执行其分支机构财产问题的复函》（简称《执行分支机构复函》）中，认定：本溪化工塑料总厂（简称"本溪总厂"）的管理体制、经营方式，在案件执行期间与案件审理期间相比，尽管发生了很大变化，但本溪总厂与其分支机构的关

系及各自的性质并未改变，本溪总厂的经营活动仍由其分支机构的经营行为具体体现，分支机构经营管理的财产仍是本溪总厂经营管理的财产或者属总厂所有的财产，仍为本溪总厂对外承担民事责任的物质基础。因此，在本溪总厂经济体制改革后，不应视其为无偿付能力。有鉴于此，对本溪总厂的债务，二审法院可以裁定由本溪总厂的分支机构负责偿还。这个《执行分支机构复函》说明：法人的分支机构，在个别情况下，可以为法人承担责任。

（二）法人分支机构的法律地位

法人的分支机构，是一种非法人组织。但是，它是否具有民事主体资格，有两种意见。一种意见认为，企业法人的分支机构不具有民事主体资格，但具有诉讼主体资格；另一种意见认为，企业法人的分支机构，可以作为民事诉讼和行政诉讼的主体，并可以享有名称权和著作权，且能在营业执照规定的范围内，对外进行民事活动。基于这一点，企业法人的分支机构虽然非法人型独立民事主体，但是，可以成为具体民事活动主体资格的一类活动独立、责任有限和非法人主体、责任由法人主体承担的特殊主体。

（三）法人分支机构的成立

理论上，法人分支机构的成立条件，应当包括：依法成立、有自己的名称、组织机构和场所和有可以独立支配的财产等。其设立程序，包括：须依法办理工商登记，领取营业执照，营业执照签发的日期为分支机构成立的日期等。

我国《公司法》第 14 条规定，公司可以设立分公司。设立分公司，应当向公司登记机关申请登记，领取营业执照。分公司不具有法人资格，其民事责任由公司承担。民政部《社会团体分支机构、代表机构登记办法》（2001 年 7 月 24 日，简称《社团分支办法》）第 2 条~第 3 条规定，社会团体的分支机构，是社会团体根据开展活动的需要，依据业务范围的划分或者会员组成的特点，设立的专门从事该社会团体某项业务活动的机构。分支机构可以称分会、专业委员会、工作委员会、专项基金管理委员会等。社会团体的代表机构，是社会团体在住所地以外属于其活动区域内设置的，代表该社会团体开展活动、承办该社会团体交办事项的机构。"代表机构"可以称代表处、办事处、联络处等。社会团体设立分支机构、代表机构应当按照章程的规定，履行民主程序，经业务主管单位审查同意后，向负责该社会团体登记的登记管理机关提出申请。经登记管理机关登记后，方可开展活动。

二、法人分支机构的活动

《社团分支办法》第 12 条规定，社会团体的分支机构、代表机构是社会团体的组成部分，不具有法人资格，其法律责任由设立该分支机构、代表机构的社会团体承担。社会团体的分支机构应当在该社会团体的授权范围内发展会员、收取会费，其发展的会员属于该社会团体的会员，其收取的会费属于该社会团体所有。社会团体分支机构、代表机构的名称前应当冠以社会团体名称；开展活动，应当使用全称。分支机构、代表机构的英文译名应当与中文名称一致。

在我国，各种各级法学学术团体，原来的管理比较混乱。比如，"中国法学会民法学经济法学研究会"① 这个名称，涵盖了民法学、商法学和经济法学等几个专业学会，而且，还是中国法学会下属的二级学会。从 1985 年 4 月 9 日 "中国法学会民法学经济法学研究会"成立，到 1992 年 7 月中旬 "中国法学会民法学研究会"成立，再到 2004年 8 月 16 日 "中国法学会民法学研究会"换届，以及 2012 年 5 月 5 日 "中国民法学研究会"成立，"中国民法学研究会"成为具有独立法人资格的全国性法学社会团体。期间，每次名称的变更，都是从中国法学会的分支机构走向独立的法人型学术研究机构的过程。显而易见，中国民法学研究会的活动，主要是从事学术研究和学术交流活动，不论是它作为二级学会即中国法学会的分支机构，还是作为独立的法人型学术研究机构，都是如此。

企业法人的分支机构，是指企业法人投资设立的、有固定经营场所、以自己名义直接对外从事经营活动的、不具有法人资格，其民事责任由其隶属企业法人承担的经济组织。企业法人的分支机构的财产，是属于企业法人的财产。企业法人设立不能独立承担民事责任的分支机构，由企业法人申请变更登记和营业登记。分支机构领取《营业执照》后方可从事经营活动，未经核准登记即以分支机构的名义从事经营活动的，按照法律规定必须予以处罚。

企业法人的分支机构应当在其《营业执照》登记的范围内，按照企业法人的管理制度要求，以及企业法人章程的规定，从事具体的民事活动，包括生产经营和管理活动，与对方民事主体从事民事活动，其民事法律关系的发生、变更和消灭的民事法律后果，由分支机构以自己的财产，承担法律后果。超出其《营业执照》登记的范围时，则由企业法人承担全部民事法律后果和民事责任。

三、法人分支机构的民事责任

企业法人分支机构的民事责任，由法人承担。企业法人分支机构为实现法人的职能，可以在法人授权的范围内独立进行民事活动，但不具备法人的条件，其行为的后果，应由设立分支机构的法人承担。我国《公司法》第 14 条、第 192 条~第 197 条规定，公司可以设立分公司，分公司不具有企业法人资格，其民事责任由公司承担。外国公司对其分支机构在中国境内进行经营活动，承担民事责任。而外国公司在中国境内设立分支机构，必须具备的条件包括：（1）向中国主管机关提出申请，并提交其公司章程、所属国的公司登记证书等有关文件，经批准后，向公司登记机关依法办理登记，领取营业执照；（2）在中国境内指定负责该分支机构的代表人或者代理人，并向该分支机

---

① 1985 年 4 月 9 日，"中国法学会民法学经济法学研究会"成立于苏州大学。全国民法学界、经济法学界和政法实际工作部门的专家、学者、教学人员和研究人员，共 150 人出席会议。中国法学会副会长甘重斗在成立大会上发表了《加强民法学、经济法学研究，积极为经济体制改革服务》的讲话。大会选举产生了民法学、经济法学干事会，佟柔当选为总干事。"中国法学会民法学研究会"成立于 1992 年 7 月中旬在烟台大学举行，是中国法学会下属的二级学会。2004 年 8 月 16 日，中国法学会民法学研究会换届暨 2004 年年会在中国人民大学举行，全国各地共 150 多代表参会，会议由原中国法学会民法学经济法学研究会会长王家福教授主持，王利明教授当选为会长。2012 年 5 月 5 日，"中国民法学研究会第一次会员代表大会暨 2012 年民法理论研讨会"在南京师范大学举行，王利明教授继续担任会长。这次大会后，经中国法学会批准和民政部登记核准，"中国民法学研究会"成为具有独立法人资格的全国性法学社会团体。2017 年 6 月 10 日~11 日，第二次会员代表大会之宾，"中国民法学研究会"又更名为"中国法学会民法学研究会"。32 年来，几易名称，使命未变。

构拨付与其所从事的经营活动相适应的资金。外国公司的分支机构应当在其名称中标明该外国公司的国籍及责任形式；（3）外国公司的分支机构应当在本机构中置备该外国公司章程；（4）外国公司在中国境内设立的分支机构不具有中国法人资格。外国公司对其分支机构在中国境内进行经营活动承担民事责任。

与此同时，经批准设立的外国公司分支机构，在中国境内从事业务活动，必须遵守中国的法律，不得损害中国的社会公共利益，其合法权益受中国法律保护。外国公司撤销其在中国境内的分支机构时，必须依法清偿债务，按照我国《公司法》有关公司清算程序的规定，进行清算。未清偿债务之前，不得将其分支机构的财产移至中国境外。

四、筹建中的法人

（一）筹建中的法人的定义与法律地位

筹建中的法人，也称设立中的法人，是指为设立法人而进行筹建活动的非法人组织。

筹建中的法人的法律地位，有不同的观点。一种观点认为，筹建中的法人不是民事主体，也不具有民事权利能力和民事行为能力，其在筹建过程中的行为，是筹建人或设立人的个人行为。另一种观点认为，筹建中的法人与成立后的法人应视为同一法人，法人成立前所享有的权利及所形成的债权债务关系，都应由成立后的法人享有了承担。如果法人不能成立，则其权利能力溯及消灭，即由筹建人或设立人承担相应的法律后果。这就是所谓"同一体说"。

法人资格始于法人批准登记时，也就是设立登记，企业法人领取《企业法人营业执照》后，即可以法人资格对外进行民事活动，与对方当事人建立民事法律关系。筹建中的法人作为设立中的法人，是为设立法人组织而进行筹建活动的非法人组织。其法律特征是：（1）筹建中的法人是一种组织，而非筹建人或设立人个人；（2）筹建中的法人是为设立法人而存在的组织体；（3）筹建中的法人是非法人组织，而不是法人，并不具有法人的完整主体资格。

（二）筹建许可证

所谓筹建许可证，是指依法进行筹建的企业法人的筹建人或者设立人，经过申请而获得的开展法人筹建活动的批准证书。由于这种证书，具有一定的民事主体资格确认的含义，所以，也叫企业法人的筹建执照。根据国务院《企业法人登记管理条例》（1988年6月3日，简称《法人登记条例》）第36条的规定，经国务院有关部门或者各级计划部门批准的新建企业，其筹建期满1年的，应当按照专项规定办理筹建登记。根据国家工商总局《企业法人登记管理条例施行细则》（简称《法人登记细则》）第57条~第58条、第68条规定，登记主管机关对申请筹建登记的企业，在核准登记后核发《筹建许可证》。《筹建许可证》、企业申请筹建登记注册书以及其他有关登记管理的重要文书表式，由国家工商行政管理局统一制定。根据《法人登记条例》第36条规定应当申请筹建登记的企业，按照国务院有关部门或者省、自治区、直辖市人民政府的专项规定办理筹建登记。

（三）筹建中的法人的民事活动

为了实现设立法人的目的，在法人成立前，往往要实施一系列的民事行为，如租用场地、购买办公设备，以及开展相应的民事活动，比如，修建办公大楼或者开展酒店客房的预售和招租活动等。虽然，我国法律对筹建中的法人的民事地位、具体民事主体资格和民事权利能力、民事行为能力等方面的规范，规定较少，但是，实际上，设立人往往以"筹建中的法人"的名义，实施民事活动，并因引致民事法律关系发生、变更和消灭后果的，首先是有效的，然后，再根据具体法律规范的规定，加以处置。

因此，筹建中法人的权利能力，是为筹建法人所必要的事项为限，被以筹建登记的形式，赋予相应的民事权利能力和民事行为能力。其受到的限制是：（1）以筹建或者设立法人所必要的事项为限，享有民事权利能力。在这里，所谓"必要事项"是依据法律的规定或者设立章程或者设立人之间的约定，或者依据具体民事行为的性质加以认定。筹建中的法人不能享有与筹建或者设立活动无关的民事权利能力；（2）以将来法人成立为条件，享有民事权利能力。如果将来法人成立，而该民事权利能力产生的法律后果，由经过筹建阶段之后，设立的法人承受和承担；而如果将来法人不能登记成立时，其民事权利能力溯及消灭，由筹建人或者设立人承担其法律后果，且各设立人之间负连带责任；（3）筹建中的法人，对外所签订的与筹建无关的合同，是无效合同。如果因此给对方当事人照成损失的，应由设立人、筹建人等承担连带赔偿责任。

思 考 题

1. 非法人组织的定义和分类，其法律地位应如何确定，理由何在？
2. 个人独资企业的经营管理特征与民事责任，其与我国《公司法》中的"一人公司"是否同一，为什么？
3. 合伙企业中，普通合伙企业与有限合伙企业如何区分？具体理由分析。
4. 法人分支机构是否具有民事主体资格？其民事法律责任如何承担？
5. 以筹建中的法人名义进行的民事活动，应如何承担民事责任？

学习资料指引

1. 王利明等：《民法新论》（上），中国政法大学出版社1988年版，第二编民事主体。
2. 魏振瀛：《民法》，北京大学出版社、高等教育出版社2000年版，第6章。
3. 彭万林：《民法学》，中国政法大学出版社1999年第2版，第6章。
4. 马俊驹、余延满：《民法原论》（上），法律出版社1998年版，第7章。
5. 王建平：《民法学》（上），四川大学出版社1994年版，第4章。

参照法规提示

1. 《中华人民共和国民法总则》，第四章非法人组织/第102条～第108条。
2. 《中华人民共和国个人独资企业法》，第二章个人独资企业的设立，第三章个人独资企业的投资人及事务管理，第四章个人独资企业的解散和清算。
3. 《中华人民共和国合伙企业法》，第二章普通合伙企业，第三章有限合伙企业，第四章合伙企业解散、清算。
4. 《中华人民共和国公司法》第14条、第192条～第197条。

5.《中华人民共和国著作权法》，第 2 条。

6.《中华人民共和国民事诉讼法》，第 48 条。

7.《最高人民法院关于适用〈中华人民共和国民事诉讼法〉的解释》，第 52 条～第 53 条。

8. 国务院《中华人民共和国企业法人登记管理条例》（1988 年 6 月 3 日），第 35 条～第 36 条。

9. 国务院《关于管理外国企业常驻代表机构的暂行规定》（1980 年 10 月 30 日），第 1 条。

10. 国家工商总局《中华人民共和国企业法人登记管理条例施行细则》，第 57 条～第 58 条、第 68 条。

11. 最高人民法院《关于企业法人无力偿还债务时，可否执行其分支机构财产问题的复函》，1991 年 4 月 2 日。

12. 民政部《社会团体分支机构、代表机构登记办法》（2001 年 7 月 24），第 2 条～第 3 条、第 12 条。

第七章 民事权利

【阅读提示】本章的重点是，民事权利的定义、特征与分类；新型民事权利发生的原因；民事权利取得的原因、享有、行使的方式，以及民事权利的私力救济与公力救济的具体方式、方法等。在现实生活中，民事权利总是受到各种各样的限制，那么，学习者通过本章的学习，会找到一个具有说服力的答案。本章的难点是，民事权利能否"入典"和怎样"入典"；民事权利享有与行使的差别，以及民事权利的救济理论；尤其是"自助行为"为什么被《民法总则》否定；民事权利私力救济为主，公力救济为辅原则确立的困难性。

第一节 民事权利的界定

一、民事权利定义和特征

民事权利，有多种解释，本书采纳通说，即民事权利是法律为保障民事主体实现某种利益的意思，而允许其行为的界限①。权利人可以在法定范围内，享有一定利益或实施一定行为，可以请求义务人为一定行为或不为一定行为，以保障其享有或实现某种利益。当权利人因他人的行为而侵害其民事权利的享有、行使时，可以请求有关国家机关采取强制措施予以保护。

在理解民事权利的定义时，要注意将民事权利与权限区别开来。所谓权限，是法律授予的，由当事人的行为使其发生作用的法律地位。根据这种地位，一方当事人须根据他方当事人的意思为一定行为。民事权利不等于权限，权限更接近于民事义务。例如，代理人的"代理权"就是一种权限。

作者认为，理解民事权利的定义，还应当从民事权利的特征入手。在我国社会主义市场经济背景下，为了建设全面小康社会，中共中央《关于完善社会主义市场经济体制若干问题的决定》中强调，坚持以人为本，树立全面、协调、可持续的发展观，促进经济社会和人的全面发展。尤其是，我国《民总一审稿》中，确立了"民事主体从事民事活动，应当保护环境、节约资源，促进人与自然和谐发展"的原则，从而，民事权利在我国，必然会从数量、质量和内容、范围等层面，大幅度增加。与此同时，民事权利的取得、享有和行使、救济等，就更应该强调民事权利与民事主体之间的利益实现与利益限制的关系。对于民事权利的特征，作者认为，主要有：（1）民事权利是基础性的权

---

① 彭万林：《民法学》，中国政法大学出版社 1999 年修订版，第 72 页。

利，具有基础性。比如，日常生活中，公民的衣食住行用、吃喝拉撒睡和生老病死养等方面的民事权利，就与公民的生存、生活和生产活动等密切相关；（2）民事权利的主体、种类、数量以及范围、所受到的保护等，在质、量和规模上，都是普遍的和空前的，因而具有广泛性；（3）民事权利往往与民事主体的权利意识、权利本身的利益性，以及抽象性相联系，因而又具有观念性；（4）民事权利作为法定权利，只要民事主体依法取得、享有、行使和救济其民事权利，则当然产生相应的法律拘束力。所以，它还具有效力性；（5）民事权利在现实生活中，受到时间、空间的界限限制，因此具有时空性；（6）民事权利作为法定权利，在享有、行使，以及实现和救济的过程中，还是受到各种各样的条件因素的制约，所以，它又是具有条件性的。①

需要说明，作者的这些归纳，是经过长期的研究得出的结论。立足于市民社会的存在和发展，以及民商法是市民社会的法，民事权利和民事活动是民法学的两大根基等认识，作者认为，民事权利在本质上，就是市民生存利益资料或者生存资源的划分方式或者工具。

二、新型民事权利

随着我国社会主义市场经济的发展和社会的不断进步，尤其是伴随网络社会、互联网＋，以及网络购物、快递和国际班列、高速公路、高铁和动车、易贷网和P2P（Peer to Peer Lending）、O2O（Online to Offline）、B2B（Business to Business）、B2C（Business to Consumer）、C2C（Consumer to Consumer）等现代物流概念下，各种新的交易方式不断出现，新型民事权利的产生、发展和完善就有了动力。比如，网络信息传播权、网络隐私权和网络侵权，以及网络购票、交易和支付等活动过程中，就是新型民事权利的表现形式。可以说，在现代社会，民事权利这种私权，是随着社会的进步、经济的发展和文化的推进，而不断发展、完善的。

1962年3月15日，美国总统肯尼迪在《关于保护消费者利益的国情咨文》中，表述了四项消费者的权利，即安全的权利、了解的权利、选择的权利和消费者意见被尊重的权利等。这四项权利的产生，开启了消费者权益的新时代，并迅速传遍世界，再加上后来补充的消费者损害救济的权利，成为各国公认的保护消费者权利的最基本准则。在我国，1993年10月31日，第八届全国人大常委会第4次会议通过了我国《消费者权益保护法》（简称《消法》），此后，2009年8月27日我国《消法》第一次修正，2013年10月25日我国《消法》第二次修正。根据我国《消法》"第二章消费者的权利"第7条～第15条的规定，在我国，消费者享有的权利是：（1）人身、财产安全权；（2）消费知情权；（3）自主选择权；（4）公平交易权；（5）获得赔偿权；（6）消费结社权；（7）获得消费知识权；（8）人格尊严权和民族风俗习惯受尊重权；（9）个人信息受保护权；（10）消费监督权。尤其是对经营者采用网络、电视、电话、邮购等方式销售商品，

---

① 王建平：《民法学》，四川大学出版社1994年版，第55页～第58页。

消费者有权自收到商品之日起 7 日内退货，且无需说明理由。① 有人将此称为"无理由退货权"或者"反悔权"等。

还有，伴随电子计算机与互联网的飞速发展，由此展开的关于法律应否保护虚拟网络中的隐私利益、财产利益等等争论，也不断发展。例如，某 A 在互联网上注册了一个"邮箱"，某 B 未经注册人许可，擅自破解其密码而将"邮箱"中的电子邮件公布于互联网；或者某 B 注册为某网络游戏的玩家，通过上网玩耍游戏，而使游戏中自己的虚拟人物的"能力"、"装备"获得了提升，而他人却通过破解玩家的游戏密码，盗取了玩家通过不断上网而积累的虚拟人物，等等。这些情况下，一旦虚拟网络中的利益人的网络隐私权，带有财产利益的相关权利，被人盗窃、破坏，权利人要求法律保护其上述权利，法律应否予以保护？如果，法律要介入虚拟网络相关利益的保护，确实会遇见很多技术上、观念上的难题。

然而，虚拟网络中的诸如网络隐私、网络财产等相关利益，均是合法取得的，代表了利益人之间的相关权益交易关系。所以，作者认为，只要网络利益合法，内容具体明确，并可以通过一定手段予以支配，就可以赋予其民事权利的性质，用法律手段来保护这些构成民事权利的网络利益。现在关于网络虚拟财产的保护问题，已经有了初步结论。比如，我国《民总一审稿》第 104 条规定，法律规定具体权利或者网络虚拟财产作为物权客体的，依照其规定。我国《民法总则》通过后，则在第 127 条规定为："法律对数据、网络虚拟财产的保护有规定的，依照其规定"。显然，前后的规定差异很大。

三、民事权利的分类

按照不同的标准，可以将民事权利区分为不同的类型。具体而言，民事权利可以按照不同的标准做如下分类：

（一）支配权、请求权、形成权、抗辩权

以民事权利的作用为标准，可以区分为支配权、请求权、形成权、抗辩权等。

1. 支配权。支配权，是指权利人可以直接支配权利客体，而具有排他性的权利。一方面，权利人可以直接支配权利客体，以满足自己利益的需要；另一方面，权利人可以禁止他人妨碍（害）其对权利利益的支配。知识产权、人格权、物权等权利为支配权。

2. 请求权。请求权，是指权利人可以要求他人为或不为某种行为的权利。一般来说，请求权的权利人，不能对权利的客体予以直接支配，必须通过义务人的作为或不作为来实现其权利。请求权是基于基础权利而发生的，权利人必须要有基础权利才能有请求权。因此，依基础权利的不同可将请求权分为：物上请求权、债权上的请求权、人格权上的请求权、身份权上的请求权等。

3. 形成权。形成权，是指权利人依自己单方面的意思表示，使民事法律关系发生、

① 这是我国《消法》第 25 条直接规定的。该条同时对消费者的退货权有如下限制：（1）消费者定作的；（2）鲜活易腐的；（3）在线下载或者消费者拆封的音像制品、计算机软件等数字化商品；（4）交付的报纸、期刊。除这些商品外，其他根据商品性质并经消费者在购买时确认不宜退货的商品，不适用无理由退货。同时，消费者退货的商品应当完好。经营者应当自收到退回商品之日起 7 日内返还消费者支付的商品价款。退回商品的运费由消费者承担；经营者和消费者另有约定的，按照约定。

变更或消灭的权利。形成权主要功能，在于权利人得依单方意思表示，使已成立的法律关系之效力发生、变更或消灭。比如，无权代理人实施的行为，真正有权人可以予以追认，也可以不予追认，一旦权利人对无权代理行为予以追认，该行为将对权利人产生约束力。属于形成权的权利，主要有承认权、选择权、撤销权、解除权、抵销权等。

4. 抗辩权。抗辩权，是指对抗他人行使相关权利的权利，也称拒绝的权利。抗辩权的作用在于"防御"，故需待他人的请求，始得对其行使抗辩权。依我国《合同法》第 66 条～第 69 条之规定，抗辩权又可以分为同时履行抗辩权、先履行抗辩权和不安抗辩权等。

（二）绝对权、相对权

以民事权利的效力范围为标准，可分为绝对权和相对权。

1. 绝对权。绝对权，又称对事权，是指无须通过义务人实施一定的行为即可实现，并以对抗不特定人的权利。绝对权有两个特征：一是权利人无须通过义务人的行为，自己可以直接实现的权利；二是义务主体不特定。物权、人身权、继承权等为绝对权。

2. 相对权。相对权，又称对人权，是指必须通过义务人实施一定的行为才能实现，只能对抗特定人的权利。相对权也有两个特征：一是权利人不能直接实现其权利，必须通过义务人的行为才能实现；二是只能请求特定的人为一定行为，该权利也就只能对抗特定的人。债权为相对权。

（三）财产权、人身权和二者兼备权

依民事权利的客体所体现的利益划分，可以将民事权利区分为财产权与人身权。

1. 财产权。财产权，是以具有经济价值的利益为客体的权利，其与权利人的人格、身份相分离而具有价值。财产权可以予以估价（折价）而计算出价值，并能够流通转让。物权、债权、知识产权等属于财产权。

2. 人身权。人身权，是以人身之要素为客体的权利，其与权利主体的人格、身份不可分离。人身权可再分为人格权与身份权。人格权指存在于权利人自己人格上的权利，亦即以自己的人格利益为标的之权利。身份权即亲属权，是以一定血缘关系（包括拟制血缘关系，如收养）和婚姻关系，而建立起来的一定身份关系上的权利。

3. 两者兼备权。所谓两者兼备权，是同时具有财产权与人身权两重性质的权利，如继承权、股权等。

（五）专属权、非专属权

按照民事权利与权利人的联系而划分为专属权与非专属权。

1. 专属权。专属权，是指专属于特定的权利主体的权利，其权利与主体不得分离，比如人格权、身份权等。

2. 非专属权。非专属权，是指能通过转让、继承等方式，可以与权利主体相分离的权利。债权、物权等基本上都是非专属权。

（六）主权利、从权利

在相互关联的民事权利中，依各个权利的地位而可作以上划分。

1. 主权利。主权利，是不依赖于其他权利为条件，可以独立存在的权利。

2. 从权利。从权利，则为依赖于主权利而不能单独存在的权利。在担保关系中，被担保的债权为主权利，担保权是从权利。

（七）既得权、期待权

以权利是否已经享有（取得）而可以将权利划分为既得权和期待权。

1. 既得权。既得权，是指权利人已经取得，并能享有或者享受权利利益的权利。既得权应该是已具备成立要件并具备现实性，如被继承人死亡后，继承人取得的遗产权利就是。

2. 期待权。期待权，是指因法律要件不具备或不充分，而尚未现实取得的权利。如商品房预购人在取得交付的商品房之前，对该预购的房屋所享有的权利，就是一种期待权。

四、民事权利的立法分类

（一）《民法通则》的民事权利类型

我国《民法通则》第五章，对民事权利的分列是：（1）财产所有权和与财产所有权有关的财产权，第71条~第83条；（2）债权，第84条~第93条；（3）知识产权，第94条~第97条；（4）人身权，第98条~第105条。

1. 财产所有权和与财产所有权有关的财产权。在我国《民法通则》中，这个名称代表的"物权"的内容非常复杂，具体包括：所有权（第71条）、所有权取得（第72条）、国有财产（第73条）、集体所有财产（第74条）、个人财产（第75条）、财产继承权（第76条）、社团财产（第77条）、财产共有（第78条）、埋藏物、隐藏物（第79条）、土地使用权、土地承包权（第80条）、自然资源使用权、采矿权（第81条）、国企经营权（第81条）、相邻关系（第83条）。

2. 债权。在我国《民法通则》中，债权的内容比较复杂，具体包括：债权（第84条）、合同（第85条）、按份之债（第86条）、连带之债（第87条）、合同履行（第88条）、债务担保（第89条）、借贷关系（第90条）、合同转让（第91条）、不当得利（第92条）、无因管理（第88条）。①

3. 知识产权。在我国《民法通则》中，知识产权具体包括：著作权（第94条）、专利权（第95条）、商标专用权（第96条）、发现权（第97条）、成果权（第97条）。

4. 人身权。在我国《民法通则》中，人身权分为人格权和身份权等，具体包括：生命健康权（第99条）、姓名权、名称权（第99条）、肖像权（第100条）、名誉权（第101条）、荣誉权（第102条）、婚姻自主权（第103条）、婚姻、家庭、老人、母亲和儿童、残疾人受保护权（第104条）、男女平等权（第105条）。

（二）《物权法》的民事权利分类

我国《物权法》对物权这种民事权利的确认和保护，以"所有权"、"用益物权"、"担保物权"和"占有"的结构进行制度设计，是史无前例的。理由是：

1. 观念新。我国《物权法》的新观念，包括：发挥物的效用（第1条）；物权人平等和发展权（第3条）；物权救济的和解、调解、仲裁、诉讼等途径（第32条）；无线电频谱资源属于国家所有（第50条）；建筑物区分所有权（第六章第70条~第83条）；

---

① 我国《民法通则》中，将侵权之债通过第六章民事责任"第三节侵权的民事责任"来处理，这是一种立法技巧，也反映了立法者对待民事权利的基本态度。

建设用地使用权分层设立（第 136 条）；抵押和质押财产折价、变卖市场价格原则（第 195 条、第 219 条）等等。

2. 章节多。我国《物权法》共有五编 19 章 247 条规定，其中，占有为第十九章，尽管只有 5 条规定，但是，也构成了一编的框架和内容。应当说，我国《物权法》的章节设计，比我国《民法通则》九章 156 条的规定，多出了十章 92 条，具有立法上的创新价值和意义。

3. 内容全。我国《物权法》的内容全，表现很明显。即：（1）第二编所有权（第 39 条~第 116 条，共 78 条占 31.58%），包括：第四章一般规定、第五章国家所有权和集体所有权、私人所有权、第六章业主的建筑物区分所有权、第七章相邻关系、第八章共有和第九章所有权取得的特别规定；（2）第三编用益物权（第 117 条~第 169 条，共 53 条占 21.48%），包括：第十章一般规定、第十一章土地承包经营权、第十二章建设用地使用权、第十三章宅基地使用权和第十四章地役权；（3）第四编担保物权（第 170 条~第 240 条，共 71 条占 28.74%），包括：第十五章一般规定、第十六章抵押权、第十七章质权、第十八章留置权。

4. 规则细。以浮动抵押为例，我国《物权法》"显规则"的立法表现是：（1）先规定：经当事人书面协议，企业、个体工商户、农业生产经营者可以将现有的以及将有的生产设备、原材料、半成品、产品抵押，债务人不履行到期债务或者发生当事人约定的实现抵押权的情形，债权人有权就实现抵押权时的动产优先受偿（第 181 条）。（2）再规定：企业、个体工商户、农业生产经营者以法定动产抵押的，应当向抵押人住所地的工商行政管理部门办理登记。抵押权自抵押合同生效时设立；未经登记，不得对抗善意第三人。依法抵押的动产，不得对抗正常经营活动中已支付合理价款并取得抵押财产的买受人（第 189 条）。（3）又规定：依法设定动产抵押的，抵押财产自下列情形之一发生时确定：债务履行期届满，债权未实现；抵押人被宣告破产或者被撤销；当事人约定的实现抵押权的情形；严重影响债权实现的其他情形（第 196 条）。

（三）《民总专家稿》中的民事权利

相比而言，《民总专家稿》既没有继承我国《民法通则》立法的创新性突破，竟然没有民事权利的专章规定，也没有给予民事权利应有的立法思路或者逻辑上的应有地位，体现的宗旨是"民事权利受限制"的立法理念，只在第五章规定了"民事权利客体"和第九章民事权利行使和保护，这样做的结论是：学者们对待民事权利的态度尚且如此倒退，寄希望于立法者更重视民事权利的结构性提升，似乎是不现实的。

（四）《民总一审稿》的民事权利分类

在全国人大的《民总一审稿》中，第五章民事权利（第 99 条~第 111 条）有共 13 条规定，继承了我国《民法通则》中，民事权利单独成章的立法传统。包括了：人身权、物权（含财产继承权）、债权、知识产权和新型民事权利等。具体是：

1. 人身权。《民总一审稿》中的债权主要包括：（1）人身自由权、人格尊严权（第 99 条）；（2）生命权、健康权、身体权、姓名权、肖像权、名誉权、荣誉权、隐私权、婚姻自主权（第 100 条）；（3）法人、非法人组织名称权、名誉权、荣誉权（第 100 条）；（4）婚姻、家庭人身权（第 101 条）；（5）未成年人、老年人、残疾人、妇女、消费者特别受保护权（第 111 条）等。

2. 物权。《民总一审稿》中的知识产权主要包括：（1）合法收入、储蓄、房屋、生活用品、生产工具、投资权及其他财产权利（第102条）；（2）所有权、用益物权、担保物权（第103条）；（3）具体权利或网络虚拟财产为物权客体（第104条）；继承权（第109条）。

3. 债权。《民总一审稿》中的人身权主要包括：（1）债权，包括合同、单方允诺、侵权行为、无因管理、不当得利之债（第105条）；（2）无因管理之债（第106条）；（3）不当得利之债（第107条）。

4. 知识产权。《民总一审稿》中的人身权主要包括对下述客体享有的权利：（1）作品；（2）专利；（3）商标；（4）地理标记；（5）商业秘密；（6）集成电路布图设计；（7）植物新品种；（8）数据信息；（9）法律法规规定的其他内容（第108条）。

5. 新型民事权利。《民总一审稿》中的"新型民事权利"主要是指股权或者其他民事权利（第110）。此外，还有何种新型民事权利，需要不断总结和补充。

（五）《民法总则》的民事权利分类

我国《民法总则》通过后，民事权利的立法直设专章，没有节，从第109条～第132条共有24个条款规定了民事权利。具体是：

1. 人身权。我国《民法总则》第109条～第112条规定：（1）人身自由权、人格尊严权（第109条）；（2）人身9权即生命权、身体权、健康权、姓名权、肖像权、名誉权、荣誉权、隐私权、婚姻自主权等（第110条第一款）；（3）法人、非法人组织3权即名称权、名誉权、荣誉权等（第110条第二款）；（4）个人信息权（第111条）；（5）婚姻、家庭人身权（第112条）。

2. 物权。我国《民法总则》第113条～第117条、第127条规定：（1）财产平等受保护（第113条）；（2）物权（第114条）；（3）物权客体（第115条）；（4）物权法定（第116条）；（5）物权补偿（第117条）；（6）数据、网络虚拟财产权利（第127条）。

3. 债权。我国《民法总则》第118条～第122条规定：（1）债权（第118条）；（2）合同之债（第119条）；（3）侵权之债（第120条）；（4）无因管理之债（第121条）；（5）不当得利之债益（第122条）。

4. 知识产权。我国《民法总则》第123条规定：知识产权的客体包括：（1）作品；（2）发明、实用新型、外观设计；（3）商标；（4）地理标志；（5）商业秘密；（6）集成电路布图设计；（7）植物新品种；（8）法律规定的其他客体。具体权利的内容，规定在我国相关知识产权法律法规当中。

5. 继承权。我国《民法总则》第124条规定：自然人依法享有继承权，对自然人合法的私有财产，可以依法继承。具体继承程序，依照我国《继承法》的规定处理。

6. 投资类权利。我国《民法总则》第125条规定：民事主体依法享有股权和其他投资性权利。这是将我国《公司法》、《合伙企业法》等商事权利原则性规定的做法。

7. 其他民事权益。我国《民法总则》第126条规定：民事主体享有法律规定的其他民事权利和利益。这是一个"兜底条款"，具体是什么民事权利要到具体的民事活动，或者民事争议纠纷、矛盾和冲突等出现时，进行具体的判断。这一规定，解决了我国立法层面的一个长期性的困惑，那就是"法无明文禁止即是民事权益"的认识问题。

8. 特殊民事权利。我国《民法总则》第 128 条规定：法律对未成年人、老年人、残疾人、妇女、消费者等的民事权利保护有特别规定的，依照其规定。这是在我国"民法典编纂"中，对未成年人、老年人、残疾人、妇女、消费者等特殊主体的民事权利，特殊保护的原则性规定，具体的特别规定应当参照《未成年人保护法》《预防未成年人犯罪法》《老年人权益保障法》《残疾人保障法》《妇女权益保障法》和《消法》等法律的具体规定。

第二节　民事权利的取得

一、民事权利取得的原因

民事权利的取得，是民事主体对民事客体，以及其上所附载的权利，经过民事活动加以占有、支配和控制的民事行为。[①] 应当说，民事权利并不是自动发生的，而是需要满足民事权利取得的具体条件和民法规范要求的。民事权利取得的原因，从根本上说，在于民事主体满足其需求的需要。有主体利益满足的需求，才会有主体通过一定的民事行为，获取相应的民事权利。因而，民事主体需求的满足，是民事权利取得的基础或内在根本原因。

一般来说，民事主体的需求与满足，不是一种民事客体就能办得到的，需求的多层次性和持续性，决定了民事主体对民事客体支配、占有和控制的多面性、永久性、持续性。即民事主体只要生存，就会有不断产生的利益需求，民事主体就会不断地取得民事权利，或者至少是向取得民事权利而努力，不断的支配、占有、控制着民事客体。民事主体的生存过程，就是持续的依赖民事权利取得为生的过程。因此，民事权利的取得原因，还有民事流转、民事法律的完善保护，以及社会经济的不断发展等等。

二、民事权利取得的条件

民事权利的取得，是要有一定的条件的。这些条件，包括了主观条件和客观条件的全部具备。比如，生命权的取得，是从胎儿就开始了。胎儿的生命权起始于一个受精卵成为胚胎之后，作为一个生命体，其合法的民事权益通过相关的法律保护要求体现出来。例如，我国《母婴保护法》第 14 条~第 18 条规定了"胎儿保健"、"新生儿保健"和"胎儿有严重缺陷的"等的处置措施等，[②] 就是对婴儿生命权保护的具体措施。同时，在国务院《母婴保健法实施办法》（简称《母婴保健办法》）第 4 条中，还规定了"公民享有母婴保健的知情选择权。国家保障公民获得适宜的母婴保健服务的权利"这

---

① 王建平：《民法学》（上），四川大学出版社 1994 年版，第 182 页。
② 我国《母婴保护法》第 14 条~第 18 条规定，医疗保健机构应当为育龄妇女和孕产妇提供孕产期保健服务。孕产期保健服务包括下列内容：（1）母婴保健指导；（2）孕妇、产妇保健；（3）胎儿保健：为胎儿生长发育进行监护，提供咨询和医学指导；（四）新生儿保健：为新生儿生长发育、哺乳和护理提供医疗保健服务。经产前诊断，胎儿患严重遗传性疾病或者胎儿有严重缺陷的，医师应当向夫妻双方说明情况，并提出终止妊娠的医学意见。

些新型民事权利①。同时，《母婴保健办法》第 27 条～第 28 条，专门规定了医疗、保健机构对婴儿进行预防接种，以及婴儿监护人保证婴儿及时接受预防接种的义务；国家推行母乳喂养的原则，以及医疗、保健机构为实施母乳喂养提供技术指导，为住院分娩的产妇提供必要的母乳喂养条件，且不得向孕产妇和婴儿家庭宣传、推荐母乳代用品等。

所以，某一项具体的民事权利的取得，作者认为，应该具有如下条件：

1. 民事主体资格的具备。民事主体资格即民事身份，是以民事权利能力和民事行为能力表现出来的。具备民事主体资格，就是强调民事活动参加者，在两种能力方面合乎民法规范的要求。否则，不具备民事主体资格者，参加民事活动取得民事权利，可能导致民事行为的无效或效力待定等情况。

2. 民事客体的可能。客体在法律上的可流通性，以及事实上的可能性的统一，为客体的可能性。对于民事客体而言，只有在法律上具有可融通性的特征和在事实上的存在、能够取得，方具备取得民事权利的可能性。一般来说，法律禁止流转、限制流转的民事客体，以及已经灭失、不可能出现，或不能由民事主体支配的客体，都为可能性欠缺的民事客体，不能为民事主体所取得。

3. 民事活动的合法性。这一条件，是强调民事行为必须从内容到形式，都应当合乎民法规范的要求。一旦民事活动行为违反法律、行政法规的强制性规定，取得了民事权利，也将不被法律予以支持、保障或承认。

4. 民事权利的安全保障性。民事主体取得的民事权利，需要有相应的安全性或保障性，否则，民事主体将失去民事权利或不能实现民事权利的利益。担保制度、债权保全制度等的设置，正是为了满足民事权利的安全性、保障性等客观要求。

5. 民事流转的速度。在某种程度上，也是民事权利取得的条件。比如，快递公司网购的效率，提升到了实体店无法比拟的方便和快捷程度之后，加上大量的一次性商品的供应，使得民事流转的速度大大加快，从而引发许多民事权利的"生命周期极短"。

三、民事权利取得的方法

民事权利取得的方法，也称民事权利的发生方法。当然，民事权利取得方法，在强调民事权利发生的方法时，也强调其发生的原因。我国《民法总则》第 129 条规定，民事权利可以依据民事法律行为、事实行为、法律规定的事件或者法律规定的其他方式取得。按照一般理论，民事权利取得的方法主要有：

（一）原始取得、继受取得

原始取得，又称无原权取得，是指民事权利的取得，不依赖于任何已有权利，而是通过一定民事行为或法定事由取得权利的方法。一般而言，原始取得的民事权利主要有人身权、所有权、知识产权等。在民事权利的无原权取得中，只有一方民事主体，而没有前手作为另一方民事主体存在。

---

① 《母婴保健办法》第 24 条规定，国家提倡住院分娩。医疗、保健机构应当按照国务院卫生行政部门制定的技术操作规范，实施消毒接生和新生儿复苏，预防产伤及产后出血等产科并发症，降低孕产妇及围产儿发病率、死亡率。没有条件住院分娩的，应当由经县级地方人民政府卫生行政部门许可并取得家庭接生员技术证书的人员接生。高危孕妇应当在医疗、保健机构住院分娩。

继受取得，又称传来取得，是指以原民事权利人的权利为依据，通过一定的民事行为取得民事权利的方法。继受取得的财产权主要有所有权、他物权、债权等。继受取得的主要特征有：（1）有原权根据；（2）后手取得；（3）取得的依据是法律规定和民事行为等。

（二）直接取得、间接取得

直接取得，也称自己取得，是民事主体为自己的利益，以自己的民事活动取得民事权利的行为。理论上，民事权利的取得，以民事主体自己直接取得为主。直接取得的特征为：（1）依托自己的行为能力；（2）自己为民事活动；（3）直接获得对民事客体及其权利的支配、占有和控制。

间接取得，也称代理取得、他人帮助取得等，是由他人代替本人进行民事行为，以取得民事权利归自己享有，产生的义务由自己承担的行为。代理取得和信托取得就是最典型、最主要的间接取得。随着社会进步与社会分工进一步细化，很多民事权利的取得，需要通过专业化的知识才能实现，因而，间接取得将在现代社会发挥越来越重要的作用。

（三）即期取得、远期取得

即期取得，是指民事主体在民事活动中，依法或依合同约定能够即刻取得民事权利的方式。动产所有权交易，一般就是通过这种方式进行的。尤其是，在网络时代，有些交易借助网络交易方式，可以即时瞬间就可以完成。比如，通过电子汇款方式，就可以立即取得交易的款项，便是民事权利即期取得的典型之一。

远期取得，就是不能在行为时即刻取得民事权利的方式。通过附生效条件行为、附生效期限的行为，取得民事权利就是远期取得。远期取得民事权利的核心特点，是远期利益构成了一种期待利益。

四、民事权利取得的效果

对民事权利的取得而言，只要取得手段、条件合法，必然产生民事权利获得法律认可、确认，以及受法律保护的效力。因而，民事权利取得后的效果，主要包括：物权发生或转让；债权关系的建立或产生；知识产权形成或出现；人身权特定化或专有化；救济权附随或派生等。应当说，民事权利取得之后，随之而来的问题，便是民事权利的享有、行使和实现，以及民事权利取得、享有、行使和实现过程中，出现了民事权利的争议、纠纷和冲突、矛盾等，如何进行救济和补救的问题，这个问题的本质，就是民事权利演化成救济权或者救济请求权。

第三节　民事权利享有

一、民事权利享有的定义

所谓民事权利的享有，指民事主体通过一定的民事行为或民事活动，对民事权利的标的或民事客体加以支配、占有和控制，从而实现其利益的过程。由于民事主体作为理性人追求利益最大化的要求，必然通过其民事行为支配、占有和控制民事客体，以维持其生存利益之需要，满足其利益要求。

民事权利的享有，需要有一定的条件，这些条件，可能来自于民事主体自身，也可能来自于他人，或者法律制度以及社会环境等等。具体包括：

1. 民事主体的权利观念。权利观念亦称权利意识，这是民事主体自己对待民事权利的认识和社会对待民事权利的态度的总和。对于权利观念，可以从两个方面理解：一是民事主体对自己的民事权利的理解和认识，即通常所说的民事权利认知感，这就要求民事主体具备一定的文化素质以及法律素质。二是民事主体对其民事权利享有的状态的理解和认识。现实生活中，民事主体由于缺乏权利观念，往往对自己的民事权利的理解和认识不够，从而，经常出现民事权利被侵害却不知道的情况发生。这种情况的存在，往往导致民事权利失去时效保护，或者失去救济的机会。因此，民事权利观念，是民事权利享有状态必须解决的前提问题。

2. 实际享有民事权利能力的补救。民事权利观念作为一种意识能力，对于那些欠缺民事行为能力者即限制民事行为能力人、无民事行为能力人而言，是难以苛求的。于是，针对这部分民事主体，民事立法上、理论上，都主张对他们的能力障碍，通过法律制度和法律措施予以补救。这种补救，在我国民事立法中，主要是通过监护制度、法定代理制度等来实现的。

3. 民事权利保障环境的实现。民事权利的享有，需要一个相对安全有保障的外部环境。此处的“安全”，是针对民事权利享有的状态而言的，即只有安全的保障或安全的外部环境，民事权利的享有，才能维持较长时间或较稳定状态。

4. 民事权利救济机制的完善。在民事权利享有的过程中，可能会有侵权、违约等行为给民事主体的利益带来损害或妨害，这个时候，就需要有效的权利救济机制来排除妨害、去除损害，或者补救损失。完善、高效率的民事权利救济机制，能够给权利人享有民事权利带来充分的保障，以及现实的安全感。

二、民事权利享有的方法

民事权利的享有，不是一个单一的行为或者某个行为过程，而是一系列行为或者行为过程的组合。作者认为，享有民事权利的方法，从其类型上划分，主要有：

（一）积极享有、消极享有

所谓民事权利的积极享有，即民事主体通过作为的民事行为，对所支配、占有和控制的民事客体，加以使用、收益和处分，从而达到满足其生存利益的目的的情形。

民事权利的消极享有，是相对于民事权利积极享有而言的，指民事主体通过不作为的民事行为支配、占有和控制民事客体，实现其民事利益的情形。具体表现出来，就是对民事客体不直接使用、不积极收益或不立即处分，就可以享有相关的民事利益。比如，人们通过储存某种商品，以防止出现购买不及造成的不便，就是如此。

民事权利的消极享有，也是一种权利的享有，只不过，它是通过不对民事客体立即加以处置或者支配，或直接的使用、收益或处分的形式，来表示自己的利益而已。比如，某个公民将若干套房屋购进后，因为房地产租赁市场不景气，无法租赁出去，导致房屋闲置就是典型的房屋所有权的消极享有。

（二）直接享有、间接享有

所谓民事权利的直接享有，是民事主体通过自己的民事行为，支配、占有或者控制民事客体，从而，可以随时随地地以其行为，建立起与民事权利享有之间对应关系的情形。由于民事客体具有可支配性，可占有、控制性，民事主体就可以依据其意愿，实际地任意进行相应的民事行为，通过对民事客体的支配与控制，甚至于处分等，满足其利益要求。

民事权利的间接享有，是缺乏民事主体自己行为，与民事客体之间的直接联系或对应关系的民事权利享有的情形。这种情况的出现，完全是因为有些民事主体身上，存在着能力障碍造成的，即民事权利的享有首先要经过他人即监护人或者法定代理人的行为支配、占有和控制民事客体，然后，再由民事主体自己或依靠他人行为的帮助，来支配、控制民事客体。

（三）静态享有、动态享有

民事权利的静态享有，是指民事主体通过民事行为，而使民事客体处于保持状态，从而，权利人在较长时间内固定享有该民事权利的情形。一般情况下，对财产所有权，尤其是对不动产和不易消耗物所有权的享有，最能体现民事权利静态享有的特点。

民事权利的动态享有，是指民事主体对处于流动状态的民事客体，以其行为加以支配、占有和控制，从而实现其使用、收益和处分等目的的权利享有形式。这种形式，主要发生在债权、继承权等享有领域，它带来的直接后果，是民事权利发生转移。

三、民事权利享有的后果

民事权利的享有，不仅给民事主体自身带来相应的后果，也给市民社会带来相应的法律拘束力。也就是，不仅事实上能左右和决定民事客体的命运，而且，法律上也会发生具体后果大相径庭的情形。民事权利享有所带来的后果，有如下几种：

1. 民事权利法律强制力产生。法律强制力，是指民事权利的法律保护力和受侵害时的强制补偿力。这种效力，包含在民事权利的享有过程中。这种强制力，具体表现在：一是民事权利享有人因其合法民事权利的享有而受法律保护，并排除任何非法妨害；二是民事义务人因此而承受相应的法律拘束，不得违约或侵权；三是公权机关对民事权利享有过程中，所遇见的妨害予以排除，并强制妨害人给予补救或补偿。

2. 民事客体流转秩序的形成。民事权利的享有，属于民事主体对民事客体支配、占有和控制的过程，其必然在一定时间、空间范围内，形成民法规范所期待的秩序，这也就是民事客体流转的秩序。

3. 判断侵权行为的标准出现。民事权利的享有状态，必然是民事主体对民事客体的支配、占有、控制过程的持续，那么，一旦出现使该过程被妨害的情况，则当然是民事主体享有的妨害。除了那些合法妨害之外，任何妨害均被作为民事侵权行为看待。因而，民事权利享有的具体状态，就可以成为民事侵权行为判定的一个基本标准。

4. 民事合法利益的归属具有合法性。民事主体依法对民事客体的支配、占有、控制，作为直接后果的民事利益在归属性质上，就具有的合法性，就能够通过法律的形式予以承认，受到法律的保护。

第四节 民事权利行使与限制

一、民事权利行使的界定

所谓民事权利的行使，是指民事主体在其意志支配下，通过处置民事客体或者民事权利自身，依法实际获得民事利益或者满足自己的利益需求的行为过程。民事权利的行使，也称民事权利的实现。比如，将房屋卖掉或者把米饭吃掉，或者把自己的物品送给他人等，都是民事权利的行使。

它与民事权利享有的最大差别是，民事权利的享有，表现的是民事主体对于民事客体的支配、控制关系或者民事权利的"支配"关系。支配的结果，民事客体依然存在或者民事法律关系没有出现发生、变更和消灭等情形。而民事权利的行使，则表现的是民事主体对于民事客体的处置和处分关系或者民事权利的"转移"关系。其结果是，民事客体的物质意义上的灭失或者民事权利的消灭或者转让，于是，民事法律关系出现了发生、变更和消灭等情形。民事权利行使所需要的条件，具体归纳为：

1. 市民社会的养成，以及法制的完善。随着市民社会的形成，即全面小康社会的不断发展，人即市民的自由越来越得到尊重，其能够享有的民事权利更加丰富，这就为行使民事权利提供了前提条件——有了民事权利，才可能享有、行使民事权利。

民事主体为了实现自己的利益需求，就要处分自己的民事客体、转让民事权利。而行使民事权利的行为，要得到法律所能够承认的后果，就需要按照法律规则来进行。法律的完善与否，对民事主体能否以利益最大化的方式，通过合法的行为，行使其民事权利将起很大的作用。当然，民事权利的行使，一旦受到了他人的不当妨害或者侵害，还需要通过一定的方式予以救济。这时，法律就成为民事权利行使的重要保障手段。因此，市民社会的形成，法制的完善，是民事权利能够充分、正当行使的最基本前提。

2. 主体利益的需求与意思表示的作出。民事主体取得、享有民事权利，从其生存利益现实化或扩大化的要求看，并不能说已经达到了全部目的。在某些时候，民事主体为了利益的需求，还需要通过行使民事权利来实现目的。这样，只要有主体利益的需求，就会产生民事权利行使。当然，仅仅有利益需求，并不能达到行使民事权利的目的，还需要有主体的意思表示的作出。意思表示的作出，是主体利益需求的反映，也是行使民事权利的基本条件。

3. 义务主体的协作或容忍。权利总是和义务相对应的，行使民事权利，总有相应的义务人履行相应的义务。因此，义务主体履行民事义务，主要有为（积极履行）或不为（消极履行）两种形式。在义务人恰当履行其义务的时候，权利人行使民事权利的目的，才能很好地实现。但是，权利人在行使其民事权利的时候，也可能会给他人带来一定的不便，如某人要出入自己的房屋，必须要从邻居的土地上经过。那么，这个时候就需要邻居的容忍，也就是，邻居应该允许权利人正常的从自己的土地上通行或者通过。

4. 民事权利合法，且其行使手段正当、合法。民事权利具有合法性，才为法律所确认、保护，权利人行使民事权利，才可能给其带来合法的利益。同时，就是行使合法的民事权利，也还需要其行使权利的手段正当、合法，否则，可能会导致其行为无效，甚至可能导致行政责任甚至刑事责任问题的发生。

5. 民事责任的切实保障。仅仅有权利人正确地行使其合法的民事权利，要求义务人予以协作，对充分实现民事权利来说，还是不够的。也就是说，一旦义务人不按照权利人的要求履行义务，或者他人违法妨害民事权利的行使，这个时候，就需要切实、有效的民事责任，来保障权利人能够用法律的手段，要求义务人给予协助或者容忍，或者不妨害权利人对其民事权利的正常行使。

民事责任是从一个消极后果层面，保障民事权利的充分行使的。尤其是，当民事权利因为义务人的妨碍、侵害，而不能得到有效的行使的时候，停止侵害、排除妨害、恢复原状，以及赔偿损失等等民事责任的承担，可以给予权利人以合法手段，排除或去除妨害和侵害其民事权利。

当然，仅仅讲民事权利的充分行使，也是不完全的。对于民事权利人而言，合法、恰当的行使民事权利，包括民事主体从事民事活动，应当履行保护环境、节约资源，促进人与自然和谐发展的义务，也是很重要的。如果民事权利人借口行使民事权利，实际上却行损害他人利益之实，那么，这种危害社会和他人的法律后果的产生，导致的民事责任的承担，也是必须要强调的。因此，民事责任不仅能够约束义务人，也可以起到引导权利人合法、正确行使民事权利的作用。

二、民事权利行使的途径

民事权利的行使，主要反映的是民事主体的意思自治。行使民事权利，需要一定的手段或者途径。这个途径，可能因权利人不同、民事权利不同而有所差别。作者认为，民事权利的行使，主要有自己行使和他人代为行使两种。

（一）自己行使

所谓自己行使，又称直接行使，是指民事权利人通过自己的民事行为，对其合法民事权利按其内容、手段等要求加以行使，以实现自己利益目的的情形。从理论上讲，由于自己对自己的情况最为了解，因而，民事主体自己应该是行使自己民事权利的理想人选。现实民事活动中，自己行使民事权利的情形，既非常普遍，也理所当然。这正是所谓"当事人是自己利益的最佳判断者"法则决定的。

（二）他人代为行使

他人代为行使，是指民事主体将自己的民事权利，以法定方式或委托方式交给他人即某民事权利主体之外的其他人，由其在法定或委托的权限内，代替民事权利人去实施行使民事权利的行为，以实现民事权利人利益的情形。

民事权利由他人代为行使的原因很多，主要有：因为权利人自身民事行为能力的欠缺，而由法律设定代其行使民事权利的人；因为民事权利人自身，为了用最经济的手段，获取利益最大化的需要；还有的甚至是为了规避法律强制性规定的需要，而将民事权利让他人代其行使。民事权利由他人代为行使，主要有如下几种方式：

1. 监护。监护是监护人对未成年人和精神病人的人身、财产和其他合法利益依法实行监督和保护。监护作为一种义务性职位，监护人的主要职责之一，就是对于被监护人依法不能直接行使的民事权利或者直接参加的民事活动，通过法定代理或者同意、追认等，加以实现的过程或者情形。

2. 代理。代理是指代理人以被代理人的名义为某种行为，由此，所产生的后果由被代理人承担的行为。[①]代理可以基于法律设定或合同约定两种形式产生。前者为法定代理，主要基于监护而产生；后者为委托代理，由委托人、被委托人之间的代理合同而产生。

代理的实质，在民事权利行使层面上，实际上是一种民事权利在不能由本人行使时的一种有效的替代或者法律制度上的帮助。通过代理制度，我们可以看出代理的功用，就是为民事权利的行使，提供保障的一种制度。

3. 行纪。行纪是通过行纪合同产生的，行纪人以自己的名义为委托人从事贸易活动，委托人支付报酬的行为。行纪关系本身，之所以会和民事权利的行使联系起来，完全是因为权利人自己本身，在相关的贸易活动方面，存在着能力或者技能的差别，因此，需要行纪人这种专业性的人士，为权利人实现其民事利益，提供专业化的服务。

4. 信托。信托制度是英国衡平法精心培育的产物，按其词义，应为信用委托，即委托人为了自己的或第三人的利益，将自己的财产所有权转移至其所信任的受托人名下，由受托人依据信托合同约定的目的、方式，管理委托人交付的财产的行为。

有学者认为，信托就是行纪。[②]信托虽然和行纪有很多相似之处，但严格地讲，信托和行纪是有区别的。行纪制度源于古罗马法，而信托制度产生于英国法，信托制度最大的特点就是双重所有权制度，即名义所有权与真实所有权的分离。也就是名义上信托财产的所有权人是受托人，而事实上的所有权人是委托人，这与大陆法传统的一物一权原则，是不相融合的。

基于双重所有权制度，使信托具有很多独特的特点。即信托财产独立原则，即信托财产与受托人、委托人的财产相独立，不属于他们的破产财产；信托责任有限原则，即受托人处理信托事务，只以信托财产为限承担有限责任等。这些制度是行纪制度根本无法实现的，因而，信托与行纪是两个相区别的概念。

信托制度的设计，本身就是为了权利人自身行使民事权利的不便而架构的。因而，信托当中的委托人把财产或者事务移交非受托人时，实质上是把自己行使该项财产或者事务的民事权利，交给了受托人来处置的。因此，信托即民事权利实现的间接方式。

三、民事权利行使的限制

任何权利都不可滥用，这也是民事权利行使的最基本原则。在现代民法中，权利人行使民事权利是其自由意志的表现，法律不应该予以太多干涉。古罗马法上就强调："凡行使权利，无论对于何人，皆非不法。"[③]随着社会主义市场经济的发展，人们一般普遍认为，应该对民事权利的绝对自由原则给予修正，对民事权利的行使，给予一定限制，特别是强调"民事权利不可乱用"或者"禁止权利滥用"。我国《民法总则》第130条~第132条规定：（1）民事主体按照自己的意愿依法行使民事权利，不受干涉；（2）民事主体行使权利时，应当履行法律规定的和当事人约定的义务；（3）民事主体不

---

① 当然，隐名代理中，代理人就是以自己的名义为被代理人谋取利益。

② 彭万林：《民法学》，中国政法大学出版社2002年第三版，第612页。

③ 梁慧星：《民法总论》，法律出版社2001版，第286页。

得滥用民事权利损害国家利益、社会公共利益或者他人合法权益。

在这里，不得滥用民事权利或者禁止权利滥用，是民法中的公平原则、诚信原则等，伴随市民社会发展，所必然强调的法治信念。因而，任何民事权利的行使，都应该有一个"度"的范围，超过这个"度"，就可能带来损害国家、社会公共利益或者他人利益的后果，这是为法律所不能容许的。对民事权利行使的限制，主要有3个方面的理由，即：

1. 国家利益、社会公共利益的限制。

国家利益和社会公共利益，所代表的是一个国家、一个民族或者社会公众的生存、发展方面的整体利益或者群体利益。权利人行使自己的民事权利，如果与国家利益、社会公共利益或者社会公众的生存、发展方面的整体利益或者群体利益相冲突，那么，法律一般禁止或者限制权利人的权利行使行为。

当然，国家利益、社会公共利益或者社会公众的生存、发展方面的整体利益或者群体利益，也不是拿来在名义上随意限制、妨碍权利人，依法或者依照约定行使自己权利的借口。我们更不能用多数人的利益，作为一种简单的量上或者质上的比较，用来作为打压少数人正当利益的棍棒。就是说，法律为了保护国家利益、社会公共利益或者群体利益，而对民事权利加以限定的时候，也应该被限定在适当的"度"上。

2. 合同的限制。

在民事合同中，合同当事人通过合同的形式，将双方当事人的民事权利、民事义务予以确定。当事人在行使合同权利的时候，往往会被合同对当事人行使权利的范围、方式、时间等方面的限制，或是承担合同义务的要求等，构成合同层面上对于民事权利行使的限制。同时，法律也会通过相关的合同制度或者措施，如缔约过失、履行抗辩制度和优先权制度，以及除斥期间、赔偿间接损失措施等等，对合同权利人行使的民事权利，就是通过制度和措施设定了一定的限制，以规范当事人的行为。

3. 绿色原则，即人与自然和谐发展原则的限制。

这是我国《民法总则》第9条确定的新型民法的基本原则。它的基本含义是：（1）民事主体从事民事活动，应当承担保护环境的义务；（2）民事主体行使民事权利应当节约资源，不从事浪费资源和危害环境的民事活动；（3）民事主体从事民事活动和行使民事权利，应当以促进人与自然和谐发展的生态文明观为目标。建设生态文明的核心，是增加优质生态产品供给，让良好生态环境成为普惠的民生福祉，成为提升人民群众获得感、幸福感的增长点。推进生态文明建设，必须按照生态系统的整体性、系统性及其内在规律，处理好部分与整体、个体与群体、当前与长远的关系，统筹考虑山上山下、地上地下、陆地海洋以及流域上下游等所包含的自然生态各要素，进行整体保护、系统修复、综合治理。在此过程中，自然人、法人和非法人组织的民事权利的行使，要自觉履行环境保护和节约资源的义务。

第五节　民事权利救济

一、民事权利救济的定义

在学理上，民事权利的救济，如同一个人生病之后，需要看医生和吃药、打针把病治好一样，是一种去除民事权利消极状态或者限制因素的必然方法。就民事权利救济时，采用的方法而言，可以分为私力救济、公力救济两种。

所谓私力救济，是指民事主体在享有、行使民事权利的过程中，遇到障碍、侵害或者其他妨害情况时，利用自己的力量或者求助国家公力机构，排除或者去除这些妨碍的情形。引致民事权利救济的原因，比较复杂，有人为的，也有客观的。如行为人的加害行为、义务人不履行或不按照法律规定、约定履行义务，以及自然灾害、灾难事件等。

一般而言，民事权利救济的目的，就是恢复民事权利享有、行使的正当状态，或者通过获得相应的损害赔偿，让民事权利人被损害的利益，恢复到原来的状态。所以，民事权利的救济，是民事权利取得、享有和行使过程中，必然会出现的问题。

二、私力救济

（一）私力救济的定义

民事权利的私力救济，又称民事权利的自力保护或自力救济，是指民事权利主体对其享有和行使的民事权利，受到非法损害或妨害时，以其自身力量采取相关法律措施，加以自我去除或保护的民事行为。私力救济应该做广义的理解，在具体形态可以包括：

1. 自救，即民事主体自己对其被损害或妨害的民事权利，通过自己的力量加以救济。如当对方当事人以少给商品数量的方法，损害自己一方的民事权利时，立即提出补足数量或者采取少付款的措施，进行补救就是。

2. 自卫，即民事主体在其民事权利受侵害、妨碍时，利用自己的力量强制他人，去除其权利上的损害与妨碍的情形。如对正在实施的侵害，进行正当防卫，或者对正在发生的损害实施紧急避险等就是。

3. 自助，民事主体在其民事权利受侵害、妨碍时，利用自己的力量对于他人的自由或财产施以拘束或控制行为，去除其权利上的损害与妨碍的情形。自助行为分为财物自助和人身自助两种。为了保护自己的合法权利不受侵害，理论上讲，应当允许和鼓励人们在其合法权利受到非法侵害时，进行财物自助和人身自助。

（二）私力救济的特点

1. 有效性或者效率性。私力救济中，权利人可以针对侵害人的侵害或者妨碍，立即或较快的采取救济措施，其所花费的成本较低，容易获得救济的成效。而公力救济，则具有滞后性、高成本性、复杂性和低效率性。

在公力救济中，一般要在侵害或者妨碍的损害发生后，才允许权利人向法院等公力机构提起救济请求。同时，权利人在提出请求时，还要预先支付诉讼费用等预期成本，并收集相关证据。若再加上公力救济从开始到救济实现，需要在程序上花费时间等，这对权利人排除妨害、获得实际有效的救济来说，显然是不利的。所以，私力救济相对于公力救济，其更加有效，居于第一位或者主要地位的选择，就显得顺理成章了。

2. 自力性。私力救济主要通过权利人自己的行为，而不是通过国家公力机构的活动，来去除其民事权利上的妨害和障碍的，因而具有突出的自力性或私力性。

自力性特征，表明私力救济的可行性在于：当人们基于救济成本考虑，选择具体的救济方式的时候，自力性本身意味着救济的低成本与高效率的对应关系。

3. 易操作性。私力救济中，民事主体在保护自己的民事权利免受损害或妨害过程中，可在具体时空和现实条件下，采取简便易行、及时有效的方法，或救济措施立即加以处理。这些措施，只要不违反法律的禁止性规定，就是可行的，也是具有合法性的。

易操作性意味着，私力救济不需要面对诉讼时效，收集证据，以及起诉、反诉、开庭、辩论，还有上诉、执行等复杂问题，而去劳心、费神或者花费钱财。尤其是，如果当事人双方都比较理性，或者都讲诚实信用的话，那么，对于民事权利被侵害或者被妨碍的事实，有时，通过双方自己的协商或者提出请求，也就解决了，结果可能对双方都有好处。

4. 受限制性。私力救济被严格限制，大抵是因为私力救济脱胎于同态复仇。加上，现实生活中，真正承认、尊重和理性对待自己和他人民事权利的人，并不多。因此，在使用私力救济过程中，有些权利人容易采取过激手段或者措施，这样就会损害国家、社会或他人的合法权益，这是为法律所不允许的。

事实上，私力救济过程中，确实容易发生这类损害。所以，私力救济应该受到法律的限制，也就是立法时，对进行私力救济的"度"，私力救济的手段、时间等，要有科学合理的界定。但是，需要强调，这样说并不意味着私力救济应该被过分限制，也不是说，私力救济需要完全禁止。在公力救济成本过高，司法不公比较多发的情况下，仅仅抽象地强调公力救济的公正性或者合法性，是不实事求是的。

（三）私力救济的方式

理论上，私力救济包括自救、自卫和自助三种形态。具体在现实中，尤其是民事立法中，主要可以归纳为下述这些形式：

1. 协商。协商是在民事权利的享有、行使遇到妨碍或者障碍时，由双方当事人通过自己的协调、商议等方法，解决双方的争议和矛盾的情形。

一般而言，协商并不被人们认为是一种私力救济方式，这大抵是因为这种方式太普遍了。事实上，协商确实可以分为：形成民事法律关系的协商、解决民事争议纠纷的协商等等。现在，发生轻微的交通肇事以后，允许双方"私了"，就是让双方当事人通过协商，解决那些不需要警官出面调解的轻微交通肇事方面的善后事宜。

2. 调解。调解是在民事权利的享有、行使遇到妨碍或者障碍时，由第三方从中召集双方当事人，并通过斡旋、劝说或者说服等方法，解决双方之间的争议、矛盾的情形。

调解在我国，曾经是离婚案件的必经程序。但是，在这里，作者所说的调解，是民间调解，即调解人为非公职人员的调解。这种由第三方居中，作为双方选择的解决其民事权利争议和纠纷的调停人，通过化解矛盾的方式，让双方当事人达成调解方案，以了断冲突的方法，是一种对于双方利益都比较有利的方法。所以，千百年来，我国人民比较喜欢这种民事权利的救济发方式。

3. 主张或者放弃权利。在民事权利遇到障碍或者妨害时，主张权利或者放弃权利，也是一种民事权利的自力救济方式。只是，对于这种方式，许多人更不以为然。理由是，有人认为，这是民事权利享有、行使行为本身应有之意。

事实上，当某人在购物时，发现其所选择的商品有瑕疵，他可以拒绝购买或者拒绝付款，也可以主张少付价款等。这时，主张处于受损害状态的权利，本身就是一种救济方式。相比之下，如果某人不主张这个权利，那么，就意味着对于这个被损害的权利的放弃。因而，从放弃权利也是一种消极救济的角度，打赢官司后，不去申请强制执行，就是一种救济方式。

4. 紧急避险。紧急避险，是民事主体为逃避现实正在发生的民事权利侵害或妨碍，所采取的一种有意识地损害、牺牲较小利益，逃避险情的行为。

紧急避险的方法，主要是采取措施，积极的脱离或躲开加害源或者险情发生现场，以避免紧急危险造成侵害或者损害扩大。例如消防员为了避免大火延烧，将未着火的毗邻房屋拆除，就是一种紧急避险行为。

紧急避险的构成，应当具备下列条件：（1）危险来自于自然原因，人的行为或其他事实。但这里，紧急避险的"危险"要比正当防卫宽泛得多；（2）这些危险正在危及民事权利或民事客体上的正当利益，包括人的生命、身体、自由，以及财产安全等；（3）避险的行为是迫不得已做出的；（4）避险行为，主要是牺牲他人较小利益而保护较大的利益。如房客为逃避火灾，而打破宾馆的门窗逃生就是；（5）避险行为不是向加害人直接作出等。

我国《民法通则》第129条规定："因紧急避险造成损害的，由引起险情发生的人承担民事责任。如果危险是由自然原因引起的，紧急避险人不承担民事责任或者承担适当的民事责任。因紧急避险采取措施不当或者超过必要的限度，造成不应有的损害的，紧急避险人应当承担适当的民事责任。"按照最高法院《民通意见》第156条的规定，因紧急避险造成他人损失的，如果险情是由自然原因引起，行为人采取的措施又无不当，则行为人不承担民事责任。受害人要求补偿的，可以责令受益人适当补偿。

5. 正当防卫。正当防卫，指对于正在实施的不法侵害，为防止自己或他人权利或公共利益受到损害，采取措施加以抗拒或者对抗，意图阻止不法侵害所为的行为。这种行为的特点，在于给防卫加上了"正当"二字。何谓"正当"，我国民事立法没有给出一个明确界定。所以，于欢案件在最后只有刑事部分的正当防卫演绎成防卫过当，而没有民事部分的正当防卫演绎成防卫过当的认定与判断。

正当防卫的条件是：（1）民事权利的损害或妨害正在进行中；（2）损害或妨害的性质为不法或非法，即妨害或侵害来自于人的不法行为；（3）防卫的目的，是去除不法侵害或包护合法民事权益，免受不应有的损害；（4）必须向不法侵害人作出防卫行为；（5）防卫要在必要的限度内。

符合这些条件者，为民法上所讲的正当防卫。若不符合，则为民事权利滥用或民事权利的不当行使，例如挑拨防卫、假象防卫、防卫过当等，应该承担相应的民事责任。我国《民法通则》第128条规定："因正当防卫造成的损害，不承担民事责任。正当防卫超过必要的限度，造成不应有的损害的，应当承担适当的民事责任。"

6. 留置权。在承揽合同、保管合同、仓储合同和运输合同等中，承揽人、保管人、仓储人、承运人等，因提供劳务而对相对人享有债权，当债务人不支付报酬或者费用的时候，承揽人、保管人、仓储人、承运人等可以将承揽物、保管物、仓储物、承运物予以扣留，并可以用该扣留物所得价金优先受偿。

在这里，留置的对象为动产①，并且，只能就因与该动产直接相关的劳务债权，而享有留置权，即留置物必须与债权直接相关。留置权优先于质权、抵押权，但留置权自留置人丧失对留置物的合法占有时消灭。

7. 合同履行抗辩权。合同履行的抗辩权，是一种重要的私力救济方式。合同当事人在双务合同中，可以通过行使合同履行抗辩权，保护其自身的合同方面合法权利，不被对方当事人侵害或者妨碍。我国《合同法》第 66 条至第 69 条，规定了三种合同履行抗辩权，即同时履行抗辩权、先履行抗辩权和不安抗辩权等。

此外，我国《合同法》第 73 条至第 75 条，规定的代位权、撤销权等，作为合同履行中的保全措施，也是属于私力救济措施的范畴。还有，我国《物权法》第十五章～第十八章、《担保法》第二章～第六章规定的具体担保形式，也应当属于防范型私力救济措施范畴。

三、公力救济

（一）公力救济的定义

所谓公力救济，是指民事主体通过请求国家公力机关，并启动专门的民事权利救济程序，去除民事权利上的障碍或排除其妨碍的过程或行为。公力救济因为动用的是国家的专门力量即公力、专门程序，因而，其强制效果颇佳。有时候，私力救济无效后，行为人必须及时请求国家公力机关依法给予救济或者处理，才能取得合法、有效的后果。

理论上，公力救济对保护民事权利来说，是完美无缺的。因为，国家公力机关依法被赋予了权威性和强制性，它们克尽职责，可以使法律顺利而全面地实施、执行，也可以用国家的力量阻止或惩处民事权利加害人，保护民事主体充分、自由的享有、行使民事权利。但是，现实市民社会中，公力救济被自身的特点、缺陷或者适用条件所限制，其效用必然大打折扣。因为，民事主体的民事权利在享有、行使过程中，受到侵害或妨碍，只有达到一定程度，并且符合公力救济的条件时，才能实际启动公力救济程序，公力机关也才可能给予相应的保护。

公力救济本身，很容易受执法者的水平，其他人为因素和客观条件的限制或制约，有时很难实现其制度性、措施性设计的预期目的。加上，公力救济本身还具有高成本、低效率等特点，决定了公力救济相对于私力救济来说，必然处于第二者的地位。

（二）公力救济的方式

在我国，公力救济的方式，主要有以下几种形式：

1. 诉讼。权利人的民事权利，在受到不法侵害或妨碍，私力救济无效或者当事人直接选择了公力救济时，通过诉请人民法院，经过人民法院的审判和裁决，去除民事权利的侵害、妨害或者妨碍，实现对民事权利的国家力量保护。一般而言，诉讼要经过一

---

① 有学者认为，我国《合同法》第 286 条规定的建筑工程承包人的优先受偿权，为法定留置权，为一种特殊的留置权。本书采用通说，将留置权的客体，主要限定在动产范围内。

审、二审两级人民法院的审理活动，才会有终局性的裁判结果。因此，试图通过诉讼方式救济民事权利，不但需要支付较高的成本，而且，还需要当事人具备娴熟的诉讼技巧，以及坚定的诉讼信念。

2. 仲裁。民事主体就有关民事权利纠纷或争议，依照仲裁协议约定，自愿将纠纷交给仲裁委员会作出终局性裁决，然后，双方都有义务执行这种裁决的一种救济民事权利的途径或方法。在我国，依照《中华人民共和国仲裁法》（简称《仲裁法》）的规定，仲裁是一次性的、终局性的，从仲裁庭作出裁决之日起，发生法律效力。仲裁裁决生效后，双方当事人必须履行生效的裁决。否则，权利人有权申请被申请方所在地的人民法院强制执行。

3. 申请强制执行。对已经发生法律效力的法院判决、仲裁裁决，以及其他具有强制执行力的法律文书，在义务人不履行或者不执行时，即构成对于权利人的民事权利的侵害、妨害或者妨碍，因此，权利人申请人民法院强制义务人或债务人，执行或者履行该法律文书确定的义务，从而去除对于民事权利的妨害。申请强制执行，在我国目前，是一件非常不容易的事。理由是，除了义务人或者债务人的恶意逃债以外，整个社会缺乏对于民事权利的重视和尊重，措施乏力，不以履行债务为荣，反以逃债为荣，也是不可忽视的重要原因。

4. 督促程序。民事主体在义务人不履行债务，尤其是债权的实现受到债务人的人为障碍时，权利人通过依法申请法院签发支付令，法院以支付令督促义务人履行其义务的程序或方法，去除民事权利实现的障碍因素。应当说，这是一个好的制度性公力救济方法，只是，很可惜的是，我国人民法院在使用督促程序时，因为种种原因，效果很差。

5. 公示催告。我国《民事诉讼法》第218条规定，按照可以背书转让的票据持有人，因票据被盗、遗失或者灭失，可以向票据支付地的基层法院申请公示催告。所以，公示催告是通过向人民法院申请确认票据事实，除斥相对的利害关系人的票据权利的方法，去除票据持有人民事权利上的障碍。这种方法，在现实生活中，因为票据使用的有限性，而非常少见。

（三）民事立法对民事权利救济的态度

我国《民法通则》开始，对民事权利的救济，采取了"大而化之"的立法做法。那就是，对私力救济除了"紧急避险"、"正当防卫"和"不可抗力"之外，长期以来，语焉不详且立法态度上，不置可否。相比之下，对公力救济的态度，是大力倡导和尽力完善。应当说，这种做法，表面上看，似乎没有什么问题。但是，从民事权利救济文化或者民事权利救济效果上来看，问题多多。主要是：

1. 指示不明。我国《民法通则》中，没有直接规定民事权利如何救济。也就是说，我国《民法通则》第106条～第110条规定中，并没有给民事主体的民事权利救济方法和路径上的直接指引。

2. 规定偏少。我国《民法通则》在第128条～第129条只规定了"正当防卫"、"紧急避险"两种民事权利救济的路径，属于路径偏少。我国《物权法》通过"第三章 物权的保护"即第32条～第38条规定了"物权受到侵害的，权利人可以通过和解、调解、仲裁、诉讼等途径解决"的指示性规范，但是，如何和解、调解、仲裁、诉讼等，规定仍然缺少。

3. 宗旨不清。2015 年 4 月 19 日中国法学会民法典编纂项目领导小组公开的《民法总则专家建议稿（征求意见稿）》（即《民总专家稿》），在十章规定中，第九章是"民事权利的行使和保护"，第 210 条～第 216 条分别规定了"民事权利的举证责任"、"民事权利的限制"、"民事权利不得滥用"、"环境保护"、"容忍义务"、"及时、充分、合理补偿"和"自助行为"等。2016 年 1 月 29 日，全国人大法工委的《民法总则草案（征求意见稿）》（即《民总意见稿》）共十章的规定中，第八章是"民事权利的行使与保护"，其中，除了"不可抗力"和"民事责任优先"外，并没有超越或者创新性规定。2016 年 7 月 5 日，中国人大网公布《民法总则（草案）》一审稿（即《民总一审稿》）共十一章 186 条规定中，第五章增加了"民事权利"而第八章改成"民事责任"，民事权利救济的宗旨又被模糊了。

（四）自助行为的民法文明标本

在《民总专家稿》第 216 条规定中，"自助行为"是指民事权利人为实现其请求权，在情事紧迫且不能及时获得国家机关保护时，有权在实现请求权的必要范围内扣押、毁损义务人之物，或者限制有逃亡嫌疑的义务人的人身自由，或者制止义务人对有义务容忍的行为进行抵抗。当然，民事权利人在实施上述行为后，必须立即向有关国家机关申请援助，请求处理。如果前述行为未获有关国家机关事后认可的，民事权利人必须立即停止侵害并对受害人承担赔偿责任。

应当说，自助行为作为民法文明的指示性样本，是否规定，代表的是一个社会民法文明的底线性标准。也就是说，一个国家的法治文明，不能仅仅只依靠公力救济的路径来支撑，考虑到公力救济的成本、救济模式和救济宗旨，尤其是，民法调整方法本身的事中调整和事后调整时，民事权利救济成本个人承担的公正性和程序性，需要民事主体的诚实信用和《民总一审稿》中，对于民事主体从事民事活动"应当遵循公平原则，合理确定各方的权利和义务"、"应当遵循诚实信用原则"、"应当自觉维护交易安全"、"应当保护环境、节约资源，促进人与自然和谐发展"，以及"应当遵守法律，不得违背公序良俗，不得损害他人合法权益"等的明文规定，这种民法文明的标示样本的确定，应当是非常必要的。我国《民法总则》对此给予了确认。

四、私力救济为主，公力救济为辅

作者认为，就整个市民社会的基本运行规律而言，私力救济为主，公力救济为辅。这是由民事权利是私权决定的，也是由民事活动的广泛性、利益性和生存性决定的。对于民事主体而言，其民事权利受到妨碍或被侵害时，是选择私力救济还是公力救济，确实不是非常容易下结论的。

但是，私力救济的优点与公力救济的缺陷，恰恰相对应。这就意味着，私力救济对于民事主体，因为救济效率的考虑，救济成本的核算，以及救济时间的预计等，往往容易促成其作出选择私力救济的决策。也就是，私力救济是处于第一位、最直接的选择。然而，私力救济也容易超过法律所允许的范围，并且，私力救济并不是一定能取得预期成就。加上，当事人所采取的手段的力度是有限的，这就导致了私力救济的局限性，以及救济后果法律正式承认的有限性。但是，这并不是说私力救济与公力救济是绝对对立的。应该说私力救济与公力救济二者，是相辅相成的。

一般来说，当权利人享有、行使的民事权利，受到妨碍、侵害时，权利人首先想到的是用私力来维护其民事权益。只是，当私力救济不能奏效或无法取得成效时，权利人就需要用公力救济，来满足其民事权利救济的要求。当然，私力救济也能够成为实现公力救济的有效手段。比如，某人留置了债务人的财产，但其必须通过诉讼、强制拍卖等公力手段，来处分留置的财产。而处分留置的财产后，才能够实现权利人救济的目的。有时候，公力救济要想取得理想的效果，也需要权利人采用相应的私力救济的方式，予以配合。因此，我们不能将私力救济与公力救济对立起来理解。

思考题

1. 形成权、请求权与抗辩权的区别是什么？为什么？
2. 取得民事权利的原因是什么？有哪些条件？
3. 民事权利享有与行使的区别在哪？民事权利救济的原因？
4. 私力救济有哪些种类？如何评价私力救济为主、公力救济为辅？
5. 于欢案件本身的教训是什么？为什么在我国社会私力救济不被民事立法所重视？

学习资料指引

1. 梁慧星：《民法总论》，法律出版社 1996 年版，第 9 章。
2. 胡长清：《中国民法总论》，中国政法大学出版社 1997 年版，第 4 章。
3. 张俊浩：《民法学原理》，中国政法大学出版社 1991 年版，第 4 章。
4. 王建平：《民法学》（上），四川大学出版社 1994 年版，第 2 章、第二编和第三编。
5. 中国法学会民法典编纂项目领导小组：《中华人民共和国民法总则专家建议稿（征求意见稿）》（2015 年 4 月 19 日），第 216 条。
6. 全国人大法工委：《中华人民共和国民法总则草案（征求意见稿）》，2016 年 1 月 29 日。
7. 全国人大法工委：《中华人民共和国民法总则（草案）》（民总一审稿，2016 年 7 月 5 日），第五章民事权利（第 99 条～第 111 条）。

参考法规提示

1. 《中华人民共和民法通则》，第五章民事权利，第 106 条～第 110 条、第 128 条～第 129 条。
2. 《中华人民共和民法总则》，第五章民事权利/第 109 条～第 132 条。
3. 《中华人民共和物权法》，第三章物权的保护，第二编所有权，第三编用益物权，第四编担保物权。
4. 《中华人民共和国合同法》，第 66 条～第 69 条、第 73 条～第 75 条、第 286 条。
5. 《中华人民共和担保法》，第二章抵押、第三章质押和第四章留置。
6. 《中华人民共和国仲裁法》，第 4 条～第 9 条。
7. 《中华人民共和消费者权益保护法》，第二章消费者的权利，第 25 条。

8. 《中华人民共和母婴保护法》，第 14 条~第 18 条。

9. 《中华人民共和民事诉讼法》，第 218 条。

10. 国务院《中华人民共和母婴保健法实施办法》，第 4 条、第 24 条、第 27 条~第 28 条。

11. 最高人民法院《关于贯彻执行〈中华人民共和国民法通则〉若干问题的意见（试行）》，四、民事权利。

12. 《最高人民法院关于确定民事侵权精神损害赔偿责任若干问题的解释》，第 1 条、第 3 条至第 6 条。

第八章 民事客体

【阅读提示】本章的重点，是理解和把握民事客体即民事法律关系的客体，是民事法律关系中，民事权利、民事义务的依托，也是民事权利与民事义务联系的中介。在众多民事客体种类中，重点把握"物"与"行为"这两种类型的客体；正确理解"物"与"行为"的定义、内容和特征，以及分类及其法律意义。本章的难点是，作为民事法律关系的行为，与作为民事活动的行为的区分；民事权利对民事客体的依赖的理由；民事客体立法的缺陷，动物为何不是民事客体；智力成果作为客体的理由；人身利益为何成为民事客体；网络空间、虚拟财产和民事权利等成为民事客体的根源等。

第一节 民事客体概述

一、民事客体的定义

（一）民事客体的界定

所谓民事客体，是指民事法律关系的客体，是民事法律关系中，民事主体享有的民事权利，承担的民事义务所共同指向的客观事物或者客观对象。理论上，由于民事客体承载了民事主体享有的利益，在民法上表现为民事权利。因此，民事客体又被称为民事权利的客体。

从定义上说，民事客体是独立存在于民事主体的主观意识之外的，并能为民事主体所感知和支配的客观事物或者对象。因此，它具有人为不能否认的客观性。但是，民事法律关系的客体，并不涵盖一切客观事物，而仅指民法规范确认和保护的客观事物或者客观对象。一方面，国家要对所有的客观事物提供法律保护，既不可能也无必要；另一方面，对于像大气这样的公共资源，一般情况下，任何个人、群体和整体，对大气资源是不可能完全控制的。正因为如此，在我国《大气污染防治法》第 7 条规定中，才规定了"企业事业单位和其他生产经营者应当采取有效措施，防止、减少大气污染，对所造成的损害依法承担责任"、"公民应当增强大气环境保护意识，采取低碳、节俭的生活方式，自觉履行大气环境保护义务"等规则。

对于任何民事主体而言，其物质性即民事主体的生存、发展的需求，决定了他们对于民事客体的需求，是离不开民事客体的。民事客体对民事主体利益的可满足性，决定了民事客体作为民事法律关系的第二因素，必然受到了学者们的高度重视和民事立法的必然性制度的框架设计和固定。

（二）民事主体对民事客体的依赖

所谓民事主体对民事客体的依赖，是指民事主体从事民事活动的目的，就是通过民事法律关系的发生、变更和消灭，在当事人之间以民事客体为标的或者利益对象，从而实现其民事利益的过程中，民事客体是决定性前提因素的情形。应当说，这种依赖性，本质上即是民事主体的物质性决定的。

也就是说，任何民事主体的生存和发展，都需要物质资源和精神资源来满足其基本生存、生活和生产需求。从这个意义上看，民事客体的有用性、物质性和可流转性等，是民事主体依赖民事客体的关键所在。所谓"巧妇难为无米之炊"，便是主体与客体之间关系模型的文化归纳。

现实生活中，民事主体对于民事客体的依赖，表现在：（1）生存性依赖。对于自然人而言，生命的存在和延续，需要蛋白质和能量，于是每一天的"三顿饭"便是获得生命所需要的物质能量的基本路径。如果自然人不进食或者不吃饭的话。那么，粮食、肉类和水果、蔬菜等食材的生产，就没有必要了；（2）生活性依赖。这是指生产者和自然人、法人和非法人组织这些民事主体之间，后者要想存活，必然要从前者那儿获得各种各样生活资料，比如，前文提到的生存性资源，在食堂、商店和各种各样的交易场所存在着，那么，任何自然人、法人和非法人组织要想满足其生活型需求，就必须到达这些交易场或从事具体的交易，才能获得其所需要的生活型资料；（3）生产性依赖。这主要是针对法人和非法人组织等生产型民事主体而言的，这类民事主体的基本活动，便是生产经营活动，而其生产经营活动的目的，是以盈利为目的民事活动。于是，其生产经营活动的完成，便是借助生产设备、原材料和人力资源等的有效组合，然后形成其产品，在借助这些产品的销售和卖出，实现盈利目的，从而维持自己的简单再生产和扩大再生产，等等。

由此可见，民事主体对民事客体的依赖，本质上是其生存性活动、生活性活动和生产性活动等，都是获得各种物资资源包括自然资源、商品和服务等的活动，这些活动本身，都是为了满足民事主体的利益需求。比如，当第一代"大哥大型"移动电话面市时，因为其能够满足移动通话的功能和需要，便逐渐从"贵族型"物品，通过微型化、低价位和快速款式更新换代等，并以智能化为标志，成为现代人们生活的基本工具，承担着通讯功能、交易功能和娱乐功能等。现在，手机通过上网功能，以及音频、视频和图像传输等，已经成为"互联网＋"的一种基本终端性物品。于是，自然人、法人和非法人组织等民事主体，对手机的依赖便是"民事主体对民事客体依赖"最直观的表现和反映了。

（三）民事客体的资源化与利益化

理论上，民事利益可分为物质性利益与非物质性利益，所以，民事客体也分为物质性客体与非物质性客体。比如，自然人日常生活中的各种衣食住行用、生老病死养等方面的民事客体，基本上以物质性客体为主，但是，也有不少非物质性客体。比如，网络上传输的音乐、视频和各种游戏等。在这方面，非物质文化遗产[①]，便是非物质性客体的典型形态。

所谓非物质文化遗产，是指各种以非物质形态存在的与群众生活密切相关、世代相承的传统文化表现形式。非物质文化遗产是以人为本的活态文化遗产，它强调的是以人为核心的技艺、经验、精神，其特点是活态流变。在非物质文化遗产的实际工作中，认定的非遗的标准是由父子（家庭），或师徒，或学堂等形式传承三代以上，传承时间超过 100 年，且要求谱系清楚、明确。根据我国《非物质文化遗产法》第 2 条的规定，非物质文化遗产，是指各族人民世代相传并视为其文化遗产组成部分的各种传统文化表现形式，以及与传统文化表现形式相关的实物和场所。包括：（1）传统口头文学以及作为其载体的语言；（2）传统美术、书法、音乐、舞蹈、戏剧、曲艺和杂技；（3）传统技艺、医药和历法；（4）传统礼仪、节庆等民俗；（5）传统体育和游艺；（6）其他非物质文化遗产等。每年 6 月第二个星期六，是我国的"文化遗产日"。

民事客体的资源化，在现实生活中，主要是民事客体成为可交易的利益资源的现象。比如，各种生活型物质资料、精神资料，以及生产型物质资料和精神资料，例如，生产食品的生产厂家，就要把各种食材、食料在购入后，进行生产前的加工和生产过程中的实际使用，而整个生产或产成本身，必须根据社会公众的食品消费习惯，并把食品生产的传统文化元素和经验、消费的精神需求——食品的形状、造型和色彩、添加剂等等，与现代人的美食文化和健康消费需求等，高度融合才能制造出适销和畅销不衰的产品。对于各种酒香浓郁的中国白酒而言，香型、味型和口感，以及包装瓶的瓶贴、瓶型、颜色和饮酒经等等，便是独有的中华酒文化的物质资源化之外的精神资源化，由此而言，中国白酒就成为餐饮和宴宾交易场合，重要的民事客体之一。

民事客体的利益化，是不言而喻的。许多民事客体本身，不仅以其物的有用性来满足民事主体的各种需求，而且，民事利益本身通过民事客体的负载或者承载，而表彰成为民事权利。比如，早餐中的食物，作为一种民事客体，其利益化的表现，便是这些食物，不论是鸡蛋、牛奶、稀饭、豆浆、咸菜还是包子、馒头、花卷、油条、面包等可交易物的形式表现出来，便是其带有的事物本身的可满足民事主体的饱腹、营养和生存需求就可。其利益化的具体表现：（1）获得早餐要支付代价，即以钱款购买交换才能获得（当然在自己家中的早餐，也是通过劳动或者购买交换的食材或者成品而获得）；（2）合乎民事主体的消费需求，才会被购买和消费；（3）早餐成品必须是达到基本的交易标准的，是合格品而非有问题的食品；（4）民事主体食用所购早餐食物后，没有任何负面效果，等等。可见，民事客体的利益化，是必然的。

---

① 根据联合国《保护非物质文化遗产公约》定义：非物质文化遗产（intangible cultural heritage）指被各群体、团体、有时为个人所视为其文化遗产的各种实践、表演、表现形式、知识体系和技能及其有关的工具、实物、工艺品和文化场所。各个群体和团体随着其所处环境、与自然界的相互关系和历史条件的变化不断使这种代代相传的非物质文化遗产得到创新，同时使他们自己具有一种认同感和历史感，从而促进了文化多样性和激发人类的创造力。

二、民事客体的法律特征

（一）民事客体的有形性与无形性

民事客体有形性，是指民事客体可以被感知，具有一定的形状以及能为民事主体支配、使用并满足其利益需求的属性。这种属性，作者前文以"民事主体对民事客体的依赖"表述过。这种属性的另一个层面的含义，则是民事客体作为一种可交易的物或者有形物，在民事活动过程中，是通过民事主体的挑选、比对和审视等环节，然后才确定成为可交易的物品或者商品的。比如，开发商销售其房屋时，购房者就要通过对销售楼盘的区位、地点，以及售价、具体房产的栋号、朝向、楼层，还有土地使用权的期限，甚至于开发商的楼盘开发能力、物业管理等等，都是可以感知和有形观察的。最终，影响购房者决定购房的，是所购房屋的有形性表现出来的比较优势——楼盘的区位、交通和房屋本身的栋号、朝向、楼层等，这也正是学区房为什么畅销的理由所在。

民事客体的无形性，是与其有形性相对性的属性，是民事客体作为民事权利、民事义务共同指向的对象，本身不仅仅是有形体的，可感知的。同时，也是负载有相应的精神价值和功能的情形。比如，同样是手机，设计与造型美观的手机牌子，或者功能先进的手机，与设计与造型一般化或者大众化的手机，在售价上有很大的区别，就在于其这类手机本身，负载着相当的精神价值和抽象的感受体验价值在其中。

同时，民事客体的无形性，在狭义上，主要是针对无形体和精神性的民事客体而言的。比如，电灯中的电，人格利益中的人格尊严，以及隐私利益、名誉评价，还有侵权法律关系中的精神损害等等，都是无形民事客体的具体表现形式。从这个意义以上看，抽象精神利益和无形利益不能画等号，并不能等同于同一种内容的民事客体，这是需要特别注意的。

（二）民事客体的多样性

民事客体具有多样性，是指民事客体既可以表现为有形的物质性客体，也可以表现为无形的精神利益，既可以有物、智力成果和行为，也可以有人格利益和身份利益等。民事客体的多样性，一方面来自于民事客体表现形式的多样性；另一方面，也表现为民事主体需求的多样性，即民事主体的需求多样性，决定了民事客体作为民事利益标的供给的多样性。

在"民事法律关系"一章中，作者已经对民事客体的多样性有所述及。在这里，则强调民事法律关系表现形态的多样性的同时，更强调这种多样性的来源，既是与立法者和民事主体的有意性，即能满足自然人、法人和非法人组织的多种利益需要，也能满足这些民事主体多种利益需求的客观性，即不依民事主体的意志为转移，而是由民事客体本身的属性所决定的。至于民事客体在具备多样性之前，民事客体的法定性或者合法性，恰恰是由民法规范所规定的。

（三）民事客体的得流通性

所谓民事客体的得流通性，是指民事客体作为具有合法性或者法定性的民事法律关系的标的或者对象，可以在市民社会中，自由地交换和流动，以满足民事主体的民事利益需求的情形。民事客体的流通性，在可流通物和不可流通物划分方法之下，意味着可流通物在很大程度上即为商品，是为了交换或者流通而生产的。甚至于某些商业性服务，比如，演员表演行为，就是一种名副其实的"可交易"、"可流通"和"可购买"的商业性表演行为。还有某些合同中的服务行为，比如理发、咖啡厅、餐馆和电影放映员等服务行为，表面上看，似乎不是商品。但是，在这些服务场所提供服务或者在《劳动合同》中表述为"工作"、"职责"或者"岗位义务"、"职务行为"等等，其实质仍然是具有"可流通性"的商业服务或者商品劳动，其可流动性是以技能和专业知识形成带有专业性的劳动和专门性的服务。

从经济学上看，民事客体的流通性，一方面，强调民事客体是必然要流通或者要流转的，这是市场规律和"看不见的手"发挥作用必然结果；另一方面，民事客体的必然流动性意味着，其流动性有无、长短或者具体表现形式，是与社会经济发展现状有着内在必然联系的。有时候，民事客体的流动性不足或者过于缓慢，往往也不是一件好事。比如，稻米的陈化过程，就是其流动性不足的表现。

理论上，稻谷作为一个有生命的活体，在储藏过程中，不可避免地要进行缓慢的新陈代谢。同时，受微生物及储藏条件的影响，稻米本身会发生一系列的生理变化，其中，大分子物质的有序度增加，品质发生劣变。陈米失去新米特有的香味而产生陈米臭味，酸度增高，蒸煮的米饭松散，黏性下降，即为大米的陈化。所以，不宜直接作为口粮食用的粮食，被国家相关标准定义为"陈化粮"。一般而言，陈化粮是指长期（3 年以上）储藏，其黄曲霉菌（目前发现的最强致癌物质，280 摄氏度高温下仍可存活，试验表明，其致癌所需时间最短为 24 周）超标，已不能直接作为口粮的粮食。按照规定，陈化粮只能通过拍卖的方式向特定的饲料加工和酿造企业定向销售，并严格按规定进行使用，倒卖、平价转让、擅自改变使用用途的行为都是违法行为。所以，面对陈化粮就有两个层面的问题，即：一是稻米作为民事客体流动性不足，必然影响其作为食用粮的功能和价值；二是违法销售和加工陈化粮为食品销售的，都构成违法行为。

（四）非物质文化遗产的民事客体性

非物质文化遗产也是民事客体，是不言而喻的。理由在于：非物质文化遗产可以交易，具有精神价值和可变现价值。所谓精神价值，是指非物质文化遗产由父子（家庭）或师徒或学堂等形式传承三代以上，或者传承时间超过 100 年，谱系清楚、明确，从而能成为民间世代相传，并视为各民族的文化遗产组成部分的传统文化表现形式，以及与传统文化表现形式相关的实物和场所，从而表彰民族文化遗产的历史价值与文化价值。从某种意义上说，非物质文化遗产，往往可以代表一个地方或者一个民族的特色文化的遗存。

比如，成都的蜀绣技艺，作为非物质文化遗产，就是文化遗产作为可交易民事客体的典型事例。据文献记载，蜀国最早的君王蚕丛已经懂得养殖桑蚕。汉末三国时，蜀锦成都蜀绣就已经开始驰名天下。成都蜀绣常用晕针来表现绣物的质感，体现绣物的光、色、形，把绣物绣得惟妙惟肖。如鲤鱼的灵动、金丝猴的敏捷、人物的秀美、山川的壮丽、花鸟的多姿、熊猫的憨态等，成都蜀绣绣法灵活，适应力强。一般绣品都采用绸、缎、绢、纱、绉作为面料，并根据绣物的需要，制作程序、配色、用线各不相同。2006年 5 月 20 日，成都蜀绣经国务院批准列入第一批国家级非物质文化遗产名录。于是，作为国家级非物质文化，成都蜀绣技艺成为非物质文化保护的，自然而然成为法律关系的客体。与此同时，采用成都蜀绣技艺①制作出来的蜀绣产品，则是市场上受到保护的特色商品，任何人都不得以假冒、仿冒或者欺骗的手法，制造蜀绣产品。在这里，蜀绣作为蜀绣技艺保护法律关系的客体，以及蜀绣产品买卖法律关系的客体，所具有非物质文化属性，是非常明晰的。

三、民事客体对民事法律关系的意义

（一）民事法律关系性质的决定因素

本书前文已经述及，民事法律关系的三大要素中，民事客体应当是第二要素。理由是：就民事法律关系的性质而言，民事客体的性质决定了民事法律关系的性质。比如：对于土地使用权的设定，可以设定为建设用地使用权、土地承包权或者宅基地使用权、地役权等形式。那么，具体设定为哪一种，关键是看具体地块的法律属性。在城市中心地带的土地，不可能设置土地承包权或者宅基地使用权等土地使用权，理由是，根据我国《宪法》第 10 条的规定，城市的土地属于国家所有，加上，根据土地用途管理制度的控制，城市中心地带，不会允许以耕种为主要形式的土地承包权，也不会把城市中心地带的国有土地，划拨给市民，形成宅基地使用权。因此，同样是土地，但是，城市中心地带的土地和农村的土地，由于土地用途的限制和法律控制，导致土地作为可交易的民事客体，其法律意义上的性质一旦固定，则相应的土地使用权法律关系的性质，也就被固定了。

再比如，张三通过网络路径，公开李四的个人隐私信息，导致李四的个人信息泄露后，被各种营销电话、邮件和短信所困扰。于是，李四要求张三就其非法公开李四隐私信息，承担侵权责任的案子中，李四的生活安宁和个人隐私信息的安全，便是一种安全利益和安全价值所在。为此，这种安全利益作为一种民事客体的存在，决定了张三实施公开李四隐私信息的民事法律后果，便是承担侵权案责任。可见，李四的隐私信息作为一种受民法规范保护的对象，决定了民事义务人（在这里便是张三）只具有不作为的义务。但是，张三"不应为而为"的行为公开李四的隐私信息，导致这些被公开的隐私信息就必然成为侵权法律关系的民事客体了。

一般来说，民事客体存在，民事法律关系存在，民事客体发生了变化，则民事法律关系必然发生变化。而民事客体消灭，那么，必然地民事法律关系也就消灭了，或者转化成救济法律关系的形态了。例如，2008 年的 512 汶川大地震中，8 万多人死亡、成千上万的房屋、设施和公共建筑被震毁。于是，以人的生命利益为民事客体的生命权，以及以房屋、设施和公共建筑等为民事客体的所有权、担保物权还有债权、继承权等财产性民事权利，便归于消灭。当然，基于灾害保险合同、社会保障等方面的法律事实，财产保险赔偿、社会救助等相关民事法律关系，则大量发生了。这时，民事客体的毁损灭

---

① 成都蜀绣又称为"川绣"，是以四川成都为中心的刺绣工艺的总称，蜀绣产于四川成都、绵阳等地。蜀绣与苏绣、湘绣、粤绣齐名，被称为中国四大名绣之一。蜀绣以软缎和彩丝为主要原料，包括有 12 大类共计 122 种针法，讲究"针脚整齐，线片光亮，紧密柔和，车拧到家"。成都蜀绣起源于川西民间的蜀绣，由于受地理环境、风俗习惯、文化艺术等各方面的影响，经过长期的不断发展，因此逐渐形成了严谨细腻、光亮平整、构图疏朗、浑厚圆润、色彩明快的独特风格。成都地区因其自然地理条件优越，盛产丝帛，因此蜀锦蜀绣的制作生产"冠于天下"。至宋代，蜀绣之名已遍及神州，文献称蜀绣技法"穷工极巧"。

失，就是民事法律关系发生重大改变的根本原因——民事客体的客观状况的变化，导致民事法律关系必然同步变化。民事客体的性质，决定了民事法律关系的性质。由此而言，民事客体成为民事法律关系的第二因素，是名副其实的。

（二）民事法律关系变化的核心因素

现实社会中，用一句不是特别恰当，但是非常形象的成语来形容民事主体与民事客体之间，尤其是民事法律关系之间的关系，是非常到位的。那就是："人为财死，鸟为食亡"，其意思是人为了追求金钱，连生命都可以不要；鸟为了争夺食物，宁可失去生命。这对于当代人的人生价值观来说，当然是错误的。但是，在这句成语中，"人"、"鸟"为了"财产"、"食物"都宁可去"死亡"的生存规律，一方面，说明"财产"、"食物"作为物质资源在总量上是有限的。于是，才有"人"、"鸟"们的"争抢"、"拼命"和为了生存而不惜去违法、犯罪，并支付生命的代价；另一方面，当"财产"、"食物"作为物质资源在民事法律关系当中，成为民事客体的时候，则"争抢"、"拼命"对于自然人、法人和非法人组织而言，就得讲法律规律，不能不顾民法规范地去"争抢"、"拼命"。于是，适格的民事主体之间，"争抢""财产"和"食物"，没有必要去"拼命"，而是必须依法而为、合法而行，才是正当出路。

从这个层面上看，虽然很多时候，民事主体的主观意愿才是引起民事法律关系发生、变更和消灭的主要原因，或者根本原因。不过，这种理解或者分析，是站在民事法律关系的第一因素——民事主体需求这一积极角度而言的。但是，如果站在民事法律关系的第二因素——民事客体的功能角度这一消极角度来看的话，"财产"和"食物"的有限性或者短缺，必然引致民事主体的"争抢"与"拼命"等等。这时，可以观察的便是：这个物质的和精神的社会，能够引起民事主体产生民事利益联系的，除了民事客体，便没有任何能进入分析的因素。也就是说，民事客体就是民事法律关系的介质性或者媒介性的核心因素。如果没有了民事客体，便不可能有民事法律关系的发生、变更和消灭的具体事实，以及这些具体事实发生的理由。如下图所示。

在图表8-1的4张图表中，图表8-1A代表的是一个租赁民事法律关系，因为租赁物即民事客体A的存在，经过民事主体甲与民事主体乙的协商，达成租赁物的存量为100，租金为10的民事合同，这是民事法律关系的发生。而在图表8-1B中，由于租赁物的存量降低为50，相应地租金降低为5，这是民事法律关系的变更；在图表8-1C中，用于出租的租赁物因为种种原因灭失了，原来的民事客体A存量50，租金为5的租赁合同关系，因此而消灭了。于是，基于民事客体A而形成的租赁关系，对于民事主体甲、民事主体乙而言，同时消灭了。接着，在图表8-1D当中，只剩下了两个民事主体，因为没有了民事客体A，而已经没有了租赁关系。当然，如果民事客体A的灭失，与民事主体A有关或者属于第三人原因或者不可抗力原因的话，则导致租赁关系消灭之后，其具体的救济或者补救措施是不一样的。

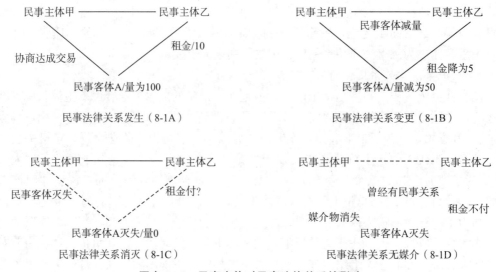

图表 8-1　民事客体对民事法律关系的影响

（三）民事客体与民事权利的负载与表彰关系

所谓民事客体对民事权利的负载与表彰，是指在以物、知识产权等有形体的民事客体上，所有权、使用权或者相关民事权利得以表现或者表示的情形。比如，一个水杯、一本书和一件衣服、一个商标的所有权或者专用权，是表现在这个水杯、这本书和这件衣服以及这个商标之上的。也就是说，民事权利作为抽象的事物，只能表现在民事客体之上，即与民事客体密切结合。而这种结合，表现的是民事权利离不开具体的民事客体，民事客体存在，民事权利才能有效存在。如果民事客体变更或者消灭的话，那么，民事权利也就必然地发生了变更或者消灭。

因此，在观察和分析民事法律关系时，不仅要把民事权利放到重要地位，而且，也不能忽略民事客体的重要性或者它对民事权利的负载与表彰关系。例如，1 套房屋的所有权抽象地说的时候，不会给人一个具体的印象。但是，现在要说双流西航港街道黄河中路 36 号"蓝光圣菲悦城"（圣菲 TOWN 城运动中心旁）17 号楼 2 单元 18 层 1804 号房屋的所有权，则其具体概念包括：（1）位置和朝向；（2）面积：95 平方米；（3）户型：3 居室；（4）层高 2.8 米；（5）四至；（6）开盘时间：2016 年 7 月 23 日；（7）单价 5800～6800 元/平方米；（8）产权年限：70 年；（8）物业费：2.15 元/平方米/月等，就非常具体了。在该套房屋的房屋所有权证书即"不动产权证书"上，就要标示清楚的内容是：权利人、证件种类、证件号、共有情况、权利人类型、登记原因、使用期限、取得价格（以万元/平方米为单位），而前述具体内容中的有些内容，则不表现在这个"不动产权证书"上。尤其是，原来的"房屋所有权证书"中的"房屋所有权人、共有情况、房屋坐落、登记时间、房屋性质、规划用途、房屋状况和土地状况"等，随之有了新的调整和变化。

可见，民事客体对民事权利的负载与表彰，并不完全一致。前者是民事权利在民事客体上的全部内容，而后者则可能是部分内容。也就是说，民事客体才是民事权利表彰的承载体，民事权利的具体状况，是由民事客体决定的，而不是民事权利自身决定的。就如同具体的民事客体的形状和特点，决定了民事权利的内容和性质一样，民事权利不会自己直接表彰自己的属性、内容和特征，只有与具体的民事客体相结合，民事权利才有了进一步表彰的合格媒介和法定形式。没有了民事客体，民事权利是不会存在的。

四、民事客体的立法

（一）《民法通则》中的民事客体

我国《民法通则》并没有直接规定民事客体的定义、形式和内容，而只是在其"第五章民事权利"中，通过规定具体的民事权利，推导出"自己的财产"、"国家财产"、"群众集体组织的财产"、"集体所有的财产"、"公民个人财产"、"社团的合法财产"、"埋藏物、隐藏物"、"拾得遗失物、漂流物或失散的饲养动物"、"国有土地"、"集体土地"、"国有自然资源"、"国有矿藏、水流"、"全民企业"、"不动产相邻"、"合同"、"担保"、"不当得利"、"无因管理"、"智力成果"、"人身利益"等。

其中，我国《民法通则》立法规定中，"物"型民事客体占绝大多数，而后就是"行为"（占少数）、"智力成果"和"人身利益"了。可以说，我国《民法通则》中的民事客体，在种类上是比较齐全的。

（二）《合同法》中的民事客体

我国《合同法》中，在买卖合同、供用电、水、气、热力合同、赠与合同、借款合同、租赁合同和融资租赁合同中，规定的民事客体主要是"物"或者商品，或者知识产权和计算机软件的介质（也是物）；而承揽合同、建设工程合同和运输合同、保管合同、仓储合同、委托合同、行纪合同和居间合同中，则有承揽加工、工程建设和运输、保管、仓储、委托、行纪和居间等服务行为，以及加工物、建设成果以及行纪、居间成果等。至于技术合同（第十八章）中，其民事客体是：技术开发成果、转让的技术成果和技术咨询合同和技术服务合同中，咨询成果和服务成果，而后者，往往是以技术咨询行为和技术服务行为来表彰的。

可见，在我国《合同法》中的民事客体，主要是"物"和"行为"，相对比较单纯一些。

（三）《物权法》中的民事客体

我国《物权法》在第2条明文规定，因物即不动产和动产的归属和利用产生的民事关系，适用我国《物权法》。而物包括法律规定的可以作为物权客体的财产性民事权利等。由这个定义或者概念可知，我国《物权法》中的民事客体，笼统地都叫"物"，但是，可任意流转和处分的财产性民事权利，在法律有明确规定的时候，也是物的一种，从而，物权的客体就包括"物"和"财产性民事权利"等。

需要特别强调的是，我国《物权法》第十九章规定了"占有"，自然，占有作为一种事实型民事法律关系，强调的是民事主体对他人之物的事实上的管领和控制，在这种民事法律关系当中，民事客体是什么呢？按照我国《物权法》第241条的规定，是属于他人的不动产和动产。问题是，在理论上，在占有人合法占有时，这种判断确实没有错。但是，在非法占有尤其是占有救济时，占有利益的判断和处置规范告诉我们，占有利益也是占有这种民事法律关系的核心客体之一。

（四）《侵权责任法》中的民事客体

在我国《侵权责任法》的第2条，对侵权行为和侵权责任，采用了"侵害民事权益，应当依法承担侵权责任"的表述。于是，民事权益包括了生命权、健康权、姓名权、名誉权、荣誉权、肖像权、隐私权、婚姻自主权、监护权、所有权、用益物权、担保物权、著作权、专利权、商标专用权、发现权、股权、继承权等人身、财产权益。那么，经过分类处理后，我国《侵权责任法》第2条涉及的人身利益包括：生命权、健康权、姓名权、名誉权、荣誉权、肖像权、隐私权、婚姻自主权、监护权和知识产权即著作权、专利权、商标专用权、发现权中的人身利益；财产利益则包括所有权、用益物权、担保物权、股权、继承权和知识产权即著作权、专利权、商标专用权、发现权中的财产利益等。具体可以细化为：

1. 人格利益。主要包括：生命利益、健康利益、姓名利益、名誉利益、肖像利益、隐私利益等。

2. 身份利益。主要包括：荣誉利益、婚姻利益、监护利益和智力成果人身利益等。

3. 财产利益标的。主要包括：物即不动产和动产、可转让的财产性民事权利等。

4. 财产收益。主要是指股权等收益型的民事客体。

5. 智力成果利益。主要包括：智力成果及数据信息中的财产利益等。

应当说，我国《侵权责任法》已经基本上确定了我国民法调整的财产关系和人身关系的全部民事客体，即：（1）物权的民事客体是物（不动产和动产），以及可流通性财产权利；（2）债权的民事客体是物、行为和工作物（因为有我国《合同法》所以并没有直接规定）；（3）知识产权的民事客体是智力成果和数据信息等；（4）人身权的民事客体为生命、健康、姓名、名誉、肖像、隐私和荣誉、婚姻、监护，以及智力成果的人身利益等；（5）亲属继承权的民事客体，包括前述物以及可流通性财产权利、工作物等物质性财产、某些人身利益（可流转和可继承的人身利益）、股权和知识产权中的财产利益等。

（五）《民总一审稿》中的民事客体

《民总一审稿》中，并没有直接规定民事客体。通过《民总一审稿》第五章民事权利第99条~第111条）的分析和整理，其涉及的民事客体，按照民事主体分为：

1. 全体民事主体适用的民事客体。主要有：（1）民事主体的财产：合法收入、储蓄、房屋、生活用品、生产工具、投资及可流转的财产权利等不动产和动产，包括网络虚拟财产；（2）民事主体的债权：因合同、单方允诺、侵权行为、无因管理、不当得利以及法律规定的物、行为和可流转的财产性权利；（3）民事主体的智力成果，即作品、专利、商标、地理标记、商业秘密、集成电路布图设计、植物新品种、数据信息和法律、行政法规规定的其他成果的民事客体；（4）民事主体的股权或其他民事权利等。

2. 自然人适用的民事客体。分为：（1）自然人的人身利益：人身自由、人格尊严、生命利益、健康利益、身体利益、姓名利益、肖像利益、名誉利益、荣誉利益、隐私利益、婚姻、家庭利益等；（2）自然人可依法继承的遗产；（3）未成年人、老年人、残疾人、妇女、消费者等特殊民事主体的特殊精神利益和物质利益等。

3. 法人、非法人组织适用的民事客体。只适用于法人、非法人组织的民事客体，相对较少，除了第一类物质性民事法律关系的客体外，其人身性的民事客体，主要是名称利益、名誉利益、荣誉利益等。

我国《民法总则》通过后，第五章民事权利第109条~第132条对于民事客体的分析型分类，基本上采用了《民总一审稿》第五章民事权利的规定。

第二节 物

一、物的定义与特征

（一）物的概念

物，是存在于人身之外的，能够满足人的利益需要，并能为人所支配和利用的物质实体。比如，早餐的食物，图书馆中的书籍、杂志和各种介质的文献资料，照明的电力，身上穿着的衣物以及居住、适用的房屋等等，都是以"物"的形式来代表民事法律关系的客体的。

理论上，作为民事客体的物，其范围异常广泛，只要其客观存在，能够满足民事主体的各种民事利益的需求，并能为人所支配和控制的物质，无论是自然之物还是人类创造之物，都是民法学上的物。简而言之，物就是指物质财富，以不动产和动产，以及可流转的财产性民事权利等形态表现，是民事法律关系的最重要的一类客体。

（二）物的特征

1. 物存在于人身之外。作为民事主体的人身自由与人格尊严，受到各国民事立法的确认和保护，绝不能作为民事法律关系的客体。能够作为民事法律关系的客体的物，只能存在人的身体之外，法律不允许对生存的人的身体或者与身体相联系的组织器官，进行排他性的控制和支配，因此，凡是物都具有非人格性。使用于人身的人工制作的组织器官，例如，能够与人身相分离的假肢、假牙、假眼，未安装在人身之上时是独立于人身之物，一旦装入人体，即成为身体的一部分，不能再视为物。

那么，人身上的血液、毛发，某些组织器官等，如果与人体相分离，可以视为民法意义上的物。而死者的遗体以及遗体火化后的骨灰，亦可以视为物而由继承人控制和占有。但是，在建立的民事法律关系的形式或者类型上，受到严格的限制。

2. 物能满足人的利益需要。民事主体依托物这类民事客体，建立具体的民事法律关系，通常是为了谋取某种物质利益，满足其利益需求，是以物必须具有使用价值或者其他价值，没有使用价值或者其他价值，就不可能承载利益，也就不能成为民法上的物。

民事主体的社会需要，既有物质生活方面的，还有精神生活方面的，所以，物的价值既可以体现为物质利益，也可以体现为精神利益。其中，所能满足的人的物质利益需求的，包括衣食住行用、吃喝拉撒睡和生老病死养的各个方面的物质利益需求。这些物质利益需求，主要表现为对物的占有、使用、收益和处分。但是，自然人的一生中，房子、车子、票子、位子和儿子等"五子需求"总有一个度，那种认为可以无限度地拥有大房子、豪车子、超多票子、高位子和多儿子的"利益需求"是不太合理的。

3. 物能够为主体所控制和支配。民事主体通过民事活动，实际设立民事法律关系，就是为了谋取一定的物质利益或者精神利益。若以物为依托，则必须能够对该物实际地控制和支配，如果不能直接支配或者控制，民事主体享有的民事权利，以及承担的民事义务，就不能因为意志的作用而得以有效实现与实际履行，从而，设立这样的民事法律关系，就对于当事人而言，便没有了丝毫的实际意义。

因此，物具有使用价值或者其他价值，而且，还必须能够被民事主体所实际控制或者支配。否则，即使能给民事主体带来某种利益，并满足其需要，例如日、月的光辉，雨水的滋润，以及大气等给自然人带来呼吸的便利等，都因为自然人不能有效控制和支配日月、降水和大气环境等，它们就不构成民法上的物，从而成为民事法律关系的客体。

4. 物原则上为有体物。所谓有体物，指占有一定空间而且也具有外在形体的物质实体，通常表现为固态、气态、液态等，以及各种形形色色的物质实体。例如，房屋、树木、土地、河流，以及早餐时的鸡蛋、牛面包、馒头、花卷、稀饭、咸菜等等。理论上，有体物又被称为有形财产。

《德国民法典》将物仅限于有体物，于是，大陆法系各国便沿袭了这一立法观念和做法。但是，随着现代科技的不断发展，物的范围不断扩大，某些财产虽然经民事主体的视觉，不能完全感知，不过，却可以通过触觉或者其他工具与媒介，加以感知和控制，如光、电、磁、热力，以及虚拟财产和网络空间等，都可视为物，而成为民事法律关系的客体。

在我国《物权法》立法过程中，虽然没有对物和不动产、动产给予明确的定义，但是，在物的类型化方面，并没有采用《德国民法典》将物限定于有体物的做法，因此，我国《物权法》才将可流转的财产型民事权利，也纳入物的范畴，而成为具有中国特色的无体物概念。

（三）物质资源的有限性

所谓物质资源的有限性，是指在一定的时间和空间范围内，某一种或某一类自然性物质资源的总量是一个有限的常量的属性。事实上，任何自然资源和人造资源等，从总体上看，都是有数量、功能和利用范围等层面的限制性的一种属性。资料显示，1984年，第 11 届世界能源会议估计，全世界煤炭的预测贮量为 13.6 万亿吨，其中，可采贮量为 1.04 万亿吨，占 7.65%；可采贮量是有限的。近年来，我国公布的煤炭总资源储量为 5.06 万亿吨，其中，可采贮量约 0.43 万亿吨，占 8.5%；可采贮量依然是有限的。我国是煤炭生产和使用的大国，煤产量居世界第一。全国两千多个县，有煤资源的占 1350 个。由此，导致我国的全国能源供应，70%以上依靠煤炭的供应。但是，煤炭是化石能源中最脏、热效率也较低的固体燃料，带来的环境污染也是最大的。这些年来，我国经济的快速发展，电力产量的翻番，主要还是依靠煤炭为国民经济提供能源保障。

因此，物质资源的稀缺性，是导致物质资源有限性的核心性根源。物质资源的稀缺性，是指相对于人类多种多样且无限的需求而言，满足人类需求的资源是有限的。主要包括：（1）数量的有限性。如耕地、石油、淡水等资源；（2）人类获取有用物品的能力有限性。如雷电、火山、风等自然现象中，虽然蕴含着丰富的能源，但是，人类还没有办法去完全利用它们；（3）人口迅速膨胀。也就是说，人口规模的过快膨胀，导致和扩大了人均资源之间的供给差距，即人口越来越多，而有效的自然资源的有效供给却越来越少；（4）人的欲望具有无限膨胀性。这就导致严重的浪费性、奢侈型消费，从而，让本来就紧缺的各种自然资源，比如原始森林、矿产资源过量采挖，以及常规性自然资源比如河流、湖泊和地下水等，导致污染严重。

物质资源存在的有限性特征，给经济学研究如何最有效地配置资源，使人类的福利达到最大程度等出现了制度创新的改进做法。比如，拉动内需和消化过剩的产能，包括各地的空置房屋等。由此而言，出现了社会资源也具有其有限性的判断。所谓社会资源具有有限性，是指社会所生产出的商品是有限的，无法满足人们所有的欲望。通常，人们为了得到一件自己喜欢的东西，要放弃另外一些自己也喜欢的东西。这种商品的有限性，在经济学上，被称为稀缺性。这种稀缺性的本质，强调自然资源供给的有限性和人类社会生产能力的有限性，相比之下，人类的需求却是无限的。

于是，物质资源和社会资源的有限性，必然与人类需要无限性发生矛盾。这种矛盾，是社会最基本的矛盾，社会的其他矛盾都是在这一矛盾的基础上形成的。由于我们教育理论中，没有"资源有限性"的理念和内容，导致了三个方面的恶果：（1）国民经济长时期粗放增长、发展，物质资源消耗过度；（2）物质资源浪费和奢侈型消费过多，尤其是过度包装、一次性商品过多，可再生性商品和循环利用的商品过少。从而，让生产和消费都缺乏可持续性；（3）未确立资源有限性或稀少性观念，这对我国实行可持续发展战略非常不利。因此，进一步深化改革和"五位一体"的发展，必须以可持续发展战略奠定其理论基础。[①]

所以，如何解决物质资源有限性和社会资源有限性，与人类需求的无限性之间的矛盾与冲突，就需要借助"资源有限性"这一经济学研究的出发点，在资源有限性和发展持续性双重约束下，将资源配置在物质资源有限性和社会资源有限性背景下，寻求以民事客体的科学定位，来解决人类生存和发展过程中的"物质资源有限性"的瓶颈性困难和问题。

二、物的分类

（一）动产与不动产

根据物是否能够移动，以及移动之后是否损害其价值，可以将物分为动产与不动产。其中，所谓动产，是指能够移动，并且移动之后不损害其价值与用途的物，如牲畜、家电和各种日用品中的衣物、图书和食物，等等。某些物如机动车、民用航空器和船舶等，虽然可以正常移动，但是，这些财产价值甚高，法律对其转让设立了登记程序，从而呈现出不动产的某些特征，学理上，也将此类动产称为"准不动产"。

所谓不动产，指不能移动或者即使可以移动，但移动之后就会损害其价值或用途之物。不动产主要指土地，附于土地之上的建筑物和其他定着物，建筑物的固定附属设备。土地之上的出产物，如林木、庄稼，在与土地分离之前，按照我国《担保法》第34条的规定，属于单独的不动产，可以成为独立的权利客体。在我国，土地之下的矿产资源，专属于国家，而非土地的构成成分，这是需要注意的。

划分动产与不动产的意义在于：（1）物权变动的法定条件不同。土地及土地上的房屋，是社会生活与生产的极其重要的物质资料，而且经济价值较高，对其权利的变动，

---

① 刘世廷：《资源有限性与人类需要无限性的矛盾——人类社会基本矛盾的现代透视》，科学社会主义，2006年第6期。

法律的管理慎重严格，一般以向国家主管机关登记为法定要件，否则，不发生权利的转移。而动产物权的变化，一般以交付为权利转移的条件；（2）设定物权的类型不同。他物权中的用益物权，如典权、地上权、地役权、土地承包权等，仅能设定在不动产之上，而担保物权中的动产质权，留置权只能设立在动产之上；（3）诉讼管辖与法律适用不同。因不动产引起的诉讼，由不动产所在地法院管辖，并依物之所在地法处理，而动产的诉讼则不一定由动产所在地法院管辖，法律对管辖问题有着灵活具体的规定。

（二）流通物、限制流通物与禁止流通物

此种划分的标准，在于物能否自由流通，以及能在多大的范围内自由流通。所谓流通物，指法律法规允许在民事主体之间自由流通之物，一般的物都属流通物。限制流通物，指法律法规对物的流通范围和流通程度作了一定限制的物，例如黄金白银、文物，受到特殊管制的物品等。而禁止流通物，是法律法规明确禁止自由流通的物，如枪支弹药，国家的专有财产等。

以上分类的法律意义，在于根据可否自由流通和流通的范围与程度，可以确定具体民事行为的法律效力。若为流通物，其他生效要件具备，行为即为有效；若为限制流通物，具备其他生效条件后，还须按规定履行特定手续之后行为才可生效；若为禁止流通物，即使具备其他生效要件，行为亦为无效。

（三）特定物与种类物

根据物是否具有独立特征，以及是否可以相互替代，可将物划分为特定物与种类物。所谓特定物是具有某些唯一的特征与属性，不能以其他物加以替代的物，包括世界上独一无二的物和原属种类物后经特定化的物。而所谓种类物是具有共同的属性与特征，可以用品种、规格、质量，并用度量衡进行计算的物。种类物彼此可以替代。

划分特定物与种类物的意义，在于：（1）二者所形成的具体法律关系的范围与类型，有一定区别。如基于特定物可以产生租赁合同关系，而依据种类物则可以产生消费借贷合同关系；（2）在以特定物作为标的的债的关系中，若标的灭失，债务人不作替代履行，免除交付原物的义务，但应当赔偿损失。若标的物是种类物，标的灭失债务人应作替代履行，有义务交付同种类的物。当然，特定物与种类物的区别不是绝对的，种类物在一定情况下，可以经过民事主体的选择或确定而成为特定物。

（四）可分物与不可分物

根据是否可以分割并且分割之后不影响，损害物的价值和用途，可将物区分为可分物与不可分物。所谓可分物指可以被实体分割并且分割之后，价值与用途不受影响或者损害之物。不能进行实物分割，分割之后将会影响或损害物的价值或用途之物，为不可分物。

区分可分物与不可分物的意义在于：（1）分割共同财产时，若为可分物，则可进行实物分割，若为不可分物，则只能采取变价分割或者折价补偿的方法分割财产；（2）在多数人之债中，若标的为可分物，债的关系的主体可按份享有债权或按份承担债务，若标的为不可分物，则主体之间只能连带享有债权或者连带承担债务。

（五）主物与从物

以物与物之间是否具有从属关系为标准，可以将物分为主物与从物。凡两物相互配合才能发挥作用，其中能独立存在并起主要作用之物为主物，起辅助或补充作用之物为从物。例如，小提琴和琴盒之间，小提琴为主物，而琴盒为从物。

此种分类的意义在于，除了法律或者合同另有规定，从物应随主物转移而转移，对主物的处分效力及于从物。例如，土地为主物，土地得出产物比如庄稼为从物，对其归属如果没有约定，则属于耕种人所有。

（六）可消耗物与不可消耗物

根据物经使用之后的形态变化以及是否归于消灭，可以将物分为可消耗物与不可消耗物。所谓可消耗物亦称消耗物，指一经使用就使物灭失而不复存在，或者改变了原有状态之物，如糖、油、茶、米等生活用品。不可消耗物又称非消耗物，指可以反复使用且不会改变形态和性质之物。如房屋、机器等。

区分可消耗物与不可消耗物的意义，在于可消耗物只能作为消费借贷或者转让所有权合同的标的物，不可消耗物则可以成为借用、租赁等转移使用权的合同的标的物。

（七）原物与孳息

此类划分根据在于两物之间的渊源关系。原物是原本存在并可以产生新物或新的收益之物。孳息是原物所生之物或利益。孳息有法定孳息与天然孳息之分。依法产生的为法定孳息，如存款所生的利息，因出租房屋所收的租金。依原物的自然属性所生为天然孳息，如果树、家畜家禽之产出物。

划分原物与孳息的意义，在于除了法律另有规定或合同另有约定，孳息的所有权应归原物的所有权人。

（八）单一物、合成物与集合物

根据物的构成的个数及其结合状况，可将物分为单一物、合成物与集合物。所谓单一物是作为一体而独立存在之物，如一桌一椅。合成物亦称结合物，指由数个单一物结合而构成之物，如嵌有宝石的戒指。合成物中各单一物之间无主从关系。集合物亦称聚合物，指由多个单一物或合成物聚合在一起而形成之物，如一座图书馆或一座工厂。

划分单一物、合成物的意义，在于当它们作为法律关系的客体时，在法律观念应视一个完整的物，具有同一法律性质，因此可对物作为一个整体设定一项完整的权利。但是，对于集合物，主体之权利原则上应单独存在于物之各个部分，而不将整个集合物作为一个权利的客体。在一定情况下，如实行抵押担保，集合物也可作为一个抵押权客体。此外，在进行交易时，不能随意改变物的组合状态，而损害物经组合之后产生的统一的价值与功能。

三、物与物权

（一）物的权利属性来源

我国《物权法》当中规定的"物"，作为民事客体之一，首先把它界定为最为重要的物质资源，不论其具体形态如何，都是物权即所有权、用益物权和担保物权的客体，也是占有的民事客体。那么，物的权利属性来自何处呢？

作者认为，物的功能是物的权利属性的基本根源。也就是说，当物权形成时，首先要解决所有物、用益物、担保物和占有物的权利属性的赋予和固定。这一点，我国《物权法》的颁行，解决了作为不动产、动产的物的法律功能赋予，即因物的归属和利用而产生的民事关系，由我国《物权法》调整，而因物的归属和利用而产生的非民事关系，则有相关法律法规调整。因此，物作为民事法律关系的客体，只由民法规范调整即我国《物权法》调整，而作为其他法律关系的客体时，其由相关法律法规调整。

由于物质资源的有限性或者稀缺性，导致了民事主体对于物这种民事客体所承载的民事利益的争夺。因此，我国《物权法》就对物这种民事客体上的物质利益，进行了仔细划分和体系化的甄别，由此形成了下文分析的物权及其体系化的结构。这种结构本身，说明物权并不是以一个一级概念，就表述了物的权利属性的全部，而是通过一级概念、二级概念、三级概念和四级概念，共同构成了我国《物权法》上的物权体系。

（二）物权及其体系

我国《物权法》第 2 条第三款规定，物权是指权利人依法对特定的物享有直接支配和排他的权利，包括所有权、用益物权和担保物权。其中，所有权是所有权人对自己的不动产或者动产，依法享有占有、使用、收益和处分的权利。所有权人有权在自己的不动产或者动产上，设立用益物权和担保物权。用益物权人、担保物权人行使权利，不得损害所有权人的权益。而所谓用益物权是指用益物权人对他人所有的不动产或者动产，依法享有占有、使用和收益的权利。此外，所谓担保物权，是指担保物权人在债务人不履行到期债务或者发生当事人约定的实现担保物权的情形，依法享有就担保财产优先受偿的权利，但法律另有规定的除外。担保物权发生的原因，是债权人在借贷、买卖等民事活动中，为保障实现其债权，需要担保的，可以依照本法和其他法律的规定设立担保物权。第三人为债务人向债权人提供担保的，可以要求债务人提供反担保。反担保适用我国《物权法》和《担保法》等法律的规定。

可见，我国《物权法》是沿着"物——物权"，然后是"物权——所有权——用益物权——占有"这样的思路，构建我国的物权体系的。也就是说，有了物必然会有物权。而有了物权，则必然产生体系化的民事权利群即一级权利——物权；二级权利——所有权、用益物权和担保物权；三级权利——占有这种物权利益的事实状态。物权体系化的概念下面，还可以强调的是物权概念下的四级权利，即所有权——国家所有权、集体所有权、私人所有权，区分所有权、相邻权、共有权等；用益物权——土地承包经营权、建设用地使用权、宅基地使用权、地役权和海域使用权、探矿权、采矿权、取水权、养殖权、捕捞权等；担保物权——抵押权（一般抵押权和最高额抵押权）、质权（动产质权和权利质权）、留置权等；占有——占有人返还原物请求权、占有人排除妨害请求权或占有人消除危险请求权、占有人损害赔偿请求权等。

（三）物的流转与物权变动

物的流转，是指物作为一种客观性的物质资源的一种客体，发生的空间移动和权利转移、变动的现象。物的流转在观察上，例如，一盘青椒炒肉就需要食材青椒、五花肉（或者其他部位的猪肉）、食用油、盐等各种调味品，然后，经过热炒加工成为菜品，再经过买卖过程，才最后到顾客的餐桌上。于是，"食材购买——备料——加工——买卖——青椒炒肉"就是一个物的流转过程。在这里，由于在校大学生没有人从事这个"青椒炒肉"的加工和买卖活动，这个活动就由食堂或者餐厅进行。类似地，现代社会的物流概念，也可以表达"物的流转"。即物流（logistics）是指物品从供应地向接收地的实体流动即物品从卖家到达买家的流动过程。根据实际需要，物流是将物品的运输、储存、装卸、搬运、包装、流通加工、配送、回收、信息处理等基本功能，实施有机结合的复杂过程。① 其中，物流活动（logistics activity）则是物流过程中的运输、储存、装卸、搬运、包装、流通加工、配送、回收等功能的具体运作活动。②

物的流转，代表的是民事法律关系的发生、变更和消灭的具体过程。这个具体过程当中，随着物的不断流动，会在一些环节上，发生我国《物权法》上明文规定的"物权变动"的法律效果。在这里，所谓物权变动，是指伴随着物的流转，引致物权的发生、转移、变更和消灭的一种法律现象。物权变动是物权法上的一种民事法律效果，和其他民事法律效果一样，物权的变动也是由一定民事法律事实引起的。物权变动，表面上看是物权于存在形式上发生的变化，但在实质上，物权变动的本质，是物权在民事主体之间发生的关于对特定的物的支配关系的变化。所以，物的流转必然引起物权变动，这是民事客体的变化引起民事权利变化的一种重要的对应现象。

第三节 行 为

一、行为的界定

行为，是民事法律关系的又一种重要的具体客体。所谓行为，是指民事法律关系当中，民事主体根据法律规定或者当事人之间的约定，行使民事权利和履行民事义务的活动。要正确理解作为民事客体的行为，首先就是注意将其与民事主体进行民事活动的行为相区分。

民事主体进行民事活动的行为，即民事行为，是民事主体在其主观意志支配之下，通过意思表示以图建立、变更或终止民事法律关系的行为。这种参与民事活动式行为的效果在于，建立和影响民事主体之间的民事权利、民事义务关系本身，但是，该行为本身不是民事主体双方民事权利、民事义务共同指向的对象。

作为民事权利、民事义务共同指向对象的行为，即民事法律关系中民事客体的行为，是通过民事主体实施的具体民事行为，而形成民事权利与民事义务的联系之后，成为民事权利的实现与民事义务的履行所必须依附的载体。基于此，权利主体为其民事利益的实现，有权要求义务主体实施一定行为，而义务主体因为义务约束应当实施这一行为。此时的行为，已不如民事行为完全基于自愿自主而具有任意性，而是带有法律效力的民事权利与民事义务共同指向的。并且，相关民事主体都不得不进行的活动，与此同时，这一活动的方式、地点、时间等因素都已经确定。可以说，作为民事客体的行为，是民事主体先前实施的合法的民事行为的逻辑性结果。

---

① 物流中的"物"，是物质资料中，同时具备物质实体特点和可以进行物理性位移的那一部分物质资料；"流"是物理性运动，这种运动有其限定的含义，就是以地球为参照系，相对于地球而发生的物理性运动，称之为"位移"。"流"的范围可以是地理性的大范围，也可以是在同一地域、同一环境中的微观运动，小范围位移，"物"和"流"的组合，是一种建立在自然运动基础上的高级的运动形式，其互相联系是在经济目的和实物之间，在军事目的和实物之间，甚至于某种社会目的和实物之间，寻找运动的规律。因此，物流不仅是上述限定条件下的"物"和"流"的组合，而更重要在于：是限定于军事、经济、社会条件下的组合，是从军事、经济、社会角度来观察物的运输，达到某种军事、经济、社会的目的和要求。

② 全国物流标准化技术委员会：《物流术语》国家标准 GB/T 18354-2006（2007 年 5 月 1 日），第 3.2 条~第 3.3 条。

例如，运输合同中，托运人将运输的货物，从自己的仓库运输到港口或者码头上特定的泊位，然后，与承运人订立"钩到钩运输"——承运人对货物在装货港挂上船舶吊杆或吊车的吊钩时起，至货物在卸货港脱离吊钩时止期间承担责任合同之后，承运人的运输行为就是双方约定的行为，即运输在途行为；而托运人将货物运送到装船的码头或者从目的港卸货泊位的吊钩上装上运输工具，运送到特定的地点的行为，都不属于运输合同中约定的行为。当然，如果双方采用"门到门运输"① 则托运人的运输行为，也属于"门到门运输"合同中的运输行为。

二、民事客体行为的分类

作为民事客体的行为，以不同的标准可以进行不同的分类，大体可作如下划分：（1）依照行为的表现状态，可分为作为与不作为的行为；（2）从行为主体的角度可分为行使权利的行为与履行义务的行为，前者亦称接受行为，后者亦称给付行为；（3）从行为内容的看，有劳务行为、交付标的行为、支付价款或酬金的行为等；（4）以行为是否带来利益或损失为标准，可分为得利行为与失利行为；（5）以是否自愿实施为标准，可分为自愿行为与强迫行为，前者指主体主动自觉的行为，后者指主体不行为而被依法强制的行为；（6）以行为是否一次性完成为标准，可分为一次性行为与连续性行为。②

从一般意义上看，债权法律关系的客体主要是行为，这种行为的表现形式为给付。因此，许多民法学者将债权债务关系的民事客体，表述为给付行为。作者认为，这种观点不乏可以继续研讨之处，但是，作为民事客体的行为，具有给付性确实是作为民事客体的行为的根本特征。要正确理解和掌握作为民事客体的行为，须参看我国《合同法》中，承揽合同、建设工程合同和运输合同、保管合同、仓储合同、委托合同、行纪合同和居间合同等章节的具体规定。

三、法律行为

法律行为，是指以意思表示为要素，依照意思表示内容发生法律效果为目的的行为。法律行为是民事主体所实施的，并能够发生法律效力和产生一定民事法律效果的一种行为，这种行为以发生一定法律效果的意思表示为要素，属于民事法律事实之一种。在这里，之所以引入"法律行为"这个概念，是想让学习者明白：行为——民事行为——民事法律行为之间的逻辑关系，同时，区分作为民事活动的民事行为，与作为民事法律关系发生、变更和消灭原因的法律行为。

"法律行为"一词，源于《德国民法典》。萨维尼所下的定义，是"行为人创设其意欲的法律关系而从事的意思表示行为"，大多数法学家接受了这一定义。这一定义，强调法律行为的意思表示要素与其所产生的私法效果。其中，意思表示是法律行为不可缺少的核心构成要素。如果法律行为能够产生主体预期的后果，按照当事人的意思安排他

---

① "门到门运输"在海运场合，是指承运人到托运人的货物发运点现场，运用货车尤其是集装箱，运送到装船码头，到达目的港后，又将集装箱送达用户卸货地点的运输。在我国，"门到门运输"大量使用于公路运输，是指用机动灵活的公路运输工具，不经任何中转环节把货物从生产厂家、货物发送点直接送达用户或货物终点的一种运输。这种运输方式的最大优点，是加快货物送达的时间，减少了倒运所引起的货损和货差等。

② 王建平：《民法学》（上），四川大学出版社 1994 年版，第 147 页。

们之间的民事权利、民事义务关系的话，那么，当事人必须要能够自主作出意思表示。而且，这种意思表示能够依法在当事人之间产生预期的法律拘束力。在我国，1986 年 4 月 12 日颁行的《民法通则》，并未采用"法律行为"这一概念，而是采用了"民事法律行为"和"民事行为"两个概念。在具体制度设计上，规定民事法律行为是合法的行为，而民事行为则是不合法的行为。例如，我国《民法通则》第 54 条规定：民事法律行为是公民或者法人设立、变更、终止民事权利和民事义务的合法行为；而民事行为，则是我国《民法通则》第 58 条~第 61 条规定的违法的无效行为、可变更民事行为和可撤销民事行为这三种。

由此而言，法律行为与作为民事客体的行为，是有交叉的。那就是，在我国《合同法》规定的承揽合同、建设工程合同和运输合同、保管合同、仓储合同、委托合同、行纪合同和居间合同中的特定行为，以及我国《旅游法》中的导游服务行为，我国《劳动法》没有明文规定的保姆行为（家政服务行为），以及各种商业演出或者表演行为等，既是法律行为，也是作为民事客体的行为。所以，在把握法律行为的时候，一定要注意甄别，该法律行为是否同时也是作为民事客体的行为。

第四节　智力成果

一、智力成果概述

所谓智力成果，又称智力活动的成果或者知识产品，是指人们通过脑力的创造性劳动所生产出的，具有一定外在表现形式的劳动产品。智力成果作为精神劳动的产物，凝结着劳动者的具体劳动与人类的一般劳动，具有使用价值和交换价值，从而成为民事法律关系的客体。

相对于一般的有形财产，智力成果在表现形态、利用与交易方式等许多方面，都有其自身的特殊性，因而需要法律对其作出专门的规定，此即构成了知识产权法。其中，主要是版权法、专利法和商标法等。智力成果是知识产权法律关系的抽象客体。在具体的民事立法中，对智力成果这种民事客体，有具体的规定。比如，我国《民总—审稿》第 108 条规定，智力成果作为民事客体包括：（1）作品；（2）专利；（3）商标；（4）地理标记；（5）商业秘密；（6）集成电路布图设计；（7）植物新品种；（8）数据信息；（9）法律、行政法规规定的其他内容。在我国《民法通则》第五章"第三节知识产权"中，作品、专利、商标、发现成果等，属于智力成果的范畴。后来，我国《著作权法》《商标法》《专利法》《计算机软件条例》《植物新品种保护条例》《进出口货物原产地条例》《出口货物原产地规则》《地理标志产品保护规定》《农产品地理标志管理办法》《集成电路布图设计保护条例》《重要地理信息数据审核公布管理规定》等法律法规和部门规章等，把我国保护智力成果的民法规范，推向了一个非常的高度。

在《与贸易有关的知识产权协定》（Agreement on Trade‑Related Aspects of Intellectual Property Rights 即 TRIPs，简称《TRIPs 协定》）中，使用的是"知识财产"一词，是指《TRIPs 协定》第二部分第一节~至第七节所提到的所有类别的知识财产，即：（1）版权和相关权利；（2）商标；（3）地理标识；（4）工业设计；（5）专利；

（6）集成电路布图设计；（7）对未披露信息的保护等。显而易见，我国的知识财产或者智力成果的保护，在涉及的内容即民事客体这一对象上，已完全达到了《TRIPs 协定》规定的内容和形式要求。

二、智力成果的法律特征

智力成果具有如下法律特性：（1）创造性。从一般意义上看，创造性指创新或突破，是过去从未有过的智力劳动产品。同时，创造性还包涵智力成果，是通过脑力劳动者独立创作或发明而产生的，不是对他人成果的重复或抄袭的意义。不同类型的智力成果，创造性程度可以有所区别。但是，都必须具有创造性，才能成为法律承认和保护的对象，或者说才能成为知识产权法律关系的客体。创造性是智力成果的根本特性。

（2）非物质性。智力成果是一种设计或构思所形成的精神劳动产品，虽然要依附一定的物质载体而存在，但其本身不具有外在的物质形态。对智力成果的占有与控制方式不同于有形的物质财产。人们对物质财产可以直接控制，然而对于无形的智力成果，人们只能认识理解，从而进行利用。由于智力成果的非无物质性特征，人们通常将其称作无形财产。

（3）具备一定的外在表现形式，人们可以感知和认识。智力成果不具有外在的物质形态，但是，其存在也须借助一定的表现形式。否则，这种无外在物质形态的精神劳动成果，人们无从感知理解，也就不能让人们利用传播和推广而产生社会价值与经济价值。因此，语言、文字、符号、色彩、线条、数据、图表等，都是智力成果借以显现的一般性表现形式。

（4）垄断性权利。对智力成果的垄断性权利，即智力成果的民事主体即权利人，有权享有独占和垄断性许可的民事权利。其他任何民事主体，只有在征得知识产权人同意的情况下，才可以获得对智力成果的使用权。

（5）信息性特征。所谓智力成果的信息性，是指对智力成果的利用，可出现众多民事主体独自行使知识产权的各项权能。从而，形成对同一智力成果"出现数个使用权并立的状态"。这一特征的另一方面，强调：尽管智力成果可以被任何人在任何时间或地点"占有"、"使用"等，但是，智力成果的权利人并不因此而丧失对其"占有"的民事权利。这也是智力成果或者知识财产与其他物质财产不同之处。

三、智力成果与知识产权

智力成果是民事主体特有的独创性智力劳动的产物，是知识产权的标的。如果"形"指"可见"，"体"指"可感"的话，智力成果是"有形有体"的知识财产。即：（1）作品，是指在文学艺术和科学领域内产生的具有创造性的智力劳动成果，可以表现为作品权或者著作权、版权等；（2）发明，即对产品、方法或其改进所提出的新的技术方案。在获得专利之后，就表现为发明专利权；（3）实用新型，即对产品的形状构造及其组合所提出的适于实用的新的技术方案。在获得专利之后，也表现为实用新型专利权；（4）外观设计，即对产品的形状、图案、色彩或者其结合所作出的富有美感，并且适于工业上应用的新的设计。在获得专利之后，同样表现为外观设计专利权；（5）科学发现，即对客观物质世界的现象、特性，或者规律提出的新的认识和解释。经过确认后，科学发现人可以享有发现权；（6）商标，即以文字、图形或者二者的结合而构成的，以区别商品的生产者或经营者的商品的标记等。通过商标申请与注册程序，商标持有人获得注册商标专用权，等等。

至于计算机软件、植物新品种、进出口货物原产地、出口货物原产地、地理标志、农产品地理标志、集成电路布图设计、地理信息等，则分别以其具体的智力成果民事客体形式，形成对应的知识产权。需要说明：由于民事客体与民事权利之间，存在着内在的负载和表彰关系，所以，任何知识产权的形式的出现，都意味着智力成果或者知识财产的民事流转价值，越来越得到确认和重视。

第五节　人身利益

一、人身及其人身上利益的分离

人身，在民法上看，针对自然人而言，是典型的观察对象，既包括人的物质实体即人体或者人的肉体，也包括人的精神实体，还包括人际关系中的关系利益等。所以，所谓人身利益，亦称人身非物质利益，指与民事主体的人身不可分离，具体地表现为人格和身份的生存需求或精神需求。

自然人的人身利益，包括人身自由、人格尊严，生命、健康、身体、姓名、肖像、名誉、荣誉、个人隐私，还有婚姻，以及婚姻家庭关系等。这些人身利益，通过立法加以承认和保护，从而成为自然人的生命权、健康权、身体权、姓名权、肖像权、名誉权、荣誉权、隐私权、婚姻自主权，因婚姻、家庭关系产生的人身权利等等的权利客体。而法人与非法人组织的人身利益，包括名称、名誉、荣誉等，在法律上表现为名称权、名誉权、荣誉权的客体。

应当注意的是，人身与人身利益是两个不同的概念，人身本身不能作为民事法律关系的客体，此处所讲的人身法律关系的民事客体，仅指与民事主体的人身不可分离的特定利益。在实际民事立法活动中，是把这种人身利益，与人身严格区分并从人身分离出来的。在我国，理论上人身自由、人格尊严本身，给予了"人身"具有独特的受法律保护的属性。任何自然人不可以借口是人身自由或者人格尊严的享有者，而行任意而为或者肆意纵横或者为违法不羁之实的。比如，卖淫、自杀或者严重犯罪后逃跑，还有贩卖妇女儿童或者在家中随意实施家庭暴力[①]，以及"职场女人用自己的身体换利益"[②] 等，都是为法律包括民事法律法规所坚决反对的。在我国，《反家庭暴力法》第 23 条规定，对于家庭暴力行为的实施者，在达到"因遭受家庭暴力或者面临家庭暴力的现实危险"

---

① 我国，《反家庭暴力法》第 2 条规定，家庭暴力是指家庭成员之间以殴打、捆绑、残害、限制人身自由以及经常性谩骂、恐吓等方式实施的身体、精神等侵害行为。

② "职场女人用自己的身体换利益"的说法和做法，在我国社会或明或暗存在着。这是一种违法犯罪的意识和心态，是许多职场女性在遇到职业、岗位或者职务晋升时，采取的非理性手段之一。

标准的情况下，允许受家庭暴力伤害者①，提出"人身安全保护令"② 的申请，法院应当受理并及时裁判和实施。即法院受理"人身安全保护令"申请后，应当在 72 小时内作出人身安全保护令或者驳回申请；情况紧急的，应当在 24 小时内作出裁断。

可见，人身与人身上分离出来的"人身利益"是两个不同的概念，社会生活中，许多人很容易将二者混为一谈。现实生活中，前述的一些违法犯罪行为，恰恰也是这种人身与人身利益的可分离性被利用的产物。个别人在从事违法犯罪行为，比如实施严重的家庭暴力之后，甚至会振振有词地说："打是亲，骂是爱，不打不骂要变坏"，就是蔑视人身利益中包含精神利益的结果。

二、人身利益的法律特征

人身利益作为一种民事客体，其法律特征是：（1）人身利益的基础性。人身利益是民事主体生存的基本需求，以其作为民事客体的人身权，构成了人权这一基础权利的主要内容，若这些人身利益得不到基本保障，或者缺失或者丧失或者严重受损，那么，民事主体就会丧失基本的生存条件。从而，导致其他民事权利失去了存在的人身安全的根基。

（2）人身利益的非交易性。人身利益与人身密切相联系，除了法律另有特别规定外，一般不可出让、转让或者转移，成为交易的标的或者对象。比如，人身自由和人格尊严，就是不可交易的。影视片中和现实生活中，绑架或者非法扣留他人，都是严重的侵害他人人身自由和人格尊严的违法犯罪行为。

（3）人身利益的关联性。这个特征强调，人身利益是与自然人、法人和非法人组织的人身，在物质实体利益即包括生命利益、健康利益和身体利益也就是体相完整，与精神利益包括人身自由、人格尊严，姓名利益、肖像利益、名誉利益、荣誉利益、隐私利益等，还有婚姻利益包括婚姻家庭关系中的人格利益等，是与人身的存在与安全紧密联系在一起的。所以，保护人身自由、人格尊严是我国社会"人格升位"现象之下的必然之选。

（4）人身利益的易损性。所谓易损性，就是容易遭受损害、侵害或者加害的一种法律属性。由于人身利益是以物质实体利益、精神利益和关系利益表现出来的，所以，侵害人身利益的方式、方法和途径就非常多，有些侵害甚至于防不胜防。比如，个人信息中，身份证号码、家庭住址和电话号码等，就涉及自然人的人身安全和安全利益的法律保护，但是，只要这些信息一旦公开，或者被他人获悉后非正当利用，就会形成或者发生各种各样的侵权行为。所以，人身利益非常容易遭受各种各样的损害、侵害或者加害，民法规范保护人身利益的困难性，比保护财产利益的困难性，要大得多。

（5）人身利益的可保险性。人身利益可以作为保险合同的标的，称为"人身保险利

---

① 如果家庭暴力的受伤害者是无民事行为能力人、限制民事行为能力人，或者因受到强制、威吓等原因无法申请人身安全保护令的，其近亲属、公安机关、妇女联合会、居民委员会、村民委员会、救助管理机构可以代为申请。

② 我国《反家庭暴力法》第 29 条规定，人身安全保护令可以包括下列措施：（1）禁止被申请人实施家庭暴力；（2）禁止被申请人骚扰、跟踪、接触申请人及其相关近亲属；（3）责令被申请人迁出申请人住所；（4）保护申请人人身安全的其他措施。

益"，这是全世界的一种通行做法。国际上，对人身保险的保险利益的产生，依据有两种原则：一是利益主义原则和同意主义原则。所谓利益主义原则，是指以投保人与被保险人之间是否存在经济上的利益关系，作为保险利益存在依据的原则。即如果投保人与被保险人之间存在经济上的利害关系，则投保人就对被保险人具有保险利益。如夫妻之间、合伙人之间等都存在经济上的利害关系，所以，夫妻之间、合伙人之间相互具有保险利益。而所谓同意主义原则，是指只要经过被保险人的同意，而不论投保人与被保险人之间是否存在利害关系，都认为投保人对被保险人具有保险利益。我国保险立法时，采用利益主义与同意主义相结合的原则。

我国《保险法》第 53 条规定，投保人对其本人、配偶、子女、父母，以及与投保人具有抚养、赡养或者扶养关系的家庭其他成员、近亲属等具有保险利益；除此之外，被保险人同意投保人为其订立合同的，视为投保人对被保险人具有保险利益。当然，为更有效地防范道德风险，"被保险人同意"应以被保险人与投保人之间已经存在的可以产生利益关系的民事法律关系为条件，即所谓的"双重条件"——既要具有一定的民事法律关系，又要被保险人同意的条件。

三、人身利益的法律表彰

（一）人格利益的表彰

理论上，人身利益是精神利益在民法上的用语，是指民事主体因享有人身权利，而得到的心理上、生理上、生产经营，以及从事民事活动等方面不可缺少的切身利益。人身利益以其表现形态，可以分为人格利益与身份利益。其中，人格利益的具体表彰形态如下所述。

所谓人格利益，指与民事主体的人身自由、人格尊严，生命、健康、身体、姓名、肖像、名誉、荣誉、个人隐私，还有婚姻，以及婚姻家庭关系等，以及法人与非法人组织的人身利益，包括名称、名誉、荣誉等紧密联系的利益，决定了自然人、法人与非法人组织的民事主体资格与生存基本状况。一般情况下，人格利益是对人格权所进行保护的对象，主要包括并表彰为以下形式。即：

1. 生命。生命是指自然人的生理活动能力，人命存在和维持的能力，去除生命侵害或者损害的救济能力等组合而成的，以一种"生命存在"形式加以表彰生命利益的情形。生命利益表现生命权，这是自然人主体最基本的基础性人身权利。

2. 健康。健康是指自然的人体生理机能完整正常和生理功能无缺陷，其心理和精神意识无缺陷和疾病或者感受异常，从而健康利益以"生理正常"、"心理无疾病"等形态表彰的情形。自然人的健康利益以健康权来表现，并成为健康权法律关系所保护的对象。

3. 身体。身体亦作"身躯"，指自然人的全身，一般以肉体的全部来代表。所以，身体是指自然人的生理组织包括人体器官和人体组织的整体，有时特指自然人的躯干和四肢；自然人的身体分为主体部分和附属部分，是以身体权来表彰身体利益的。身体利益是身体权所保护的对象。

4. 姓名。姓名是自然人的符号化的一种个体识别代号，这种识别代号由"姓氏"＋"名字"构成，以文字形式来表彰。因此，姓名利益即是自然人的个体识别特征性的利益，专属于特定的自然人，在登记和官方确认之后，并为自然人专用。姓名利益作为自然人的个体识别标识性的人身利益，以姓名权来表彰，是姓名权法律关系所保护的对象。

5. 肖像。肖像是自然人真实形象，通过造型艺术或其他手段或者工具，以客观形式加以再现的形象。肖像利益的这种特征，决定了肖像是以真实形象的基本法律特征，成为身份证"照片"或者"相片"的法律意义的承载形式。所以，肖像利益以肖像权来表彰，肖像利益是肖像权法律关系所保护的对象。

6. 名誉。名誉是民事主体因其品行、观点、行为、作风、工作表现和道德素养等，所形成的有关品德、才干、素质和能力等方面的一种社会性普通评价。对于自然人、法人和非法人组织而言，都有名誉利益以及社会性评价的问题。名誉利益许多时候，被我国的社会文化演绎成"面子"、"名声"和"公众场合的个人人格"等①特色文化现象。也就是说，名誉利益的民法规范表彰，便是名誉权。名誉利益是名誉权保护的直接对象。

7. 个人隐私。个人隐私，是自然人不愿公开或让他人知悉的个人秘密，而这些个人秘密一般而言，属于与他人无害的私密信息或者事实资料。比如，某人的身体健康状况、个人生活习惯、身份证号码、家庭财产、电话号码、家庭住址，以及家人的职业等。个人隐私属于个人安全利益范畴，以隐私权的形式来表彰，属于隐私权法律关系保护的对象。

8. 婚姻与婚姻家庭关系中的利益。所谓婚姻与婚姻家庭关系中的利益，是指婚姻利益，包括夫妻之间的性生活利益、人身利益和财产利益等，以及由于婚姻家庭关系而形成的与配偶的血亲及血亲的配偶之间的姻亲关系和家庭成员之间的亲属关系方面的"亲属利益"。应当说，婚姻利益的表彰是婚姻自主权和婚姻受法律不保护，以及有过错离婚的离婚损害赔偿规则；而"亲属利益"的表彰，则是一定亲属成员之间的监护义务、扶养义务和赡养义务等。

9. 人格尊严。人格尊严，是指自然人对其自身价值的认识及社会和他人对某自然人的客观评价相结合，而产生的受到尊重的一种精神利益。这种精神利益表彰为"人格尊严权"或者一般都以"人格尊严"（注意这四个字的双重含义）来表述，是我国民事法律和相关法律法规共同保护的对象。

10. 人身自由。人身自由是指人的行为不受非法干预和限制的人身利益的一种情形。人身自由包括身体自由和精神自由两个方面。所谓自然人的身体自由，是指自然人

---

① 英国学者罗素曾说，"外国人对中国人的'要面子'觉得很可笑，殊不知只有这样才能在社会上形成互相尊敬的风气。"罗素认为"要面子"的害处在于，"影响效率，同样也影响了人际关系的真诚。"要面子深入到国人潜意识中，这是一个事实。当然，面子是很重要的，面子是形式，任何事物都是形式与内容的统一体。只是"面子"与"里子"不能脱节，面子不能比里子高一个层次独立存在。在现代社会，要面子的作法常常以新的形式出现。只是，要面子的主体常常不只是个人，而是以集体的方式出现，这就更隐蔽，而危害性也更大，久而久之，甚至形成了一种"面子文化"。面子文化的特点是，自我表扬的彰显意识、程式化的自夸方式、不计成本的投入气派和迫不及待的行事节奏。阿拉伯谚语说：不结果的树是没有人去摇的，唯有那些果实累累的树才担当得起人的信赖。面子文化的流布，与务实的价值取向呈矛盾状态。人的心理就这么复杂，"死要面子活受罪"的事总有人做，这是因为心理上虚幻收获的吸引力，甚至比实际的利益吸引力还要大。从这个角度看，要解决面子文化问题，根本是要解决价值判断和价值认同问题。

从事各种活动或者行动的自由，即自然人按照自己的意志和利益，在法定范围内从事某种作为或不作为行为的一种行动状态；而所谓精神自由，是指自然人决定其意思的自由，也就是按照自己的意志和利益需要，在法定范围内自主思维、自由行为和自愿选择的一种行为状态。这种精神自由，在我国民事立法中，以"意思自治原则"来表彰，其还包括了"自愿选择"或者"自由行为"，以及"后果必担"、"后果自担"的特有含义。

11．特殊人群的人格利益。在这里，特殊人群是指法律规定的未成年人、老年人、残疾人、妇女、消费者等民事主体。这些人，虽然其民事权利能力平等，但是，其民事行为能力、民事责任能力却存在着这样那样的不足或者事实性瑕疵或者障碍。因此，需要民事立法或者特殊人群的特定利益的社会保障立法，来加以特殊处理。例如，对于未成年人、老年人、残疾人、妇女、消费者等特殊人群而言，有时候，通过民事立法中的"亲属利益"的制度性设计，就可以表彰为手特殊照顾和保障的权利；而消费利益则通过我国《消法》对于消费者弱势地位的强化保护，来进行具体化表彰。

（二）身份利益的表彰

所谓身份利益，是指民事主体基于其民事身份所获得的，与特定身份不能分离的一种人身利益。例如，基于婚姻关系产生的夫妻身份或者配偶身份利益，基于父母子女关系产生的对未成年人的监护利益，以及成年子女对老年父母的赡养利益，基于突出表现获得的荣誉称号，还有完成一定的智力成果之后获得的知识产权人身利益和财产利益等。这些身份利益以特定的民事主体身份为前提，对确定身份权的精神损害范围起着至关重要的作用。

1．配偶身份利益。所谓配偶身份利益，是指依法进行结婚登记之后，男女双方以配偶的身份互相对待对方的亲属身份层面的人身性身份利益。这种利益的具体表彰形式，便是婚姻关系中的核心利益：性利益、扶养利益、生育子女的利益、相互照顾利益、获得精神照料或心理上支持的利益等。为此，我国《婚姻法》上，以"一夫一妻"、"禁止有配偶者与他人同居"、"夫妻应当互相忠实，互相尊重"等原则，对这种配偶利益进行固定。与此同时，对这种配偶身份带来的财产关系，也有相应的具体规定。

2．家庭福利与利益。所谓家庭福利与利益，是指在婚姻亲属关系之下，家庭成员之间基于亲属包括配偶的血亲和血亲的配偶等形成的血亲关系、姻亲关系等亲属利益层面的人身性身份利益。这种利益，之所以称为家庭福利，是因为婚姻家庭作为自然人之间的一种基本的结合行生活方式，在人类历经数千年历史之后，仍然被继承、延续和保存下来，是它带给家庭成员一定的只有家庭才能提供的福利。在这里，所谓家庭福利，是指家庭成员利用婚姻家庭这种人与人的组合、结合和合作方式，进行群体生活，不但会节约生存成本，关键是家庭的 7 大功能①，可以让人得到安全感和幸福感、成就感。

婚姻与家庭，作为一种人与人综合性关系的共同体，家庭成员共同分享物质利益和精神利益，相互帮助和支持，不论对于国家或者社会，还是对于当事人个人，所带来的家庭福利与利益，都是一种重大利益。理由是：一方面，婚姻家庭作为一种利益载体，必然有成本投入即婚姻家庭成本的投入。婚姻家庭的成本是多方面的，包括时间、金钱、机会、管理、情感，等等。婚姻当事人和家庭成员，对婚姻家庭的成本投入，不仅意味着为婚姻家庭的一种付出，而且，也意味着自己将是这种成本投入的受益者。通常情况下，婚姻家庭福利与利益可以分为现实利益、信赖利益和期待利益三大类。② 可以说，有配偶和其他亲属陪伴生活，生活环境的改变和提升，社会评价与认同度的提高等，就是现代人"成家立业"家庭福利与利益的直接反映。

3. 法人和非法人组织的名称。法人或非法人组织以其具有特征识别性的名称、商号和字号等，按照保护在先权原则，经过法定的程序，包括其名称预审、登记之后，具有的独占、专有和专用利益的情形。这种情形下，法人或非法人组织的名称利益，就成为名称权的客体，专属于特定的法人或非法人组织，是名称权的保护对象。

4. 荣誉。荣誉是指社会组织、国家机关等正式机构，对于民事主体因为有优异的功绩、业绩或者突出的表现或者做出了需要以褒扬性评价进行肯定，并以相应的称号给予表彰的良好社会评价型人身性身份利益。在具体做法上，是以授予自然人、法人和非法人组织以荣誉称号的形式，并以勋章、奖状和奖金，以及其他奖励性措施加以实施的表彰活动。荣誉利益，有时候会转化成相关的人身利益或者财产利益，因此，荣誉是荣誉权法律关系的保护对象。

5. 职称。职称，是指社会各行业对其从业人员，在职务等级上设定的分等、分岗和分级别职务上的一种人身性身份称谓。职称（Professional Title）最初源于职务名称，理论上，职称是指专业技术人员的专业技术水平、能力，以及成就的等级称号，是反映专业技术人员的技术水平、工作能力。就学术而言，它具有学衔的性质；就专业技术水平而言，它具有岗位的性质。专业技术人员拥有何种专业技术职称，表明他具有何种学术水平或从事何种工作岗位，象征与表彰着一定的职务身份。所以，拥有某种级别的职称，就享有该级别职称带来利益与福利。高等学校教师担任的教学、科研工作水平

---

① 理论上，家庭的 7 大功能是：（1）经济功能。包括家庭中的生产、分配、交换、消费。它是家庭功能其他方面的物质基础；（2）生育功能。从人类进入个体婚制以来，家庭一直是一个生育单位，是种族绵延的保障；（3）性生活功能。性生活是家庭中婚姻关系的生物学基础，性生活和生育等行为密切相关，社会通过一定的法律与道德使之规范化，使家庭成为满足两性生活需求的基本单位；（4）教育功能。包括父母教育子女和家庭成员之间相互教育两个方面。其中，父母教育子女在家庭教育中占有重要的地位；（5）抚养与赡养功能。具体表现为家庭代际关系中双向的抚养与赡养的权利、义务务与责任，这些功能是实现社会继替必不可少的保障；（6）感情交流功能。这是家庭精神生活的组成部分，是家庭生活幸福的基础。感情交流的密切程度是家庭生活幸福与否的标志；（7）休息与娱乐功能。休息与娱乐是家庭闲暇时间的表现，随着人们生活条件的改善，人们的休息和娱乐逐渐从单一型向多向型发展，日渐丰富多彩，家庭在这方面的功能也日益增强。

② "现实利益"是指婚姻当事人在缔结婚姻时或者婚姻缔结形成家庭关系之后，已经获得的利益。例如，感情的满足、性满足和其他方面的满足等。"信赖利益"是指基于对对方信守爱情誓言而将婚姻视为长久存在，将本人的利益和对方的利益合二为一，并相信他或她可以从对方的成功或婚姻成功中获得的直接利益。"期待利益"是指只要婚姻家庭长久的存在，婚姻当事人就能够期待其付出或者缔结婚姻时希望的未来利益或者可以获得实现的利益。

和能力评定的专业职称，也称学衔。各国划分高校教师职称的名称和级别不一，我国大学教师职称从上至下为：教授、副教授、讲师、助教。当然，职称利益是否属于民事利益，尚需学术界进一步研究。

（三）保险利益的表彰

1. 保险利益的定义。人身保险中的保险利益，是指投保人对于被投保人的生命或身体所具有的利害关系，也就是投保人将因保险事故的发生而遭受损失，因保险事故的不发生而维持原有的利益。这种利害关系，与财产保险的保险利益中的那种单纯经济利害关系，是有区别的。人身保险的保险利益，实际并不直接体现为投保人对保险标的的利害关系，而更多体现为投保人和被保险人之间的人身依附关系或者信赖关系。因此，这种关系有时虽须顾及经济上的利益，但并不单纯以金钱所能估计的利益为限。如果投保人与被保险人之间具有法律上认可的某种关系，即视为有保险利益，至于实际上的利害关系如何准确计算，则不予考虑。保险利益构成人身保险合同的效力要件，目的在于防范投保人利用保险谋财害命或者以赌博获取不当利益，从而维护被保险人的人身安全利益。

2. 本人的保险利益。本人对自己的生命和身体具有保险利益，也就是说，任何人都对自己的生命和身体都具有无限的保险利益，这是各国法律都承认的一条原则。因此，任何人都可以为自己投保任何保险责任的人身保险合同，保险金额则一般根据投保人的交费能力，以及其实际需要来确定。

3. 投保人对亲属的保险利益。投保人因为配偶之间、父母与子女之间具有法律规定的扶养、抚养或赡养义务，被保险人的死亡或伤残会造成投保人的经济损失，因而投保人对其配偶、父母、子女具有保险利益，可以作为投保人为他们投保。但是，这种保险利益也需要被保险人的同意。如果子女是未成年人，可以不需要被保险人本人签字。与此同时，与投保人具有抚养、赡养或者扶养关系的家庭成员、近亲属的伤亡，可能会给投保人带来经济上的损失，因此，投保人对他们具有保险利益，可以为他们投保，但是，同样需要被保险人本人同意。

4. 投保人对同意者的保险利益。投保人对同意其订立合同的被保险人的保险利益，是指被保险人同意投保人为其订立合同的，视为投保人对被保险人具有保险利益。这主要限于投保人的合伙人、债务人以及雇员等。例如，对于合伙经营，一旦一方合伙人死亡，可能导致合伙经营的事业难以为继，使另一方合伙人遭受损失，因此，合伙人之间互有保险利益。

第六节　货币与有价证券

一、货币

（一）货币的定义

货币是一种用作交易媒介、储藏价值和记账单位的工具，是专门在物资与服务交换中，充当一切商品等价物的特殊商品，是人们的商品价值观的物质附属物和符号附属物。它既包括流通货币，尤其是合法的通货，也包括各种储蓄存款，在现代经济生活中，货币的领域只有很小的部分以实体通货方式显示，即实际应用的纸币或硬币，大部分交易都使用支票或电子货币。现代经济生活中，货币起着根本性的作用。在宏观经济学中，货币不仅是指现金，而且，是现金加上一部分形式的资产。

（二）货币是种类物

在民法上，货币是具有法律意义的一种物，属于种类物范畴。由于货币具有高度的可替代性，而作为一般等价物成为法定的支付手段、流通手段与结算手段等。因此，货币是特殊的种类物。同时，货币是可消耗物和动产，一经支付，即发生所有权的转移，一旦占有货币即享有货币所有权，丧失对货币的占有，例如遗失，即丧失对该货币的所有权。权利人不能行使原物返还请求权，而只能请求返还不当得利。

（三）货币的法律功能

货币在民事法律关系中的主要意义和作用，在于：（1）民事主体可以对货币行使占有、使用、收益和处分权，让作为种类物的货币充当物权关系的客体；（2）在债的关系中，货币可以作为价款或酬金而成为债权债务的标的物；（3）在侵权关系当中，货币也可以以一种等价物，作为赔偿的工具性手段，也就是赔偿损失的替代物；（4）货币的民法职能复杂。由于货币属于一种特殊商品，因此，它同所有商品一样也具有使用价值和交换价值。当处在不同形式的价值运动中的时候，货币所表现出来的作用也不尽相同：价值尺度、流通手段、支付手段、贮藏手段和世界货币。其中，价值尺度和流通手段是货币的基本职能。另外三种职能则是在两者的基础上形成的派生职能。货币在充当各项职能时，都是作为一般等价物使用的。

二、有价证券

（一）有价证券的定义与特征

有价证券，是设立并证明某种财产权利的书面凭证。作为物的特殊类型，有价证券具有如下特征：（1）有价证券与证券上记载的财产权利不可分离，具有权利证券化的特点。通常情况下，证券持有人有权主张证券上记载的权利，如果离开证券，就无权主张权利，证券与权利不可分离，合为一体，证券转移，权利随之转移。

（2）有价证券的债务人是特定的，证券持有人只能向负有支付义务的特定的债务人主张债权。有价证券的债务人通常不问持券人是否为真正的权利人，见券即应履行债务。有价证券的权利人，可以因为证券的转移而发生变动，这种变动对证券债务人履行债务不发生影响。

（3）有价证券的债务人所负的支付义务是单方义务，无权要求证券持有人支付相应对价，这是证券行为与契约行为的一个显著区别。有价证券的债务人履行了债务并收回证券，由证券形成的债权债务关系即归于消灭。

（二）有价证券的分类

1. 按照有价证券所记载的财产权利的性质，可分为如下主要种类：（1）票据，是开票人签发的代表一定货币，并由自己或委托他人无条件支付的有价证券。票据包括汇票、本票和支票等。票据设定的权利性质属于债权。

（2）股票，是股份公司发给股东以记载并证明股东所持股份的凭证。股票是股份公司股份的表现形式，其设定的权利是股权。

（3）债券，是债券发行人依照法定程序发行的，在一定期限内向持有人还本付息的有价证券。债券在我国主要国债券、金融债券和企业债券等。

（4）提单，是用以证明货物运输合同与货物已由承运人接受，承运人据此交付货物的凭证。提单是一种物权凭证，其设定的权利是物权。

2. 依照有价证券转移的不同方式，可以将有价证券分为：（1）记名有价证券，即在证券上记载权利人的姓名或名称的有价证券。如记名的本票、支票、汇票、股票、提单等。这种证券载明了权利人，其转移应按照一定的方式进行，如办理手续等。只有证券指定的人或合法受让人才有权要求债务人履行债务。

（2）无记名有价证券，指证券未记载权利人姓名或名称的有价证券，如无记名股票，票据以及国库券等。无记名有价证券可以按照民事方式转让，谁持有无记名有价证券，谁就是证券记载的权利的享有者，无记名有价证券的义务人，应当对证券的持有者履行义务。

（3）指示有价证券，指在证券上载明第一个证券取得者的姓名或名称的证券，例如指示支票。指示有价证券的权利人是证券上指示的人，证券的义务人应当对证券指明的权利人履行义务。指示有价证券的转让不是按照民事的一般债权转让方式进行，而应当由现有权利人在证券背面签注，指定下一个权利人的姓名或名称，此即所谓"背书"。

三、货币与有价证券的客体性

（一）货币以特殊商品成为民事客体

对于民事主体而言，货币是可直接交易的对象，属于直接客体范畴。比如，借款合同当中，货币即借款就被当成一种交易对象以及合同中的交易客体对对待和处理的。这当中，是借款人向贷款人借款，到期返还借款并支付利息；借款合同采用书面形式，但是，自然人之间的借款也可以采用口头形式；借款合同的内容包括借款的种类、币种、用途、数额、利率、期限和还款方式等条款；民事主体在订立借款合同时，贷款人可以要求借款人提供担保。那么，借款人就应当依照我国《物权法》、《担保法》的规定，设立借款担保关系。[①] 于是，借款成为借款法律关系的民事客体。此外，交互计算、储蓄存款和汇款、现金支票、困难救助等交易关系中，货币也是作为直接客体出现的。

当然，在民事法律关系中，更多的时候，货币是作为民事法律关系的辅助性交易工具，而不是作为直接民事客体面目出现的。比如，日常生活中大量发生的买卖关系，是以买卖的标的物或者物作为客体，而不是以货币作为客体的。具体的买卖合同中，当买卖的客体即物由出卖人交付给买受人之后，买受人依据合同约定，负有支付相应对价即一定数额货币即货款或者货币的义务。这时，买受人一定数额钱款的支付，只是履行买卖合同的义务而已。也就是，货币充当的是对待义务的等价物功能，而不是民事客体的功能。

此外，在所有民事法律关系当中，货币都可以成为救济性的赔偿工具，替代赔偿义务人或者责任人，以支付一定数额的货币来承担民事法律责任，从而使各方的民事法律关系归于消灭。这时，不管赔偿义务人或者责任人承担的这种民事责任的具体形式，是

---

① 我国《合同法》，第196条～第198条。

合同责任还是侵权责任或者其他责任，都因为货币具有的种类物功能，而被替代掉。

（二）有价证券的客体性

有价证券以其收益性、流动性、风险性和期限性等属性，使其具有民事利益的可流动、可交易和一定条件下的可变现性等特点，因而，有价证券本身就具有了民事客体的法律属性。也就是说，有价证券这种标有票面金额，用于证明持有人或该证券指定的特定主体，对特定财产拥有所有权或债权的可流转凭证，先是通过将特定财产的所有权或债权，以凭证形式加以固定。然后，就是有价证券自身具有的可转让性和可流动性，而这种可转让性或者可流动性，就成为有价证券法律关系买卖与交付的需求共同指向的对象，即成为一种直接的民事客体。

虽然，从表面上看，有价证券本身没有价值。但是，由于有价证券本身代表着一定量的财产权利，持有人可凭该证券直接取得一定量的商品、货币，或者取得有价证券的利息、股息等收入。从而，让有价证券可以在市场上买卖和流通，这种买卖与流通本身，揭示出有价证券本身的具有可交易价值。于是，在有价证券交易价格确定的基础上，其民事客体的属性就可以通过具体的交易活动，得到充分的体现。

（三）国际货币与世界货币

所谓国际货币也可以等同于世界货币，是指在国际商品流通中发挥一般等价物作用的货币。世界货币是随着商品生产和交换的发展而产生和发展的，也就是说，当商品交换超出一国国界而发展成为国际贸易时，商品在世界范围内普遍展开自己的价值，作为它的价值表现形态的货币，也就成为世界范围的商品的一般等价物，即世界货币。世界货币在前资本主义社会虽已产生，但没有获得很大的发展。世界货币就其功能而言，除作为价值尺度之外，还是国际支付手段、国际购买手段和财富的国际转移手段。世界货币是实现国际经济贸易联系的工具，它促进了国际经济联系的扩大与发展，从而也促进了资本主义的发展。随着资本主义世界市场的发展，世界各地区在经济上逐渐联结起来。

1944 年 7 月 1 日~22 日，在美国新罕布什尔州的布雷顿森林召开了 44 个国家参加的联合国与联盟国家国际货币金融会议，通过以"怀特计划"为基础的"联合国家货币金融会议的最后决议书"以及"国际货币基金组织协定"和"国际复兴开发银行协定"两个附件，总称为"布雷顿森林协定"，确定以美元作为各国货币定值的标准和储备货币，而美国则承担义务，将各国中央银行持有的美元按官价兑换黄金。这样，美元就掌握了资本主义世界 70% 以上黄金储备，取得"等同黄金"的地位，成为主要的国际结算工具。

2015 年 11 月 30 日，国际货币基金组织（IMF）宣布：正式将人民币纳入 IMF 特别提款权（SDR）货币篮子[①]，决议于 2016 年 10 月 1 日生效。此次人民币成功"入篮"，标志着人民币成为继美元、欧元、日元和英镑后的第五大世界货币。作为 SDR 篮

[①] 人民币纳入 SDR 的"一篮子货币"，必须满足两个"硬性"标准：一是，货币发行国家的出口贸易规模；二是，货币可自由使用。2010 年 IMF 对 SDR 评审时，人民币满足了第一个标准，但未达到第二个标准。2015 年 8 月，IMF 发布的 SDR 初期评估报告显示，自 2010 年对 SDR 货币篮子进行评估以来，人民币国际使用规模大幅增长。

子中的新成员，人民币也是第一个新兴市场国家货币加入 SDR 货币篮子。加入 WTO 推动了中国出口型经济的腾飞，而加入 SDR 则可能使中国在国际金融舞台上站稳脚跟。人民币纳入 SDR 与汇率没有必然联系，此举实际上是增强了人民币的国际话语权，让人民币成为世界通用货币之一，甚至在未来可能打破美元结算的垄断。对于中国老百姓来说，同样可以从人民币"入篮" SDR 中获益。长期来看，我国消费者持人民币直接境外旅游、购物和投资的梦想或将实现。

第七节　民事权利客体与网络财产

一、民事权利作为客体

（一）可交易性民事权利的客体属性赋予

民事权利在民事法律关系中，属于民事法律关系的内容范畴。但是，可交易的财产性民事权利，因为具有财产属性和客流专属性的结合性特点，所以，被民事立法赋予了民事客体的属性。在这里，我国《物权法》第？条首先规定，法律规定权利作为物权客体的，依照其规定处理。于是，我国《物权法》第 223 条规定的可以出质的民事权利，就是民事客体。即：债务人或者第三人有权处分的可出出质的民事权利，就可以成为民事客体。具体包括：（1）汇票、支票、本票；（2）债券、存款单；（3）仓单、提单；（4）可以转让的基金份额、股权；（5）可以转让的注册商标专用权、专利权、著作权等知识产权中的财产权；（6）应收账款；（7）法律、行政法规规定可以出质的其他财产权利。

在我国《担保法》中，其第 75 条规定的可以质押的权利，包括：（1）汇票、支票、本票、债券、存款单、仓单、提单；（2）依法可以转让的股份、股票；（3）依法可以转让的商标专用权、专利权、著作权中的财产权；（4）依法可以质押的其他权利等，与我国《物权法》的规定相比，除增加了"应收账款"作为新型的民事权利之外，能够成为民事客体的民事权利，基本上就不多了。

（二）我国民法立法中财产权利作为客体

在《民总专家稿》第 115 条、第 117 条~第 118 条规定，财产权利得依法成为民事权利客体；同时民事权利的客体范围，具有开放性。即民事权利客体的范围，不以《民法总则》的规定为限；理由是，非依法律规定，不得禁止或者限制民事权利客体的流通以及利用。而这种流通以及利用，可能会产生新的民事客体。但是，《民总专家稿》的条款设计，未被我国《民法总则》采纳。

应当说，长期以来，我国民事立法因为对民事客体的不够重视。所以，在具体立法过程中，缺乏统一与协调一致的民事客体立法技术。这大抵是因为两个方面的原因，即：一是对民事客体在民事法律关系中的地位和作用，理解不到位，所以，对民事客体从理论研究到司法实务，再到立法工作是一个系统性的疏忽；二是对一些具体的民事客体，缺乏个单行民事立法之间的立法协调。比如，对于动物是不是物，是什么物，就缺乏应有的立法进取。虽然，《民总专家稿》第 107 条"动物"条中规定，动物视为物。动物的饲养人、管理人应当提供有利于其正常生长、繁殖、医疗、救助的条件和措施，不得遗弃动物；任何人不得虐待动物。法律对动物有特别保护的，依照其规定。但是，《民总一审稿》对动物照样给予了"疏忽"或者"轻视"。我国《民法总则》通过后，没有采纳这些制度设计。

（三）民事权利作为民事客体的限制

当然，民事权利作为民事客体，毫无疑问，在具体的范围和内容上，是受到严格限制的。这大抵是因为如下原因：（1）财产权可以因为可流通性或者可交易性，而成为民事客体，参与相应的民事法律关系的设立、变更或者终止活动，但是，不能把全部财产权利没有限制地纳入民事客体的范畴之中；（2）作为民事法律关系客体的民事权利，在其作为民事法律关系第二因素时，是引起民事法律关系发生、变更或者消灭的对象；而作为民事法律关系内容的民事权利，只是民事利益的内容型表现者或者表彰者，不能把这两者混为一谈；（3）作为民事客体的民事权利，是民事法律关系的对象，根据法律规定或者当事人在法律行为的约定，可以被处置或者强行流转的。而作为民事法律关系内容的民事权利，一般而言，属于一方可以任意处分和处置的对象，非经法定程序，并不能被对方当事人或者法院所任意强制，等等。

例如，对运输在途的货物，托运人或者收货人可以单方面随意处置，这时其随意处置本身就是一种对这一货物的所有权、处分权的表现①，但是并不是指向承运人的履行运输合同的对象——安全运输和准时运达的承运行为，以及托运人或者收货人对承运人运输行为实施的要求性民事权利。这个时候，两个层面的民事权利所带有的法律含义是不同的。这种不同，便也是民事权利作为民事客体的法律限制的表现。

二、虚拟财产

（一）虚拟财产的定义

虚拟财产，是指在网络环境下，模拟现实事物，以数字化形式存在的，既相对独立又具独占性的信息资源。其狭义的数字化、非物化的财产形式，包括网络游戏、电子邮件、网络寻呼等一系列信息类产品。也包括长时间虚拟生活中形成的人物形象，这是不能转换到现实生活中的虚拟财产。由于目前网络游戏盛行，虚拟财产在很大程度上，是指网络游戏空间存在的财物，包括游戏账号的等级、游戏货币、游戏人物拥有的各种装备等等，这些虚拟财产，在一定条件下可以转换成现实中的财产。

在这里，"虚拟"概念是研究虚拟财产法律关系的逻辑起点。从文字意义上讲，"虚拟"一词包含"模拟真实且如同真实"的意思。基于此，"虚拟"一词常用来指称那些和被修饰的术语产生几乎一样效能的东西。20世纪90年代以来，"虚拟"一词被用来描述几乎所有与计算机、因特网技术有关的东西。Jame Martin 在《生存之路——计算机技术引发的全新经营革命》一书中指出："虚拟本身不是物理存在，而是通过软件实现的存在"。即对于现实中业已存在的事物及其发展变化过程通过建立程序映射到计算机以及相关技术所支撑的运行环境中，以模拟现实环境中事物真实的活动过程。网络技术范式的"虚拟"概念，源自于计算机网络支持的活动运行平台，是人类借助计算机技

---

① 我国《合同法》第144条规定，出卖人出卖交由承运人运输的在途标的物，除当事人另有约定的以外，毁损、灭失的风险自合同成立时起由买受人承担。

术，在网络空间，依靠预先设定的程序语言，对现实事物进行模拟、印制副本，使之如同真实世界的事物。此种意义上"虚拟"，除表现计算机技术对于现实事物的模拟和逼真再现以外，还强调"虚拟"内容的信息特征，突出体现了现实技术在人类新的活动空间——网络空间的应用和延伸。换而言之，这一意义上的"虚拟"，与包括通信技术、数字技术、计算机技术在内的信息技术相依相存。网络虚拟财产理解为"非真，但如同真的财产"。

虚拟财产的界定①，必须立足于对"虚拟"、"财产"的内涵界定，并反映虚拟财产的共同属性。其内在含义，包括：（1）存在于网络环境或网络空间中；（2）以数字化的形式来模拟现实事物；（3）具有相对独立性；（4）可以独占享有的财产。因此，我国《民总专家稿》第 108 条规定，网络虚拟财产视为物，受法律保护。同时，《民总一审稿》第 104 条规定，法律规定具体权利或者网络虚拟财产作为物权客体的，依照其规定。可见，网络虚拟财产的民事客体属性，已经被明确界定了。

（二）虚拟财产的特征与分类

虚拟财产具有 10 个方面的特征，即：（1）客观非物质性；（2）可支配性；（3）有限的空间性；（4）有限的时间；（5）有限的数量型；（6）可修改性；（7）交易性；（8）付出性；（9）度量性；（10）唯一性。即网络游戏技术中，网络游戏的每一个 ID、装备都是唯一的，即便看是完全相同的装备，其源代码也是不同的。

虚拟财产可以对现实世界不同形态财产的模拟为标准，可分为虚拟有形财产（如网络游戏中的游戏装备）、虚拟无形财产（如域名、游戏等级、论坛上的分值）、虚拟集合性财产（如由服务器、软件、域名、网页及其提供的内容等共同构成的网站）。不同类型的虚拟财产所反映的利益关系以及民事权利、民事义务的内容各有不同，有其自身的特殊性，可能被分门别类地纳入不同的法律调整之下。其中，虚拟有形财产，是对现实环境中有形的物质财富的模拟，因此，亦可称之为虚拟物。从技术意义上讲，虚拟物是存储于服务器上的电磁记录；从来源上看，虚拟物的生成必须基于一定的服务协议，并遵循一定的操作规则；从表现形式上看，虚拟物表现为由一定的声音、图像构成的实物形态，因而可以被感知，如同现实世界的有形物。虚拟物的典型表现就是网络游戏客户端技术中的游戏资源，即正在运营的虚拟游戏中一切以数据方式存在的资源，包括游戏角色、游戏道具、装备及游戏环境等。

（三）虚拟财产的学说

国内在虚拟财产的学术研究中，形成了如下学说或者观点：

1. 商品说。此说认为，虚拟财产作为一种商品应予以法律保护。虚拟财产可以和现实中的货币互相联系，因此，网络虚拟财产从某种程度上说具备商品的一般属性，既有价值，又有使用价值，完全符合作为商品的标准，进而也理应得到与现实生活中的财产同等的保护。比如，在网络游戏《传奇》中，众多职业玩家以游戏为生，付出劳动，

---

① "虚拟财产"实质上是借助于计算机这种媒介表现出来的数据组合，但这种数据组合的特点是：一方面必须具有视觉效果，是从视觉上可以感觉到的某种事物，无论是视觉上表现为"物"、"人"或是文字、图形；另一方面，这种视觉感觉到的事物如同现实环境中的真实事物，是对现实世界真实事物及其发展变化过程的模拟和逼真再现。这种模拟不同于复制，现实中并不存在与之一一对应的被复制或被影射的对象。

靠网上练级获取装备，然后，以网上获得的装备换取现实中的货币，并以此作为收入来源。

2. 物权说。此种观点认为，虚拟财产可以作为物权的客体。最有代表性的是我国台湾法务部作出的 90 法检决字第 039030 号函中，确定网络游戏中的虚拟财物和账户，都属存在于服务器的"电磁纪录"，而该"电磁纪录"在刑法诈欺及盗窃罪中均可看作"动产"视为私人所有财产的一部分。

3. 知识产权说。此学有两种观点，即：一是认为，它应属于开发商的智力成果，应列为知识产权中的著作权范畴。也就是说，对于开发者，应作为知识产权中的著作权来对待；对于玩家，则属于著作权的使用权，玩家购买或通过"过关斩将"获取，并非获取对这些数据的独占权和所有权，而是获取了对虚拟武器的使用权。二是认为，将虚拟财产认定为是玩家的创造性智力结果，认为玩家在游戏过程中耗费了大量的时间和精力，伴随着智力性的劳动投入，因此，以把虚拟财产权利作为知识产权。

4. 债权性权利说。此观点认为，从游戏运营商与玩家是一种服务合同关系的关系出发，认为虚拟财产的本质是一种债权性权利，是应该受到法律保护的。所以，此说认为在这种服务合同关系中，游戏本身和游戏中的各种辅助功能都是运营商提供服务的一部分，这是消费者和服务提供者的法律关系。服务提供者提供符合法定或约定的质量、要求、数量、期限等的服务，玩家接受服务并支付对应款项，游戏运营商和玩家是不存在所有权交易关系的，游戏提供者也不是以转移游戏及游戏中的辅助功能的所有权为目的，玩家购买游戏中的装备和物品目的也是在游戏中的运用，对相关装备的控制也就标志着有权利享受运营商提供的相关服务。所以，这个价格是服务行为的价格，而不是所谓"物"的价格，所有权是物的交易的前提，也是物的交易的结果，这是物的交易的实质，而服务交易中的交易是行为。游戏中虚拟财物的交易，是对运营商服务行为请求权的交易，而不是物的所有权的交易。

5. 无形财产说。此说认为，尽管虚拟财产的存在形式，可能只是保存在服务器上的一串字符或一些数据，而不是一个实体的事物，但虚拟财产和现实中的货币可以互相联系，从某种程度上就具备了商品的一般属性，既有价值，又有使用价值，作为无形财产应受到法律的保护。在李宏晨案件[①]中，法院认为，关于丢失装备的价值，虽然虚拟装备是无形的，但并不影响虚拟物品作为无形财产的一种，获得法律上的适当评价和救济。

三、网络空间

（一）网络空间的定义

网络，原指用一个巨大的虚拟画面，把所有东西连接起来，也可以作为动词使用。在计算机领域中，网络就是用物理链路将各个孤立的工作站或主机相连在一起，组成数

---

① 张博、李思：《国内首例虚拟财产失窃案宣判》，中国法院网，2003－12－19，http://old.chinacourt.org/public/detail.php?id＝95804。最后访问：2016 年 7 月 27 日。参见：《北京市第二中级人民法院（2004）二中民终字第 02877 号〈民事判决书〉》（2004 年 12 月 17 日），网页地址：http://www.110.com/panli/panli_42047.html。

据链路，从而达到资源共享和通信的目的。凡将地理位置不同，并具有独立功能的多个计算机系统通过通信设备和线路而连接起来，且以功能完善的网络软件（网络协议、信息交换方式及网络操作系统等）实现网络资源共享的系统，可称为计算机网络。而在计算机网络的三维信息库中，各种信息高速流动的空间，便是网络空间。网络空间的要素，包括：（1）通信线路和通信设备；（2）有独立功能的计算机；（3）网络软件的支持；（4）实现数据通信与资源共享等。这四个要素的全部具备，才会形成功能齐全的网络空间。

1984 年，移居加拿大的美国科幻作家威廉·吉布森（William Gibson），写下了一个长篇的离奇故事，书名叫《神经漫游者》（Neuromancer）。小说出版后，好评如潮，并且获得多项大奖。故事描写了反叛者兼网络独行侠凯斯，受雇于某跨国公司，被派往全球电脑网络构成的空间里，去执行一项极具冒险性的任务。进入这个巨大的空间，凯斯并不需要乘坐飞船或火箭，只需在大脑神经中植入插座，然后接通电极，电脑网络便被他感知。当网络与人的思想意识合而为一后，即可遨游其中。在这个广袤空间里，看不到高山荒野，也看不到城镇乡村，只有庞大的三维信息库和各种信息在高速流动。吉布森把这个空间取名为"赛伯空间"（Cyberspace），也就是现在所说的"网络空间"。

（二）网络硬盘

网络硬盘，又称网盘或者网络 U 盘，是一些网络公司推出的在线存储服务的一种表述方法。向用户提供文件的存储、访问、备份、共享等文件管理功能，使用起来十分方便。网盘是不花钱的移动硬盘。用户可以把网盘看成一个放在网络上的硬盘或 U 盘，不管你是在家中、单位或其他任何地方，只要你连接到因特网，你就可以管理、编辑网盘里的文件。不需要随身携带，更不怕丢失。

网盘的原理，就是网络公司将其服务器的硬盘或硬盘阵列中的一部分容量，分配给注册用户使用，网盘一般来说投资都比较大，所以，免费网盘一般容量比较小。目前，免费网盘一般为 300M 到 10G 左右；为了防止用户滥用网盘还往往附加单个文件最大限制，一般为 100M~1G 左右，因此，免费网盘一般只用于存储较小的文件。而收费网盘则具有速度快、安全性能好、容量高、允许大文件存储等优点，适合有较高要求的用户。应当说，在网络时代，网络空间和网络硬盘等，都是作为可交易的民事客体而存在的。

（三）网络空间管理

网络空间是涉及安全利益和网络空间的功能利益的，所以，这个空间也需要管理。在网络空间中，站长就是网站的管理员，有着运营整个网站的权限与技术能力。站长眼中的网络空间，其实就是虚拟主机。所谓虚拟主机，是使用特殊的软硬件技术，把一台真实的物理电脑主机分割成多个的逻辑存储单元，每个单元都没有物理实体，但是，每一个逻辑存储单元都能像真实的物理主机一样在网络上工作，具有单独的域名、IP 地址（或共享的 IP 地址），以及完整的 Internet 服务器功能。虚拟主机技术的出现，是对 Internet 技术的重大贡献，由于多台虚拟主机共享一台真实主机的资源，每个用户承受的硬件费用、网络维护费用、通信线路的费用均大幅度降低，Internet 真正成为人人用得起的网络。现在，几乎所有的美国公司（包括一些家庭）均在网络上设立了自己的 WEB 服务器，其中，有相当的部分采用的是虚拟主机。虚拟主机与网站空间其实是一个概念，它有两个作用：一是存放网站的各种网页文件；二是搭建网站正常运行的各种服务。

思 考 题

1. 什么是民事客体？作为民事客体的特征有哪些？
2. 简述物的各种分类的法律意义。货币与有价证券为什么能够成为民事客体？
3. 作为民事客体的行为与作为民事法律事实的行为，有何不同？区别在哪？
4. 智力成果、人身利益、网络空间、虚拟财产和民事权利成为民事客体的条件？
5. 动物在民法上是否应当作为民事客体来规定？理由是什么？

学习资料指引

1. 梁慧星：《民法总论》，法律出版社 1996 年版，第 3 章。
2. 王利明等：《民法新论》（上），中国政法大学出版社 1988 年版，第 4 章。
3. 魏振瀛：《民法》，北京大学出版社、高等教育出版社 2000 年版，第 7 章。
4. 张俊浩：《民法学原理》，中国政法大学出版社 1991 年版，第 12 章。
5. 王建平：《民法学》（上），四川大学出版社 1994 年版，第 5 章。
6. 【美】詹姆斯·迈天（James Martin）：《生存之路——计算机技术引发的全新经营革命》，清华大学出版社 1997 年版。
7. 【美】威廉·吉布森（William Gibson）：《神经漫游者》，江苏文艺出版社 2013 年版。
8. 刘世廷：《资源有限性与人类需要无限性的矛盾——人类社会基本矛盾的现代透视》，科学社会主义，2006 年第 6 期。
9. 张博，李思：《国内首例虚拟财产失窃案宣判》，中国法院网，2003－12－19，http://old. chinacourt. org/public/detail. php?id＝95804。
10. 《北京市第二中级人民法院（2004）二中民终字第 02877 号〈民事判决书〉》（2004 年 12 月 17 日），网页地址：http://www. 110. com/panli/panli＿42047. html。

参考法规提示

1. 《中华人民共和国宪法》，第 10 条。
2. 《中华人民共和国民法通则》，第 54 条、58 条~第 61 条，第五章民事权利。
3. 《中华人民共和国民法总则》，第五章民事权利/第 109 条~第 132 条。
4. 《中华人民共和国物权法》，第 2 条、第 223 条，第十九章占有。
5. 《中华人民共和国担保法》，第 34 条、第 75 条。
6. 《中华人民共和国合同法》，第 144 条、第 196 条~第 198 条，第十八章技术合同。
7. 《中华人民共和国侵权责任法》，第 2 条。
8. 《中华人民共和国保险法》，第 53 条。
9. 《中华人民共和国婚姻法》，第 2 条~第 4 条、第 13 条~第 16 条、第 43 条、44 条。

10.《中华人民共和国反家庭暴力法》，第 2 条、第 23 条、第 29 条。

11.《中华人民共和国大气污染防治法》，第 7 条。

12.《中华人民共和国非物质文化遗产法》，第 2 条。

13. 最高人民法院《关于贯彻执行〈中华人民共和国民法通则〉若干问题的意见（试行）》，四、民事权利。

14. 最高人民法院《关于确定民事侵权精神损害赔偿责任若干问题的解释》，第 1 条、第 3 条～第 6 条。

15. 全国物流标准化技术委员会：《物流术语》国家标准 GB/T 18354－2006（2007 年 5 月 1 日），第 3.2 条～第 3.3 条。

16.《中华人民共和国民法典民法总则专家建议稿（征求意见稿）》（即《民总专家稿》，第 107 条～第 108 条、第 115 条、第 117 条～第 118 条。

17.《中华人民共和国民法总则（草案）》（即《民总一审稿》），第五章民事权利（第 99 条～第 111 条）。

第九章　法律行为

【阅读提示】本章的重点是法律行为的定义或者界定；法律行为的成立、有效条件，以及对于法律行为性质的把握。法律行为的核心问题，是意思表示。因此，瑕疵的意思表示及其处理，也是本章的重点问题。本章的难点是，法律行为与民事法律行为、民事行为，以及法律行为的附款等概念的联系与区别问题。通过学习本章，学习者应当了解：法律行为理论与相关制度的法理基础；法律行为的成立、有效和生效及其对应的情形；法律行为的效力干预的原因，以及民法文化建设在意思表示层面的重要思想根源。

第一节　法律行为概说

一、法律行为定义

（一）法律行为的定义

"法律行为"一词，是德国法运用法律构造技术，对民法学理论进行抽象化的辉煌成就。日本的德国法注释家认为，法律行为概念的形成，是近代德国民法中，意思表示主义与法典主义偏好的共同产儿。按照学者的考察，法律行为，主要是从契约制度、遗嘱制度中抽象而来的。在这一制度取得表意行为普遍规则的一般形态之前，它更主要地表现为：相互独立的具体设权行为规则。① 虽然，由此对法律行为进行溯源，必须从罗马法作为法律行为制度研究的起点，但是，我们今天所谈论的现代民法中的"法律行为"的概念、理论，均正式确立于德国法。德国学者一般认为，德国民法中的法律行为制度的形成，与罗马法复兴时期德国历史法学派对罗马法的继受，以及深入研究休戚相关。最早提出意思表示理论的理性法学派代表人物的胡果，就出自这一年代。18 世纪以后的"潘德克吞中兴运动"，更是为法律行为理论的产生，奠定了直接的基础。②

在我国民事立法中，并没有直接使用"法律行为"一词。取而代之的是所谓的"民事行为"、"民事法律行为"等名词。学者一般认为，民事行为是以意思表示为要素，在当事人之间发生民事法律后果的行为。民事行为包括民事法律行为、无效民事行为、违约行为、无因管理行为等事实行为。

我国民法理论中，民事行为是民事法律行为的上位概念。我国民法之所以采用了这种不同于传统大陆法国家的特殊分类，按学者的解释：主要是基于区分民事关系中的法

---

① 董安生：《民事法律行为》，中国人民大学出版社 2002 年版，第 1 页。
② 董安生：《民事法律行为》，中国人民大学出版社 2002 年版，第 21 页～第 23 页。

律行为与其他部门法中的法律行为，以及避免直接使用"法律行为"概念，导致无效行为也为法律行为的"矛盾"等等。但是，对此种做法持异议的学者，也不在少数①。按照德国法理论，法律行为为实现私法自治的"法"的手段，"意思表示"是其最核心的内容，无意思即无法律行为。因而，所谓法律行为，就是指以意思表示为要素实施的，发生私法上效果的行为。我国《民总一审稿》第112条，是以"民事法律行为是指自然人、法人或者非法人组织通过意思表示设立、变更、终止民事权利和民事义务的行为"来定义的。我国《民法总则》通过后，第133条规定为"民事法律行为是民事主体通过意思表示设立、变更、终止民事法律关系的行为"。显然，前后定义的规定差异很大。

（二）法律行为与民事活动

民事活动是民事主体在其意志支配之下，为了实现其生存利益而进行的取得、享有、行使和救济民事权利的行为过程。② 这种活动具有的基础性，影响了我国《民法通则》中对于民事主体行为的定性。作者认为，民事活动包括：法律行为、事实行为、侵权行为、权益行为、毁权行为和裁判行为等。

可见，民事活动为法律行为的上位概念，法律行为为民事活动的内容。将二者进行区分，并明确法律行为属于民事活动的一种，是想表达这样一种理念：在民法上，民事主体为了实现生存利益的实现、移转，必然去从事表意行为。这种逻辑揭示，对于理解"法律行为"本身的含义或者本质，是十分重要的。

法律行为具有如下特征：

1. 应是民事主体实施的，以发生民事法律后果为目的的行为。民事主体主要包括自然人、法人和其他组织，只有由民事主体实施的，引起私法上效果的行为才为法律行为，其他主体所为的行为非为法律行为。

2. 以意思表示为核心。民事法律行为的作出，必须以相应的意思表示为核心。而非意思表示行为，即使能够发生私法上的效果，也不是法律行为，比如无因管理、不当得利等就是事实行为。

3. 法律行为为民事活动的一部分。法律行为的作出究其实质而言，是民事主体之间为了实现其民事利益，或者流转其民事利益等。没有民事利益的流转目的，就不存在所谓的法律行为。在这里，所谓的民事利益，作者称之为民事主体的生存利益，它主要包括人身利益、财产利益等等。

二、法律行为的分类

对于法律行为，按照不同的区分标准，可以在理论上对其作出不同的分类。

（一）单方法律行为、双方法律行为与多方法律行为

以法律行为作出人的人数为标准，可以将法律行为分为单方法律行为、双方法律行为和多方法律行为等。单方法律行为，是仅有一方行为人的意思表示，就可以成立的法律行为。单方法律行为效力的发生，不需要与他人意思表示进行结合。比如，遗嘱设立

---

① 梁慧星：《民法总论》，法律出版社1996年版，第190页；张俊浩主编：《民法学原理》，中国政法大学出版社第218页~第219页；龙卫球《民法总论》，中国法制出版社2002年版，第425页~第427页。

② 王建平：《民法学》（上），四川大学出版社1994年版，第62页。

行为、债务的免除行为等。但是，由于单方法律行为，直接依行为人单方意思就使他人的民事权益发生变动，有违私法自治的民法基本原则。因此，就整体而言，单方法律行为只能作为法律行为中的一个例外情形而存在。

双方法律行为，是由行为人双方的意思表示达成一致，从而成立的法律行为。最典型的双方法律行为，是契约行为。双方法律行为的核心，是双方的民事利益的交换与流转。

多方法律行为，是由多个行为人的意思表示达成一致，从而成立的法律行为。比如三人以上合伙的成立行为、公司股东会的决议行为等等。

（二）财产行为与身份行为

以法律行为的内容，所针对的是财产性的或是身份性的，法律行为可以分为财产行为和身份行为。财产行为，是以发生财产上的法律效果为目的，发生财产关系变动的行为。身份行为，则是以发生身份上的法律效果为目的，发生身份关系变动的行为。

（三）主法律行为和从法律行为

以法律关系内容之间的主从关系为标准，可以将法律行为区分为主法律行为和从法律行为。主法律行为，又称为主行为，是指可以独立发生法律效果，不以其他行为存在为前提条件的行为。而从法律行为，又称为从行为，是指不能独立存在，必须以其他行为的存在为前提条件的法律行为。从行为具有依附性，一般而言，其效力和存在依附于主法律行为。

（四）物权行为和债权行为

按法律行为的内容，及其所引起的法律效果的不同，可以将法律行为分为物权行为和债权行为。此种区分非大陆法系国家的普遍做法，例如，法国、日本民法就不采用此种分类，而德国和我国台湾省，则是采用此种分类的典型代表。物权行为，是引起物权关系发生、变更和终止的法律行为。比如土地使用权的出让行为、所有权的变更行为等。债权行为，是引起债权关系发生、变更和终止的法律行为。在采用物权行为和债权行为区分立法的国家，后者一般都作为前者的发生原因而存在。但这存在例外，二者在某些情况下可以互相独立。比如，所有物的分割，也可以不以债权行为为前提，而在劳务关系成立的债权关系中，也不存在物权关系的变更。

（五）有因行为和无因行为

以法律行为与其原因之间的关系，法律行为可以分为有因行为和无因行为。有因行为，是与原因不可分离的法律行为。无因行为，是与原因可以分离的法律行为，票据行为即为典型的无因行为。有因行为如果原因不存在，则行为无效。而无因行为的效力，则与原因无直接的关联性，在原因不存在或原因有瑕疵的时候，行为依然有效。

（六）诺成性法律行为和实践性法律行为

以法律行为的要素除了意思表示以外，是否需要实物的交付为标准，可以将法律行为分为诺成性法律行为和实践性法律行为。诺成性法律行为，仅以意思表示作为成立要件，只要当事人意思表示达成一致法律行为即告成立，所以又称为不要物行为。而实践性法律行为，是指除了意思表示以外，还需要以物的交付作为法律行为成立要件的行为，又称作要物行为。如自然人之间的借款行为等。

（六）要式行为和不要式行为

以法律行为的成立，是否必须依照某种特定的形式为标准，可以将法律行为分为要式行为和不要式行为。要式行为，就是必须依照法律规定的特定形式和程序完成意思表示，并因此产生法律上效力的行为。不要式行为，是无须依照特定方式就可以完成的法律行为。要式法律行为如果未完成特定方式当为无效，而不要式法律行为则没有这样的限制。

（七）独立行为和辅助行为

以法律行为内容，是否具有实质性的内容，可以将法律行为分为独立行为和辅助行为。独立行为，指具有独立的实质内容的法律行为，当事人仅凭自己的意思表示即可以完成。而辅助行为并不具有独立的内容，仅仅是辅助其他行为生效。辅助行为常常为独立行为生效的条件。

除了上面的分类以外，依照不同的标准，在学理上，还可以将法律行为区分为有偿行为与无偿行为、生前行为与死因行为、负担行为与处分行为等等。

三、法律行为的要件

所谓法律行为的要件，是指将法律行为作为一个动态的过程进行分解的时候，一个法律行为所应当具有的事实要素。法律行为的要件，主要包括成立要件、生效要件以及法律行为的标的等。由于本书的后文，还要对法律行为各部分内容进行具体的阐述，所以以下仅作简要介绍。

（一）法律行为的成立要件

所谓法律行为的成立要件，是指一个法律行为成立所具有的不可缺少的事实要素。法律行为的成立要件，解决的是法律行为是否存在的问题，属于事实的范畴，也是确定法律行为是否有效的前提条件。

法律行为的成立要件，可以分为一般成立要件和特别成立要件。前者是指一切法律行为成立所应该具备的不可缺少的共同要件。一般认为，法律行为的一般成立要件有：（1）当事人。此为法律行为成立的主体要素；（2）意思表示。此为意思法律行为成立的意思表示要素；（3）标的。此为法律行为成立的行为标的。我国《民总—审稿》第113条规定，民事法律行为可以基于单方的意思表示成立，也可以基于双方或者多方的意思表示一致成立。法人、非法人组织的决议行为，应当依照法律或者章程规定的程序和表决规则成立。我国《民法总则》通过后，第134条的规定变动较多，即：民事法律行为可以基于双方或者多方的意思表示一致成立，也可以基于单方的意思表示成立。法人、非法人组织依照法律或者章程规定的议事方式和表决程序作出决议的，该决议行为成立。

法律行为成立的特别要件，是指成立某一具体的法律行为，除了具备一般要件以外，还必须具备的其他的特殊事实要素。比如法律规定某项法律行为为实践性法律行为，而当事人为交付标的物，则可以认为法律行为未成立。

（二）法律行为的生效要件

所谓法律行为的生效要件，是指一个法律行为产生法律上效力，而必须具备的实质性要素。法律行为的生效以成立为前提，属于价值范畴，暗含了现行法律对于法律行为的效力规制，以及一定的价值取向。大部分情况下，可以说法律行为的成立时间和生效时间是一致的，即法律行为成立即生效。但是在某些特别的情形下，一项法律行为成立了却并未生效。法律行为的生效要件，也有一般生效要件和特别生效要件的区分。

关于法律行为的一般生效要件，一般认为主要有以下方面构成：（1）当事人具有相应的行为能力；（2）标的合法、可能，以及确定和妥当；（3）意思表示自愿真实等。至于法律行为的特别生效要件，主要包括：在附延缓条件或延缓期限时，条件的成就和期限的到来，关于法律行为生效的特定形式要件等。我国《民法总则》第 136 条规定，民事法律行为自成立时生效，但是法律另有规定或者当事人另有约定的除外。行为人非依法律规定或者未经对方同意，不得擅自变更或者解除民事法律行为。

第二节　意思表示

一、意思表示

（一）意思表示的界定与构成

所谓意思表示，是指行为人将发生一定民事法律后果的内心效果意思，以一定方式表达于外的行为。意思表示是法律行为的核心要素。其具有复杂的内部构造。[1] 学者对其具体构成也多有争议。一般认为，一个完整的意思表示，由目的意思、效果意思和表示行为构成。[2]

所谓目的意思，是指明法律行为具体内容的意思要素，它是意思表示成立的基础。一般而言，不具有目的的意思表示或者目的意思不完整的意思，不构成意思表示。按传统民法理论，目的意思内容包括要素、常素和偶素。所谓要素，是形成某种意思表示行为或法律行为所具备的目的意思的内容，其通常是法律行为必要条款的基础。而常素，是行为人从事某种意思表示行为通常所具有的意思表示元素。至于偶素，则是指依法律行为的性质并非必须具有的，仅依行为人的特殊意志或需要而确定的意思元素。

效果意思，是指意思表示人欲使其表示内容引起法律上效力的内在意思要素。具备了效果意思，就意味着行为人在从事意思表示时，意识到并且追求设立、变更或终止民事法律关系的后果，它反映了意思表示行为区别于其他行为的基本特征。

表示行为，是指行为人将其内在的意思依一定的方式表示于外部，并足以为外界所客观理解的行为要素。民法中的意思表示行为，至少需具备以下两点要求：表示行为为有意志的自主行为；表示行为必须以外界能够客观识别的方式表示出来。民事行为的表示行为，一般基于明示方式和默示方式作出。我国《民总一审稿》第 114 条规定，民事法律行为可以采用书面形式、口头形式或者其他形式；法律规定或者当事人约定采用特定形式的，应当采用特定形式。而法律、行政法规对法定形式的效力，没有特别规定时，法定形式仅具有证据效力。我国《民法总则》第 135 条的规定中，全部吸收了《民

---

① 梁慧星：《民法总论》，法律出版社 1996 年版，第 163 页；龙卫球：《民法总论》，中国法制出版社 2002 年版，第 448 页~第 451 页。

② 董安生：《民事法律行为》，中国人民大学出版社 2002 年版，第 165 页。

总一审稿》第 114 条第一款的规定，对其第二款的内容，则没有采纳。

（二）意思表示的形式

意思表示的形式，实质上就是法律行为的形式。在民法理论、民事立法实践中，意思表示的形式主要有以下几种。

1. 口头形式。口头形式，指以谈话方式进行的意思表示，包括当面交谈、电话交谈等。由于口头形式具有立即作出，方便迅捷等特点，所以，在某些即时清结的小额法律行为中，得到广泛的运用。但是，口头形式的最大缺点，在于缺乏必要的书面记载，一旦出现纠纷，不易确定证据，或者通过书面证据，来确定当事人之间的真实权利义务关系。

2. 书面形式。书面形式，指以书面记载的文字方式，对当事人的意思进行记载的意思表示方式。与口头方式相反，书面形式具有较强的证据效力，可以使当事人的权利义务关系更加明确化。书面形式可以分为一般书面形式和特殊书面形式两种。

所谓一般书面形式，主要是指用文字方式进行的意思表示。如书面的合同、授权委托书，以及商务信件、数据电文等等。一般书面形式的采用，通常都是基于法律的强制性规定或当事人的自愿。在某些法律强制规定的情形下，意思表示的书面形式，还构成该意思表示是否有效的形式要素。

特殊书面形式对应于一般书面形式，主要包括公证形式和鉴定形式。公证形式是指行为人的书面意思表示，得到公证机关的认证，从而使得法律行为的真实性、合法性得到确认。公证形式可以使法律规定的，也可以是由当事人约定的。

鉴定形式一般只适用于合同，是指行为人将其书面合同提交国家工商行政管理部门或有关机关，对该合同的真实性、合法性进行审查后给予的证明。鉴定不是法律规定的书面形式，仅属当事人约定形式的范畴之内。其常常会对既成意思表示的效力产生影响。

3. 默认形式。默认形式，指当事人不直接表明其内在的意思，只是法律或相对人根据其特定行为的外在特征，从而，按照一定的法定逻辑或生活逻辑，推定行为人所具有的内在意思的法律行为形式。

默认形式可以分为推定形式、沉默形式等。其中，推定形式，指行为人并不直接表示其内在意思，而只是进行某种行为来进行意思表示。沉默形式，是指行为人既不进行言语上的意思表示形式，也不用特定的积极行为进行表示，而是以某种不作为的方式，进行意思表示的方式。需要强调的是，默认形式只有在法律明文有规定时，才能作为法律行为意思表示的有效形式。

（三）意思表示的类型

将意思表示按照不同的区分标准，可以作出以下分类。

1. 有相对人的意思表示与无相对人的意思表示。有相对人的意思表示，是指有表示对象的意思表示。将其进行细分，可以再进行所谓的相对人特定和相对人不特定的意思表示等区分。有特定相对人的意思表示，是指意思表示的对象是特定的，一般合同行为的意思表示对象都是特定的。相对人不特定的意思表示，是指意思表示所针对的对象不是特定的，比如悬赏广告等。

无相对人的意思表示，是指没有表示对象的意思表示，或表示对象不具有任何意义的意思表示。比如抛弃动产所有权的行为。我国《民总一审稿》第116条规定，以对话方式作出的意思表示，相对人了解其内容时生效。以非对话方式作出的意思表示，到达相对人时生效。我国《民法总则》第137条第一款改成"相对人知道其内容时生效"。以非对话方式作出的意思表示，规则相同。

2. 独立的意思表示和非独立的意思表示。独立的意思表示，是指由表意人独立完成的意思表示。独立的意思表示的效力，发生不需要依赖他人意思表示的。如债务的免除、遗嘱等。非独立的意思表示，是指必须与他人的意思表示合致方能发生法律上效力的意思表示，最为典型的就是合同行为。

3. 对话的意思表示和非对话的意思表示。二者的区分标准，主要是达成意思表示时，双方当事人的意思表示沟通状况。在有相对人的双方意思表示中，相对人可同步受领意思表示的，为对话的意思表示，比如以口头方式直接订立合同就是。而对应的非对话方式的意思表示，即指相对人之间没有进行直接、即时的意思表示的沟通，而作出的双方意思表示行为，其典型方式例如以信函方式达成的合意。

我国《民法总则》第137条第二款~第139条规定：（1）以非对话方式作出的意思表示，到达相对人时生效。以非对话方式作出的采用数据电文形式的意思表示，相对人指定特定系统接收数据电文的，该数据电文进入该特定系统时生效；未指定特定系统的，相对人知道或者应当知道该数据电文进入其系统时生效。当事人对采用数据电文形式的意思表示的生效时间另有约定的，按照其约定；（2）无相对人的意思表示，表示完成时生效。法律另有规定的除外；（3）以公告方式作出的意思表示，公告发布时生效。

4. 明示的意思表示和默示的意思表示。明示的意思表示，指行为人以文字、言语或者其他直接表意方式表达内在意思的表意方式。默示的意思表示，是从行为人的某种作为或不作为中推断出来的意思表示。我国《民法总则》第140条规定行为人可以明示或者默示作出意思表示。沉默只有在有法律规定、当事人约定或者符合当事人之间的交易习惯时，才可以视为意思表示。

（四）意思表示的撤回

当事人对其意思表示，是可以撤回的。这是理论上的一般规则。我国《民总一审稿》第119条规定，行为人可以撤回意思表示。撤回意思表示的通知应当在意思表示到达相对人前或者与意思表示同时到达相对人。除法律另有规定外，行为人可以撤销其生效的意思表示，但应当对相对人因合理信赖产生的损失承担赔偿责任。我国《民法总则》通过后，其第141条的规定，只保留了第一款的规定。

二、意思、表示不一致的意思表示

（一）游戏表示

所谓游戏表示，指行为人基于游戏的目的，而作出的非真实的意思表示。行为人在作出意思表示的同时，明知此种游戏表示虽有表示行为，但是，认为表意人却不会对其产生期望，自己也不会准备履行所发生的义务。

关于游戏表示的效力，《德国民法典》规定其为无效。但是，瑞士的法理判例依信赖主义，认为游戏表示可以使表意人负担信赖赔偿责任。而德国法基于保护相对人信赖利益的考虑，已作出若干改革，通过举证责任的分配，以及诚信原则的援用，加强了对善意相对人的保护。[①]《民总专家稿》第140条规定，戏谑表示即游戏表示的行为人故意隐瞒其真实意思进行意思表示，并期待对方会了解该意思表示并非出自真实意思，法律行为无效。但行为人应当赔偿对方因合理信赖产生的损失。

（二）真意保留

所谓真意保留又称虚假表示、非真意表示，指表意人把真实意思保留心中，作出并不反映其内心真实意思的表示。与游戏表示相比，真意保留的特征，在于表意人掩盖了自己真实的意图，具有欺骗的动机。真意保留行为的构成要件为：（1）一方当事人实施的虚假表示行为，在内容上具有法律价值，并使人感觉其愿受其约束；（2）当事人表示的意思与真实的内心意思不一致，并且知道其不一致；（3）当事人内心并不希望此种表示产生发生法律上的效力。

关于虚假表示的效力，通说认为原则上有效，表意人应该受其约束，但相对人明知表意人的表示与意思不一致的，该表意行为为无效。在德国立法中，婚姻法不适用真意保留，《德国婚姻法》第16条规定，在缔结婚姻时，相对人明知表意人为真意保留，仍不能影响其结婚行为的有效。《民总专家稿》第139条规定，真意保留即行为人故意隐瞒其真实意思进行意思表示的，不得主张法律行为无效。行为人能够证明相对人明知的，法律行为也无效，但该无效的效力，不得对抗善意第三人。

（三）虚伪表示

虚伪表示又称伪装表示或假装行为，它是表意人与相对人同谋，不表示其内心真意的意思表示。虚伪表示不许有欺骗第三人的必要，只要具有隐蔽性即可和意思表示双方当事人的同谋即可。

虚伪表示一般由以下要素构成：（1）双方当事人皆欠缺内心的真意；（2）对方都明知对方所作出的意思表示非为真意。关于虚伪表示的效力，通说认为表意人与相对人同谋所为的意思表示原则上无效，但为保护交易安全，不得以其无效对抗善意的第三人。《民总专家稿》第141条规定，虚伪表示即行为人之间通谋以虚假意思表示进行的法律行为，无效，该无效不得对抗善意第三人。行为人之间以虚假意思表示隐藏其他法律行为的，就被隐藏的法律行为确定其效力。

（四）表示错误

错误表示是指表意人为表意时，因认识上的错误或者欠缺认识，从而导致内心的真实意思与外部所表现的表示行为不一致。例如，误将甲物当乙物购买，误把A当成B从而支付给本应属于B的货款。表示错误属于无意识的非真意表示。

错误的构成要件是：（1）错误是由表意人自己的原因造成的；（2）表意人的内心真意与表示行为不一致；（3）表意人不知其内心真意与表示不一致；（4）错误必须足以影响表意人决定的意思表示行为。

关于错误的种类，按学理上的区分，主要有：（1）表示内容中的错误。比如标的物本身的错误、相对人的错误等；（2）表示行为的错误。即表意人对自己所要表明的意思本身有明确的认识，只是在进行表示时，出现了错误，比如误写、误言等；（3）动机错误。但一般情况下，动机错误不会影响到意思表示的效力。我国《民法通则》并没有直

① 龙卫球：《民法总论》，中国法制出版社2002年版，第485页～第486页。

接规定表示错误，只是规定了行为人对行为内容的重大误解。所谓重大误解，依最高法院《民通意见》第 71 条的规定，是指"行为人对行为的性质，对方当事人、标的物的品种、质量、规格和数量等的错误认识，使行为的后果与自己的意思相悖，造成较大损失的，可以认定为重大误解"。在这里，包括了相对人的理解和表达错误，以及表意人的错误陈述等等情形。

至于表示错误的效力，表示主义认为错误不影响到意思表示的效力，意思主义认为错误的意思表示为无效。通说认为，意思表示的内容有错误，或表意人若知其事情即不为意思表示，表意人可将其意思表示撤销。《民总专家稿》第 142 条规定，基于错误实施的法律行为，行为人有权请求法院或者仲裁机构变更或者撤销。行为人错误认识所使用的语言的含义或者在表示行为中发生错误，遭受较大损失的，可以认定为错误。因错误而撤销法律行为的，不得对抗善意第三人。而《民总一审稿》第 125 条规定，基于重大误解实施的民事法律行为，行为人有权请求法院或者仲裁机构予以撤销，规则相对要简单很多。

我国《民法总则》通过后，第 146 条～第 147 条对意思、表示不一致的意思表示的规则设定是：（1）虚假意思表示无效。即"行为人与相对人以虚假的意思表示实施的民事法律行为无效"、"以虚假的意思表示隐藏的民事法律行为的效力，依照有关法律规定处理"；（2）重大误解可撤销。即基于重大误解实施的民事法律行为，行为人有权请求法院或仲裁机构予以撤销。可见，我国《民法总则》没有规定"游戏表示"和"真意保留"等意思表示的具体规则。

三、意思不自由的意思表示

（一）受欺诈的意思表示

欺诈，又称诈欺，是指当事人一方故意编造虚假情况或隐瞒真实情况，使相对人基于此判断而为非真实意思表示的行为。欺诈的构成要件，主要有：（1）须有欺诈行为。通常欺诈行为包含三种情形：一是捏造虚伪事实；二是隐匿真实的事实；三是歪曲真实事实；（2）欺诈人须有欺诈故意。即行为人须有使对方受欺诈而陷入错误，并因此为意思表示的目的；（3）意思表示人须因相对人的欺诈而陷于错误。如果相对人未因虽受有欺诈，却并未而陷入错误，则不构成欺诈；（4）须欺诈行为与错误的意思表示之间有因果关系。

至于欺诈行为的判定，按照最高法院《民通意见》第 68 条的解释，可以通过以下方式判定：一方当事人故意告知对方虚假情况，或者故意隐瞒真实情况，诱使对方当事人作出错误意思表示的，可以认定为欺诈行为。受欺诈作出的意思表示，表意人一般得撤销其意思表示。但是，表意人不得以意思表示的撤销，对抗善意的第三人。若欺诈人不是当事人中的一方，如果是没有相对人的意思表示，表意人可以撤销其意思表示；如果是有相对人的意思表示，则仅以相对人明知或者应知其受欺诈为限，表意人才能撤销其意思表示。

我国"民法典编纂"当中，在《民法总则》中，对法律行为中的欺诈，也是给予了高度关注的。其中，一方故意告知对方虚假情况，或者故意隐瞒真实情况，诱使对方做出错误意思表示的，可以认定为欺诈行为。因欺诈而撤销法律行为的，不得对抗善意第三人。《民总一审稿》第 126 条~第 127 条规定：一方以欺诈手段，使对方在其违背真实意思的情况下实施的民事法律行为，受欺诈方有权请求法院或者仲裁机构予以撤销。而第三人实施欺诈行为，使一方在违背其真实意思的情况下实施的民事法律行为，对方知道或者应当知道该欺诈行为的，受欺诈方也有权请求法院或者仲裁机构予以撤销。我国《民法总则》通过后，在第 148 条~第 149 条对此完全给予确认。

（二）受胁迫的意思表示

所谓胁迫，是指以不法手段和事实，对对方进行恐吓或威胁，以使对方陷入恐惧的精神状态，并因此作出有违自己真实意思的表示。有学者将欺诈分为胁迫和强迫等。[①]

胁迫的意思表示，一般具有以下构成要件：（1）须有胁迫之故意。没有胁迫的意思就不会成立胁迫行为；（2）须有胁迫的行为。即须有使对方精神陷入恐惧，而作出非真实意思表示的行为。胁迫所针对的对象，可以直接对相对人实施，也可以对其亲友实施；胁迫的对象包括人的生命、身体健康和自由等等；（3）胁迫须使相对人陷入恐惧的心理状态；（4）胁迫须具有违法性。即目的、手段中的任一违法，即可构成胁迫；（5）须有被胁迫人基于恐惧心理，而作出非真意的意思表示。

传统民法上，受胁迫的意思表示，不论胁迫人是否为对方当事人，表意人均可撤销其意思表示。我国《合同法》即采纳此种观点，但是我国《民法通则》却直接规定其为无效行为，依特别法优先适用的原则，在我国民法中，受胁迫的意思表示，当为可撤销、可变更的行为。在《民总专家稿》第 144 条~第 145 条中，以给自然人或者其亲友的合法权益造成损害为要挟，或者以给法人、其他组织的合法权益造成损害为要挟，迫使对方做出违背真实意思的意思表示的，可以认定为胁迫行为。并规定了胁迫、第三人的胁迫两种情况，即：一方以胁迫的手段，使对方在违背真实意思的情况下实施法律行为，受胁迫方有权请求法院或者仲裁机构变更或者撤销。第三人实施的胁迫行为，使一方当事人在违背真实意思的情况下实施法律行为的，如相对人知道或者应当知道该行为存在的，受胁迫方有权请求法院或者仲裁机构变更或者撤销该法律行为。对此，《民总一审稿》第 128 条规定，一方或者第三人以胁迫手段，使对方在违背其真实意思的情况下实施的民事行为，受胁迫方有权请求法院或者仲裁机构予以撤销，其中的基本含义是一致的。我国《民法总则》通过后，其第 150 条的规定，与此完全相同。

（三）乘人之危的意思表示

乘人之危，指行为人利用对方当事人的急迫需要，或所处危难处境，迫使其作出违背真实意愿的意思表示。乘人之危的构成要件是：（1）须有乘人之危的故意。即明知表意相对人正处于急迫需要或紧急危难的境地，却故意利用此种情况，从而使得表意人因此而被迫作出对行为人有利的意思表示；（2）须有表意人在客观上处于急迫需要，或紧急危难的境地；（3）须有相对人实施了足以使表意人为非真意意思表示的行为；（4）须胁迫行为和非真实意思表示的作出之间有因果关系。除此之外，一般还要求表意人须因胁迫而为的意思表示，使自己遭受了重大的不利益。

与受胁迫、欺诈行为类似，乘人之危在我国民法中，也属于可变更可撤销行为范畴。《民总专家稿》第 146 条规定，一方乘对方处于危难之机，为牟取不正当利益，迫

---

① 魏振瀛：《民法学》，北京大学出版社、高等教育出版社 2000 年版，第 148 页。

使对方做出不真实的意思表示，严重损害对方利益的，可以认定为乘人之危。对一方乘人之危，使对方在违背真实意思的情况下实施的法律行为，受害方有权请求法院或者仲裁机构变更或者撤销。

（四）显失公平的意思表示

所谓显失公平，是指一方利用优势或者利用对方没有经验，致使当事人之间的利益关系明显失去均衡的情形。在这里，"显失公平"中的"显失"是对失去公平、公正交易的一种量化的判断，"显失"是"大失"或者"过多失去"、"过度失去"、"极度不公平"等等。比如，在古玩和文物交易过程中，如果卖方有意识以赝品伪造成真品、正品或者原物、原件来出售，是欺诈；但是，如果买方自己不识货，把仿品、赝品当成真品、正品或者原物、原件来购买，花了过高的价钱来购买，往往可以构成"显失公平"。

对显失公平的法律行为，一方有权请求法院或者仲裁机构变更或者撤销。《民总一审稿》第129条~第130条规定，一方利用对方处于困境、缺乏判断能力或者对自己信赖等情形，致使法律行为成立时显失公平的，受损害方有权请求法院或者仲裁机构予以撤销。法律行为因显失公平被撤销的，不得对抗善意第三人。我国《民法总则》通过后，在第151条的规定中，删除"对自己信赖"的情形，其余全部相同。

第三节　法律行为的效力

一、有效的法律行为

（一）法律行为有效的条件

我国《民法通则》第55条规定，民事法律行为应当具备下列条件：（1）行为人具有相应的民事行为能力；（2）意思表示真实；（3）不违反法律或者社会公共利益。《民总一审稿》第121条规定，具备法定条件的法律行为有效。这些条件是：（1）行为人具有相应的民事行为能力；（2）意思表示真实；（3）不违反法律、行政法规的效力性强制性规定，不违背公序良俗。可见，具体规定上，前两项的条件相同，而第三项修改成"不违反法律、行政法规的效力性强制性规定"，并增加了"不违背公序良俗"的规定。

《民总一审稿》同时规定，为他人设定义务或者使他人承担义务的单方法律行为无效，法律另有规定、当事人另有约定或者另有习惯的除外。他人错误理解单方法律行为的内容，不影响单方法律行为的效力。当然，无民事行为能力人或者限制民事行为能力人实施的纯获法律上利益的法律行为有效。

（二）民事行为能力有缺陷的无效

一般而言，无民事行为能力人实施的法律行为无效。这是《民总一审稿》第122条明文规定的，与此同时，《民总一审稿》第123条还规定了限制民事行为能力人法律行为的具体规则：（1）限制民事行为能力人实施的法律行为，经法定代理人同意或者追认后有效；（2）限制民事行为能力人纯获利益的法律行为或者与其年龄、智力、精神健康状况相适应的法律行为，不需经法定代理人同意或者追认为有效；（3）相对人可以催告法定代理人自收到通知之日起1个月内予以追认。法定代理人未作表示的，视为拒绝追认；（4）法定代理人撤销其同意或者限制其同意的内容，不得对抗善意第三人；（5）法律行为被追认前，善意相对人有撤销的权利。但是，这种撤销应当以通知的方式作出；
（6）限制民事行为能力人获得完全民事行为能力后，追认其所进行的法律行为，其追认
与法定代理人的追认有相同的效力。

《民总专家稿》第136条规定了"合理相信"规则，即因限制民事行为能力人的欺
诈，使相对人合理信赖其有相应的民事行为能力，或者其法律行为已经获得法定代理人
同意的，该法律行为不因民事行为能力的欠缺而影响其效力，即为有效法律行为。这种
规则，《民总一审稿》中未曾涉及。

（三）当事人串通或隐藏的法律行为无效

当事人串通的法律行为，在意思表示上也属于双方意思表示或者有相对人的意思表
示。这种意思表示可能是真实的，但是，却是违反法律、行政法规的效力性强制性规定
的，或者是违背公序良俗，至少是违反民事活动的诚实信用原则的，因而使无效的。
《民总一审稿》第124条、第133条规定，行为人与相对人串通，以虚假的意思表示实
施的民事法律行为无效，但是双方均不得以此对抗善意第三人。行为人以虚假的意思表
示隐藏的法律行为，依照法律的相关规定进行处理。行为人与相对人恶意串通，损害他
人合法权益的民事法律行为无效。

二、无效的法律行为

所谓无效的法律行为，是指因欠缺法律行为的生效要件，不发生法律效力的行为。
若具备了欠缺部分要件，该行为即可依法部分发生法律上的效力。无效法律行为为自始
无效、当然无效、确定无效和绝对无效。有全部无效和部分无效的法律行为之分。

依照我国《民法通则》第58条的分类，无效法律行为包括：无民事行为能力人实
施的法律行为；限制民事行为能力人实施的不能独立实施的民事行为；一方以欺诈、胁
迫的手段或者乘人之危，使对方在违背真实意思情况下所为的法律行为；恶意串通，损
害国家、集体或者第三人利益的民事行为；经济合同违反国家指令性计划的；以合法形
式掩盖非法目的的民事行为等七种。

我国《合同法》对《民法通则》确定的无效法律行为的范围，在立法时，进行了限
缩。根据我国《合同法》第52条的规定，无效合同包括：一方以欺诈、胁迫的手段订
立的合同，且损害国家利益的；恶意串通，损害国家、集体利益或者第三人利益；以合
法形式掩盖非法目的的；损害社会公共利益的；违反法律、行政法规强制性规定等五
种。《民总专家稿》第138条增加了第六种情形，即法律行为相对特定第三人无效，那
就是双方法律行为、共同行为、决议行为损害特定第三人利益的，该特定第三人有权请
求法院或者仲裁机构确认该行为相对其无效。

学理上，根据所欠缺的有效要件的不同，对无效法律行为通常作出以下归类：

（1）行为人不具有相应的行为能力所实施的法律行为。主要是指无民事行为能力人
所实施的法律行为，以及限制行为能力人依法不能独立实施的法律行为等。

（2）意思表示不真实，并损害国家利益的法律行为。意思表示不真实，并非法律行
为无效的必然原因。相反，对于当事人单方故意造成的意思表示不真实，如真意保留，
法律在一定条件下还强令其生效，以惩戒不负责任的表意人。但是，对一方当事人实施
欺诈、胁迫手段损害国家利益的法律行为，法律采取令其无效的立场。这是应当注意

的，那就是：根据意思自治的原则，不真实的意思表示对于对方当事人来讲，就是民事活动中的一种风险。

（3）违反法律、行政法规，或社会公共利益的民事行为。违反法律、行政法规或者社会公共利益的法律行为，因为违反了公序良俗或者公共秩序，而应当在进行利益权衡以后，认定表意人的行为无效，才更符合法治理念的要求。为此，《民总一审稿》第132条规定，违反法律、行政法规的效力强制性规定或者违背公序良俗的民事法律行为无效。我国《民法总则》通过后，在第153条～第154条将此修改为：（1）违反法律、行政法规的强制性规定的民事法律行为无效，但是该强制性规定不导致该民事法律行为无效的除外；（2）违背公序良俗的民事法律行为无效；（3）行为人与相对人恶意串通，损害他人合法权益的民事法律行为无效。按照我国《民法通则》第61条的规定，法律行为被确定无效后，会发生以下法律后果：

1. 返还财产。法律行为被确认无效后，当事人因该行为取得的财产应该返还。返还的财产，以全部返还为原则。如果原物存在，应以原物返还，否则应作价偿还；如果原物有损坏，应予修复后返还，或支付一定的补偿金。如果取得的是金钱的话，还需按银行利率支付利息，如果是其他无形财产或不能返还的利益，应对该种利益折算返还。

2. 赔偿损失。法律行为被确认为无效的时候，有过错的当事人应当赔偿对方所遭受的损失，如双方有过错的，应各自承担责任。

3. 收归国家、集体所有或者返还第三人。双方恶意串通、实施法律行为，损害国家、集体或者第三人利益的，应当追缴双方取得的财产，将其收归国家、集体或者返还第三人。但是应当强调，在我国社会主义市场经济背景下，随着市民社会的形成，除非是比较严重的损害国家、集体或者第三人利益的法律行为，一般情况下，不宜认定或者使用追缴双方取得的财产，将其收归国家、集体或者返还第三人的做法。

三、效力待定与可撤销、可变更的法律行为

（一）效力待定的法律行为

效力待定的法律行为，是指法律行为虽已成立，但是，否生效尚不确定，只有经过特定当事人的行为，才能确定生效或不生效的法律行为。效力待定的法律行为，既存在转变为不生效法律行为的可能性，也存在转变为生效法律行为的可能性。

在理论上，效力待定的法律行为主要有以下类型：

第一，限制法律行为能力人所实施的依法不能独立实施的法律行为。限制法律行为能力人超出了自己的年龄、智力和精神健康状况所实施的法律行为，只有经过其法定代理人的追认，才能生效。

第二，无权处分行为。无处分权的人处分他人之物或权利，只有该当事人事后取得了有处分权人的授权，或成为有处分权人，法律行为方可生效。

第三，无权代理行为。行为人没有代理权、超越代理权或者在代理权终止后，以代理人的身份所进行的法律行为，只有经过被代理人的追认，法律行为才能生效。

效力待定的法律行为，其效力确定得经由以下途径：

（1）特定当事人追认权的行使或不行使。围绕效力待定法律行为所进行的权利配置中，常赋予特定当事人以追认权。追认权人行使追认权的，效力待定的法律行为即成为

生效的法律行为。追认权为形成权，其行使应采取明示的方式。权利人放弃追认权或在交易相对人确定的催告期内，不为追认的明确表示的，效力待定的法律行为自始不生效力。

（2）相对人行使撤销权。为衡平当事人之间的利益关系，法律也同时赋予了善意的交易相对人以撤销权，使善意的相对人有权于明了法律行为效力待定的缘由后，经由撤销权的行使，使该法律行为自始不生效力。该项撤销权为形成权，权利的行使应在追认权人行使追认权之先，否则，撤销权的行使，不能发生相应的法律效果。

（二）可撤销、可变更的法律行为

可撤销、可变更的法律行为，又称相对无效的法律行为，是指法律行为虽已成立，但因欠缺法律行为的生效要件，可以因行为人撤销权或变更权的行使，使法律行为自始归于无效或进行变更的行为。可撤销、可变更的法律行为，只是相对无效，有效与否，取决于当事人的意志，不同于无效法律行为的绝对无效。

可撤销、可变更法律行为制度的设立，既体现了法律对公平交易的要求，又体现了意思自治原则，是对上述两项价值的调和。可撤销、可变更的法律行为在被撤销前，已发生针对无撤销权的当事人的效力。在撤销权人行使撤销权之前，其效力继续保持。可撤销的法律行为效力的消灭，必须有撤销行为，仅有可撤销事由而无撤销行为时，法律行为的效力并不消灭。

可变更法律行为的变更，一般系对原来行为的修正以使其具有法律效力。撤销权一旦行使，可撤销的法律行为原则上溯及其成立之时，效力归于消灭。变更权一旦行使，原法律行为也不再存在，而成立一个全新的法律行为。

可撤销、可变更的法律行为，有如下种类：

（1）基于重大误解所实施的法律行为。基于重大误解所实施的法律行为，指法律行为的当事人在作出意思表示时，对涉及法律行为法律效果的重要事项，存在认识上的显著缺陷。重大误解的构成，从主观方面看，行为人的认识应与客观事实存在根本性的背离；从客观方面看，因为发生这种背离，应给行为人造成了较大损失。

（2）法律行为发生时显失公平。发生时显失公平的法律行为，是指出于非自愿的原因，实施法律行为的结果对一方当事人过分有利，对他方当事人过分不利。

显失公平系着眼于实施法律行为的结果，只注重对于客观因素的考察，可以有效弥补从主观因素着眼，确认法律行为效力不完全在适用上的不足。这种不足，主要体现在：受害人常常要承担存在有主观因素的举证责任。而在显失公平的法律行为中，处于不利地位的一方当事人，只需举证证明双方利益失衡的状态，如果对方当事人不能举证，证明这种状态是发生法律行为时双方自愿的结果，该法律行为即为可撤销的法律行为。

（3）一方以欺诈、胁迫的手段或者乘人之危，使对方当事人在违背真实意思的情况下为法律行为，并因此给该对方当事人造成损害。我国《民法通则》第58条将此类行为规定为无效的法律行为，一方面不正当地强化了国家干预、限制了当事人的自由意志；另一方面也常常会给被欺诈、胁迫，以及处于危难处境的当事人带来更为不利的法律后果。因此，我国《合同法》第52条将其规定为可撤销、可变更的法律行为。

（三）法律行为变更权、撤销权的消灭

法律行为因为意思表示的瑕疵，需要变更或者撤销时，通过民事立法赋予当事人以变更权或撤销权。但是这种变更权或者的撤销权的存在，是一种附条件的或者有期限（即附加除斥期间）的民事权利，该附加的条件成就或者期限到来，则该法律行为的变更权、撤销权当然就消灭了。

在《民总专家稿》第148条的规定中，出现当事人自知道或者应当知道变更或者撤销事由之日起1年内没有行使变更权或者撤销权，或者当事人知道变更或者撤销事由后放弃变更权或者撤销权的，法律行为的变更权或者撤销权消灭。相比之下，《民总一审稿》的规则要完善的多。《民总一审稿》第131条规定，出现下述情形之一的，法律行为撤销权才消灭：（1）当事人自知道或者应当知道撤销事由之日起1年内没有行使撤销权的；（2）当事人受胁迫，自胁迫行为终止之日起1年内没有行使撤销权的；（3）当事人知道撤销事由后明确表示或者以自己的行为表明放弃撤销权的；（4）当事人自法律行为发生之日起5年内没有行使撤销权的。显而易见，《民总一审稿》的规定，逻辑要严谨的多。我国《民法总则》通过后，其第152条规定中，第一项的规定修改为"当事人自知道或者应当知道撤销事由之日起1年内、重大误解的当事人自知道或者应当知道撤销事由之日起3个月内没有行使撤销权"，其余完全相同。

四、法律行为无效或被撤销的法律效果

法律行为无效或者被撤销后，法律行为无效或被撤销的法律效果分成两个层次，即：一是，法律行为的效力判断和效力区间确定，以及是法律行为全部无效还是部分无效或者各部分之间的效力关系等；二是，因该法律行为取得财产的处理后果，或者予以返还折价补偿或者赔偿损失或者过错相抵，各自承担相应的责任。

《民总一审稿》第134条～第136条规定的"法律行为无效或被撤销的法律效果"规则是：（1）无效的或者被撤销的法律行为，从法律行为开始时起就没有法律约束力；（2）法律行为无效、被撤销或者确定不发生效力后，行为人因该行为取得的财产，应当予以返还；（3）不能返还或者没有必要返还的，应当折价补偿。有过错的一方应当赔偿对方由此所受到的损失；（4）各方都有过错的，应当各自承担相应的责任。法律另有规定的，依照该规定处理；（5）法律行为部分无效，不影响其他部分效力的，其他部分仍然有效。我国《民法总则》通过后，其第155条～第157条的规定，基本完全采纳了前述规则。

第四节　法律行为的附款

一、法律行为的效力干预

所谓法律行为的效力干预，是指当事人对"依法成立的法律行为，自成立时生效"规则的一种意思表示型修正的情形。应当说，这是对民事主体意思自治原则的一种延伸性、补充性的规范做法。事实上，日常生活中的许多法律行为，都是成立即生效。比如，大学生们每天吃三顿饭时，都是在作出购买饭菜的意思表示，并得到餐厅师傅的认可后，该买卖合同即成立，同时也就有效和生效了。于是，民法理论上，就有了法律行为成立、有效、生效情形下，对应的法律行为不成立、无效、不生效等效力对应的情形存在。

法律行为的成立，以意思表示为核心，所以，法律行为不论基于单方的意思表示，还是双方或者多方的意思表示一致而成立，在法律上的效果就是法律效力的预设。至于法人、非法人组织需要决议行为，才能使法律行为成立的，则应当依照法律或者章程规定的程序和表决规则进行。出现了这些意思表示程序上的瑕疵，会出现法律行为不成立的情形。当然，法律行为未成立的，肯定不会出现有效、生效的问题。

法律行为成立后，还有接续的有效、生效问题。日常生活中，比如前文提到的购买三餐饭的民事活动，经常发生法律行为成立、有效、生效"三合一"于很短的时间并在餐厅这种空间里，连续发生。于是，这种情形，很容易让人们产生"凡法律行为成立就有效即生效"的感觉，继而认为法律行为成立了就必然有效和立即生效。其实，这是对法律行为成立、有效和生效的一种误解。

法律行为成立后，如果依照法律、行政法规规定应当办理批准等手续才能生效的，这些手续的办理就是该法律行为生效的条件。那么，未经批准，虽然不影响法律行为中当事人履行报批义务条款，以及因该报批义务而设定的相关条款的效力。但是，毕竟该法律行为尚未生效。因此，当法律行为的成立、有效、生效三者分离时，便有了当事人在法律行为的效力条件或者生效条件上，附加上自己的或者双方约定的条件、期限的时候，当事人对于法律行为的效力干预现象，就必然出现和发生了。

需要特别说明，我国《合同法》立法时，在第 36 条～第 37 条的规定[①]中，采用了"行为式意思表示"可以更改合同订立的形式和法律效力的规则，也是一种民事主体通过自己的合同履行行为来进行"意思表示"，从而使该合同成立而非合同订立，并产生合同成立、有效和生效的"三合一"意思表示一致，法律行为效力当事人干预一种法定效力的一种情形。

二、附条件的法律行为

（一）条件界定与分类

条件，是当事人以将来客观上不确定事实的发生或不发生，决定法律行为效力发生或消灭的附加条款。这是当事人有意识地将其法律行为的效力，通过附款的增加，给予限制或者干预的情形，如法律行为及其部分条款所附条件成就与否取决于债权人意愿的，有效。取决于债务人意愿的，如为停止条件，无效；如为解除条件，有效。民事立法时，对法律行为的效力添加附加条款，为世界各国人民利益交易或者民事活动的惯例。能够作为法律行为的条件，具有如下特征：

1. 条件为当事人约定的法律行为之附款。所谓附款，指对法律行为效力的发生所加的限制，其本身当不构成独立的意思表示，而是法律行为的一部分。作为附款的一

---

① 我国《合同法》规定，法律、行政法规规定或者当事人约定采用书面形式订立合同，当事人未采用书面形式但一方已经履行主要义务，对方接受的，该合同成立（第 36 条）；采用合同书形式订立合同，在签字或者盖章之前，当事人一方已经履行主要义务，对方接受的，该合同成立（第 37 条）。

种，条件系当事人自由约定加于法律行为效力上的限制。一般所言的法定条件，不是此处所说的附款。

2. 所附条件应为将来发生的事实。能够作为附条件的法律行为中的"条件"的事实，必须是尚未发生的事实，已经发生的事实，不能够作为法律行为所附的条件。这说明：条件具有未来不确定性。

3. 所附条件应为不确定的事实。条件还必须为不确定的事实，也就是说，条件本身可能发生也可能不发生，如果行为人能够肯定其发生或不发生，则不能作为条件或视为未附条件。

4. 条件为决定法律行为效力的限制性条款。条件为对法律行为效力所加的限制，此种限制主要指决定法律行为效力的发生和消灭。决定法律行为效力发生的条件，为停止条件。附停止条件的法律行为，在条件成立前，法律行为未生效，但已经成立，也就是其效力处于停止状态。决定法律行为效力消灭的条件为解除条件。附解除条件的法律行为，其法律效力已经发生，但因条件成立而丧失效力。条件有以下分类：

1. 停止条件和解除条件。以条件所决定的是法律行为效力的发生还是消灭为标准，可以将条件分为停止条件和解除条件。附停止条件的法律行为虽已成立，但未生效，其效力一直处于停止状态，须待条件成就才能发生效力。附解除条件的法律行为，一经成立就已生效，但条件的成就，会导致其失效。

2. 积极条件与消极条件。以积极事实，即事实的发生作为条件的成就，就是积极条件，也称肯定条件。反之，以某事实的不发生作为条件的成就，就为消极条件，也称否定条件。

3. 随意条件、偶成条件和混合条件。随意条件指以当事人一方的意思决定其是否成就的条件，条件的成就与否完全依赖当事人一方之意思表示。偶成条件是以偶然的事实作为决定其条件成立与否的条件，该条件成就与否与当事人的意思无关。偶成条件的是否成就一般都依赖于第三人的意思或者自然事实。而混合条件是混合当事人的意思及偶然事实作为条件共同成立的条件。

（二）附条件法律行为的效力

1. 条件成就。条件成就，即法律行为所附的条件内容已经实现。条件成就的法律行为，即发生确定的法律效力或消灭法律效力。但是，条件的成就，必须是自然的，而不是人为的。

2. 条件不成就。条件不成就，就是构成条件内容的事实确定地不实现或者不出现。条件不成就的法律后果，与上述的条件成就的情形恰好相反。同样，要强调的是，条件的不成就也是自然的。如果人为地阻碍条件地成就，从而出现了条件不成就的后果，则不能构成条件的不成就。

《民总一审稿》第137条~第138条规定，法律行为可以附条件，但是依照其性质不得附条件的除外。附生效条件的法律行为，自条件成就时生效。附解除条件的法律行为，自条件成就时失效即终止效力。恶意阻止或促成条件成就的后果是：附条件的法律行为，当事人为自己的利益不正当地阻止条件成就的，视为条件已成就；因条件成就而得到利益的当事人，不正当地促成条件成就的，视为条件不成就。我国《民法总则》通过后，在第158条~第159条的规定中，完全采纳了前述规定。

三、附期限的法律行为

（一）期限的界定

期限，就是当事人以将来确定的时间事实的到来，决定法律行为的效力的附款。附期限的法律行为，指在法律行为中约定一定的期限，以该期限的到来作为法律行为效力发生与否的前提条件。《民总一审稿》第 139 条规定，法律行为及其部分条款可以附期限，但是依照其性质不得附期限的除外。附生效期限即附始期的法律行为，自期限届至时生效即发生效力。附终止期限即附终期的法律行为，自期限届满时失效即终止效力。期限和条件，都是对法律行为效力的限制，都是期待中的未发生事实。二者的差异，在于期限是确定到来的事实，而条件则属于将来是否发生不确定的事实。我国《民法总则》第 160 条的规定，与此内容完全相同。

（二）附期限的分类

附期限的法律行为，在学理上有如下分类：

1. 延缓期限与解除期限。附延缓期限的法律行为，是指法律行为虽已成立，但在所附期限到来之前，法律行为不发生法律效力，直到期限届至时，法律行为的效力才发生，故延缓期限又称始期。

附解除期限的法律行为，是指在约定的期限到来之前，法律行为已发生法律效力，但法律行为的效力会随着解除期限的到来而消灭。

2. 确定的期限与不确定的期限。根据期限是否确定，附期限的法律行为可以分为附确定期限的法律行为和附不确定期限的法律行为。所谓确定期限，就是指期限所指的时期为确定的时间。而不确定的期限中的时期则为不确定。

附期限法律行为在期限到来时发生，法律行为的效力发生或消灭。在期限到来前，通说认为相对人享有期待权。[①] 需要强调，当事人所附期限，必须是合法的，可以合理预期的，而不能是不合法的，或者不可预期的。比如，一万年之后，本法律行为生效，就为民事法律所不能允许。

第五节　法律行为的解释

一、法律行为解释的必要性

法律行为的解释，即对意思表示的内容即相关要素，如意思表示的到达与否、法律行为的形式等，依据一定的方法所给予的解说、推演和释明。之所以会发生法律行为的解释，完全是因为法律行为在进行的时候，当事人的意思表示的内容，需要明确化、具体化，以及纠纷争议解决的效率化的需求。

法律行为解释的主体，可以是人民法院，也可以是当事人，甚至民事案件的案外人。但是，一般意义上的法律行为的解释，是指人民法院在审判案件时所作出的司法解释而言的。

---

① 魏振瀛：《民法》，北京大学出版社、高等教育出版社 2000 年版，第 160 页。

法律行为需要进行解释，主要是因为民事活动中，要使用法律语言和法律文字等。而法律文字本身，所具有的模糊性、专业性，以及特有的语境等等，还有当事人在进行意思表示的时候，可能出现的疏忽，往往导致法官无法确定当事人的真实权利义务关系。

民法倡导意思自治原则，因此，在出现当事人意思表示模糊的时候，就有必要对当事人的真实意思进行解释，从而，确定真实自愿的民事权利义务关系。通过解释，解决双方当事人之间的民事交易关系中的利益冲突。法律行为解释的目的，主要在于探究当事人内心的真实意思。应当注意的是，为了加强对第三人的保护，现代民法大都采用意思主义和表示主义的折中模式，所探究的中心，往往不是当事人的内心真意，而为表示的意思。

二、法律行为的解释方法

法律行为的解释方法，从解释所依据的标准和手段进行分类，可以作出以下类型区分：

1. 文义解释。所谓文义解释，即从法律行为所使用的文字词句出发，对其含义进行解释，以探究法律行为所表达的真实意思的解释方法。民法理论上，关于文义解释，应当首先从法律角度对当事人使用文字进行限定和阐释。但是必须注意的是，文义解释也不得拘泥于当事人所使用的字句，而应该探究当事人的共同真意。

2. 目的解释。目的解释，主要指在进行法律行为的解释时，参照当事人从事该法律行为时的可推测的目的或者用意，进行解释，以使解释的结果与当事人的真实目的相符。一般而言，目的解释常常出现在一个解释对象，有数种解释可能的情形时适用。

3. 整体解释。整体解释，就是对法律行为的整体情况进行考量，将行为的各个部分相互参照，以确定法律行为的准确意思内容。例如在合同解释中，往往需要将合同作为一个整体，从整体意思上，理解各个条款的真实含义。

4. 习惯解释。所谓习惯解释，就是在进行法律行为解释的时候，结合相应的交易习惯等，对法律行为的模糊之处，进行补充或确定的解释方式。一般常见的习惯有交易习惯或行业标准习惯等。所以，进行习惯解释时，要注意把握习惯的内容和使用条件。同时，必须注意的是，此处所依的习惯，必须首先满足民法对于习惯的强制性限定，不得违反民法的强制性规定或诚实信用和公序良俗的要求。

5. 公平解释。所谓公平解释，实质上，为民法上公平原则的具体适用，即在进行法律行为的解释活动中，依照公平的原则，兼顾当事人双方的利益进行的解释。公平解释的方法，与其他解释方法的不同之处，在于其融入了较多的价值上的判断，在一定程度上是对民事活动进行价值衡量的结果。

在对某一具体法律行为中的意思表示，进行解释时，具体使用哪种方法，要由解释者根据需要解释的对象和内容来确定。也就是，现实民事活动中，什么样的法律行为或者何种意思表示，需要哪种解释方法，是不能一概而论的。

三、法律行为的解释限制

当然，如果当事人对对方的意思表示不清楚的，就出现了意思表示的解释问题。我国《民总一审稿》第 120 条的规定，确定了法律行为的法定解释方法或者方向。我国《民法总则》第 142 条的规定相同，即：

1. 有相对人的意思表示的解释。有相对人的意思表示，是双方的意思表示，其解释的目的是把握双方的意思表示。所以，有相对人的意思表示解释时，应当按照所使用的词句，结合相关条款、行为的性质和目的、习惯、相对人的合理信赖以及诚实信用原则，确定意思表示的含义。

2. 无相对人的意思表示的解释。这种单方型意思表示的解释，不能拘泥于所使用的词句，而应当结合相关条款、行为的性质和目的、习惯以及诚实信用原则，确定行为人的真实意思。

思 考 题

1. 法律行为是什么？简述法律行为成立要件与生效要件，其与民事活动关系如何？

2. 简述意思表示的定义和特点，意思表示瑕疵有哪些分类？

3. 意思和表示不一致、不自由瑕疵的比较。

4. 法律行为的效力有哪些类型？无效的法律行为、效力待定的法律行为与可撤销、可变更的法律行为的区别是什么？

5. 简述法律行为的效力干预理由，附条件的法律行为与附期限的法律行为的差别何在？

学习资料指引

1. 梁慧星：《民法总论》，法律出版社 1996 年版，第 6 章、第 10 章第四节。

2. 彭万林：《民法学》，中国政法大学出版社 1999 年修订版，第 7 章。

3. 魏振瀛：《民法》，北京大学出版社、高等教育出版社 2000 年版，第 8 章。

4. 张俊浩：《民法学原理》，中国政法大学出版社 1991 年版，第 8 章。

5. 王建平：《民法学》（上），四川大学出版社 1994 年版，第 3 章。

6. 董安生：《民事法律行为》，中国人民大学出版社 2002 年版，第 21 页～第 23 页，第 165 页。

7. 龙卫球：《民法总论》，中国法制出版社 2002 年版，第 425 页～第 427 页、第 448 页～第 451 页。

参考法律提示

1.《中华人民共和国民法通则》，第 55 条、第 58 条、第 61 条，第四章民事法律行为和代理第一节民事法律行为。

2.《中华人民共和国民法总则》，第六章民事法律行为/第 133 条～第 160 条。

3.《中华人民共和国合同法》，第 36 条～第 37 条、第 52 条、第 125 条，第三章合同的效力。

4. 最高人民法院《关于贯彻执行〈中华人民共和国民法通则〉若干问题的意见（试行）》，第 65 条－第 77 条。

5. 最高人民法院《关于适用〈中华人民共和国合同法〉若干问题的解释（一）》，

第9条、第10条。

6. 最高人民法院《关于适用〈中华人民共和国婚姻法〉若干问题的解释（一）》，第1条、第2条、第10条。

7. 《中华人民共和国民法典民法总则专家建议稿（征求意见稿）》（即《民总专家稿》，第119条～第149条。

8. 《中华人民共和国民法总则（草案）》（即《民总一审稿》），第六章 民事法律行为（第112条～第139条）。

第十章　代　理

【阅读提示】代理制度于公，促进了民商交易活动，加速商品的广泛流通，增加社会财富的积累，是推动物流的重要手段和工具；代理制度于私，则使民事主体不仅摆脱了事必躬亲的束缚，打破了民事活动的能力局限、地域局限和专业知识局限等，从而更可以在具有专业技能代理人的辅助下，降低各种民事活动的成本。本章的主要内容，是代理产生的原因、委托代理、无权代理、表见代理以及商事代理等制度的具体规则，以及理论上，制度上的立法选择。本章的重点是代理权、委托代理、复代理、无权代理、表见代理和间接代理；难点是表见代理、职务代理、介入权、披露义务和商务代理等。

第一节　代理产生的原因

一、代理的概念和特征

（一）代理的概念

代理指一人代替另一人为法律行为，其所产生的法律效果直接归属于所代替的另一人的法律制度。代替他人为法律行为的人，称为代理人；为其所代替并承受法律行为效果的人，称为本人。本人在民法上又称为被代理人、授权人或委托人等。

我国《民法通则》第63条关于代理的定义，是"代理人在代理权限内，以被代理人的名义实施民事法律行为。被代理人对代理人的代理行为，承担民事责任"的法律制度。自然人、法人和非法人组织这些民事主体，都可以通过代理人实施法律行为。依照法律规定或者按照双方当事人约定，应当由本人实施的法律行为，不得代理。

（二）代理的特征

1. 代理人以意思表示为使命。由于代理是被代理人利用代理人的技能为自己服务，因此，代理人应以自己的技能为被代理人的利益独立为意思表示，才符合代理制度的上述目的。代理人以此区别于"使者"，后者只传达他人的意思，而不独立为意思表示。

由于意思表示是法律行为的基本要素，因此，代理人的使命就是代他人为法律行为，如订立合同、履行债务、受领债的给付，以及请求损害赔偿等。不为意思表示的行为，不得成立代理。由此，使代理行为区别于其他委托行为，如代人保管物品、照看儿童等事实行为。这些行为尽管也出于他人委托，但受托人不必对第三人为意思表示，因而，不是代理行为。

2. 代理人必须为被代理人的利益进行活动。代理人是为被代理人利益，而为法律行为的人，在其实施的法律行为中，只能为被代理人的利益，而不能为自己的利益。这是代理制度的目的所在，也为被代理人需要代理人的目的所在。代理人在为被代理人实施法律行为的过程中，如果追求自己的利益，则构成不诚实行为，是对代理制度本质的一种违反，就要承担相应的法律责任。

应当说明的是，在有偿代理的场合，代理人在实施代理的过程中，有获取利益的报酬存在。但是，这与为被代理人的利益进行活动，是完全不同的两回事。这里所说的代理人必须为被代理人的利益进行活动，仅指代理人在与第三人所为的法律行为中，只能以贯彻、实现被代理人的利益为宗旨。

3. 代理行为的法律效果归属于被代理人。被代理人利用代理人进行法律行为的目的，是增进自己的利益，而不为其他。因此，代理行为的法律效果直接归属于被代理人，这是代制度的应有之义。①

代理行为的法律效果，归属于被代理人的方式，依直接代理和间接代理的不同而不同。在直接代理的情形下，代理行为的法律效果直接归属于被代理人。所谓间接代理，指代理行为的法律效果，先由代理人承担，然后再移转给被代理人。因而在间接代理情况下，代理行为的法律效果，间接地归属于被代理人。

（三）代理的分类

以代理权产生的原因划分，可分为委托代理、法定代理与指定代理。这种分类，在我国《民法通则》第 64 条有明确规定。我国《民法总则》第 163 条规定，代理包括委托代理和法定代理；委托代理人按照被代理人的委托行使代理权；法定代理人依照法律的规定行使代理权。显然，将"指定代理"取消掉了。

所谓委托代理，是代理人根据被代理人授权而进行的代理，即委托代理的代理权，产生自本人的授权行为。我国《民法通则》第 65 条规定，民事法律行为的委托代理，可以用书面形式，也可以用口头形式。书面委托代理的授权委托书，应当载明代理人的姓名或者名称、代理事项、权限和代理期间，并由委托人签名或盖章。

法定代理，是指基于法律的直接规定发生的代理。在法定代理中，代理权的发生，是基于法律的直接规定，这主要是为了保护处于特定情况下的民事主体的利益，维护民事交易的安全。法定代理主要适用于被代理人是无行为能力人、限制行为能力人等情况。如在我国，监护人就是被监护人的法定代理人。

另外，还有所谓的家事代理，也是被认为属于法定代理。家事代理，指夫妻于家庭生活中的日常性法律行为，相互有代理权的情形。在法律有特别规定的情况下，社会团体也可能会成为其成员的法定代理人。例如，根据我国《工会法》的规定，工会在特定情况下是其会员的法定代理人，可以代理会员签订集体劳动合同，参加与劳动争议有关的诉讼等。

指定代理，是指基于人民法院或有关机关的指定行为，而发生的代理。在这里，"有关机关"指依法对被代理人的合法权益，负有保护义务的组织或者机构，如未成年人所在地的居民委员会、村民委员会等。与委托代理不同的是，法定代理人的代理事务比较宽泛。相比之下，指定代理人的代理事务比较专门、特定。如人民法院为失踪人的财产指定代管人，为民事诉讼中的原告、被告指定诉讼代理人，皆属于指定代理范畴。

---

① 彭万林：《民法学》，中国政法大学出版社 1999 年修订版，第 166 页。

二、代理产生的原因

（一）代理制度的发生

代理，是一种依他人的独立行为，而使本人直接取得其法律效果的法律制度。但是，代理制度在中外法制史上的出现比较晚。在古代法律制度中，法律行为实行严格的形式主义，而且，必须由当事人亲自为之。例如，罗马盖尤士的《法学阶梯》中，就有不得用自由人以获得财产的规定。在古罗马法中，唯家长有权利能力，家子及奴隶不过为家长手足之延长。因此，奴隶与家子的行为，被视为家主的行为，并无发生代理观念之必要。而且，古代法制崇尚简明，依他人独立行为，而承认自己法律关系的变动，也非当事人所愿意。所以，早期的罗马法未形成代理制度的原因，大抵在此。

到罗马帝政时代，由于商品经济的发展，商品市场日渐扩大，人们的民商活动范围渐广，社会关系日趋复杂的现实，使得原料的采购、商品的销售等等，已不能由经营者事事躬亲了，于是代理制度应运而生。古罗马在后期，已有代理的类似制度出现，后为德国民法典所继受。自 17 世纪开始，代理便成为一项独立而又重要的民法制度。①

（二）代理产生的原因

首先，主体资格的缺陷。在近代立法中，一切自然人莫不具有权利能力。然而，对于无意思能力者，却不得自为法律行为的原则，构成了对于主体资格缺陷者的最大限制。若使无行为能力或限制行为能力的未成年人及精神病人，能够实际参加社会活动，获得民事权利能力的实效，唯有依赖代理制度才有可能。于是，各国的民法典莫不为未成年人、精神病人设立法定代理人，其功能与作用的设定，正在于此。

其次，私人或者自然人、法人权利能力、行为能力的专业性限制、时空限制等。个人依其自由意思处理社会生活关系，是为近代法的价值理想。但是，个人的精力、时间有限，尤其是能力中的专业技能欠缺，仅仅依靠个人的力量，是无法实现民事主体的利益最大化目的的。于是，以自己所信任之人作为代理人，并以自己的经济信用为背景，利用代理人的才能或者专业技能，从事具有专业性或者时空限制性的民商活动，就成为必然之选。同时，作为各种经济组织，也能借助于代理制度，克服地域、时间和专业技能不足等限制，从而在全国市场、国际市场上进行产品的购销、投资、合作，以及各种各样的牟利行为。

第三，市场经济发展的必然结果。这是强调代理的专业化和市场化功能，就是说，市场经济的发展，造就了许多专门的代理业，如外贸代理、证券投资代理，以及代销、委托理财，还有信托业等等。这些都是代理制度发展的最本质、最深刻的根本原因。

第四，商事代理的高效率。商事代理，又称商务代理、商业代理，是代理商、生产商和经营商等商人，在追求经济利益为直接目的的商业活动中，以有偿为基础并以实现商务活动的高效率为宗旨，在商事领域实施的一种代理行为。这种代理行为，符合市场经济发展的需求，符合商人追逐高效率交易，降低交易成本的要求，符合民商活动利益最大化的要求。商务代理是我国民事代理制度，在商事活动领域的一种重要表现形式。

---

① 梁慧星：《民法总论》，法律出版社 2001 年版，第 234 页。

三、代理制度的作用

1. 顺利实现被代理人的利益。代理制度在实现被代理人的利益方面，是一种不能不重视的一项法律制度。这种制度的存在和运行，给那些无行为能力人、限制行为能力人的民事利益的实现，奠定了坚实的民事法律制度基础。无行为能力人、限制行为能力人的民事利益的实现，因为有了法定代理制度，而变得不但有可能，而且也是必然的。

2. 代理推进了私法自治原则。在代理制度中，本人因为代理得以坐享代理人实施代理行为的法律效果，这一效果意味着本人不必自己亲自去做，就能实现自己的权利或者利益目标，体现了私法自治的积极功能——授权产生效率。在整个民事法律制度中，代理制度是基本法律制度，这种制度的基本价值，是把民商主体的各种利益的实现，交给民商主体自己去选择。让民商主体自己在选择之前，判断选择的必要性，并从选择的结果上，判断代理制度的利益实现功能的大小和高低。

3. 代理人的代理行为，是本人民商活动能力的必然补充。代理制度的意义，还在于它是民事主体从事民商活动的权利能力、行为能力，在专业化、打破时空限制方面，得到了极大的加强。这不仅仅是弥补了本人精力、知识不足，专业技能有限等不足，更为重要的是，代理制度中的商务代理，还拓展了商人的市场的空间，提高了商人们的办事效率；有助于商人们降低交易成本。

也就是，对于各种各样的经济组织，借助于代理制度，利用代理人的才能，特别是专业技能从事各种各样的民商活动，在全国市场、国际市场上，谋求利益，是一种扩展自己民商活动的活动空间和活动范围的有效方法，体现了全球经济一体化的私法原则——民商利益最大化原则。方便民商主体更好地实现自己的权利，并拓展参与社会经济活动的空间，[①] 是现代市民社会里，代理制度的灵魂。

第二节　委托代理

一、委托代理关系的建立

（一）委托代理的形式

我国《民法通则》第 65 条规定，法律行为的委托代理，可以用书面形式，也可以用口头形式。法律规定用书面形式的，应当用书面形式。而《民总一审稿》第 145 条规定，委托代理可以采用书面形式、口头形式或者其他形式；法律规定或者当事人约定采用特定形式的，应当采用特定形式。书面委托代理的授权委托书，应当载明代理人的姓名或者名称、代理事项、权限和期间，并由委托人签名或者盖章。委托书授权不明的，被代理人应当向第三人承担民事责任，代理人负连带责任。我国《民法总则》第 165 条则规定，委托代理授权采用书面形式的，授权委托书应当载明代理人的姓名或者名称、代理事项、权限和期间，并由被代理人签名或者盖章，具体规则的差异比较多。

---

① 刘心稳：《中国民法学研究评述》，中国政法大学出版社 1999 年版，第 258 页。

（二）共同代理

在委托代理中，代理人为数人的，除非法律另有规定或者被代理人表示相反的意思，代理人应当共同实施代理行为。《民总一审稿》第 146 条规定，数人为同一委托事项的代理人的，应当共同行使代理权，法律另有规定或者当事人另有约定的除外。对于共同代理，我国《民法总则》第 166 条规定，数人为同一代理事项的代理人的，应当共同行使代理权，但是当事人另有约定的除外。我国《民法通则》虽然没有规定，但是，最高法院《民通意见》第 79 条规定，数个委托代理人共同行使代理权的，如果其中一人或者数人未与其他委托代理人协商，所实施的行为侵害被代理人权益的，由实施行为的委托代理人承担民事责任。被代理人为数人时，其中一人或者数人未经其他被代理人同意而提出解除代理关系，因此造成损害的，由提出解除代理关系的被代理人承担。已经明确了共同代理的情形，是被分为代理人为两人以上的共同代理和被代理人为两人以上的共同代理。

（三）禁止违法行为代理

违法犯罪行为不可代理，这是世界各国的通例。

因此，我国《民法通则》第 67 条规定，代理人知道被委托代理的事项违法仍然进行代理活动的，或者被代理人知道代理人的代理行为违法不表示反对的，由被代理人和代理人负连带责任。对这一规则，我国《民法总则》第 167 条规定，代理人知道或者应当知道代理事项违法仍然实施代理行为，或者被代理人知道或者应当知道代理人的代理行为违法未作反对表示的，被代理人和代理人应当承担连带责任。

应当说，违法行为禁止代理的理由，在于任何时候、任何情况下的任何人，都没有从事违法行为或者犯罪行为的"权利"、"特权"或者"主体资格"等。因此，当被代理人都没有从事违法行为或者犯罪行为的权利的话，那么，来自于被代理人的实体民事权利的代理权，是不会合法发生或形成有效的代理权的。

二、复代理

所谓复代理，即代理人因为法定事由，将其代理权转委托给他人行使，以保护被代理人利益的代理制度。我国《民法通则》第 68 条规定，委托代理人为被代理人的利益需要转托他人代理的，应当事先取得被代理人的同意。事先没有取得被代理人同意的，应当在事后及时告诉被代理人，如果被代理人不同意，由代理人对自己所转托的人的行为负民事责任，但在紧急情况下，为了保护被代理人的利益而转托他人代理的除外。我国《民法总则》第 169 条规定，代理人需要转委托第三人代理的，应当取得被代理人的同意或者追认。转委托代理经被代理人同意或者追认的，被代理人可以就代理事务直接指示转委托的第三人，代理人仅就第三人的选任及其对第三人的指示承担责任。转委托代理未经被代理人同意或者追认的，代理人应当对转委托的第三人的行为承担责任，但是在紧急情况下代理人为了维护被代理人的利益需要转委托第三人代理的除外。显然，这种规定被我国《民法通则》要进步很多。

现实生活中，由于急病、通讯联络中断等特殊原因，委托代理人自己不能办理代理事项，又不能与被代理人及时取得联系，如不及时转托他人代理，会给被代理人的利益造成损失或者扩大损失的，就属于我国《民法通则》第 68 条中的"紧急情况"。委托代理人转托他人代理的，应当依照法定的条件要求办理转托手续。因委托代理人转托不明，给第三人造成损失的，第三人可以直接要求被代理人赔偿损失；被代理人承担民事责任后，可以要求委托代理人赔偿损失，转托代理人有过错的，应当负连带责任。[①] 复代理经被代理人同意或者紧急情况下转托的，被代理人可以就代理事务直接指示复代理人，代理人仅就复代理人的选任以及其对复代理人的指示承担责任。

在复代理的转委托中，存在着复任权、解任权规则，《民总专家稿》第161条～第163条就有这方面的规定。即：（1）代理人的通知和解任义务。代理人根据被代理人的指定选任复代理人，对复代理人的行为不承担责任，但其明知该复代理人不适格或者不诚信，而又怠于通知被代理人或者将其解任的除外；（2）转托不明的责任。代理人选任复代理人，应当办理转托手续。因转托不明给第三人造成损失的，第三人可以直接要求被代理人赔偿损失。被代理人承担民事责任后，可以要求代理人赔偿损失，复代理人有过错的，负连带责任；（3）法定代理人的复任权。法定代理人可以选任复代理人，并就其行为向被代理人承担责任。

三、家事代理与职务代理

家事代理，顾名思义就是家庭事务的代理。这是一种基于夫妻身份而产生的一种民事代理，对于普通民事主体而言，具有重要意义。但是，我国《民法通则》和《民总一审稿》都没有规定和确认这种代理形式。《民总专家稿》第164条规定的"家事代理"，是指夫妻双方可以就家庭日常事务互为代理人，但下列事务的处理除外：（1）不动产的转让；（2）数额巨大的家庭财产的赠与；（3）其他重大事务。而且，夫妻双方对彼此代理权限的限制，不得对抗善意第三人。

职务代理，是基于职务身份而发生的民事代理或者商事代理。我国《民法总则》第170条规定，执行法人或者非法人组织工作任务的人员，就其职权范围内的事项，以法人或者非法人组织的名义实施民事法律行为，对法人或者非法人组织发生效力。法人或者非法人组织对执行其工作任务的人员职权范围的限制，不得对抗善意相对人。这意味着法人和法人组织对待自己员工或者工作人员的管理责任，大大加重了。

为此，《民总专家稿》第165条的"职务代理"规定，法人或者其他组织的成员就其职权范围内的事项，无须特别授权，就得以法人或者其他组织名义实施法律行为，其法律后果由法人或者其他组织承受。除非法律另有规定，法人或者其他组织对其成员职权范围的限制，不得对抗善意第三人。可见，职务代理是一种有风险的代理活动。

四、间接代理

我国《民法通则》中并没有规定间接代理，这与我国不承认隐名代理理论有关。所谓间接代理，也称隐名代理，是指代理人在代理权限内以自己名义实施代理行为的民事代理。我国《合同法》第402条规定，受托人以自己的名义，在委托人的授权范围内与第三人订立的合同，第三人在订立合同时知道受托人与委托人之间的代理关系的，该合同直接约束委托人和第三人，但有确切证据证明该合同只约束受托人和第三人的除外。

---

① 最高法院《民通意见》，第80条～第81条。

就是"间接代理"的具体规定。在《民总专家稿》第166条"间接代理"规定中，加上了"涉外民事活动中"这样的前提限定，而《民总一审稿》第142条"代理人在代理权限内以自己的名义与第三人实施民事法律行为，第三人知道代理人与被代理人之间的代理关系的，该民事法律行为直接约束被代理人和第三人，但是有确切证据证明该民事法律行为只约束代理人和第三人的除外"的规定中，没有这个"涉外民事活动中"的限定，除了个别文字的差别外，几乎全文照搬了我国《合同法》的规定。但是，我国《民法总则》通过后，则没有规定间接代理制度。

在间接代理中，最为关键的问题是"代理人以自己的名义"即民事主体的身份中，代理人是受托人，而被代理人是委托人，对方当事人是第三人，合同的双方当事人是受托人、第三人。于是，合同订立后的法律后果归属就出了比较复杂的情况。即出现了"被代理人的介入权与第三人的选择权"，根据我国《合同法》第403条的规定，具体规则是：（1）受托人以自己的名义与第三人订立合同时，第三人不知道受托人与委托人之间的代理关系的，受托人因第三人的原因对委托人不履行义务，受托人应当向委托人披露第三人，委托人因此可以行使受托人对第三人的权利，但第三人与受托人订立合同时如果知道该委托人就不会订立合同的除外；（2）受托人因委托人的原因对第三人不履行义务，受托人应当向第三人披露委托人，第三人因此可以选择受托人或者委托人作为相对人主张其权利，但第三人不得变更选定的相对人；（3）委托人行使受托人对第三人的权利的，第三人可以向委托人主张其对受托人的抗辩。第三人选定委托人作为其相对人的，委托人可以向第三人主张其对受托人的抗辩以及受托人对第三人的抗辩。

第三节　代理权行使与代理关系终止

一、代理权行使的限制

代理人在代理权限内，以被代理人的名义实施民事法律行为，就是代理权的行使行为。代理权的行使，在理论上，强调代理人必须为了被代理人的利益，恪尽职守，以被代理人的利益为本，避免出现诸如双方代理、自己代理、无权代理、非法代理，以及滥用代理权等不符合代理权设定目的的行为。

从被代理人民事权利实现的角度看，代理人行使代理权的限制，实际上，是一种对代理人实施代理行为的规范性规则。这些规则，有些已经成为我国目前民事法律法规中的具体规范，而有些，则尚待今后的民事立法，更进一步去完善。代理人在行使代理权的过程中，有如下几个方面的限制性规则：

1. 不得代理或禁止代理的行为。依照法律规定或者按照双方当事人约定，应当由本人实施的民事法律行为，不得代理。否则，凡是依法或者依双方的约定，必须由本人亲自实施的民事行为，如果由代理人代理实施的，则该行为是无效的。

还有，我国《合同法》第47条规定，限制民事行为能力人订立的合同，只有经法定代理人追认后，该合同有效，但纯获利益的合同或者与其年龄、智力、精神健康状况相适应而订立的合同，不必经法定代理人追认即为有效。同时，对于限制民事行为能力人订立的合同，相对人可以催告法定代理人在1个月内予以追认。法定代理人未作表示的，视为拒绝追认。合同被追认之前，善意相对人有以通知的方式撤销的权利。《民总专家稿》第159条明文规定了"禁止自己代理、双方代理"规则，即：非依法律规定或者非经被代理人的同意，代理人不得以被代理人的名义与自己实施法律行为。代理人不得以被代理人的名义与其同时代理的其他人实施法律行为，法律另有规定或者被代理的双方同意或者追认的除外。《民总一审稿》第148条则规定，代理人不得以被代理人的名义与自己实施民事法律行为，法律另有规定或者被代理人同意、追认的除外。代理人不得以被代理人的名义与其同时代理的其他人实施民事法律行为，法律另有规定或者被代理的双方同意、追认的除外。我国《民法总则》第168条的规定完全照搬前述规则。

2. 按照代理要求行使代理权。这种规则，主要是对于代理人行使代理权技能，或者技巧的具体要求。主要是：（1）委托代理人，按照被代理人的委托行使代理权；（2）法定代理人，依照法律的规定行使代理权；（3）指定代理人，则按照人民法院或者指定单位的指定行使代理权；（4）共同代理中，数个委托代理人共同行使代理权的，如果其中一人或者数人未与其他委托代理人协商，所实施的行为侵害被代理人权益的，由实施行为的委托代理人承担民事责任。

除此之外，与共同代理人相反的是，会出现被代理人是共同数人的情形。当被代理人是数人时，其中一人或者数人未经其他被代理人同意，而提出解除代理关系，因此造成代理人损害的，由提出解除代理关系的被代理人承担。

二、代理权行使限制的规则

（一）连带责任规则

由于代理关系是一种三方关系，所以，在代理权行使过程中，往往会出现各种各样的连带责任。在我国《民法通则》第四章第二节的规定中，就有连带责任的具体承担规则。主要是：（1）委托书授权不明的，被代理人应当向第三人承担民事责任，代理人负连带责任；（2）代理人和第三人串通，损害被代理人的利益的，由代理人和第三人负连带责任；（3）第三人知道行为人没有代理权、超越代理权或者代理权已终止还与行为人实施民事行为给他人造成损害的，由第三人和行为人负连带责任；（4）代理人知道被委托代理的事项违法仍然进行代理活动的，或者被代理人知道代理人的代理行为违法不表示反对的，由被代理人和代理人负连带责任。

（二）不履行职责规则

代理人不履行职责，是一种不负责任的表现。对于因为这种不负责任的行为，而给被代理人造成损害的，代理人应当承担民事责任。我国《民法总则》第164条规定，代理人不履行或者不完全履行职责，造成被代理人损害的，应当承担民事责任。代理人和相对人恶意串通，损害被代理人合法权益的，代理人和相对人应当承担连带责任。

（三）转委托规则

转委托，是代理权的又一次授予或者转手授予。发生转委托情形，往往是因为有重大的客观障碍等情况存在。所以，对于转委托，在民事立法上，多有限制性规则。主要是：（1）委托代理人为被代理人的利益需要转托他人代理的，应当事先取得被代理人的同意。事先没有取得被代理人同意的，应当在事后及时告诉被代理人，如果被代理人不同意，由代理人对自己所转托的人的行为负民事责任。

（2）由于急病、通讯联络中断等特殊原因，委托代理人自己不能办理代理事项，又不能与被代理人及时取得联系，如不及时转托他人代理，会给被代理人的利益造成损失或者扩大损失的，属于紧急情况。即为了保护被代理人利益的紧急情况，因此而转托他人代理的，转委托人不承担民事责任。

（3）委托代理人转托他人代理的，应当比照我国《民法通则》第65条规定的条件，办理转托手续。因委托代理人转托不明，给第三人造成损失的，第三人可以直接要求被代理人赔偿损失；被代理人承担民事责任后，可以要求委托代理人赔偿损失，转托代理人有过错的，应当负连带责任。

（四）无权代理与表见代理规则

我国《合同法》第48条～第50条规定，行为人没有代理权、超越代理权或者代理权终止后，以被代理人名义订立的合同，未经被代理人追认，对被代理人不发生效力，由行为人承担责任。但是，本人知道他人以本人名义实施民事行为，而不作否认表示的，视为同意代理，不构成无权代理。

对于无权代理，相对人可以催告被代理人在1个月内予以追认。被代理人未作表示的，视为拒绝追认。合同被追认之前，善意相对人有以通知的方式加以撤销的权利。至于行为人没有代理权、超越代理权或者代理权终止后，以被代理人名义订立合同，相对人有理由相信行为人有代理权的，属于表见代理，该代理行为有效。另外，法人或者其他组织的法定代表人、负责人超越权限订立的合同，除相对人知道或者应当知道其超越权限的以外，该代表行为有效。

三、代理关系的终止

代理关系作为一种民事关系或者商事关系，不可能是无限期存在的。代理关系的终止或消灭，有客观原因，也有主观原因。根据我国《民法通则》第69条、第70条的规定，代理关系终止的法定具体事由如下。

（一）委托代理终止的事由

我国《民法通则》第69条规定，《民总专家稿》第173条、《民总一审稿》第153条规定"委托代理的终止"法定事由，与我国《民法通则》第69条、《民法总则》第173条的规定，几乎完全一样。委托代理终止的法定事由是：（1）代理期间届满或者代理事务完成，这是最正常的一种代理关系终止原因，属于客观性质的原因；（2）被代理人取消委托或者代理人辞去委托，这是一种非正常的代理关系终止原因，属于主观性质的原因；（3）代理人死亡，这也是一种非正常的代理关系终止原因。由于代理人的死亡，代理的人身信任基础，已经不存在了。所以，代理关系当然应当因为这种客观原因的出现，而自然消灭；（4）代理人丧失民事行为能力，这一点的学理理由，与上一点基本相同；（5）作为被代理人或者代理人的法人或非法人组织终止，这也是一种客观原因引起的代理关系的终止。

由于法人或非法人组织的终止，与自然人的死亡具有同样的性质，所以，人"死"则代理关系"灭"。需要说明：被代理人死亡后，有下列情况之一的，委托代理人实施的代理行为有效：（1）代理人不知道被代理人死亡的；（2）被代理人的继承人均予承认的；（3）被代理人与代理人约定到代理事项完成时代理权终止的；（4）在被代理人死亡前已经进行、而在被代理人死亡后，为了被代理人的继承人的利益继续完成的。

《民总专家稿》第 174 条、《民总一审稿》第 154 条规定的"委托代理终止的例外"情形下，被代理人死亡后，委托代理人实施的代理行为有效。即：（1）代理人不知道并且不应当知道被代理人死亡的；（2）被代理人的继承人均予以承认的；（3）授权中明确代理权在代理事项完成时终止的；（4）在被代理人死亡前已经实施，在被代理人死亡后为了被代理人继承人的利益继续完成的。作为被代理人的法人、非法人组织终止的，参照适用这一规则的规定。我国《民法总则》通过后，第 174 条全部采纳此规定的内容。

（二）法定代理或者指定代理终止

应当说，委托代理关系的终止原因，偏重于客观原因，而较少设计到主观原因。与此相近的是，法定代理或者指定代理终止的原因，也是客观原因多于主观原因。根据我国《民法通则》第 70 条的规定，主要是：（1）被代理人取得或者恢复民事行为能力，这是一种与法定代理关系发生的相反理由。被代理人已经取得或者恢复了民事行为能力，成了完全行为能力人，那么，法定代理人当然应该退位了；（2）被代理人或者代理人死亡，这是一种实体权利主体的付阙和代理权人的不存在。因此，终止法定代理人的代理权，就是必要的；（3）代理人丧失民事行为能力，这种情况的出现，已经不符合法定代理设定的目的了；（4）指定代理的法院或者指定单位取消指定，这是一种主观原因。取消指定，意味着指定代理的目标已经实现，或者指定的理由已经消灭，所以，代理关系的消灭也是正常的；（5）由其他原因引起的被代理人和代理人之间的监护关系消灭，监护关系消灭了，法定代理关系当然就应当消灭。我国《民法总则》第 175 条除了删除"指定代理的法院或者指定单位取消指定"，其余的内容几乎完全相同。

第四节　无权代理

一、无权代理的概念和特征

（一）无权代理的概念

无代理权的人以他人名义实施的代理行为，称为无权代理，亦即无代理权之代理。无权代理在法律上并不当然无效。无权代理而以他人名义为代理行为，如经本人追认，即成为有权代理，发生与自始有代理权的代理同样的效力，而由本人承受法律行为的效果。如未经本人追认，则应由该无权代理人对相对人承担责任。无权代理如本人不予追认，也只是不直接对本人发生效力，并不是不发生法律行为的效力。我国《民法通则》、《合同法》等法律法规，对无权代理都设有专门的规定。

我国《民法通则》第 66 条规定，没有代理权、超越代理权或者代理权终止后仍然进行代理行为的，为无权代理。对于无权代理，只有经过被代理人的追认，被代理人才承担民事责任。未经追认的行为，由行为人承担民事责任。我国《合同法》第 48 条规定，行为人没有代理权、超越代理权或者代理权终止后，以被代理人名义订立的合同，未经被代理人追认，对被代理人不发生效力，而由行为人承担责任。理论上，无权代理发生后，相对人可以催告被代理人予以追认。被代理人在 1 个月内未作表示的，视为拒绝追认。无权代理被追认之前或者虽被追认但相对人不知道的，善意相对人有撤销的权利。撤销通知到达被代理人或者无权代理人时生效。如果本人知道他人以本人名义实施民事行为而不作否认表示的，视为同意。代理人不履行职责而给被代理人造成损害的，应当承担民事责任。代理人和第三人串通，损害被代理人的利益的，由代理人和第三人负连带责任。第三人知道行为人没有代理权、超越代理权或者代理权已终止还与行为人实施民事行为给他人造成损害的，由第三人和行为人负连带责任。

（二）无权代理的特征

1. 行为人实施的法律行为，符合代理行为的表面特征。代理行为的特征，有表面特征和实质特征两类。表面特征为：代理人以为意思表示为使命，代理人必须以被代理人的名义进行活动。而实质特征为：代理行为的法律效果直接归属于被代理人。无权代理是符合代理行为的表面特征，而不符合其实质特征的行为。若不符合代理行为的表面特征，则不属于代理行为，不能成立无权代理，而属于其他的行为，如无因管理行为等。

2. 行为人对所实施的代理行为不具有代理权。不具有代理权的原因，可以是原始的即自始未授予代理权，也可以是嗣后的即已授予代理权，但超越了其范围或期限行使代理权等。如果对代理权的有无发生了争议，无权代理人有责任证明其代理权的状态或者代理行为的依据。如果无代理权的事实，是由本人或第三人主张时，由他们负举证责任。

3. 代理行为的后果具有不确定的特征。无权代理行为，只有经过追认，才能转化成有效的代理行为。如果没有被本人追认，则只能是无权代理行为。对于无权代理行为的后果，只能由无权代理人自己承担。对于不知道无权代理的相对方的善意第三人，我国《合同法》第 48 条则规定了其有主张撤销权，可以撤销无权代理人的无权代理行为。

二、无权代理的发生原因

1. 根本未经授权的代理，自始就不存在代理权。即行为人从未获得被代理人的授权，也不存在获得代理权的其他根据，而以代理人的身份，对相对人为代理行为。

2. 超越代理权的代理。代理人始终有代理权，只是代理人所实施的代理行为超越了代理权范围。

3. 代理权已终止后的代理。代理人一度有代理权，而该代理权因发生代理权消灭事由已经消灭。代理人在代理权消灭后，仍以代理人身份对相对人为代理行为。[①] 在理解无权代理时，必须注意的是，我国《民法通则》第 66 条第三款、第 67 条规定了恶意串通、非法代理等情形的无效代理。同时，理论上还有自己代理、双方代理等无效代理。这里的无效代理，是因为违法而当然无效，不是无权代理。

三、无权代理的效力

在民法代理理论上，无权代理行为本人不予追认的，该行为并非当然无效。只是，不能依代理制度对本人发生代理行为的效力而已。这种情形下，该无权代理行为，如果具备一般法律行为的有效要件，虽不发生代理行为的效力，仍将发生一般法律行为的效

---

① 梁慧星：《民法总论》，法律出版社 2001 年版，第 256 页。

力，并由该无权代理人自己，作为当事人而承担相应的民事法律后果。

我国《民法通则》第66条规定，"未经追认的行为，由行为人承担民事责任"。我国《合同法》第48条也规定，"未经被代理人追认，对被代理人不发生效力，由行为人承担责任"。这些规定说明：无权代理，在本人不予追认时，仅仅对于代理人自己产生法律效力。

（一）被代理人的追认

无权代理经本人的追认，即转变为有代理权之代理，发生代理行为的效力。无权代理是否能转变为有权代理，取决于本人是否对此行为予以追认。在无权代理的情形，本人享有对无权代理人实施的民事行为，是否追认的权利，即追认权。此追认权，系为保护被代理人的利益而设定。因为，无权代理行为，并不一定对被代理人不利，法律为保护被代理人利益，以及为了有利于经济交易与流转秩序，特别设追认权制度，依被代理人的自由选择，决定该无权代理行为是否对自己发生效力。

（二）相对人的保护

1. 相对人的催告权和撤销权。因为代理是一种特殊的民事权利关系，涉及三方当事人的利益。所以，关于无权代理，法律为保护本人的利益，使其有追认权，而为保护无权代理之相对人的利益，使相对人有催告权和撤销权。相对人的撤销权，也属于形成权。其效力在于：在本人对无权代理行为未予追认前，相对人可以行使撤销权，消灭该无权代理行为，因此，使相对人与本人之间的民事行为归于无效。

我国《民法通则》第66条规定了本人的追认权，而未规定相对人的催告权和撤销权，于本人与相对人利害关系上，有失平衡之嫌疑。为弥补此漏洞，我国《合同法》第48条第2款，增设了相对人的催告权、撤销权的规定。

2. 相对人撤销权的限制。按照我国《合同法》第48条第2款的规定，对于相对人的撤销权的行使，有所制约和限制。主要是：一是唯有善意相对人，才有此撤销权，而恶意相对人没有此撤销权。此所谓"恶意"指相对人明知代理人无权代理；"善意"指相对人不知代理人无代理权。恶意相对人明知代理人无代理权，仍然与其为法律行为，使之承担本人不予追认所造成的后果，属于自甘冒险。故无赋予撤销权，予以特别保护的必要。反之，善意相对人并不知道代理人无代理权，为平衡他与本人之间的利益，有必要在赋予本人追认权的同时，赋予善意相对人撤销权；二是此撤销权，须在本人未追认前行使，如果本人已经追认，善意相对人的撤销权即归于消灭。如果本人已经表示否认，这时，无权代理行为已经注定不能对本人发生效力，善意相对人的撤销权，也当然归于消灭。

（三）行为人的责任

1. 无权代理人对相对人的责任。按照我国《民法通则》第66条、我国《合同法》第48条的规定，无权代理行为，本人不予以追认的，应由该无权代理人对相对人承担民事责任。此所谓承担民事责任，是指由该无权代理人自己，作为当事人履行该民事行为中对相对人的义务，或者不能履行时对善意相对人承担损害赔偿责任。但是，在相对人属于恶意，即明知代理人无权代理的情形，无权代理人可以不承担损害赔偿责任。必须注意的是，此无权代理人的责任，系由法律规定直接发生的一种特别责任，不以无权代理人有故意过失为要件，属于一种无过失责任。

2. 恶意相对人与无权代理人的连带责任。按照我国《民法通则》第 66 条第 4 款的规定，相对人明知代理人没有代理权，仍与之实施民事行为，因此给本人造成损害的，由该恶意相对人与行为人负连带责任。

3. 委托书授权不明时，本人与代理人的连带责任。委托书授权不明时，法律为维护相对人利益及经济流转秩序，使该代理行为对本人发生效力。其根据在于，因委托书授权不明，无法判断代理行为是在授权范围之内，或在授权范围之外时，视为在授权范围之内。

依授权行为之性质为单方行为，委托书授权不明，属于授权人即被代理人之过失，代理人本不应负责。但我国《民法通则》第 65 条第 3 款规定，代理人应与被代理人负连带责任。这显然是为了维护交易安全及相对人利益考虑。但未免对代理人过苛，使之有代人受过之嫌。

《民总一审稿》第 151 条规定的无权代理"赔偿责任"，是：（1）行为人没有代理权、超越代理权或者代理权终止后，仍然实施代理行为，未经被代理人追认的，代理行为无效；（2）相对人可以催告被代理人自收到通知之日起 1 个月内予以追认。被代理人未作表示的，视为拒绝追认；（3）无权代理人实施的行为被追认前，善意相对人有撤销的权利。撤销应当以通知的方式作出；（4）无权代理，不能构成表见代理，无权代理人实施的行为未被追认的，善意相对人有权要求无权代理人履行债务或者就其受到的损害要求无权代理人赔偿，但是赔偿的范围不得超过代理行为有效时所能获得的利益；（5）相对人知道或者应当知道代理人无权代理的，相对人和代理人按照各自的过错承担责任。我国《民法总则》通过后，其第 171 条规定的其他内容基本相同，但是，其第三款改为"行为人实施的行为未被追认的，善意相对人有权请求行为人履行债务或者就其受到的损害请求行为人赔偿，但是赔偿的范围不得超过被代理人追认时相对人所能获得的利益"。

第五节 表见代理

一、表见代理的界定与特征

（一）表见代理的定义

表见代理，是指无权代理人以被代理人的名义，与第三人实施民事行为，因为代理人与被代理人之间有某种特定的关系，客观上足以使善意第三人，有充分理由相信行为人具有代理权，因而被代理人应就行为人的行为后果，向第三人承担民事责任的一种法律制度。我国《民法通则》中，没有规定表见代理。《民总专家稿》第 170 条～第 171 条规定，表见代理是指因本人的原因致善意相对人合理信赖无权代理人享有代理权的，该行为直接对本人发生效力的情形。本人知道他人以代理人名义实施法律行为而不作否认表示的，也属于表见代理范畴。代理行为中，相对人对代理人的代理权限有必要的审核义务。未尽此义务的，不能认定其合理信赖行为人有代理权。

大陆法系国家和地区的民法典中，均未明文出现"表见代理"一词，所谓表见代理实乃学理归纳所得。英美法系国家，将表见代理称之为"不容否认的代理"或称"不容否认的声明"①。其不同于大陆法系国家的是，强调第三人有足够理由相信行为人有代理权，被代理人对这种行为后果不能否认，而应承担责任。

按照英美国家的法例，"外表授权"是代理权产生的原因之一。因为，外表的授权，而使第三人基于善良的信用，而认为该代理人拥有代理权的同时，被代理人对代理行为的后果不可否认，应承担相应的责任。这是英美法禁止反言原则，在代理关系上的具体应用。相对于大陆法系而言，表见代理只是法律拟制的有效代理，本质是无权代理。英美法系中的表见代理，更像是一种有权代理。另外，英美法系的归责原则也不同于大陆法系，它强调优势责任。

优势责任原则，是指由于本人较之代理人在经济上处于优势，其承担民事责任的能力更可靠，故应先由本人承担民事责任。现代民商法学界认为，这比严格责任更科学、合理，即表见代理强调被代理人主观上没有重大的过失就可以免责，这与无过错责任原则矛盾，而优势责任原则的法律后果比较明确，且与市场经济的公平和效益原则相一致。

表见代理的类型，包括：（1）授权表示型表见代理；（2）权限逾越型表见代理，即行为人原有某种代理权，但他超越代理权进行活动。这种超越又可以分为质的超越和量的超越②；（3）权限延续型表见代理，即代理权终止以后的活动，构成表见代理的情形等。

（二）表见代理的特征

表见代理，具有以下三个基本法律特征。即：

第一，行为人无代理权。无论是行为人自始没有代理权，还是超越代理权，或者代理权终止，行为人的代理行为，均未经被代理人授权或事后追认，都属于无权代理，以此与有权代理相区别。

第二，相对人有理由相信，该行为人有代理权。相对人有理由相信，该行为人有代理权，这是表见代理成立的关键。一般而言，它应具备以下三个条件：（1）相对人相信行为人有代理权，是有客观根据的，它以行为人与被代理人之间存在的某种事实上或法律上的联系为基础；（2）相对人必须是善意的，即不知道行为人无代理权；（3）行为人与相对人之间的民事行为合法。

第三，代理行为有效。代理行为有效，即其代理行为的后果，直接由被代理人承担。这是表见代理与无权代理的本质性区别，也是与无效代理的根本区别所在。

（三）表见代理的本质

表见代理的本质，有人以为是无权代理③，有人认为是有权代理，还有人认为，表见代理应当是一种独立的代理状态④，是与无权代理和有权代理并行的效力形式。尽管表见代理的实质内涵，与无权代理有相通之处，其表象特征及法律的后果，与有权代理有共同之点，兼具了无权代理和有权代理的某些基本特征。但是，更不容忽视的是它也

---

① 何美欢：《香港代理法》（上），北京大学出版社 1996 年版，第 69 页。
② 史尚宽：《民法总论》，中国政法大学出版社 2000 年版，第 546 页。
③ 王家福：《中国民法学·民法债权》，法律出版社 1991 年版，第 609 页。
④ 谭玲：《论表见代理的定性及表象形态》，当代法学，2001 年第 1 期。

有自己的独立的特征和要件。

二、表见代理的构成要件

(一) 表面要件

表见代理的构成要件，包括表面要件和特别要件两个方面。其表面要件，包括：无权代理行为人以被代理人的名义进行民事活动；行为人与相对人之间的民事行为合法有效，即当事人有相应的民事行为能力、意思表示真实、内容形式合法等；行为人与相对人之间，民事活动的法律效果，由被代理人承担。

(二) 特别要件

表见代理的特别要件，包括：(1) 客观要件。客观要件即行为人没有代理权，却有足以令相对人相信其有代理权的客观情形。相对人主张表见代理，须对自己误信行为人有代理权，在主观上不具有过失负举证责任；(2) 主观要件。主观要件，即相对人是否有过错的条件。在这里，还存在"单一要件说"和"双重要件说"等两种不同的主张，而且讨论非常激烈。

(三) 单一要件说与双重要件说

单一要件说，即相对人无过错说，指相对人对无权代理的发生无过错，是构成表见代理的唯一的特殊要件。不同于单一要件说，双重要件说中，本人承担的是一种过错责任。两者相比较，双重要件说更有合理性，更体现公平原则，更具有说服力。

现实生活中，单一要件说则更有效率。从制定代理制度的目的来说，确实是为了保护和扩大本人的利益，但是，表见代理制度的功能，主要是保护善意第三人的利益。所以，可以推论出：单一要件说更可取。虽然，被代理人的利益也应当重视，但却不宜是表见代理的构成要件，只是，在单一要件说赋予法官自由裁量权的范围中，予以考虑。

三、表见代理的适用

(一) 表见代理的效力

一般认为，符合构成要件的表见代理，具有与有权代理同样的效力，代理行为的法律效果直接归属于被代理人。被代理人承担表见代理的法律后果，如果因此受有损失，有权向无权代理人请求赔偿。如果损失因双方的过错发生，按双方过错的性质和程度分担损失。第三人可自由选择，主张表见代理或主张无权代理，可抛弃享受表见代理效力的地位，承认无权代理人的行为，为狭义的无权代理。而且，依民法关于无权代理的规定，追究无权代理人的责任。

(二) 对待表见代理的态度

1. 相关法律的规定。

改革开放以来，随着市场经济的发展，市民社会的不断发育，我国社会出现了大量的表见代理现象。但是，我国民事立法中，没有直接确立表见代理制度。我国《民法通则》第65条第3款、第66条第1款规定，"委托书授权不明的，被代理人应向第三人承担民事责任，代理人负连带责任。""本人知道他人以本人的名义实施民事行为而不作否认表示的，视为同意。"这些规定，不是关于表见代理的规定。

1987年7月21日，最高人民法院在《关于审理经济合同纠纷案件中具体适用经济合同法的若干问题的解答》第1条第（一）项中规定："合同签订人用委托单位的合同专用章或者加盖公章的空白合同书签订合同的，应视为委托单位授予合同签订人代理权，委托单位对合同签订人签订的合同，应当承担责任"。这种规定，具有表见代理的意义在其中。

最高法院的解答，虽然与我国《民法通则》第66条"没有代理权、超越代理权或者代理权终止后的行为，只有经过被代理人的追认，被代理人才承担民事责任"的规定相冲突，但是，事实上，最高法院的解释，是符合我国社会经济交往的实际情况的，因而是合理的。另外，我国《合同法》第49条规定，"行为人没有代理权、超越代理权或者代理权终止后以被代理人名义订立合同，相对人有理由相信行为人有代理权的，该行为有效。"这一条的规定，被认为是我国立法，第一次公开承认和规定了表见代理。

对于无权代理，我国《民法总则》第172条规定，行为人没有代理权、超越代理权或者代理权终止后，仍然实施代理行为，相对人有理由相信行为人有代理权的，代理行为有效；不得适用表见代理的情形，主要是：（1）行为人伪造他人的公章、合同书或者授权委托书等，假冒他人的名义实施民事法律行为的；（2）被代理人的公章、合同书或者授权委托书等遗失、被盗，或者与行为人特定的职务关系已经终止，并且已经以合理方式公告或者通知，相对人应当知悉的；（3）法律规定的其他情形。

2. 对待表见代的相关建议。

（1）不可滥用表见代理。对于表见代理，法律以牺牲被代理人的利益，保护善意相对人的利益，维护交易的安全，从制度架构上设立了表见代理制度，但是，它绝对不可以被滥用。比如，在夫妻之间的表见代理，并不是没有边界的。滥用表见代理，势必将更多的无辜的人牵涉进来，从而影响正常的社会交往和市民社会的法律秩序。

（2）表见代理不能混同于非法与犯罪行为。通过非法或犯罪行为，取得代理权凭证的无权代理行为，原则上，不能成立为表见代理，所谓的"被代理人"不应当不承担责任。这意味着，我们应当区分表见代理与非法或犯罪行为的界限。

（3）相对人的选择权。对于相对人来说，既可以向行为人要求其承担狭义无权代理的责任，也可以直接向被代理人主张表见代理的成立，要求其承担民事活动的法律后果；个别时候，还可以要求行为人与被代理人承担连带责任。无疑，选择权掌握在相对人手中，相对人选择权的行使，也不会因为代理人承担了责任，当然就损失了交易的机会，这符合民法所倡导的鼓励交易与效率原则。

（三）积极防范表见代理

1. 制度型防范。针对授权表示型的表见代理而言，制定严格的管理制度，有利于防止出现表见代理。也就是，除法定代表人以外，任何人以企业的名义，对外签订合同必须持加盖企业公章的授权委托书，否则，其所进行的一切行为，均视为其个人行为，与企业无关。当然，让每一个客户都知道企业的这种制度，是这种制度与防范措施的关键。

2. 授权书防范。针对权限逾越型的表见代理而言，授权书本身必须规范，是一项防范表见代理的有效措施。一般而言，委托书必须写明代理事项、有效期间等内容，否则，就容易发生授权不明确，法律规定因为授权不明造成的损失，由被代理人承担后果的不利情形。司法实践中，授权委托书的内容不规范，是极大的安全隐患，非常容易产生表见代理。尤其是职务代理，常常容易成为表见代理的捷径。

所谓职务代理，是指依照劳动或雇佣关系而取得代理权的代理。现实生活中，各单位内部通常有关于不同部门、不同职务、级别的人，享有不同职务权限的规定，成为限制或者明确是否构成表见代理的具体规范文件。但是，这些规定属于各个单位的内部规章，往往难以为相对人所了解或者知晓。加上职务往往是享有代理权的最好证明，所以，要减少或者避免表见代理，必须认真对待职务身份的管理问题。

3. 相对人告知防范。针对权限延续型的表见代理，如果企业法定代表人，包括企业主要负责人、主要业务人员的变更或调离，以及职务的升迁等重大变动情况，应当及时或尽快告知主要客户，或者相关的客户。企业相关的告知意思，应当以书面形式制作并邮寄送达。同时，企业法定代表人、负责人的变更，应尽快报当地工商局作变更登记，换发新的营业执照。以新的营业执照，作为一种对表见代理的可能的抗辩依据。

第六节　商事代理

一、商事代理的界定

（一）商事代理关系

1. 商事代理的概念。商事代理，又称商务代理、商业代理。广义上说，凡是人们以追求经济利益为直接目的，并在商业领域实施的一切代理行为，均可称为商事代理。但狭义上，商事代理仅指代理商以商号名义，为商号代为商行为的代理。即代理商受商号的委托，以商号的名义，在一定的区域内代为商行为以获取报酬，其法律后果直接由商号承担的一种代理制度。其中，商号称委托人，接受委托者称代理商。

2. 商事代理法律关系。商事代理有三方当事人，即代理商、被代理人以及第三人。他们在实施具体行为过程中，产生了三种不同的法律关系。即：（1）代理人与代理人之间的授权关系。这种关系是基于被代理人对代理商的明确委托授权产生的，是商事代理中的基础关系。

（2）代理商与第三人之间的关系。代理商依据代理权，以被代理人的名义向第三人为意思表示，或受领第三人所为意思表示。这种关系是形式上的交易关系，代理商一般并不承受行为所产生的后果。如果代理商超越代理权，而被代理人不予追认时，代理人与第三人的形式上的关系，就转变为具有实质内容的法律关系了，即由该无权代理的代理商，作为法律关系的当事人并对第三人承担责任。

（3）被代理人与第三人之间的关系。被代理人承受代理商为意思表示，或受领意思表示所致的法律后果，即对第三人享有一定的权利或承担一定的义务。这种关系是实质上的交易关系。

以上三方关系，又可以归纳为两层关系。一层是代理商与被代理人之间的内部关系；一层是代理商及被代理人与第三人之间的外部关系。前者是基于商事代理契约而成立的，后者则是基于买卖商品等商行为，或提供某种服务契约而成立的。[1]

---

[1] 顾功耘：《商法教程》，上海人民出版社 2001 年版，第 65 页。

（二）商事代理的法律特征

1. 代理商是在被代理人明确委托授权的情况下，代替被代理人实施行为。代理商代理被代理人实施的行为，视为被代理人自己实施的行为。

2. 代理商须以被代理人的名义实施行为。代理商以自己的名义实施行为，其法律后果就须自己承受。理论上，将代理商接受被代理人委托，以自己的名义实施行为的，称为"间接代理"。这种代理，在现实生活中，也常有所见。

3. 代理商在代理权限内，独立实施行为。代理商能以被代理人名义实施行为，而将结果归属于被代理人，是因为代理商拥有代理权。同时，代理商在行使代理权的过程中，有权在代理范围内，独立为意思表示，独立地决定代理行为的内容和方式。

4. 代理行为产生的法律后果，直接由被代理人直接承担。代理商实施的行为，在被代理人与第三人之间，发生设立、变更、终止相应的权利义务关系的法律后果。

5. 商事代理是有偿代理。代理商实施的行为，是被代理人委托实施的，被代理人必须向代理商支付报酬。如果事先未约定报酬，被代理人也必须按照惯常做法，或者交易习惯支付相应的代理报酬。

二、商事代理的范围与分类

（一）商事代理的范围

能够从事商事代理的人，应当是经过商人登记，并且可以从事商事代理业务的商人，即代理商。代理商所能从事的代理业务，应当限制在合法的商行为范围内。由于代理商代理行为，需要知识、信息、经验和能力等主客观因素的制约与限制，任何一个代理商，均不可能是万能代理商，它必须是某一方面或某几方面的专业代理商。

1. 业务范围。各种商事交易行为，以及提供各种代理服务。代理商能够选择代理的业务范围，主要有两方面：一是各种商事交易行为，如买卖、承揽、运输等；二是提供各种代理服务，如代理商事登记、税金缴纳、商标注册等。

2. 不适用商事代理的情况。以下几种行为，不适用商事代理：（1）具有人身性质的行为，如约稿、预约演出等；（2）按照当事人约定，不得由他人代理的行为；（3）内容违法的行为；（4）侵权的行为等。

（二）商事代理的分类

按照代理商代理权限的大小，对商事代理进行分类，可以分为：独家代理、普通代理和总代理等。

1. 独家代理。独家代理，是指在约定地区和一定时期内，享有某种或某些指定商品的专营权的代理。在这里，所谓专营权，是指独家代理商行使专卖或专买的权利，即在代理合同有效期限内，所代理商品在该地区只能通过该"独家代理"商进行经营。被代理人在该地区和合同期限内，不得再委派第二个代理商从事同类业务，被代理人自己也不得在该地区和合同期限内，直接从事这种业务。如果直接从事业务，被代理人仍应向独家代理商支付这些业务的佣金。

2. 普通代理。普通代理，是指不具有排他性代理权的商事代理。按照这种方式，被代理人可以在同一市场上，同时建立多家代理关系，也可超越代理商直接销售商品，却不向代理商支付佣金。普通代理与独家代理的区别，主要在于：代理权不同、收取佣金的范围不同。

3. 总代理。总代理，亦称全权代理。它是指由委托商在特定时间内设立的，将委托商的全部商业事务或者某一个方面的全部事务，交由代理商进行全权处理的商事代理。在总代理中，代理商既能够享有专营权，又可以代表委托商从事签约、履约，以及处理货物等各种商务活动。由于总代理赋予了代理商较大的权限，被代理人委托授权时，要十分谨慎。①应当说明：现实经济生活中，总代理的使用比较少见，而独家代理、普通代理的使用，要普遍得多。

西方国家的许多著名的大公司或者跨国公司，往往是通过其世界性的商事代理网络，让其商品或者服务，长驱直入般地进入有关国家和地区市场。比如微软、可口可乐、西门子以及奥迪、奔驰和宝马等产品，就是这样进入中国市场的。

三、商事代理与民事代理的区别

1. 产生的根据不同。商事代理产生的唯一依据，是被代理人的委托授权。而民事代理可以是法定的代理、委托代理和指定代理等，产生的依据是多个而不是一个。

2. 代理人实施代理的目的不同。商事代理的目的，是为了取得报酬。民事代理中的法定代理，指定代理均是无偿的，并不是为了获得代理报酬，即或是委托代理，也可能是无偿的，并不都是以有偿为目的。

3. 对代理人的资格要求不同。商事代理的主体，只能是商人。并且，是具有一定专业知识和能力的从业人员，具有专业性强的特点。而民事代理的主体，可以是任何公民个人，也可以是任何法人，大多数情况下，并没有非常严格的主体资格条件中的专业化要求。

4. 代理的内容不同。商事代理是一种营业，代理本身是实施商行为，是有偿行为。而民事代理限于民事行为，有的涉及的是财产关系，而有的是非财产的人身关系；同时，有的是有偿的，有的是无偿的，并且，不以有偿作为民事代理的条件。

5. 对转委托的要求不同。转委托又称复代理，是指委托代理人为了被代理人的利益的需要，将其所享有的代理权的一部分或者全部转托他人。因转委托而享有代理权的人，称复代理人。在民事代理中，可以产生复代理。只要符合下列两项条件，就可以。即：（1）必须是为了被代理人的利益；（2）应事先取得被代理人的同意，紧急情况下未经被代理人同意而转委托的，应尽快通知被代理人并作出说明。而在商事代理中，代理商有权选任自己的转代理商，只要被代理人在合同中没有禁止性约定，代理商转委托就有效。

思考题

1. 代理产生的原因，与代理制度的作用评述。

2. 请说明：代理权的本质，以及代理权行使的限制因素。

3. 简述无权代理、表见代理的联系与区别。当你遇到表见代理时，应当是什么态度？

---

① 徐学鹿：《商法学》，中国财政经济出版社 1998 年版，第 182 页。

4. 何谓复代理、职务代理、家事代理和间接代理？间接代理中的披露义务与介入权是什么？

5. 商事代理的产生原因与民事代理是否相同，为什么？

学习资料指引

1. 梁慧星：《民法总论》，法律出版社 1996 年版，第 7 章。

2. 魏振瀛：《民法》，北京大学出版社、高等教育出版社 2000 年版，第 9 章。

3. 彭万林：《民法学》，中国政法大学出版社 1999 年版，第 8 章。

4. 张俊浩：《民法学原理》，中国政法大学出版社 1991 年版，第 9 章。

5. 何美欢：《香港代理法》（上），北京大学出版社 1996 年版，第 1 章～第 13 章，第 15 章。

6. 刘心稳：《中国民法学研究评述》，中国政法大学出版社 1999 年版，第 258 页。

7. 谭　玲：《论表见代理的定性及表象形态》，当代法学，2001 年第 1 期。

参考法规提示

1. 《中华人民共和国民法通则》，第 63 条～第 70 条，第四章民事法律行为和代理第二节代理。

2. 《中华人民共和国民法总则》，第七章代理／第 161 条～第 175 条。

3. 《中华人民共和国合同法》，第 47 条～第 49 条、第 402 条～第 403 条，第二十一章委托合同。

4. 《中华人民共和国工会法》，第 6 条。

5. 《中华人民共和国海商法》（1992 年 11 月 7 日），第 72 条、第 75 条、第 91 条、第 175 条。

6. 《中华人民共和国对外贸易法》（1994 年 5 月 12 日），第 13 条。

7. 商务部《中华人民共和国国际货物运输代理业管理规定实施细则》（2004 年 1 月 1 日），第 3 条～第 5 条，第二章设立条件。

8. 国家知识产权局《专利代理管理办法》（2003 年 6 月 6 日），第三章专利代理人的执业。

9. 国家发展计划委员会《招标代理服务收费管理暂行办法》（2002 年 10 月 15 日），第 7 条，第 10 条。

10. 中国保监会《保险代理机构管理规定》（2001 年 11 月 16 日），第 4 条～第 5 条。

11. 国家税务总局《税务代理业务规程（试行）》（2001 年 10 月 8 日），第 3 条，第二章税务代理关系的确立。

12. 中国人民银行《商业银行、信用社代理国库券业务管理办法》（2001 年 1 月 9 日），第 2 条～第 6 条。

13. 铁道部《铁路客运售票代理试行办法》（1998 年 5 月 8 日），第 7 条～第 9 条。

14. 财政部《代理记账管理暂行办法》（1994 年 5 月 31 日），第 4 条～第 13 条。

15. 交通部《中国外轮代理公司业务章程》（1986 年 12 月 13 日），第 2 条～第

3 条。

16. 对外经济贸易部《关于对外贸易代理制的暂行规定》(1991 年 8 月 29 日)，第 2 条～第 5 条。

17. 最高人民法院《关于贯彻执行〈中华人民共和国民法通则〉若干问题的意见（试行)》，第 78 条～第 83 条。

18. 最高人民法院《关于审理经济合同纠纷案件中具体适用经济合同法的若干问题的解答》(1987 年 7 月 21 日)，第 1 条。

19. 《中华人民共和国民法总则（草案)》（即《民总一审稿》)，第 142 条～第 155 条。

20. 《中华人民共和国民法总则专家建议稿（征求意见稿)》，即《民总专家稿》，第 159 条、第 161 条～第 166 条、第 170 条～第 171 条、第 173 条～第 174 条。

第十一章　民事责任

【阅读提示】义务主体不履行民事义务，或者民事权利滥用，都应当依法承担民事责任；民事责任制度是为了民事权利的取得、享有、行使、实现和救济，提供法律强制性保障的基本制度设计。本章的重点，是把握民事责任产生的原理，民事义务与民事责任的关系，民事责任的定义、特征及其功能，并深入理解各种民事责任的界定与构成要件，归责原则，以及民事责任的承担方式等。本章的难点是："融合说"、"分离说"以及"原因模式"、"后果模式"的理论根源；有限责任；缔约过失责任、违约责任和侵权责任的区分；过错归责与无过错归责、公平责任；不可抗力免责；民事责任优先原则；民事责任的类型化；民事责任的承担与追究；民事责任的单独承担与合并承担等，民事责任的实现路径。

第一节　民事义务与民事责任

一、民事义务的定义

（一）民事义务的概念

民事义务，是指在民事法律关系中，义务主体为满足权利主体的利益需要，在民事权利限定的范围内必须为一定行为或不为一定行为的约束或者束缚的必要性。民事义务是民事权利的另一种表现，即义务主体通过必须为一定行为或不为一定行为给民事权利提供实现的保障。许多时候，民事义务的履行与完全履行，是民事权利实现的基本条件。在民事权利理论中，民事义务作为民事权利不可分割的伴生物，而成为民事权利取得、享有、形式和实现的基本条件。因此，民事立法时，往往不对民事义务另作特别规定。

理论上，民事义务的根本特征在于其约束性或者拘束力，即为满足权利主体的需要，义务主体必须为一定行为或不为一定行为，并通过这种为一定行为或不为一定行为，实现义务主体的民事利益，与权利主体民事利益的互换或者具体交易。如果义务主体应为一定行为而不为或不应当为一定行为而为之，不但自己的民事利益不能顺利实现，而且，权利主体的民事利益也必然受到损害。于是，义务主体就会承担相应的民事责任。当然，民事义务的范围，是由民事权利具体来限定或者确定的，超过了权利主体的民事权利限定的范围，义务主体便没有必为一定行为或者不为一定行为的民事义务了。这种民事义务与民事权利的统一性，决定了民事义务也是一种积极利益。

（二）民事义务的分类

1. 法定义务与约定义务。根据民事义务发生的根据，可分为法定义务与约定义务。所谓法定义务，是直接依据民法规范所产生的而非由民事主体约定的法律上的义务。这种义务，属于必须履行的义务，例如，不得侵犯他人财物的义务就是。而所谓约定义务，是指民事主体通过民事活动如民事合同等，按照自己的意愿自行约定的契约上的义务，如买卖合同中出卖人、买受人债务人作为债务人的义务便是。这种义务的履行，依靠民事主体的自觉、自愿和意思自治的民事义务意识作为基本保证。

2. 积极义务与消极义务。根据民事义务的内容，可分为积极义务与消极义务。所谓积极义务，是指以义务主体必须为一定行为（作为）为内容的一种民事义务，如交付财物的义务等。而所谓消极义务，是指以义务主体必须不为一定行为（不作为）为内容的一种民事义务，如不干涉或者妨碍所有人行使其所有权的义务。理论上，积极义务被确定为"必为义务"或者"必应得为的义务"，而消极义务被确定为"不为义务"或者"不应得为的义务"，都与民事责任存在着直接的内在关系。

3. 专属义务与非专属义务。根据民事义务与义务主体的关系，可分为专属义务与非专属义务。所谓专属义务，是指义务主体不得将其移转给其他人负担或者承担的一种义务，如某特邀演员演出的义务就是。而所谓非专属义务，是指义务主体可将其移转给他人负担或者承担的一种义务，如偿还欠款的义务。这种分类的意义和价值在于：专属义务的履行必须由特定的义务主体来完成，而非专属义务可以由任何民事主体代为履行。由此，就出现了合同义务由第三人履行和向第三人履行的"合同第三人制度"。①

（三）民事义务的法律特征

1. 观念性。民事义务属于民事主体的一种观念形态的事物，是由民事主体的民事义务意识决定其存在和能否实现的一种法律文化中的观念文化现象，是对其法定义务或者约定义务的必应得为而为之，以及不应得为而不为的同方向性行为的做（或不做）的观念性的要求。明确这一基础性法律特征，即民事义务的履行，完全取决于民事主体的义务意识和义务观念，是非常重要的。按照《中共中央关于全面推进依法治国若干重大问题的决定》（2014 年 10 月 23 日，简称《依法治国决定》）中，大力弘扬社会主义核心价值观，以道德滋养法治精神，增强法治的道德底蕴，强化规则意识，倡导契约精神，弘扬公序良俗，引导人们自觉履行法定义务、社会责任、家庭责任的精神，② 全民法治观念中，自觉履行法定义务是民事义务观念性的基础。

---

① 我国《合同法》第 64 条～第 65 条规定，当事人约定由债务人向第三人履行债务的，债务人未向第三人履行债务或者履行债务不符合约定，应当向债权人承担违约责任；当事人约定由第三人向债权人履行债务的，第三人不履行债务或者履行债务不符合约定，债务人应当向债权人承担违约责任。在这里，总是由"债务人"承担违约责任，说明了一般合同义务为非专属义务。

② 《中共中央关于全面推进依法治国若干重大问题的决定》（2014 年 10 月 23 日）中规定，必须坚持一手抓法治、一手抓德治，大力弘扬社会主义核心价值观，弘扬中华传统美德，培育社会公德、职业道德、家庭美德、个人品德；既重视发挥法律的规范作用，又重视发挥道德的教化作用，以法治体现道德理念、强化法律对道德建设的促进作用，以道德滋养法治精神、强化道德对法治文化的支撑作用，实现法律和道德相辅相成、法治和德治相得益彰；加强公民道德建设，弘扬中华优秀传统文化，增强法治的道德底蕴，强化规则意识，倡导契约精神，弘扬公序良俗。发挥法治在解决道德领域突出问题中的作用，引导人们自觉履行法定义务、社会责任、家庭责任。

2. 法定性。所谓法定性，一方面是说民事义务中，法定义务当然具有法定性，而约定义务在符合民法规范要求时，也是具有法定性即法律拘束力或者法律强制性的。民事主体履行民事义务，就是按照民事义务作为一种关于义务主体的必应得为而为之，不应得为而不为的行为要求，自觉主动地完成民法规范对自己的行为的表面上的规定性要求。也就是说，民事义务作为一种义务主体的行为要求，实际上是民法规范依法向民事主体即义务主体提出来的；民事义务之所以代表着民法规范的要求，是因为规定民事义务的民法规范，实际上以事先调整模式，即民事立法——主体意识——义务设定——义务履行——民事责任这样的民事行为模式表现出来的，其民事法律后果是预先设定的。必应得为而为之的行为，以及不应得为而不为的民事义务履行态度、行为和结果，都是遵守民法规范，诚实信用和严格履行民事义务的表现。

3. 利益性。所谓利益性，是指一般情况下民事义务与民事权利是对称的，是民事权利的另一种属性而已。此时，民事义务的利益性，表现在三个层面上：（1）民事义务的设定，主要是以民事权利实现的交换对象而设定的，不论是法定义务还是约定义务；（2）民事义务的履行，是义务主体取得享有、行使和实现民事权利的基本条件。也就是，"必欲取之"则"必先予之"。而"必先予之"实际上就是民事义务的履行，或者为民事权利的取得、享有、行使和实现创造对待给付的条件；（3）义务主体实施与民事义务要求相反的行为，即必应得为而不为或者不应得为而为之，必然给权利主体或者给他人或者第三人或者给社会利益带来必然性损害。而这种损害，本质上就是一种民事利益的消极表现。从这个意义上讲，民事权利、民事义务和民事责任等，都是一种民事利益的表现形式或者民事法律制度设计而已。

4. 条件性。所谓条件性，是指从民事义务的消极利益样态，转化成民事利益或者民事权利的积极利益样态是需要义务主体的积极作为即民事义务的正确、及时和完整旅行的，而这种民事义务的履行，主要取决于义务主体态度的情形。虽然，民事义务所代表的民法规范的守法要求即民事义务的履行要求，指示着义务主体只能就某种民事行为做或者不做——必应得为而为之与不应得为而不为，或者必应得为而不为与不应得为而为之，民事义务作为一种民事利益的法律要求，对义务主体而言，只是在法律行为的形式上，减少了其在做和不做之间进行选择的自由、自愿或者意思自治，属于"利益任性"范畴。但是，这种义务主体的民事义务履行条件，通过民法规范系统设计变成民事法律制度的时候，其义务履行的"利益任性"选择的自由、自愿或者意思自治被大量限制，而减少义务主体的这种选择自由，并不是对义务主体的一种不利。因而，民法规范总体上对义务主体履行义务，采取的是积极干预和控制其"利益任性"行为的态度。

二、民事义务履行与不履行

（一）民事义务履行的理由

民事义务是民事责任产生、承担和追究、实现的前提，所以，民事义务的履行就至关重要。在一个民事法律—民事活动—民事法律关系—民事权利—民事利益实现的话语环境中，一切民法规范的效力，是否都源于法律的直接规定？依纯粹法学派的观点，民事义务与民事责任同源于民法规范的规定，从这个视角出发，对二者之间进行比较、分析和逻辑关系的揭示，显然不能取得更多收获。如果依据自然法学派的观点，法律权利法律义务表面上是法律规范规定的结果，实际上以自然权利与自然义务为基础，虽然不能同样认为民事责任就是一种自然责任，但是，民事责任来自于对自然规律的肯定与承认、遵从，所以，民事义务在具有法定性和观念性的时候，就要求义务主体自觉主动地履行之。也就是说，只有履行民事义务，民事主体才能得到民法的保护，这是无法回避和可以逃脱的。

从实在法层面上，民事义务与民事责任虽然同由民法规范来规定，而在涉及具体民事义务与民事责任的关系时，民事义务不仅可以由民法规范直接规定，还可以由民事主体通过合意进行具体约定，然而，民事责任是不可以由民事主体来约定的。表面上看，民事主体可以对民事责任的承担与追究进行自由处分，但是，这只是民事责任实际承担与追究的形式约定而已，并不是民事责任可以由民事主体来约定。从根源进行上看，民事义务的约定是民事主体意思表示的一种契合的结果，而民事责任作为一种特殊的债权债务关系，其发生非出于民事主体双方的自愿，而是出于民法规范对民事责任的制度型设计与直接规定。基于此，民事义务是必须履行的，不履行就有民事责任作为"法律后果兜底"。所以，民事义务是民事责任产生的核心根源。但是，事实上，个别义务主体拿民事义务当儿戏，不履行义务成为习惯或者把不履行民事义务"能力"、"本事"，而把守法尤其是自觉履行民事义务视为"无能"，是极其荒谬的！

（二）民事义务具有履行强制性

民事义务是一种法律上的约束或者拘束力。对此观点，学界并无异议。但是，就民事义务的约束性的具体内涵而言，则有不同意见和看法，有种观点。"融合说"即民事义务与民事责任融合说认为，民事义务的约束性，实质上源于民法规范对民事行为的约束和强制力。如果义务主体不履行或者不完全履行其所承担的民事义务，那么，民事义务所具有的民法强制性就会立即显现出来。而这种强制性实际上就是民法规范的制裁性。所以，对民事义务的履行而言，其制裁性主要体现在民事义务不履行的民法后果上，即义务主体所承担的民事责任上，是民事义务自身带有的"制裁性"的延伸而已。

"分离说"认为，民事义务并不具有强制性与制裁性，也就是强制性与制裁性都只不过是民事责任的属性而已。依照日耳曼法思想，债务在法律上属于"当为"，不含有法律上的强制，因此，债权人无强制债务人为给付的权利；如欲强制债务人为给付，须在债务人之外另有责任关系存在。而所谓"责任关系"，是指债务人当为给付而未为给付或不完全为给付时，应当服从债权人强制取得的一种关系，它附加于债务关系之上并使其具有拘束力。依凯尔森的观点，法律义务并不是规范所"要求"的、"应当"被遵守的行为；只有制裁才"应当"被执行。由此而言，民事责任是否为民事义务之必然延伸或必然产物，是否为义务关系所当然包含，就需要认真分析。

"融合说"与"分离说"核心分歧，在于民事义务是否具有强制性和制裁性，在大力弘扬社会主义核心价值观即"爱国、敬业、诚信、友善"层面，民事义务的强制性与制裁性，就是遵守民法规范，民事主体从事民事活动，应当遵循自愿原则，既要按照自己的意思设立、变更和终止民事关系，也应当遵循公平原则，合理确定各方的权利和义务，遵循诚实信用原则，自觉维护交易安全。同时，应当保护环境、节约资源，促进人与自然和谐发展，应当遵守法律，不得违背公序良俗，不得损害他人合法权益，即自觉主动履行民事义务，是不讲条件的。由此而言，民事义务所具有强制性和制裁性也是理所当然的。

（三）民事义务不履行的结果

民事义务履行后，便是合法行为的一种法律效果即合法性效果的表彰；而民事责任则是违法行为尤其是民事义务不履行的不合法效果的表现形式。因此，民事义务与民事责任之间所具有的内在联系本身，意味着民事义务与民事责任的联系与分离之中，民事义务为民事权利尤其是民事法律关系的基础，而民事责任为民事义务违反或者不履行的一种后果或者结果，民事责任是对民事义务不履行的一种恢复或者补救的救济途径。

如果，民事责任的承担与追究、实现，必须以民事主体具有民事责任能为前提的话，那么，可以类推的是，民事义务的履行也必须以具有民事行为能力，即民事义务履行能力为前提。一般而言，民事行为能力中，当然应当包含民事责任能力。理由是：民事责任能力究竟是一种民事主体对其民事行为的表意能力与承担后果的能力，也包括民事主体事实任何不法行为的能力。因此，民事义务的不履行，也就意味着民事责任承担的必然性。只是，有时候民事义务的设定的民事行为能力，并不等同于民事责任承担的能力。

民事义务与民事责任的现实性与潜在性转换之间，需要对民事义务的不履行，作更加细致和深入的思考，那就是：不管民事主体不履行民事义务的原因是什么，只要民事义务不履行，其对民事主体的对方当事人的民事利益就带来了损害，这种损害的消除和减轻，需要民事义务履行能力与民事责任承担能力转换条件的深入分析和研究。

三、民事义务与民事责任的必然联系

（一）民事义务与民事责任认知上的联系

在学理上，民事义务与民事责任之间的关系，存在着两种截然相反的认知模式即"分离说"与"融合说"。民事义务与民事责任的关联性大体表现为：民事责任必须以民事义务为前提，否则，民事责任的适用将丧失法律依据；同时，有民事义务就应当有民事责任，否则民事义务将丧失民法规范的强制力保障，只能将其划归道德调整的范畴。

一般情况下，违反民事义务的义务人与民事责任承担人者为同一民事主体，并且，承担民事责任的范围、程度，决定于违反民事义务的范围、程度等等。正是由于它们之间的这种密切联系，罗马法认为，民事责任是义务不履行的必然结果，民事责任为民事义务所包含，故罗马法中未将民事责任与民事义务做明确区别。日耳曼法之后，民事义务与民事责任有了明确的区别，[①] 其最大区别在于：民事义务是义务主体为满足权利主体的某种利益的需要，为一定行为或不为一定行为的必要性或者法律强制力，而民事责任是义务人不履行民事义务所应承担的法律制裁后果。违反民事义务是承担民事责任的前提，承担民事责任必然以违反民事义务或者不履行民事义务为前提。有时候，民事义务与民事责任之间不外乎是基础与保障的关系，即民事责任以民事义务为基础，以民事主体不履行民事义务为条件；民事责任是民事主体履行民事义务和实现民事权利的法律保障。

近现代大陆法系民法因受日耳曼法影响，对民事义务与民事责任作出了明确的区

---

① 翟云岭：《民事义务与民事责任的分离》，《政治与法律》，1991年第4期，第22页。

分。我国《民法通则》立法时，因继受大陆法系民法及苏联民法思想，也严格区分民事义务与民事责任两个概念。应当说，看似极为简单、明了的民事义务与民事责任之间，究竟存在何种关系的问题，强调其区别的背景意义何在？这也恰恰是"分离说"理论的价值之所在。即民事义务与民事责任之间，并非完全的对应关系，不履行民事义务的民事主体，不见得必然是民事责任的承担人。相反，承担民事责任的人，也不见得必须是不履行民事义务的义务主体。

（二）民事义务与民事责任法律上的联系

学者认为，民事责任制度的法律构造或者机构上，存在着"原因模式"与"后果模式"的差异。在责任形式多元化的情况下，"后果模式"与后果引导的法律救济思维特征更相契合。"后果模式"以功能性的责任形式为基础，不同功能性责任具有不同的构造逻辑和一般要件。根据"救济与权利一致"原则，不同责任基础具有相同或相似的结构形式，这为一般责任规范的提出奠定了基础，不同责任基础表现为一般责任规范的具体实现形式。一般责任规范与具体责任基础这种关系的厘清，有助于恢复被异化的责任基础的功能设置，实现不同责任基础的效果融合或责任统一。责任融合降低了现行法所贯彻的请求权竞合模式的正当性，为共同责任规范的立法抽象提供了可能性。对于我国民法典民事责任制度的建构而言，依"后果模式"配置责任制度是开发我国《民法通则》"民事责任"编制积极价值的可行之道。①

我国《民法通则》第 106 条规定，公民、法人违反合同或者不履行其他义务的，应当承担民事责任。这便是"后果模式"的立法选择，于是，公民、法人由于过错侵害国家的、集体的财产，侵害他人财产、人身的，应当承担民事责任。没有过错，但法律规定应当承担民事责任的，应当承担民事责任。理由是，不论是否有过错，只要有违反合同或者不履行其他义务的行为的，必然造成权利主体民事利益实现的困难或者障碍——侵害国家的、集体的财产，或者侵害他人财产、人身利益的，当然应当承担民事责任了。《民总一审稿》第 156 条也规定，民事主体应当依照法律规定或者当事人约定履行民事义务。民事主体不履行或者不完全履行民事义务的，应当依法承担民事责任。我国《民法总则》通过后，在第 176 条规定"民事主体依照法律规定和当事人约定，履行民事义务，承担民事责任"。这种民事立法选择，也是"后果模式"的体现了。

我国《合同法》第 107 条～第 110 条规定，当事人一方不履行合同义务或者履行合同义务不符合约定的，应当承担继续履行、采取补救措施或者赔偿损失等违约责任。或者当事人一方明确表示或者以自己的行为表明不履行合同义务的，对方可以在履行期限届满之前要求其承担违约责任。前者是义务主体到期违约承担的违约责任，后者是义务主体预期违约承担的违约责任。还有，当事人一方未支付价款或者报酬的，对方可以要求其支付价款或者报酬，这是继续履行的责任承担方式；而当事人一方不履行非金钱债务或者履行非金钱债务不符合约定的，对方也可以要求继续履行，除非合同义务在法律上或者事实上不能履行、债务的标的不适于强制履行或者履行费用过高，以及债权人在合理期限内未要求履行等情况出现的。由此而言，我国《合同法》也主要是采用"后果

① 张家勇：《论统一民事责任制度的建构——基于责任融合的"后果模式"》，《中国社会科学》，2015 年第 8 期，第 84 页。

模式"立法的一种典型选择。

（三）民事义务与民事责任利益上的联系

民事义务，是指义务主体依照民法规范负有的为保障权利主体实现其民事利益，而为一定行为或不为一定行为的法律约束或者法律拘束力的表现形式。而民事责任，是指义务主体违反民事义务所应承担的一种消极法律后果。也就是说，当义务主体未履行其法定义务或者约定义务，或履行的民事义务不符合法律规定或者双方的约定时，义务主体应当承担相应的消极法律后果。也就是说，民事义务与民事责任的最根本目的，都是为了使权利主体的民事权利得以实现；由此而言，民事义务是民事责任的利益基础，民事责任的承担、追究和实现，必须以民事主体不履行民事义务为条件，无民事义务的存在，便无民事责任的承担。所以，民事责任是义务主体履行民事义务及实现民事权利的一种民事法律制度的保障。

近代民法上的民事责任，本质上是一种特殊的债权债务关系，一种新的民事权利义务关系，是原有民事法律关系的一种变更形态。尽管民事义务与民事责任有紧密的联系，但是，二者毕竟相互独立，其相互区别是非常清晰的。即：

1. 法律性质不同。民事义务基于民法规范的直接规定或当事人的合法意思表示而发生，当民事主体负担某种民事义务时，他并未处于民事违法者的地位。而民事责任，作为民事违法行为的法律效果，当民事主体承担民事责任时，即意味着他已处于民事违法者的法律地位。民事义务体现为一种现实的、具体的约束，是民法规范要求义务主体必须履行的具体作为或者不作为。民事责任是义务主体违反民事义务而应承担的民法上的不利后果，这种不利后果是潜在的、非现实的，是民法对权利主体的民事权利实现设置的一种保障而已。

2. 发生条件不同。民事义务的发生条件，是民事合法行为（包括合法的表意行为与事实行为）和某种适法的事实状态。而民事责任的发生条件，则是民事主体实施了违反其依法负担的民事义务的民事违法行为。当然，有时候这种划分是相对的，比如当事人恶意串通的时候，双方当事人都在实施民事违法行为。

3. 法律上的拘束力不同。民事义务属于"应为而为"或者"不应为不为"的"当为"状态，由义务主体自觉履行，并以诚信原则和与人为善来保障，其民法上的拘束力，体现为民事主体受到民法规范潜在的强制性和制裁性的左右。而民事责任属于"违约必担责"或者"违法应担责"的"必为"状态，这属于一种后果型事实状态。因此，民事责任由民法规范强制责任主体承担，民事责任作为民事违法行为的一种法律后果，民法规范的强制性和制裁性，已经现实地落在民事责任的承担主体的头上了。

4. 民事义务与民事责任包含的内容不同。民事责任以承担主体所受的"不利益"为内容，而民事义务对负担主体而言，并非属于真正的"不利益"。有时候，义务主体要想实现自己的积极利益，通过履行义务得到的并不是消极利益，而是积极利益；而依据民法规范强制义务主体承担民事责任，是强制其承担不履行义务或者不完全履行义务的真正"不利益"。民事责任的内容，体现为民法规范对违反民事义务的民事主体的民事利益，强行进行分配或者干预性转嫁损失或者损害这些不利后果，这种民事法律制度上的设计与安排，是对民事违法行为的实施主体，给予的一种民事违法行为的制裁：即强制使其承担真正的"不利益"。

5. 民事义务与民事责任承担者的范围不同。任何民事主体，在民事法律关系中，都会依法承担一定的民事义务，由此而言，民事义务被分成法定义务和约定义务。而民事责任，作为民事违法行为的一种民事法律后果，则不是任何民事主体都应当承担的。一般情况下，民事义务的承担主体的范围，远远要大于民事责任的承担主体的范围。比如，我国《合同法》第317条～第318条规定，多式联运经营人负责履行或者组织履行多式联运合同，对全程运输享有承运人的权利，承担承运人的义务。同时，多式联运经营人可以与参加多式联运的各区段承运人，就多式联运合同的各区段运输约定相互之间的民事责任，但该约定不影响多式联运经营人对全程运输承担的民事义务。可见，多式联运经营人、各区段承运人与托运人、收货人之间的民事权利、民事义务和民事责任关系中，承担多式联运的各区段承运人与多式联运经营人作为民事义务的承担主体，与多式联运经营人对全程运输承担的民事责任的责任主体而言，显然要多很多了。

第二节　民事责任界定

一、民事责任的定义与特征

民事责任，即民事法律责任，指民事主体不履行民事义务包括法定义务与约定义务，而依法应当承担的不利的民事法律后果。民法是权利法，大多数民事法律规范的内容，都是授予民事主体以民事权利。当事人根据民事法律规范，缔结民事法律关系的目的，也是为了享有民事权利，并通过义务主体履行义务，而实现民事权利。没有民事义务的履行，就没有权利的实现。

民事责任制度的建立，可以促使义务主体自觉履行义务。如果，义务主体不履行义务或者不按照要求履行义务，就要依照民事责任的法律制度，承受相应的不利的法律后果。民事责任制度，为民事法律关系中权利主体权利的实现与救济，提供了法律上的强制力保障。在学理上，民事责任不同于民事义务，民事义务是根据法律规定，或者依法约定民事法律关系中的义务主体，必须为一定的行为或者不行为，以满足权利主体的利益要求的必要性与手段。民事义务是民事责任产生的前提，但是，却并不一定必然导致民事责任的产生，只有不履行民事义务，或者不适当履行义务，才会承担民事责任。

民事责任制度，源自于古罗马法。古罗马法中的债务，包括债务和责任两个概念，有债务就必然有责任，二者连带且不存在先后之分。日耳曼法第一次将债务与责任加以区分，日耳曼法规定，债务属于法中的"当为"，不包含强制的意义，欲强制债务人实施给付行为，必须在债务之外存在责任关系。大陆法系继受日耳曼的法律观念，将债务与责任作了区分，如《法国民法典》、《德国民法典》等，都有这方面的规定。我国的民事立法，严格区分了债务与责任。因此，我国《民法通则》将债务与责任，分别规定在不同的章节。按照我国《民法通则》第84条的规定，债权只是一种请求权，债权人无权强制债务人履行债务。债务人不履行债务时，债权人应通过请求公力机构，来强制债务人履行债务。因此，民事责任具有如下特征：

（一）民事责任产生的前提，是民事义务主体不履行民事义务

我国《民法通则》第106条规定："公民、法人违反合同或者不履行其他义务的，

应当承担民事责任"。在这里，民事义务包括法定义务与约定义务，无论何种义务，义务主体都应当按照义务的内容，正确及时地加以履行，否则，就会损害权利主体的利益，从而，导致义务主体承担民事责任。

可见，义务与责任，属于不同的概念，但是，二者是紧密相连的。义务是责任产生的前提，没有义务就没有责任；而责任是违反义务的法律后果，是法律惩罚违法者、救济权利人的一种强制手段。

（二）民事责任具有国家强制性

国家强制性，是国家依靠公权力调整民事法律关系，强行使民事主体之间的失衡的利益关系恢复正常的属性。民事责任有许多具体的实现方式，其背后都以国家强制力作后盾，而必须予以兑现。在债的关系中，也会产生法律的约束力，但是否履行债务，还取决于债务人的个人意志，债权人不能自己直接采用强制方式，迫使债务人履行债务。而只能行使请求权，债权人请求国家采用强制方式，迫使债务人履行债务。

不过，一旦权利义务关系演变为法律上的责任关系，国家相关法律，便会排斥义务违反者，在是否承担责任或者如何承担责任方面，进行自由选择。责任的承担者，必须依照民事法律责任制度的有关规定，承担民事责任，或者说，依法承担不利的法律后果，从而去补救权利人一方受到损害的权益。

民事责任制度或民事责任法，是民法的重要组成部分，同样，也存在当事人的意思自治。在民事责任产生之后，应该受到法律救济一方，也可以自由处分自己的权利，或者说应当获得的利益，但是，这项权益是国家强制力产生作用的结果。当事人自由协商处分，通过责任制度获得的权益，不能否定民事责任的国家强制性。

（三）民事责任以责任承担者补偿受害方的受损利益为目的

法律责任以惩罚目的和补偿目的为区分标准，民事责任可以被分为惩罚性责任和补偿性责任。惩罚性责任，不以责任人造成损害结果的计量为基础，通常是强加在责任人身上的不利益，大于其行为造成的损害或者获得的利益，以产生威慑不法行为的效果，维护社会公共利益和公共秩序。此外，责任人因责任支付的利益，一般不会转移到受害人身上。刑事责任是最典型的惩罚性责任。

补偿性责任，一般以责任人造成的损害结果的计量为基础，责任的大小范围要与责任人行为造成的损害后果基本相适应。通过责任的承担，补偿受害人的财产损失与精神损失，恢复具体的当事人之间的利益关系的原态。至于民事违法行为与社会公共利益的关系，补偿性的民事责任制度并不予以关注。

民事法律关系，主要是财产利益关系。在这个关系的运行过程中，当事人一方受到的损害主要是财产损害，即使是非财产的某些人身损害，也可能导致间接的财产损害，或者可以用支付财产的方式加以弥补。为了实现同质补偿的目的，民事责任在责任形式上，主要是财产责任。其中，最常使用的方法就是损害赔偿，即以支付财产的手段去救济受害人。

民事责任的补偿性特点，并非是绝对的，在法律有特别规定的情况下，民事责任的某些具体形式，也可以带有一定的惩罚性。不过，这种惩罚性的产生，一般是在责任人的不法行为损害的范围广，已经有了一定的社会危害性，或者这种危害后果，常常难以实际计量的时候。

二、民事责任与其他法律责任的区别

法律责任一般分为民事责任、行政责任与刑事责任等。民事责任与行政责任、刑事责任的主要区别，在于：

（一）强制程度不同

民事责任具有强制性，但相对刑事责任与行政责任，其强制性较弱，而且常常表现为一种间接的强制，当事人可以主动承担民事责任，不需国家权力的介入。同时，当事人还可就责任的承担等相关问题，自行协商、自行和解或自行了断。而刑事责任与行政责任，必须由国家司法机关与行政机关介入，而强制追究，当事人之间不能自己协商或者和解，责任内容与追究责任的程序，都必须严格依照刑法与行政法，以及相关程序法的规定执行。

（二）责任目的不同

民事责任的功能，在于提供救济，目的是补偿受害人因义务人违反义务的行为造成的损失，使其恢复到原有的正常有序状态，因此，民事责任是一种补偿性责任。行政责任与刑事责任，是对犯罪行为与行政违法行为施加惩罚，是一种惩罚性责任。

（三）构成要件不同

民事责任的构成要件，一般要求行为人的行为造成实际损害后果，若无实际损害后果发生，不会产生民事责任。而行政责任与刑事责任的构成，并不一定要求行为造成实际的危害后果，追究责任的依据，是行为本身的社会危害性。从责任主体方面看，民事责任主体在某些情形下，不一定是造成损害后果的行为人，如被监护人造成的损害，由其监护人承担责任。而行政责任与刑事责任的主体，一定是行为人本人，而不可能由其他人代替。

（四）责任方式不同

民事责任的承担方式，主要是财产责任，其次是非财产责任，具体有如：停止侵害、排除妨害、消除危险、返还财产、恢复原状、赔偿损失、支付违约金、消除影响、恢复名誉和赔礼道歉等，对象是权益受损人。而行政责任与刑事责任的责任方式，主要是剥夺罪犯生命或者人身自由，对行政违法人处以警告、记过、开除、罚款、拘留以及其他方式的行政处罚。行政责任与刑事责任中的财产处罚，要上缴国家。

三、民事责任的分类

（一）合同责任与非合同责任

以责任的产生，是否依据合同的存在，可以将民事责任分为合同责任与非合同责任。合同责任，即因为合同关系引起的责任，如违反合同约定的义务，违反合同法律法规规定的义务等而产生的责任。合同责任，不等同于违约责任，违约责任只是合同责任的一种主要类别。此外，对合同的变更、解除产生的责任、缔约过失责任等，都是因合同关系产生的责任。

非合同责任，指不是因为合同关系产生的责任，其中，最主要的是侵权责任，即行为人违反法定义务，不法侵害他人非合同上的财产权利和人身权利，以及其他合法权益，依法应当承担的民事法律责任。此外，拒绝返还不当得利产生的责任等，都属非合

同责任。区分合同责任与非合同责任的意义，在于有利于正确认识民事责任的产生根据、构成要件，以及责任方式，从而正确地适用有关的民事法律规范。

（二）财产责任与非财产责任

这是根据责任的内容，是否涉及财产为标准作出的划分。财产责任，是责任的承担方式具有财产内容，以使受害人得到财产上的补偿的民事责任。如支付违约金、赔偿损失、返还财产等。非财产责任，是不以财产为内容，责任目的是使受害人受到损害的非财产权利，获得恢复或者救济的民事责任。如赔礼道歉、消除影响、恢复名誉等。

区分财产责任与非财产责任的意义，在于财产责任最终要落实到财产的交付上，因此，责任的承担要受制于责任人的财产状况，即不能超越责任人实际财产状况。而非财产责任不涉及财产，与责任人的财产状况不发生联系。此外，非财产责任适用于行为人造成的非财产损害。

（三）共同责任与单独责任

根据责任承担者的人数，可以将民事责任划分为共同责任与单独责任。共同责任，即责任的承担者是两人或两人以上的民事责任。共同责任并非指责任人与受害人都应负责，而是指责任一方有两个或两个以上的责任主体，也就是一方的多数人责任。

根据共同责任的对外关系，共同责任又分为按份责任与连带责任。按份责任，是责任人依照约定或法律规定，各自按照确定的份额承担责任，彼此不产生连带关系。连带责任，是责任人依照约定或者法律规定，不分份额地向权利人或受害人承担责任，只要权利人提出请求，单个责任人不能以超出自己的责任份额，加以拒绝。由于连带责任人内部也有份额的划分，因此，超额承担责任之后，超额承担者有权向共同关系中的相关责任人请求补偿。单独责任，是指只有一个民事主体承担民事责任，单独责任不是单方责任。当单方责任是一人时，属单独责任；当单方责任人有数人时，单方责任就成了共同责任。

区分共同责任与单方责任的意义，在于单独责任简单清楚，易于执行。共同责任涉及多个主体，对内须确定份额，对外有按份与连带之分。若属连带责任，权利人或受害人有权选择其中的某个主体承担全部责任，受损的权益，可以获得更加充分及时的救济。

（四）无限责任与有限责任

根据财产责任中涉及的财产范围，财产责任又可分为无限责任与有限责任。无限责任，是责任人应当以其全部所有的财产承担责任。如个人合伙的合伙人，对合伙组织的债务，承担的财产责任就是。有限责任，是责任人只以其一定范围的财产承担财产责任，在该范围之外的财产，债权人不得追索。如有限责任公司的股东，只以其出资对公司的债务负责，抵押人以抵押财产为限，为债务人清偿到期不能履行的债务等。

区分无限责任与有限责任的意义，在于承担无限责任不限于责任人的财产范围，更有利于对受害人予以充分完全的财产补偿。一般而言，除了法律法规另有专门规定，责任人的财产责任都是无限责任。

四、民事责任的归责原则

所谓归责，就是以什么为依据，确认责任的归属。归责原则，就是指确认民事责任归属的一般法律准则。归责原则，依据的是公平正义观念与民事责任的救济目的，围绕过错对构成民事责任的意义和作用，而建立的一般准则。归责原则解决的根本问题，是确认责任的归属，是否需要以过错作为必要条件。但是，归责原则不等同于民事责任的构成要件，归责原则只是为确认民事责任，提供一个理性的一般依据，而构成要件，则是为民事责任是否产生，提供具体标准。

　　单纯依据归责原则，并不能决定行为人是否应当承担民事责任，在适用某一归责原则的大前提下，还需要考量构成民事责任的各种具体要件，如行为人是否确有过错、行为人行为与结果之间，是否存在因果关系等等，方能决定行为人有无民事责任。

　　归责原则问题，在民事法律责任理论与实践中，是一个基础问题，同时也是一个最重要的规则设计问题。不同的归责原则，决定了民事责任的不同的构成要件、举证责任的分配、免责条件、承担后果的方式，是合同法、侵权行为法理论研究，以及相关司法实践，必须解决的首要问题。正确理解和准确适用归责原则，其理论意义与实践意义十分重大。归责原则，应是一元模式还是多元模式，至今，理论界仍有不同见解。

　　作者认为，民法调整的社会关系领域异常广阔，民事主体的人身权与财产权受到损害的情形，又千差万别，各有其特殊性，故不宜采用一项归责原则，作为确认责任归属的依据。只要某类特定损害关系的调整，可以适用同一的确认责任归属的标准，就可以由此归纳出一项具有一定适用范围的归责原则。因此，归责原则不是单一的，而应是多元的，但是，这种多元又应当是有限度的，即应当建立一个有限的多元化体系。建立有限的多元化体系，必须考虑的基本因素是：（1）单个归责原则存在的合理性与科学性。（2）归责原则之间的协调性。建立有限的多元化的归责原则体系，符合民事责任制度的功能要求，所以，民事责任的归责原则，应当包括过错责任原则、无过错责任原则与公平责任原则等。

　　（一）过错责任原则

　　过错责任原则，是以行为人的过错，作为确认责任归属的法律原则，也即说行为人的行为造成的受害人的人身损害或财产损害，有过错即有责任，无过错即无责任，过错是构成民事责任的根本要件。我国《民法通则》第103条第二款规定："公民法人由于过错侵害国家的，集体的财产，侵害他人财产人身的，应当承担民事责任。"这一规定，确立了过错责任原则，在我国民法中的最重要的普遍适用的法律地位。过错责任原则的特点，在于：

　　1.过错是构成民事责任的根本要件。行为人对其行为是否应当承担民事责任，需要考虑多项因素。如损害后果、因果关系等，但若承担过错责任，过错是构成责任的根本要件，即使其他要件具备，只要行为人无过错，就不会产生民事责任。无过错即无责任，是过错责任原则的本质特征。

　　2.过错是确定责任范围、责任轻重、责任形式的依据。在责任主体为一人的情形下，过错的程度直接影响责任的轻重。在有多数责任主体的情形下，过错状况决定了每一个责任主体承担责任的范围。如果受害人也有过错，则双方过错的状况，决定了责任的承担与分配。与此同时，过错的性质，还决定了责任的承担方式。例如，故意较之过失，其产生的责任方式，显然要重于过失。

　　3.过错责任原则，具有全面的法律功能。过错原则中的"过错"，作为根本责任要件，除能为受害人提供有效的法律救济外，还可惩罚有过错的责任主体。从而，宣示了一条基本的法律原则，即一个人只要谨慎行事，遵守社会生活领域的各项法律规则与公序良俗，即使出现有害结果，也不会承担责任而受到法律的惩罚。从而，充分体现了民事责任的救济功能、惩罚功能与教育功能，较好地协调了"个人行为"与"社会安全"的两种利益界限。

过错责任原则，始于罗马时期的《阿奎利亚法》，后来通过罗马法学家的解释，法官的判例进而获得完善。在 19 世纪，该项原则进入成熟阶段，1804 年的《法国民法典》正式以立法形式确认过错责任原则。继《法国民法典》之后，各国民法典大多以过错责任原则，作为承担民事责任的一般归责原则。在现代民事责任制度中，无论是大陆法系还是英美法系国家，过错归责是被普遍采用的归责方式。

在过错责任原则的运用中，有一种特殊的适用方式——过错推定责任。过错推定责任，仍需以过错作为行为人承担民事责任的主观要件，只是，对过错的认定由推定而产生，即让加害人对自己没有过错进行证明，若不能证明其无过错，法律推定其有过错，于是应当承担民事责任。过错推定责任，是因为现代科技和知识水平的变化与发展，人们的知识范围必然有一定限制，再加上受害人的具体环境、身份等因素，在主张权利时，难以对加害人的过错进行举证。为了充分有效地保护相对人或受害人的合法权益，法律才规定了过错推定责任这一过错责任原则的特殊适用方式。

（二）无过错责任原则

无过错责任原则，也称为无过失责任原则，指民事责任的构成，不以过错为要件的归责原则。必须注意理解的是，无过错责任原则，只是不以行为人的过错作为承担责任的依据，而不是以行为人没有过错作为承担责任的依据。理解无过错责任原则，应当注意的是：（1）无过错责任原则，不以行为人主观上的过错作为民事责任的构成要件，但是，仍然要考虑相对人或受害人的过错和第三人的过错。相对人或受害人的过错和第三人的过错，可以减轻或免除行为人的责任；（2）相对人或受害人无须证明行为人主观上存在过错，行为人亦不能以自身不存在过错作为抗辩理由，但可以依法以其他事由提出抗辩；（3）无过错责任原则，只适用法律有特别规定的情形，不能擅自扩大其适用范围。

无过错责任原则，是随着近代工业化的进程而出现的。由于工业事故的增加，加上受害人难以证明雇主的主观过错，这种状况使得许多工业事故的受害人，无法获得赔偿救济。为了消除过错责任原则造成的不公平的后果，欧洲各国纷纷立法确认了无过错责任原则。英美法系国家，亦通过判例逐步确立了这一归责方式，通说认为，英美法中严格责任，就是无过错责任。

我国《民法通则》第 106 条中，规定了无过错责任，并在第 121 条至第 127 条中，具体规定了无过错责任的适用范围。我国《合同法》第 107 条中，规定的违反合同的民事责任条件，亦是无过错责任原则的具体适用。关于确立无过错责任的理论，依据西方学者提出了不同的见解，其中主要有危险说、利益说、公平说等等。其中，以"危险说"影响最大。这种学说认为，现代化工业生产创造了企业利益的同时，给人们带来了人身与财产方面的极大危险，企业或工厂主享有这些利益，就应当对危险导致的具体损害承担赔偿责任。从而，对这些不可避免的损害进行合理的分配，实现损害后果的分配正义，加强对弱者和社会利益的保护。无过错责任的兴起，反映了立法的价值取向，由个人本位向社会本位的转变。

（三）公平责任原则

公平责任原则，又称为衡平责任原则，指当事人对损害发生均无过错，而又不能适用无过错归责，按照公平观念，由当事人合理分担损失的一种归责方式。公平责任原则作为确定责任归属的规则，是对"不幸损害"的一种补救措施，在公平理念调节下的分配方式，其本质含义，已不是一般意义上的法律责任。

正确理解公平责任原则，需要注意的是：（1）公平责任原则，只适用于当事人对损害结果的发生均无过错，且不能适用无过错归责的情形。如果，加害人有过错或受害人有过错，或者第三人的过错导致损害，都不能适用公平责任原则；（2）公平责任原则是以公平观念为指导，对不幸损失进行分配。其要考虑的因素，包括一方受损程度，另一方受益程度，双方当事人的经济状况等，从而合理地分配责任，而并非一定要使当事人平均负担损失；（3）公平责任原则，只适用于财产损害赔偿，而不能适用于非财产损害赔偿。而且，只限于直接财产损失，不能包括间接财产损失。

我国《民法通则》在颁行时，也规定了公平责任原则。其中，主要是：（1）我国《民法通则》第 132 条，确立了公平责任原则的基本规则；（2）我国《民法通则》第 128 条，正当防卫超过必要限度，造成不应有的损失时，应当承担适当民事责任的规定；（3）我国《民法通则》第 129 条，紧急避险造成损害后果，在一定情形之下，应当承担适当民事责任的规定；（4）我国《民法通则》第 133 条，无行为能力人、限制行为能力人致人损害之后，责任承担方式的规定。这些条款，都是公平责任原则在我国民事立法中的具体适用。

五、民事责任的承担与民事责任优先

（一）不可抗力免责

我国《民法通则》第 107 条规定，因不可抗力即民事主体遇到不能预见、不能避免并不能克服的客观情况不能履行合同或者造成他人损害的，不承担民事责任，法律另有规定的除外。这种"除外"，在我国《合同法》第 117 条～第 118 条的规定中，表现为"不可抗力有限免责"而不是当然免责。即，因不可抗力不能履行合同的，根据不可抗力的影响，部分或者全部免除责任，但法律另有规定的除外。当事人迟延履行后发生不可抗力的，不能免除责任。当事人一方因不可抗力不能履行合同的，应当及时通知对方，以减轻可能给对方造成的损失，并应当在合理期限内提供证明。对此原则，我国《民法总则》第 180 条规定，因不可抗力不能履行民事义务的，不承担民事责任。法律另有规定的，依照其规定。其中，不可抗力发生后不能履行民事义务，就已经拓展到合同义务之外了。

（二）"见义勇为"的补偿责任

我国《民法通则》第 109 条规定，因防止、制止国家的、集体的财产或者他人的财产、人身遭受侵害而使自己受到损害的，由侵害人承担赔偿责任，受益人也可以给予适当的补偿。现实生活中，对于这类属于"见义勇为"型紧急避险类的民事责任，一方面，当然由导致国家的、集体的财产或者他人的财产、人身利益受损害的侵害人或者加害源管理人承担赔偿责任；另一方面，基于对实施因防止、制止国家的、集体的财产或者他人的财产、人身遭受侵害而使自己受到损害者利益的保护，应当由受益人给予适当补偿，才显得比较公平。为此，《民总一审稿》第 164 条规定，为保护他人民事权益而使自己受到损害的，由侵权人承担责任，受益人可以给予适当补偿。没有侵权人、侵权人逃逸或者无力承担责任，受害人请求补偿的，受益人应当给予适当补偿。我国《民法总则》通过后，其第 183 条规定完全采纳这一规定，并在第 184 条另行规定："因自愿实施紧急救助行为造成受助人损害的，救助人不承担民事责任"。

（三）双方或者第三方民事责任

我国《合同法》第 120 条~第 121 条规定，当事人双方都违反合同的，应当各自承担相应的责任。这是过失相抵原则的一种表现，至于双方过失的大小和产生违约责任的损失是否相等，则属于操作层面的问题。另外，当事人一方因第三人的原因造成违约，应当向对方承担违约责任。这是合同相对性的表现，任何时候，合同当事人不得借口合同外第三人的原因导致违约，而拒绝向对方当事人承担违约责任。对当事人一方和第三人之间的纠纷，依照相关法律的规定或者按照合同的约定包括违约后达成的约定去处理和解决。

（四）民事责任的选择

民事责任的选择，是民事责任竞合情形下发生的。所谓民事责任竞合，是指因某种法律事实的出现，导致两种或两种以上的民事责任产生，各项民事责任相互发生冲突的现象。民事责任竞合的直接结果是当事人多项请求权的产生，而且这些请求权相互冲突。因此，民事责任竞合在本质上是请求权的竞合。我国《合同法》第 122 条规定，因当事人一方的违约行为，侵害对方人身、财产权益的，受损害方有权选择依照我国《合同法》要求其承担违约责任，或者依照其他相关法律的要求其承担侵权责任。这是所谓的违约后民事责任的选择规则。在这里，违约后民事责任的选择规则要求，比较严格。为此，《民总一审稿》第 165 条则规定，因当事人一方的违约行为，损害对方人身、财产权益的，受损害方有权选择要求其承担违约责任或者侵权责任。我国《民法总则》通过后，其第 186 条规定完全采纳这一规定。应该说，这一条规定的"违约后民事责任选择规则"条件，相比较而言，因为去掉了"依照我国《合同法》要求其承担违约责任或者依照其他相关法律要求其承担侵权责任"的前提条件，其要求自然宽松多了。

（五）民事责任优先

我国《民法通则》第 110 条规定，对承担民事责任的公民、法人需要追究行政责任的，应当追究行政责任；构成犯罪的，对公民、法人的法定代表人应当依法追究刑事责任。这是法律行为竞合后，出现法律责任竞合的一种必然情形。但是，我国《民法通则》没有规定"民事责任优先"原则，它只是确认了法律责任竞合情形下，多种法律责任共同承担或者共同追究而已。《民总一审稿》第 166 条则规定，民事主体因同一行为应当承担民事责任、行政责任和刑事责任的，承担行政责任或者刑事责任不影响依法承担民事责任；民事主体的财产不足以支付的，先承担民事责任。很显然，《民总一审稿》第 166 条解决了法律行为竞合后，法律责任的竞合冲突问题的同时，确立了民事责任优先承担的基本原则。我国《民法总则》通过后，其第 187 条规定完全采纳这一规定，措辞变成"承担行政责任或者刑事责任不影响承担民事责任；民事主体的财产不足以支付的，优先用于承担民事责任"，似乎更加严谨一些。

第三节　缔约过失责任

一、缔约过失责任的定义

缔约过失责任，是指在缔结合同的过程中，一方当事人违反建立在诚实信用原则之上的先契约义务，给另一方当事人造成损失，而应当承担的损害赔偿责任。关于缔约过失责任产生的理论依据，学者们的见解不尽相同。主要有侵权行为说、法律行为说、法律规定说、诚实信用原则说等。

通说认为，缔约过失责任产生的基础，是合同缔结时诚实信用原则的要求。即当事人进入了合同的磋商谈判阶段，以及订立契约阶段之后，已由一般关系而进入一种特殊的信赖关系，因此，当事人负有先契约义务，也就是合同成立生效之前的诚信义务，以维护对方当事人的诚信利益。如果，当事人一方违反这一义务导致合同不成立，无效或者被撤销，应当赔偿另一方因此而受到的损失。

缔约过失责任与违约责任都属于合同责任，但是两种不同的合同责任。二者的主要区别在于：

1. 两种责任产生的前提不同。缔约过失责任产生的依据，是商品交易的诚实信用要求与合同法的具体规定，只要当事人的过失行为，符合合同法规定的缔约过失责任要件，就应当承担缔约过失责任。而违约责任产生的前提，是当事人缔结的合同已经成立有效，双方已存在有效的合同关系。若无有效的合同关系存在，就不会产生违约责任。

2. 责任形式不同。缔约过失责任的承担方式，就是损害赔偿，而赔偿范围原则上只限于信赖利益。而违约责任的责任形式具有多样性，包括支付违约金、赔偿损失、继续履行等。其中，赔偿损失既包括实际利益损害，也包括期待利益的损害。

3. 责任性质不同。缔约过失责任依合同法而产生，属法定责任，当事人不能协商约定。而违约责任的责任形式、责任范围、免责事由等，都可以由当事人自行约定。

4. 归责方式不同。缔约过失责任以过失为责任构成要件，当事人在缔约过程中无过失，即不会产生缔约过失责任。而违约责任主要是无过错责任，在多数情况下，当事人承担违约责任，并不需要主观上有过错。

二、缔约过失责任的构成要件

1. 当事人之间存在先合同义务。所谓先合同义务，指合同成立之前，缔结合同的当事人在缔约过程中，依据诚实信用原则所承担的义务，如诚实、告知、保密、协助等义务。

先合同义务，是法定的没有给付内容的义务，无须当事人约定，也不能通过约定排除。一旦当事人进入订立合同的过程，先合同义务就产生，没有缔约关系，就没有先合同义务关系。

2. 当事人违反先合同义务。民事责任，是当事人违反民事义务的法律后果。合同当事人承担先合同义务却不履行义务，例如不履行通知、保密、协助的义务，或假借订立合同恶意磋商，或故意隐瞒或者提供虚假情况等等，都是违反先合同义务的表现形式。违反先合同义务，将使违反义务的当事人承担不利的法律后果。

3. 违反先合同义务，给另一方造成损害。在缔约过失责任中，损害事实是责任的构成要件。只有合同当事人违反先合同义务，给另一方造成实际损害，才能追究缔约过失责任。在这里，损害主要是指进入缔约磋商之后，当事人一方的信赖利益的损害，这种损害，可以是财产损失，也可以是人身损害。

4. 违反先合同义务一方有过错。缔约过失责任的构成，以违反先合同义务一方主观上有过错为要件，这种过错，既可以是故意形态，也可以是过失形态。如果损害结果，是因为不可抗力或者受害人一方的过错造成，则另一方当事人不承担缔约过失责任。

三、缔约过失责任的赔偿范围

根据我国《合同法》第 42 条、第 43 条的规定，缔约过失责任的责任形式是损害赔偿。赔偿范围原则上是信赖利益的损失，或者说当事人因为合同不成立、无效或者被撤销，所遭受的利益损失。

承担缔约过失责任，赔偿的具体范围，作者认为主要有：（1）在合同不成立、无效或被撤销的情形之下，赔偿范围包括一方当事人因信赖合同成立而遭受的损失，也即信赖利益的损失。例如订立合同的费用、准备履行合同支出的费用、丧失商机利益等；（2）未尽通知说明义务，而使另一方遭受的实际损失，包括不应当支出而被支出的费用等；（3）未尽保密义务，而使另一方遭受商业秘密被泄露或者被非法利用，而引起的商业秘密方面的实际利益损失；（4）未尽协作义务，而使另一方遭受的，不应当支出而被支出的实际费用损失等。

第四节　违约责任

一、违约责任的定义与特征

违约责任，是指合同义务人不履行合同义务或者履行合同义务不符合约定，而依法承担的民事法律责任。违约责任的法律特征，主要是：

1. 违约责任是一种财产责任。合同是双方当事人物质利益即财产交易，以及人身利益或者精神利益等流转或者互换、满足的法律形式。合同关系，是一种纯粹的财产关系，而非人身关系，合同关系中的权利义务，都直接指向财产。因此，违反合同义务，给另一方造成的损失，也只是财产损失。遇到违反合同义务或违约要进行救济，只能用财产责任形式予以救济，弥补受害人的财产损失。合同责任形式中的支付违约金、损害赔偿、执行定金罚则，以及实际履行等，都是财产责任形式。

2. 合同责任具有相对性。合同法律关系是相对法律关系，权利义务主体都是特定的，违反合同义务一方，只能向合同相对人承担违约责任，而不能指向合同关系之外的任何组织与个人。即使第三人的原因，导致合同义务不能履行，违约人也应承担违约责任，而不能由合同关系之外的第三人负责。当然，违约人承担违约责任之后，可以向第三人追偿。

3. 违约责任可由当事人依法约定。违约责任依法产生，但其强制程度小于侵权责任，我国《合同法》中的规范，主要是任意性规范。因此，当事人可以在法律允许的范围内，协商决定违约责任的有关事项，作出约定。例如，约定承担违约责任的条件、责任范围、责任方式等等，但是，当事人的约定不能违反我国《合同法》等法律法规的强制性规定。

二、违约责任的归责原则

违约责任的归责原则，是确定是否产生违约责任的法律规则。根据我国《合同法》第107条和第113条等相关条款的规定，我国目前采用了严格责任与过错责任并存，这样一种二元归责原则体系。我国《合同法》第107条规定："当事人一方不履行合同义务或者履行合同义务不符合约定的，应当承担继续履行、采取补救措施或者赔偿损失等违约责任。"大多数学者认为，我国《合同法》的这一规定，采用了严格责任原则，不以过错为责任构成要件。

这是我国《合同法》关于违约归责原则的一般性规定，在法律没有另外规定的情形之下，应当采用这一归责方式确认合同责任，即只要合同当事人不履行合同义务或履行义务不符合约定，即使没有主观过错，也应承担违约责任。但是，我国《合同法》也在其他有关条款中，采用了过错责任原则，即依据合同双方当事人的过错状况，决定违约责任的承担与分配。主要是：（1）我国《合同法》第108条关于预期违约责任的规定；（2）我国《合同法》第113条确定的消费者保护中的"双倍赔偿规则"；（3）我国《合同法》第117条关于不可抗力的有限免责规定；（4）我国《合同法》第119条关于防损义务规则的规定；（5）我国《合同法》第120条关于混合过错、各担其责的规定；（6）我国《合同法》分则中的具体规定。主要是：一是，《合同法》第189条、第191条赠与合同中出赠人过错与瑕疵方面的赔偿责任；二是，《合同法》第303条客运合同中承运人对旅客行李过错损害的赔偿责任；三是，《合同法》第320条多式联运合同托运人过错的赔偿责任；四是，《合同法》第406条委托合同中受托人过错的赔偿责任等，都采用了过错责任原则的设计。

但是，应当肯定，在法律没有另外规定的情况下，合同责任肯定是严格责任，我国《合同法》第107条的规定，当然具有普遍的适用性。

三、违约责任的构成要件

在一般情况下，合同当事人有违约行为，就会发生违约责任。对此，我国《合同法》第107条已有明确规定。合同责任的形式具有多样生，包括继续履行、采取补救措施、支付违约金、赔偿损失等等。所以，从这个意义上看，不同的违约责任形式，需要具备违约的一般构成要件和具体构成要件。

（一）当事人有违约行为

违约行为，是指合同当事人不履行或者不适当履行合同义务的行为。违约行为是构成违约责任的根本要件。违约行为的特点是：（1）违约行为人是合同当事人，即合同关系中承担合同义务的人，既可以是一方违约，也可以是双方违约；（2）违约行为违反了合同义务。合同义务由双方依法约定，但为了维护交易安全与秩序，除了双方明确约定之外，合同义务还包括法律规定的，根据诚实信用原则产生的附随义务；（3）合同法律关系属于债权债务关系，双方当事人的权利义务具有对应性。一方违约是对另一方债权的侵犯，即损害了合同债权。

违约行为具有不同的表现形态，我国《合同法》第 107 条、第 108 条归纳为预期违约与实际违约。其中，预期违约是指合同成立生效之后，履行期限届满之前，当事人明确表示或者以行为表示不履行合同。而实际违约，是指合同履行期限届满之后，当事人不履行合同或不适当履行合同。所谓不履行合同，是指当事人完全没有履行合同义务，包括履行不能与拒绝履行等。不适当履行合同，则是指当事人虽然实施了履行合同的行为，但是履行的内容、方式、时间、地点等，不符合合同约定与相关法律的规定。包括瑕疵履行和加害给付、提前履行、履行迟延、不完全履行等行为。

（二）违约人的主观过错

我国《合同法》第 107 条、第 108 条，未将主观过错，作为构成违约责任的普遍适用的要件。但是，对某些违约行为规定了过错归责。在这种情况下，过错仍然是构成违约责任的要件。确认当事人的过错，对违约责任的成立、责任范围的界定、责任的划分，都具有重要意义。

过错，是违约行为人主观上的故意或过失形式的心理状态。通常，通过推定方式加以认定，即只要实施了违约行为，就推定其有过错，另一方当事人无须对其过错的存在进行证明。只有违约人证明其没有过错，如证明违约系不可抗力等所致，才不构成违约责任。如果违约行为人承担损害赔偿责任，那么，还另外需要以下两个构成要件，即损害后果，以及因果关系等。

（三）损害后果的存在

损害后果，指合同一方当事人所遭受的不利益状态，包括直接损失与间接损失。通说认为，作为构成违约责任要件的损害后果，只限于财产损失，而不包括人身损害或者精神损害。如果违约行为造成一方当事人人身或者精神损害，则应当通过侵权损害赔偿的方式处理。

（四）违约行为与损害后果之间有因果关系

违约行为与损害后果之间的因果关系，指当事人一方遭受的损害，是由另一方的违约行为所造成，二者存在直接的因果联系。如果损害后果不是违约行为所致，而是另有原因，则不构成违约损害赔偿责任。

第五节　侵权责任

一、侵权责任的概念

侵权责任，即侵权的民事责任，指行为人对其侵权行为，依照民事法律规定所应当承担的民事法律责任。在大陆法系国家中，通常将侵权行为规定为债发生的根据之一。侵权行为在加害人与受害人之间，产生了以损害赔偿为内容的权利义务关系，即侵权行为之债。将侵权行为纳入"债"的体系，固然有其合理性，但是，极易淡化侵权行为所生法律后果的责任属性。

我国《民法通则》第六章民事责任的规定中，突破西方立法传统，第一次将侵权行为纳入"民事责任"一章，予以专门规定，并使侵权行为既导致债务产生，又导致责任产生。在这里，"债务"强调的是侵权人对受害人的赔偿给付义务，而"责任"强调的是侵权行为依法导致的强制性不利后果，表现了在立法时立法者的立场与态度。

民事法律责任，是行为人违反民事义务，所依法产生的不利后果，以及对于这种后果的承担。因此，侵权责任是行为人违反法定义务，实施侵权行为，侵犯他人人身、财产权利或者其他合法权益，依法承担的消极民事法律后果。这种消极后果，在没有启动或者采用民事责任的追究机制或者措施时，暂时是由受害人承担的。侵权责任，主要是一种财产责任。如果有损害与赔偿时，又不限于财产责任，其他的责任形式，还有停止侵害、消除妨害、消除危险、恢复名誉，甚至于赔礼道歉等。

二、侵权责任与违约责任的区别

1. 责任基础不同。侵权责任是侵权人实施侵权行为，侵犯受害人的绝对权而依法产生的责任，违约责任是以生效合同为前提，行为人违反合同义务产生的责任。

2. 责任形式不同。侵权责任既可以是财产责任，还包括非财产责任，而合同责任只限于财产责任。

3. 责任主体不同。侵权责任的承担者具有广泛性，所有自然人、法人、非法人组织有可能作为侵权行为人与侵权责任人。而违约责任的责任主体，因为合同关系的相对性，而只限于合同当事人。

4. 归责原则不同。侵权责任的归责原则表现为多元化，除了普遍适用过错责任原则，还可以适用无过错责任原则与公平责任原则。而违约责任的归责原则，是以严格责任为主要归责方式，在法律有特别规定的情形下，还可适用过错归责原则。

三、侵权责任的构成要件

通说认为，构成一般侵权行为的责任，需要如下四个要件：

1. 损害事实的存在。损害事实，指侵权行为给受害人客观上造成财产利益，或人身利益的不利后果。

作为侵权责任的构成要件，损害事实具备的条件是：（1）损害的确定性，指损害是已经发生的客观存在的事实；（2）损害的可补救性，指损害的量已经达到一定程度，法律认为有必要予以救济。此处所谓的可补救，并非指损害结果可以用金钱计量，不能用金钱计量者亦可以补救；（3）损害的对象，是受到法律的确认与保护的合法权益。

2. 行为的违法性。行为的违法性，指行为人的行为违反法律要求。一般认为，只要行为人的行为侵害他人的人身财产权利与其他合法利益，又无阻却违法的事由，即可认定为行为违法。

在实践中，对违法性应作广义理解，既包括违反法律法规的明确规定，也包括违反社会的公序良俗。行为人的行为如果具有合法性，即使带来损害结果也不构成侵权责任。

3. 因果关系。因果关系，指违法行为是造成损害事实的原因，二者存在因果联系。

因果关系，是构成侵权责任的必要条件，无论实行何种归责方式，都离不开因果关系这一要件。如果采用无过错责任与公平责任，因果关系是确认责任成立的直接根据与根本要件。

因果关系在理论与实践中，都是一个比较复杂的问题，至今仍然是侵权责任理论中的一个难点。中外侵权行为法学者，对此发表了不同的理论见解，大陆法学者偏重于抽象统一的理论归纳，而英美法学者，则根据具体侵权行为而作出分门别类的划分，各有其优势与短处。我国的相关立法，并未对因果关系作出明确规定。但一般而言，理解与运用因果关系要件，需要注意因果关系的几项特性：（1）客观性。即因果关系，是存在于人的主观意识之外的客观现象之间的联系；（2）相对性。即因果关系，是从广泛联系的客观事物中截出的一个片断，需要查明的是引起某一损害结果的原因范围，不能任意扩大界限；（3）时代性与社会性。即结果与原因的联系，离不开一定时代的科技、文化、观念、伦理、政治等因素的制约，考察因果关系要结合社会环境；（4）时间的顺序性。即原因引起结果，原因在前，结果在后。

在我国民法学界，影响较大的主要有两种因果关系学说，一是必然因果关系说，认为行为与结果之间存在本质的必然的联系时，才能确认二者之间具有因果关系。另一种是相当因果关系说，认为按照一般社会经验与社会观察，某一行为足以引起某一结果发生，构成产生结果的适当条件，就可确认二者之间存在法律上的因果关系。两种学说各有利弊，承载了不同的价值取向。目前，有越来越多的学者，倾向于相当因果关系说，认为采用这种检测方式，更有利于保护受害人。

（四）主观过错

此指行为人实施行为时，在法律的眼光中，应当受到非难与谴责的主观心理状态。主观过错包括两种表现形态：一为故意，即行为人主观上已经预见行为之后果，而追求或者放任其发生，此处所指行为人已经预见到的后果，指损害后果而非法律后果或法律责任；另一种表现形态为过失，指行为人未尽合理的注意义务，应当预见行为之后果而未能预见，或者虽然已经预见，但未达足够的谨慎而轻信可以避免。

过错的理论及其实践中的检测与确认，也非一个简单问题。学界的见解，亦有仁智之分，流行的观点有：（1）主观说：认为过错纯粹是主观心理活动过程，判断行为人有无过错在于准确地查明其主观心理状态；（2）客观说。认为判断过错，不在于分析查明行为人的主观认识能力与心理状态，而应建立一个客观标准，或称"合理人"标准，未达"合理人"标准，行为人即有过错。我国多数学者认为，应当采取主客观相统一的标准来界定过错，即既分析行为人的客观行为与法律规则之间的关系，同时，又结合考量行为人具体的个人因素与心理状态。

四、侵权责任的抗辩事由

侵权责任的抗辩事由，指针对原告的诉讼请求，而提出的证明原告的诉讼请求不成立，或不完全成立，被告得以免除或者减轻责任的合法事由。侵权责任的抗辩事由主要有以下几类：

1. 不可抗力。不可抗力，指不能预见、不能避免并不能克服的客观情况，既包括自然现象，如地震、洪水；也包括社会现象，如战争等。不可抗力，是侵权责任的抗辩事由，同时，还可以作为合同责任的免责事由。

2. 依法执行职务。作为抗辩事由的依法执行职务，必须具备以下条件：（1）必须具有合法依据或者合法授权；（2）执行职务的行为本身合法，并未超越法律授予的权限范围；（3）损害行为为合法执行职务所必须。如为救火，消防队员不得已拆除相连的房屋，因此，损害行为具有正当性。

3. 正当防卫。正当防卫，是为了公共利益、本人或者合法权益，免遭正在进行的不法侵害，而对不法侵害人采取的防卫行为。正当防卫应当具备如下条件：（1）目的正当，即为了避免公共利益、本人或他人利益遭受不法侵害；（2）侵害行为正在进行；（3）防卫行为必须针对不法侵害人实施；（4）防卫不能超过必要的限度，而造成不应有的损害，否则，应承担适当的民事责任。

4. 紧急避险。紧急避险，是为了公共利益、本人或者他人的合法权益，免遭正在发生的危险而导致损害，而不得已采取的牺牲另一种较小利益的行为。紧急避险的构成，应当具有如下条件：（1）目的是为了保全更大的利益；（2）危险已经现实存在；（3）避险行为是不得已而为之；（4）避险行为不能超过必要的限度。按照我国《民法通则》第129条的规定，因紧急避险造成的损害，由引起险情发生的人承担民事责任。如果险情是由自然原因引起的，紧急避险人不承担民事责任，或者承担适当的民事责任。

5. 受害人同意。受害人同意，是指在不违反法律和公序良俗的前提下，受害人作出的自愿承担损害后果的明确表示。受害人同意的构成条件是：（1）受害人应当是完全行为能力人，能够完全辨认损害后果；（2）受害人同意的意思表示，出于自愿而非受到欺诈、胁迫、重大误解而作出；（3）受害人同意必须以作为的方式，明确表示；（4）受害人同意的表示，必须在损害行为发生之前作出；（5）受害人同意的表示，不得违反法律与公序良俗。

6. 受害人过错。受害人过错，指受害人对损害事实的发生、损害范围的扩大，或者损害程度的加重等，具有过错。包括：（1）受害人具有故意；（2）受害人具有重大过失；（3）受害人具有一般过失。受害人过错，并不必然使加害人免责，必须结合具体情况，考察双方过错状况。但是，一般情况下，受害人过错，可以导致减轻加害人的责任。

7. 第三人过错。第三人过错，指第三人对损害的发生或者扩大具有过错。第三人过错与加害人的责任承担，要根据具体情况具体分析。如果第三人过错，是造成损害的唯一原因，被告可以免责；如果第三人的过错与被告的过错，都是造成损害发生或者扩大的原因，但不构成共同侵权，被告可以减轻责任。

第六节　民事责任的承担与追究

一、民事责任的承担方式

民事责任的承担方式，又称为民事责任的承担形式，是指民事主体依法承担民事责任的具体措施。理论上，民事责任的承担方式，是由民事立法直接规定的，民事主体无权约定民事责任的承担方式。当然，在具体的民事纠纷处理过程中，民事主体依法约定承担民事责任的具体内容和范围，还是可以的。可见，民事责任的承担方式问题，体现了"民事责任法定"的立法理念。我国《民法通则》第 134 条规定，承担民事责任的方式有 10 种。这 10 种承担民事责任的方式，可以单独适用，也可以合并适用。具体是：

1. 停止侵害。停止侵害，这种民事责任适用于所有正在进行中的侵犯他人合法权益的行为，侵犯财产权和侵犯人身权都应当承担此种民事责任。有时候，停止侵害民事责任的承担，比其他任何民事责任方式，都更加有效，更加具有民事权利救济的效率价值。

2. 排除妨碍。排除妨碍，这种民事责任适用于义务主体妨碍他人行使其民事权利的场合，不必要求权利主体的民事权利有实际的损害发生，只要出现有妨碍的可能即可。于是，对义务主体"有妨碍"他人民事权利的可能性与现实性作出准确判断，就是适用这种民事责任形式的前提。

3. 消除危险。消除危险，这种民事责任适用于虽然尚未造成权利主体的财产、人身的实际损害，但是有造成损害的急迫危险时，则权利主体可以要求造成危险的人，采取对应措施，以消除危险的方式防范。

4. 返还财产。返还财产，当一方当事人占有权利主体的财产，但没有合法权利作为前提依据时，应当将对方的财产返还。此种民事责任承担方式的一个前提是，原物尚存在。如果原物已经灭失，则责任人应当依法承担赔偿损失等民事责任。

5. 恢复原状。恢复原状，这种民事责任适用于财产遭到义务主体损坏，但是，尚有恢复原来状况的可能的情况。比如，非法占用他人有使用权的土地，并堆积杂物，则不仅应当返还土地，还应当清除杂物，恢复侵权行为发生之前的土地原状。又比如，损坏他人的电视机，如果损坏不严重，则承担的民事责任是修理电视机，使之恢复原来的功能。一般来说，造成他人财产损失，如果能够恢复原状，应当尽量恢复原状。只有难以恢复原状的，才承担赔偿损失的民事责任。

6. 修理、重作、更换。修理、重作、更换，这是适用于某些种类合同的民事责任承担方式。如果一方当事人根据合同交付的标的物不符合合同的约定，则对方当事人有权要求修理或者更换不符合合同要求的标的物，在定作合同中，还可以要求定作人依据合同的约定，以重新制作的方式承担民事责任。

7. 赔偿损失。赔偿损失，这是适用范围最广的一种民事责任承担方式。在我国，民法上的赔偿损失，专指以金钱的方式赔偿对方当事人的财产损失。侵犯财产权和侵犯人身权都可能发生这种民事责任。在侵犯名誉权等几种人身权造成精神损害的情况下，还要承担以金钱的方式赔偿精神损害的民事责任。所以，赔偿损失的民事责任，除了民法规范有特别规定之外，应当赔偿受害人的全部损失。而损失除了包括财产的直接损失外，还包括间接损失，或者说可得利益的损失。赔偿可得利益损失即间接损失应当符合严格的条件。这种可得的利益，应当是在违法行为发生时已经具有现实的取得条件，如果没有违法行为的干扰一般就可以取得的可预期利益。在这里，间接损失即可得利益损失，一般应当包括三个方面：

（1）利润损失。从事合法经营的各种法人、非法人组织和个体工商户、农村承包经营户等，在其现有的经营条件下，通常可以取得的利润，如果因为他人的违法行为而没有能够取得的话，可以作为间接损失。但是，如果受害人从事的是非法的经营，则其如果未受他人非法侵害，在通常情况下可能取得的非法利润，不能作为间接损失而要求赔偿。

（2）劳动收入。如果受害人正在从事或者将要从事的工作，本可以给自己带来一定的经济收入，而因为他人的违法行为而未能取得，这时，这种未能取得的经济收入，也可以作为间接损失要求赔偿。

（3）物的孳息。物的孳息有天然孳息和法定孳息，如果孳息的取得有现实的可能性，可以作为间接损失要求赔偿。比如，一头已经怀孕的母牛被他人伤害致死，则计算损失赔偿时，应将即将出生的小牛的价值考虑在内。非法使用他人的金钱，应当赔偿相当于银行利息的损失。非法占用他人房屋，应当赔偿相当于房屋出租的租金的间接损失，等等。

8. 支付违约金。支付违约金，是在一个有效的合同中，双方约定了违约金，或者法律直接规定了违反该合同应当支付违约金的，则一方违约的情况下，应当向对方支付约定的违约金或者法定的违约金。

9. 消除影响、恢复名誉。消除影响、恢复名誉，这种责任形式，适用于我国《民法通则》第120条规定的姓名权、肖像权、名誉权、荣誉权等几种人身权受到侵害的情况，因为这几种侵权行为，通常必然会给受害人的名誉造成损害，带来其他不良的影响。

10. 赔礼道歉。赔礼道歉，这种责任形式也是适用于我国《民法通则》第120条规定的几种人身权受侵害的情况。一般而言，赔礼道歉可以采取当面道歉、公开道歉等方式，以示侵权行为人对其侵权行为的认错和消除不良影响等。

与此同时，法院审理民事案件，除了适用前述10种承担民事责任方式的规定外，还可以采取予以训诫、责令具结悔过、收缴进行非法活动的财物和非法所得，并可以依照法律规定处以罚款、拘留，这是法院对民事主体的民事诉讼行为当中，发生的严重违法行为，依法行使司法行政处罚措施的民事责任承担方式。不过，《民总一审稿》中，取消了我国《民法通则》第134条第三款的这种规定。

《民总一审稿》第160条规定的"承担民事责任方式"，与我国《民法通则》第134条第一款、第二款的规定基本相同，只是在第（五）项"恢复原状"之外，增加了"修复生态环境"的民事责任承担方式。所谓修复生态环境，是指因污染环境造成生态损害或者生态破坏的义务主体，依法对其污染环境导致的生态破坏现状，以恢复原状和改善生态环境为目标，采取的补救性承担侵权责任方法，以去除生态损害和消除环境危害的一种责任方式。这原本是我国《环境保护法》第64条规定的法律责任承担方式[1]，但是，经过立法技术的转致指向我国《侵权责任法》第65条～第68条之后，"修复生态环境"的法律责任具体承担形式却变得不清楚了，这种立法层面的矛盾与冲突现象，需要通过《民总一审稿》的完善，加以解决。

我国《民法总则》通过后，第179条第一款规定的承担民事责任的方式主要有：

---

[1] 我国《环境保护法》第64条规定，因污染环境和破坏生态造成损害的，应当依照我国《侵权责任法》的有关规定承担侵权责任。而我国《侵权责任法》第八章环境污染责任第65条～第68条共4条规定中，并没有直接明确规定"修复生态环境"的民事责任形式。

（1）停止侵害；（2）排除妨碍；（3）消除危险；（4）返还财产；（5）恢复原状；（6）修理、重作、更换；（7）继续履行；（8）赔偿损失；（9）支付违约金；（10）消除影响、恢复名誉；（11）赔礼道歉。其中的"继续履行"为新增加的内容，取代了《民总一审稿》第160条第（五）项规定的"恢复原状""修复生态环境"中的"修复生态环境"。还应强调，我国《民法总则》第179条第二款"法律规定惩罚性赔偿的，依照其规定"，这是第一次在民事立法当中确认"惩罚性赔偿"责任承担方式。

二、违约责任的承担

违约责任是合同当事人违约之后，承担的一种损失补偿性的财产型民事责任。早在我国《民法通则》立法的时候，在其第六章民事责任规定中，就以"第二节违反合同的民事责任"即第111条~第116条共6条的规定，明晰了"违约责任"。这种民事责任单独成章的立法做法，应当说，是我国民事立法上的重大创举。后来，我国《合同法》第107条~第122条共16条则是"第七章违约责任"的专章规定。显而易见，是将违约责任的承担与追究，升级为系统化的民事责任。对违约责任的具体承担方式的归纳，并在归纳的基础上，进行对比分析和仔细甄别各种法律用语、用词和用字，甚至是标点符号的不同与差异，是学习者应当给予重视的学术基本功。根据我国《民法通则》、《合同法》的规定，我国违约责任的承担方式，主要是：

1. 继续履行或者采取补救措施。我国《民法通则》第111条规定，当事人一方不履行合同义务或者履行合同义务不符合约定条件的，另一方有权要求履行或者采取补救措施，并有权要求赔偿损失。而我国《合同法》第107条~第111条的规则，不但内容多，而且规则非常细致，具体是：（1）当事人一方不履行合同义务或者履行合同义务不符合约定的，应当承担继续履行、采取补救措施或者赔偿损失等违约责任；（2）当事人一方明确表示或者以自己的行为表明不履行合同义务的，对方可以在履行期限届满之前要求其承担违约责任，包括继续履行等；（3）当事人一方未支付价款或者报酬的，对方可以要求其支付价款或者报酬；（4）当事人一方不履行非金钱债务或者履行非金钱债务不符合约定的，对方可以要求继续履行；[①]（5）质量不符合约定的，应当按照当事人的约定承担违约责任；（6）对违约责任没有约定或者约定不明确，依照我国《合同法》第61条的规定仍不能确定的，受损害方根据标的性质以及损失的大小，可以合理选择要求对方承担修理、更换、重作、退货、减少价款或者报酬等违约责任。

2. 支付违约金与赔偿损失。我国《民法通则》第112条、第115条规定，当事人可以在合同中约定，一方违反合同时，向另一方支付一定数额的违约金；也可以在合同中约定对于违反合同而产生的损失赔偿额的计算方法；当事人一方违反合同的赔偿责任，应当相当于另一方因此所受到的损失。如果出现合同的变更或者解除情形，不影响当事人要求赔偿损失的权利。对此，我国《合同法》第112条~第114条、第116条的规则，可以分解为：（1）当事人可以约定一方违约时应当根据违约情况向对方支付一定

---

① 我国《合同法》第110条规定，当事人一方不履行非金钱债务或者履行非金钱债务不符合约定的，对方可以要求履行，但有下列情形之一的除外：（1）法律上或者事实上不能履行；（2）债务的标的不适于强制履行或者履行费用过高；（3）债权人在合理期限内未要求履行。

数额的违约金，也可以约定因违约产生的损失赔偿额的计算方法；（2）约定的违约金低于造成的损失的，当事人可以请求法院或者仲裁机构予以增加。约定的违约金过分高于造成的损失的，当事人可以请求法院或者仲裁机构予以适当减少；（3）当事人就迟延履行约定违约金的，违约方支付违约金后，还应当履行债务；（4）当事人既约定违约金，又约定定金的，一方违约时，对方可以选择适用违约金或者定金条款；（5）当事人一方不履行合同义务或者履行合同义务不符合约定的，在履行义务或者采取补救措施后，对方还有其他损失的，应当赔偿损失；（6）当事人一方不履行合同义务或者履行合同义务不符合约定，给对方造成损失的，损失赔偿额应当相当于因违约所造成的损失。包括合同履行后可以获得的利益，但不得超过违反合同一方订立合同时，预见到或者应当预见到的因违反合同可能造成的损失；（7）经营者对消费者提供商品或者服务有欺诈行为的，依照我国《消法》的规定承担损害赔偿责任。

3. 违约责任自担与防止损失扩大。我国《民法通则》第 113 条、《合同法》第 120 条规定，当事人双方都违反合同的，应当各自或者分别承担各自应负的民事责任。与此同时，我国《民法通则》第 114 条规定，当事人一方因另一方违反合同受到损失的，应当及时采取措施防止损失的扩大；没有及时采取措施致使损失扩大的，无权就扩大的损失要求赔偿。我国《合同法》第 119 条则规定，当事人一方违约后，对方应当采取适当措施防止损失的扩大；没有采取适当措施致使损失扩大的，不得就扩大的损失要求赔偿。当事人因防止损失扩大而支出的合理费用，由违约方承担。

4. 第三人违约当事人承担责任。我国《民法通则》第 116 条规定，当事人一方由于上级机关的原因，不能履行合同义务的，应当按照合同约定向另一方赔偿损失或者采取其他补救措施，再由上级机关对它因此受到的损失负责处理。而我国《合同法》第 121 条则规定，当事人一方因第三人的原因造成违约的，应当向对方承担违约责任。当事人一方和第三人之间的纠纷，依照法律规定或者按照约定解决。

5. 不可抗力免责。在民事主体不能预见、不能避免并不能克服的客观情况的不可抗力发生时，我国《民法通则》第 107 条规定，因不可抗力不能履行合同或者造成他人损害的，不承担民事责任，法律另有规定的除外。而我国《合同法》第 117 条~第 118 条则规定，因不可抗力不能履行合同的，根据不可抗力的影响，部分或者全部免除责任，但法律另有规定的除外。当事人迟延履行后发生不可抗力的，不能免除责任。当事人一方因不可抗力不能履行合同的，应当及时通知对方，以减轻可能给对方造成的损失，并应当在合理期限内提供证明。可见，我国《合同法》上的不可抗力免责规则的适用，要严格得多。

6. 定金规则。我国《民法通则》没有规定定金规则。我国《合同法》第 115 条规定，当事人可以依照我国《担保法》约定一方向对方给付定金作为债权的担保。债务人履行债务后，定金应当抵作价款或者收回。给付定金的一方不履行约定的债务的，无权要求返还定金；收受定金的一方不履行约定的债务的，应当双倍返还定金。

7. 民事责任选择。我国《民法通则》没有规定民事责任竞合时的选择权，而我国《合同法》第 122 条规定，因当事人一方的违约行为，侵害对方人身、财产权益的，受损害方有权选择依照本法要求其承担违约责任或者依照其他法律要求其承担侵权责任。

8. 解除合同。我国《民法通则》没有规定合同解除规则。我国《合同法》第 93 条

～第 97 条规定了合同解除，但是，不是作为违约责任的一种承担方式规定的。从理论上来看，因为违约而解除合同，应当属于一种违约责任。我国《合同法》第 93 条～第 97 条的具体规定是：（1）当事人协商一致，可以解除合同。当事人可以约定一方解除合同的条件。解除合同的条件成就时，解除权人可以解除合同；（2）当事人可以解除合同的事由包括 5 种：因不可抗力致使不能实现合同目的；在履行期限届满之前，当事人一方明确表示或者以自己的行为表明不履行主要债务；当事人一方迟延履行主要债务，经催告后在合理期限内仍未履行；当事人一方迟延履行债务或者有其他违约行为致使不能实现合同目的；法律规定的其他情形；（3）法律规定或者当事人约定解除权行使期限，期限届满当事人不行使的，该权利消灭。法律没有规定或者当事人没有约定解除权行使期限，经对方催告后在合理期限内不行使的，该权利消灭；（4）当事人一方依照合同解除条件成就或者 5 种事由主张解除合同的，应当通知对方。合同自通知到达对方时解除。对方有异议的，可以请求法院或者仲裁机构确认解除合同的效力；（5）合同解除后，尚未履行的，终止履行；已经履行的，根据履行情况和合同性质，当事人可以要求恢复原状、采取其他补救措施，并有权要求赔偿损失。

三、侵权责任的追究

与违约责任的承担方式相比，侵权责任的承担方式，不但数量上多，而且适用的条件复杂，立法规定的规则，逻辑严谨、体例庞大。在我国《民法通则》"第六章民事责任"第 117 条～第 133 条共 17 条，以专节即"第三节侵权的民事责任"出台之后，这种重视侵权责任的做法在当时，就是具有非常重要的开创价值的。后来，我国《侵权责任法》颁行后，将这种创新性扩展到极致即以颁布专门法律的形式，把"侵权责任"的承担、追究和实现，以 12 章共 92 条的体系化立法加以规定，更是史无前例的。学习者应当立足于我国《民法通则》的具体规定，并结合《侵权责任法》的体系化、类型化和细致化的立法，对侵权责任的承担与追究，尤其是后者作出学术性的判断和认定。

所谓侵权责任的追究，是指侵权行为的受害人，依据我国民事立法的侵权责任的具体规范，要求侵权行为人或者侵权责任承担人，依法承担其加害者或者担责者的民事责任，而被拒绝或者不主动承担时，采取案件仲裁、民事诉讼、申请执行等强制程序与措施，从而实现民事责任对其被损害的民事权利救济功能的民事活动。根据我国《民法通则》、《侵权责任法》的立法规定，侵权责任的承担与追究方式是：

1. 过错责任与无过错责任。我国《民法通则》第 106 条、第 131 条～第 132 条规定：（1）公民、法人违反合同或者不履行其他义务的，应当承担民事责任；（2）公民、法人由于过错侵害国家的、集体的财产，侵害他人财产、人身的，应当承担民事责任；（3）没有过错，但法律规定应当承担民事责任的，应当承担民事责任；（4）受害人对于损害的发生也有过错的，可以减轻侵害人的民事责任；（5）当事人对造成损害都没有过错的，可以根据实际情况，由当事人分担民事责任。

我国《侵权责任法》第 6 条～第 7 条、第 24 条、第 26 条～第 29 条则规定：（1）行为人因过错侵害他人民事权益，应当承担侵权责任。根据法律规定推定行为人有过错，行为人不能证明自己没有过错的，应当承担侵权责任；（2）行为人损害他人民事权益，不论行为人有无过错，法律规定应当承担侵权责任的，依照其规定；（3）受害人和行为人对损害的发生都没有过错的，可以根据实际情况，由双方分担损失；（4）被侵权人对损害的发生也有过错的，可以减轻侵权人的责任；（5）损害是因受害人故意造成的，行为人不承担责任；（6）损害是因第三人造成的，第三人应当承担侵权责任；（7）因不可抗力造成他人损害的，不承担责任。法律另有规定的，依照其规定。

2. 返还财产与赔偿损失。我国《民法通则》第117条规定，侵占国家的、集体的财产或者他人财产的，应当返还财产，不能返还财产的，应当折价赔偿。损坏国家的、集体的财产或者他人财产的，应当恢复原状或者折价赔偿。受害人因此遭受其他重大损失的，侵害人并应当赔偿损失。

我国《侵权责任法》第19条~第20条规定：（1）侵害他人财产的，财产损失按照损失发生时的市场价格或者其他方式计算；（2）侵害他人人身权益造成财产损失的，按照被侵权人因此受到的损失赔偿；被侵权人的损失难以确定，侵权人因此获得利益的，按照其获得的利益赔偿；侵权人因此获得的利益难以确定，被侵权人和侵权人就赔偿数额协商不一致，向法院提起诉讼的，由人民法院根据实际情况确定赔偿数额。在这里，我国《侵权责任法》第19条规定的"财产损失按照损失发生时的市场价格"规则，是一项新规则。

3. 人身伤害的补救责任。我国《民法通则》第119条~第120条规定：（1）侵害公民身体造成伤害的，应当赔偿医疗费、因误工减少的收入、残废者生活补助费等费用；造成死亡的，并应当支付丧葬费、死者生前扶养的人必要的生活费等费用；（2）公民的姓名权、肖像权、名誉权、荣誉权受到侵害的，有权要求停止侵害，恢复名誉，消除影响，赔礼道歉，并可以要求赔偿损失；（3）法人的名称权、名誉权、荣誉权受到侵害的，适用前款规定。

而我国《侵权责任法》第16条~第18条、第21条~第22条规定：（1）侵害他人造成人身损害的，应当赔偿医疗费、护理费、交通费等为治疗和康复支出的合理费用，以及因误工减少的收入。造成残疾的，还应当赔偿残疾生活辅助具费和残疾赔偿金。造成死亡的，还应当赔偿丧葬费和死亡赔偿金；（2）因同一侵权行为造成多人死亡的，可以以相同数额确定死亡赔偿金；（3）被侵权人死亡的，其近亲属有权请求侵权人承担侵权责任。被侵权人为单位，该单位分立、合并的，承继权利的单位有权请求侵权人承担侵权责任。被侵权人死亡的，支付被侵权人医疗费、丧葬费等合理费用的人有权请求侵权人赔偿费用，但侵权人已支付该费用的除外；（4）侵权行为危及他人人身、财产安全的，被侵权人可以请求侵权人承担停止侵害、排除妨碍、消除危险等侵权责任；（5）侵害他人人身权益，造成他人严重精神损害的，被侵权人可以请求精神损害赔偿。

4. 产品责任。我国《民法通则》第122条规定，因产品质量不合格造成他人财产、人身损害的，产品制造者、销售者应当依法承担民事责任。运输者、仓储者对此负有责任的，产品制造者、销售者有权要求赔偿损失。

我国《侵权责任法》第五章产品责任第41条~第47条共7条规定：（1）因产品存在缺陷造成他人损害的，生产者应当承担侵权责任。因销售者的过错使产品存在缺陷，造成他人损害的，销售者应当承担侵权责任；（2）销售者不能指明缺陷产品的生产者也不能指明缺陷产品的供货者的，销售者应当承担侵权责任；（3）因产品存在缺陷造成损害的，被侵权人可以向产品的生产者请求赔偿，也可以向产品的销售者请求赔偿。产品缺陷由生产者造成的，销售者赔偿后，有权向生产者追偿。因销售者的过错使产品存在缺陷的，生产者赔偿后，有权向销售者追偿；（4）因运输者、仓储者等第三人的过错使产品存在缺陷，造成他人损害的，产品的生产者、销售者赔偿后，有权向第三人追偿；（5）因产品缺陷危及他人人身、财产安全的，被侵权人有权请求生产者、销售者承担排除妨碍、消除危险等侵权责任；（6）产品投入流通后发现存在缺陷的，生产者、销售者应当及时采取警示、召回等补救措施。未及时采取补救措施或者补救措施不力造成损害的，应当承担侵权责任；（7）明知产品存在缺陷仍然生产、销售，造成他人死亡或者健康严重损害的，被侵权人有权请求相应的惩罚性赔偿。

5. 高度危险作业责任。我国《民法通则》第123条规定，从事高空、高压、易燃、易爆、剧毒、放射性、高速运输工具等对周围环境有高度危险的作业造成他人损害的，应当承担民事责任；如果能够证明损害是由受害人故意造成的，不承担民事责任。

我国《侵权责任法》第九章高度危险责任第69条～第77条共9条规定：（1）从事高度危险作业造成他人损害的，应当承担侵权责任；（2）民用核设施发生核事故造成他人损害的，民用核设施的经营者应当承担侵权责任。但能够证明损害是因战争等情形或者受害人故意造成的，不承担责任；（3）民用航空器造成他人损害的，民用航空器的经营者应当承担侵权责任，但能够证明损害是因受害人故意造成的，不承担责任；（4）占有或者使用易燃、易爆、剧毒、放射性等高度危险物造成他人损害的，占有人或者使用人应当承担侵权责任，但能够证明损害是因受害人故意或者不可抗力造成的，不承担责任。被侵权人对损害的发生有重大过失的，可以减轻占有人或者使用人的责任；（5）从事高空、高压、地下挖掘活动或者使用高速轨道运输工具造成他人损害的，经营者应当承担侵权责任，但能够证明损害是因受害人故意或者不可抗力造成的，不承担责任。被侵权人对损害的发生有过失的，可以减轻经营者的责任；（6）遗失、抛弃高度危险物造成他人损害的，由所有人承担侵权责任。所有人将高度危险物交由他人管理的，由管理人承担侵权责任；所有人有过错的，与管理人承担连带责任；（7）非法占有高度危险物造成他人损害的，由非法占有人承担侵权责任。所有人、管理人不能证明对防止他人非法占有尽到高度注意义务的，与非法占有人承担连带责任；（8）未经许可进入高度危险活动区域或者高度危险物存放区域受到损害，管理人已经采取安全措施并尽到警示义务的，可以减轻或者不承担责任；（9）承担高度危险责任，法律规定赔偿限额的，依照其规定。

6. 环境污染责任。我国《民法通则》第124条规定，违反国家保护环境防止污染的规定，污染环境造成他人损害的，应当依法承担民事责任。我国《侵权责任法》第八章环境污染责任第65条～第68条共4条规定：（1）因污染环境造成损害的，污染者应当承担侵权责任；（2）因污染环境发生纠纷，污染者应当就法律规定的不承担责任或者减轻责任的情形及其行为与损害之间不存在因果关系承担举证责任；（3）两个以上污染者污染环境，污染者承担责任的大小，根据污染物的种类、排放量等因素确定；（4）因第三人的过错污染环境造成损害的，被侵权人可以向污染者请求赔偿，也可以向第三人请求赔偿。污染者赔偿后，有权向第三人追偿。

7. 物件损害责任。我国《民法通则》第125条～第126条规定：（1）在公共场所、道旁或者通道上挖坑、修缮安装地下设施等，没有设置明显标志和采取安全措施造成他人损害的，施工人应当承担民事责任；（2）建筑物或者其他设施以及建筑物上的搁置物、悬挂物发生倒塌、脱落、坠落造成他人损害的，它的所有人或者管理人应当承担民事责任，但能够证明自己没有过错的除外。

我国《侵权责任法》第十一章物件损害责任第85条～第91条共7条规定：（1）建筑物、构筑物或者其他设施及其搁置物、悬挂物发生脱落、坠落造成他人损害，所有人、管理人或者使用人不能证明自己没有过错的，应当承担侵权责任。所有人、管理人或者使用人赔偿后，有其他责任人的，有权向其他责任人追偿；（2）建筑物、构筑物或者其他设施倒塌造成他人损害的，由建设单位与施工单位承担连带责任。建设单位、施工单位赔偿后，有其他责任人的，有权向其他责任人追偿。因其他责任人的原因，建筑物、构筑物或者其他设施倒塌造成他人损害的，由其他责任人承担侵权责任；（3）从建筑物中抛掷物品或者从建筑物上坠落的物品造成他人损害，难以确定具体侵权人的，除能够证明自己不是侵权人的外，由可能加害的建筑物使用人给予补偿；（4）堆放物倒塌造成他人损害，堆放人不能证明自己没有过错的，应当承担侵权责任；（5）在公共道路上堆放、倾倒、遗撒妨碍通行的物品造成他人损害的，有关单位或者个人应当承担侵权责任；（6）因林木折断造成他人损害，林木的所有人或者管理人不能证明自己没有过错的，应当承担侵权责任；（7）在公共场所或者道路上挖坑、修缮安装地下设施等，没有设置明显标志和采取安全措施造成他人损害的，施工人应当承担侵权责任。窨井等地下设施造成他人损害，管理人不能证明尽到管理职责的，应当承担侵权责任。

8. 饲养动物损害责任。我国《民法通则》第127条规定，饲养的动物造成他人损害的，动物饲养人或者管理人应当承担民事责任；由于受害人的过错造成损害的，动物饲养人或者管理人不承担民事责任；由于第三人的过错造成损害的，第三人应当承担民事责任。

我国《侵权责任法》第十章饲养动物损害责任第78条～第84条共7条规定：（1）饲养的动物造成他人损害的，动物饲养人或者管理人应当承担侵权责任，但能够证明损害是因被侵权人故意或者重大过失造成的，可以不承担或者减轻责任；（2）违反管理规定，未对动物采取安全措施造成他人损害的，动物饲养人或者管理人应当承担侵权责任；（3）禁止饲养的烈性犬等危险动物造成他人损害的，动物饲养人或者管理人应当承担侵权责任；（4）动物园的动物造成他人损害的，动物园应当承担侵权责任，但能够证明尽到管理职责的，不承担责任；（5）遗弃、逃逸的动物在遗弃、逃逸期间造成他人损害的，由原动物饲养人或者管理人承担侵权责任；（6）因第三人的过错致使动物造成他人损害的，被侵权人可以向动物饲养人或者管理人请求赔偿，也可以向第三人请求赔偿。动物饲养人或者管理人赔偿后，有权向第三人追偿；（7）饲养动物应当遵守法律，尊重社会公德，不得妨害他人生活。

9. 机动车交通事故责任。我国《民法通则》没有规定这种侵权责任。我国《侵权责任法》第六章机动车交通事故责任第48条～第53条共6条规定：（1）机动车发生交通事故造成损害的，依照道路交通安全法的有关规定承担赔偿责任；（2）因租赁、借用等情形机动车所有人与使用人不是同一人时，发生交通事故后属于该机动车一方责任的，由保险公司在机动车强制保险责任限额范围内予以赔偿。不足部分，由机动车使用人承担赔偿责任；机动车所有人对损害的发生有过错的，承担相应的赔偿责任；（3）当事人之间已经以买卖等方式转让并交付机动车但未办理所有权转移登记，发生交通事故后属于该机动车一方责任的，由保险公司在机动车强制保险责任限额范围内予以赔偿。不足部分，由受让人承担赔偿责任；（4）以买卖等方式转让拼装或者已达到报废标准的机动车，发生交通事故造成损害的，由转让人和受让人承担连带责任；（5）盗窃、抢劫或者抢夺的机动车发生交通事故造成损害的，由盗窃人、抢劫人或者抢夺人承担赔偿责任。保险公司在机动车强制保险责任限额范围内垫付抢救费用的，有权向交通事故责任人追偿；（6）机动车驾驶人发生交通事故后逃逸，该机动车参加强制保险的，由保险公司在机动车强制保险责任限额范围内予以赔偿。机动车不明或者该机动车未参加强制保险，需要支付被侵权人人身伤亡的抢救、丧葬等费用的，由道路交通事故社会救助基金垫付。道路交通事故社会救助基金垫付后，其管理机构有权向交通事故责任人追偿。

10. 医疗损害责任。我国《民法通则》没有规定这种侵权责任。我国《侵权责任法》第七章医疗损害责任第 54 条～第 64 条共 11 条规定：（1）患者在诊疗活动中受到损害，医疗机构及其医务人员有过错的，由医疗机构承担赔偿责任；（2）医务人员在诊疗活动中应当向患者说明病情和医疗措施。需要实施手术、特殊检查、特殊治疗的，医务人员应当及时向患者说明医疗风险、替代医疗方案等情况，并取得其书面同意；不宜向患者说明的，应当向患者的近亲属说明，并取得其书面同意。医务人员未尽到前款义务，造成患者损害的，医疗机构应当承担赔偿责任；（3）因抢救生命垂危的患者等紧急情况，不能取得患者或者其近亲属意见的，经医疗机构负责人或者授权的负责人批准，可以立即实施相应的医疗措施；（4）医务人员在诊疗活动中未尽到与当时的医疗水平相应的诊疗义务，造成患者损害的，医疗机构应当承担赔偿责任；（5）医疗机构有：违反法律、行政法规、规章以及其他有关诊疗规范的规定；隐匿或者拒绝提供与纠纷有关的病历资料；伪造、篡改或者销毁病历资料等三种情形，导致患者有损害的，推定医疗机构有过错；（6）因药品、消毒药剂、医疗器械的缺陷，或者输入不合格的血液造成患者损害的，患者可以向生产者或者血液提供机构请求赔偿，也可以向医疗机构请求赔偿。患者向医疗机构请求赔偿的，医疗机构赔偿后，有权向负有责任的生产者或者血液提供机构追偿；（7）如果出现患者或者其近亲属不配合医疗机构进行符合诊疗规范的诊疗；医务人员在抢救生命垂危的患者等紧急情况下已经尽到合理诊疗义务；限于当时的医疗水平难以诊疗三种情形，患者有损害的，医疗机构不承担赔偿责任。但在患者或者其近亲属不配合医疗机构诊疗中，医疗机构及其医务人员也有过错的，应当承担相应的赔偿责任；（8）医疗机构及其医务人员应当按照规定填写并妥善保管住院志、医嘱单、检验报告、手术及麻醉记录、病理资料、护理记录、医疗费用等病历资料。患者要求查阅、复制前款规定的病历资料的，医疗机构应当提供；（9）医疗机构及其医务人员应当对患者的隐私保密。泄露患者隐私或者未经患者同意公开其病历资料，造成患者损害的，应当承担侵权责任；（10）医疗机构及其医务人员不得违反诊疗规范实施不必要的检查；（11）医疗机构及其医务人员的合法权益受法律保护。干扰医疗秩序，妨害医务人员工作、生活的，应当依法承担法律责任。

11. 共同责任与连带责任。我国《民法通则》第 130 条规定，二人以上共同侵权造成他人损害的，应当承担连带责任。我国《侵权责任法》第 8 条、第 10 条～第 14 条规定：（1）二人以上共同实施侵权行为，造成他人损害的，应当承担连带责任；（2）二人以上实施危及他人人身、财产安全的行为，其中一人或者数人的行为造成他人损害，能够确定具体侵权人的，由侵权人承担责任。不能确定具体侵权人的，行为人承担连带责任；（3）二人以上分别实施侵权行为造成同一损害，每个人的侵权行为都足以造成全部损害的，行为人承担连带责任；（4）二人以上分别实施侵权行为造成同一损害，能够确定责任大小的，各自承担相应的责任。难以确定责任大小的，平均承担赔偿责任；（5）法律规定承担连带责任的，被侵权人有权请求部分或者全部连带责任人承担责任；（6）连带责任人根据各自责任大小确定相应的赔偿数额；难以确定责任大小的，平均承担赔偿责任。支付超出自己赔偿数额的连带责任人，有权向其他连带责任人追偿。

《民总一审稿》第157条～第159条则规定：（1）二人以上不履行或者不完全履行民事义务的，应当依法分担责任或者承担连带责任；（2）二人以上依法承担按份责任的，责任人按照各自责任份额向权利人承担民事责任；（3）二人以上依法承担连带责任的，每一个责任人应当向权利人承担全部民事责任。责任人实际承担责任超过其应当承担份额的，可以向其他连带责任人追偿。我国《民法总则》通过后，在第177条～第178条的规定中，将前述规则修改为：（1）二人以上依法承担按份责任，能够确定责任人小的，各自承担相应的责任；难以确定责任人小的，平均承担责任；（2）二人以上依法承担连带责任的，权利人有权请求部分或者全部连带责任人承担责任；（3）连带责任人的责任份额根据各自责任大小确定；难以确定责任大小的，平均承担责任。实际承担责任超过自己责任份额的连带责任人，有权向其他连带责任人追偿；（4）连带责任，由法律规定或者当事人约定。

12. 未成年人责任。我国《民法通则》第133条规定，无民事行为能力人、限制民事行为能力人造成他人损害的，由监护人承担民事责任。监护人尽了监护责任的，可以适当减轻他的民事责任。有财产的无民事行为能力人、限制民事行为能力人造成他人损害的，从本人财产中支付赔偿费用。不足部分，由监护人适当赔偿，但单位担任监护人的除外。

我国《侵权责任法》第9条、第32条、第38条～第40条规定，教唆、帮助无民事行为能力人、限制民事行为能力人实施侵权行为的，应当承担侵权责任；该无民事行为能力人、限制民事行为能力人的监护人未尽到监护责任的，应当承担相应的责任；无民事行为能力人、限制民事行为能力人造成他人损害的，由监护人承担侵权责任。监护人尽到监护责任的，可以减轻其侵权责任。有财产的无民事行为能力人、限制民事行为能力人造成他人损害的，从本人财产中支付赔偿费用。不足部分，由监护人赔偿；无民事行为能力人在幼儿园、学校或者其他教育机构学习、生活期间受到人身损害的，幼儿园、学校或者其他教育机构应当承担责任，但能够证明尽到教育、管理职责的，不承担责任；限制民事行为能力人在学校或者其他教育机构学习、生活期间受到人身损害，学校或者其他教育机构未尽到教育、管理职责的，应当承担责任；无民事行为能力人或者限制民事行为能力人在幼儿园、学校或者其他教育机构学习、生活期间，受到幼儿园、学校或者其他教育机构以外的人员人身损害的，由侵权人承担侵权责任；幼儿园、学校或者其他教育机构未尽到管理职责的，承担相应的补充责任。

13. 正当防卫。我国《民法通则》第128条规定，因正当防卫造成损害的，不承担民事责任。正当防卫超过必要的限度，造成不应有的损害的，应当承担适当的民事责任。我国《侵权责任法》第30条规定、《民总一审稿》第162条规定，因正当防卫造成损害的，不承担责任。正当防卫超过必要的限度，造成不应有的损害的，正当防卫人应当承担适当的责任。注意在这里，适用的是"责任"字样而非"民事责任"，应当改为"民事责任"似乎才能确当。我国《民法总则》通过后，第181条的规定就采纳了作者的这个建议。

14. 紧急避险。我国《民法通则》第129条规定，因紧急避险造成损害的，由引起险情发生的人承担民事责任。如果危险是由自然原因引起的，紧急避险人不承担民事责任或者承担适当的民事责任。因紧急避险采取措施不当或者超过必要的限度，造成不应有的损害的，紧急避险人应当承担适当的民事责任。我国《侵权责任法》第31条规定、《民总一审稿》第163条规定，因紧急避险造成损害的，由引起险情发生的人承担责任。如果危险是由自然原因引起的，紧急避险人不承担责任或者给予适当补偿。紧急避险采取措施不当或者超过必要的限度，造成不应有的损害的，紧急避险人应当承担适当的责任。主要注意的是，在这里，法条中的措辞适用的是"责任"在字样而非"民事责任"的字眼。我国《民法总则》通过后，第182条的规定就采纳了作者使用"民事责任"的建议。

15. 知识产权侵权责任。我国《民法通则》第118条规定，公民、法人的著作权（版权）、专利权、商标专用权、发现权、发明权和其他科技成果权受到剽窃、篡改、假冒等侵害的，有权要求停止侵害，消除影响，赔偿损失。不过，除了我国《著作权法》、《专利法》、《商标法》等法律法规对于知识产权的侵权责任的规定外，我国《侵权责任法》对于知识产权的侵权责任，不着一字，我国《民法总则》通过后也是如此，是非常令人奇怪的。

16. 职务行为责任。我国《民法通则》第121条规定，国家机关或者国家机关工作人员在执行职务中，侵犯公民、法人的合法权益造成损害的，应当承担民事责任。我国《侵权责任法》第34条规定，用人单位的工作人员因执行工作任务造成他人损害的，由用人单位承担侵权责任。劳务派遣期间，被派遣的工作人员因执行工作任务造成他人损害的，由接受劳务派遣的用工单位承担侵权责任；劳务派遣单位有过错的，承担相应的补充责任。

17. 劳务关系责任。我国《民法通则》没有规定"劳务关系责任"。我国《侵权责任法》第35条规定，个人之间形成劳务关系，提供劳务一方因劳务造成他人损害的，由接受劳务一方承担侵权责任。提供劳务一方因劳务自己受到损害的，根据双方各自的过错承担相应的责任。

18. 网络侵权责任。我国《民法通则》没有规定"网络侵权责任"。我国《侵权责任法》第36条规定，网络用户、网络服务提供者利用网络侵害他人民事权益的，应当承担侵权责任。网络用户利用网络服务实施侵权行为的，被侵权人有权通知网络服务提供者采取删除、屏蔽、断开链接等必要措施。网络服务提供者接到通知后未及时采取必要措施的，对损害的扩大部分与该网络用户承担连带责任。网络服务提供者知道网络用户利用其网络服务侵害他人民事权益，未采取必要措施的，与该网络用户承担连带责任。

19. 安全责任。我国《民法通则》没有规定"安全责任"。我国《侵权责任法》第

37 条规定，宾馆、商场、银行、车站、娱乐场所等公共场所的管理人或者群众性活动的组织者，未尽到安全保障义务，造成他人损害的，应当承担侵权责任。因第三人的行为造成他人损害的，由第三人承担侵权责任；管理人或者组织者未尽到安全保障义务的，承担相应的补充责任。

20. 完全行为能力人行为失控的责任。我国《民法通则》没有规定"完全行为能力人行为失控的责任"。我国《侵权责任法》第 33 条规定，完全民事行为能力人对自己的行为暂时没有意识或者失去控制造成他人损害有过错的，应当承担侵权责任；没有过错的，根据行为人的经济状况对受害人适当补偿。完全民事行为能力人因醉酒、滥用麻醉药品或者精神药品对自己的行为暂时没有意识或者失去控制造成他人损害的，应当承担侵权责任。

21. 侵害英烈姓名等评价利益的民事责任。我国民事立法长期以来，对于英雄烈士的姓名、肖像、名誉、荣誉等演绎成社会公共利益后，应当给予保护，从而有助于社会公序良俗的形成与维护，没有进一步的行动。2011 年 7 月 26 日，国务院发布《烈士褒扬条例》，2013 年 6 月 28 日，民政部发布《烈士纪念设施保护管理办法》，2014 年 3 月 31 日，民政部发布《烈士公祭办法》，2014 年 8 月 31 日全国人大常委会作出《关于设立烈士纪念日的决定》：9 月 30 日设立为烈士纪念日。每年 9 月 30 日国家举行纪念烈士活动。可见，在国家层面英雄烈士受到了应有的尊重、敬重和珍重，英雄烈士的姓名、肖像、名誉、荣誉等演绎成社会公共利益的组成部分。于是，我国《民法总则》第 185 条规定，侵害英雄烈士等的姓名、肖像、名誉、荣誉，损害社会公共利益的，应当承担民事责任。侵害英烈姓名等评价利益的，其民事责任的承担方式，主要是：停止侵害、消除影响、恢复名誉、赔礼道歉，以及赔偿损失等。

四、民事责任的实现

（一）民事责任的主动承担

民事义务不履行或者履行不符合约定，采取补救措施继续履行就可实现民事义务向民事权利的转化或者转换。因此，民法理论上，民事责任的主动承担，是指民事责任承担人，在诚信友善价值观的指引下，以积极作为的方式，采取主动补救权利主体的民事利益损害的情形。这种情形的出现或者发生，意味着民事责任承担人有很强的民事义务、民事责任是"保障民事权利实现的基础"这样的意识。

一般来说，民事责任承担人有三种：一是民事义务人本人，因为他没有履行义务或者没有完全履行义务或者履行义务不符合双方或者多方的约定；二是民事义务履行的监督人、管理人，因为监督和管理不善，而民事义务履行人的民事责任能力不足，由其充分民事义务承担人；三是民事主体中的监护人，对被监护人中无行为能力人实施的法律行为，以及限制行为能力人实施的需要同意而未取得同意的法律行为等，承担违法后果的人等。从理论上说，民事责任承担人，并不等同于民事义务人，这正是民事责任"分离说"理论出现的基础和根源。

我国《民法通则》、《合同法》和《侵权责任法》等民事法律规定的 10 种主要民事责任，其承担方式也是清楚又明晰的。在理论上，以民事责任承担人的态度和具体的行为分类，民事责任的承担可以分成主动承担和被动承担两种。对于前者，体现的是一种对他人民事权利的应有态度，就如同法人或者商人在经营活动中，讲"诚实信用"即"诚招天下客，誉从信中来；经商信为本，买卖礼在先"一样，这一谚语包含的经济学道理是企业经营者应注意企业的信誉和形象，以诚信求发展，而不是靠投机取巧或者坑蒙拐骗来发展。换句话说，讲诚信并不是企业经营者的素质高低问题，而是其生存之根本能否保住的问题。如果，于欢的父母于西明、苏银霞能够严格做到诚信借贷和抵押担保，那么，也就不会发生后来的于欢案件了。

所以，主动积极承担民事责任，不但体现的是一种勇于担当的精神，更体现的是一种在民事权利或者民事利益交易层面的合作态度。相反，对于后者即民事责任你的被动承担而言，消极地逃避、躲避或者逃废债权，或者以各种非法手段或者方法，阻止生效裁判的执行等，实际上都是一种侵权行为，与我国《刑法》中的诈骗罪、抢夺罪甚至于抢劫罪的犯罪构成无异。在这个时候，针对民事责任承担人的消极逃避的态度和行为，只有采用民事法律上的各种强制手段，以及民事诉讼法上和行政法上的相关手段和方法，才是唯一有效的民事权利的救济手段和工具的有效组合。但是，如果民事责任人刻意消极地逃避民事责任，并且也采取了对应性的方法和措施，这些对应性的方法和措施全部生效或者发挥作用，也会让民事责任的强制性落空。

（二）民事责任的强制执行

民事责任的强制执行，是指对当事人协商确定的违约责任、侵权责任，应当执行而不执行，或者经过案件仲裁、民事诉讼等程序，对具有强制执行效力的民事法律文书，民事责任承担人不执行的，采取强制执行措施加以实现的情形。出现民事责任的强制执行，并非相关的具有强制执行效力的民事法律文书出现了错判、误判或者其他依法应当停止执行的情况，而往往是民事责任承担人自己认为该"具有强制执行效力的民事法律文书"不公平、不公正，不愿执行或者拒绝执行的情况。对此，必须依法采取强制措施执行。

我国《民事诉讼法》中，以第八章调解、第九章保全和先予执行和第十章对妨害民事诉讼的强制措施，并在"第十五章特别程序"中，以第六节确认调解协议案件、第七节实现担保物权案件，以及"第二十一章执行措施"的规定中，构建了民事责任的民事诉讼法强制体系。还有，我国《刑法》第313条规定，对人民法院的判决、裁定有能力执行而拒不执行，情节严重的，处3年以下有期徒刑、拘役或者罚金。这一规定，于2015年8月29日，由第十二届全国人大常委会第16次会议通过的《中华人民共和国刑法修正案（九）》（简称《刑法修正案九》）第39条修改为："对人民法院的判决、裁定有能力执行而拒不执行，情节严重的，处3年以下有期徒刑、拘役或者罚金；情节特别严重的，处3年以上7年以下有期徒刑，并处罚金。单位犯前款罪的，对单位判处罚金，并对其直接负责的主管人员和其他直接责任人员，依照前款的规定处罚。"我国《刑法》第313条规定的罪名，为"拒不执行判决、裁定罪"。

与此同时，2015年7月6日，《最高人民法院关于审理拒不执行判决、裁定刑事案件适用法律若干问题的解释》法释〔2015〕16号（简称《拒不执行解释》）出台，强调为依法惩治拒不执行判决、裁定犯罪，确保人民法院判决、裁定依法执行，切实维护当事人合法权益，根据我国《刑法》、《刑事诉讼法》、《民事诉讼法》等法律规定，就拒不执行判决、裁定刑事案件适用法律的问题，进行司法解释：（1）被执行人、协助执行义务人、担保人等负有执行义务的人，对法院的判决、裁定有能力执行而拒不执行，情节严重的，应当依照刑法第 313 条的规定，以拒不执行判决、裁定罪处罚；（2）负有执行义务的人有能力执行而实施下列 8 种行为之一的，应当认定属于全国人大常委会刑法第 313 条的解释中规定的"其他有能力执行而拒不执行，情节严重的情形"；① （3）申请执行人有证据证明同时具有下列情形，法院认为符合刑事诉讼法第 204 条第三项规定的，以自诉案件立案审理，即：一是，负有执行义务的人拒不执行判决、裁定，侵犯了申请执行人的人身、财产权利，应当依法追究刑事责任的；二是，申请执行人曾经提出控告，而公安机关或者人民检察院对负有执行义务的人不予追究刑事责任的；（4）自诉案件依照刑事诉讼法第 206 条的规定，自诉人在宣告判决前，可以同被告人自行和解或者撤回自诉；（5）拒不执行判决、裁定刑事案件，一般由执行法院所在地人民法院管辖；（6）拒不执行判决、裁定的被告人在一审宣告判决前，履行全部或部分执行义务的，可以酌情从宽处罚；（7）拒不执行支付赡养费、扶养费、抚育费、抚恤金、医疗费用、劳动报酬等判决、裁定的，可以酌情从重处罚。

（三）民事责任的优先承担

民事责任优先的原则确立不难，但是，要把民事责任的优先承担变成实际而有效的法律制度设计，则需要解决几个前提问题。即：（1）法律责任竞合审查程序。怎样判断因同一法律行为，在法律行为竞合时，应当承担刑事责任、行政责任的同时，也要承担民事责任。也即是说，3 种法律责任同时竞合在一起时，行政责任的追究与刑事案件的处理，在具体处理的程序设计上，应当设置"民事责任优先"的前置判断或者审查程序，即要求法官进行法律责任竞合的审查。

（2）财产不足以承担竞合责任的判断。民事主体因同一法律行为的竞合，引起法律责任竞合时，其应当承担民事责任和行政责任、刑事责任的，民事责任承担人的财产不足以支付的，应当由民事权利受损害人或者民事责任承担人提出申请，并由案件审理法官审查和判断，以法官的审查判断结论为准。应当说，这种民事责任承担人的"财产不足以承担竞合责任"的财产状况判定，实际上是给财产责任的承担先后，排出一个顺序来。某种意义上，这种民事权利受损害人或者民事责任承担人财产能力认定请求权的设立，实际上是一种承担民事责任的保障型的一种新型请求权。

（3）民事责任财产的保留措施。一旦认定或者确认民事责任承担人的财产不足以承担 3 种法律责任时，就应当立即采取措施，要求行政罚款的处罚以及刑事罚金的适用，以及非法所得的没收等，要与民事财产责任的承担，在相关法律程序上给予协调。包

---

① 最高法院《拒不执行解释》第 2 条规定：其他有能力执行而拒不执行，情节严重的情形包括：（1）具有拒绝报告或者虚假报告财产情况、违反人民法院限制高消费及有关消费令等拒不执行行为，经采取罚款或者拘留等强制措施后仍拒不执行的；（2）伪造、毁灭有关被执行人履行能力的重要证据，以暴力、威胁、贿买方法阻止他人作证或者指使、贿买、胁迫他人作伪证，妨碍人民法院查明被执行人财产情况，致使判决、裁定无法执行的；（3）拒不交付法律文书指定交付的财物、票证或者拒不迁出房屋、退出土地，致使判决、裁定无法执行的；（4）与他人串通，通过虚假诉讼、虚假仲裁、虚假和解等方式妨害执行，致使判决、裁定无法执行的；（5）以暴力、威胁方法阻碍执行人员进入执行现场或者聚众哄闹、冲击执行现场，致使执行工作无法进行的；（6）对执行人员进行侮辱、围攻、扣押、殴打，致使执行工作无法进行的；（7）毁损、抢夺执行案件材料、执行公务车辆和其他执行器械、执行人员服装以及执行公务证件，致使执行工作无法进行的；（8）拒不执行法院判决、裁定，致使债权人遭受重大损失的。

括：为民事案件中的财产责任，保留罚没财产；行政罚款和刑事罚金，以及没收非法说的等罚没财产，暂缓入库；已入库罚没财产，可以允许民事权利受损害人持"具有强制执行效力的民事法律文书"申请从入库罚没财产中，退还申请人；民事责任财产的最低保证线或者类似于民法中的"应继份"、"保留份"或者"必继份"而变成"民事责任优先份"或者"维稳份"。

需要强调，我国《民法通则》规定的民事责任方式，是具有开放性的。比如，《民法通则》第 134 条第 2 款规定，以上各种民事责任形式，可以单独适用，也可以合并适用。那么，究竟是单独适用还是合并适用，需要法院根据当事人的请求和案件的具体情况而确定。所以，在我国"民法典编纂"的条件成熟时，还可以通过增加其他民事责任方式，比如，"民事责任优先份"或者"维稳份"等方式，为民事特别法的立法规定其他民事责任方式，留下一定的制度空间。这样一来，也为法院在司法过程中的造法，留下应有的空间。

思 考 题

1. 民事责任与民事义务的"分离论"、"融合论"，以及"原因模式"、"结果模式"的理解与评述。

2. 如何理解过错责任原则、无过错责任原则与公平责任原则？你认为：我国应当建立什么样的归责原则体系？

3. 缔约过失责任、违约责任和侵权责任，分别有哪些构成要件？

4. 有限责任与无限责任、单独责任与共同责任、按份责任与连带责任、单方责任与混合责任等的比较。

5. 民事责任的承担与追究方式有哪些？对侵权责任，有哪些抗辩事由？

学习资料指引

1. 梁慧星：《民法总论》，法律出版社 1996 年版，第 2 章第六节。

2. 魏振瀛：《民法》，北京大学出版社、高等教育出版社 2000 年版，第六编侵权行为。

3. 彭万林：《民法学》，中国政法大学出版社 1999 年版，第 30 章。

4. 张俊浩：《民法学原理》，中国政法大学出版社 1991 年版，第 46 章。

5. 王建平：《民法学》（上），四川大学出版社 1994 年版，第 12 章。

6. 翟云岭：《民事义务与民事责任的分离》，《政治与法律》，1991 年第 4 期。

7. 张家勇：《论统一民事责任制度的建构——基于责任融合的"后果模式"》，《中国社会科学》，2015 年第 8 期。

参考法规提示

1. 《中华人民共和国民法通则》，第 84 条、第 103 条、第 106 条～第 107 条、第 109 条～第 134 条，第六章民事责任。

2. 《中华人民共和国民法总则》，第八章民事责任/第 176 条～第 187 条。

3. 《中华人民共和国合同法》，第 42 条～第 43 条、第 61 条、第 64 条～第 65 条、

第 93 条～第 97 条、第 107 条～第 122 条、第 189 条、第 191 条、第 303 条、第 317 条～第 318 条、第 320 条、第 406 条。

4.《中华人民共和国侵权责任法》，第 6 条～第 7 条、第 9 条、第 16 条～第 22 条、第 24 条、第 26 条～第 40 条，第五章产品责任（第 41 条～第 47 条），第六章机动车交通事故责任（第 48 条～第 53 条），第七章医疗损害责任（第 54 条～第 64 条），第八章环境污染责任（第 65 条～第 68 条），第九章高度危险责任（第 69 条～第 77 条），第十章饲养动物损害责任（第 78 条～第 84 条），第十一章物件损害责任（第 85 条～第 91 条）。

5.《中华人民共和国环境保护法》，第 64 条。

6.《中华人民共和国产品质量法》，第三章生产者、销售者的产品质量责任和义务，第四章损害赔偿，第五章罚则。

7.《中华人民共和国消费者权益保护法》，第七章法律责任。

8.《中华人民共和国刑法》，第 313 条。

9.《中华人民共和国刑法修正案（九）》（2015 年 8 月 29 日），第 39 条。

10.《中华人民共和国民事诉讼法》，第八章调解，第九章保全和先予执行，第十章对妨害民事诉讼的强制措施，第十五章特别程序第六节确认调解协议案件、第七节实现担保物权案件，第二十一章执行措施。

11.《中华人民共和国刑事诉讼法》，第 204 条。

12.《最高人民法院关于贯彻执行〈中华人民共和国民法通则〉若干问题的意见（试行)》，五、民事责任。

13.《最高人民法院关于贯彻执行民事政策法律若干问题的意见》（1984 年 8 月 30 日），九、损害赔偿问题。

14.《中共中央关于全面推进依法治国若干重大问题的决定》（2014 年 10 月 23），一、坚持走中国特色社会主义法治道路，建设中国特色社会主义法治体系——坚持依法治国和以德治国相结合原则；五、增强全民法治观念，推进法治社会建设，（一）推动全社会树立法治意识。

15.《最高人民法院关于审理拒不执行判决、裁定刑事案件适用法律若干问题的解释》法释【2015】16 号，2015 年 7 月 6 日。

16.《中华人民共和国民法总则（草案）》（即《民总一审稿》），第 156 条～第 166 条。

第十二章　时间与诉讼时效

　　【阅读提示】本章的重点，是时间的民法意义；诉讼时效、除斥期间产生的根源，诉讼时效的定义、起算、届满；诉讼时效的中止、中断和延长，以及诉讼时效的适用和不适用的情形；诉讼时效的立法；取得时效的定义、特征和构成要件和使用限制。通过本章的学习，学习者应当弄清楚时间对于民事权利发生的重要影响和不同作用的制度选择。本章的难点是：取得时效立法选择问题，这是我国面对国有资产保护能力低下现实，能否在民事立法时，确立取得时效制度，以及失权期间与或有期间等时间利益制度。

第一节　时间与民事权利

一、时间的民法意义

　　时间，按照物理学上的解释，是运动着的物质的存在形式之一。与空间共同构成了运动着的物质的存在形式。其中，空间是物质存在的广延性，而时间是物质运动过程的持续性和顺序性。同物质一样，空间和时间，是不依赖于人的意识而存在的客观实在，是永恒的。就宇宙而言，空间和时间是无限的，空间无边无际，时间无始无终。但是，就每一个具体的个别事物而言，则空间和时间，都是有限的。[①] 这种有限性，在法学上，是具有重要意义的。

　　在法学上，对于民事权利而言，作为一种受国家法律保护的利益表现形式，当然是有限的。这种有限性，不仅表现在国家是否给予其确认和保护，而且，还表现在民事权利本身即客体存在的有限性。这种有限性，意味着权利主体在民事权利存在时，就应当及时有效地享有、行使权利。而一旦其民事权利遇到妨碍或者障碍，则应当及时进行救济，去除这些妨碍或者障碍，使民事权利回归到一种与民事主体能够直接而且顺利相结合的有效状态。

　　对于民事主体而言，每个人皆是其利益的最佳判断者和照料者。因此，一定的事实状态比如权利被妨碍或者权利受限制的事实，经过一定的时间之后，会产生一定的法律后果。即民事权利发生了变化，要么被消灭，要么被取得，相关的民事关系，则要么发生了重大变化。时间可以改变一切，包括民事权利、民事关系等。因此，时间的法律性质，使它成为民事权利的改变变量。同时，时间对民事权利带来了事实上的限制。所

[①]《辞海》（下），第4106页—第4107页。

以，时间具有重要的民法意义。主要是：

1. 民事权利的量化标准。所谓民事权利被量化，在于它以有起点和终点的一段可以量化的时点界限，对于民事权利以及相关的民事法律制度等，设定了一个判断和限定的数量标准。如年满 18 周岁为成年人，未满 10 周岁为无行为能力人；公民离开住所下落不明满 4 年，可以申请宣告死亡；以及因感情不和夫妻分居满 2 年的，可以认定感情确已破裂。还有，请求人民法院保护民事权利的诉讼时效为 3 年，等等。这些都是与具体的民事法律制度，密切相关的时间量化规则。

2. 民事权利的改变因素。民事权利的改变，从其因素上看，在于一定长度的时间经过后，民事权利或者存在，或者不存在，或者相关的民事法律关系，发生了改变。这种改变，尽管不能说是时间在直接改变了法律关系本身。但是，确实是一定时间的经过，导致了法律关系变化的结果。

3. 民事权利变化的法律事实。在民法上，时间是一种非常重要的民事法律事实。它是判断和确定民事法律关系的发生、变更或者消灭，并引起一系列民事法律后果的，可以利用和使用的工具——法律事实，以及特定情况下，不可否认的重要证据之一。

二、时间的民法定性

（一）主体资格的界定标准

在民事立法时，一般都要把自然人的年龄，作为判断其民事主体资格中，民事行为能力的量化因素。有时，某些特定的民事能力，也往往与一定的年龄要求，有对应关系。如 16 周岁以上的人，是劳动适龄人，具有完全的劳动能力。而低于这个年龄的，则为童工，其从事劳动，一般为法律所禁止。再如，我国《婚姻法》第 6 条规定，结婚年龄，男不得早于 22 周岁，女不得早于 20 周岁。这说明：在男未满 22 周岁、女未满 20 周岁时，是不具备合法的结婚的主体资格的。

（二）法律关系的变化时点

在民事法律制度的设计中，经常把一定长度的时间，作为对于民事法律关系定性或者变化的时点，超过这个时点之后，民事法律关系应当发生变化。比如，宣告制度的时间概念中，失踪为 2 年、死亡为 4 年；法人破产时，清算期间的经过，代理期间届满，还有长期没有异议的相邻关系，以及借款合同的还款期限到来，知识产权的权利保护期终了，等等。都是以一定的时间经过，作为法律关系变化的法律事实的。

（三）民事权利的预设手段

民事权利的取得、享有和行使，有时，需要民事主体采取积极的行为，才能达到特定的目的。而有时，当事人为了干预和影响，也就是控制民事交易关系的效力，往往要通过双方的协商或者约定，有意识地限制或者控制法律行为的效力。比如，附期限的法律行为，合同期限的约定（例如 15 年的租赁合同、70 年的土地使用权出让等），以及除斥期间的设定等等。甚至于企业法人的营业期限，也可以被认为是投资人关于合作利益的预期——时间性的设定。

（四）民事责任的承担界限

对于民事权利的保护，国家通过诉讼时效、取得时效等制度，给予明确而又具体的界定。表面上看，诉讼时效、取得时效等制度，是为了保护民事主体尤其是权利人的权利的。实际上，这些制度的目的，同时，也带有对于不能及时享有、行使或者救济的民事权利，通过法律制度严格限制的功用。事实上，就司法实践来看，诉讼时效的作用，站在权利人的角度，绝对是限制大于保护，而站在义务人的角度，则更多的是保护大于强制。

三、时间与民事权利

从时间具有的法律意义分析，它的法律事实属性，已经能够左右民事权利的存在、维持和救济，等等。所以，作者认为，时间可以消灭民事权利，不论是通过取得时效，还是诉讼时效，或者是除斥期间。同时，时间的经过，也能改变民事权利的状态。例如，20 年过后，发明专利的专利权人就失去了专利权，同时，专利本身的权利属性，因为耗竭而进入到了公有领域。

所以，时间是民事权利发生、变更和消灭的重要原因，是一种非常重要而且不能缺少的法律事实。应当说明的是，一般而言，民事权利如果没有被立法者或者当事人，通过立法、合同约定等方式，预设存在的时间长度，同时，也没有处于应当救济的消极状态的话，民事权利的存在，是没有时间限制的。

当然，诉讼时效期间届满后，义务人可以放弃时效利益。诉讼时效期间届满，义务人履行义务后，不得以不知诉讼时效期间届满为由请求返还。诉讼时效期间届满后，义务人同意履行义务或者为义务履行提供担保的，不得以不知诉讼时效期间届满为由请求撤销或者再行提出抗辩。由此可见，时间对于民事权利是完全可以给予限制的。

第二节　诉讼时效

一、诉讼时效的定义

权利人于法定期间内继续地不行使其请求权，期间届满后，义务人有权拒绝履行给付的情形。在民事立法时，有时也用"请求人民法院保护民事权利的诉讼时效，知道或者应当知道权利被侵害的，期间为若干年"这样的表述。我国《民法通则》第 135 条、第 136 条规定，权利人向人民法院请求保护民事权利的诉讼时效期间为 2 年，法律另有规定的除外。而下述诉讼时效期间，则为 1 年：（1）身体受到伤害要求赔偿的；（2）出售质量不合格的商品未声明的；（3）延付或者拒付租金的；（4）寄存财物被丢失或者损毁等。

《民总一审稿》第 167 条规定，向法院请求保护民事权利的诉讼时效期间为 3 年，法律另有规定的除外。诉讼时效期间自权利人知道或者应当知道权利受到损害以及义务人之日起开始计算，法律另有规定的除外。但是，自权利受到损害之日起超过 20 年的，法院不予保护；有特殊情况的，法院可以延长。我国《民法总则》通过后，第 188 条规定基本全文照搬，只是第 188 条第二款分号后修改为"有特殊情况的，法院可以根据权利人的申请决定延长"。

二、诉讼时效的特征

1. 强行性。诉讼时效的期间、计算方法，以及诉讼时效中断、中止和不完成的事由等，均由法律规定，当事人不得以协议自行设定。而且，时效利益不得约定延长诉讼时效期间或者预先抛弃。诉讼时效期间从知道或者应当知道权利被侵害时起计算。但是，从权利被侵害之日起超过20年的，人民法院不予保护。也就是，诉讼时效完成，权利人的胜诉权消灭。有特殊情况的，人民法院可以延长诉讼时效期间。

2. 条件性。诉讼时效的适用以请求权为限。但基于所有权，或者其他物权发生的返还请求权除外。非经当事人主动援用时效抗辩，人民法院或者仲裁机构，不得以诉讼时效经过作为裁判的根据。但为使受时效利益人明确其权利的存在，人民法院或者仲裁机构可以对时效事实，进行必要的释明。

3. 利益性。对于诉讼时效而言，是由实体民事权利受到侵害引起的，在特定时间内，对于受损民事权利进行救济的一种利益。这时，义务人也称受时效利益人。能够充当受时效利益人的人，包括义务人、义务人的继承人、受让人、债权人（在该受时效约束的法律关系以外的其他债权人）以及其他对时效完成享有正当利益的人。

在具体的诉讼当中，受时效利益人援用时效抗辩，应当在一审法庭辩论结束前提出。而时效完成后，受时效利益人可以抛弃其时效利益。对时效利益的抛弃既可为明示方式，也可以通过默示方式进行。自抛弃时起，时效期间重新开始计算。

关于默示抛弃与权利失效问题，义务人为清偿时效已经完成的请求权所履行的给付，不得以不知时效已经完成为由请求返还。时效完成后，义务人对债务做出书面承认或者为债务履行提供担保的，不得以不知时效已经完成为由请求撤销或者再行提出时效抗辩。我国《民法通则》第138条规定，超过诉讼时效期间，当事人自愿履行的，不受诉讼时效限制。最高法院在《民通意见》第171条规定，过了诉讼时效期间，义务人履行义务后，又以超过诉讼时效为由反悔的，不予支持。

4. 关联性。义务人抛弃其时效利益的，其他受时效利益人仍得提出时效抗辩。债权人于具备债的保全撤销权的行使条件时，得要求撤销义务人在时效完成后做出给付。主请求权的时效完成时，附属于主请求权的从给付请求权的时效，同时亦告完成。以抵押权、质权或者留置权担保的债权，其请求权时效完成后，债权人仍得就该抵押物、质物或留置物行使担保物权。这些规定，不适用于时效已经完成的，定期给付债权的各期给付请求权。

三、诉讼时效的起算

理论上，诉讼时效既然是时效，肯定有时间长短的说法。不管诉讼时效的期限是长是短，一般都从权利人知道或应当知道其权利受到侵害之日起开始计算。我国《民法通则》第137条规定，诉讼时效期间从知道或者应当知道权利被侵害时起计算。但是，从权利被侵害之日起超过20年的，法院不予保护。有特殊情况的，法院可以延长诉讼时效期间。在这里，权利人由于客观的障碍在法定诉讼时效期间不能行使请求权的，属于我国《民法通则》第137条规定的"特殊情况"，这是最高法院《民通意见》第169条规定的。

在《民总专家稿》第184条~第185条规定，普通诉讼时效期间为3年，法律另有规定的除外。诉讼时效期间自权利人知道或者应当知道其权益受到侵害以及侵害人之日起开始计算，其他法律另有特别规定的除外。无论权利人是否知道其权利受到侵害，自权利受到侵害之日起超过20年的，义务人可以拒绝履行其义务。而且，这20年期间不发生中止、中断或者延长。但人身损害赔偿请求权人在上述期间内因不可归责于自身的原因不知道损害的发生，或者损害在20年之后才显现的，法院可以适当延长。至于继续性的侵权行为，要从侵权行为停止的时间，才开始计算时效。相关诉讼时效的起算方法，具体如下：

1. 损害赔偿请求权时效期间的起算。因违法行为所生的损害赔偿请求权，自权利人知道或者应当知道损害事实，以及赔偿义务人之日起开始计算。最高法院在《民通意见》第168条规定，人身损害赔偿的诉讼时效期间，伤害明显的，从受伤害之日起算；伤害当时未曾发现，后经检查确诊并能证明是由侵害引起的，从伤势确诊之日起算。

2. 未定清偿期债权时效期间的起算。履行期限未确定的债权的时效期间，自权利人通知履行后，催告期间届满之日起开始计算。如果债务人死亡的，或者债务人为法人或非法人组织终止的，自权利人知道或者应当知道该等情事之日开始计算。

3. 定期给付债权之各期给付请求权时效期间的起算。所谓定期给付债权，是指在特定或不特定期间内一再发生的，定期给付金钱或者其他标的物的债权。定期给付债权中各期给付请求权的诉讼时效期间，自各期给付履行期限届满或者条件成就之日起分别计算。

4. 分期付款请求权时效期间的起算。分期付款请求权的时效期间，自各期价款给付履行期限届满之日起开始计算。但义务人未支付到期价款的金额达到全部价款的1/5时，剩余全部价款请求权的时效期间开始计算。也有主张以"当事人约定同一债务分期履行的，诉讼时效期间从最后一期履行期限届满之日起计算"的。

5. 基于撤销权或解除权的行使，而发生的请求权诉讼时效期间的起算。

基于撤销权或者解除权的行使，而发生的请求权的诉讼时效期间，自该撤销权或者解除权可以依法行使之日起开始计算。撤销权或者解除权的行使需要以诉讼或者仲裁的形式进行的，自确定撤销或者解除的法律文书生效之日起开始计算。基于涉及身份关系的撤销权的行使，而发生的请求权，不适用前述的规定。

6. 基于法律行为无效，而发生的不当得利返还请求权时效期间的起算。基于法律行为无效，而发生的不当得利返还请求权的时效期间，自判决确认法律行为无效之日起开始计算。《民总专家稿》第190条认为，基于法律行为无效而发生的请求权，其诉讼时效期间自请求权人知道或者应当知道该行为无效之日起开始计算。

7. 经裁判确定的请求权的时效期间的起算。经确定裁判或者其他与判决具有同一效力的执行根据，所确认的请求权，适用该请求权原定时效期间，自该裁判或者执行根据发生效力之日起开始计算。

8. 请求权竞合情况下，时效期间的计算。请求权竞合时，各请求权的时效期间按照法律的规定分别计算。法律就同一性质的请求权，规定有不同时效期间的，适用其中较短的期间。

我国《民法总则》第189条~第191条规定的诉讼时效起算规则如下：（1）当事人

约定同一债务分期履行的，诉讼时效期间自最后一期履行期限届满之日起计算；（2）无民事行为能力人或者限制民事行为能力人对其法定代理人的请求权的诉讼时效期间，自该法定代理终止之日起计算；（3）未成年人遭受性侵害的损害赔偿请求权的诉讼时效期间，自受害人年满18周岁之日起计算。

四、诉讼时效的届满

我国《民法通则》没有规定诉讼时效届满。最高法院《民通意见》第170条～第171条的规定中，使用了"不受诉讼时效期间的限制"、"过了诉讼时效期间"等。即：未授权给公民、法人经营、管理的国家财产受到侵害的，不受诉讼时效期间的限制；过了诉讼时效期间，义务人履行义务后，又以超过诉讼时效为由反悔的，不予支持。《民总一审稿》第169条使用了"诉讼时效届满"的概念，并规定：诉讼时效期间届满的，义务人可以提出不履行义务的抗辩。诉讼时效期间届满后，义务人自愿履行的，不受诉讼时效限制；义务人同意履行的，不得以诉讼时效期间届满为由抗辩。我国《民法总则》第192条的规定，与此基本相同，但是其第192条第二款修改为"诉讼时效期间届满后，义务人同意履行的，不得以诉讼时效期间届满为由抗辩；义务人已自愿履行的，不得请求返还"。

《民总专家稿》也使用了"诉讼时效届满"的概念，并在第180条、第183条、第192条～第194条规定：（1）诉讼时效期间届满，义务人得就权利人行使权利的主张提出抗辩；（2）诉讼时效期间届满后，义务人可以放弃时效利益；（3）诉讼时效期间届满，义务人履行义务后，不得以不知诉讼时效期间届满为由请求返还；（4）诉讼时效期间届满后，义务人同意履行义务或者为义务履行提供担保的，不得以不知诉讼时效期间届满为由请求撤销或者再行提出抗辩；（5）在诉讼时效期间的最后6个月内，无民事行为能力人或者限制民事行为能力人没有法定代理人或者法定代理人丧失民事行为能力的，该无民事行为能力人或者限制民事行为能力人所享有的或者向其主张的请求权，诉讼时效期间停止计算。自其成为完全民事行为能力人或者法定代理人确定之日起6个月后，诉讼时效期间届满；（6）继承遗产的请求权或者对被继承人的请求权，在诉讼时效期间的最后6个月内，继承人或者遗产管理人尚未确定的，诉讼时效期间停止计算。自继承人或者遗产管理人确定之日起6个月后，诉讼时效期间届满；（7）法定代理关系存续期间，无民事行为能力人或者限制民事行为能力人与其法定代理人之间的请求权的诉讼时效期间不开始计算或者停止计算。自该法定代理关系终止之日起，诉讼时效期间开始计算或者继续计算。诉讼时效期间停止计算的，最早自该法定代理关系终止之日起7个月后，诉讼时效期间届满。

五、诉讼时效的中断

（一）诉讼时效中断的事由

诉讼时效进行中，因为法定事由而终止进行，并重新进行时效计算的情形。引起诉讼时效中断的事由，主要是当事人的主观因素方面的事由。主要是：（1）权利人向义务人提出履行的请求；（2）权利人提起诉讼；（3）义务人同意履行债务，或者以其他方式承认权利人的请求权。自中断事由终止之日起，时效期间重新开始计算。我国《民法通则》第 140 条规定，诉讼时效因提起诉讼、当事人一方提出要求或者同意履行义务而中断。从中断时起，诉讼时效期间重新计算。而《民总一审稿》第 173 条~第 174 条规定的"诉讼时效中断"事由是：（1）权利人向义务人提出履行请求的；（2）义务人同意履行义务的；（3）权利人提起诉讼或者申请仲裁的；（4）有与提起诉讼或者申请仲裁具有同等效力的其他情形的。对连带权利人或者连带义务人中的一人发生诉讼时效中断的，中断的效力及于全部连带权利人或者连带义务人。所以，从中断或者有关程序终结时起，诉讼时效期间重新计算。我国《民法总则》第 195 条的规定，与此完全相同。

民法理论上，有所谓中断事由的扩张之说。其具体事由主要是：（1）提起仲裁；（2）申请诉前调解；（3）依督促程序申请送达支付令；（4）申请公示催告；（5）依法定程序申报债权；（6）申请诉前财产保全；（7）在诉讼中主张抵销；（8）告知诉讼于与诉讼结果有利害关系的第三人；（9）开始执行行为或者申请强制执行；（10）请求人民调解委员会调解等，这些情形下，发生与起诉具有同一效力的情形。时效进行中，发生债权转移或者债务承担的，已经经过的时效期间，也应当中断。

（二）诉讼时效中断的效力

1. 请求的中断效力。时效因请求而中断的，自请求履行的意思表示到达义务人之日起，时效期间重新计算。自中断时起 6 个月内，权利人未提起诉讼或者没有与起诉具有同一效力的事项的，因请求而中断的时效视为未中断。

2. 起诉的中断效力。时效因起诉而中断的，中断效力自提起诉讼之日发生，在受确定裁判或者以其他方式终结诉讼前，继续中断。撤回起诉或者起诉被裁定驳回或不予受理时，因起诉而中断的时效视为未中断。如果起诉状已经送达义务人，则诉讼时效在送达时中断，并重新开始计算。

3. 与起诉具有同一效力事项的中断效力。诉讼时效因与提起诉讼具有同一效力的事项而中断的，中断效力自提起各该程序之日发生，并于各该程序终结前，继续中断。当事人撤回起诉视为诉讼时效不中断，但撤回后当事人采取其他方式行使请求权，可以发生诉讼时效中断的效果。

4. 告知诉讼的中断效力。时效因在诉讼中主张抵销，或者告知诉讼与诉讼结果有利害关系的第三人而中断的，在该诉讼终结后 6 个月内，权利人未提起请求履行，或者确认请求权诉讼的，时效视为未中断。

时效中断的效力，仅及于中断行为的当事人及其继承人或者受让人之间。共有人或者连带债权人之一引起的中断，其效力及于全体共有人或者连带债权人。债务人对连带债权人之一为承认的，对其他连带债权人同样发生中断效力。

5. 再次主张权利的中断效力。最高法院《民通意见》第 173 条~第 174 条规定，诉讼时效因权利人主张权利，或者义务人同意履行义务而中断后，权利人在新的诉讼时效期间内，再次主张权利或者义务人再次同意履行义务的，可以认定为诉讼时效再次中断。权利人向债务保证人、债务人的代理人或者财产代管人主张权利的，可以认定诉讼时效中断。

同时，权利人向人民调解委员会，或者有关单位提出保护民事权利的请求，从提出请求时起，诉讼时效中断。经调处达不成协议的，诉讼时效期间即重新起算；如调处达成协议，义务人未按协议所定期限履行义务的，诉讼时效期间应从期限届满时重新起算。

（三）诉讼时效中断理由扩张的探索

1. 诉讼时效中断的事由扩张。《民总专家稿》第195条对诉讼时效的中断，提出了一系列主张，但是，这些主张被《民总一审稿》采纳的不多。具体如下：诉讼时效中断的事由。有下列情形之一的，诉讼时效中断，自中断事由终止之日起，诉讼时效期间重新开始计算：（1）权利人向义务人提出履行的请求；（2）义务人承认权利人的请求权；（3）权利人提起诉讼；（4）权利人申请仲裁；（5）权利人申请支付令；（6）权利人申请破产或者申报破产债权；（7）为主张权利而申请宣告义务人失踪或者死亡；（8）权利人申请诉前财产保全、诉前临时禁令等诉前措施；（9）权利人申请强制执行；（10）权利人申请追加当事人或者被通知参加诉讼；（11）在诉讼或者仲裁中主张抵销；（12）其他与提起诉讼或者申请仲裁具有同等效力的事项。

2. 主张抵销的中断效力。诉讼时效因在诉讼中主张抵销或者将诉讼告知与诉讼结果有利害关系的第三人而中断的，在该诉讼终结后6个月内，权利人未提起请求履行或者确认请求权诉讼的，诉讼时效视为未中断（第199条）。

3. 诉讼时效中断及于人的效力。诉讼时效中断的效力仅及于中断行为的当事人以及其继承人或者受让人之间。共有人或者连带债权人之一引起的诉讼时效中断，其效力及于全体共有人或者连带债权人。债务人对连带债权人之一为承认的，对其他连带债权人同样发生中断效力（第200条）。

六、诉讼时效的中止

（一）诉讼时效中止的界定

诉讼时效的中止，是指在时效期间的最后6个月内，因不可抗力或者其他障碍，致使权利人不能为中断时效的行为的，时效停止进行。自中止事由消除之日起，时效期间继续计算。我国《民法通则》第139条规定，在诉讼时效期间的最后6个月内，因不可抗力或者其他障碍不能行使请求权的，诉讼时效中止。从中止时效的原因消除之日起，诉讼时效期间继续计算。最高法院《民通意见》第172条规定，在诉讼时效期间的最后6个月内，权利被侵害的无民事行为能力人、限制民事行为能力人没有法定代理人，或者法定代理人死亡、丧失代理权，或者法定代理人本人丧失行为能力的，可以认定为因其他障碍不能行使请求权，适用诉讼时效中止。有学者认为，剩余期间不满2个月的，延长为2个月。[①]

（二）诉讼时效中止的事由

1. 诉讼时效因法定代理人缺位而中止。在时效期间的最后6个月内，无民事行为能力人或者限制民事行为能力人没有法定代理人，或者法定代理人本人丧失行为能力的，针对该无民事行为能力人或者限制民事行为能力人的时效中止。自其成为完全民事行为能力人或者没有法定代理人的情况终止之日起，时效期间继续计算。这些规定，不适用于限制民事行为能力人可以独立做出的行为。

2. 诉讼时效因法定代理关系的存在而中止。法定代理关系存续期间，无民事行为

[①] 中国人民大学民商事法律科学研究中心：《中华人民共和国民法典草案学者建议稿》（2003年3月），第289条。

能力人或者限制民事行为能力人与其法定代理人之间的请求权时效，不开始进行或者停止进行。自该法定代理关系终止之日起，时效期间开始计算或者继续计算。

3. 继承遗产的诉讼时效中止。属于继承遗产的请求权或者对继承遗产的请求权，在时效期间的最后 6 个月内，继承人或者遗产管理人尚未确定的，时效中止。自继承人或者遗产管理人确定之日起，时效期间继续计算。

需要特别强调，理论上，有人认为：在发生权利人无法行使权利的障碍的事由时，法院可以根据实际情况裁定时效的中止。比如，基于性自主权受侵害而发生的请求权，于受害人满 18 周岁前，时效不开始进行，受害人于加害人处于共同生活关系的，于共同生活关系解除前，时效不开始进行。

（三）诉讼时效中止的立法

关于诉讼时效中止的立法，在具体事由上应当具体明确，才能让民事主体和法院更好地适用。与我国《民法通则》的原则性立法相比，《民总一审稿》在立法时，采取了列举主义的立法方法，并明确地界分了诉讼时效中止和诉讼时效届满。即：《民总一审稿》第 171 条规定，在诉讼时效期间的最后 6 个月内，因下列障碍，不能行使请求权的，诉讼时效中止：（1）不可抗力；（2）无民事行为能力人或者限制民事行为能力人没有法定代理人，或者法定代理人死亡、丧失代理权或者丧失民事行为能力；（3）继承开始后未确定继承人或者遗产管理人；（4）权利人被义务人或者其他人控制；（5）其他导致权利人不能行使请求权的障碍。自中止时效的原因消除之日起满 6 个月，诉讼时效期间届满。

同时，《民总一审稿》第 172 条还规定，无民事行为能力人或者限制民事行为能力人与其法定代理人之间的请求权的诉讼时效，自该法定代理关系终止之日起开始计算。我国《民法总则》通过后，第 194 条的规定，基本与此相同，只是第一款第（二）项中，增加了"丧失代理权"的情形。

七、诉讼时效的适用

（一）诉讼时效的当事人适用

理论上，法院不能主动适用诉讼时效的立法规定。《民总一审稿》第 170 条对此进行了立法明确，我国《民法总则》通过后，在第 194 条对此规定加以明确。其理由在于，由于诉讼时效利益的民事权利属性，决定了民事主体才是适用诉讼时效的主体，法院和仲裁机构作为司法裁判主体，无权适用诉讼时效，包括法官在审理案件时，也不得以释明权来进行诉讼时效抗辩的提示。这大抵上是私权利益不可以动用公权，尤其是，裁判者不可以为私权利益行使公力处分权的规则使然。

（二）诉讼时效适用的事由

1. 当事人约定无效。《民总一审稿》第 176 条规定，诉讼时效的期间、计算方法以及中止、中断的事由由法律规定，当事人约定无效。当事人对诉讼时效利益的预先放弃无效。我国《民法总则》第 197 条对此完全确认。因为当事人对诉讼时效利益的约定，包括预先放弃的约定，是处分法定的诉讼时效利益，因而是完全无效的。

2. 人身受伤后诉讼时效起算。最高法院《民通意见》第 168 条规定，人身损害赔偿的诉讼时效期间，伤害明显的，从受伤害之日起算；伤害当时未曾发现，后经检查确诊并能证明是由侵害引起的，从伤势确诊之日起算。

3. 特殊诉讼时效适用。最高法院《民通意见》第176条规定，法律、法规对索赔时间和对产品质量等提出异议的时间有特殊规定的，按特殊规定办理。

4. 继承的诉讼时效适用。最高法院《民通意见》第177条规定，继承的诉讼时效按继承法的规定执行。但继承开始后，继承人未明确表示放弃继承的，视为接受继承，遗产未分割的，即为共同共有。诉讼时效的中止、中断、延长，均适用民法通则的有关规定。

5. 诉讼时效的延长。最高法院《民通意见》第175条规定，我国《民法通则》第135条、第136条规定的诉讼时效期间，可以适用民法通则有关中止、中断和延长的规定。我国《民法通则》第137条规定的"20年"诉讼时效期间，可以适用民法通则有关延长的规定，不适用中止、中断的规定。

（三）诉讼时效的不适用

理论上，甄别诉讼时效的适用与不适用，是具有重要意义的。但是，我国《民法通则》没有规定不适用诉讼时效的情形，最高法院的司法解释中，对此也保持沉默。在我国"民法典编纂"过程中，《民总一审稿》第175条对此有了规定。即：下列请求权不适用诉讼时效：（1）请求停止侵害、排除妨碍、消除危险；（2）登记的物权人请求返还财产；（3）请求支付赡养费、抚养费或者扶养费；（4）依法不适用诉讼时效的其他请求权。

《民总专家稿》第181条采取了可以适用诉讼时效的范围，但是，下列情形除外的规则。即：义务人可以对债权请求权提出诉讼时效抗辩，但下列债权请求权除外：（1）支付存款本金以及利息请求权；（2）兑付国债、金融债券以及向不特定对象发行的企业债券本息请求权；（3）基于投资关系产生的缴付出资请求权；（4）其他依法不适用诉讼时效规定的债权请求权。其不能使用的范围，与《民总一审稿》存在着较大差异。并列示"请求停止侵害、排除妨碍、消除危险的权利不适用诉讼时效"、"存在保护不特定第三人信赖利益必要时，请求返还财产的权利适用诉讼时效"的对比规定。我国《民法总则》通过后，第196条的规定，基本与此相同，只是第（二）项修改为"不动产物权和登记的动产物权的权利人请求返还财产"，不适用诉讼时效的限制规定。

第三节　取得时效

一、取得时效的定义

权利人不行使权利，致使诉讼时效期间届满，占有人以所有的意思，公开、持续占有他人财产经过一定时间的，比如5年、10年或者20年等，便取得该财产的所有权或者不动产的用益物权的时效。这种时效的特点，是：（1）权利人不主张权利，致使诉讼时效期间届满；（2）占有人以所有的意思，公开、持续占有他人财产经过一定时间；（3）法律对于前述两个方面的事实，给予了一个明确的界定规则，即占有人取得该财产的所有权或者不动产的用益物权。只是，法律禁止转让的动产或者不动产，不适用有关取得时效的规定。占有人取得船舶、航空器、汽车等动产的所有权，应当适用不动产取得时效的规定。

二、取得时效的适用①

1. 动产所有权的取得时效。占有以所有人的意思，10 年间和平、公然、连续占有他人可转让的动产者，取得该动产的所有权。自其占有之始即为善意并无过失的，时效为 5 年。动产占有人被迫丧失占有的，时效不中断，但仅以占有人在 1 年内恢复该物或者提起诉讼为限。

2. 不动产的登记取得时效。应当进行登记的不动产权利人，自其应当登记之日起经过 20 年未登记的，不得对登记所记载的权利人主张权利。应当登记的不动产权利人，20 年未对实际占有人提出异议的，不得再向实际占有人主张物权。

3. 未登记不动产的取得时效。以自主占有的意思，和平、公开、连续占有他人未经登记的不动产满 20 年者，可以请求登记为该不动产的所有权人。在时效进行的最后 6 个月内，因不可抗力而导致不能行使权利的，取得时效停止进行。自该事由消除以后，取得时效继续进行。取得时效可因起诉而中断。中断的效力自提起诉讼之日起起算。

4. 所有权以外财产权取得时效的准用。以行使某种财产权的意思，和平、公开、连续行使该财产权者，依前三条规定取得该权利。上款所述所有权以外的财产权，主要指用益物权。占有人依法取得物权后，具有溯及既往的效力。

三、《专家建议稿》的取得时效

在《专家建议稿》中，对取得时效是持肯定态度的。并在第 201 条～第 203 条进行了一系列立法构想：（1）动产所有权的取得时效。以所有的意思，和平、公然、继续占有他人动产满 5 年的，取得该动产所有权。动产所有权已在登记簿上记载的除外；（2）不动产所有权的取得时效。以所有的意思，和平、公然、继续占有他人未登记的不动产满 10 年的，取得该不动产所有权；（3）取得时效的准用。对其他物权的取得，准用所有权取得时效的规定。

显然，《民总专家稿》中取得时效的建议，被全国人大认为有些激进。所以，在《民总一审稿》中，对取得时效以及后文的一些内容即失权期间，或有期间等，采取了

---

① 中国人民大学民商事法律科学研究中心：《中华人民共和国民法典草案学者建议稿》（2003 年 3 月），物权编第二章第 69 条～第 73 条有规定，即：（1）以所有人的意思，10 年间和平、公然、连续占有他人动产者，取得该动产的所有权。自其占有之始即为善意并无过失的，时效为 5 年。动产占有人被迫丧失占有的，时效不中断，但仅以占有人在 1 年内恢复该物或者提起诉讼为限。本法关于取得时效的规定，仅适用于可转让物；（2）应当进行登记的不动产权利人，自其应当登记之日起经过 20 年未登记的，不得对登记所记载的权利人主张权利。应当登记的不动产权利人，20 年未对实际占有人提出异议的，不得再向实际占有人主张物权；（3）以自主占有的意思，和平、公开、连续占有他人未经登记的不动产满 20 年者，可以请求登记为该不动产的所有权人。在时效进行的最后 6 个月内，因不可抗力而导致不能行使权利的，取得时效停止进行。自该事由消除以后，取得时效继续进行。取得时效可因起诉而中断。中断的效力自提起诉讼之日起起算；（4）以行使某种财产权的意思，和平、公开、连续行使该财产权者，依前三条规定取得该权利。上款所述所有权以外的财产权，主要指用益物权；（5）占有人依法取得物权后，具有溯及既往的效力。

完全保持沉默的态度，而且一直持续到我国《民法总则》通过之后。

第四节 除斥期间

一、除斥期间的定义

所谓除斥期间是指按照法律规定，或者当事人的约定，而应当在一定期间内行使的权利或者从事的行为，如果该期间经过后，当事人没有行使该权利或者从事该行为，则其实体权利归于消灭的情形。

也就是，除斥期间届满后，当事人的实体权利归于消灭，或者发生当事人的主张被推定不成立的效果。最高法院《民通意见》第176条规定，法律、法规对索赔时间和对产品质量等提出异议的时间，有特殊规定的，按特殊规定办理。这里的"有特殊规定"，即是除斥期间的特别规定。

需要说明，除斥期间在民商法律规定中，既可能表现在实体法律规定中，如我国《婚姻法》第11条规定，因胁迫结婚的，受胁迫的一方可以向婚姻登记机关或人民法院请求撤销该婚姻。受胁迫的一方撤销婚姻的请求，应当自结婚登记之日起1年内提出。被非法限制人身自由的当事人请求撤销婚姻的，应当自恢复人身自由之日起1年内提出。如果1年内不请求或者不提出撤销该婚姻登记，则即丧失婚姻撤销请求权。

而我国《合同法》第158条规定，当事人约定检验期间的，买受人应当在检验期间内，将标的物的数量或者质量不符合约定的情形通知出卖人。买受人怠于通知的，视为标的物的数量或者质量符合约定。当事人没有约定检验期间的，买受人应当在发现或者应当发现标的物的数量或者质量不符合约定的合理期间内通知出卖人。买受人在合理期间内未通知，者自标的物收到之日起两年内未通知出卖人的，视为标的物的数量或者质量符合约定。这里的异议期间，也是实体法上，关于除斥期间的规定。

除此之外，程序法上，也可以有关于除斥期间的规定。例如，我国《民事诉讼法》第125条、第164条规定，人民法院应当在立案之日起5日内将起诉状副本发送被告，被告在收到之日起15日内提出答辩状。被告提出答辩状的，人民法院应当在收到之日起5日内将答辩状副本发送原告。被告不提出答辩状的，不影响人民法院审理。当事人不服地方人民法院第一审判决的，有权在判决书送达之日起15日内向上一级人民法院提起上诉。当事人不服地方人民法院第一审裁定的，有权在裁定书送达之日起10日内向上一级人民法院提起上诉。这里的答辩期、上诉期等，都是除斥期间的规定。

2001年12月6日，最高人民法院《关于民事诉讼证据的若干规定》（简称《证据规定》）颁行。《证据规定》第34条规定，当事人应当在举证期限内向人民法院提交证据材料，当事人在举证期限内不提交的，视为放弃举证权利。对于当事人逾期提交的证据材料，人民法院审理时不组织质证。但对方当事人同意质证的除外。当事人增加、变更诉讼请求或者提起反诉的，应当在举证期限届满前提出。在这里，"举证期限"也属于一个很重要的除斥期间。

二、除斥期间的设定

1. 当事人约定的除斥期间。当事人就其可予处分的权利或者事项，可以通过协议对法律规定的除斥期间做出变更，也可以自行设定除斥期间。但是，根据权利自身的性质，不应受除斥期间约束的除外。

2. 除斥期间的开始。除斥期间自权利可以依法行使时起开始进行，但法律另有规定的除外。除斥期间，一般不适用实体法有关时效中断、中止的规定。

3. 除斥期间的阻却事由。除斥期间因当事人或其代理人在法定或者约定的期间内，做出法律或者协议赋予阻却作用的行为，而失去其作用。如系法律对当事人可予处分的权利所规定的期间，或者有关期间系由当事人约定，则相对人对该权利的承认，亦使除斥期间失其作用。

4. 除斥期间的审查。人民法院得依职权对除斥期间进行审查。这种规定，不适用于针对当事人可予处分的权利而规定的，或者由当事人自行约定的除斥期间。但为使当事人明确其权利的存在，人民法院得做出必要的阐明措施。

可见，诉讼时效与除斥期间存在着很大的差别，具体差别分为：期间的性质、届满后果、期间起算等三个方面。作者将它们的差别，经过整理，列表于下。见图表 12 -1.

图表 12-1　诉讼时效与除斥期间差异对照表

诉讼时效	除斥期间
可变期间：可以 中止、中断、延长	不变期间：不能 中止、中断、延长
期限届满，消灭胜诉权	期限届满，消灭实体权
自行使请求权之时起算	自权利成立之时起算

通过图表 12-1 可见看出，诉讼时效是可变期间，可以适用期间的中止、中断、延长规则，而除斥期间为不变期间，不能适用期间的中止、中断、延长规则。同样，诉讼时效的期间届满，消灭胜诉权，但是，除斥期间届满，消灭实体权利，民事主体不得再起诉，否则，要提出起诉的话，要么法院不受理，要么受理后以驳回起诉处理。还有，诉讼时效自行使请求权之时起算，而除斥期间则自权利成立之时起算，其起算点有很大的不同。

三、除斥期间的立法

我国《民法通则》对除斥期间没有明文规定，最高法院对除斥期间有所解释，但是，不是系统和全面的司法处理规则。其他民事立法，包括我国《合同法》、《婚姻法》、《民事诉讼法》和最高法院《证据规定》等有所规定，但是相关规定缺乏基本法上的支持。

《民总专家稿》第 204 条~第 205 条规定，除斥期间届满后，当事人的权利归于消灭，法院应当依职权对除斥期间是否届满予以审查；除斥期间自权利发生时起开始计算，法律另有规定的除外。

《民总一审稿》第 177 条～第 179 条规定，法律规定或者当事人约定的撤销权、解除权等权利的存续期间，为除斥期间。除斥期间届满，当事人的撤销权、解除权等权利消灭；除斥期间自权利人知道或者应当知道权利产生之日起开始计算，法律另有规定的除外；除斥期间不适用《民法通则》有关诉讼时效中止、中断和延长的规定。

应当说，在除斥期间的规定上，《民总专家稿》比《民总一审稿》要差很多创新之处。相比而言，《民总一审稿》不但规定了除斥期间的定义，还有适用范围和使用条件等，更规定了除斥期间的当事人约定规则。不过，有些遗憾的是，我国《民法总则》通过后，把《民总一审稿》的 3 条规定捏成 1 条即第 199 条，内容是：法律规定或者当事人约定的撤销权、解除权等权利的存续期间，除法律另有规定外，自权利人知道或者应当知道权利产生之日起计算，不适用有关诉讼时效中止、中断和延长的规定。其中，把"除斥期间"从定义到届满，再到开始计算等全部删除，但是，却把《民总一审稿》第 177 条第二款修改成"存续期间届满，撤销权、解除权等权利消灭"，这对普通社会公众而言，肯定会带来法律适用上的困难。

第五节　期日与期间

一、期日、期间的定义

期日，是指特定的时点，如某时、某日、某月、某年等。期间，是指某一期日与另一期日之间的时段，如某时至某时、某日至某日、某年至某年等。期日与期间，是时间在民法上，除了时效、除斥期间之外，又一个具体的界定或者度量民事权利与民事法律关系的工具。使用期日、期间，能使当事人的民事权利与民事法律关系，在界限和是非边界上，更清楚、明确。

《民总专家稿》第 176 条规定了"期日、期间的定义"，即："期日"是指特定的时点；"期间"是指一期日与另一期日之间的时段。应当说，这种规则，揭示了人们对期日、期间的定义的困惑。

二、期间的起算点

一般而言，民法上的期间计算，使用历法计算法，即按公历所定之日、星期、月、年计算。同时，也采用自然计算法，以 60 秒为 1 分，60 分为 1 小时，24 小时为 1 日，7 日为 1 星期[①]，15 日为半月，30 日为 1 月，180 日为半年，365 日为 1 年。

以星期、月、年定连续性期间的，依历法计算法，但规定的期间为一个半月或者几个月零半月的，最后半个月依自然计算法；规定以星期、月或者年定非连续性期间的，依自然计算法。以季度定期间的，适用按月计算期间的规定，一个季度为 3 个月，季度从 1 年的开始计数。

以分、小时、日定期间的，依自然计算法。以小时计算期间的，从规定时开始计

---

① 这里的 7 日为一星期，是用的自然计算法。在我国，由于每周五天或者每周 40 小时工作制，所以一周为 5 日，使用的是法定计算法。

算。以日、月、年计算期间的，开始的当天不算入，从下 1 天开始计算。按照日、月、年计算期间，当事人对起算时间有约定的，从其约定。

规定以分计算期间的，不满 30 秒的，不计算期间；超过 30 秒不满 1 分的，按照 1 分计算。规定以小时计算期间的，不满 15 分的，不计算期间；满 15 分不满 45 分的，按照半小时计算期间；满 45 分不满 1 小时的，按照 1 小时计算期间。

规定以日、星期、月、年计算期间的，开始的当日不算入，从下 1 日开始计算。期间届满的最后 1 日是法定休假日的，以休假日届满的次日为期间的最后 1 日。期间的最后 1 日截止时间为 24 点。有业务时间的，到停止业务活动的时间截止。即：

1. 期间最后 1 日的终止点。期间的最后 1 日的截止时间为 24 点，但有业务时间的，至停止业务活动的时间截止。以工作日定期间的，有业务活动时间的，以业务活动的时间计算期间；没有业务活动期间的，1 日为 8 小时，1 星期为 5 日。

2. 期间最后 1 日的决定。以日定期间的，算足该期间之日为最后 1 日。以星期、月、年定期间，而以星期、月、年之第 1 日开始计算的，则以星期六、月终、除夕为期间最后 1 日；不以星期、月、年之第 1 日开始计算的，则以最后之星期、月、年中与开始计算日相当之日的前 1 日，为期间之最后 1 日。但在以月、年定期间，而最后之月无与开始计算日相当之日的，则以该月之末日为期间最后 1 日。

以前述方法算出之期间最后 1 日，是星期日或者其他法定休假日的，则以休假日的次日为期间最后 1 日。延长期间的，新期间从前一期间届满开始计算。

3. 期间计算的基数确定。民事立法中，所称的"以上"、"以下"、"以内"、"届满"等，都包括本数；而所称的"不满"、"以外"等，则不包括本数。

三、期间计算的立法

我国《民法通则》第九章附则第 154 条～第 155 条两条规定了期间的计算方法，即：（1）民法所称的期间按照公历年、月、日、小时计算；（2）规定按照小时计算期间的，从规定时开始计算。规定按照日、月、年计算期间的，开始的当天不算入，从下一天开始计算；（3）期间的最后一天是星期日或者其他法定休假日的，以休假日的次日为期间的最后一天；（4）期间的最后一天的截止时间为二十四点。有业务时间的，到停止业务活动的时间截止；（5）民法所称的"以上"、"以下"、"以内"、"届满"，包括本数；所称的"不满"、"以外"，不包括本数等。客观地说，这些规定有些不甚完备。

《民总专家稿》第 154 条～第 155 条 3 条规定了期间的计算方法，即：（1）以小时计算期间的，从规定时开始计算。以日、月、年计算期间的，开始的当天不算入，从下一天开始计算；（2）期间的最后 1 日的截止时间为 24 时。有业务时间的，至停止业务活动的时间；（3）以日定期间的，算足该期间之日为最后 1 日。以星期、月、年定期间，而以星期、月、年之第 1 日开始计算的，则以星期六、月终、年末为期间最后 1 日；不以星期、月、年之第 1 日开始计算的，则以最后之星期、月、年中与开始计算日相当之日的前 1 日，为期间之最后 1 日。但在以月、年定期间，而最后之月无与开始计算日相当之日的，则以该月之末日为期间最后 1 日；（4）以前述方法算出之期间最后 1 日，是法定休假日的，则以法定休假日的次日为期间最后 1 日。

《民总一审稿》第 180 条～第 184 条 5 条规定了期间的计算方法，即：（1）民事法律所称的期间按照公历年、月、日、小时计算；（2）按照小时计算期间的，自法律规定或者当事人约定的时间起算。按照日、月、年计算期间的，开始的当日不计入，自下1日起算；（3）按照月、年计算期间的，最后1月与期间开始当日的相应日为期间的最后1日；最后1月没有相应日的，其结束日为期间的最后1日；（4）期间的最后1日是法定休假日的，以法定休假日结束的次日为期间的最后1日。期间的最后一日的截止时间为24点；有业务时间的，到停止业务活动的时间截止；（5）期间的计算方法依照本法的规定，法律另有规定或者当事人另有约定的除外。对照相关立法的规则设计，可以看出，《民总一审稿》简明全面，相比而言，《民总专家稿》似有繁杂的嫌疑。

我国《民法总则》第200条～第204条规定：（1）民法所称的期间按照公历年、月、日、小时计算；（2）按照年、月、日计算期间的，开始的当日不计入，自下1日开始计算。按照小时计算期间的，自法律规定或者当事人约定的时间开始计算；（3）按照年、月计算期间的，到期月的对应日为期间的最后1日；没有对应日的，月末日为期间的最后1日；（4）期间的最后1日是法定休假日的，以法定休假日结束的次日为期间的最后1日。期间的最后1日的截止时间为24时；有业务时间的，停止业务活动的时间为截止时间；（5）期间的计算方法依照我国《民法总则》的规定，但是法律另有规定或者当事人另有约定的除外。可以看出，我国《民法总则》与《民总一审稿》相比，似乎更准确和精细一些。

四、失权期间与或有期间

失权期间和或有期间，在我国《民法通则》，以及《民总一审稿》和通过的我国《民法总则》中，都没有规定。所谓失权期间，是指民事主体不行使其民事权利，而导致该民事权利消灭的期间。而所谓或有期间，是指决定当事人能否取得或者能否行使相应请求权的一种期间。这两种期间，以期间利益的设定为核心，保证了对当事人期间利益的最大尊重。

《民总专家稿》第206条～第207条规定了"失权期间"，即：（1）失权期间届满的法律后果。在依照诚实信用原则确定的合理期限内，权利人不行使权利，让义务人信赖其不会再行使的，该权利消灭；（2）失权期间适用范围。财产权利得适用失权期间，法律另有规定或者依其性质不能适用的除外。

《民总专家稿》第208条～第209条规定了"或有期间"，即：（1）或有期间届满的法律后果。或有期间是决定当事人能否取得或者能否行使相应请求权的期间。当事人在或有期间内未依照法律的规定或者当事人之间的约定提出主张的，或有期间届满，当事人不能取得或者不能行使相应请求权；（2）或有期间与诉讼时效期间的衔接。当事人在或有期间内依照法律的规定或者当事人之间的约定提出主张的，当事人取得或者可以行使相应请求权，或有期间停止计算；当事人取得或者可以行使的相应请求权得适用诉讼时效的，诉讼时效期间开始计算。

思 考 题

1. 时间的民法意义何在？时效与民事权利保护之间，有无内在联系？

2. 如何理解诉讼时效、取得时效？你认为我国应当建立取得时效制度吗？

3. 简述诉讼时效的起算、中断、中止、届满，适用与不适用的条件。

4. 除斥期间的定义，除斥期间与诉讼时效如何区分？

5. 什么是期间与期日？有哪些计算方法？

学习资料指引

1. 梁慧星：《民法总论》，法律出版社 1996 年版，第 8 章。

2. 魏振瀛：《民法》，北京大学出版社、高等教育出版社 2000 年版，第 10 章。

3. 彭万林：《民法学》，中国政法大学出版社 1999 年版，第 9 章。

4. 张俊浩：《民法学原理》，中国政法大学出版社 1991 年版，第 10 章、第 11 章。

5. 李群星：《法律与道德的冲突——民事时效制度专论》，法律出版社 2011 年版。

参考法规提示

1.《中华人民共和国民法通则》，第七章诉讼时效（第 135 条～第 141 条），第九章附则（第 154 条～第 155 条）。

2.《最高人民法院关于贯彻执行〈中华人民共和国民法通则〉若干问题的意见（试行）》，六、诉讼时效（第 165 条～第 177 条）。

3.《中华人民共和国民法总则》，第九章诉讼时效/第 188 条～第 199 条；第十章期间计算/第 200 条～第 204 条）。

4.《中华人民共和国合同法》，第 158 条。

5.《中华人民共和国婚姻法》，第 6 条、第 11 条～第 12 条。

6.《中华人民共和国继承法》，第 8 条、第 25 条。

7.《中华人民共和国民事诉讼法》（1991 年 4 月 9 日），第 13 条、第 125 条、第 164 条。

8.《中华人民共和国仲裁法》，第 20 条。

9.《最高人民法院关于民事诉讼证据的若干规定》（2001 年 12 月 6 日），三、举证时限与证据交换。

10.《中华人民共和国民法总则（草案）》（即《民总一审稿》），第 167 条、第 169 条～第 176 条、第 180 条～第 184 条。

11.《中华人民共和国民法典民法总则专家建议稿（征求意见稿）》（即《民总专家稿》，第 154 条～第 155 条、第 176 条～第 181 条、第 183 条～第 185 条、第 190 条、第 192 条～第 195 条、第 199 条～第 209 条。

12. 中国人民大学民商事法律科学研究中心：《中华人民共和国民法典草案学者建议稿》（2003 年 3 月），物权编第二章第 69 条～第 73 条、第 289 条。

第十三章　民法的适用

【阅读提示】本章的重点，是民法的效力根源；民法对人的效力、对空间的效力、对事务的效力、对时间的效力；民事的域内效力适用原则和方法；涉外适用比如民事主体、婚姻家庭、继承、物权、债权和知识产权等的具体适用规则，如何解释民法规范等等。对最高法院超出本法而大量解释法律规范的现象，如何评价。通过学习本章，学习者不但要了解民法的效力范围、适用原则、解释方法，还要弄清楚其基本原理，为正确理解与适用各项具体民事法律制度，奠定良好的理论基础。本章的难点是，民法适用的法域冲突和法际冲突，溯及力问题，民法规范的涉外适用规则，科学的民法规范解释方法等。

第一节　民法的效力

一、民法效力的界定

所谓民法的效力，是指民法的法律效力所及或所发生作用的人、地域和时间、事件等的范围。民法的效力，有的教科书称为民法的适用范围，或者民法的效力范围，也就是说，民法规范对于哪些人、在什么样地方、何时间内对什么事件发生法律拘束力。这是民法规范自身的功能与作用问题，也是民法规范对于立法者、司法者和民事主体，以及行政主体各种行为的功能的一个重要组成部分。

我国《民法通则》第 1 条~第 2 条开宗明义地规定，为了保障公民、法人的合法的民事权益，正确调整民事关系，适应社会主义现代化建设事业发展的需要，根据宪法和我国实际情况，总结民事活动的实践经验，制定我国《民法通则》。我国民法调整平等主体的公民之间、法人之间、公民和法人之间的财产关系和人身关系。而《民总一审稿》第 1 条~第 2 条则规定，为了保护自然人、法人和非法人组织的合法权益，调整民事关系，维护社会和经济秩序，适应中国特色社会主义发展要求，根据宪法，制定本法；民事法律调整作为平等民事主体的自然人、法人和非法人组织之间的人身关系和财产关系。虽然，具体规定的实质含义是相同的，但是，在文字表述上，还是存在很大的差别的。我国《民法总则》通过后，其第 1 条~第 2 条的表述是："为了保护民事主体的合法权益，调整民事关系，维护社会和经济秩序，适应中国特色社会主义发展要求，弘扬社会主义核心价值观，根据宪法，制定本法""民法调整平等主体的自然人、法人和非法人组织之间的人身关系和财产关系"。增加了"弘扬社会主义核心价值观"，并将人身关系提升到财产关系前面来。

我国《民法通则》第 8 条规定，在中国领域内的民事活动，适用中国法律，法律另有规定的除外。本法关于公民的规定，适用于在中国领域内的外国人、无国籍人，法律另有规定的除外。显然只解决了"域内"的民事活动法律适用问题，而我国《民法通则》第八章涉外民事关系的法律适用第 142 条～第 150 条、第 156 条对于涉外民事关系和《民法通则》的生效时间等作出了规定：（1）涉外民事关系的法律适用，依照本章的规定确定。中国缔结或者参加的国际条约同中国的民事法律有不同规定的，适用国际条约的规定，但中国声明保留的条款除外。中国法律和中国缔结或者参加的国际条约没有规定的，可以适用国际惯例；（2）中国公民定居国外的，他的民事行为能力可以适用定居国法律；（3）不动产的所有权，适用不动产所在地法律；（4）涉外合同的当事人可以选择处理合同争议所适用的法律，法律另有规定的除外。涉外合同的当事人没有选择的，适用与合同有最密切联系的国家的法律；（5）侵权行为的损害赔偿，适用侵权行为地法律。当事人双方国籍相同或者在同一国家有住所的，也可以适用当事人本国法律或者住所地法律。中国法律不认为在中国领域外发生的行为是侵权行为的，不作为侵权行为处理；（6）中国公民和外国人结婚适用婚姻缔结地法律，离婚适用受理案件的法院所在地法律；（7）扶养适用与被扶养人有最密切联系的国家的法律；（8）遗产的法定继承，动产适用被继承人死亡时住所地法律，不动产适用不动产所在地法律；（9）依照本章规定适用外国法律或者国际惯例的，不得违背中国的社会公共利益；（10）民法通则自 1987 年 1 月 1 日起施行。

而《民总一审稿》第 10 条～第 12 条则规定，处理民事纠纷，应当依照法律规定；法律没有规定的，可以适用习惯，但是不得违背公序良俗；其他法律对民事关系另有特别规定的，依照其规定；在我国领域内的民事活动，适用中国法律，我国法律另有规定的除外。我国《民法总则》通过后，其第 10 条～第 12 条的规定完全相同。结合我国《涉外民事关系法律适用法》（2010 年 10 月 28 日，简称《涉外适用法》）第 1 条～第 3 条的规定，即：为了明确涉外民事关系的法律适用，合理解决涉外民事争议，维护当事人的合法权益，制定本法；涉外民事关系适用的法律，依照本法确定。其他法律对涉外民事关系法律适用另有特别规定的，依照其规定。本法和其他法律对涉外民事关系法律适用没有规定的，适用与该涉外民事关系有最密切联系的法律；当事人依照法律规定可以明示选择涉外民事关系适用的法律。可以解决我国民法规范的整体法律适用问题。

理论上，民法的效力一般分成：（1）对人——主体效力；（2）对地——空间效力；（3）对事——地域效力；（4）对时——时间效力等。其中，对地及空间效力，可以等同于对事即地域效力。但是，考虑到我国存在"一国两制四法域"这样的"法域冲突"问题，所以，即或是一国之内的不同法域之间，依然存在民法规范适用上的差异以及规则冲突，而《涉外适用法》并不能解决这个域内层面的法域冲突问题。

二、民法对人的效力范围

民法对人的效力范围，是指民法对何种人适用，即是否对于领土内的所有人一体适用。国际上的民事立法，对于民法对人的适用范围，主要有三种立法模式：（1）属人主义。凡是本国人，无论在国内国外，都受本国法律约束，而对本国境内的外国人则不发生效力；（2）属地主义。无论本国人外国人，只要在本国境内，都受本国法律约束，而对国外的本国公民，则不发生效力；（3）保护主义。凡是损害本国利益者，无论本国人外国人，无论在境内境外，都应受到本国法律的追究。

我国采用了折中主义的作法，民法对人的适用，采取属地主义为主，辅之属人主义与保护主义相结合的立法方式。依照我国《民法通则》第8条的规定，我国民法对人的适用范围，是：（1）无论我国公民、法人，还是外国公民、法人或者无国籍人，只要在我国境内从事民事活动，除了法律另有规定之外，都适用我国民法；（2）我国公民、法人在他国从事民事活动，而发生的民事法律关系，一般适用所在地国家的法律，如果依照我国法律或者双方所加入的国际公约以及国际惯例应当适用我国民法的，也应当适用我国民法。需要注意的是，我国在"一国两制"框架下，大陆的《民法通则》等民商事法律法规，并不直接适用于我国香港、澳门和台湾居民。这些中国居民所适用的法律，依相关的"基本法"加以解决。

三、民法对空间的效力范围

民法对空间的效力范围，是指民法在什么地域范围内生效和适用。我国《民法通则》第8条第1款规定："在中华人民共和国领域内的民事活动，适用中华人民共和国法律，法律另有规定除外。"根据这条规定，我国民法的效力及于我国领土、领海、领空，以及根据国际法视为我国领域的我国驻外使领馆，航行于公海与外国海域的我国船舶，飞行于我国领空以外的我国飞行器等。

民事法律法规的空间效力范围，与其颁布机关的管辖范围是一致的。因此，全国人民代表大会及其常委会、国务院及其各部委等中央国家机关制定颁布的民事法律法规，除了法律另有规定之外，适用于我国一切领域，地方性民事法规只适用于制定颁布该法规的机关的管辖范围。

四、民法的事务效力

民法的事务效力，是指民法规范对什么样的法律关系涉及的事务产生法律效力及其适用范围。根据我国《民法通则》、《涉外适用法》的规定，我国民法规范的域内适用涉及全部民事法律关系方面的事务，而在域外效力方面，则主要是：第一章一般规定（第1条～第10条，共10条）、第二章民事主体（第11条～第20条，共10条）、第三章婚姻家庭（第21条～第30条，共10条）、第四章继承（第31条～第35条，共5条）、第五章物权（第36条～第40条，共5条）、第六章债权（第41条～第47条，共7条）、第七章知识产权（第48条～第50条，共3条）。也就是说，民事主体加上婚姻家庭、继承、物权、债权、知识产权等五大方面的民事权利，共六个大的方面的民事法律关系问题，都是适用的。

在域内适用时，我国的民法规范，既要解决域内的"法域冲突"——一国之内的不同法域之间的民事法律规范互相矛盾、冲突和不一致的现象，即一国内部不同法域之间的法律冲突被称为区际法律冲突；也要解决域外的"法律冲突"——对同一涉外民事法律关系，因各国民法规定不同且都有可能对它进行管辖而发生的法律适用上的冲突。所以，法律冲突又称法律抵触，是同为民事法律关系，但是，因为民事主体涉外、民事客体涉外或者民事关系的内容涉外等因素，在法律规范的适用上产生了适用冲突。

法律冲突产生后，是下述条件相互作用的结果：各国民事法律制度不同；内国承认并赋予外国人民事权利；内国在一定条件下承认外国民事法律在内国的域外效力等。法律冲突产生后的解决方法：（1）间接调整方法。即通过冲突规范调整法律冲突，亦即通过制定国内或国际的冲突规范，只指出适用哪个国家的法律来调整某种涉外民事法律关系当事人的权利义务，而不直接规定当事人的权利义务关系；（2）直接调整的方法。即通过统一实体法调整的方法，即有关国际通过双边或多边的法律冲突国际条约和国际惯例来直接确定当事人权利义务，从而避免或消除法律冲突的方法。应当说，我国《民法通则》、《涉外适用法》的规定，都属于间接调整方法范畴。

五、民法的时间效力

民法的时间效力，是民事法律法规存在效力的时间阶段。一般而言，民法自实施之日起生效，废止之日失效。实施生效之日可以是公布之日，也可以是公布之日后的时间。但是，法律常常是公布之日与生效之日不一致，以为人们熟悉掌握，并作好准备提供必要的时间。

"新法不溯及既往"，是一个普遍原则。新公布实施的民事法律法规，只适用其生效后缔结产生的民事法律关系，而对以前的民事法律关系不发生效力。法不溯及既往的原因，在于民事主体不可能将尚不存在的法律规范，作为从事民事活动的行为准则，而只能依据当时生效的规则行事。

依据当时的规则，已经形成的民事法律关系或处理结果，被后来新的民法规范所否定，就会破坏业已形成的人身关系与财产关系，既有碍于经济的发展，也不利社会秩序的和谐稳定。法不溯及既往是一个原则，但是，也要根据实际需要，在特定情况下，可以通过立法形式作出某些具有溯及力的规定。这样做，也是为了解决旧法不敷使用，以及新法宽于旧法等特殊的司法实际问题。

需要特别说明，在我国，由于经济体制改革和社会飞速发展，尤其是民事立法的1＋N体制即在我国《民法通则》之外，制定专门的、单行的民事法律的缘故，导致我国出现了比较明显的"法际冲突"或者"法内冲突"。比如，在我国《民法通则》之外，我国先后制定了《婚姻法》、《继承法》、《收养法》、《担保法》、《合同法》、《电子签名法》、《招标投标法》、《拍卖法》、《信托法》、《物权法》、《侵权责任法》、《商标法》、《专利法》和《著作权法》，以及《涉外适用法》等30多部单行民商事法律。于是，因为这些法律的制定背景、立法宗旨和法律作用目标的设计不同，必然出现所谓的"法际冲突"或者"法内冲突"（即同为民商法大类内部的法律与法律之间的适用冲突）。比如，我国《担保法》颁行（1995年6月30日）在先，而我国《物权法》颁行（2007年3月16日）在后，就其位阶关系来看，我国《物权法》从担保物权角度看，是上位法，而我国《担保法》是下位法。那么，针对我国后颁行的《物权法》，在处理与先颁行的我国《担保法》的关系时，采用了下位法遵守上位法的原则，即我国《物权法》第178条规定的"担保法与本法的规定不一致的，适用本法"的原则。这就解决了两部法律的法际冲突或者法内冲突。从这个层面看，我国正在进行的《民法典》编纂，在很大程度上就是要解决我国《民法通则》与各个单行民事法律之间的法内冲突与法际矛盾问题。

第二节　民法的域内适用

一、民法适用的概念

民法的适用，有广义与狭义之分。从广义看，凡依照民法规范从事民事活动，如依据我国《合同法》缔结合同，依法履行义务，都是民法的适用。但是，狭义的民法适用，也即通常意义上的民法适用，指法院与仲裁机构，依据民事法律规范，对于民事案件作出处理与裁决的活动或过程。在这个活动与过程之中，法院与仲裁机构等，是民法适用的主体。而民事主体只是民事仲裁和民事诉讼的参加者，并不是民事法律的适用主体。

从广义上看，民法的适用，就是民法作用的发挥现象。这种作用本身，从民法调整的方法角度看，首先属于事先调整、事中调整和事后调整的一种表现，强调的是民法规范对于民事主体的作用模式；其次，则属于民法的司法应用范畴，是司法权享有或者行使的一种表现。对前者，换个角度，可亦称之为"民法的行为规范作用模式"，而对后者，对应地可以称之为"民法的裁判规范作用模式"。因此，民法的域内适用，便强调这两种模式的结合，从而使民法规范完整地发挥我国《民法总则》第1条"为了保护民事主体的合法权益，调整民事关系，维护社会和经济秩序，适应中国特色社会主义发展要求，弘扬社会主义核心价值观"这样的积极作用。从这条规定的立法逻辑和现实逻辑看，民法的域内适用，广义上包括了民事主体的民法使用和裁判主体的民法适用两种情形，这是必须要强调的。

在我国，民法的域内适用从狭义上看，主要强调仲裁机构或者法院能否受理某些域内不同法域的案件，以及受理后，如何处理。这是一个前提性问题。司法权行使的前提条件，就是要弄清楚：某个域内的民事纠纷案件，是否属于法院或者仲裁机构管辖，如果属于法院或者仲裁机构管辖的话，选择哪一个法律或者某个民事法律的那些规范处理具体的民事纠纷案件等等，都是民法域内适用的核心问题。比如，我国《农村土地承包经营纠纷调解仲裁法》（简称《承包仲裁法》）第2条~第4条规定：（1）农村土地承包经营纠纷调解和仲裁，适用《承包仲裁法》；（2）农村土地承包经营纠纷包括6类纠纷：一是，因订立、履行、变更、解除和终止农村土地承包合同发生的纠纷；二是，因农村土地承包经营权转包、出租、互换、转让、入股等流转发生的纠纷；三是，因收回、调整承包地发生的纠纷；四是，因确认农村土地承包经营权发生的纠纷；五是，因侵害农村土地承包经营权发生的纠纷；六是，法律、法规规定的其他农村土地承包经营纠纷；（3）发生农村土地承包经营纠纷的，当事人可以自行和解，也可以请求村民委员会、乡（镇）政府等调解；（4）当事人和解、调解不成或者不愿和解、调解的，可以向农村土地承包仲裁委员会申请仲裁，也可以直接向法院起诉。但是，因征收集体所有的土地及其补偿发生的纠纷，不属于农村土地承包仲裁委员会的受理范围，可以通过行政复议或者诉讼等方式解决。就通过我国《承包仲裁法》，进行了民事纠纷的处理程序规则界分。

同样，我国《劳动争议调解仲裁法》（简称《劳动仲裁法》）第2条规定，在我国境内的用人单位与劳动者发生的下述劳动争议，适用《劳动仲裁法》：（1）因确认劳动关系发生的争议；（2）因订立、履行、变更、解除和终止劳动合同发生的争议；（3）因除名、辞退和辞职、离职发生的争议；（4）因工作时间、休息休假、社会保险、福利、培训以及劳动保护发生的争议；（5）因劳动报酬、工伤医疗费、经济补偿或者赔偿金等发生的争议；（6）法律、法规规定的其他劳动争议等。可见，在我国的劳动争议，可以通过劳动争议仲裁解决。当然，劳动争议仲裁不是唯一救济路径，那么，在调解、劳动仲裁和民事诉讼之间，是什么关系呢？

我国《劳动仲裁法》第5条规定，发生劳动争议，当事人不愿协商、协商不成或者达成和解协议后不履行的，可以向调解组织申请调解；不愿调解、调解不成或者达成调解协议后不履行的，可以向劳动争议仲裁委员会申请仲裁；对仲裁裁决不服的，除本法另有规定的外，可以向法院提起诉讼。可见，劳动争议的协商、调解和劳动争议仲裁是前置程序，民事诉讼是最后的救济手段。这也就意味着，如果发生了劳动争议，不能首先选择到法院提起民事诉讼，因为那样是不会被法院受理的。由此而言，民法的域内适用，不仅仅是对域内的民事主体的适用，而且，也是通过民事仲裁的选择管辖和民事诉讼的级别管辖、地域管辖和指定管辖等，让司法权和裁判权符合法定规范，与此同时，让各种民事纠纷的司法裁判也有良好的秩序。

二、民法适用的原则

（一）优位法优于次位法原则

优位法优于次位法原则，也叫上位法优于下位法或者下位法必须遵守上位法原则，是指效力相对较低的民事法律法规，不能与相对效力较高的民事法律法规相冲突抵触。如果出现这种情况时，应当适用效力较高的法律规范的原则。

从我国法律效力层次看，宪法高于法律，法律高于行政法规，而行政法规高于规章与地方性法规。当这些法律法规的效力层次的存在，意味着，不同的法律法规关于同一问题的规定不一致时，应当适用高层次效力的规定。前文提及的我国《物权法》作为上位法，自身规定要求《担保法》要尊重《物权法》的规定，就是这一原则的实际事例。又如，我国《涉外适用法》第51条规定，我国《民法通则》第146条～第147条，我国《继承法》第36条，与本法的规定不一致的，适用《涉外适用法》，也应属于这类实例。

（二）特别法优于普通法原则

根据适用的范围，民法可分为民事普通法与民事特别法。以适用地域分，适用本国所有地域为普通法，适用特定地域为特别法；以适用领域分，适用于一切民事活动领域者为普通法，适用于特定民事活动领域者为特别法。所以，所谓特别法优于普通法原则，是指当对某一具体事项有特别法规定时，应适用特别法而不适用普通法，只有在无特别法规定时，才适用普通法的原则。在我国，特别法与普通法之间是相对关系，或者说层次递进关系。如我国《民法通则》相对我国《合同法》，前者为普通法，后者为特别法。而我国的《合同法》相对于我国《担保法》中的合同规定，前者为普通法，后者为特别法。此外，在同一个法律之中，不同条款之间也有普通规定与特别规定之分，如我国《合同法》中，关于合同的一般规定与某些具体合同的规定，也产生普通条款与特别条款的适用层次上的先后次序问题。

例如，我国《合同法》第 12 条规定，合同的内容由当事人约定，一般包括以下条款：(1) 当事人的名称或者姓名和住所；(2) 标的；(3) 数量；(4) 质量；(5) 价款或者报酬；(6) 履行期限、地点和方式；(7) 违约责任；(8) 解决争议的方法。当事人可以参照各类合同的示范文本订立合同。这是合同订立时的八大项内容条款要求，并且，还可以参照示范文本。但是，我国《合同法》分则部分，各个具体合同订立时，合同条款或者内容的确定，并不仅仅以这个八大项为准。例如，我国《合同法》第 131 条规定，"买卖合同"的内容除依照《合同法》第 12 条的规定以外，还可以包括包装方式、检验标准和方法、结算方式、合同使用的文字及其效力等条款。再如，我国《合同法》第 177 条规定，"供用电合同"的内容包括供电的方式、质量、时间，用电容量、地址、性质，计量方式，电价、电费的结算方式，供用电设施的维护责任等条款。又如，我国《合同法》第 197 条规定，"借款合同"采用书面形式，但自然人之间借款另有约定的除外。借款合同的内容包括借款种类、币种、用途、数额、利率、期限和还款方式等条款。可见，就是一部《合同法》中的规定，也存在普通条款与特别条款的适用层次上的先后次序规则问题。

（三）强制法优于任意法原则

法律皆有强制性，但根据强弱程度不同，可分为强行法与任意法。强行法是当事人必须遵守适用的法律规范，排除自由意志，如民事主体制度的规定，以及《物权法》中的许多规定等。任意法是法律留下一定的空间，允许当事人的民事活动，在法定范围内根据个人意志自行决定或变更的法律规范，如《合同法》的许多规定，皆为任意法。强行法优于任意法，意指对某事项凡有强行法规定，则必须适用强行法，而不能适用任意法，而且，适用任意法也不能超越法律的界限。

例如，我国《合同法》第 133 条规定，标的物的所有权自标的物交付时起转移，但法律另有规定或者当事人另有约定的除外。比如，我国《物权法》第 15 条规定，当事人之间订立有关设立、变更、转让和消灭不动产物权的合同，除法律另有规定或者合同另有约定外，自合同成立时生效；未办理物权登记的，不影响合同效力。因此，根据我国《物权法》第 24 条～第 25 条的规定，船舶、航空器和机动车等动产物权的设立、变更、转让和消灭，经过交付即发生物权变动的法律效力；未经登记，不得对抗善意第三人。而动产物权在设立和转让前，权利人已经依法占有该动产的，物权自法律行为生效时，发生物权变动的效力，而非以动产的交付为条件。这便是与我国《合同法》第 133 条规定的"标的物的所有权自标的物交付时起转移，但法律另有规定或者当事人另有约定的除外"相衔接的法律规范。

（四）新法优于旧法原则

新法优于旧法，亦称后法优于前法，这是根据颁布实施法律的先后时间加以区分的，先者为前法或旧法，后者为后法或新法。新法优于旧法，指处理同一具体民事事项时，原则上应当适用后颁布实施的法律。理解这一原则，需注意的是新旧两种法指不同的法律，而非同一法律中的不同条文，其次，这不同的法律处于同一效力层次。

在我国，最高法院是授权进行司法解释的机关，因此，大量的司法解释往往在法律法规颁行后出台。在具体裁决与处理案件时，也往往是司法解释优于法律法规的规定。对于这种现象，要正确理解。也就是说，最高法院的司法解释是裁判规范，而我国立法机关颁布的法律法规是包括行为规范和裁判规范结合色彩的。让最高法院通过大量的裁判规范，反向指导民事主体的民事行为或者民事活动，是不完全适当的。理由是，我国最高法院在出台司法解释时，是以解决民事纠纷案件为宗旨的，并不是完全站在民事主体使用民法规范的事先调整、事中调整和事后调整的全角度或者全方位，而是非常容易站在"事后调整"的单角度，把民法规范的适用，引向纯粹民事司法的歧途。

例如，我国《民事诉讼法》2012 年 8 月 31 日第二次修正后，共有 27 章 284 条，但是，这部民事诉讼的基本法律，经过最高法院 2014 年 12 月 18 日以《最高人民法院关于适用〈中华人民共和国民事诉讼法〉的解释》即《民诉法解释》，并以法释〔2015〕5 号文于 2015 年 1 月 30 日发布，于 2015 年 2 月 4 日实施时，共有 23 章 552 条，比我国《民事诉讼法》本法多出 268 条，多出 1.94 倍或者 51.45％。这是非常不正常的：一方面，这么多条款的司法解释说明，在最高法院那里，是保守的或者落伍的；另一方面，最高法院的"二次立法"型司法解释，有蔑视全国人大立法权威的嫌疑。所以，这种司法解释条款多于或者远远大于法律的严重现象，更是严重违反我国《立法法》第104 条的规定的。① 即我国《民事诉讼法》修改后，是否有"法律制定后出现新的情况，需要明确适用法律依据"的情形，有多少？是否就是在短短的两年零 4 个月的时间里，就出现了那么多"法律制定后出现新的情况"？至少需要认真清理，公示天下，而不是那么多的司法解释条款的增加，只有最高法院一个司法机关来完成，因为过多的司法解释，给自然人、法人和非法人组织适用我国《民事诉讼法》增添了适用的困难，而不是增加了方便，也是严重违反《人民法院第三个五年改革纲要（2009—2013）》的规定的②，就是重要的反证。

（五）例外法优于原则法原则

所谓例外法，是指法律关于某种特别情形作出的例外性规定，排除一般规定的适用的情形。在这里，所谓原则法，是指法律的普遍适用的法律规范。又如，我国《民法通则》关于 18 周岁以上的成年人为完全行为能力人，这是原则法规定。同时，又规定已满 16 周岁的未成年人，以自己的劳动收入作为主要生活来源的视为完全行为能力人，这属于例外法规定。因此，例外法优于原则法原则，意指凡有例外法规定，应适用例外法，在无例外法规定时，才适用原则法或者一般规定的情形。

---

① 我国《立法法》第 104 条规定，最高人民法院、最高人民检察院作出的属于审判、检察工作中具体应用法律的解释，应当主要针对具体的法律条文，并符合立法的目的、原则和原意。遇有本法第 45 条第二款（遇有以下情况之一的，由全国人民代表大会常务委员会解释：（1）法律的规定需要进一步明确具体含义的；（2）法律制定后出现新的情况，需要明确适用法律依据的）规定情况的，应当向全国人民代表大会常务委员会提出法律解释的要求或者提出制定、修改有关法律的议案。最高人民法院、最高人民检察院作出的属于审判、检察工作中具体应用法律的解释，应当自公布之日起 30 日内报全国人民代表大会常务委员会备案。最高人民法院、最高人民检察院以外的审判机关和检察机关，不得作出具体应用法律的解释。

② 最高人民法院：《人民法院第三个五年改革纲要（2009—2013）》（法发［2009］14 号，2009 年 3 月 17 日发布施行，（五）健全司法为民工作机制）第 29 条规定，建立健全司法为民长效机制。健全诉讼服务机构，加强诉讼引导、诉前调解、风险告知、诉讼救助、案件查询、诉讼材料收转、信访接待、文书查阅等工作，切实方便人民群众诉讼。探索推行远程立案、网上立案查询、巡回审判、速裁法庭、远程审理等便民利民措施。建立健全基层司法服务网络，推行基层人民法院及人民法庭聘请乡村、社区一些德高望重、热心服务、能力较强的人民群众担任司法调解员，或邀请人民调解员、司法行政部门、行业组织等协助化解社会矛盾纠纷。其中，"切实方便人民群众诉讼"，就应该是对实体法律不能做出过多过于复杂的司法解释。

　　例如，我国《合同法》第 303 条规定，在运输过程中旅客自带物品毁损、灭失，承运人有过错的，应当承担损害赔偿责任。旅客托运的行李毁损、灭失的，适用货物运输的有关规定。而我国《合同法》"第十七章运输合同"第三节货运合同第 311 条~第 314 条就规定：（1）承运人对运输过程中货物的毁损、灭失承担损害赔偿责任，但承运人证明货物的毁损、灭失是因不可抗力、货物本身的自然性质或者合理损耗以及托运人、收货人的过错造成的，不承担损害赔偿责任；（2）货物的毁损、灭失的赔偿额，当事人有约定的，按照其约定；没有约定或者约定不明确，依照《合同法》第 61 条的规定仍不能确定的，按照交付或者应当交付时货物到达地的市场价格计算。法律、行政法规对赔偿额的计算方法和赔偿限额另有规定的，依照其规定；（3）两个以上承运人以同一运输方式联运的，与托运人订立合同的承运人应当对全程运输承担责任。损失发生在某一运输区段的，与托运人订立合同的承运人和该区段的承运人承担连带责任；（4）货物在运输过程中因不可抗力灭失，未收取运费的，承运人不得要求支付运费；已收取运费的，托运人可以要求返还。那么，根据这些具体的例外性规定，就能解决"旅客托运的行李毁损、灭失"纠纷问题。

三、民法适用的方法

　　民法的适用，在技术层面上，是通过法官、仲裁员的找法、释明和法条的具体使用等活动实现的。找法、释明和法条的具体使用，是人民法院和仲裁机构等在进行民法适用时，要做的基本工作。其中，"找法"，是人民法院和仲裁机构等的工作人员即法官、仲裁员等，依照所要解决的案件的性质，寻找生效的法律法规中的具体规定，以及可以对应适用的操作性规范，然后，为作出裁判做好准备。

　　而"释明"，是指法官、仲裁员对于当事人没有说明清楚的诉讼与仲裁请求，其所提供的法律法规的依据，以及所举出证据等的具体说明和阐述活动。释明权，是法官和仲裁员运用其专业知识和业务技能，依据法律法规的规定，对于当事人不清晰明确的请求与依据，作出合法合规性解释的权利。对于民法的适用而言，释明权是一项非常重要的执法权力。

　　法条的具体使用，是将适用的法律法规的条文，作为一种解决或者裁判案件的依据，加以应用，从而对所审理或者裁判的案件，作出具有权威性或者效力性的处理结论。所以，对于法官和仲裁员而言，找法、释明等，都不是目的，而只有法条的具体使用，然后解决所审理的案件，并作出处理才是目的。

　　应当说，《民总一审稿》第 10 条~第 12 条和我国《民法总则》第 10 条~第 12 条的规定，就是民法适用中的找法、释明和法条具体使用的指示性规范。而《民总专家稿》第 9 条~第 13 条的规定，对民法适用中的找法、释明和法条具体使用设计的民法规范更多。即：（1）法律渊源。处理民事纠纷，应当依照法律以及法律解释、行政法规、地方性法规、自治条例和单行条例、司法解释。法律以及法律解释、行政法规、地方性法规、自治条例和单行条例、司法解释没有规定的，依照习惯。习惯不得违背社会公德，不得损害公共利益；（2）法院不得拒绝处理民事纠纷。法院不得以法律以及法律解释、行政法规、地方性法规、自治条例和单行条例、司法解释没有规定为由，拒绝民事纠纷的受理或者裁判；（3）溯及效力。本法实施以后产生的民事活动，适用本法。本法实施以前产生的民事活动，适用当时的法律；当时的法律没有规定的，适用本法；（4）普通法和特别法的关系。其他相关法律另有特别规定的，依照其规定；（5）适用范围。在中国领域内发生的民事活动，适用本法，法律另有规定的除外。可见，《民总专家稿》的规定，是体系化的规定，要更全面些。

第三节　民法的涉外适用

一、涉外民事关系

所谓涉外民事关系，指民事法律关系的主体、客体或者引起民事关系产生、变更、消灭的法律事实，或者民事法律关系本身等涉及外国因素的民事关系。我国《民法通则》第8章，专门规定了涉外民事关系的法律适用。其第142条规定，涉外民事关系的法律适用，按照我国法律的规定，应当贯彻尊重国家主权的原则与平等互利原则，我国缔结或者参加的国际条约同中国的民事法律有不同规定的，适用国际条约的规定，但中国声明保留的条款除外。中国法律和中国缔结或者参加的国际条约没有规定的，可以适用国际惯例。因此，信守缔结或者参加的国际条约，尊重国际惯例，依照本国冲突规范援引的外国法律，或者适用的国际惯例，不得损害国家主权，有损于本国社会公共秩序与公共利益时，可以拒绝适用外国法律或者国际惯例，而适用本国法律。最高法院《民通意见》第178条规定，凡民事关系的一方或者双方当事人是外国人、无国籍人、外国法人的；民事关系的标的物在外国领域内的；产生、变更或者消灭民事权利义务关系的法律事实发生在外国的，均为涉外民事关系。法院在审理涉外民事关系的案件时，应当按照我国《民法通则》第八章的规定来确定应适用的实体法。

涉外民事关系的存在，以及法律调整，表明：市民社会的存在，是不以人们的主观意愿为转移的。也就是，世界各国人民之间的民商往来或者民商交易活动，是世界范围内，存在一个与政治国家并存的市民社会的证明，也是当代世界物流、资金流和技术流，以及信息流等等的必然表现，反映了整个世界在经济一体化背景下的交流与合作需求。

由于涉外民事关系的复杂，处理起来不仅涉及民事主体之间的当事人关系，而且，也涉及适用的具体法律层面的国家关系，还涉及不同国家之间的司法协助，以及生效民事裁判或者民事法律文书的跨国执行问题。所以，我国《民法通则》和最高法院《民通意见》不敷使用，2010年10月28日，我国颁行《涉外民事关系法律适用法》即《涉外适用法》，将涉外民事关系的法律调整，提升到了更高的一个层次。

二、具体涉外民事关系的法律适用

（一）民事行为能力的法律适用

根据我国《民法通则》第143条规定，我国公民定居国外的，其民事行为能力可以适用定居国法律。如其行为发生在我国，则适用我国法律。最高法院《民通意见》第179条～第185条规定：（1）定居国外的我国公民的民事行为能力，如其行为是在我国境内所为，适用我国法律；在定居国所为，可以适用其定居国法律；（2）外国人在我国领域内进行民事活动，如依其本国法律为无民事行为能力，而依我国法律为有民事行为能力，应当认定为有民事行为能力；（3）无国籍人的民事行为能力，一般适用其定居国法律；如未定居的，适用其住所地国法律；（4）有双重或者多重国籍的外国人，以其有住所或者与其有最密切联系的国家的法律为其本国法；（5）当事人的住所不明或者不能确定的，以其经常居住地为住所。当事人有几个住所的，以与产生纠纷的民事关系有最密切联系的住所为住所；（6）外国法人以其注册登记地国家的法律为其本国法，法人的民事行为能力依其本国法确定。外国法人在我国领域内进行的民事活动，必须符合我国的法律规定；（7）当事人有二个以上营业所的，应以与产生纠纷的民事关系有最密切联系的营业所为准；当事人没有营业所的，以其住所或者经常居住地为准。

（二）涉外监护的法律适用

我国《民法通则》对涉外监护未作法律规定。最高法院《民通意见》第190条规定，监护的设定、变更和终止，适用被监护人的本国法律，但是，被监护人在我国境内有住所的，适用我国法律。

（三）涉外合同的法律适用

按照我国《民法通则》第145条和我国《合同法》第126条的规定，除了法律另有规定，涉外合同的当事人可以选择处理合同争议所适用的法律，没有选择的，适用与合同有最密切联系的国家的法律。与合同存在最密切联系的地点，包括合同签订地、合同履行地，以及合同标的物所在地等。但是，我国《合同法》第126条规定，在中华人民共和国境内履行的中外合资经营企业合同、中外合作经营企业合同、中外合作勘探开发自然资源合同等，适用中华人民共和国法律。

（四）不动产所有权的法律适用

按照我国《民法通则》第144条的规定，不动产的所有权，适用不动产所在地法律。最高法院《民通意见》第186条规定，土地、附着于土地的建筑物及其他定着物、建筑物的固定附属设备为不动产。不动产的所有权、买卖、租赁、抵押、使用等民事关系，均应适用不动产所在地法律。不动产的法律适用，包括的内容主要有：不动产的识别界定、不动产所有权的内容、客体范围，不动产所有权的取得、变动与消灭，以及对不动产的保护与损害后的救济。

（五）侵权行为的法律适用

按照我国《民法通则》第146条规定，侵权行为的损害赔偿，适用侵权行为地法律。最高法院《民通意见》第187条规定，侵权行为地的法律，包括侵权行为实施地法律和侵权结果发生地法律。如果两者不一致时，法院可以选择适用。当事人双方国籍相同，或者在同一国家有住所的，也可以适用当事人本国法律或者住所地法律。同时，我国法律不认为在我国领域外发生的行为是侵权行为的，不作为侵权行为处理。我国在侵权行为的法律适用，采用侵权行为地法，是国际通行的作法，有利于查明事实，方便诉讼与判决的执行。

（六）涉外婚姻关系的法律适用

按照我国《民法通则》第147条的规定，我国公民与外国人结婚适用婚姻缔结地法律，不论缔结婚姻的实质要求或者形式要求，都应当适用婚姻缔结地法律。如果离婚，则适用受理案件的法院所在地法律，也即是说，在我国境内涉外离婚适用我国法律，在我国境外的涉外离婚，则适用法院所在地法律。最高法院《民通意见》第 188 条规定，我国法院受理的涉外离婚案件，离婚以及因离婚而引起的财产分割，适用我国法律。认定其婚姻是否有效，适用婚姻缔结地法律。

（七）涉外扶养关系的法律适用

按照我国《民法通则》第 148 条规定，扶养适用与被扶养人有最密切联系的国家的法律。扶养人和被扶养人的国籍、住所以及供养被扶养人的财产所在地，均可视为与被扶养人有最密切联系的因素。最高法院《民通意见》第 189 条规定，父母子女相互间的扶养、夫妻相互之间的扶养，以及其他有扶养关系的人之间的扶养，应当适用与被扶养人有最密切联系国家的法律。扶养人和被扶养人的国籍、住所以及供养被扶养人的财产所在地，均可视为与被扶养人有最密切的联系。

（八）涉外继承关系的法律适用

涉外继承，指我国公民继承在我国境外的遗产，或者继承在我国境内的外国人的遗产，外国人继承在我国境内的遗产，或者继承在我国境外的中国公民的遗产等。按照我国《民法通则》第 149 条和我国《继承法》第 36 条的规定，涉外继承中的法定继承，动产适用被继承人死亡时住所地法律，不动产适用不动产所在地法律。最高法院《关于贯彻执行〈中华人民共和国继承法〉若干问题的意见》（简称《继承法意见》）第 63 条规定，涉外继承，遗产为动产的，适用被继承人住所地法律，即适用被继承人生前最后住所地国家的法律。最高法院《民通意见》第 191 条规定，在我国境内死亡的外国人，遗留在我国境内的财产如果无人继承又无人受遗赠的，依照我国法律处理，两国缔结或者参加的国际条约另有规定的除外。

三、外国法的适用

我国《民法通则》第 150 条规定，依照本章规定适用外国法律或者国际惯例的，不得违背中华人民共和国的社会公共利益。最高法院《民通意见》第 192 条至第 195 条，对于外国法律的适用，也规定了一系列具体规则。

1. 依法应当适用的外国法律，如果该外国不同地区实施不同的法律的，依据该国法律关于调整国内法律冲突的规定，确定应适用的法律。该国法律未作规定的，直接适用与该民事关系有最密切联系的地区的法律。

2. 对于应当适用的外国法律，可通过下列途径查明：（1）由当事人提供；（2）由与我国订立司法协助协定的缔约对方的中央机关提供；（3）由我国驻该国使领馆提供；（4）由该国驻我国使馆提供；（5）由中外法律专家提供。通过以上途径仍不能查明的，适用中国法律。

3. 当事人规避我国强制或者禁止性法律规范的行为，不发生适用外国法律的效力。

4. 涉外民事法律关系的诉讼时效，依冲突规范确定的民事法律关系的准据法确定。

我国《涉外适用法》第 4 条～第 10 条的规定中，有些已经将最高法院的司法解释，变成了具体的法律规范。即：（1）中国法律对涉外民事关系有强制性规定的，直接适用该强制性规定；（2）外国法律的适用将损害中国社会公共利益的，适用中国法律；（3）涉外民事关系适用外国法律，该国不同区域实施不同法律的，适用与该涉外民事关系有最密切联系区域的法律；（4）诉讼时效，适用相关涉外民事关系应当适用的法律；（5）

涉外民事关系的定性，适用法院地法律；（6）涉外民事关系适用的外国法律，不包括该国的法律适用法；（7）涉外民事关系适用的外国法律，由法院、仲裁机构或者行政机关查明。当事人选择适用外国法律的，应当提供该国法律。不能查明外国法律或者该国法律没有规定的，适用中国法律。

四、《涉外适用法》规范解读

（一）民事主体

我国《涉外适用法》第二章民事主体第 11 条～第 20 条的规定，超出了我国《民法通则》民事行为能力、监护规定的范围，因此包括的范围要广泛得多。即：（1）自然人的民事权利能力，适用经常居所地法律；（2）自然人的民事行为能力，适用经常居所地法律。自然人从事民事活动，依照经常居所地法律为无民事行为能力，依照行为地法律为有民事行为能力的，适用行为地法律，但涉及婚姻家庭、继承的除外；（3）宣告失踪或者宣告死亡，适用自然人经常居所地法律；（4）法人及其分支机构的民事权利能力、民事行为能力、组织机构、股东权利义务等事项，适用登记地法律。法人的主营业地与登记地不一致的，可以适用主营业地法律。法人的经常居所地，为其主营业地；（5）人格权的内容，适用权利人经常居所地法律；（6）代理适用代理行为地法律，但被代理人与代理人的民事关系，适用代理关系发生地法律。当事人可以协议选择委托代理适用的法律；（7）当事人可以协议选择信托适用的法律。当事人没有选择的，适用信托财产所在地法律或者信托关系发生地法律；（8）当事人可以协议选择仲裁协议适用的法律。当事人没有选择的，适用仲裁机构所在地法律或者仲裁地法律；（9）依照本法适用国籍国法律，自然人具有两个以上国籍的，适用有经常居所的国籍国法律；在所有国籍国均无经常居所的，适用与其有最密切联系的国籍国法律。自然人无国籍或者国籍不明的，适用其经常居所地法律；（10）依照本法适用经常居所地法律，自然人经常居所地不明的，适用其现在居所地法律。

（二）婚姻家庭

我国《涉外适用法》第三章婚姻家庭第 21 条～第 30 条的规定，比我国《民法通则》、《婚姻法》的相关内容的规定要全面具体的多，也在法条处置上，开创与国际接轨的先河。即：（1）结婚条件，适用当事人共同经常居所地法律；没有共同经常居所地的，适用共同国籍国法律；没有共同国籍，在一方当事人经常居所地或者国籍国缔结婚姻的，适用婚姻缔结地法律；（2）结婚手续，符合婚姻缔结地法律、一方当事人经常居所地法律或者国籍国法律的，均为有效；（3）夫妻人身关系，适用共同经常居所地法律。没有共同经常居所地的，适用共同国籍国法律；（4）夫妻财产关系，当事人可以协议选择适用一方当事人经常居所地法律、国籍国法律或者主要财产所在地法律。当事人没有选择的，适用共同经常居所地法律；没有共同经常居所地的，适用共同国籍国法律；（5）父母子女人身、财产关系，适用共同经常居所地法律；没有共同经常居所地的，适用一方当事人经常居所地法律或者国籍国法律中有利于保护弱者权益的法律；（6）协议离婚，当事人可以协议选择适用一方当事人经常居所地法律或者国籍国法律。当事人没有选择的，适用共同经常居所地法律；没有共同经常居所地的，适用共同国籍国法律；没有共同国籍的，适用办理离婚手续机构所在地法律；（7）诉讼离婚，适用法院地法律；（8）收养的条件和手续，适用收养人和被收养人经常居所地法律。收养的效力，适用收养时收养人经常居所地法律。收养关系的解除，适用收养时被收养人经常居所地法律或者法院地法律；（9）扶养，适用一方当事人经常居所地法律、国籍国法律或者主要财产所在地法律中有利于保护被扶养人权益的法律；（10）监护，适用一方当事人经常居所地法律或者国籍国法律中有利于保护被监护人权益的法律。

（三）继承

我国《涉外适用法》第四章第 31 条～第 35 条的规定，比我国《民法通则》、《继承法》的相关内容的规定具有适用性。即：（1）法定继承，适用被继承人死亡时经常居所地法律，但不动产法定继承，适用不动产所在地法律；（2）遗嘱方式，符合遗嘱人立遗嘱时或者死亡时经常居所地法律、国籍国法律或者遗嘱行为地法律的，遗嘱均为成立；（3）遗嘱效力，适用遗嘱人立遗嘱时或者死亡时经常居所地法律或者国籍国法律；（4）遗产管理等事项，适用遗产所在地法律；（5）无人继承遗产的归属，适用被继承人死亡时遗产所在地法律。

（四）物权

我国《涉外适用法》第五章物权第 36 条～第 40 条的规定，比我国《民法通则》、《物权法》的相关内容的规定，在适用性上要全面一些。即：（1）不动产物权，适用不动产所在地法律；（2）当事人可以协议选择动产物权适用的法律。当事人没有选择的，适用法律事实发生时动产所在地法律；（3）当事人可以协议选择运输中动产物权发生变更适用的法律。当事人没有选择的，适用运输目的地法律；（4）有价证券，适用有价证券权利实现地法律或者其他与该有价证券有最密切联系的法律；（5）权利质权，适用质权设立地法律。

（五）债权

我国《涉外适用法》第六章债权 第 41 条～第 47 条的规定，比我国《民法通则》、《合同法》、《劳动法》、《消法》、《侵权责任法》等法律的相关规定，在具体涉外规范上适用性要强得多。即：（1）当事人可以协议选择合同适用的法律。当事人没有选择的，适用履行义务最能体现该合同特征的一方当事人经常居所地法律或者其他与该合同有最密切联系的法律；（2）消费者合同，适用消费者经常居所地法律；消费者选择适用商品、服务提供地法律或者经营者在消费者经常居所地没有从事相关经营活动的，适用商品、服务提供地法律；（3）劳动合同，适用劳动者工作地法律；难以确定劳动者工作地的，适用用人单位主营业地法律。劳务派遣，可以适用劳务派出地法律；（4）侵权责任，适用侵权行为地法律，但当事人有共同经常居所地的，适用共同经常居所地法律。侵权行为发生后，当事人协议选择适用法律的，按照其协议；（5）产品责任，适用被侵权人经常居所地法律；被侵权人选择适用侵权人主营业地法律、损害发生地法律的，或者侵权人在被侵权人经常居所地没有从事相关经营活动的，适用侵权人主营业地法律或者损害发生地法律；（6）通过网络或者采用其他方式侵害姓名权、肖像权、名誉权、隐私权等人格权的，适用被侵权人经常居所地法律；（7）不当得利、无因管理，适用当事人协议选择适用的法律。当事人没有选择的，适用当事人共同经常居所地法律；没有共同经常居所地的，适用不当得利、无因管理发生地法律。

（六）知识产权

我国《涉外适用法》第七章知识产权第 48 条～第 50 条的规定，比我国《民法通则》、《著作权法》、《商标法》、《专利法》等法律的相关规定，在具体涉外规范指向上，更加具体易行。即：（1）知识产权的归属和内容，适用被请求保护地法律；（2）当事人可以协议选择知识产权转让和许可使用适用的法律。当事人没有选择的，适用本法对合同的有关规定；（3）知识产权的侵权责任，适用被请求保护地法律，当事人也可以在侵权行为发生后协议选择适用法院地法律。

第四节　民法的解释

一、民法解释的概念

所谓民法的解释，是指对民事主体、民法研究学者和司法者、行政执法者和立法者等主体，对民法规范的确切的、真实的含义，所作出的阐释与说明的情形。从民法解释的发生根源来看，民法解释是各种主体在民法规范使用过程中，对民法规范作出的一种"自己理解"、"自我解读"和"自我解释"现象。

理论上，由于民法规范是针对广泛复杂的民事活动，以及民事法律关系的一般特征与性质，针对民事主体的民事权利和民事义务，尤其是针对民事主体的民事活动，作出的具有普遍性的权威性规定。这种规定，除了具有法律规范条款的有限性与抽象性之外，在理解与运用法律条款时，必然受到各种主体所处社会地位、有无利害关系以及解释民法规范条款的目的等等直接影响，从而，使民法解释成为民事主体"事先调整"、"事中调整"和"事后调整"的适用性解释，以及司法人员的司法性解释的一种常态。

面对不同主体对同意民法规范的不同理解，寻找与探求具体条文与概念术语的真实、准确的立法含义，从而使之符合立法本意，并在此基础上，才可能正确适用法律。故凡法律，不惟民法规范皆需要解释，这种解释，是法律规范适用或者使用的基本技术。加之，成文法讲求条款的抽象与具体，以及立法目的和立法逻辑的统一，尤需进行适用的解释了。

二、民法解释的方法

民法解释根据主体不同，可分为立法解释、司法解释、学理解释等。但是无论何种主体作出解释，都离不开采用一定的解释方法。按照通说，民法解释的方法，大致有如下类型：

1. 文义解释。文义解释，亦称语义解释，指按照法律条文所使用的语言的文义，与通常的使用方式作出的解释。法律条文由具体词句构成，解释法律，须首先从语言表达的含义入手，所作的解释不能超越文义表达之范围，否则，可能歪曲法律的真实意义，违背解释的目的。文义解释局限于语言文字的表达，有时，难以探寻甚至可能曲解法律条文的真实旨意。因此，在许多情形之下，仅使用文义解释方法，不能满足法律解释的需要。

2. 体系解释。体系解释，也称系统解释，指按法律条文在法律体系中地位，或者说按照体系的编、章、节、条、款之结构与序位，参照相关法律条文的意思联系，对法律条文的真意作出说明。作出体系解释的原因，在于法律条文不是孤立存在的，而总是与其他条文存在意义上的关联，而互相配合与制约，正确理解这种关联性，有利于正确理解法律的具体条文。

3. 逻辑解释。逻辑解释，是根据法律规范所使用的概念，与术语之间逻辑关系，以及对条款内容之间的逻辑关系的分析，来阐释法律的含义。法律含义的语言表达，语言表达结构方式与层次安排，必存在一定的逻辑关系，分析这种逻辑联系，可以帮助探求真实的法律含义。

4. 历史解释。历史解释，是根据制定法律时的历史背景，与立法过程中的相关各种具体情况，去探寻立法者的真实的价值追求、立法目的，从而正确解释法律。历史解释，是对文义解释的有效的补充。

5. 扩充解释。扩充解释，指对法律的文义，加以扩充性说明的方法，有时，某些法律条文的字面表意显得狭窄，为实现立法的价值对其加以扩大理解，方能符合法律的真实意义。

6. 限制解释。限制解释与扩充解释相反，是对法律条文的过于宽泛的文义加以限制，从而正确解释法律的确切含义。

7. 目的解释。目的解释，是根据法律规范的目的，对法律的真实含义作出的解释。在对法律条文的理解存在疑义时，探寻法律规范的目的，有助于发现法律条文的本意。

法律解释的方法，具有多样性，每一种方法各具优势亦各有局限，适用时应当根据具体需要和具体情况相互补充，灵活运用，才能获得正确合理的解释答案。

三、民法解释的立法

我国《民法通则》等民事法律法规，没有规定民法解释的方法规则。我国《合同法》第125条，第一次详细规定了合同条文的解释规则。即当事人对合同条款的理解有争议的，应当按照合同所使用的词句、合同的有关条款、合同的目的、交易习惯以及诚实信用原则，确定该条款的真实意思。如果合同文本采用两种以上文字订立，并约定具有同等效力的，对各文本使用的词句推定具有相同含义。各文本使用的词句不一致的，应当根据合同的目的予以解释。从司法的角度看，这种解释，并不是民法解释，而只是合同解释而已。

广义上，我国《合同法》第126条的规定，即涉外合同的当事人可以选择处理合同争议所适用的法律，但法律另有规定的除外。涉外合同的当事人没有选择的，适用与合同有最密切联系的国家的法律。在中国境内履行的中外合资经营企业合同、中外合作经营企业合同、中外合作勘探开发自然资源合同，适用中国法律。这一条的解释，可以理解为涉外法律适用型解释。

我国《担保法》第93条~第94条的规定也是带有立法解释的含义，即：本法所称保证合同、抵押合同、质押合同、定金合同可以是单独订立的书面合同，包括当事人之间的具有担保性质的信函、传真等，也可以是主合同中的担保条款；抵押物、质物、留置物折价或者变卖，应当参照市场价格。

思 考 题

1. 民法的效力范围是如何确定的? 民法的法律效力与实际效力能否等同?

2. 为何在有的时候, 新的民法规范会有溯及力?

3. 法官、仲裁员是如何适用民法的? 其中, 何谓释明权?

4. 涉外民事关系, 为何不能当然适用中国法律? 对具体涉外关系, 必须适用的规则归纳的收获有哪些?

5. 为何要对民法进行解释? 在进行解释时, 有哪些基本方法?

学习资料指引

1. 梁慧星:《民法总论》, 法律出版社 1996 年版, 第 10 章。

2. 魏振瀛:《民法》, 北京大学出版社、高等教育出版社 2000 年版, 第 1 章。

3. 彭万林:《民法学》, 中国政法大学出版社 1999 年版, 第 1 章。

4. 张俊浩:《民法学原理》, 中国政法大学出版社 1991 年版, 第 2 章。

5. 王建平:《民法学》(上), 四川大学出版社 1994 年版, 第 11 章。

参考法规提示

1.《中华人民共和国民法通则》, 第 1 条~第 2 条、第 8 条, 第八章涉外民事关系的法律适用 (第 142 条~第 150 条), 第 156 条。

2.《中华人民共和国民法总则》, 第 1 条~第 2 条、第 10 条~第 12 条。

3.《中华人民共和国合同法》, 第 12 条、第 61 条、第 125 条~第 126 条、第 129 条、第 131 条、第 133 条、第 177 条、第 197 条、第 303 条、第 311 条~第 314 条。

4.《中华人民共和国物权法》, 第 15 条、第 24 条~第 25 条、第 178 条。

5.《中华人民共和国担保法》, 第 93 条~第 94 条。

6.《中华人民共和国继承法》, 第 36 条。

7.《中华人民共和国农村土地承包经营纠纷调解仲裁法》, 第 2 条~第 4 条。

8.《中华人民共和国劳动争议调解仲裁法》, 第 2 条、第 5 条。

9.《中华人民共和国立法法》, 第 104 条。

10.《中华人民共和国涉外民事关系法律适用法》(2010 年 10 月 28 日), 第一章一般规定 (第 1 条~第 10 条)、第二章民事主体 (第 11 条~第 20 条)、第三章婚姻家庭 (第 21 条~第 30 条)、第四章继承 (第 31 条~第 35 条)、第五章物权 (第 36 条~第 40 条)、第六章债权 (第 41 条~第 47 条)、第七章知识产权 (第 48 条~第 50 条), 第 51 条。

11. 国务院《婚姻登记条例》(2003 年 7 月 30 日), 第 4 条-第 5 条, 第 10 条-第 11 条, 第 19 条。

12. 最高人民法院《关于贯彻执行〈中华人民共和国民法通则〉若干问题的意见(试行)》, 七、涉外民事关系的法律适用, 第 178 条~第 195 条。

13. 最高人民法院《关于贯彻执行〈中华人民共和国继承法〉若干问题的意见》, 第 63 条。

14. 最高人民法院：《人民法院第三个五年改革纲要（2009—2013)》法发【2009】14号，2009年3月17日发布施行，（五）健全司法为民工作机制，第29条。

15.《中华人民共和国民法总则（草案）》（即《民总一审稿》)，第1条~第2条、第10条~第12条。

16.《中华人民共和国民法典民法总则专家建议稿（征求意见稿)》，即《民总专家稿》，第9条~第13条。

附录一　中华人民共和国民法总则（草案）

目　录

2016年6月，第十二届全国人大常委会第21次会议初次审议了《中华人民共和国民法总则（草案）》。

现将《中华人民共和国民法总则（草案）》在中国人大网公布，社会公众可以直接登录中国人大网（www. npc. gov. cn）提出意见，也可以将意见寄送全国人大常委会法制工作委员会（北京市西城区前门西大街1号，邮编：100805。信封上请注明民法总则草案征求意见）。征求意见截止日期：2016年8月4日。

来源：中国人大网 2016 年 07 月 5 日

网址：http://www.npc.gov.cn/npc/flcazqyj/2016-07/05/content_1993342.htm

第一章　基本原则 1-12，12 条

第一条　为了保护自然人、法人和非法人组织的合法权益，调整民事关系，维护社会和经济秩序，适应中国特色社会主义发展要求，根据宪法，制定本法。

第二条　民事法律调整作为平等民事主体的自然人、法人和非法人组织之间的人身关系和财产关系。

第三条　民事主体的法律地位一律平等。

第四条　民事主体从事民事活动，应当遵循自愿原则，按照自己的意思设立、变更和终止民事关系。

第五条　民事主体从事民事活动，应当遵循公平原则，合理确定各方的权利和义务。

第六条　民事主体从事民事活动，应当遵循诚实信用原则。

民事主体从事民事活动，应当自觉维护交易安全。

第七条　民事主体从事民事活动，应当保护环境、节约资源，促进人与自然和谐发展。

第八条　民事主体从事民事活动，应当遵守法律，不得违背公序良俗，不得损害他人合法权益。

第九条　民事主体合法的人身、财产权益受法律保护，任何组织或者个人不得侵犯。

民事主体行使权利的同时，应当履行法律规定的或者当事人约定的义务，承担相应责任。

第十条　处理民事纠纷，应当依照法律规定；法律没有规定的，可以适用习惯，但是不得违背公序良俗。

第十一条　其他法律对民事关系另有特别规定的，依照其规定。

第十二条　在中华人民共和国领域内的民事活动，适用中华人民共和国法律，中华人民共和国法律另有规定的除外。

第二章　自然人 13—52，40 条

第一节　民事权利能力和民事行为能力 13—24，12 条

第十三条　自然人从出生时起到死亡时止，具有民事权利能力，依法享有民事权利，承担民事义务。

第十四条　自然人的民事权利能力一律平等。

第十五条　自然人的出生时间和死亡时间，以出生证明、死亡证明记载的时间为准；没有出生证明、死亡证明的，以户籍登记的时间为准。有其他证据足以推翻以上时间的，以相关证据证明的时间为准。

第十六条　涉及遗产继承、接受赠与等胎儿利益的保护，胎儿视为具有民事权利能力。但是，胎儿出生时未存活的，其民事权利能力自始不存在。

第十七条　十八周岁以上的自然人是成年人，为完全民事行为能力人，可以独立实施民事法律行为。

第十八条　六周岁以上不满十八周岁的未成年人，为限制民事行为能力人，可以独立实施纯获利益的民事法律行为或者与其年龄、智力相适应的民事法律行为；实施其他民事法律行为由其法定代理人代理，或者征得其法定代理人的同意。

十六周岁以上不满十八周岁的未成年人，以自己的劳动收入为主要生活来源的，视为完全民事行为能力人。

第十九条　不满六周岁的未成年人，为无民事行为能力人，由其法定代理人代理实施民事法律行为。

第二十条　不能辨认自己行为的成年人，为无民事行为能力人，由其法定代理人代理实施民事法律行为。

六周岁以上的未成年人不能辨认自己行为的，适用前款规定。

第二十一条　不能完全辨认自己行为的成年人，为限制民事行为能力人，可以独立实施纯获利益的民事法律行为或者与其智力、精神健康状况相适应的民事法律行为；实施其他民事法律行为由其法定代理人代理，或者征得其法定代理人的同意。

第二十二条　无民事行为能力人、限制民事行为能力人的监护人是其法定代理人。

第二十三条　不能辨认或者不能完全辨认自己行为的成年人的利害关系人，可以向人民法院申请认定其为无民事行为能力人或者限制民事行为能力人。

被人民法院认定为无民事行为能力人或者限制民事行为能力人的，根据其智力、精神健康恢复的状况，经本人、利害关系人或者有关组织申请，人民法院可以认定其恢复为限制民事行为能力人或者完全民事行为能力人。

前款规定的有关组织包括：本人住所地的居民委员会、村民委员会，学校、医疗卫生机构、妇女联合会、残疾人联合会、依法设立的老年人组织、民政部门等。

第二十四条　自然人以户籍登记的居所为住所；经常居所与住所不一致的，经常居所视为住所。

第二节 监 护 25-36，12条

第二十五条 父母对未成年子女负有抚养、教育和保护的义务。

子女对无民事行为能力或者限制民事行为能力的父母负有赡养、照顾和保护的义务。

第二十六条 未成年人的父母是未成年人的监护人。

未成年人的父母已经死亡或者没有监护能力的，由下列人员中有监护能力的人依次担任监护人：

（一）祖父母、外祖父母；

（二）兄、姐；

（三）其他愿意承担监护责任的个人或者有关组织，经未成年人住所地的居民委员会、村民委员会或者民政部门同意的。

未成年人的父母可以通过遗嘱指定未成年人的监护人；其父、母指定的监护人不一致的，以后死亡一方的指定为准。

第二十七条 无民事行为能力或者限制民事行为能力的成年人，由下列人员中有监护能力的人依次担任监护人：

（一）配偶；

（二）父母；

（三）子女；

（四）其他愿意承担监护责任的个人或者有关组织，经被监护人住所地的居民委员会、村民委员会或者民政部门同意的。

第二十八条 监护人可以协议确定。协议确定监护人的，应当尊重被监护人的意愿。

第二十九条 对担任监护人有争议的，由被监护人住所地的居民委员会、村民委员会或者民政部门指定，有关当事人对指定不服的，可以向人民法院提起诉讼；有关当事人也可以直接向人民法院提起诉讼，由人民法院指定。

居民委员会、村民委员会、民政部门或者人民法院指定监护人，应当根据最有利于被监护人的原则，尊重被监护人的意愿。

依照本条第一款规定指定监护人前，被监护人的人身、财产及其他合法权益处于无人保护状态的，由被监护人住所地的居民委员会、村民委员会、法律规定的有关组织或者民政部门担任临时监护人。

监护人被指定后，不得擅自变更；擅自变更的，不免除被指定的监护人的监护责任。

第三十条 无本法第二十六条、第二十七条规定的具有监护资格的人的，监护人由被监护人住所地的居民委员会、村民委员会或者民政部门担任。

第三十一条 具有完全民事行为能力的成年人，可以与近亲属、其他愿意承担监护责任的个人或者有关组织事先协商，以书面形式确定自己的监护人。监护人在该成年人丧失或者部分丧失民事行为能力时，承担监护责任。

第三十二条 监护人依法行使监护的权利，受法律保护。

监护人不履行监护职责或者侵害被监护人合法权益的，应当承担责任。

第三十三条 监护人应当按照最有利于被监护人的原则履行监护职责，保护被监护人的人身、财产及其他合法权益；除为被监护人利益外，不得处分被监护人的财产。

未成年人的监护人履行监护职责，应当根据被监护人的年龄和智力状况，在作出与被监护人权益有关的决定时，尊重被监护人的意愿。

成年人的监护人履行监护职责，应当最大限度地尊重被监护人的意愿，保障并协助被监护人独立实施与其智力、精神健康状况相适应的民事法律行为。

第三十四条 监护人有下列情形之一的，人民法院根据有关人员或者组织的申请，撤销其监护人资格，并根据最有利于被监护人的原则依法为其指定新监护人：

（一）实施严重损害被监护人身心健康行为的；

（二）怠于履行监护职责，或者无法履行监护职责并且拒绝将监护职责部分或者全部委托给他人，导致被监护人处于危困状态的；

（三）有严重侵害被监护人合法权益的其他行为的。

前款规定的有关人员和组织包括：其他有监护资格的人员，被监护人住所地的居民委员会、村民委员会，学校、医疗卫生机构、妇女联合会、残疾人联合会、依法设立的老年人组织、民政部门等。

有关人员和组织未及时向人民法院提出撤销监护人资格申请的，民政部门应当向人民法院提出申请。

第三十五条 原监护人被人民法院撤销监护人资格后，确有悔改情形的，经其申请，人民法院可以视情况恢复其监护人资格，人民法院指定的新监护人与被监护人的监护关系同时终止。

第三十六条 有下列情形之一的，监护关系终止：

（一）被监护人取得或者恢复完全民事行为能力的；

（二）监护人丧失监护能力的；

（三）被监护人或者监护人死亡的；

（四）由人民法院认定监护关系终止的其他情形的。监护关系终止后，被监护人仍然需要监护的，应当依法另行确定监护人。

第三节 宣告失踪和宣告死亡 37—49，13 条

第三十七条 自然人下落不明满二年的，利害关系人可以向人民法院申请宣告其为失踪人。

自然人下落不明的时间，从失去该自然人音讯之日起计算。战争期间下落不明的，下落不明的时间自战争结束之日起计算。

第三十八条 失踪人的财产由其配偶、父母、成年子女或者其他愿意担任财产代管人的人代管。

代管有争议，没有前款规定的人，或者前款规定的人无代管能力的，由人民法院指定的人代管。

第三十九条 财产代管人应当妥善管理失踪人的财产，维护其财产权益。

失踪人所欠税款、债务和应付的其他费用，由财产代管人从失踪人的财产中支付。

财产代管人因故意或者重大过失造成失踪人财产损失的，应当承担赔偿责任。

第四十条 财产代管人不履行代管职责、侵害失踪人财产权益或者丧失代管能力的，失踪人的利害关系人可以向人民法院申请变更财产代管人。

财产代管人有正当理由的，可以向人民法院申请另行确定财产代管人。

第四十一条 被宣告失踪的人重新出现，经本人或者利害关系人申请，人民法院应当撤销失踪宣告。

被宣告失踪的人重新出现，有权要求财产代管人及时向其移交有关财产并报告财产代管情况。

第四十二条 自然人有下列情形之一的，利害关系人可以向人民法院申请宣告其死亡：

（一）下落不明满四年的；

（二）因意外事件，下落不明满二年的。

因意外事件下落不明，经有关机关证明该自然人不可能生存的，申请宣告死亡不受二年时间的限制。

下落不明的时间计算，适用本法第三十七条第二款的规定。

第四十三条 对同一自然人，有的利害关系人申请宣告其死亡，有的申请宣告其失踪，符合本法规定的宣告死亡条件的，人民法院应当宣告死亡。

第四十四条 被宣告死亡的人，人民法院宣告死亡的判决作出之日或者判决确定的日期视为其死亡的日期。

第四十五条 自然人被宣告死亡的，不影响其在被宣告死亡后实施的民事法律行为的效力。

第四十六条 被宣告死亡的人重新出现，经本人或者利害关系人申请，人民法院应当撤销死亡宣告。

第四十七条 被宣告死亡的人与配偶的婚姻关系，自死亡宣告之日起消灭。死亡宣告被撤销，其配偶未再婚的，夫妻关系自撤销死亡宣告之日起自行恢复，任何一方不愿意自行恢复的除外；其配偶再婚的，夫妻关系不自行恢复。

第四十八条 被宣告死亡的人在被宣告死亡期间，其子女被他人依法收养的，在死亡宣告被撤销后，不得仅以未经本人同意而主张收养关系无效。

第四十九条 被撤销死亡宣告的人有权请求返还财产。依照继承法取得其财产的自然人、法人或者非法人组织，应当返还原物；无法返还原物的，应当给予补偿。利害关系人隐瞒真实情况，致使他人被宣告死亡而取得其财产的，除应当返还原物外，还应当对由此造成的损失承担赔偿责任。

第四节　个体工商户、农村承包经营户 50—52，3 条

第五十条 自然人经依法登记，从事工商业经营的，为个体工商户。个体工商户可以起字号。

第五十一条 农村集体经济组织的成员，依法取得农村土地承包经营权，从事家庭承包经营的，为农村承包经营户。

第五十二条 个体工商户的债务，个人经营的，以个人财产承担；家庭经营的，以

家庭财产承担；无法区分个人经营和家庭经营的，以家庭财产承担。农村承包经营户的债务，以家庭财产承担。

第三章 法 人 53-98，46 条

第一节 一般规定 53-72，20 条

第五十三条 法人是具有民事权利能力和民事行为能力，依法独立享有民事权利和承担民事义务的组织。

第五十四条 法人应当依法成立。

法人应当有自己的名称、组织机构和住所。法人成立的具体条件和程序，依照法律的规定。

设立法人，法律规定须经有关机关批准的，依照其规定。

第五十五条 法人的民事权利能力和民事行为能力，从法人成立时产生，到法人终止时消灭。

第五十六条 法人以其全部财产独立承担民事责任。

第五十七条 依照法律或者法人章程规定，代表法人从事民事活动的负责人，为法人的法定代表人。

法定代表人以法人名义从事的民事活动，其法律后果由法人承受。

法人的章程或者权力机构对法定代表人的代表权范围的限制，不得对抗善意第三人。

第五十八条 法定代表人因执行职务造成他人损害的，由法人承担民事责任。

法人承担民事责任后，根据法律或者法人章程的规定，可以向有过错的法定代表人追偿。

第五十九条 法人以登记的住所为住所。

法人的主要办事机构所在地与住所不一致的，其主要办事机构所在地视为住所。

法人依法不需要办理登记的，其主要办事机构所在地为住所。

第六十条 法人在其存续期间登记事项发生变化的，应当依法向登记机关申请变更登记。

第六十一条 法人的实际情况与其登记的事项不一致的，不得对抗信赖登记的善意第三人。

第六十二条 登记机关应当通过信息公示系统依法及时公示法人登记的有关信息。

第六十三条 法人合并、分立的，其权利和义务由变更后的法人享有和承担。

第六十四条 有下列情形之一的，法人解散：

（一）法人章程规定的存续期间届满或者法人章程规定的其他解散事由出现的；

（二）法人的权力机构决议解散的；

（三）法人依法被吊销营业执照、登记证书，责令关闭或者被撤销的；

（四）出现法律规定的其他情形的。

第六十五条 法人解散的，清算义务人应当及时组成清算组进行清算。

法人的董事、理事等执行机构成员为清算义务人，但是法人章程另有规定，法人权力机构另有决议，或者法律另有规定的除外。

清算义务人怠于履行清算义务的，主管机关或者利害关系人可以申请人民法院指定有关人员组成清算组进行清算。

第六十六条　公司的清算程序和清算组职权，适用公司法的有关规定。

公司以外的法人的清算程序和清算组职权，依照有关法律的规定；没有规定的，参照适用公司法的有关规定。

第六十七条　清算期间，法人存续，但是不得从事与清算无关的活动。

法人清算后的剩余财产，根据法人章程的规定或者法人权力机构的决议处理，法律另有规定的除外。

清算终结，并完成法人注销登记时，法人终止；法人依法不需要办理登记的，清算终结时，法人终止。

第六十八条　清算义务人怠于履行清算义务，造成法人财产损失的，应当在造成损失范围内对法人债务等承担责任。

清算义务人怠于履行清算义务，导致法人主要财产、账册、重要文件等灭失，无法进行清算的，对法人债务等承担连带责任。

第六十九条　法人被宣告破产的，依法进行破产清算并完成法人注销登记时，法人终止。

第七十条　法人可以依法设立分支机构。法律规定分支机构应当办理登记的，依照其规定。

分支机构以自己的名义从事民事活动，由此产生的民事责任由法人承担。

第七十一条　设立人为设立法人从事的民事活动，其法律后果在法人成立后由法人承受；法人未成立的，其法律后果由设立人承受，设立人为二人以上的，承担连带责任。

第七十二条　法律对合作社法人有规定的，依照其规定。

第二节　营利性法人 73—80，8 条

第七十三条　以取得利润并分配给其股东或者其他出资人等成员为目的成立的法人，为营利性法人。

营利性法人包括有限责任公司、股份有限公司和其他企业法人等。

第七十四条　营利性法人，经依法登记成立，取得法人资格。

第七十五条　依法设立的营利性法人，由法人登记机关发给营利性法人营业执照。营业执照签发日期为营利性法人的成立日期。

第七十六条　营利性法人的权力机构为成员大会。

营利性法人设董事会或者执行董事的，董事会或者执行董事为其执行机构，董事长、执行董事或者经理依照法人章程的规定担任法定代表人；未设董事会或者执行董事的，法人章程规定的主要负责人为其执行机构和法定代表人。

法律对营利性法人的组织机构、法定代表人另有规定的，依照其规定。

第七十七条　营利性法人超越登记的经营范围从事经营活动的，依法承担相应的责

任，但是除违反法律、行政法规的效力性强制性规定外，民事法律行为有效。

第七十八条 营利性法人从事经营活动，必须遵守法律、行政法规，遵守社会公德、商业道德，诚实信用，接受政府和社会公众的监督，承担社会责任。

第七十九条 营利性法人的成员应当遵守法律、行政法规和法人章程，依法行使成员权利，不得滥用成员权利损害法人或者其他成员的利益，不得滥用法人独立地位和成员有限责任损害法人债权人的利益。

第八十条 本节没有规定的，适用公司法等有关法律的规定。

第三节 非营利性法人 81-90，10 条

第八十一条 为公益目的或者其他非营利目的成立的法人，为非营利性法人。

非营利性法人不得向其成员或者设立人分配利润。

为公益目的成立的非营利性法人终止时，不得向其成员或者设立人分配剩余财产；其剩余财产应当按照章程的规定或者权力机构的决议用于公益目的；不能按照法人章程规定或者权力机构的决议处理的，由主管机关主持转给宗旨相同或者相近的以公益为目的的法人，并向社会公告。

第八十二条 具备法人条件，为实现公益目的设立的事业单位，经依法登记成立，取得事业单位法人资格；依法不需要办理法人登记的，从成立之日起，具有事业单位法人资格。

第八十三条 事业单位法人设理事会的，理事会为其决策机构。事业单位法定代表人按照其章程的规定产生。

法律对事业单位法人的组织机构、法定代表人另有规定的，依照其规定。

第八十四条 具备法人条件，基于会员共同意愿，为实现公益目的或者会员共同利益等非营利目的设立的社会团体，经依法登记成立，取得社会团体法人资格；依法不需要办理法人登记的，从成立之日起，具有社会团体法人资格。

第八十五条 社会团体法人应当制定章程，设会员大会或者会员代表大会等权力机构。

社会团体法人应当设理事会等执行机构。理事长或者会长等主要负责人依照法人章程的规定担任法定代表人。

第八十六条 具备法人条件，为实现公益目的，以捐助财产设立的基金会等，经依法登记成立，取得捐助法人资格。

依法设立的宗教活动场所，具备法人条件的，可以申请法人登记，取得捐助法人资格。

第八十七条 捐助法人应当制定章程，设理事会、民主管理组织等决策机构、执行机构。理事长等主要负责人依照法人章程的规定担任法定代表人。

捐助法人应当设监事会等监督机构。

第八十八条 捐助人有权向捐助法人查询捐助财产的使用、管理情况，并提出意见和建议，捐助法人应当及时、如实答复。

捐助法人的决策机构、执行机构或者其法定代表人作出的决定违反捐助法人章程的，捐助人等利害关系人或者主管机关可以请求人民法院予以撤销。

第八十九条 有独立经费的机关、承担行政职能的法定机构从成立之日起，具有机关法人资格，可以从事为履行职能所需要的民事活动。

第九十条 机关法人被撤销的，法人终止，其民事责任由继续履行其职能的机关法人承担；没有继续履行其职能的机关法人的，由撤销该机关法人的机关法人承担。

第四章　非法人组织 91-98，8条

第九十一条 非法人组织是不具有法人资格，但是依法能够以自己的名义从事民事活动的组织。

非法人组织包括个人独资企业、合伙企业、营利性法人或者非营利性法人依法设立的分支机构等。

第九十二条 非法人组织应当依法登记。

设立非法人组织，法律规定须经有关机关批准的，依照其规定。

第九十三条 非法人组织的成员或者设立人对该组织的债务承担无限责任。法律另有规定的，依照其规定。

第九十四条 非法人组织可以确定一人或者数人代表该组织从事民事活动。

第九十五条 非法人组织以登记的住所为住所。

非法人组织的主要办事机构所在地与住所不一致的，其主要办事机构所在地视为住所。

第九十六条 有下列情形之一的，非法人组织解散：

（一）设立人或者其成员决定解散的；

（二）章程或者组织规章规定的存续期间届满的；

（三）章程或者组织规章规定的其他解散事由出现的；

（四）出现法律规定的其他情形的。

第九十七条 非法人组织解散的，应当依法进行清算。清算终结，并完成注销登记时，非法人组织终止。

第九十八条 非法人组织除适用本章规定外，参照适用本法第三章第一节的有关规定。

第五章　民事权利 99-111，13条

第九十九条 自然人的人身自由、人格尊严受法律保护。

第一百条 自然人享有生命权、健康权、身体权、姓名权、肖像权、名誉权、荣誉权、隐私权、婚姻自主权等权利。

法人、非法人组织享有名称权、名誉权、荣誉权等权利。

第一百零一条 自然人因婚姻、家庭关系产生的人身权利受法律保护。

第一百零二条 民事主体依法享有的收入、储蓄、房屋、生活用品、生产工具、投资及其他财产权利受法律保护。

第一百零三条 民事主体依法享有物权。

物权是权利人依法对特定的物享有直接支配和排他的权利，包括所有权、用益物权、担保物权。

第一百零四条 物包括不动产和动产。法律规定具体权利或者网络虚拟财产作为物权客体的，依照其规定。

第一百零五条 民事主体依法享有债权。

债权是因合同、单方允诺、侵权行为、无因管理、不当得利以及法律的其他规定，权利人请求特定义务人为一定行为的权利。

第一百零六条 没有法定的或者约定的义务，为避免他人利益受损失进行管理或者服务的，有权请求受益人偿还由此而支付的必要费用。

第一百零七条 没有合法根据，取得不当利益，造成他人损失的，应当将取得的不当利益返还受损失的人。

第一百零八条 民事主体依法享有知识产权。

知识产权是指权利人依法就下列客体所享有的权利：

（一）作品；

（二）专利；

（三）商标；

（四）地理标记；

（五）商业秘密；

（六）集成电路布图设计；

（七）植物新品种；

（八）数据信息；

（九）法律、行政法规规定的其他内容。

第一百零九条 自然人依法享有继承权。

第一百一十条 民事主体依法享有股权或者其他民事权利。

第一百一十一条 法律对未成年人、老年人、残疾人、妇女、消费者等的民事权利有特别保护规定的，依照其规定。

第六章 民事法律行为 112—139，28 条

第一节 一般规定 112—115，4 条

第一百一十二条 民事法律行为是指自然人、法人或者非法人组织通过意思表示设立、变更、终止民事权利和民事义务的行为。

第一百一十三条 民事法律行为可以基于单方的意思表示成立，也可以基于双方或者多方的意思表示一致成立。

法人、非法人组织的决议行为应当依照法律或者章程规定的程序和表决规则成立。

第一百一十四条 民事法律行为可以采用书面形式、口头形式或者其他形式；法律规定或者当事人约定采用特定形式的，应当采用特定形式。

第一百一十五条 民事法律行为自成立时生效，法律另有规定或者当事人另有约定

的除外。行为人非依法律规定或者取得对方同意，不得擅自变更或者解除民事法律行为。

第二节　意思表示 116-120，5 条

第一百一十六条　以对话方式作出的意思表示，相对人了解其内容时生效。以非对话方式作出的意思表示，到达相对人时生效。

第一百一十七条　以非对话方式作出的采用数据电文形式的意思表示，相对人指定特定系统接收数据电文的，该数据电文进入该特定系统时生效；未指定特定系统的，相对人知道或者应当知道该数据电文进入其系统时生效。当事人对采用数据电文形式的意思表示的生效时间另有约定的，按照其约定。

以公告方式作出的意思表示，公告发布时生效。

无相对人的意思表示，表示完成时生效，法律另有规定的除外。

第一百一十八条　行为人可以明示或者默示作出意思表示。

沉默只有在有法律规定、当事人约定或者习惯时，方可以视为意思表示。

第一百一十九条　行为人可以撤回意思表示。撤回意思表示的通知应当在意思表示到达相对人前或者与意思表示同时到达相对人。

第一百二十条　有相对人的意思表示的解释，应当按照所使用的词句，结合相关条款、行为的性质和目的、习惯、相对人的合理信赖以及诚实信用原则，确定意思表示的含义。无相对人的意思表示的解释，不能拘泥于所使用的词句，而应当结合相关条款、行为的性质和目的、习惯以及诚实信用原则，确定行为人的真实意思。

第三节　民事法律行为的效力 121-136，16 条

第一百二十一条　具备下列条件的民事法律行为有效：

（一）行为人具有相应的民事行为能力；

（二）意思表示真实；

（三）不违反法律、行政法规的效力性强制性规定，不违背公序良俗。

第一百二十二条　无民事行为能力人实施的民事法律行为无效。

第一百二十三条　限制民事行为能力人实施的民事法律行为，经法定代理人同意或者追认后有效，但是纯获利益的民事法律行为或者与其年龄、智力、精神健康状况相适应的民事法律行为，不需经法定代理人同意或者追认。

相对人可以催告法定代理人自收到通知之日起一个月内予以追认。法定代理人未作表示的，视为拒绝追认。民事法律行为被追认前，善意相对人有撤销的权利。撤销应当以通知的方式作出。

第一百二十四条　行为人与相对人串通，以虚假的意思表示实施的民事法律行为无效，但是双方均不得以此对抗善意第三人。

行为人以虚假的意思表示隐藏的民事法律行为，依照有关法律规定处理。

第一百二十五条　基于重大误解实施的民事法律行为，行为人有权请求人民法院或者仲裁机构予以撤销。

第一百二十六条　一方以欺诈手段，使对方在其违背真实意思的情况下实施的民事

法律行为，受欺诈方有权请求人民法院或者仲裁机构予以撤销。

第一百二十七条 第三人实施欺诈行为，使一方在违背其真实意思的情况下实施的民事法律行为，对方知道或者应当知道该欺诈行为的，受欺诈方有权请求人民法院或者仲裁机构予以撤销。

第一百二十八条 一方或者第三人以胁迫手段，使对方在违背其真实意思的情况下实施的民事法律行为，受胁迫方有权请求人民法院或者仲裁机构予以撤销。

第一百二十九条 一方利用对方处于困境、缺乏判断能力或者对自己信赖等情形，致使民事法律行为成立时显失公平的，受损害方有权请求人民法院或者仲裁机构予以撤销。

第一百三十条 民事法律行为因重大误解、欺诈、显失公平被撤销的，不得对抗善意第三人。

第一百三十一条 有下列情形之一的，撤销权消灭：

（一）当事人自知道或者应当知道撤销事由之日起一年内没有行使撤销权的；

（二）当事人受胁迫，自胁迫行为终止之日起一年内没有行使撤销权的；

（三）当事人知道撤销事由后明确表示或者以自己的行为表明放弃撤销权的；

（四）当事人自民事法律行为发生之日起五年内没有行使撤销权的。

第一百三十二条 违反法律、行政法规的效力性强制性规定或者违背公序良俗的民事法律行为无效。

第一百三十三条 行为人与相对人恶意串通，损害他人合法权益的民事法律行为无效。

第一百三十四条 无效的或者被撤销的民事法律行为，从民事法律行为开始时起就没有法律约束力。

第一百三十五条 民事法律行为无效、被撤销或者确定不发生效力后，行为人因该行为取得的财产，应当予以返还；不能返还或者没有必要返还的，应当折价补偿。有过错的一方应当赔偿对方由此所受到的损失；各方都有过错的，应当各自承担相应的责任。法律另有规定的，依照其规定。

第一百三十六条 民事法律行为部分无效，不影响其他部分效力的，其他部分仍然有效。

第四节 民事法律行为的附条件和附期限 137-139，3 条

第一百三十七条 民事法律行为可以附条件，但是依照其性质不得附条件的除外。附生效条件的民事法律行为，自条件成就时生效。附解除条件的民事法律行为，自条件成就时失效。

第一百三十八条 附条件的民事法律行为，当事人为自己的利益不正当地阻止条件成就的，视为条件已成就；不正当地促成条件成就的，视为条件不成就。

第一百三十九条 民事法律行为可以附期限，但是依照其性质不得附期限的除外。附生效期限的民事法律行为，自期限届至时生效。附终止期限的民事法律行为，自期限届满时失效。

第七章 代 理 140-155，16条

第一节 一般规定 140-144，5条

第一百四十条 自然人、法人和非法人组织可以通过代理人实施民事法律行为。

第一百四十一条 代理人在代理权限内，以被代理人名义实施的民事法律行为，对被代理人发生效力。

依照法律规定、当事人约定或者民事法律行为的性质，应当由本人亲自实施的民事法律行为，不得代理。

第一百四十二条 代理人在代理权限内以自己的名义与第三人实施民事法律行为，第三人知道代理人与被代理人之间的代理关系的，该民事法律行为直接约束被代理人和第三人，但是有确切证据证明该民事法律行为只约束代理人和第三人的除外。

第一百四十三条 代理包括委托代理和法定代理。

委托代理人按照被代理人的委托行使代理权。法定代理人依照法律的规定行使代理权。

法定代理，本章没有规定的，适用本法和其他法律有关规定。

第一百四十四条 代理人不履行职责，造成被代理人损害的，应当承担民事责任。代理人和第三人恶意串通，损害被代理人合法权益的，由代理人和第三人承担连带责任。

第二节 委托代理 145-152，8条

第一百四十五条 委托代理可以采用书面形式、口头形式或者其他形式；法律规定或者当事人约定采用特定形式的，应当采用特定形式。

授权委托书应当载明代理人的姓名或者名称、代理事项、权限和期间，并由被代理人签名或者盖章。

第一百四十六条 数人为同一委托事项的代理人的，应当共同行使代理权，法律另有规定或者当事人另有约定的除外。

第一百四十七条 代理人知道或者应当知道代理的事项违法仍然实施代理行为，或者被代理人知道或者应当知道代理人的代理行为违法未作反对表示的，被代理人和代理人应当承担连带责任。

第一百四十八条 代理人不得以被代理人的名义与自己实施民事法律行为，法律另有规定或者被代理人同意、追认的除外。

代理人不得以被代理人的名义与其同时代理的其他人实施民事法律行为，法律另有规定或者被代理的双方同意、追认的除外。

第一百四十九条 代理人需要转委托第三人代理的，应当取得被代理人的同意或者追认。

转委托代理经被代理人同意或者追认的，被代理人可以就代理事务直接指示转委托的第三人，代理人仅就第三人的选任及其对第三人的指示承担责任。

转委托代理未经被代理人同意或者追认的，代理人应当对转委托的第三人的行为承担责任，但是在紧急情况下代理人为了维护被代理人的利益需要转委托第三人代理的除外。

第一百五十条 执行法人或者非法人组织工作任务的人，就其职权范围内的事项，以法人或者非法人组织的名义实施民事法律行为，对法人或者非法人组织发生效力。

法人或者非法人组织对其工作人员职权范围的限制，不得对抗善意第三人。

第一百五十一条 行为人没有代理权、超越代理权或者代理权终止后，仍然实施代理行为，未经被代理人追认的，代理行为无效。

相对人可以催告被代理人自收到通知之日起一个月内予以追认。被代理人未作表示的，视为拒绝追认。无权代理人实施的行为被追认前，善意相对人有撤销的权利。撤销应当以通知的方式作出。

无权代理人实施的行为未被追认的，善意相对人有权要求无权代理人履行债务或者就其受到的损害要求无权代理人赔偿，但是赔偿的范围不得超过代理行为有效时所能获得的利益。

相对人知道或者应当知道代理人无权代理的，相对人和代理人按照各自的过错承担责任。

第一百五十二条 行为人没有代理权、超越代理权或者代理权终止后，仍然实施代理行为，相对人有理由相信行为人有代理权的，代理行为有效，但是有下列情形之一的除外：

（一）行为人伪造他人的公章、合同书或者授权委托书等，假冒他人的名义实施民事法律行为的；

（二）被代理人的公章、合同书或者授权委托书等遗失、被盗，或者与行为人特定的职务关系已经终止，并且已经以合理方式公告或者通知，相对人应当知悉的；

（三）法律规定的其他情形。

第三节　代理的终止 153—155，3条

第一百五十三条 有下列情形之一的，委托代理终止：

（一）代理期间届满或者代理事务完成的；

（二）被代理人取消委托或者代理人辞去委托的；

（三）代理人丧失民事行为能力的；

（四）代理人或者被代理人死亡的；

（五）作为代理人或者被代理人的法人、非法人组织终止的。

第一百五十四条 被代理人死亡后，有下列情形之一的，委托代理人实施的代理行为有效：

（一）代理人不知道并且不应当知道被代理人死亡的；

（二）被代理人的继承人均予以承认的；

（三）授权中明确代理权在代理事项完成时终止的；

（四）在被代理人死亡前已经实施，在被代理人死亡后为了被代理人继承人的利益继续完成的。

作为被代理人的法人、非法人组织终止的，参照适用前款规定。

第一百五十五条 有下列情形之一的，法定代理终止：

（一）被代理人取得或者恢复完全民事行为能力的；

（二）代理人丧失民事行为能力的；

（三）被代理人或者代理人死亡的；

（四）有法律规定的其他情形的。

第八章　民事责任 156—166，11 条

第一百五十六条 民事主体应当依照法律规定或者当事人约定履行民事义务。

民事主体不履行或者不完全履行民事义务的，应当依法承担民事责任。

第一百五十七条 二人以上不履行或者不完全履行民事义务的，应当依法分担责任或者承担连带责任。

第一百五十八条 二人以上依法承担按份责任的，责任人按照各自责任份额向权利人承担民事责任。

第一百五十九条 二人以上依法承担连带责任的，每一个责任人应当向权利人承担全部民事责任。责任人实际承担责任超过其应当承担份额的，可以向其他连带责任人追偿。

第一百六十条 承担民事责任的方式主要有：

（一）停止侵害；

（二）排除妨碍；

（三）消除危险；

（四）返还财产；

（五）恢复原状、修复生态环境；

（六）修理、重作、更换；

（七）赔偿损失；

（八）支付违约金；

（九）消除影响、恢复名誉；

（十）赔礼道歉。

前款规定的承担民事责任的方式，可以单独适用，也可以合并适用。

第一百六十一条 因不可抗力不能履行民事义务的，不承担民事责任，法律另有规定的除外。

不可抗力是指不能预见、不能避免并不能克服的客观情况。

第一百六十二条 因正当防卫造成损害的，不承担责任。正当防卫超过必要的限度，造成不应有的损害的，正当防卫人应当承担适当的责任。

第一百六十三条 因紧急避险造成损害的，由引起险情发生的人承担责任。如果危险是由自然原因引起的，紧急避险人不承担责任或者给予适当补偿。紧急避险采取措施不当或者超过必要的限度，造成不应有的损害的，紧急避险人应当承担适当的责任。

第一百六十四条 为保护他人民事权益而使自己受到损害的，由侵权人承担责任，

受益人可以给予适当补偿。没有侵权人、侵权人逃逸或者无力承担责任，受害人请求补偿的，受益人应当给予适当补偿。

第一百六十五条 因当事人一方的违约行为，损害对方人身、财产权益的，受损害方有权选择要求其承担违约责任或者侵权责任。

第一百六十六条 民事主体因同一行为应当承担民事责任、行政责任和刑事责任的，承担行政责任或者刑事责任不影响依法承担民事责任；民事主体的财产不足以支付的，先承担民事责任。

第九章　诉讼时效和除斥期间 167－179，13 条

第一节　诉讼时效 167－176，10 条

第一百六十七条 向人民法院请求保护民事权利的诉讼时效期间为三年，法律另有规定的除外。

诉讼时效期间自权利人知道或者应当知道权利受到损害以及义务人之日起开始计算，法律另有规定的除外。但是，自权利受到损害之日起超过二十年的，人民法院不予保护；有特殊情况的，人民法院可以延长。

第一百六十八条 当事人约定同一债务分期履行的，诉讼时效期间从最后一期履行期限届满之日起计算。

第一百六十九条 诉讼时效期间届满的，义务人可以提出不履行义务的抗辩。

诉讼时效期间届满后，义务人自愿履行的，不受诉讼时效限制；义务人同意履行的，不得以诉讼时效期间届满为由抗辩。

第一百七十条 人民法院不得主动适用诉讼时效的规定。

第一百七十一条 在诉讼时效期间的最后六个月内，因下列障碍，不能行使请求权的，诉讼时效中止：

（一）不可抗力；

（二）无民事行为能力人或者限制民事行为能力人没有法定代理人，或者法定代理人死亡、丧失代理权或者丧失民事行为能力；

（三）继承开始后未确定继承人或者遗产管理人；

（四）权利人被义务人或者其他人控制；

（五）其他导致权利人不能行使请求权的障碍。

自中止时效的原因消除之日起满六个月，诉讼时效期间届满。

第一百七十二条 无民事行为能力人或者限制民事行为能力人与其法定代理人之间的请求权的诉讼时效，自该法定代理关系终止之日起开始计算。

第一百七十三条 有下列情形之一的，诉讼时效中断，从中断或者有关程序终结时起，诉讼时效期间重新计算：

（一）权利人向义务人提出履行请求的；

（二）义务人同意履行义务的；

（三）权利人提起诉讼或者申请仲裁的；

（四）有与提起诉讼或者申请仲裁具有同等效力的其他情形的。

第一百七十四条 对连带权利人或者连带义务人中的一人发生诉讼时效中断的，中断的效力及于全部连带权利人或者连带义务人。

第一百七十五条 下列请求权不适用诉讼时效：

（一）请求停止侵害、排除妨碍、消除危险；

（二）登记的物权人请求返还财产；

（三）请求支付赡养费、抚养费或者扶养费；

（四）依法不适用诉讼时效的其他请求权。

第一百七十六条 诉讼时效的期间、计算方法以及中止、中断的事由由法律规定，当事人约定无效。当事人对诉讼时效利益的预先放弃无效。

第二节　除斥期间 177—179，3 条

第一百七十七条 法律规定或者当事人约定的撤销权、解除权等权利的存续期间，为除斥期间。

除斥期间届满，当事人的撤销权、解除权等权利消灭。

第一百七十八条 除斥期间自权利人知道或者应当知道权利产生之日起开始计算，法律另有规定的除外。

第一百七十九条 除斥期间不适用本法有关诉讼时效中止、中断和延长的规定。

第十章　期间的计算 180—184，5 条

第一百八十条 民事法律所称的期间按照公历年、月、日、小时计算。

第一百八十一条 按照小时计算期间的，自法律规定或者当事人约定的时间起算。按照日、月、年计算期间的，开始的当日不计入，自下一日起算。

第一百八十二条 按照月、年计算期间的，最后一月与期间开始当日的相应日为期间的最后一日；最后一月没有相应日的，其结束日为期间的最后一日。

第一百八十三条 期间的最后一日是法定休假日的，以法定休假日结束的次日为期间的最后一日。

期间的最后一日的截止时间为二十四点；有业务时间的，到停止业务活动的时间截止。

第一百八十四条 期间的计算方法依照本法的规定，法律另有规定或者当事人另有约定的除外。

第十一章　附 则 185—186，2 条

第一百八十五条 民事法律所称的"以上"、"以下"、"以内"、"届满"，包括本数；所称的"不满"、"超过"、"以外"，不包括本数。

第一百八十六条 本法自 年 月 日起施行。

附录二 关于《中华人民共和国民法总则 （草案）》的说明

时间：2016 年 7 月 5 日

来源：中国人大网

网址：http://www. npc. gov. cn/npc/1fzt/rlyw/2016 － 07/05/content ＿ 1993422. htm

一、关于编纂民法典的总体考虑

（一）编纂民法典的重大意义

编纂民法典的任务是，对现行民事法律规范进行系统、全面整合，编纂一部内容协调一致、结构严谨科学的法典。编纂民法典不是制定全新的民事法律，而是对现行分别规定的民事法律规范进行科学整理，也不是简单的法律汇编，法律汇编不对法律进行修改，而法典编纂不仅要去除重复的规定，删繁就简，还要对已经不适应现实情况的现行规定进行必要的修改完善，对社会经济生活中出现的新情况、新问题作出有针对性的新规定。改革开放以来，我国分别制定了民法通则、继承法、收养法、担保法、合同法、物权法、侵权责任法等一系列民事法律，修改了婚姻法，在经济社会发展中发挥了重要作用。近年来，人民群众和社会各方面对编纂民法典的呼声比较高。编纂民法典已经具备了较好的主客观条件。

在建设中国特色社会主义法治体系、建设社会主义法治国家进程中，党中央提出编纂民法典，意义重大。首先，编纂民法典是实现国家治理体系和治理能力现代化的重大举措。民法被称为社会生活的百科全书，民法典是民族精神、时代精神的立法表达。民法与国家其他领域的法律规范一起，支撑着国家治理体系。通过法典编纂，进一步完善我国民事法律规范，对提高国家治理能力具有重要意义。其次，编纂民法典是维护最广大人民根本利益的客观需要。民法规范人身关系和财产关系，与人民群众关系极其密切。通过编纂民法典，健全民事法律秩序，加强对民事主体合法权益的保护，有利于维护广大人民群众的切身利益。第三，编纂民法典是形成完备的社会主义市场经济制度体系的必然要求。我国民事立法秉持民商合一的传统。通过编纂民法典，完善我国民商事领域的基本规则，亦为商事活动提供基本遵循，有利于健全市场秩序，维护交易安全，促进社会主义市场经济健康发展。

（二）编纂民法典的指导思想和基本原则

民法典规范民事活动，有其自身规律，但都与特定的社会政治制度相适应。我国编纂民法典，在遵循立法规律的同时，必须与中国特色社会主义的要求相适应。编纂民法典的指导思想是，高举中国特色社会主义伟大旗帜，全面贯彻党的十八大和十八届三中、四中、五中全会精神，以马克思列宁主义、毛泽东思想、邓小平理论、"三个代表"重要思想、科学发展观为指导，深入贯彻习近平总书记系列重要讲话精神，贯彻"四个全面"战略布局要求，体现新发展理念和我们党执政为民的宗旨，编纂一部体例科学、结构严谨、规范合理、具有中国特色、体现时代精神的民法典，更好地保护民事主体的合法权益，调整民事关系，维护社会和经济秩序，适应中国特色社会主义发展要求，为实现"两个一百年"奋斗目标、实现中华民族伟大复兴的中国梦提供有力法治保障。

编纂民法典，应当坚持以下基本原则：一是坚持正确的政治方向。要坚持党对编纂民法典工作的领导，走中国特色社会主义法治道路，将编纂工作放在党中央工作大局和协调推进"四个全面"战略布局下思考、谋划和落实，推进国家治理体系和治理能力现代化。二是发挥立法的引领和推动作用。要体现鲜明的时代特征，与时俱进，在总结继承的基础上，发展和完善我国民事法律规范，更好地平衡社会利益、调节社会关系、规范社会行为，兼顾法律的稳定性和前瞻性，为改革发展稳定提供法律支撑。三是体现社会主义核心价值观。要将社会主义核心价值观融入民法典编纂全过程，弘扬中华民族传统美德，强化规则意识，增强道德约束，倡导契约精神，维护公序良俗。四是坚持人民主体地位。要立足我国国情，健全民事生活领域基本秩序，充分保障民事主体的人身和财产权利。

（三）编纂民法典的工作步骤

编纂民法典是一项艰巨复杂的系统工程，要按照党中央要求，统筹考虑，在加强顶层设计的前提下积极稳妥推进，确保立法质量。民法典将由总则编和各分编（目前考虑分为合同编、物权编、侵权责任编、婚姻家庭编和继承编等）组成。总则编规定民事活动必须遵循的基本原则和一般性规则，统领各分编；各分编在总则编的基础上对各项民事制度作具体可操作的规定。总则编和各分编形成一个有机整体，共同承担着保护民事主体合法权益、调整民事关系的任务。编纂民法典任务重、工作量大、要求高，社会期望值也很高，既要高质量完成党中央部署的目标任务，又要体现阶段性成果，坚持进度服从质量。为此，经同有关方面反复研究，编纂工作拟按照"两步走"的工作思路进行：第一步，编纂民法典总则编（即中华人民共和国民法总则），经全国人大常委会审议后，争取提请2017年3月召开的十二届全国人大第五次会议审议通过；第二步，编纂民法典各分编，拟于2018年上半年整体提请全国人大常委会审议，经全国人大常委会分阶段审议后，争取于2020年3月将民法典各分编一并提请全国人民代表大会会议审议通过，从而形成统一的民法典。按照进度服从质量的要求，具体安排可作必要调整。"两步走"的工作思路得到了各方面认同，理论界和实务界都认为符合立法规律，体现了实事求是的精神，是可行的。

二、关于民法总则草案起草工作情况

按照党中央的要求和全国人大常委会的工作部署，2015年3月以来，法制工作委员会牵头成立了由最高人民法院、最高人民检察院、国务院法制办、中国社会科学院、中国法学会5家单位参加的民法典编纂工作协调小组，并组织了工作专班开展民法典编纂工作。在深入开展调查研究，梳理分析主要问题，广泛听取各方面意见的基础上，协调小组各成员单位密切配合，工作专班抓紧工作，形成了民法总则草案（征求意见稿）。今年 2 月 2 日，法制工作委员会将草案（征求意见稿）印发地方人大、中央有关部门和部分全国人大代表、法学教学研究机构和一些社会组织征求意见。根据各方面的意见和建议，对草案（征求意见稿）作了反复修改，并分别召开协调小组会议和专题会议，听取协调小组各参加单位、部分全国人大代表和专家学者的意见建议，继续对草案进行修改完善。

党中央高度重视民法典编纂和民法总则的制定。2016 年 6 月 14 日，习近平总书记主持召开中央政治局常委会会议，听取了全国人大常委会党组《关于民法典编纂工作和民法总则（草案）几个主要问题的请示》的汇报，原则同意请示，并就做好民法典编纂和民法总则草案审议修改工作作出重要指示。会后，根据党中央的重要指示精神，对草案又作了进一步修改完善，形成了现在提请审议的《中华人民共和国民法总则（草案）》。

民法总则规定民事活动的基本原则和一般性规则，在民法典中起统率性、纲领性作用。民法总则草案以 1986 年制定的民法通则为基础，按照"提取公因式"的方法，将其他民事法律中具有普遍适用性的规定写入草案。在起草过程中，遵循编纂民法典的指导思想和基本原则，并注意把握以下几点：一是既坚持问题导向，立足于解决纷繁复杂的社会生活中出现的各种问题，又尊重立法规律，讲法理，讲体系，注重与民法典各分编的有机衔接，确保立法质量。二是既尊重民事立法的历史延续性，又适应当前经济社会发展的客观要求，对不符合、不适应现实情况的内容和制度作修改补充，对社会生活迫切需要规范的事项作出创设性规定。三是既立足中国实际，传承我国优良的法律文化传统，又借鉴国外立法的有益经验。

三、关于民法总则草案的主要内容

民法总则草案分 11 章，包括基本原则、自然人、法人、非法人组织、民事权利、民事法律行为、代理、民事责任、诉讼时效和除斥期间、期间的计算、附则，共 186 条。主要内容有：

（一）关于基本原则和法律适用规则

基本原则是民事主体从事民事活动和司法机关进行民事司法活动应当遵循的基本准则。草案在民法通则的基础上，适应经济社会的发展和民事活动的现实需要，对基本原则作了丰富和补充：一是平等原则。草案规定，民事主体的法律地位一律平等。平等原则是民事法律关系区别于行政法律关系、刑事法律关系特有的原则，也是发展社会主义市场经济的客观要求。二是自愿原则。草案规定，民事主体从事民事活动，应当遵循自愿原则，按照自己的意思设立、变更和终止民事关系。自愿原则体现了民事活动最基本的特征，其实质是民事主体根据自己的意愿从事民事活动，承担相应的法律后果。三是公平原则。草案规定，民事主体从事民事活动，应当遵循公平原则，合理确定各方的权利和义务。公平原则体现了民法促进社会公平正义的基本价值，对规范民事主体的行为发挥着重要作用。四是诚实信用原则。草案规定，民事主体从事民事活动，应当遵循诚实信用原则。诚实信用原则要求民事主体在行使权利、履行义务过程中，讲诚实重诺言守信用。这对建设诚信社会、规范经济秩序、引领社会风尚具有重要意义。草案同时规定，民事主体从事民事活动，应当自觉维护交易安全；应当保护环境、节约资源，促进人与自然和谐发展；应当遵守法律，不得违背公序良俗，不得损害他人合法权益；民事主体合法的人身、财产权益受法律保护，任何组织或者个人不得侵犯；民事主体行使权利的同时，应当履行法律规定的或者当事人约定的义务，承担相应责任。（草案第三条至第九条）

明确民事法律的适用规则，对于正确适用法律具有指导意义。草案作了以下规定：一是处理民事纠纷，应当依照法律规定；法律没有规定的，可以适用习惯，但不得违背公序良俗（草案第十条）。民事关系十分复杂，对法律没有规定的事项，人民法院在一定条件下根据商业惯例或者民间习惯处理民事纠纷，有利于纠纷的解决。二是其他法律对民事关系另有特别规定的，依照其规定（草案第十一条）。民商事领域有些法律规定了民商事活动的特殊规则，既涉及民事法律关系，也涉及行政法律关系等，需要在民法总则中作衔接性规定。

（二）关于自然人

自然人是从事民事活动的重要民事主体，依法享有民事权利，承担民事义务。草案主要作了以下补充完善：

一是增加了保护胎儿利益的规定。自然人的民事权利能力始于出生，胎儿尚未出生，原则上不具有民事权利能力。但是为了保护胎儿的遗产继承、接受赠与等权利，有必要在需要对胎儿利益进行保护时，赋予胎儿一定的民事权利能力。据此，草案在继承法规定的基础上明确：涉及遗产继承、接受赠与等胎儿利益的保护，胎儿视为具有民事权利能力。但是，胎儿出生时未存活的，其民事权利能力自始不存在。（草案第十六条）

二是下调了限制民事行为能力的未成年人的年龄标准。自然人的民事行为能力是指自然人独立实施民事法律行为、行使民事权利和履行民事义务的资格。民法通则规定十八周岁以上的自然人为完全民事行为能力人，十周岁以上的未成年人是限制民事行为能力人，不满十周岁的未成年人是无民事行为能力人。草案将民法通则规定的限制民事行为能力人的年龄下限标准从"十周岁"降到"六周岁"，主要考虑是：随着经济社会的发展和生活教育水平的提高，未成年人生理心理的成熟程度和认知能力都有所提高，适当降低年龄有利于其从事与其年龄、智力相适应的民事活动，更好地尊重这一部分未成年人的自主意识，保护其合法权益。这一调整也与我国义务教育法关于年满六周岁的儿童须接受义务教育的规定相呼应，实践中易于掌握、执行。（草案第十八条、第十九条）

三是完善了监护制度。未成年人和有智力、精神健康障碍等情形的成年人，为限制民事行为能力人或者无民事行为能力人。监护制度的主要功能是对这部分人的民事行为能力予以弥补。草案针对监护领域的突出问题，对监护制度作了完善：1. 增加规定父母对未成年子女负有抚养、教育和保护的义务，子女对无民事行为能力或者限制民事行为能力的父母负有赡养、照顾和保护的义务，以强调家庭责任，弘扬中华民族传统美德（草案第二十五条）。2. 扩大了被监护人的范围。草案将智力障碍者以及因疾病等原因丧失或者部分丧失辨识认知能力的成年人也纳入被监护人范围，有利于保护其人身财产权益，也有利于应对人口老龄化问题，更好地维护老年人权益（草案第二十条、第二十一条、第三十一条）。3. 调整了监护人的范围。民法通则规定，单位有担任监护人的职责。在社会主义市场经济条件下，单位与职工之间主要是劳动合同关系，而且就业人员流动越来越频繁，单位缺乏履行监护职责的意愿和能力。与此同时，随着我国公益事业的发展，有监护意愿和能力的社会组织增多，由这些组织担任监护人可以作为家庭监护的有益补充，也可以缓解国家监护的压力。这些社会组织担任监护人应当具备的信誉、财产状况等条件，可以由相关法律具体规定。据此，草案明确：法律规定的有关组织可以担任监护人（草案第二十九条第三款、第三十一条）。4. 完善了撤销监护制度。针对实践中监护人侵害未成年人等被监护人合法权益时有发生的情况，草案规定人民法院可以根据申请撤销监护人的资格、依法指定新监护人，并对提起撤销监护诉讼的主体、适用情形、监护人资格的恢复等作了明确规定（草案第三十四条、第三十五条）。此外，草案还理顺了监护纠纷的解决程序，明确规定，对担任监护人有争议的，有关当事人也可以直接向人民法院提起诉讼（草案第二十九条第一款）。

（三）关于法人

法人制度是民事法律的基本制度。完善法人制度，对全面深化改革、促进社会主义市场经济发展意义重大，是这次民法总则制定中的重点问题。民法通则将法人分为企业法人和机关法人、事业单位法人、社会团体法人等。随着我国经济社会的发展，新的组织形式不断出现，法人形态发生了较大变化，民法通则的法人分类已难以涵盖实践中新出现的一些法人形式，也不适应社会组织改革发展方向，有必要进行调整完善。由于法人是法律拟制的"人"，各方面对法人分类有不同认识，比如可分为营利性法人、非营利性法人，也可分为社团法人、财团法人，还可分为私法人、公法人等。不同国家的民事法律对法人的分类也不尽相同。经反复比较，草案按照法人设立目的和功能的不同，将法人分为营利性法人和非营利性法人两类，主要考虑：一是营利性和非营利性能够反映法人之间的根本差异，传承了民法通则按照企业和非企业进行分类的基本思路，比较符合我国的立法习惯，实践意义也更为突出；二是将非营利性法人作为一类，既能涵盖事业单位法人、社会团体法人等传统法人形式，还能够涵盖基金会和社会服务机构等新法人形式，符合我国国情；三是适应改革社会组织管理制度、促进社会组织健康有序发展的要求，创设非营利性法人类别，有利于健全社会组织法人治理结构，有利于加强对这类组织的引导和规范，促进社会治理创新。据此，草案规定：营利性法人是以取得利润并分配给其股东或者其他出资人等成员为目的的成立的法人，主要包括有限责任公司、股份有限公司和其他企业法人等（草案第七十三条）；非营利性法人是为公益目的或者其他非营利目的成立的法人。非营利性法人不得向其成员或者设立人分配利润（草案第八十一条第一款、第二款）。对公益的非营利性法人，草案明确了其终止时剩余财产的分配规则：不得向其成员或者设立人分配剩余财产；其剩余财产应当按照章程规定或者权力机构的决议用于公益目的；不能按照章程或者决议处理的，由主管机关主持转给宗旨相同或者相近的以公益为目的的法人，并向社会公告（草案第八十一条第三款）。草案还对非营利性法人中的事业单位法人、社会团体法人、捐助法人和机关法人作了相应规定（第八十二条至第九十条）。需要说明的是，草案只列明规定了比较典型的法人具体形式，对现实生活中存在的或者可能出现的其他法人形式，可以按照其特征，分别纳入营利性法人或者非营利性法人。相应地，草案不再规定民法通则中关于联营的内容。

（四）关于非法人组织

民法通则规定了自然人和法人两类民事主体。随着我国经济社会的发展，个人独资企业、合伙企业、法人依法设立的分支机构等大量不具有法人资格的组织，在实践中以自己的名义从事各种民事活动。各方的共识是，明确这些组织的民事主体地位可以适应现实需要，有利于其开展民事活动，促进经济社会发展，也与其他法律的规定相衔接。据此，草案赋予"非法人组织"以民事主体地位，并设专章作了规定。草案规定，非法人组织是不具有法人资格，但是依法能够以自己的名义从事民事活动的组织。非法人组织包括个人独资企业、合伙企业、营利性法人或者非营利性法人依法设立的分支机构等（草案九十一条）。草案还规定，非法人组织的成员或者设立人对非法人组织的债务承担无限责任，法律另有规定的，依照其规定（草案第九十三条）。

（五）关于民事权利

保护民事权利是民法的核心。按照党的十八届四中全会关于实现公民权利保障法治化的要求，为了凸显对民事权利的尊重，加强对民事权利的保护，同时也为民法典各分编和民商事特别法律具体规定民事权利提供依据，草案继承了民法通则的做法，设专章规定民事权利的种类和内容。一是人身权利。草案根据宪法第三十七条、第三十八条关于公民的人身自由和人格尊严不受侵犯的规定，并综合各方面意见，明确规定自然人的人身自由、人格尊严受法律保护（草案第九十九条）；草案还规定，自然人享有生命权、健康权、身体权、姓名权、肖像权、名誉权、荣誉权、隐私权、婚姻自主权等权利（草案第一百条第一款）。草案同时规定法人、非法人组织享有名称权、名誉权、荣誉权等权利（草案第一百条第二款）。二是财产权利。保护自然人、法人等民事主体的财产权利是民法典的重要任务，也是民法总则的应有之义。草案规定：民事主体依法享有的收入、储蓄、房屋、生活用品、生产工具、投资及其他财产权利受法律保护（草案第一百零二条）；民事主体依法享有物权。物权是权利人依法对特定物享有直接支配和排他的权利，包括所有权、用益物权、担保物权（草案第一百零三条）；民事主体依法享有债权。债权是因合同、单方允诺、侵权行为、无因管理、不当得利以及法律的其他规定，权利人请求特定义务人为一定行为的权利（草案第一百零五条）。三是知识产权。为了加强对知识产权的保护，促进科技创新，建设创新型国家，有必要在民法总则中对知识产权作概括性规定，以统领各知识产权单行法律行政法规。据此，草案规定，民事主体对作品、专利、商标、地理标识、商业秘密、集成电路布图设计、植物新品种等智力成果依法享有知识产权（草案第一百零八条）。四是为了适应互联网和大数据时代发展的需要，草案对网络虚拟财产、数据信息等新型民事权利客体作了规定（草案第一百零四条、第一百零八条第二款第八项）。草案对弱势群体民事权利的特别保护也作了衔接性规定：法律对未成年人、老年人、残疾人、妇女、消费者等的民事权利有特别保护规定的，依照其规定（草案第一百一十一条）。此外，草案还对继承权、股权等民事权利作了规定，并为其他新型民事权利的保护留出了空间（草案第一百零九条、第一百一十条）。

（六）关于民事法律行为

关于民事法律行为，草案在民法通则、合同法等法律规定的基础上，主要作了以下完善：一是调整了"民事法律行为"的内涵。一些意见提出，民法通则规定的"民事法律行为"和"民事行为"都是有法律意义的行为，建议将二者统一规定为"民事法律行为"，使其既包括合法行为，也包括无效行为、可撤销行为和效力待定行为。据此，草案规定，民事法律行为是指自然人、法人或者非法人组织通过意思表示设立、变更、终止民事权利和民事义务的行为。这样规定既尊重民事主体按照自己的意愿设立、变更、终止民事权利义务关系，也强调了民事主体在从事民事活动时，应当预见到自己的行为将产生的法律后果，对自己的行为负责，有利于提升民事主体的规则意识和责任意识，具有更强的实践性（草案第一百一十二条）。二是增加了意思表示的规则。意思表示是民事主体内心意愿的外在表达，是构成民事法律行为的基础，增加这一规则对于确定民事法律行为的效力具有重要作用。草案根据各方面意见，对意思表示的作出方式、生效时间、撤回和解释等内容作了规定（草案第六章第二节）。三是完善了民事法律行为的效力规则。草案在规定民事法律行为有效条件的同时，对恶意串通、重大误解、欺诈、胁迫、显失公平等行为的无效、撤销等问题分别作了补充完善（草案第六章第三节）。

（七）关于代理

代理制度是调整被代理人、代理人和第三人之间关系的法律制度。随着社会主义市场经济的发展，代理活动越来越广泛，也越来越复杂，为了保护被代理人、第三人合法权益，维护交易安全，应当对代理行为予以规范。据此，草案在现行法律规定的基础上完善了代理规则：一是为了适应商事活动的需要，草案规定了隐名代理制度，即代理人在代理权限内以自己的名义与第三人实施民事法律行为，第三人知道代理人与被代理人之间的代理关系的，该民事法律行为直接约束被代理人和第三人，但是有确切证据证明该民事法律行为只约束代理人和第三人的除外（草案第一百四十二条）。二是增加了代理人不得自己代理和双方代理的内容（草案第一百四十八条）。三是完善了表见代理制度。草案规定，行为人没有代理权、超越代理权或者代理权终止后以被代理人名义实施民事法律行为，相对人有正当理由相信行为人有代理权的，该代理行为有效；同时明确了不适用表见代理的情形。这样规定有利于维护交易安全，保护善意第三人的利益（草案第一百五十二条）。

（八）关于民事责任

明确法律责任，有利于引导民事主体强化自觉履行法定或者约定义务的意识，预防并制裁违反民事义务的行为，切实保护权利人的民事权益。草案进一步完善了民事权利受到侵害后的救济渠道和方式：一是规定民事主体应当依照法律规定或者当事人约定履行民事义务，不履行或者不完全履行民事义务的，应当依法承担民事责任（草案第一百五十六条）。二是规定了承担民事责任的主要方式。针对污染环境、破坏生态的行为，草案还特别增加了"修复生态环境"这种新的责任承担方式（草案第一百六十条第一款）。三是规定为保护他人民事权益而使自己受到损害的，由侵权人承担责任，受益人可以给予适当补偿。没有侵权人、侵权人逃逸或者无力承担责任，受害人请求补偿的，受益人应当给予适当补偿，以保护因见义勇为受到损害的人，鼓励见义勇为行为（草案第一百六十四条）。四是规定因当事人一方的违约行为，损害对方人身、财产权益的，受损害方有权选择要求其承担违约责任或者侵权责任（草案第一百六十五条）。

（九）关于诉讼时效

诉讼时效是权利人在法定期间内不行使权利，该期间届满后，权利不受保护的法律制度。该制度有利于促使权利人及时行使权利，维护交易秩序和安全。草案根据各方面意见，吸收司法实践经验，对诉讼时效制度作了完善：一是将现行二年的一般诉讼时效期间延长为三年。近年来，社会生活发生深刻变化，交易方式与类型也不断创新，权利义务关系更趋复杂，要求权利人在二年诉讼时效期间内行使权利显得过短，有必要适当延长（草案第一百六十七条第一款）。二是明确了不适用诉讼时效的情形：（1）请求停止侵害、排除妨碍、消除危险；（2）登记的物权人请求返还财产；（3）请求支付赡养费、抚养费或者扶养费；（4）其他依法不适用诉讼时效的请求权（草案第一百七十五条）。三是强调了诉讼时效的法定性。诉讼时效制度关系法律秩序的清晰稳定，权利人和义务人不可以自行约定。草案规定，诉讼时效的期间、计算方法以及中止、中断的事由由法律规定，当事人约定无效。当事人对诉讼时效利益的预先放弃无效（草案第一百七十六条）。

此外，草案还对宣告失踪和宣告死亡、除斥期间、期间的计算等内容作了规定。这些规定既延续了现行民事法律中科学合理的内容和制度，又吸收近年来实践证明行之有效的民事司法实践经验，作了必要的补充和完善。

附录三　中华人民共和国民法总则

（2017 年 3 月 15 日第十二届全国人民代表大会第五次会议通过 主席令第六十六号公布 自 2017 年 10 月 1 日起施行）

目　录

第一章　基本规定 1~12，12条

第一条　为了保护民事主体的合法权益，调整民事关系，维护社会和经济秩序，适应中国特色社会主义发展要求，弘扬社会主义核心价值观，根据宪法，制定本法。

第二条　民法调整平等主体的自然人、法人和非法人组织之间的人身关系和财产关系。

第三条　民事主体的人身权利、财产权利以及其他合法权益受法律保护，任何组织或者个人不得侵犯。

第四条　民事主体在民事活动中的法律地位一律平等。

第五条　民事主体从事民事活动，应当遵循自愿原则，按照自己的意思设立、变更、终止民事法律关系。

第六条　民事主体从事民事活动，应当遵循公平原则，合理确定各方的权利和义务。

第七条　民事主体从事民事活动，应当遵循诚信原则，秉持诚实，恪守承诺。

第八条　民事主体从事民事活动，不得违反法律，不得违背公序良俗。

第九条　民事主体从事民事活动，应当有利于节约资源、保护生态环境。

第十条　处理民事纠纷，应当依照法律；法律没有规定的，可以适用习惯，但是不得违背公序良俗。

第十一条　其他法律对民事关系有特别规定的，依照其规定。

第十二条　中华人民共和国领域内的民事活动，适用中华人民共和国法律。法律另有规定的，依照其规定。

第二章　自然人 13~56，44条

第一节　民事权利能力和民事行为能力 13~25，13条

第十三条　自然人从出生时起到死亡时止，具有民事权利能力，依法享有民事权利，承担民事义务。

第十四条　自然人的民事权利能力一律平等。

第十五条　自然人的出生时间和死亡时间，以出生证明、死亡证明记载的时间为准；没有出生证明、死亡证明的，以户籍登记或者其他有效身份登记记载的时间为准。有其他证据足以推翻以上记载时间的，以该证据证明的时间为准。

第十六条　涉及遗产继承、接受赠与等胎儿利益保护的，胎儿视为具有民事权利能力。但是胎儿娩出时为死体的，其民事权利能力自始不存在。

第十七条　十八周岁以上的自然人为成年人。不满十八周岁的自然人为未成年人。

第十八条　成年人为完全民事行为能力人，可以独立实施民事法律行为。

十六周岁以上的未成年人，以自己的劳动收入为主要生活来源的，视为完全民事行

为能力人。

第十九条 八周岁以上的未成年人为限制民事行为能力人，实施民事法律行为由其法定代理人代理或者经其法定代理人同意、追认，但是可以独立实施纯获利益的民事法律行为或者与其年龄、智力相适应的民事法律行为。

第二十条 不满八周岁的未成年人为无民事行为能力人，由其法定代理人代理实施民事法律行为。

第二十一条 不能辨认自己行为的成年人为无民事行为能力人，由其法定代理人代理实施民事法律行为。

八周岁以上的未成年人不能辨认自己行为的，适用前款规定。

第二十二条 不能完全辨认自己行为的成年人为限制民事行为能力人，实施民事法律行为由其法定代理人代理或者经其法定代理人同意、追认，但是可以独立实施纯获利益的民事法律行为或者与其智力、精神健康状况相适应的民事法律行为。

第二十三条 无民事行为能力人、限制民事行为能力人的监护人是其法定代理人。

第二十四条 不能辨认或者不能完全辨认自己行为的成年人，其利害关系人或者有关组织，可以向人民法院申请认定该成年人为无民事行为能力人或者限制民事行为能力人。

被人民法院认定为无民事行为能力人或者限制民事行为能力人的，经本人、利害关系人或者有关组织申请，人民法院可以根据其智力、精神健康恢复的状况，认定该成年人恢复为限制民事行为能力人或者完全民事行为能力人。

本条规定的有关组织包括：居民委员会、村民委员会、学校、医疗机构、妇女联合会、残疾人联合会、依法设立的老年人组织、民政部门等。

第二十五条 自然人以户籍登记或者其他有效身份登记记载的居所为住所；经常居所与住所不一致的，经常居所视为住所。

第二节 监 护 26～39，14条

第二十六条 父母对未成年子女负有抚养、教育和保护的义务。

成年子女对父母负有赡养、扶助和保护的义务。

第二十七条 父母是未成年子女的监护人。

未成年人的父母已经死亡或者没有监护能力的，由下列有监护能力的人按顺序担任监护人：

（一）祖父母、外祖父母；

（二）兄、姐；

（三）其他愿意担任监护人的个人或者组织，但是须经未成年人住所地的居民委员会、村民委员会或者民政部门同意。

第二十八条 无民事行为能力或者限制民事行为能力的成年人，由下列有监护能力的人按顺序担任监护人：

（一）配偶；

（二）父母、子女；

（三）其他近亲属；

（四）其他愿意担任监护人的个人或者组织，但是须经被监护人住所地的居民委员会、村民委员会或者民政部门同意。

第二十九条 被监护人的父母担任监护人的，可以通过遗嘱指定监护人。

第三十条 依法具有监护资格的人之间可以协议确定监护人。协议确定监护人应当尊重被监护人的真实意愿。

第三十一条 对监护人的确定有争议的，由被监护人住所地的居民委员会、村民委员会或者民政部门指定监护人，有关当事人对指定不服的，可以向人民法院申请指定监护人；有关当事人也可以直接向人民法院申请指定监护人。

居民委员会、村民委员会、民政部门或者人民法院应当尊重被监护人的真实意愿，按照最有利于被监护人的原则在依法具有监护资格的人中指定监护人。

依照本条第一款规定指定监护人前，被监护人的人身权利、财产权利以及其他合法权益处于无人保护状态的，由被监护人住所地的居民委员会、村民委员会、法律规定的有关组织或者民政部门担任临时监护人。

监护人被指定后，不得擅自变更；擅自变更的，不免除被指定的监护人的责任。

第三十二条 没有依法具有监护资格的人的，监护人由民政部门担任，也可以由具备履行监护职责条件的被监护人住所地的居民委员会、村民委员会担任。

第三十三条 具有完全民事行为能力的成年人，可以与其近亲属、其他愿意担任监护人的个人或者组织事先协商，以书面形式确定自己的监护人。协商确定的监护人在该成年人丧失或者部分丧失民事行为能力时，履行监护职责。

第三十四条 监护人的职责是代理被监护人实施民事法律行为，保护被监护人的人身权利、财产权利以及其他合法权益等。

监护人依法履行监护职责产生的权利，受法律保护。

监护人不履行监护职责或者侵害被监护人合法权益的，应当承担法律责任。

第三十五条 监护人应当按照最有利于被监护人的原则履行监护职责。监护人除为维护被监护人利益外，不得处分被监护人的财产。

未成年人的监护人履行监护职责，在作出与被监护人利益有关的决定时，应当根据被监护人的年龄和智力状况，尊重被监护人的真实意愿。

成年人的监护人履行监护职责，应当最大限度地尊重被监护人的真实意愿，保障并协助被监护人实施与其智力、精神健康状况相适应的民事法律行为。对被监护人有能力独立处理的事务，监护人不得干涉。

第三十六条 监护人有下列情形之一的，人民法院根据有关个人或者组织的申请，撤销其监护人资格，安排必要的临时监护措施，并按照最有利于被监护人的原则依法指定监护人：

（一）实施严重损害被监护人身心健康行为的；

（二）怠于履行监护职责，或者无法履行监护职责并且拒绝将监护职责部分或者全部委托给他人，导致被监护人处于危困状态的；

（三）实施严重侵害被监护人合法权益的其他行为的。

本条规定的有关个人和组织包括：其他依法具有监护资格的人，居民委员会、村民委员会、学校、医疗机构、妇女联合会、残疾人联合会、未成年人保护组织、依法设立的老年人组织、民政部门等。

前款规定的个人和民政部门以外的组织未及时向人民法院申请撤销监护人资格的，民政部门应当向人民法院申请。

第三十七条 依法负担被监护人抚养费、赡养费、扶养费的父母、子女、配偶等，被人民法院撤销监护人资格后，应当继续履行负担的义务。

第三十八条 被监护人的父母或者子女被人民法院撤销监护人资格后，除对被监护人实施故意犯罪的外，确有悔改表现的，经其申请，人民法院可以在尊重被监护人真实意愿的前提下，视情况恢复其监护人资格，人民法院指定的监护人与被监护人的监护关系同时终止。

第三十九条 有下列情形之一的，监护关系终止：

（一）被监护人取得或者恢复完全民事行为能力；

（二）监护人丧失监护能力；

（三）被监护人或者监护人死亡；

（四）人民法院认定监护关系终止的其他情形。

监护关系终止后，被监护人仍然需要监护的，应当依法另行确定监护人。

第三节 宣告失踪和宣告死亡 40~53，14 条

第四十条 自然人下落不明满二年的，利害关系人可以向人民法院申请宣告该自然人为失踪人。

第四十一条 自然人下落不明的时间从其失去音讯之日起计算。战争期间下落不明的，下落不明的时间自战争结束之日或者有关机关确定的下落不明之日起计算。

第四十二条 失踪人的财产由其配偶、成年子女、父母或者其他愿意担任财产代管人的人代管。

代管有争议，没有前款规定的人，或者前款规定的人无代管能力的，由人民法院指定的人代管。

第四十三条 财产代管人应当妥善管理失踪人的财产，维护其财产权益。

失踪人所欠税款、债务和应付的其他费用，由财产代管人从失踪人的财产中支付。

财产代管人因故意或者重大过失造成失踪人财产损失的，应当承担赔偿责任。

第四十四条 财产代管人不履行代管职责、侵害失踪人财产权益或者丧失代管能力的，失踪人的利害关系人可以向人民法院申请变更财产代管人。

财产代管人有正当理由的，可以向人民法院申请变更财产代管人。

人民法院变更财产代管人的，变更后的财产代管人有权要求原财产代管人及时移交有关财产并报告财产代管情况。

第四十五条 失踪人重新出现，经本人或者利害关系人申请，人民法院应当撤销失踪宣告。

失踪人重新出现，有权要求财产代管人及时移交有关财产并报告财产代管情况。

第四十六条 自然人有下列情形之一的，利害关系人可以向人民法院申请宣告该自然人死亡：

（一）下落不明满四年；

（二）因意外事件，下落不明满二年。

因意外事件下落不明，经有关机关证明该自然人不可能生存的，申请宣告死亡不受二年时间的限制。

第四十七条 对同一自然人，有的利害关系人申请宣告死亡，有的利害关系人申请宣告失踪，符合本法规定的宣告死亡条件的，人民法院应当宣告死亡。

第四十八条 被宣告死亡的人，人民法院宣告死亡的判决作出之日视为其死亡的日期；因意外事件下落不明宣告死亡的，意外事件发生之日视为其死亡的日期。

第四十九条 自然人被宣告死亡但是并未死亡的，不影响该自然人在被宣告死亡期间实施的民事法律行为的效力。

第五十条 被宣告死亡的人重新出现，经本人或者利害关系人申请，人民法院应当撤销死亡宣告。

第五十一条 被宣告死亡的人的婚姻关系，自死亡宣告之日起消灭。死亡宣告被撤销的，婚姻关系自撤销死亡宣告之日起自行恢复，但是其配偶再婚或者向婚姻登记机关书面声明不愿意恢复的除外。

第五十二条 被宣告死亡的人在被宣告死亡期间，其子女被他人依法收养的，在死亡宣告被撤销后，不得以未经本人同意为由主张收养关系无效。

第五十三条 被撤销死亡宣告的人有权请求依照继承法取得其财产的民事主体返还财产。无法返还的，应当给予适当补偿。

利害关系人隐瞒真实情况，致使他人被宣告死亡取得其财产的，除应当返还财产外，还应当对由此造成的损失承担赔偿责任。

第四节　个体工商户和农村承包经营户 54~56，3 条

第五十四条 自然人从事工商业经营，经依法登记，为个体工商户。个体工商户可以起字号。

第五十五条 农村集体经济组织的成员，依法取得农村土地承包经营权，从事家庭承包经营的，为农村承包经营户。

第五十六条 个体工商户的债务，个人经营的，以个人财产承担；家庭经营的，以家庭财产承担；无法区分的，以家庭财产承担。

农村承包经营户的债务，以从事农村土地承包经营的农户财产承担；事实上由农户部分成员经营的，以该部分成员的财产承担。

第三章　法　人 57~101，45 条

第一节　一般规定 57~75，19 条

第五十七条 法人是具有民事权利能力和民事行为能力，依法独立享有民事权利和承担民事义务的组织。

第五十八条 法人应当依法成立。

法人应当有自己的名称、组织机构、住所、财产或者经费。法人成立的具体条件和

程序，依照法律、行政法规的规定。

设立法人，法律、行政法规规定须经有关机关批准的，依照其规定。

第五十九条 法人的民事权利能力和民事行为能力，从法人成立时产生，到法人终止时消灭。

第六十条 法人以其全部财产独立承担民事责任。

第六十一条 依照法律或者法人章程的规定，代表法人从事民事活动的负责人，为法人的法定代表人。

法定代表人以法人名义从事的民事活动，其法律后果由法人承受。

法人章程或者法人权力机构对法定代表人代表权的限制，不得对抗善意相对人。

第六十二条 法定代表人因执行职务造成他人损害的，由法人承担民事责任。

法人承担民事责任后，依照法律或者法人章程的规定，可以向有过错的法定代表人追偿。

第六十三条 法人以其主要办事机构所在地为住所。依法需要办理法人登记的，应当将主要办事机构所在地登记为住所。

第六十四条 法人存续期间登记事项发生变化的，应当依法向登记机关申请变更登记。

第六十五条 法人的实际情况与登记的事项不一致的，不得对抗善意相对人。

第六十六条 登记机关应当依法及时公示法人登记的有关信息。

第六十七条 法人合并的，其权利和义务由合并后的法人享有和承担。

法人分立的，其权利和义务由分立后的法人享有连带债权，承担连带债务，但是债权人和债务人另有约定的除外。

第六十八条 有下列原因之一并依法完成清算、注销登记的，法人终止：

（一）法人解散；

（二）法人被宣告破产；

（三）法律规定的其他原因。

法人终止，法律、行政法规规定须经有关机关批准的，依照其规定。

第六十九条 有下列情形之一的，法人解散：

（一）法人章程规定的存续期间届满或者法人章程规定的其他解散事由出现；

（二）法人的权力机构决议解散；

（三）因法人合并或者分立需要解散；

（四）法人依法被吊销营业执照、登记证书，被责令关闭或者被撤销；

（五）法律规定的其他情形。

第七十条 法人解散的，除合并或者分立的情形外，清算义务人应当及时组成清算组进行清算。

法人的董事、理事等执行机构或者决策机构的成员为清算义务人。法律、行政法规另有规定的，依照其规定。

清算义务人未及时履行清算义务，造成损害的，应当承担民事责任；主管机关或者利害关系人可以申请人民法院指定有关人员组成清算组进行清算。

第七十一条 法人的清算程序和清算组职权，依照有关法律的规定；没有规定的，参照适用公司法的有关规定。

第七十二条 清算期间法人存续，但是不得从事与清算无关的活动。

法人清算后的剩余财产，根据法人章程的规定或者法人权力机构的决议处理。法律另有规定的，依照其规定。

清算结束并完成法人注销登记时，法人终止；依法不需要办理法人登记的，清算结束时，法人终止。

第七十三条 法人被宣告破产的，依法进行破产清算并完成法人注销登记时，法人终止。

第七十四条 法人可以依法设立分支机构。法律、行政法规规定分支机构应当登记的，依照其规定。

分支机构以自己的名义从事民事活动，产生的民事责任由法人承担；也可以先以该分支机构管理的财产承担，不足以承担的，由法人承担。

第七十五条 设立人为设立法人从事的民事活动，其法律后果由法人承受；法人未成立的，其法律后果由设立人承受，设立人为二人以上的，享有连带债权，承担连带债务。

设立人为设立法人以自己的名义从事民事活动产生的民事责任，第三人有权选择请求法人或者设立人承担。

第二节　营利法人 76～86，11 条

第七十六条 以取得利润并分配给股东等出资人为目的成立的法人，为营利法人。

营利法人包括有限责任公司、股份有限公司和其他企业法人等。

第七十七条 营利法人经依法登记成立。

第七十八条 依法设立的营利法人，由登记机关发给营利法人营业执照。营业执照签发日期为营利法人的成立日期。

第七十九条 设立营利法人应当依法制定法人章程。

第八十条 营利法人应当设权力机构。

权力机构行使修改法人章程，选举或者更换执行机构、监督机构成员，以及法人章程规定的其他职权。

第八十一条 营利法人应当设执行机构。

执行机构行使召集权力机构会议，决定法人的经营计划和投资方案，决定法人内部管理机构的设置，以及法人章程规定的其他职权。

执行机构为董事会或者执行董事的，董事长、执行董事或者经理按照法人章程的规定担任法定代表人；未设董事会或者执行董事的，法人章程规定的主要负责人为其执行机构和法定代表人。

第八十二条 营利法人设监事会或者监事等监督机构的，监督机构依法行使检查法人财务，监督执行机构成员、高级管理人员执行法人职务的行为，以及法人章程规定的其他职权。

第八十三条 营利法人的出资人不得滥用出资人权利损害法人或者其他出资人的利益。滥用出资人权利给法人或者其他出资人造成损失的，应当依法承担民事责任。

营利法人的出资人不得滥用法人独立地位和出资人有限责任损害法人的债权人利益。滥用法人独立地位和出资人有限责任，逃避债务，严重损害法人的债权人利益的，应当对法人债务承担连带责任。

第八十四条 营利法人的控股出资人、实际控制人、董事、监事、高级管理人员不得利用其关联关系损害法人的利益。利用关联关系给法人造成损失的，应当承担赔偿责任。

第八十五条 营利法人的权力机构、执行机构作出决议的会议召集程序、表决方式违反法律、行政法规、法人章程，或者决议内容违反法人章程的，营利法人的出资人可以请求人民法院撤销该决议，但是营利法人依据该决议与善意相对人形成的民事法律关系不受影响。

第八十六条 营利法人从事经营活动，应当遵守商业道德，维护交易安全，接受政府和社会的监督，承担社会责任。

第三节 非营利法人 87~95，9 条

第八十七条 为公益目的或者其他非营利目的成立，不向出资人、设立人或者会员分配所取得利润的法人，为非营利法人。

非营利法人包括事业单位、社会团体、基金会、社会服务机构等。

第八十八条 具备法人条件，为适应经济社会发展需要，提供公益服务设立的事业单位，经依法登记成立，取得事业单位法人资格；依法不需要办理法人登记的，从成立之日起，具有事业单位法人资格。

第八十九条 事业单位法人设理事会的，除法律另有规定外，理事会为其决策机构。事业单位法人的法定代表人依照法律、行政法规或者法人章程的规定产生。

第九十条 具备法人条件，基于会员共同意愿，为公益目的或者会员共同利益等非营利目的设立的社会团体，经依法登记成立，取得社会团体法人资格；依法不需要办理法人登记的，从成立之日起，具有社会团体法人资格。

第九十一条 设立社会团体法人应当依法制定法人章程。

社会团体法人应当设会员大会或者会员代表大会等权力机构。

社会团体法人应当设理事会等执行机构。理事长或者会长等负责人按照法人章程的规定担任法定代表人。

第九十二条 具备法人条件，为公益目的以捐助财产设立的基金会、社会服务机构等，经依法登记成立，取得捐助法人资格。

依法设立的宗教活动场所，具备法人条件的，可以申请法人登记，取得捐助法人资格。法律、行政法规对宗教活动场所有规定的，依照其规定。

第九十三条 设立捐助法人应当依法制定法人章程。

捐助法人应当设理事会、民主管理组织等决策机构，并设执行机构。理事长等负责人按照法人章程的规定担任法定代表人。

捐助法人应当设监事会等监督机构。

第九十四条 捐助人有权向捐助法人查询捐助财产的使用、管理情况，并提出意见和建议，捐助法人应当及时、如实答复。

捐助法人的决策机构、执行机构或者法定代表人作出决定的程序违反法律、行政法规、法人章程，或者决定内容违反法人章程的，捐助人等利害关系人或者主管机关可以请求人民法院撤销该决定，但是捐助法人依据该决定与善意相对人形成的民事法律关系不受影响。

第九十五条　为公益目的成立的非营利法人终止时，不得向出资人、设立人或者会员分配剩余财产。剩余财产应当按照法人章程的规定或者权力机构的决议用于公益目的；无法按照法人章程的规定或者权力机构的决议处理的，由主管机关主持转给宗旨相同或者相近的法人，并向社会公告。

第四节　特别法人 96~101，6条

第九十六条　本节规定的机关法人、农村集体经济组织法人、城镇农村的合作经济组织法人、基层群众性自治组织法人，为特别法人。

第九十七条　有独立经费的机关和承担行政职能的法定机构从成立之日起，具有机关法人资格，可以从事为履行职能所需要的民事活动。

第九十八条　机关法人被撤销的，法人终止，其民事权利和义务由继任的机关法人享有和承担；没有继任的机关法人的，由作出撤销决定的机关法人享有和承担。

第九十九条　农村集体经济组织依法取得法人资格。

法律、行政法规对农村集体经济组织有规定的，依照其规定。

第一百条　城镇农村的合作经济组织依法取得法人资格。

法律、行政法规对城镇农村的合作经济组织有规定的，依照其规定。

第一百零一条　居民委员会、村民委员会具有基层群众性自治组织法人资格，可以从事为履行职能所需要的民事活动。

未设立村集体经济组织的，村民委员会可以依法代行村集体经济组织的职能。

第四章　非法人组织 102~108，7条

第一百零二条　非法人组织是不具有法人资格，但是能够依法以自己的名义从事民事活动的组织。

非法人组织包括个人独资企业、合伙企业、不具有法人资格的专业服务机构等。

第一百零三条　非法人组织应当依照法律的规定登记。

设立非法人组织，法律、行政法规规定须经有关机关批准的，依照其规定。

第一百零四条　非法人组织的财产不足以清偿债务的，其出资人或者设立人承担无限责任。法律另有规定的，依照其规定。

第一百零五条　非法人组织可以确定一人或者数人代表该组织从事民事活动。

第一百零六条　有下列情形之一的，非法人组织解散：

（一）章程规定的存续期间届满或者章程规定的其他解散事由出现；

（二）出资人或者设立人决定解散；

（三）法律规定的其他情形。

第一百零七条　非法人组织解散的，应当依法进行清算。

第一百零八条　非法人组织除适用本章规定外，参照适用本法第三章第一节的有关规定。

第五章　民事权利 109～132，24 条

第一百零九条　自然人的人身自由、人格尊严受法律保护。

第一百一十条　自然人享有生命权、身体权、健康权、姓名权、肖像权、名誉权、荣誉权、隐私权、婚姻自主权等权利。

法人、非法人组织享有名称权、名誉权、荣誉权等权利。

第一百一十一条　自然人的个人信息受法律保护。任何组织和个人需要获取他人个人信息的，应当依法取得并确保信息安全，不得非法收集、使用、加工、传输他人个人信息，不得非法买卖、提供或者公开他人个人信息。

第一百一十二条　自然人因婚姻、家庭关系等产生的人身权利受法律保护。

第一百一十三条　民事主体的财产权利受法律平等保护。

第一百一十四条　民事主体依法享有物权。

物权是权利人依法对特定的物享有直接支配和排他的权利，包括所有权、用益物权和担保物权。

第一百一十五条　物包括不动产和动产。法律规定权利作为物权客体的，依照其规定。

第一百一十六条　物权的种类和内容，由法律规定。

第一百一十七条　为了公共利益的需要，依照法律规定的权限和程序征收、征用不动产或者动产的，应当给予公平、合理的补偿。

第一百一十八条　民事主体依法享有债权。

债权是因合同、侵权行为、无因管理、不当得利以及法律的其他规定，权利人请求特定义务人为或者不为一定行为的权利。

第一百一十九条　依法成立的合同，对当事人具有法律约束力。

第一百二十条　民事权益受到侵害的，被侵权人有权请求侵权人承担侵权责任。

第一百二十一条　没有法定的或者约定的义务，为避免他人利益受损失而进行管理的人，有权请求受益人偿还由此支出的必要费用。

第一百二十二条　因他人没有法律根据，取得不当利益，受损失的人有权请求其返还不当利益。

第一百二十三条　民事主体依法享有知识产权。

知识产权是权利人依法就下列客体享有的专有的权利：

（一）作品；

（二）发明、实用新型、外观设计；

（三）商标；

（四）地理标志；

（五）商业秘密；

（六）集成电路布图设计；

（七）植物新品种；

（八）法律规定的其他客体。

第一百二十四条 自然人依法享有继承权。

自然人合法的私有财产，可以依法继承。

第一百二十五条 民事主体依法享有股权和其他投资性权利。

第一百二十六条 民事主体享有法律规定的其他民事权利和利益。

第一百二十七条 法律对数据、网络虚拟财产的保护有规定的，依照其规定。

第一百二十八条 法律对未成年人、老年人、残疾人、妇女、消费者等的民事权利保护有特别规定的，依照其规定。

第一百二十九条 民事权利可以依据民事法律行为、事实行为、法律规定的事件或者法律规定的其他方式取得。

第一百三十条 民事主体按照自己的意愿依法行使民事权利，不受干涉。

第一百三十一条 民事主体行使权利时，应当履行法律规定的和当事人约定的义务。

第一百三十二条 民事主体不得滥用民事权利损害国家利益、社会公共利益或者他人合法权益。

第六章　民事法律行为 133～160，28 条

第一节　一般规定 133～136，4 条

第一百三十三条 民事法律行为是民事主体通过意思表示设立、变更、终止民事法律关系的行为。

第一百三十四条 民事法律行为可以基于双方或者多方的意思表示一致成立，也可以基于单方的意思表示成立。

法人、非法人组织依照法律或者章程规定的议事方式和表决程序作出决议的，该决议行为成立。

第一百三十五条 民事法律行为可以采用书面形式、口头形式或者其他形式；法律、行政法规规定或者当事人约定采用特定形式的，应当采用特定形式。

第一百三十六条 民事法律行为自成立时生效，但是法律另有规定或者当事人另有约定的除外。

行为人非依法律规定或者未经对方同意，不得擅自变更或者解除民事法律行为。

第二节　意思表示 137～142，6 条

第一百三十七条 以对话方式作出的意思表示，相对人知道其内容时生效。

以非对话方式作出的意思表示，到达相对人时生效。以非对话方式作出的采用数据电文形式的意思表示，相对人指定特定系统接收数据电文的，该数据电文进入该特定系统时生效；未指定特定系统的，相对人知道或者应当知道该数据电文进入其系统时生效。当事人对采用数据电文形式的意思表示的生效时间另有约定的，按照其约定。

第一百三十八条 无相对人的意思表示，表示完成时生效。法律另有规定的，依照其规定。

第一百三十九条 以公告方式作出的意思表示，公告发布时生效。

第一百四十条 行为人可以明示或者默示作出意思表示。

沉默只有在有法律规定、当事人约定或者符合当事人之间的交易习惯时，才可以视为意思表示。

第一百四十一条 行为人可以撤回意思表示。撤回意思表示的通知应当在意思表示到达相对人前或者与意思表示同时到达相对人。

第一百四十二条 有相对人的意思表示的解释，应当按照所使用的词句，结合相关条款、行为的性质和目的、习惯以及诚信原则，确定意思表示的含义。

无相对人的意思表示的解释，不能完全拘泥于所使用的词句，而应当结合相关条款、行为的性质和目的、习惯以及诚信原则，确定行为人的真实意思。

第三节 民事法律行为的效力 143～157，15 条

第一百四十三条 具备下列条件的民事法律行为有效：

（一）行为人具有相应的民事行为能力；

（二）意思表示真实；

（三）不违反法律、行政法规的强制性规定，不违背公序良俗。

第一百四十四条 无民事行为能力人实施的民事法律行为无效。

第一百四十五条 限制民事行为能力人实施的纯获利益的民事法律行为或者与其年龄、智力、精神健康状况相适应的民事法律行为有效；实施的其他民事法律行为经法定代理人同意或者追认后有效。

相对人可以催告法定代理人自收到通知之日起一个月内予以追认。法定代理人未作表示的，视为拒绝追认。民事法律行为被追认前，善意相对人有撤销的权利。撤销应当以通知的方式作出。

第一百四十六条 行为人与相对人以虚假的意思表示实施的民事法律行为无效。

以虚假的意思表示隐藏的民事法律行为的效力，依照有关法律规定处理。

第一百四十七条 基于重大误解实施的民事法律行为，行为人有权请求人民法院或者仲裁机构予以撤销。

第一百四十八条 一方以欺诈手段，使对方在违背真实意思的情况下实施的民事法律行为，受欺诈方有权请求人民法院或者仲裁机构予以撤销。

第一百四十九条 第三人实施欺诈行为，使一方在违背真实意思的情况下实施的民事法律行为，对方知道或者应当知道该欺诈行为的，受欺诈方有权请求人民法院或者仲裁机构予以撤销。

第一百五十条 一方或者第三人以胁迫手段，使对方在违背真实意思的情况下实施的民事法律行为，受胁迫方有权请求人民法院或者仲裁机构予以撤销。

第一百五十一条 一方利用对方处于危困状态、缺乏判断能力等情形，致使民事法律行为成立时显失公平的，受损害方有权请求人民法院或者仲裁机构予以撤销。

第一百五十二条 有下列情形之一的，撤销权消灭：

（一）当事人自知道或者应当知道撤销事由之日起一年内、重大误解的当事人自知道或者应当知道撤销事由之日起三个月内没有行使撤销权；

（二）当事人受胁迫，自胁迫行为终止之日起一年内没有行使撤销权；

（三）当事人知道撤销事由后明确表示或者以自己的行为表明放弃撤销权。

当事人自民事法律行为发生之日起五年内没有行使撤销权的，撤销权消灭。

第一百五十三条　违反法律、行政法规的强制性规定的民事法律行为无效，但是该强制性规定不导致该民事法律行为无效的除外。

违背公序良俗的民事法律行为无效。

第一百五十四条　行为人与相对人恶意串通，损害他人合法权益的民事法律行为无效。

第一百五十五条　无效的或者被撤销的民事法律行为自始没有法律约束力。

第一百五十六条　民事法律行为部分无效，不影响其他部分效力的，其他部分仍然有效。

第一百五十七条　民事法律行为无效、被撤销或者确定不发生效力后，行为人因该行为取得的财产，应当予以返还；不能返还或者没有必要返还的，应当折价补偿。有过错的一方应当赔偿对方由此所受到的损失；各方都有过错的，应当各自承担相应的责任。法律另有规定的，依照其规定。

第四节　民事法律行为的附条件和附期限 158～160，3 条

第一百五十八条　民事法律行为可以附条件，但是按照其性质不得附条件的除外。附生效条件的民事法律行为，自条件成就时生效。附解除条件的民事法律行为，自条件成就时失效。

第一百五十九条　附条件的民事法律行为，当事人为自己的利益不正当地阻止条件成就的，视为条件已成就；不正当地促成条件成就的，视为条件不成就。

第一百六十条　民事法律行为可以附期限，但是按照其性质不得附期限的除外。附生效期限的民事法律行为，自期限届至时生效。附终止期限的民事法律行为，自期限届满时失效。

第七章　代　理 161～175，15 条

第一节　一般规定 161～164，4 条

第一百六十一条　民事主体可以通过代理人实施民事法律行为。

依照法律规定、当事人约定或者民事法律行为的性质，应当由本人亲自实施的民事法律行为，不得代理。

第一百六十二条　代理人在代理权限内，以被代理人名义实施的民事法律行为，对被代理人发生效力。

第一百六十三条　代理包括委托代理和法定代理。

委托代理人按照被代理人的委托行使代理权。法定代理人依照法律的规定行使代

理权。

　　第一百六十四条　代理人不履行或者不完全履行职责，造成被代理人损害的，应当承担民事责任。

　　代理人和相对人恶意串通，损害被代理人合法权益的，代理人和相对人应当承担连带责任。

第二节　委托代理 165~172，8 条

　　第一百六十五条　委托代理授权采用书面形式的，授权委托书应当载明代理人的姓名或者名称、代理事项、权限和期间，并由被代理人签名或者盖章。

　　第一百六十六条　数人为同一代理事项的代理人的，应当共同行使代理权，但是当事人另有约定的除外。

　　第一百六十七条　代理人知道或者应当知道代理事项违法仍然实施代理行为，或者被代理人知道或者应当知道代理人的代理行为违法未作反对表示的，被代理人和代理人应当承担连带责任。

　　第一百六十八条　代理人不得以被代理人的名义与自己实施民事法律行为，但是被代理人同意或者追认的除外。

　　代理人不得以被代理人的名义与自己同时代理的其他人实施民事法律行为，但是被代理的双方同意或者追认的除外。

　　第一百六十九条　代理人需要转委托第三人代理的，应当取得被代理人的同意或者追认。

　　转委托代理经被代理人同意或者追认的，被代理人可以就代理事务直接指示转委托的第三人，代理人仅就第三人的选任以及对第三人的指示承担责任。

　　转委托代理未经被代理人同意或者追认的，代理人应当对转委托的第三人的行为承担责任，但是在紧急情况下代理人为了维护被代理人的利益需要转委托第三人代理的除外。

　　第一百七十条　执行法人或者非法人组织工作任务的人员，就其职权范围内的事项，以法人或者非法人组织的名义实施民事法律行为，对法人或者非法人组织发生效力。

　　法人或者非法人组织对执行其工作任务的人员职权范围的限制，不得对抗善意相对人。

　　第一百七十一条　行为人没有代理权、超越代理权或者代理权终止后，仍然实施代理行为，未经被代理人追认的，对被代理人不发生效力。

　　相对人可以催告被代理人自收到通知之日起一个月内予以追认。被代理人未作表示的，视为拒绝追认。行为人实施的行为被追认前，善意相对人有撤销的权利。撤销应当以通知的方式作出。

　　行为人实施的行为未被追认的，善意相对人有权请求行为人履行债务或者就其受到的损害请求行为人赔偿，但是赔偿的范围不得超过被代理人追认时相对人所能获得的利益。

　　相对人知道或者应当知道行为人无权代理的，相对人和行为人按照各自的过错承担

责任。

第一百七十二条 行为人没有代理权、超越代理权或者代理权终止后，仍然实施代理行为，相对人有理由相信行为人有代理权的，代理行为有效。

第三节 代理终止 173~175，3 条

第一百七十三条 有下列情形之一的，委托代理终止：

（一）代理期间届满或者代理事务完成；

（二）被代理人取消委托或者代理人辞去委托；

（三）代理人丧失民事行为能力；

（四）代理人或者被代理人死亡；

（五）作为代理人或者被代理人的法人、非法人组织终止。

第一百七十四条 被代理人死亡后，有下列情形之一的，委托代理人实施的代理行为有效：

（一）代理人不知道并且不应当知道被代理人死亡；

（二）被代理人的继承人予以承认；

（三）授权中明确代理权在代理事务完成时终止；

（四）被代理人死亡前已经实施，为了被代理人的继承人的利益继续代理。

作为被代理人的法人、非法人组织终止的，参照适用前款规定。

第一百七十五条 有下列情形之一的，法定代理终止：

（一）被代理人取得或者恢复完全民事行为能力；

（二）代理人丧失民事行为能力；

（三）代理人或者被代理人死亡；

（四）法律规定的其他情形。

第八章 民事责任 176~187，12 条

第一百七十六条 民事主体依照法律规定和当事人约定，履行民事义务，承担民事责任。

第一百七十七条 二人以上依法承担按份责任，能够确定责任大小的，各自承担相应的责任；难以确定责任大小的，平均承担责任。

第一百七十八条 二人以上依法承担连带责任的，权利人有权请求部分或者全部连带责任人承担责任。

连带责任人的责任份额根据各自责任大小确定；难以确定责任大小的，平均承担责任。实际承担责任超过自己责任份额的连带责任人，有权向其他连带责任人追偿。

连带责任，由法律规定或者当事人约定。

第一百七十九条 承担民事责任的方式主要有：

（一）停止侵害；

（二）排除妨碍；

（三）消除危险；

（四）返还财产；

（五）恢复原状；

（六）修理、重作、更换；

（七）继续履行；

（八）赔偿损失；

（九）支付违约金；

（十）消除影响、恢复名誉；

（十一）赔礼道歉。

法律规定惩罚性赔偿的，依照其规定。

本条规定的承担民事责任的方式，可以单独适用，也可以合并适用。

第一百八十条 因不可抗力不能履行民事义务的，不承担民事责任。法律另有规定的，依照其规定。

不可抗力是指不能预见、不能避免且不能克服的客观情况。

第一百八十一条 因正当防卫造成损害的，不承担民事责任。

正当防卫超过必要的限度，造成不应有的损害的，正当防卫人应当承担适当的民事责任。

第一百八十二条 因紧急避险造成损害的，由引起险情发生的人承担民事责任。

危险由自然原因引起的，紧急避险人不承担民事责任，可以给予适当补偿。

紧急避险采取措施不当或者超过必要的限度，造成不应有的损害的，紧急避险人应当承担适当的民事责任。

第一百八十三条 因保护他人民事权益使自己受到损害的，由侵权人承担民事责任，受益人可以给予适当补偿。没有侵权人、侵权人逃逸或者无力承担民事责任，受害人请求补偿的，受益人应当给予适当补偿。

第一百八十四条 因自愿实施紧急救助行为造成受助人损害的，救助人不承担民事责任。

第一百八十五条 侵害英雄烈士等的姓名、肖像、名誉、荣誉，损害社会公共利益的，应当承担民事责任。

第一百八十六条 因当事人一方的违约行为，损害对方人身权益、财产权益的，受损害方有权选择请求其承担违约责任或者侵权责任。

第一百八十七条 民事主体因同一行为应当承担民事责任、行政责任和刑事责任的，承担行政责任或者刑事责任不影响承担民事责任；民事主体的财产不足以支付的，优先用于承担民事责任。

第九章 诉讼时效 188～199，12 条

第一百八十八条 向人民法院请求保护民事权利的诉讼时效期间为三年。法律另有规定的，依照其规定。

诉讼时效期间自权利人知道或者应当知道权利受到损害以及义务人之日起计算。法律另有规定的，依照其规定。但是自权利受到损害之日起超过二十年的，人民法院不予

保护；有特殊情况的，人民法院可以根据权利人的申请决定延长。

第一百八十九条 当事人约定同一债务分期履行的，诉讼时效期间自最后一期履行期限届满之日起计算。

第一百九十条 无民事行为能力人或者限制民事行为能力人对其法定代理人的请求权的诉讼时效期间，自该法定代理终止之日起计算。

第一百九十一条 未成年人遭受性侵害的损害赔偿请求权的诉讼时效期间，自受害人年满十八周岁之日起计算。

第一百九十二条 诉讼时效期间届满的，义务人可以提出不履行义务的抗辩。

诉讼时效期间届满后，义务人同意履行的，不得以诉讼时效期间届满为由抗辩；义务人已自愿履行的，不得请求返还。

第一百九十三条 人民法院不得主动适用诉讼时效的规定。

第一百九十四条 在诉讼时效期间的最后六个月内，因下列障碍，不能行使请求权的，诉讼时效中止：

（一）不可抗力；

（二）无民事行为能力人或者限制民事行为能力人没有法定代理人，或者法定代理人死亡、丧失民事行为能力、丧失代理权；

（三）继承开始后未确定继承人或者遗产管理人；

（四）权利人被义务人或者其他人控制；

（五）其他导致权利人不能行使请求权的障碍。

自中止时效的原因消除之日起满六个月，诉讼时效期间届满。

第一百九十五条 有下列情形之一的，诉讼时效中断，从中断、有关程序终结时起，诉讼时效期间重新计算：

（一）权利人向义务人提出履行请求；

（二）义务人同意履行义务；

（三）权利人提起诉讼或者申请仲裁；

（四）与提起诉讼或者申请仲裁具有同等效力的其他情形。

第一百九十六条 下列请求权不适用诉讼时效的规定：

（一）请求停止侵害、排除妨碍、消除危险；

（二）不动产物权和登记的动产物权的权利人请求返还财产；

（三）请求支付抚养费、赡养费或者扶养费；

（四）依法不适用诉讼时效的其他请求权。

第一百九十七条 诉讼时效的期间、计算方法以及中止、中断的事由由法律规定，当事人约定无效。

当事人对诉讼时效利益的预先放弃无效。

第一百九十八条 法律对仲裁时效有规定的，依照其规定；没有规定的，适用诉讼时效的规定。

第一百九十九条 法律规定或者当事人约定的撤销权、解除权等权利的存续期间，除法律另有规定外，自权利人知道或者应当知道权利产生之日起计算，不适用有关诉讼时效中止、中断和延长的规定。存续期间届满，撤销权、解除权等权利消灭。

第十章　期间计算 200～204，5 条

第二百条　民法所称的期间按照公历年、月、日、小时计算。

第二百零一条　按照年、月、日计算期间的，开始的当日不计入，自下一日开始计算。

按照小时计算期间的，自法律规定或者当事人约定的时间开始计算。

第二百零二条　按照年、月计算期间的，到期月的对应日为期间的最后一日；没有对应日的，月末日为期间的最后一日。

第二百零三条　期间的最后一日是法定休假日的，以法定休假日结束的次日为期间的最后一日。

期间的最后一日的截止时间为二十四时；有业务时间的，停止业务活动的时间为截止时间。

第二百零四条　期间的计算方法依照本法的规定，但是法律另有规定或者当事人另有约定的除外。

第十一章　附　则 205～206，2 条

第二百零五条　民法所称的"以上""以下""以内""届满"，包括本数；所称的"不满""超过""以外"，不包括本数。

第二百零六条　本法自 2017 年 10 月 1 日起施行。

来源：中国人大网 2017 年 3 月 15 日 15：47：00

http://www.npc.gov.cn/npc/xinwen/2017-03/15/content_2018907.htm